面 向 2 1 世 纪 课 程 教 材
Textbook Series for 21st Century

全国高等学校法学专业核心课程教材

民　　法

Civil Law

（第六版）

主　编　房绍坤　郭明瑞

撰稿人（以姓氏笔画为序）
王　轶　刘保玉　关　涛
李建华　范李瑛　房绍坤
郭明瑞　温世扬

中国教育出版传媒集团
高等教育出版社 · 北京

内容简介

本书是教育部“高等教育面向21世纪教学内容和课程体系改革计划”的研究成果，是面向21世纪课程教材。

本书深入贯彻党的二十大精神，以习近平法治思想为指导，结合第五版出版以来颁布和修订的法律法规，以及最高人民法院制定及修订的司法解释，对相关内容进行了全面修订。本书依据《民法典》的结构，以民法总论、物权、合同总论、合同分论、人格权、婚姻家庭、继承、侵权责任为主要内容，系统阐述《民法典》的规定及民法的基本知识、基本理论和基本制度，既对《民法典》作全面准确的阐释，又对立法发展作必要的展望，以适应新时代发展的需求。

本书适合法学专业本科生作为教材使用，也可供自学法律的有志之士和准备国家统一法律职业资格考试的人员学习使用。

图书在版编目（CIP）数据

民法 / 房绍坤，郭明瑞主编. -- 6版. -- 北京 ：高等教育出版社，2024.10. -- ISBN 978-7-04-063131-9

Ⅰ. D923

中国国家版本馆 CIP 数据核字第 202430PK97 号

Minfa

策划编辑 姜 洁　责任编辑 程传省 石 璐　封面设计 杨立新　版式设计 马 云

责任校对 刘丽娴　责任印制 刘弘远

出版发行	高等教育出版社	网　址	http://www.hep.edu.cn
社　址	北京市西城区德外大街4号		http://www.hep.com.cn
邮政编码	100120	网上订购	http://www.hepmall.com.cn
印　刷	北京宏伟双华印刷有限公司		http://www.hepmall.com
开　本	787mm×1092mm 1/16		http://www.hepmall.cn
印　张	39	版　次	2003年6月第1版
字　数	940千字		2024年10月第6版
购书热线	010-58581118	印　次	2024年10月第1次印刷
咨询电话	400-810-0598	定　价	92.00元

本书如有缺页、倒页、脱页等质量问题，请到所购图书销售部门联系调换

物 料 号 63131-00

作者简介

郭明瑞

法学博士，山东大学荣聘教授、烟台大学法学院教授、博士生导师、山东省高等学校教学名师，兼任中国法学会民法学研究会学术委员会委员。代表性著作有《民事责任论》《担保法原理与实务》《民商法原理》，代表性论文有《关于无因管理的几个问题》《关于我国物权立法的三点思考》《关于物权法公示公信原则诸问题的思考》。

房绍坤

法学博士，吉林大学"匡亚明学者"杰出教授、烟台大学法学院特聘教授、博士生导师，兼任中国法学会民法学研究会副会长、中国农业农村法治研究会副会长；国家级教学名师、新世纪"百千万人才工程"国家级人选、中宣部"四个一批"人才。代表性著作有《公益征收法研究》《用益物权基本问题研究》，代表性论文有《民事法律的正当溯及既往问题》《标表型人格权的构造与人格权商品化批判》。

王　轶

法学博士，中国人民大学法学院教授、博士生导师、中国人民大学副校长，兼任中国法学会民法学研究会副会长兼秘书长。代表性著作有《物权变动论》《民法原理与民法学方法》，代表性论文有《民法价值判断问题的实体性论证规则》《行政许可的民法意义》《论民事法律事实的类型区分》。

温世扬

法学博士，武汉大学法学院教授、博士生导师、教育部"新世纪优秀人才"，兼任中国法学会民法学研究会副会长。代表性著作有《物权法要论》《中国民法》《物权理论探索与立法探讨》，代表性论文有《中国民法典对潘德克顿体系的扬弃》《〈民法典〉视域下的一般人格权》《集体经营性建设用地"同等入市"的法制革新》。

刘保玉

法学博士，中国政法大学法律硕士学院教授、博士生导师、教育部“新世纪优秀人才”，兼任中国法学会民法学研究会常务理事、北京市物权法学会副会长。代表性著作有《债权担保制度研究》《物权体系论》《物权法学》，代表性论文有《论担保物权的竞存》《共同保证的结构形态与保证责任的承担》《民法典担保物权制度新规释评》。

李建华

法学博士，吉林大学法学院民法典研究所所长、教授、博士生导师，《当代法学》主编，兼任中国法学会法学期刊研究会副会长、中国法学会民法学研究会常务理事、中国法学会知识产权法学研究会常务理事、吉林省法学会知识产权法学研究会会长。代表性著作有《民法总论》《物权法》《知识产权法》，代表性论文有《对我国民法调整对象的再认识》《后民法典时代知识产权法学的私法研究范式》。

关　涛

法学博士，烟台大学法学院教授、烟台大学中欧侵权法研究院院长、山东省高等学校教学名师，享受国务院政府特殊津贴。代表性著作有《我国不动产法律问题专论》《我国典当法律制度研究》，代表性论文有《我国土地所有权制度对民法典中物权立法的影响》《救助他人行为的私法构造》《我国保障房居住权的现实性、独立性与合理性》。

范李瑛

法学硕士，烟台大学法学院教授、山东省高等学校教学名师，兼任山东省法学会婚姻法学研究会副会长。代表性著作有《夫妻关系的立法与现实问题研究》，代表性论文有《论夫妻财产制契约所致的物权变动》《论我国推行住房反向抵押贷款的法律制度保障》。

目　录

第一编　民法总论

第二编 物 权

第三编 合同总论

第四编　合同分论

第五编　人　格　权

第六编 婚姻家庭

第七编 继 承

第八编 侵权责任

第一编　民法总论

第一章 民法概述

■【导语】

法谚云:“有社会斯有法律,有法律斯有社会。”足见法律与社会关系的密切程度。在社会生活中,人们的衣食住行等无不与法律相联系。例如,为了繁衍后代,人们需要组成家庭;为了生存,人们需要获取生活资料;等等。这些生活关系或属于人身关系,或属于财产关系。调整这些关系的法律,在性质上属于私法,也就是我们所说的民法。因此,民法又有“社会生活的百科全书”之称。那么,什么是民法?其性质、调整对象、发展过程、基本原则如何?在学习民法之前,实有正确认识的必要。

第一节 民法的概念

一、民法的词源

“民法”一词源于罗马的市民法。古罗马法有市民法与万民法之分。市民法(*jus civile*)是适用于罗马市民的法律,调整罗马市民间的关系;万民法(*jus gentium*)是调整罗马人以外的人相互间及其与罗马人之间关系的法律。由于罗马法以调整私人间的关系最为发达,许多规范适应了商品经济关系的调整需要,因此后世制定的专门用于调整私人之间即市民关系的法律,即以市民法称之,法语为 droit civil,德语为 zivilrecht,英语为 civil law,日本译为“民法”。

二、实质民法和形式民法

法律是由法律规范构成的,各种同一性质的法律规范组成一个法律部门。从性质上说,凡是调整民事关系的法律规范皆为民法规范。所谓民事关系,也就是平等的民事主体之间的关系。因此,调整平等主体之间关系的民法规范的总称即为民法。这一意义上的民法即为实质民法。形式民法就是指以“民法”命名的法律。因为以民法命名的法律集中规定各项民法制度,其主要为民法规范,因而也就称其为民法典,如法国民法典、德国民法典、日本民法典等。形式民法存在于法典化国家,并且只是近代立法的产物;实质民法在各国各个历史时期都是存在的。民法学所研究的民法,一般是以形式民法内容为主的实质民法。

三、广义民法与狭义民法

就实质民法而言，由于对法律规范分类的标准不同，也就有广义民法和狭义民法之分。广义民法指私法。私法是与公法相对应的法律部门，其分类源自罗马法。《法学总论——法学阶梯》中说："法律学习分为两部分，即公法与私法。公法涉及罗马帝国的政体，私法则涉及个人利益。"①这种分类为后世所沿袭，但关于分类的标准至今仍无统一的学说。② 一般来说，私法是指规范平等主体之间的不具有权力性质的社会关系的法，而公法规范的社会关系具有权力性质。狭义民法仅为私法的一部分，一般认为不包括商法，也有的认为还不包括劳动法。民法学所研究的一般为狭义民法，不包括商法、劳动法、知识产权法的具体内容。

四、一般民法和特别民法

从法律所规范的社会关系特性上说，民法有一般民法和特别民法之分。一般民法是指规范一般民事关系的法律，如各国的民法典。特别民法是指规范特定方面、特定领域的民事关系的法律，如我国的《民法典》③为一般民法，《合伙企业法》《专利法》《公司法》《保险法》《票据法》等为特别民法。

第二节　民法的调整对象

一、民法调整对象的含义

民法的调整对象即民法调整的社会关系的范围。不同的法律部门调整不同范围或领域的社会关系，调整不同性质的社会关系的法律有不同的方法和性质。关于民法的调整对象，其他国家的法律中都没有具体规定，学说上则以私法与公法的区分标准来确定民法的调整对象。我国《民法典》第2条则明确规定："民法调整平等主体的自然人、法人和非法人组织之间的人身关系和财产关系。"依此可以说，民法的调整对象是平等主体的自然人、法人和非法人组织之间的人身关系和财产关系。

---

①　[古罗马]查士丁尼：《法学总论——法学阶梯》，张企泰译，商务印书馆1989年版，第5~6页。

②　主要有利益说、主体说与性质说。利益说以法律所保护的利益为区分公法与私法的标准，主张保护公益的法律为公法，保护私益的法律为私法。因该说认为公法以保护公益为目的，私法以保护私益为目的，故又称为目的说。主体说以法律关系的主体为区分公法与私法的标准，主张规范国家及其他社会公共团体间的相互关系以及国家及其他社会公共团体与私人之间关系的法律为公法，规范私人之间或者私团体之间关系的法律为私法。性质说以法律关系的性质为区分公法与私法的标准，又分为权力关系说（主张规范非平等关系即权力服从关系的法律为公法，规范平等关系的法律为私法）、统治关系说（主张规范国家统治权发动关系的法律为公法，规范非统治权发动关系的法律为私法）、生活关系说（主张调整基于国民一分子的国民生活关系的法律为公法，而调整基于社会一分子的社会生活关系的法律为私法）。

③　本书所涉及的法律法规一般用简称，如《中华人民共和国民法典》简称为《民法典》，《中华人民共和国合伙企业法》简称为《合伙企业法》。特殊注明的除外。

二、平等主体之间的人身关系

人身关系是人们在社会生活中形成的具有人身属性,与主体不可分离,不以直接的经济利益为内容而以特定的精神利益为内容的社会关系。人身即指主体自身。体现人身属性的是主体的人格和身份,因而人身关系也就是基于主体的人格和身份而发生的社会关系。民法也并非调整全部的人身关系,民法所调整的人身关系具有以下特点:第一,主体平等;第二,与民事权利的享有和行使有关;第三,不具有直接的经济内容;第四,与主体人身不可分离。

民法所调整的人身关系,一般认为包括人格关系与身份关系。人格关系是基于人格利益而发生的社会关系。人格是社会成员作为独立主体所必须具有的条件,因而人格关系是随着主体的产生而当然发生的人身关系。身份关系是基于主体的一定身份而发生的社会关系。身份是主体在特定关系中所处的一种与主体具有不可分离性的地位或资格。因此,身份关系是随着主体与他人间形成一种稳定的不可任意转让的地位而发生的社会关系,如亲属关系。当事人在身份关系中享有的权利一般为义务性的权利,如父母的监护权。

民法所调整的人身关系不以直接的经济利益为内容,也就是不具有直接财产性,因此,又称为非财产关系,但其并非与财产没有联系。从与财产的联系程度上,人身关系可分为与财产有直接联系的人身关系和与财产有间接联系的人身关系,前者如著作人身关系,后者如名誉关系。

三、平等主体之间的财产关系

财产关系是人们在社会生产、分配、交换和消费过程中形成的具有经济内容的社会关系。所谓财产,是指与一定的主体有关或属于某一特定主体享有的经济利益。它可以是有形的,如物;也可以是无形的,如商业秘密。财产关系多种多样,民法仅调整一部分即平等主体的自然人、法人、非法人组织之间的财产关系。民法所调整的财产关系具有以下特点:第一,主体平等。所谓平等,是指当事人之间的地位平等,相互间没有隶属关系、管理与被管理的关系、权力与服从关系。民法所调整的财产关系的主体各自都是独立的,对其财产有自主决定的权利。第二,存在于自然人、法人、非法人组织之间。自然人、法人、非法人组织是社会生活中的个体,是社会的一分子,其相互之间发生的财产关系为民法所调整。如果某一财产关系不是发生在自然人、法人、非法人组织之间,则不为民法所调整。例如,国家税务机关作为机关法人购买办公用品与某一公司之间发生的买卖关系为法人之间的财产关系,由民法调整;其以税务机关的名义与该公司之间发生的税务征收关系,则不属于民法的调整对象。第三,一般是由当事人自己的意志决定的。民法所调整的财产关系与当事人有着直接的经济利益关联,一般是由当事人根据自己的利益需要自主确立的,不受他人意志的支配。

民法所调整的财产关系包括两部分:一是财产的归属与利用关系,即一项财产归何人所有和利用;二是财产的流转关系,即一项财产从一主体转移至另一主体。前者称为静态的财产关系,为后者的出发点和归宿;后者称为动态的财产关系,为前者的运动形式。一项财产若可用于交换,就是商品。可见,民法调整的财产关系基本上也就是商品经济关系即商品关系。

第三节 民法的沿革

一、古代民法

如前所述,形式民法为近代社会的产物,古代民法仅是指前资本主义社会的实质民法。从法规性质上说,民法规范是由人类社会最初的习惯法发展而来的最早的法律规范。总的来说,古代社会是等级森严的自然经济的社会,商品经济关系不发达,民法也就不发达。但近代民法又是承继古代民法发展而来的。对近代民法影响最大的古代民法的典型代表是罗马法。

罗马法原指自《十二表法》始至罗马帝国灭亡,罗马国家各个时期所颁布的法律。但对后世立法发生直接影响的是由东罗马皇帝查士丁尼主持编纂的《民法大全》。①

罗马法是诸法合一的,但由于在罗马共和国时代形成了一定的民主、自治传统,形成市民社会与政治国家的分离,在法学理论上已有公法与私法的分类,对公法关系与私法关系适用不同的调整规则;并且由于罗马帝国的扩张,外来人与罗马人之间的交往日益增多,从而逐渐形成了调整商品经济关系的规则,使私法成为罗马法的精华。恩格斯评价说:"在罗马帝国时期,……至少对自由民来说产生了私人的平等,在这种平等的基础上罗马法发展起来了,它是我们所知道的以私有制为基础的法的最完备形式。"②罗马法是"商品生产者社会的第一个世界性法律"。

二、近代民法

近代社会的民法产生于资本主义初期,反映了自由资本主义经济生活条件。中世纪后期,随着生产力的发展,西方的政治、经济、文化诸领域发生了深刻的变革。自资产阶级革命胜利后,为巩固革命成果,统一法律,各国在继受罗马法的基础上编纂法典。③ 其中最为典型的代表为1804年的《法国民法典》。

《法国民法典》采用了罗马法中《法学阶梯》的体系结构(但将诉讼法的内容分离出去),由三编组成:第一编为人;第二编为财产及对于所有权的各种变更;第三编为取得财产的各种

---

① 《民法大全》又称为《国法大全》《罗马法大全》,包括由历代法律汇编而成的《查士丁尼法典》、汇集法学家学说的《学说汇纂》、专为学习法律者编写但有法律效力的教科书《法学阶梯》(或称《法学总论》《法学纲要》《法学入门》)以及法学家们根据查士丁尼皇帝生前的谕令汇编而成的《罗马新律》(或称《新查士丁尼法典》)。

② 《马克思恩格斯文集》第9卷,人民出版社2009年版,第109页。

③ 这是针对大陆法系国家而言的。由于历史因素,西方国家对罗马法继受的形式和程度不同,从而形成了大陆法系与英美法系。大陆法系又称罗马法系、民法法系,由罗马法演变而来,对罗马法的继受不仅是内容上的,也包括形式上的。英美法系即普通法系,系由英国普通法发展而来,对罗马法的继受主要是内容上的。

方法。[①]《法国民法典》是法国大革命的产物,其“实体规范吸收了丰富的智力、政治和社会革命的成果”,“它代表了一种关于人、法律和政府的新的思想方式”,“正是由于强调财产、契约和家庭诸领域私法化的事实,民法典才履行着可称为宪法性的功能”。[②]

《法国民法典》确立的私有财产神圣、契约自由和过失责任原则,被称为近代民法的三大基石。

三、现代民法

现代民法始于1896年颁布、1900年生效的《德国民法典》。《德国民法典》采用了《学说汇纂》的体系结构,共分五编:第一编为总则;第二编为债的关系法;第三编为物权法;第四编为亲属法;第五编为继承法。该法典追求逻辑上的严密和结构上的严谨,对后世各国民法典的编纂影响很大。德国学者评论说:“《德国民法典》乃处于两个时代的交接点上:它的双足仍然立于自由市民的、罗马个人主义法律思想的土壤之上,但是,它的双手却已踌躇迟疑地、偶尔不时地向新的社会法律思想伸出。”[③]

自德国民法始,现代各国民法对近代民法的原则有所修正,如对私权神圣和契约自由予以一定限制,确立了无过错责任、禁止权利滥用及诚信原则等。

四、中国民法的发展

中国古代社会是诸法合一的,并且私法制度极不发达。中国近现代的民事立法始于清朝末年,至20世纪20年代末由南京国民政府完成了中国历史上的第一部民法典,这部法典现仅施行于我国台湾地区。

中华人民共和国成立后,我国曾先后进行过四次民法典的编纂工作。[④] 但基于各种原因并未制定出一部民法典。自党的十一届三中全会后,国家开始实行改革开放政策,从高度集中的计划经济转向有计划的商品经济,为适应社会的需要,制定了《经济合同法》《继承法》等民事单行法,至1986年《民法通则》通过,中国的民事立法进入一个新阶段。1992年后,中国确立了建立和发展社会主义市场经济的改革目标,为适应社会主义市场经济的需要,相继制定了一些单行法,同时对原来的法律进行了修改。自1997年纪念《民法通则》实施10周年会议后,全国人大法工委又将民法典的编纂工作提上日程,开始第四次民法典编纂。因条件不成熟,先制定了统一的《合同法》,后于2007年通过《物权法》,2009年通过《侵权责任法》。2014

---

① 经过二百多年的发展,《法国民法典》现已改为五编,分别为人、财产及所有权的各种限制、取得财产的各种方法、担保、适用于马约特岛的规定。

② [美]格伦顿、戈登、奥萨魁:《比较法律传统》,米健、贺卫方、高鸿钧译,中国政法大学出版社1993年版,第21页。

③ [德]拉德布鲁赫:《法学导论》,米健、朱林译,中国大百科全书出版社1997年版,第66页。

④ 前三次起草分别是:第一次于1954年底开始,至1956年12月完成了民法草案,该草案以列宁主持制定的《苏俄民法典》为样本。第二次于1962年开始,至1964年完成民法草案(试拟稿),该草案将亲属、继承、侵权行为等内容都排除在外,一般不使用民法上的概念,而使用诸如“联系群众”之类的政治术语。第三次于1979年党的十一届三中全会后开始,至1982年5月起草小组拟出《中华人民共和国民法草案(第四稿)》。后来的《经济合同法》和《继承法》就是在该草案基础上制定的。

年党的十八届四中全会通过的《中共中央关于全面推进依法治国若干重大问题的决定》明确提出"加强市场法律制度建设,编纂民法典",民法典编纂正式再次启动。2017 年 3 月 15 日,第十二届全国人民代表大会第五次会议通过了《民法总则》。这是编纂民法典的开篇之作,在民法典中起统领性作用。其后,全国人大常委会开始民法典各分编的编纂,形成了一部具有中国特色、体现时代精神、反映人民意愿的民法典草案。2020 年 5 月 28 日,第十三届全国人民代表大会第三次会议正式通过了《民法典》。习近平指出:"民法典系统整合了新中国成立七十多年来长期实践形成的民事法律规范,汲取了中华民族五千多年优秀法律文化,借鉴了人类法治文明建设有益成果,是一部体现我国社会主义性质、符合人民利益和愿望、顺应时代发展要求的民法典,是一部体现对生命健康、财产安全、交易便利、生活幸福、人格尊严等各方面权利平等保护的民法典,是一部具有鲜明中国特色、实践特色、时代特色的民法典。"①

第四节　民法的性质和任务

一、民法的性质

关于民法的性质,可从不同的角度来认识,具体可以从以下方面来分析。

(一)民法为私法

如前所述,自罗马法以来就有公法与私法之分。公法与私法有着不同的调整范围和不同的调整规则。在公法领域,通行"法无允许即不得为之"的规则,而在私法领域则通行"法不禁止即可为之"的规则。民法为私法②,因此,对于民事事项,即使法律未作明确规定,只要不属于法律明文禁止的,当事人就可为之。而对于公法上的事项,只要不是法律明确规定的授权事项,则主体不可为之。例如,行政收费为公法上的事项,若法律、法规未规定该收费项目,则其收费就是不合法的。而若为民事上的收取报酬,只要法律、法规未禁止该费用的收取,则其收取就是合法的。

(二)民法为权利法

民法作为私法,调整平等的社会成员之间的关系。民法作为一个独立法律部门是以承认每个人的独立的社会地位、独立的人格、独立的主体地位为基础的,是个人在社会中的关系"从身份到契约"的发展结果。因此,民法调整民事关系是以确认和保护民事主体的权利为主

---

① 习近平:《实施好民法典》,载《习近平著作选读》(第二卷),人民出版社 2023 年版,第 313 页。

② 在"民商分立"的立法例下,民法为商法之外的私法部分;在"民商合一"的立法例下,民法为私法的全部。所谓"民商分立",是指在一国的民法典之外制定商法典,民法典与商法典同为私法的基本法典,民法与商法为并列的两个法律部门。所谓"民商合一",是指在一国的民法典之外不再制定商法典,而由民法典统一调整平等主体之间的财产关系。当然,"民商合一"并非通常所说的将民法内容和商法内容集中规定在一部法律中,只是以民法典作为民商事的基本法,不再另行制定商事基本法。关于我国应采"民商分立"还是"民商合一"的立法例,学者有不同的观点。从立法的现状看,我国采"民商合一"的体例。

旨的。《民法典》第 3 条规定:“民事主体的人身权利、财产权利以及其他合法权益受法律保护,任何组织或者个人不得侵犯。”“私权神圣”是民法的基本理念和原则,民法不仅要确认主体享有的各项权利,而且要规定权利受到侵害时的救济措施,以使每个人都充分重视自己的权利,尊重他人的权利。每个人都由自己的意思决定其权利的行使和义务的负担,为维护权利而斗争,从而也就维护了社会的法秩序。

（三）民法为实体法

实体法是与程序法相对应的法律部门。民法是规定民事主体之间的权利义务的法律,而不是规定权利救济程序的,因而民法为实体法,而非程序法。当然,民法与民事程序法也有着密不可分的联系:一方面,实体法上规定的民事主体的权利受到侵害时,须通过依程序法规定的程序请求救济;另一方面,“权利来源于救济”,通过程序法的法定程序对民事主体受侵害的利益进行救济,也可促进实体法上对某一具体民事权利的确认。

（四）民法为任意法

任意法是指法律规范为任意性规范,当事人可以以自己的意志排除其适用。因为民法所调整的为社会成员之间的关系,民法规范主体的行为主要是通过为民事主体规定行为的模式,使主体明确实施何种行为可发生何种法律后果,以根据自己的利益需要决定其行为。因此,民法规范多为任意性规范,赋予民事主体选择行为的自由和权利,当事人可以自主决定是否适用该规范。当然,为保障民事主体的选择不损害他人的利益或社会公共利益,民法中也有一些强制性规范。但总的来说,特别是在合同法上,民法规范以任意性规范为主。

（五）民法为国内法

民法是由一国的立法机关制定的法律,是适用于一国法律所管辖领域内的民事关系的,因而为国内法。当然,在民事领域,特别是涉及对财产流通关系的调整,各国法上适用的规则有较强的趋同性,并且国际上也制定有一些相关的公约、条约,但这些公约、条约并不能当然地成为一国的民法规范。

（六）民法为行为规范兼裁判规范

民法规范既是民事主体的行为准则,也是法院或仲裁机构裁判民事案件的准则。因此,民法是行为规范兼裁判规范。民法的这一特性与刑法相比,是很明显的,因为刑法只是裁判规范而不是行为规范。

二、民法的任务

民法的任务取决于民法的性质和地位,是民法的立法目的的体现。习近平指出:“民法典在中国特色社会主义法律体系中具有重要地位,是一部固根本、稳预期、利长远的基础性法律,对推进全面依法治国、加快建设社会主义法治国家,对发展社会主义市场经济、巩固社会主义基本经济制度,对坚持以人民为中心的发展思想、依法维护人民权益、推动我国人权事业发展,对推进国家治理体系和治理能力现代化,都具有重大意义。”①《民法典》第 1 条规定了立法目的,即“保护民事主体的合法权益,调整民事关系,维护社会和经济秩序,适应中国特色社会主义发展要求,弘扬社会主义核心价值观”。据此,民法的任务可以概括为以下两个方面。

(一)保护社会成员的私权

如前所述,民法为权利法,以确认和保护民事主体的民事权利为己任。民事权利也就是民事主体私法上的权利,是社会成员所享有的私权利。私权利是社会成员作为独立的主体所应有的权利,也是其享有政治权利的基础和前提。所以,民法的任务之一是要“保护民事主体的合法权益”。民法所保护的合法权益既包括人身权益,也包括财产权益。人身权与财产权是相互依存、相互联系,缺一不可的。人身权既是财产权的前提,也是人自身发展的需要。没有主体人身权,也就不可能有个体的财产权。财产权是人身权的物质前提,没有财产权,人们也就不会有独立的人格,人身权也就不能得到保护和发展。由于民法所保护的民事权利是人之能作为人存在的基本条件,所以,可以说民法为人权提供基本保障。

(二)适应和促进社会主义事业的发展

社会主义事业的发展是多方面的,最主要的应是社会主义市场经济的发展和社会主义民主政治的建设。如前所述,民法的调整对象包括平等主体之间的人身关系和财产关系,民法正是通过对这两类社会关系的调整,来适应和促进社会主义市场经济的发展以及社会主义民主政治的建设。

民法为商品经济的产物,社会主义市场经济是我国民法存在的社会客观条件和基础,同时民法又为市场经济的发展创造了法律环境和条件。发展市场经济需要三个最基本的条件:一是须有合格的主体;二是主体须有经济自主权;三是须有规范的交易规则。民法的主体制度规范市场主体,一方面保障合格的主体进入市场,另一方面使不合格的主体不能进入市场。民法的财产权制度赋予主体以经济自主权,使主体得以自主支配自己的财产,保障其财产不受他人的非法侵害。民法的合同制度规范市场的交易规则,为市场主体的活动提供良好的游戏规则,保障市场主体公平竞争,维护交易的安全。

民法在对民事关系的调整上,特别重视平等性和任意性。民事法律关系的主体具有平等的地位,平等、自主地协商确立相互间的权利义务,任何一方都不能将自己的意志强加给对方。民事主体享有充分的自由,依自己的意愿决定权利的行使和利益的取舍,任何人都不能对他人的财产实行“一平二调”。民事主体可以发挥自己的主观能动性,积极地进行公平竞争,但任何人都不得进行不正当竞争。因此,民法讲求的是“平等”“民主”“自由”,维护社会的公平正义和家庭的和谐稳定,弘扬着社会主义核心价值观。党的二十大报告指出,社会主义核心价值观是凝聚人心、汇聚力量的强大力量。《民法典》通过基本原则、基本制度和基本规则的构建,为弘扬社会主义核心价值观奠定了坚实的法律基础。

---

① 习近平:《实施好民法典》,载《习近平著作选读》(第二卷),人民出版社 2023 年版,第 313 页。

第五节　民法的基本原则

一、民法基本原则的含义

通说认为,民法基本原则是指民事立法、民事活动与民事司法的基本准则。①

民法的基本原则是由民法所调整的社会关系的根本特性决定的,体现着国家的民事政策。不同的法律调整不同领域的社会关系,社会关系的性质不同,法律的调整原则、法律的精神也就不同。民法调整平等主体之间的人身关系与财产关系,这就决定"平等""自愿"必为民法的基本原则。由于法律是由国家制定的,一国在特定时期对民事关系的政策也必然通过民法的基本原则体现出来。例如,现代社会特别强调信用,强调社会公共利益,这些民事政策也就体现在诚信、禁止权利滥用和公序良俗等原则中。

民法的基本原则是民事立法应遵行的基本准则。因为,既然民法的基本原则取决于民法所调整的社会关系的性质,反映国家的立法政策,民事立法也就必须遵行民法的基本原则。立法机关制定的法律规范,若不符合民法的基本原则,便不属于民法的范畴;若所制定的民事基本法律不符合民法的基本原则,便是不能适应社会经济生活条件的"不好的法";若所制定的不符合民法基本原则的法律不属于基本法,则该法应为无效的法规。

民法的基本原则也是民事主体进行民事活动须遵行的基本准则。民法的基本原则是民事主体评价其行为的标准。民事活动不能违反民法的基本原则,否则,行为人就会承担相应的民事责任。

民法的基本原则还是司法的基本准则。司法机关要按照基本原则来理解民法的精神,以作出符合法律的价值判断,正确评价当事人的行为,从而正确地适用民法。

民法的基本原则是贯穿于民法各项制度之中的,而不是仅在某项制度中有指导意义的规则。仅在民法的各项具体制度中有指导意义而在其他制度中并无体现的原则,如物权法中的"物权法定"原则、知识产权法中的"权利穷竭"原则、婚姻家庭法中的"一夫一妻"原则等,仅是这些具体制度的基本原则,而不属于民法的基本原则。

民法的基本原则可分为学理民法基本原则与法定民法基本原则。② 学理民法基本原则是从学理上提出来的,它虽不为法律明确规定但却是在各项制度中体现出来的。法定民法基本原则则是由法律直接规定的。我国《民法典》总则编第一章名为"基本规定",就其内容看,第1条规定立法宗旨,第2条规定调整范围,第10条规定法律渊源,第11条规定适用规则,第12条规定适用范围,而第3~9条规定的是基本原则。其中第3条规定的"民事主体的人身权利、财产权利以及其他合法权益受法律保护,任何组织或者个人不得侵犯"的民事权益受法律保护原则,即私权神圣原则,学者一般不将此作为民法基本原则。因此,以下着重阐述《民法典》第4~9条规定的基本原则。

---

① 参见魏振瀛主编:《民法》(第八版),北京大学出版社、高等教育出版社2021年版,第19页。

② 参见魏振瀛主编:《民法》(第八版),北京大学出版社、高等教育出版社2021年版,第20页。

二、平等原则

《民法典》第 4 条规定:“民事主体在民事活动中的法律地位一律平等。”可见,平等原则是民法首要的基本原则。

平等原则是由民法所调整的社会关系的性质决定的。只有平等主体之间的社会关系才为民法调整,法律调整民事关系必然要赋予当事人平等的地位。在罗马法中,私法就是建立在平等关系基础上的,近代民法也只能存在于成员具有平等地位的市民社会中。可以说,没有平等,也就没有民法。

平等原则的含义是多方面的,主要体现在以下方面:(1) 民事主体的权利能力平等。《民法典》第 14 条规定:“自然人的民事权利能力一律平等。”不仅自然人的民事权利能力平等,法人和非法人组织的主体资格也是平等的,尽管不同种类的法人、非法人组织的民事权利能力内容有所不同,但所受的法律限制是相同的。(2) 民事主体在具体民事法律关系中的地位平等。不论何种民事主体都具有独立的主体地位,平等地参与各种民事法律关系,相互间无命令和服从关系。(3) 民事主体平等地协商相互间的权利义务。民事法律关系当事人间的权利义务,可由其平等地依法协商确定。当事人不仅可以平等地协商确立权利义务,而且可以平等地协商变更或消灭相互间的权利义务。任何人不得以任何方式强迫当事人建立或解除相互间的权利义务。(4) 民事主体的合法权益平等地受法律保护。任何民事主体,不论是自然人、法人还是非法人组织,其权利不论是由法律直接规定的还是依法自行约定的,都受法律的平等保护。法律不因主体不同而对其权利采取不同程度的保护,这也就是“权利平等”。(5) 民事主体平等地负担义务和承担民事责任。民事法律关系的当事人平等地享有权利,也平等地负担义务。任何人都应履行其义务,不得侵害他人的权益。一方当事人不法损害他方的合法权益,应依法承担相应的责任,不存在一方违反义务的责任重于另一方违反义务的责任的情况,当事人之间也不存在制裁和惩罚关系。①

三、自愿原则

《民法典》第 5 条规定:“民事主体从事民事活动,应当遵循自愿原则,按照自己的意思设立、变更、终止民事法律关系。”该规定确认了自愿原则。所谓自愿原则,实际就是指“意思自治”,即由当事人依自己的意思决定民事事项。因为民法所调整的社会关系是社会成员间的“私”的关系,这种关系应由当事人自己决定,国家不应过多干预。自愿原则与平等原则是密不可分的。只有在平等基础上,当事人才有自己的意志自由,才能自愿进行民事活动;若没有自由,当事人不能依自己的意愿自主决定自己的行为,而是受他人意志的左右,也就谈不上平等。

自愿原则的含义主要体现在以下方面:(1) 民事主体自由自主地决定民事活动。凡民事

---

① 《民法典》中存在一些有关惩罚性赔偿的规定(如第 1185、1207、1232 条),但这种惩罚性赔偿主要是法律出于对故意违法行为的一种制裁,而不是一方当事人对另一方当事人的惩罚。

活动可由当事人自主决定,当事人不仅可依自己的意愿决定是否参与某种民事法律关系,与何人建立民事法律关系,而且可以自主协商相互间的权利义务,自由选择行为的方式等。(2)当事人仅对表达自己的真实意思的行为负责。民事主体自主地依自己的意愿决定民事事项,同时,只有基于当事人自己的真实意思而为的行为才能对当事人有约束力。当事人有决定民事事项的自由,也须对其决定的事项承担责任,也仅对其自主决定的事项负责。不是当事人自主决定的事项,不是当事人自己的真实意思表示的行为,当事人对其后果可不承担责任。

自愿原则的核心内容是"合同自由"(或称"契约自由"),因为合同是最主要的民事法律行为,是市场交易的典型法律形式。市场经济要求交易的自由,民事主体只有通过市场自主自由地进行交易,才能使资源通过市场达到最佳配置。因此,合同自由乃是市场交易规则的应有之义。

四、公平原则

《民法典》第 6 条规定:"民事主体从事民事活动,应当遵循公平原则,合理确定各方的权利和义务。"该条规定了公平原则。公平与公正、正义联系在一起,是以一定社会的共同的价值观念为基础的。公平既是道德原则,又是法律原则。作为调整平等主体之间关系的民法的法律原则,公平原则主要表现在如下方面:(1)民事主体参与民事法律关系的机会均等,在民事活动中须正当竞争,反对任何不正当竞争行为。(2)在当事人的权利义务关系上利益应均衡,合理分配权利义务。例如,当事人订立的合同是显失公平的,受损害一方有权予以撤销;在相邻通行关系上,利用邻人土地通行的人应给对方以补偿。又如,在当事人双方约定不明确,法律又无明确规定时,法院应依公平原则确定当事人相互间的权利义务;在当事人约定权利义务的客观情况发生重大变化,致使当事人间的权利义务显失公平时,法院也应依公平原则予以处理。(3)在责任面前要合理负担。例如,任何人都应对自己损害他人利益的行为负责。又如,在侵权损害中,行为人没有过错又不应承担无过错责任,受害人也没有过错的,应按照公平原则由当事人分担损失(《民法典》第 1186 条)。需要说明的是,对某一行为或事项是否公平的评价,不能仅从当事人一方利益考虑,还要从社会利益上考虑。如果某一事项,从当事人一方看是"不公平"的,但从整个社会利益或公众利益上看是公平的,则该事项就是公平的,而不能以不公平为由否定其效力。

五、诚信原则

《民法典》第 7 条规定:"民事主体从事民事活动,应当遵循诚信原则,秉持诚实,恪守承诺。"这是对诚信原则的规定。诚信原则与公平原则一样,既是道德原则,又是法律原则。作为法律原则,诚信原则是指民事主体在民事活动中要诚实,守信用,善意地行使权利和履行义务。信用是社会有序的基本要求,是市场经济发展的基本保障,而诚实则是信用的基础。一个不诚实的人便无信用可言,而没有信用的社会就会失去秩序。因此,诚信原则被称为"帝王条款",其含义与适用范围极广。它既要求民事主体在民事活动中讲诚实,进行正当竞争,反对欺诈和一切不正当的竞争;也要求民事主体守信用,严格按照法律规定和约定履行其义务,实现自己的承诺；还要求民事主体按照权利的目的善意行使权利，不得滥用权利，不得以损害他人和社会利益为代价而换取私利。诚信原则也是建立在自愿、平等基础上的，法院在裁判案件时，可依诚信原则衡量当事人间的利益关系，但只有在当事人约定不明确或者在订约后客观情形发生重大改变时，才有依诚信原则来解释当事人的意思和确定当事人的权利、义务和责任的必要。

六、守法和公序良俗原则

《民法典》第 8 条规定："民事主体从事民事活动，不得违反法律，不得违背公序良俗。"该条明确规定了守法和公序良俗原则。公序良俗原则，从正面说要求民事主体在民事活动中应尊重社会公德和社会公共秩序、公共利益；从反面说要求民事主体在民事活动中不得损害社会公共利益，破坏公共秩序，违反社会公德。依照公序良俗原则，任何违反社会公德和公共秩序，损害社会公共利益，即违背公序良俗的行为都是无效的。

七、绿色原则

《民法典》第 9 条规定："民事主体从事民事活动，应当有利于节约资源、保护生态环境。"该条规定的是绿色原则。绿色原则的含义甚广，可从正反两方面看。从正面说，绿色原则要求民事主体树立科学发展观，提倡绿色生活、绿色消费，在生产、生活中所从事的民事活动要与环境、资源相协调，促进人与自然的和谐，以保障社会的可持续发展；从反面说，绿色原则反对浪费资源，破坏生态环境，任何民事主体从事民事活动，损害生态环境的，均应当承担恢复生态环境的民事责任。党的二十大报告提出了"推动绿色发展，促进人与自然和谐共生"的发展战略，为民事主体贯彻绿色原则提供了基本遵循。

自测习题　　案例分析　　案例分析参考答案

第二章　民法的渊源和适用

【导语】

人们常说:要依法办事。民事主体须按照民法规范的要求进行民事活动,法院应依照民法规范裁判民事案件。然民法规范在何处?法院裁判民事案件应适用哪些规范?又如何适用呢?这是本章要解决的问题。

第一节　民法的渊源

民法的渊源又称民法的法源,有不同的含义,这里是指民事法律规范的表现形式,即法院裁判民事案件所依据的法律规范或根据的来源。由于我国是成文法国家,因此,民法的渊源主要是国家权力机关在其职权范围内制定的有关民事的规范性文件。

一、宪法

宪法是国家的根本法,是包括民法在内的各部门法的立法依据和基准。关于宪法是否为民法渊源,法院可否直接引用宪法来裁判民事案件,学界有不同的观点。本书认为,在一般情况下,法院审理民事案件无须引用宪法的规定予以裁判。但是,宪法规定的公民基本权利义务未能在民事法律、法规中具体化的,法院应当依据宪法关于公民基本权利义务的规定,对受侵害的公民权利予以保护。

二、民事基本法

民事基本法,是由全国人民代表大会制定的调整民事关系的基本法律。民事基本法为民法的基本渊源。在我国,民事基本法是由全国人民代表大会通过的《民法典》。

三、民事单行法与其他法律中的民法规范

民事单行法,是指由全国人民代表大会常务委员会通过的调整某一领域民事关系的法律。民事单行法的位阶次于民事基本法,也是民法的主要渊源。《公司法》《合伙企业法》《著作权

法》《商标法》《专利法》《票据法》《保险法》等，都属于民事单行法。

除民事单行法外，全国人大常委会制定的其他法律中有涉及民事问题的法律规范的，这些法律规范也应属于民法规范。例如，《城市房地产管理法》关于土地使用权出让、房地产转让、房地产抵押、房屋租赁方面的规定应是处理相关民事纠纷的重要依据。又如，《消费者权益保护法》关于消费者索赔的规定，是处理消费者与销售者之间赔偿纠纷的依据。

四、法规

法规是指由行使行政立法权的国务院和有地方立法权的地方权力机关制定的规范性文件。国务院制定的规范性文件称为行政法规，有立法权的地方人民代表大会及其常务委员会制定的规范性文件称为地方性法规。上述法规中有关民事事项的部分也属于民法的渊源。

五、规章

规章是国务院各部（委）和地方人民政府为贯彻法律、行政法规在其权限范围内制定的规范性文件。规章不属于法律范畴，也不是对法律适用中有关问题的解释，因而从其性质上说，规章不能成为民法的渊源。但因为规章规定的事项是为执行法律、法规规定的事项，所以，法院审理案件可以参照规章。

六、最高人民法院的司法解释

依宪法规定，最高人民法院有权就法律适用中的问题作出解释。最高人民法院的司法解释包括关于贯彻执行法律的意见、适用有关法律的有关问题的解释和解答、就某类案件如何适用法律的批复等，对各级法院都有效力，因此，也是民法的渊源。

七、习惯

《民法典》第 10 条规定："处理民事纠纷，应当依照法律；法律没有规定的，可以适用习惯，但是不得违背公序良俗。"该条明确规定习惯为民法的渊源。依据《最高人民法院关于适用〈中华人民共和国民法典〉总则编若干问题的解释》（以下简称《民法总则解释》）第 2 条第 1 款规定，所谓习惯，是指在一定地域、行业范围内长期为一般人从事民事活动时普遍遵守的民间习俗、惯常做法等。适用习惯处理民事纠纷应具备以下条件：第一，法律对该事项没有规定。这里的法律是广义的，包括法规等规范性文件。第二，适用习惯，不得违背社会主义核心价值观，不得违背公序良俗（《民法总则解释》第 2 条第 3 款）。应当指出，当事人主张适用习惯的，应当就习惯及其具体内容提供相应证据；必要时，法院可以依职权查明（《民法总则解释》第 2 条第 2 款）。

八、国际条约

国际条约在具备下列条件时也为民法的渊源：(1) 该条约为我国缔结或者参加的；(2) 该条约中的有关条款同我国的民事法律有不同规定；(3) 对该条约中的相关条款我国未声明保留。

第二节　民法的效力

民法的效力亦即民法的适用范围，是指有关的民事法律规范于何情形下发生效力，即在何时、何地、何人之间的民事关系应适用有关的民事法律规范。

一、民法在时间上的效力

民法在时间上的效力即民法时间上的适用范围，是指于何时间可以且应当适用该民事法律规范。法律规范只能在法律的有效期间内有效。也就是说，民事法律规范自法律实施之日起才有效，自该法废除之日起就失效。

法律的施行时间与法律的公布时间未必相一致，它只能于规定的实施或施行之日起生效，并且原则上只能对法律生效后发生的事项适用，而对法律生效前发生的事项不能适用。这也就是“法不溯及既往”的原则，但也有例外。在法律明确规定对法律施行前发生的事项也适用该法律时，该法的规范也就具有溯及既往的效力，可适用于该法施行前发生的相关事项。例如，《最高人民法院关于适用〈中华人民共和国民法典〉时间效力的若干规定》(法释〔2020〕15号，以下简称《时间效力规定》)第2条规定：“民法典施行前的法律事实引起的民事纠纷案件，当时的法律、司法解释有规定，适用当时的法律、司法解释的规定，但是适用民法典的规定更有利于保护民事主体合法权益，更有利于维护社会和经济秩序，更有利于弘扬社会主义核心价值观的除外。”关于《民法典》溯及适用的具体规定，《时间效力规定》第6～19条规定，《民法典》实施之前发生的下列纠纷或争议，适用《民法典》相关规定：侵害英雄烈士等人格利益损害社会公共利益引起的纠纷、流押(质)条款效力、合同效力、格式条款效力、以诉讼方式解除合同、违约方请求终止合同权利义务关系、保理合同争议、继承权与受遗赠权丧失争议、被继承人的兄弟姐妹的子女请求代位继承、打印遗嘱效力争议、自甘风险引起的纠纷、自助行为引起的纠纷、因非营运机动车发生交通事故造成无偿搭乘人损害引起的纠纷、从建筑物中抛掷物品或者从建筑物上坠落的物品造成他人损害引起的纠纷等。

有关法律废止时间的规定方式有多种：一是在公布该法的规范性文件或者在该法中规定该法至何时失效。二是通过发布命令或作出决定的方式，宣布某法律规范废止。三是在新颁布的规范性文件中明确规定原规范相同事项的法律废止。四是以新法改废旧法，即通过颁布新法使原来的法律废止。因为一部新法生效后，即使没有明确规定，针对同一事项的旧法也当然废止，这也就是新法改废旧法规则。适用新法改废旧法的规则，新法与旧法必须是由同一机关通过的同一位阶的法，并且新旧法规定针对的须是同一事项。如果新旧法规定的事项并非完全一致，某一事项在旧法中虽有规定但新法中并未规定，则旧法中有关新法中未规定的该事项的规定仍然有效。①

二、民法在空间上的效力

民法在空间上的效力即民法地域上的适用范围，是指民事法律规范对何地域发生的民事关系有效。

《民法典》第12条规定："中华人民共和国领域内的民事活动，适用中华人民共和国法律。法律另有规定的，依照其规定。"因此，除法律另有规定外，在中华人民共和国的领土、领海、领空以及依据国际法和国际惯例视为我国的领域内发生的民事关系都应适用我国民法。但由于我国实行"一国两制"，特别行政区有自己的法源，我国内地（大陆）民法不适用于香港、澳门特别行政区及台湾地区，这些地区的法律也仅适用于该地区。同时，应当注意，各种民事法律规范并非具有同样的效力：全国性的规范性文件适用于全国，但仅为某一地区制定的规定仅适用于该地区；全国性法律允许某区域制定变通或补充规定的，在许可的区域应适用变通或补充规定；地方性规范性文件只能适用于该地区，而不能适用于其他地区。

三、民法对人的效力

民法对人的效力即民法规范对人的适用范围，是指民事法律规范适用于何人。

我国民法对所有自然人实行国民待遇，除法律另有规定外，对在中华人民共和国领域内发生的有外国人、无国籍人参与的民事关系同样适用我国民法。

第三节　民法的适用和解释

一、民法的适用规则

因民法规范既是行为规范，又是裁判规范，所以民法的适用有广义与狭义之分。狭义的民法适用是指法院或仲裁机构适用民事法律规范裁判各类民事案件的活动；广义的民法适用还包括民事主体按照民法规范的要求进行民事活动。通常所称民法的适用仅就其狭义而言。

民法的适用是以民事法律规范为依据就具体民事案件作出裁判的过程。从方法论上说，就是根据当事人的请求，找出有无可支持该请求的民法规范。这一过程是一个以逻辑三段论进行推理的过程。大前提为法律规范，其结构为具备某一事实的构成要件即发生某种法律效果；小前提为待决案件中支持请求的具体事实；若该具体事实符合法律规定的要件，则结论为发生法律规定的法律效果，支持当事人的请求。因此，适用法律实际上也就是要确定或找出有

---

① 《立法法》第103条规定："同一机关制定的法律、行政法规、地方性法规、自治条例和单行条例、规章，特别规定与一般规定不一致的，适用特别规定；新的规定与旧的规定不一致的，适用新的规定。"

无支持当事人请求的法律规定,作出是否支持当事人请求的裁决。在适用法律上应遵循以下五个规则。

（一）特别法优于普通法

《民法典》第11条规定:“其他法律对民事关系有特别规定的,依照其规定。”依此规定,特别法优于普通法规则,是指对于某一事项,特别法有规定的,应优先适用特别法的规定,只有在没有特别法规定时,才可适用普通法的规定。从规范事项上说,规范一般事项的法为普通法,而规范特别事项的法为特别法。例如,民事基本法与其他民事法律相比,民事基本法为普通法,其他民事法律则为特别法。依据《民法总则解释》第1条第2款规定,就同一民事关系,其他民事法律的规定属于对民法典相应规定的细化的,应当适用该民事法律的规定。民法典规定其他法律的,适用该法律的规定。例如,《民法典》中关于法人的规定为普通法的规定,而《公司法》的规定则属于特别法的规定。从法律效力上说,适用于全国的法为普通法,仅适用于特别地域的法为特别法。

（二）后法优于前法

后法优于前法,也有的称为新法优于旧法,是指对于某一事项,后法与前法都有规定的,应适用后法的规定,而不能适用前法的规定。因为在这种情形下,实际是以“后法”改废了“前法”。

（三）强行法优于任意法

民事法律规范可分为强制性规范(强行法)与任意性规范(任意法)。强行法是指当事人必须遵守、不得排除其适用的法律规范;任意法是指当事人可排除其适用的法律规范,在当事人未为排除时才予以适用。民法规范多为任意性规范,但也有强制性规范。例如,《民法典》中关于民事权利能力和民事行为能力、时效期间的规定等就属于强制性规范。任意性规范体现私法自治原则,而强制性规范则是对私法自治的一种限制。对于同一事项,凡有强制性规范的,应适用强制性规范,而不能依当事人的意思决定之。如果对于某一事项,法律规定可在一定范围内由当事人自行决定,则该法律规范属于半强制性规范,当事人只能在规定的范围内协商,若超出法律规定的范围,则其约定无效。例如,法律关于产品质量保证期限的规定就属于半强制性规范,当事人约定的保证期限不能低于法律规定的最低期限,否则其约定无效。

（四）例外规定排除一般规定

一般规定是对一般情形的事项的规定,例外规定则是对同一事项的例外情形的规定。在对于某一事项既有一般规定又有例外规定时,属于例外的情形应适用例外规定而不能适用一般规定。例如,关于诉讼时效期间,《民法典》第188条第1款规定:“向人民法院请求保护民事权利的诉讼时效期间为三年。法律另有规定的,依照其规定。”此3年诉讼时效期间为一般规定。法律关于诉讼时效期间的其他规定,则属于例外规定。

（五）具体规定优先于一般性条款

一般性条款又称弹性条款、概括性条款，是不具体规定某种事实状态发生的法律效果，而只是关于原则的规定。前述《民法典》中关于基本原则的规定就属于一般性条款。在法律适用上，法律有具体规定的，应适用法律的具体规定，而不能直接适用一般性条款，也不必既引用具体规定，又引用一般性条款。只有在没有具体规定时，才可以直接适用一般性条款。依据《民法总则解释》第 1 条第 3 款规定，民法典及其他法律对民事关系没有具体规定的，可以遵循民法典关于基本原则的规定。

二、民法的解释

民法的解释是指探求民事法律规范的真实含义，确定其内容。其目的在于确定待决的案件是否可适用相关的法律规定。

法律解释是法律适用中不可或缺的环节。这是因为，一方面，法律规范中的假定本来就是一种高度抽象，具体案件中的事实是否为法律规范所涵盖的事项，需要通过对法律的解释予以确定。另一方面，法律规范中本来就有一些不确定的概念，也需要作出解释。例如，《民法典》第 147 条规定，行为人基于重大误解实施的民事法律行为，有权请求法院或者仲裁机构予以撤销。"重大误解"就是一个不确定的概念。何为重大误解？当事人所请求撤销的行为是否为"行为人基于重大误解实施"的民事法律行为？可否适用该法律规范支持当事人的请求？这就需要通过解释予以确定。

关于法律解释的方法，学者中有不同的阐述。王泽鉴教授认为："法律解释在于探究法律客观的规范意旨，其主要解释方法（标准或因素）有六：(1) 法律文义。(2) 法律体系。(3) 立法史及立法资料。(4) 比较法。(5) 立法目的。(6) '合宪'性解释。"①

通常将法律解释分为文义解释与论理解释。

文义解释即文理解释，是指依法律条文中所用的文句的字义或词义所作的解释。文义是法律解释的始点，也是法律解释的终点。② 例如，《民法典》第 13 条规定："自然人从出生时起到死亡时止，具有民事权利能力，依法享有民事权利，承担民事义务。"何为"出生"？何为"死亡"？这就需要从出生、死亡的词义上作出解释。

论理解释，是指依推理而阐明法律规范的真意。论理解释不是拘泥于法律条文中的文句的含义进行解释，而是依一般法理进行解释，它需要斟酌法律制定的理由以及其他一切情事进行解释。例如，从法律体系上、从比较法上、从立法目的上、从经济的社会的历史的诸方面因素上来理解法律条文的含义，都属于论理解释。论理解释可能是扩大了文句的含义，也可能是缩小了文句的含义；可能是从正面理解文句的含义，也可能是从反面理解文句的含义。因此，论理解释包括：

(1) 扩张解释。扩张解释又称扩充解释，是指仅依法律文句的文义解释不足以表示立法的真意时，扩张该条文文句的含义。例如，《民法典》第 994 条规定，死者的遗体受到侵害的，

---

①② 参见王泽鉴：《民法总则》（2022 年重排版），北京大学出版社 2009 年版，第 62~63 页。

“其配偶、子女、父母有权依法请求行为人承担民事责任”。若被告侵害死者的骨灰或坟墓，法院可否支持原告的请求呢？仅从文义上理解，骨灰、坟墓不是遗体。但依论理解释，从立法目的上看，该条规范是保护死者近亲属人格权益的。从保护自然人人格权上说，不论是侵害死者的遗体还是侵害死者的骨灰或坟墓，均侵害死者亲属的人格权益，当在禁止之列。如此解释，也就扩大了该条文的字面含义，即为扩张解释。通过此扩张解释，法院才得依该条规范满足原告的诉讼请求。

（2）限缩解释。限缩解释又称限制解释、缩小解释，是指在法律条文的文句含义过于广泛时，对其含义予以缩小。例如，《民法典》第 144 条规定：“无民事行为能力人实施的民事法律行为无效。”现原告因将其财产赠与一无民事行为能力人而请求确认该赠与行为无效，可否满足原告的请求呢？若从条文的文句含义上说，法院应确认该赠与行为无效。但是，从论理上解释，该法律规范的立法目的是保护无民事行为能力人的利益，无民事行为能力人实施的纯获利益的对其有利的行为不应无效。这样解释该条文也就限制了其文句的含义。依此限缩解释，法院则不能满足原告的请求。

（3）反面解释。反面解释又称反对解释，是指依法律条文所规定的事项，就其反面的意思进行解释。例如，《民法典》第 140 条第 2 款规定：“沉默只有在有法律规定、当事人约定或者符合当事人之间的交易习惯时，才可以视为意思表示。”依反面解释，在没有法律规定、当事人约定或者当事人之间的交易习惯时，意思表示不得用默示方式作出。

在利用各种方法解释民法时，不能相互矛盾。例如，《民法典》第 19 条规定，限制民事行为能力人“可以独立实施纯获利益的民事法律行为或者与其年龄、智力相适应的民事法律行为”。而第 20 条规定，“不满八周岁的未成年人为无民事行为能力人，由其法定代理人实施民事法律行为”。如采用反面解释，则无民事行为能力人不能独立实施任何民事法律行为。而如此解释就与目的解释相冲突，因此，对于无民事行为能力人实施的纯获利益的民事法律行为应以目的解释为准。

自测习题　　案例分析　　案例分析参考答案

第三章　民事权利

■【导语】

“为权利而斗争”是德国著名法学家耶林的一句名言，早已被人们广为传诵。这充分表明了权利对国家、社会以及国民的重要性。权利的核心是利益。人们为满足自己物质生活和文化生活的需要，必须享有一定的民事权利。何为民事权利？它是如何产生又应如何行使？民事权利与民事义务的关系如何？这是本章所要阐述的基本问题。

第一节　民事法律关系

一、民事法律关系的含义和特点

民事法律关系是根据民事法律规范确立的以民事权利义务为内容的社会关系。如前所述，民法以平等主体之间的人身关系和财产关系为调整对象，经民法调整的社会关系也就成为民事法律关系。对民事法律关系的含义和特点，可从以下三个方面理解：

第一，民事法律关系是由民法规范的社会关系。法律关系是由法律调整而形成的，因此，只有民法规范的社会关系才为民事法律关系。仅由道德、习惯调整的社会关系不是法律关系，当然不属于民事法律关系；虽为法律调整，但不为民法所规范的社会关系也不属于民事法律关系。例如，朋友间相邀共同出游的关系不为法律调整，不属于民事法律关系；纳税人与税务机关间的纳税关系虽为法律调整却也不属于民事法律关系。而游客与旅行社间关于到某地旅游的关系，因由民法调整而属于民事法律关系。

第二，民事法律关系为平等主体之间的社会关系。民事法律关系是人与人之间的关系，但人与人之间的法律关系并非全为民事法律关系。民事法律关系的特点之一是主体的平等性，只有发生在平等主体之间的法律关系才能为民事法律关系。由于民事法律关系的主体是平等的，因此在一般情况下，民事法律关系是由当事人自愿设立的。也就是说，民事法律关系一般体现当事人的意志。不过有的民事法律关系只能按照法律规定的模式形成，如物权关系、亲属关系；有的民事法律关系可完全由当事人相互依法约定，如合同关系；有的民事法律关系的主体双方都是特定的人，称为相对法律关系，如买卖关系；有的民事法律关系只是权利人一方特定，而义务人一方是不特定的人，称为绝对民事法律关系，如所有权关系。

第三,民事法律关系是以权利义务为内容的社会关系。民事法律关系是民事权利义务关系,其必有一方享有权利,而另有一方负有相应的义务。没有一方当事人享有权利或负担义务,也就不会形成民事法律关系。不过,有的民事法律关系中,当事人享有权利和负担义务是十分明显的;有的法律关系中一方当事人享有的权利十分清楚,而另一方负担的义务却不明显。如在所有权关系中,所有权人的权利很清楚,而非所有权人负担的不得侵害所有权的义务就不明显,但不能认为这种法律关系中只有权利而无义务。

二、民事法律关系的构成要素

民事法律关系的构成要素,简称民事法律关系的要素,是指构成民事法律关系的必要因素或条件。关于民事法律关系的要素,有的采三要素说,有的采四要素说。前者认为民事法律关系的要素为主体、内容和客体;后者主张民事法律关系的要素还应包括民事法律关系变动的原因。本书认为,民事法律关系的要素是从民事法律关系的结构上分析其要件,而不是从其形成上来说的。从静态分析民事法律关系的结构,其必不可少的要素就是主体、内容和客体,其中任何一个要素发生变化,民事法律关系就会发生变更。

(一)民事法律关系的主体

民事法律关系的主体,是参与民事法律关系享有民事权利和负担民事义务的人。这里的人,不限于自然人,凡民事法律上规定的民事主体,都可为民事法律关系的主体。民事主体可成为哪些民事法律关系的主体也是由法律规定的。虽为民事主体,但法律规定不能成为某种民事法律关系主体的,则不能成为该民事法律关系的主体。例如,法人不能为亲属关系的主体,因此,法人“收养”某人是不能成立收养关系的。民事法律关系的主体须为双方,仅有一方是形不成“关系”的。民事法律关系的主体任何一方既可为一人,也可为多人。任何民事法律关系的双方主体中必有一方享有权利,另一方负担义务,享有权利的一方为权利主体即权利人,负担义务的一方为义务主体即义务人。民事法律关系的权利主体只能是特定的人,但有的法律关系的义务主体为不特定的人。

(二)民事法律关系的内容

民事法律关系的内容是民事主体所享有的权利和所负担的义务。没有权利义务,也就不存在民事法律关系。作为民事法律关系内容的权利与义务相互对立、相互联系,共同存在于同一法律关系之中。任何民事法律关系中必有权利,该权利决定着民事法律关系的性质;同时,任何民事法律关系中有与该权利相对应的义务。因为权利的内容是通过相应的义务来表现的,而义务的内容则是由权利来限定的。例如,债权关系中债权人享有的请求债务人给付的权利就要通过债务人的给付义务体现,而债务人给付义务的内容是由债权人的给付请求权限定的。但在有的法律关系中,一方的某一权利未必就有相对应的义务,如撤销权就无相对应的义务。

（三）民事法律关系的客体

民事法律关系的客体，是指民事法律关系中的权利义务共同指向的对象。民事主体是基于一定的对象确定相互间的权利义务的，没有客体，民事权利义务就会落空，也就不存在民事法律关系。民事法律关系与民事权利的客体或标的既有联系又有区别。其联系在于只有法律规定的民事权利的客体才可为民事法律关系的客体；其区别在于一项民事权利的客体只有一个，而由于民事法律关系中的权利可能为多项，民事法律关系的客体也就可能为多个民事权利的客体。

三、民事法律关系变动的根据

（一）民事法律事实的概念和特点

民事法律关系的发生、变更和终止必有一定的根据或者原因。这一根据就是民事法律事实。所谓民事法律事实，是指由法律规定的能够引起民事法律关系产生、变更或终止的客观现象。其有两个主要特点：一是客观性，即只有客观现象才能成为法律事实，单纯的主观意志不能引起民事法律关系的变动；二是法定性，即何种客观现象可引起民事法律关系的变动是由法律规定的。法律调整社会关系，正是通过规定某种客观现象可引起某种法律关系来实现的。因此，从法律规范、法律事实与法律关系的关系上说，法律规范是认定法律事实和该事实可引发的法律后果的依据，而民事法律关系的变动是该事实引发的后果。审理民事案件，确认当事人间是否存在权利义务，就要看是否有引起当事人间权利义务发生、变更或消灭的事实。在一般情况下，只要有一个法律事实就会发生某种法律后果，而在某些情况下，须有几个法律事实的结合才能发生某种法律后果。相互结合才能引起民事法律关系的发生、变更或终止的法律事实的总和，通常称为民事法律事实构成。

（二）民事法律事实的分类

民事法律事实作为一种客观现象，是多种多样的。依据其是否与人的意志有关，可分为自然事实和行为。

1. 自然事实

作为民事法律事实的自然事实，是指与人的意志无关的能引起民事法律关系发生、变更或终止的客观现象。自然事实又可分为事件与状态。事件是指某种偶发的客观现象，如人的出生、死亡；状态是指某种现象的持续，如时间的经过。自然事实既然与人的意志无关，当事人也就不能控制其发生。

2. 行为

作为民事法律事实的行为，是指与人的意志有关的客观现象。既然行为与人的意志有关，也就是可以控制的。因此，法律上可以规定合法行为与不法行为发生不同的法律后果，以鼓励人们实施合法的行为和不实施不法行为。依据实施行为的人与所发生的法律后果间的关系，行为可分为当事人的行为与他人的行为。当事人的行为直接引发以当事人为主体的民事法律关系的变动,而他人的行为则在其他人间引发法律关系的变动。前者如合同,后者如仲裁机构的裁决。依当事人实施行为是否以发生民事法律后果为目的,当事人的行为可分为民事法律行为与事实行为。前者是指当事人实施的以发生一定民事法律后果为目的的行为,该行为是否能发生当事人预期的后果取决于该行为是否符合法律的要求;后者是指当事人实施的不以发生民事法律后果为目的的行为,但该行为的实施依法律规定可在当事人间发生民事法律后果。例如,没有法定的或者约定的义务而对他人的事务进行管理,尽管当事人的目的不是要发生民事权利义务关系,但该管理行为的实施就会在管理人与本人(受益人)间发生民事权利义务关系。

第二节　民事权利的概念和分类

一、权利的含义

何谓权利,理论上主要有意思支配说、利益说与法力说等。意思支配说认为,权利为个人意思自由或意思支配的范围;利益说认为,权利为法律所保护的利益;法力说则认为,权利乃享受特定利益之法律上之力。本书认为,民事权利是民事主体依法享有并受法律保护的利益范围或者得为某种行为(作为或不作为)以实现其利益的可能性。

权利的本质在于法律赋予当事人的自由,权利人或可以依法自主决定是否直接享受其利益,如所有权人可以依自己的意思决定对标的物的占有、使用、收益或处分;或可以依法请求他人为一定行为或者不为一定行为,如所有权人可请求非所有权人不实施妨碍其所有权行使的行为,债权人可以请求债务人给付。权利人的这种自由是受法律保护的,若其权利受到侵害,权利人则有权请求国家予以救济。权利的实质在于利益,这种利益是受法律保护的,因此,作为权利内容的利益须为符合国家、社会利益的个体利益。

需要指出的是,权利的内容为利益,但并非所有的权利都是为权利人利益创设的。有一些权利来源于社会的发展和法律调整社会生活的需要,其行使是为相对人的利益而非为权利人的利益。例如,监护权的行使,非为权利人的利益,而是以促进被监护人利益为目的,故被称为义务权。①

二、民事权利的分类

民事权利多种多样,依其不同的标准,可分为不同的种类。通常的分类主要有以下几种。

(一) 人身权与财产权

根据民事权利是否直接体现财产利益,可将其分为人身权与财产权。

---

① 参见王泽鉴:《民法总则》(2022 年重排版),北京大学出版社 2009 年版,第 102 页。

人身权是指与主体的人格、身份不可分离且不直接具有财产利益的权利，所以又称为非财产权。人身权包括人格权与身份权。人身权一般不具有可让与性，在受到侵害时首先应当以非财产的方式予以救济。

财产权是指以财产为客体，直接体现财产利益的权利。财产权又可分为物权、债权、知识产权、继承权、股权等，一般具有可让与性（继承权因以身份权为基础，不具有可让与性），在受到侵害时须以财产方式予以救济。

（二）绝对权与相对权

根据民事权利的效力范围，可将其分为绝对权与相对权。①

绝对权是指其效力及于权利人之外一切人的权利。绝对权的权利人可向任何人主张其权利，其特点在于，义务人为不特定的人，权利人不须借助义务人的行为即可实现其权利。人格权、身份权、物权、知识产权以及继承权都属于绝对权。

相对权是指其效力及于特定人的权利。相对权的权利人仅得向特定的义务人主张权利，其特点在于，义务人为特定的人，权利人须借助义务人行为的介入才能实现其权利。债权是最典型的相对权。

当然，绝对权与相对权的区分也不是绝对的，二者区分的根本标准在于权利人的权利实现方式。因为相对权的权利人如债权人也得主张他人不得侵害其债权，绝对权的权利人如所有权人也得向侵害其权利行使的特定人行使物权请求权。

（三）支配权、请求权、抗辩权与形成权

根据民事权利的作用，可将其分为支配权、请求权、抗辩权与形成权。

支配权是指权利主体可直接对权利客体予以支配并排除他人干涉的权利。权利人实现支配权无须请求他人为一定行为，他人只要不妨碍权利人权利行使即可。物权、人身权、知识产权都属于支配权。

请求权是指请求他人为一定行为或不为一定行为的权利。权利人实现请求权必须通过他人行为的介入。例如，租赁合同的承租人请求出租人交付租赁物以供其使用的权利，就为请求权。债权为请求权，但债权的权能不仅仅为请求权，请求权也并非仅为债权所包含。请求权是由一定的基础性权利（如人身权、物权、债权、知识产权、继承权）派生的权利，也可以说是基础性权利所包含的权利。例如，所有权人请求妨害其所有权行使的人排除妨碍的权利，就是所有权所包含的或由所有权派生的权利。

广义的抗辩权是指对抗请求权和否认他人的权利存在的权利。例如，出卖人请求买受人支付价款，买受人以约定的价款支付期限未到为由拒绝给付的权利，或者买受人以买卖合同无效而无支付价款的义务为由拒绝给付的权利，都属于广义的抗辩权。狭义的抗辩权仅指对抗请求权的权利。通常所称抗辩权指狭义而言，其作用在于对抗请求权。抗辩权又分为一时抗辩权和永久抗辩权。前者仅有一时对抗请求权的效力，而后者有永久对抗请求权的效力。例

---

① 还有一种相似的分类，是将民事权利分为对世权与对人权。对世权是指得对抗任何人即义务人不特定的权利；对人权是指仅得对抗特定人即义务人为特定人的权利。绝对权为对世权，相对权则为对人权。

如，买受人以价款支付期限未到而行使的抗辩权即为一时抗辩权，一旦支付期限届至，就不能对抗价款给付请求权；若买受人以出卖人的价款给付请求权的诉讼时效届满而行使抗辩权，则该抗辩权为永久抗辩权，买受人可永久对抗出卖人的价款给付请求权。

形成权是指权利人得以自己的意思而使法律关系发生变化的权利。形成权的实现并无相对人的义务履行，仅依权利人自己的意思即可为之。例如，抵销权、撤销权即属于形成权。

（四）既得权与期待权

根据民事权利的实现条件是否完全具备，可将其分为既得权与期待权。

既得权是指其实现条件已完全具备，权利人即可行使的权利。多数权利都属于既得权，如所有权、土地承包经营权、建设用地使用权等。期待权是指其实现条件尚未完全具备，权利人尚不能行使，需要待一定条件具备时才可行使的权利。例如，附停止条件合同的权利人享有的权利即为期待权，只有待条件成就时，权利人才可行使权利。

（五）主权利与从权利

根据两项相互关联的权利之间的关系，可将其分为主权利与从权利。

主权利是指两项相关联的权利中不依赖另一权利而可独立存在的权利；从权利则是两项相关联的权利中依赖另一权利的存在而存在的权利。例如，债权人享有担保权时，该权利人的债权与担保该债权的担保权之间，债权为主权利，担保权则为从权利。主权利与从权利是互为条件的，无主权利也就无从权利，无从权利也无所谓主权利。在一般情形下，从权利随主权利的转移而转移。

（六）原权与救济权

根据两项权利间的派生关系，民事权利可分为原权与救济权。

原权为基础性权利，如前所述，人身权、物权、债权、知识产权、继承权都属于原权。以原权为内容的法律关系属于权利性法律关系。若原权受到侵害，则权利人享有请求予以救济的权利。因此，救济权是由原权派生的权利，以救济权为内容的法律关系属于保护性法律关系。例如，甲的财产为乙非法占有，甲得请求乙返还财产的权利即为救济权，该权利是由甲对该财产享有的所有权派生的，甲的所有权即为原权。

（七）专属权与非专属权

根据民事权利有无转移性，可将其分为专属权与非专属权。

专属权是指无转移性的权利。对于专属权，权利人不能转让，也不能依继承转移为他人享有。人格权、身份权、继承权一般都属于专属权。

非专属权是指具有转移性的权利。对于非专属权，权利人一般可以依法转让，也可以依继承程序转移给他人享有。物权、知识产权、债权一般为非专属权。

第三节 民事权利的行使和保护

一、民事权利的行使

法律赋予民事主体权利，是为了满足当事人的利益需要。因此，只有实现权利，才能满足当事人的利益需要。当事人为实现权利实施一定行为，为权利的行使。权利的行使，不同于权利的享有，它以权利享有为前提，不享有权利，则无从行使权利。但权利仅为权利人享有，而权利可由权利人自己行使，也可由他人代为行使。

权利的行使有事实方式和法律方式两种。事实方式是指通过事实行为来实现权利。以事实方式实现权利，不发生与特定相对人的关系，如所有权人自己使用其财物。法律方式是指通过民事法律行为实现权利。以法律方式实现权利，与特定相对人发生法律关系，如所有权人将其房屋出租或出卖，则与承租人、买受人发生法律关系。

作为权利内容的利益为个体利益，权利属于自由的范畴，因此，权利行使是权利人的自由，以自由行使为原则，由权利人自己的意思决定，他人不得干涉。《民法典》第130条规定："民事主体按照自己的意愿依法行使民事权利，不受干涉。"但是，对于义务性的权利，因权利的行使是为他人利益的，权利人不得怠于行使权利。例如，父母对于子女有教育的权利，该权利的行使是为子女利益的，父母不得拒绝行使该权利。《民法典》第131条规定："民事主体行使权利时，应当履行法律规定的和当事人约定的义务。"权利本身含有正当性，因此应依诚信原则正当行使。作为权利内容的利益是符合社会利益的，无害于他人的利益。权利的行使也以不损害社会利益和他人利益为界限。

现代法特别强调禁止权利滥用。《民法典》第132条明确规定："民事主体不得滥用民事权利损害国家利益、社会公共利益或者他人合法权益。"滥用权利，不仅不受法律保护，还应承担相应的民事责任。具备下列条件时即构成权利滥用：第一，行为人享有权利；第二，行为人行使权利损害了国家利益、社会公共利益或他人合法权益；第三，行为人主观上有过错。例如，行为人为处理自己的废物而焚烧之，但同时又烧毁了他人的财物，该行为人行使其所有权的行为即构成权利滥用。

在司法实践中，判断民事主体是否滥用民事权利，可以根据权利行使的对象、目的、时间、方式、造成当事人之间利益失衡的程度等因素作出认定。行为人以损害国家利益、社会公共利益、他人合法权益为主要目的行使民事权利的，应当认定构成滥用民事权利。构成滥用民事权利的，该滥用行为不发生相应的法律效力；滥用民事权利造成损害的，行为人应当承担侵权责任（《民法总则解释》第3条）。

二、民事权利的保护

保护民事权利是法律的重要任务。从广义上讲，民事权利的保护包括民事权利的确认；从狭义上讲，民事权利的保护指的是保障民事权利不受侵害或者恢复被侵害的民事权利所采取的救济措施，包括自我保护与国家保护。

民事权利的自我保护又称为私力救济，是指权利人自己采取各种合法手段来保护其权利，包括自卫行为和自助行为。自卫行为，是指为使权利免受不法侵害而采取的防卫或躲避措施，如正当防卫与紧急避险。自助行为，是指权利人在权利受到侵害或有受侵害的危险又来不及请求国家保护时扣留侵权人的财产等措施。

民事权利的国家保护又称为公力救济，是指在民事权利受到侵害时由国家机关通过法定程序予以保护。国家保护民事权利是通过行政、司法等多种机关和多种手段实现的。在民事权利受到侵害时，权利人向法院提起民事诉讼，请求法院保护其权利，是权利人请求国家保护民事权利的主要的和最终的途径。

第四节　民事义务和民事责任

一、民事义务的含义和分类

民事义务是与民事权利相对应的概念。就具体民事法律关系中的义务而言，它是民事主体即义务人在权利限定的范围内应为一定行为或不为一定行为的法律约束。

民事义务的特点在于其约束性，义务主体须依法为或不为一定行为。若义务人不为"应为"的行为，则要承担相应的民事责任。可见，义务不是自由，而是一种约束。至于义务人"应为"行为的内容和范围，则取决于权利的性质和范围。

权利的多样性决定了义务的多样性。从不同的角度、不同的标准，可对民事义务作不同的分类。常见的分类有以下几种。

（一）法定义务与约定义务

根据民事义务的发生根据，可将其分为法定义务与约定义务。

法定义务，是指直接根据法律规定而发生的义务。一般来说，与绝对权相对应的义务都属于法定义务。法定义务有的是由强制性的法律规范明确规定的义务，有的虽不为法律规范所明确规定但从权利的性质和法律原则可推定出。法定义务一般为不作为的义务，并且义务主体是不特定的。

约定义务，是指非由法律直接规定而是由当事人自行约定的义务。与相对权相对应的义务一般为约定义务。约定义务的义务人只能是特定的，并且一般是由义务人自行约定的，当事人原则上不能为第三人约定义务。约定义务虽由当事人自行约定，但当事人的约定须符合法律的规定，否则其约定无效。

（二）积极义务与消极义务

根据民事义务的内容，可将其分为积极义务与消极义务。

积极义务，是指以行为人须为一定行为（作为）为内容的义务。其特点在于，义务人只有为一定行为才能履行义务，如交付货物、转移权利。约定义务多为积极义务。

消极义务,是指以行为人须不为一定行为(不作为)为内容的义务。其特点在于,义务人只要消极地不作为即为履行义务。法定义务多为消极义务。

(三)一般义务与附随义务

根据义务人所负担的有相互关联的义务间的关系,可将其分为一般义务与附随义务。

一般义务又称主要义务,是指在义务负担的关联义务中决定法律关系性质的基本义务。

附随义务又称附从义务,是指义务人为一般义务的履行所负担的从属性义务。例如,《民法典》第509条第1、2款规定:"当事人应当按照约定全面履行自己的义务。""当事人应当遵循诚信原则,根据合同的性质、目的和交易习惯履行通知、协助、保密等义务。"当事人在合同中约定的义务为主给付义务即一般义务,而根据合同性质、目的和交易习惯当事人应负担的通知、协助、保密等义务即附随义务。

(四)专属性义务与非专属性义务

根据民事义务有无转移性,可将其分为专属性义务与非专属性义务。

专属性义务是指无转移性,义务人不得将其转移给他人负担的义务。与人身有关的义务一般为专属性义务。

非专属性义务是指具有转移性,义务人得将其转移给他人负担的义务。财产性义务一般为非专属性义务。

二、民事责任

(一)民事责任的概念和特点

关于民事责任的概念,学者有不同的理解。就其实质意义来说,民事责任是民事主体违反民事义务而应承担的法律后果。

民事责任主要具有以下特点:

第一,民事责任是违反民事义务的法律后果。民事责任尽管也是通过履行一定义务来实现的,但它不同于民事义务。民事义务是民事责任的前提,而民事责任是违反民事义务的法律后果。没有民事义务,不会产生民事责任;有义务而未违反义务,也不会承担民事责任。当然,民事义务有法定义务与约定义务之分。与绝对权相对应的法定义务的主体具有不特定性,只有违反义务时,主体才特定。于此情形下,违反义务的特定主体应承担民事责任,此时似乎是先有责任后有义务,但实质上也是因主体违反法定义务(如不得侵害他人财物的义务)才发生责任的。

第二,民事责任以恢复被侵害的权利为目的。权利的实现有赖于义务的履行,义务的违反也就是对权利的侵害。为恢复被侵害的权利,违反义务的人须承担民事责任。因此,民事责任的目的在于恢复被侵害的民事权利。也正因如此,民事责任是一方当事人(违反义务的加害人)向另一方当事人(权利人即受害人)承担的责任,民事责任的承担方式和范围应与违反的义务性质和损害后果相适应。从权利人方面说,民事责任是对权利的救济方式。因此,民事责任也就是保护性民事法律关系中的义务。民事责任既以恢复被侵害的权利为目的，也就只能是平等主体之间的一种“私”的关系，而不是国家与责任人之间的制裁关系。

第三，民事责任具有强制性，但当事人之间可以协商。民事责任虽为民事主体之间的责任，但作为法律责任，必有强制性。这表现在可以通过国家强制力强制当事人承担民事责任。但是，民事责任的强制性不同于其他法律责任。民事责任一般由当事人自愿承担，只有在当事人不能自愿承担的情形下，国家才强制其承担。另外，有的民事责任（如违约责任）当事人可事先约定，有的民事责任（如侵权责任）虽不得事先约定，事后却可以进行协商。因为是否让违反义务的人承担全部责任，也是权利人的权利。

第四，民事责任具有优先性。民事责任与刑事责任、行政责任同属于法律责任，但性质不同，不能相互代替，在适用上民事责任具有优先性。《民法典》第187条规定：“民事主体因同一行为应当承担民事责任、行政责任和刑事责任的，承担行政责任或者刑事责任不影响承担民事责任；民事主体的财产不足以支付的，优先用于承担民事责任。”

（二）民事责任的分类

1. 债务不履行的民事责任与侵权的民事责任

根据民事责任的发生根据，可将其分为债务不履行的民事责任与侵权的民事责任。

债务不履行的民事责任是指因债务人不履行已存在的债务而发生的民事责任。债务不履行的民事责任中最常见、最主要的是不履行合同债务即违反合同的民事责任，简称违约责任。但债务不履行的民事责任不单指违反合同的民事责任，还包括不履行返还不当得利债务等的民事责任。返还不当得利的民事责任不同于返还不当得利的债务，因为不当得利仅发生债务，而不发生责任，只有债务人不履行债务时才发生债务不履行的民事责任。在一定意义上可以说，债务不履行的民事责任是一种义务人“应为”而不为的民事责任。

侵权的民事责任是指因实施侵权行为而发生的民事责任，简称侵权责任。侵权责任主要是行为人违反消极义务而发生的责任。在侵权责任发生前，行为人与权利人之间一般不存在具体的债务。

《民法典》第186条规定：“因当事人一方的违约行为，损害对方人身权益、财产权益的，受损害方有权选择请求其承担违约责任或者侵权责任。”按照这一规定，在违约责任和侵权责任发生竞合时，受损害方有权从两种责任中选择其一行使请求权。

2. 财产责任与非财产责任

根据民事责任的内容是否具有财产性，可将其分为财产责任与非财产责任。

财产责任是指直接具有一定财产内容的民事责任，责任人须承担不利的财产后果，使受害人一方得到财产利益的补偿。《民法典》第179条规定的承担民事责任的方式中，返还财产、恢复原状、赔偿损失、支付违约金以及修理、重作、更换等都属于财产责任。

非财产责任是指不直接具有财产内容的民事责任，责任人承担的不是不利的财产后果，而是使受害人的非财产利益得到恢复的责任。《民法典》第179条规定的承担民事责任的方式中，消除影响、恢复名誉及赔礼道歉即为非财产责任。

需要说明的是，《民法典》第179条规定的承担民事责任的方式，有的属于预防性的责任，既不属于财产责任，也不属于非财产责任，如停止侵害、排除妨碍、消除危险。

3. 履行责任、返还责任与赔偿责任

根据财产责任的范围,可将其分为履行责任、返还责任与赔偿责任。

履行责任是指责任人须履行自己原承担的债务的民事责任。例如,《民法典》第 577 条规定:“当事人一方不履行合同义务或者履行合同义务不符合约定的,应当承担继续履行、采取补救措施或者赔偿损失等违约责任。”违约行为人承担的继续履行、采取补救措施的责任,就属于履行责任。

返还责任是指责任人承担的以返还利益为内容的民事责任。例如,《民法典》第 460 条规定,“不动产或者动产被占有人占有的,权利人可以请求返还原物及其孳息”。非法占有人将占有的原物及其孳息返还给权利人的责任,即为返还责任。

赔偿责任是指责任人须赔偿受害人损失的民事责任。赔偿责任的赔偿范围原则上与受害人的损害相当。它既可以单独存在,也可以与履行责任、返还责任并存。

4. 单独责任与共同责任

根据民事责任的主体人数,可将其分为单独责任与共同责任。

单独责任是指由一人独自承担的民事责任。单独责任不同于单方责任,单方责任是相对于双方责任而言的,无论是单方责任还是双方责任,只要承担责任的一方只有一人,就为单独责任。

共同责任是指由二人以上共同承担的民事责任。共同责任为多数人的责任,根据责任人之间在承担责任上的关系,可分为按份责任、连带责任与补充责任。按份责任是指各个责任人各自按照一定的份额共同承担民事责任,相互间没有连带关系。《民法典》第 177 条规定:“二人以上依法承担按份责任,能够确定责任大小的,各自承担相应的责任;难以确定责任大小的,平均承担责任。”连带责任是指各个责任人不分份额地共同向受害人承担民事责任。连带责任为加重责任,只有在法律有明确规定或者当事人有明确约定时才能承担。《民法典》第 178 条第 1、2 款规定:“二人以上依法承担连带责任的,权利人有权请求部分或者全部连带责任人承担责任。”“连带责任人的责任份额根据各自责任大小确定;难以确定责任大小的,平均承担责任。实际承担责任超过自己责任份额的连带责任人,有权向其他连带责任人追偿。”补充责任是指在责任人不能承担全部民事责任而应由他人承担不足部分责任的情形下发生的共同责任。

5. 过错责任与无过错责任

根据民事责任的归责原则,可将其分为过错责任与无过错责任。

过错责任是指依法律规定以过错为归责原则的民事责任,只有在行为人有过错时才能发生。如果行为人能够证明自己没有过错,则不承担民事责任。例如,《民法典》第 824 条第 1 款规定:“在运输过程中旅客随身携带物品毁损、灭失,承运人有过错的,应当承担赔偿责任。”

无过错责任是指依法律规定不论有无过错都要承担的民事责任,行为人只有在有法律规定的免责事由时才可不承担责任。

(三) 民事责任的承担方式和免责事由

依据《民法典》第 179 条规定,承担民事责任的方式主要有:(1) 停止侵害;(2) 排除妨碍;(3) 消除危险;(4) 返还财产;(5) 恢复原状;(6) 修理、重作、更换;(7) 继续履行;(8) 赔偿损失；（9）支付违约金；（10）消除影响、恢复名誉；（11）赔礼道歉。如果法律规定惩罚性赔偿的，依照其规定。上述承担民事责任的方式，可以单独适用，也可以合并适用。

关于民事责任的免责事由，《民法典》总则编规定了四种情形：（1）不可抗力。不可抗力是指不能预见、不能避免且不能克服的客观情况。《民法典》第 180 条第 1 款规定："因不可抗力不能履行民事义务的，不承担民事责任。法律另有规定的，依照其规定。"（2）正当防卫。《民法典》第 181 条规定："因正当防卫造成损害的，不承担民事责任。正当防卫超过必要的限度，造成不应有的损害的，正当防卫人应当承担适当的民事责任。"（3）紧急避险。《民法典》第 182 条规定："因紧急避险造成损害的，由引起险情发生的人承担民事责任。危险由自然原因引起的，紧急避险人不承担民事责任，可以给予适当补偿。紧急避险采取措施不当或者超过必要的限度，造成不应有的损害的，紧急避险人应当承担适当的民事责任。"（4）紧急救助。《民法典》第 184 条规定："因自愿实施紧急救助行为造成受助人损害的，救助人不承担民事责任。"

此外，《民法典》第 183 条规定了补偿责任，即"因保护他人民事权益使自己受到损害的，由侵权人承担民事责任，受益人可以给予适当补偿。没有侵权人、侵权人逃逸或者无力承担民事责任，受害人请求补偿的，受益人应当给予适当补偿"。

自测习题　　案例分析　　案例分析参考答案

第四章　自然人

■【导语】

民事权利的主体为“人”。人是社会的主体，社会各项制度无不以人为基本出发点。民法上的“人”不同于生物学上的人，但以自然人为最重要。自然人有生有死，其一生的法律地位如何，是本章要说明的问题。本章将阐述自然人的民事能力、生存期间与生前、死后的利益保护等相关问题。

第一节　自然人的民事权利能力

一、自然人的概念和法律地位

自然人是指基于自然规律而出生的人，既包括自然受孕而出生的人，也包括通过人工授精等方式而受孕出生的人。

自然人与公民是既有联系又有区别的概念。公民是指具有一国国籍并根据该国法规定享有权利和负担义务的人。因此，我国法上的公民也就是具有中华人民共和国国籍的自然人。实际上，“公民”这一概念只是强调“人”的国籍（当然强调国籍也就会涉及政治国家）、“人”的法律属性，而“自然人”的概念强调“人”的自然属性。不论何国民法，其规定的事项只能针对本国的自然人，不过现今各国对非本国人一般实行“国民”待遇，本国人与非本国人的法律地位原则上相同。同时，公民并不同于人民，人民是一个政治上的概念。因为在民法上与法人相对应的概念为自然人，所以用自然人的概念应当说更好些。《民法典》第一编第二章就以“自然人”为标题。

自然人是最为重要的民事主体。自然人皆为民事主体，是历史的进步。在古代社会，即使在法律最发达的古罗马，自然人也并非都为民事主体，当时也只有自由人才为民事主体，奴隶与家子是不具有民事主体资格的。自然人真正都从法律上具有主体资格还是资产阶级革命的成果。资产阶级思想家提出了“天赋人权”“人生而平等”等理念，开始承认自然人均为民事主体。

二、自然人民事权利能力的概念和特点

自然人的民事权利能力,是指自然人享有民事权利和负担民事义务的能力或资格。

民事权利能力是作为民事主体的必要条件。只有具有民事权利能力,才为民法上的“人”,才可为民事法律关系的主体,才能享有民事权利和负担民事义务。现代法上确认自然人具有民事权利能力,也就是确认自然人均为民事主体。自然人具有民事权利能力,也就得享有民事权利和负担民事义务,亦即可为民事权利主体和民事义务主体。

民事权利能力是法律对民事主体资格的确认,不是由当事人自己决定的,它既不能转让,也不能放弃。

民事权利能力既包括享有权利的能力,也包括负担义务的能力。凡能享有权利者,也能负担义务。当然,民事权利能力仅是享有权利和负担义务的资格,它既不同于民事权利,也不同于民事义务。自然人具有民事权利能力,表明自然人有享有民事权利和负担民事义务的资格。一个人是否具体享有权利和负担义务,取决于其是否参与到民事法律关系中。有的民事权利(如生命权)的取得事实与民事权利能力的取得事实是相同的,但这不能说明这些民事权利就是民事权利能力。

《民法典》第 14 条规定:“自然人的民事权利能力一律平等。”平等性是自然人民事权利能力的根本特点。自然人的民事权利能力平等,是指自然人在享有民事权利和负担民事义务上有同样的资格,每一个自然人平等地成为民事权利义务的主体,平等地参与各种民事法律关系,而不受其他诸如年龄、智力、民族、政治面貌、文化程度等因素的限制,也不受任何非法限制和剥夺。在现实生活中,有的人会因触犯其他法律而受到处罚或者因某种因素在其他方面受到一些限制,但其民事权利能力与其他人仍然是平等的。例如,即使受到刑事处罚的人,也与其他人一样得享有民事权利和负担民事义务。

自然人民事权利能力的平等,不意味着凡自然人所享有的民事权利和负担的民事义务都是相同的,而只意味着自然人进行民事活动的资格相同,不存在具有或不具有特殊民事权利能力的自然人。至于自然人结婚与就业等方面年龄上的限制,并非民事权利能力上的限制,而是取得某些具体权利和负担某些具体义务上的法律特别要求,并且法律作类似的限制也必须有正当的理由。

三、自然人民事权利能力的取得和终止

《民法典》第 13 条规定:“自然人从出生时起到死亡时止,具有民事权利能力,依法享有民事权利,承担民事义务。”自然人的民事权利能力体现其主体资格、人的尊严和价值,与主体的人身是不可分离的,其存在时间只能与主体的生存时间相一致。

(一)自然人的民事权利能力因出生而取得

出生是自然人取得民事权利能力的法律事实。一个人自出生时起就取得民事权利能力,不论其出生后是否健康,也不论其出生后生存多久。出生应包括“出”与“生”。出,指脱离母

体;生,指活着,有生命。若“出”而不“生”,则仍不具有民事权利能力,不为民事主体。

出生既是民事权利能力取得的法律事实,也关涉自然人的其他利益,如民事行为能力的状态即受年龄的影响。因此,出生的时间有重要意义。《民法典》第15条规定:“自然人的出生时间和死亡时间,以出生证明、死亡证明记载的时间为准;没有出生证明、死亡证明的,以户籍登记或者其他有效身份登记记载的时间为准。有其他证据足以推翻以上记载时间的,以该证据证明的时间为准。”该条规定了出生时间和死亡时间的证明方法,而民事权利能力取得与否不取决于出生时间的证明,而取决于出生时间的客观事实。例如,户籍证明的出生时间即使准确,也一般仅记载为“日”,而在某些情形下,出生的具体时刻却有重要意义,仅证明出生的日期还不够。按照“谁主张,谁举证”原则,主张涉及出生时间利益者应证明具体的出生时间。

(二)关于胎儿的利益保护

自然人的民事权利能力因出生而取得,未出生就不具有民事权利能力。但胎儿出生后即成为民事主体,因此,为保护未来民事主体的利益,需要对胎儿的利益加以保护。《民法典》第16条规定:“涉及遗产继承、接受赠与等胎儿利益保护的,胎儿视为具有民事权利能力。但是,胎儿娩出时为死体的,其民事权利能力自始不存在。”在涉及遗产继承、接受赠与等胎儿利益保护时,父母有权在胎儿娩出前作为其法定代理人行使相应权利(《民法总则解释》第4条)。

对胎儿利益的保护主要在继承与侵权责任两个领域,在传统民法上仅限于已受孕的胎儿。但由于医学的发展,提出了新的问题,需要认真研究。例如,对在生父死亡后其母利用人工授精的方法以生父保留的精子受孕的胎儿,在分割生父遗产时应否为其保留必要的份额?再如,若其父为他人侵害致死,该胎儿有无损害赔偿请求权?① 这都是需要研究的问题。

(三)自然人的民事权利能力因死亡而终止

自然人的民事权利能力因死亡而终止。这包含两重含义:一是死亡是自然人民事权利能力终止的唯一根据,除死亡之外,其他法律事实均不能导致自然人权利能力的终止;二是自然人从死亡时起不再具有民事权利能力,即不能成为民事主体。

既然死亡是自然人民事权利能力终止的唯一法律事实,死亡时间也就具有重要意义。何为死亡?此为事实问题,学者中曾提出许多判定死亡的标准,如呼吸停止说、心脏跳动停止说等。确认死亡,本是医学问题,又与伦理价值有关。现代医学的发展,一方面使呼吸停止或心跳停止都不能成为死亡的标准,另一方面又提出脑死亡的观点。脑死亡的标准是较科学的,也有利于器官移植手术的开展。

死亡作为自然人民事权利能力终止的法律事实,也应由主张利益的人负举证责任。在一般情况下,死亡的时间记载为某日,而在某些情形下,应精确地确定死亡的具体时刻。例如,夫妇二人于同一日死亡时,确定谁先死亡,于利害关系人而言有重要的意义。

在某些情形下,自然人死亡的时间不能确定时,应依法律的规定推定其死亡的时间。《民法典》第1121条第2款规定:“相互有继承关系的数人在同一事件中死亡,难以确定死亡时间

---

① 对此,王泽鉴教授认为,胎儿就其生父死亡享有抚养费请求权、慰抚金请求权。参见王泽鉴:《民法总则》(2022年重排版),北京大学出版社2009年版,第122页。

的,推定没有其他继承人的人先死亡。都有其他继承人,辈份不同的,推定长辈先死亡;辈份相同的,推定同时死亡,相互不发生继承。”

第二节　自然人的民事行为能力

一、自然人民事行为能力的概念

自然人的民事行为能力,是指自然人能以自己的行为取得民事权利与负担民事义务的资格。

自然人的民事行为能力,也是法律赋予的一种资格,既不能放弃,也不能转让。但民事行为能力不同于民事权利能力,后者为享有权利和负担义务即成为民事主体的资格。自然人在民事法律关系中享有权利和负担义务,或是基于法律的直接规定,或是基于当事人实施的民事法律行为。自然人要通过自己的行为享有权利或者负担义务,就须具备民事行为能力。无民事权利能力,必无民事行为能力;有民事权利能力,却未必就有民事行为能力。只有有民事行为能力的人,才能通过民事法律行为享有权利和负担义务。因此,民事权利能力是民事行为能力的前提,民事行为能力是民事权利能力实现的条件。如果说民事权利能力是主体存在的必要条件,则民事行为能力是作为主体的充分条件。

二、民事行为能力与意思能力

既然民事行为能力是以自己的行为取得权利和负担义务的能力,那么就只有对自己的行为后果有判断能力即有意思能力的人才能具有民事行为能力。能否对其行为后果作出判断取决于其智力水平。因为只有智力达到一定水平的人才能对客观事物进行识别,以作出准确的判断。自然人的智力发育与年龄有关,在一般情形下只有达到一定年龄的人,才有一定的识别能力。同时,自然人的智力与其精神健康状况有关,由于精神健康状况,有的自然人虽达到一定的年龄也不具有同年龄人所应具有的认识能力。所以,法律为保护缺乏相应认识能力人的利益和维护交易安全,按照一般人的智力发育状态,依一定年龄规定自然人的民事行为能力;同时,对因精神健康状况而认识能力受碍者的行为能力作出规定。总的来说,民事行为能力是以意思能力为基础或者前提的,有意思能力者方有民事行为能力,但就具体人而言,有意思能力者未必有民事行为能力。

三、民事行为能力与民事责任能力

民事责任能力是指对民事违法行为承担民事责任的能力。广义的民事违法行为包括侵权行为和债务不履行行为,狭义的民事违法行为仅指侵权行为。自然人的民事行为能力是否包括民事责任能力?对此有不同的看法。有的认为民事行为能力仅指合法行为的能力,有的则认为也包括违法行为的能力。《民法典》中未规定民事责任能力,并且在确定无完全民事行为能力人的侵权责任上只是以其有无财产为标准(《民法典》第 1188 条第 2 款),可以认为民事责任能力与民事行为能力不相一致。本书认为,对我国法律规定的民事行为能力应采广义的理解,即原则上无民事行为能力者无责任能力,限制民事行为能力者有一定的责任能力,完全民事行为能力人则有完全的责任能力。从理论上说,民事行为能力与民事责任能力都是以认识能力为条件的,但二者确定的目的不同。由于民事责任能力决定行为人能否承担民事责任,所以一般应以行为人在实施行为时有无认识能力为判断标准。①

四、自然人民事行为能力的种类

如前所述,为保护无意思能力人的利益和维护交易的安全,法律依据一般人的智力状况将自然人的民事行为能力分为不同情况。依据《民法典》规定,自然人的民事行为能力分为完全民事行为能力、限制民事行为能力和无民事行为能力三种。

(一)完全民事行为能力

完全民事行为能力是指可以完全独立地通过自己的行为取得权利和负担义务的资格。《民法典》第 18 条第 1 款规定:"成年人为完全民事行为能力人,可以独立实施民事法律行为。"因为人的成年,意味着其智力发育成熟,具有对事物的判断和认识能力,所以各国法上均规定成年人为完全民事行为能力人。依据《民法典》第 17 条规定,18 周岁为成年年龄,自然人年满 18 周岁即为成年人,为完全民事行为能力人。

《民法典》第 18 条第 2 款规定:"十六周岁以上的未成年人,以自己的劳动收入为主要生活来源的,视为完全民事行为能力人。"这是因为,一方面,不满 18 周岁的未成年人未必就不具有完全的意思能力;另一方面,16 周岁为法律规定可以就业的年龄,年满 16 周岁但不满 18 周岁的未成年人若已经就业有自己的劳动收入而又不能独立进行民事活动,则不利于保护其合法利益。但是,16 周岁以上不满 18 周岁的自然人只有以自己的劳动收入为主要生活来源的,才视为完全民事行为能力人。

(二)限制民事行为能力

限制民事行为能力又称不完全民事行为能力,是指自然人可以独立进行一些民事活动,但不能独立进行全部民事活动的资格。限制民事行为能力人只在限定的范围内有民事行为能力,超出限定的范围则不具有相应的民事行为能力。

自然人的民事行为能力受限制的原因有二:一是年龄,因为一般情形下达到一定年龄才有相应的认识能力;二是精神健康状况,因为精神疾病影响人的认识能力。

《民法典》第 19 条规定:"八周岁以上的未成年人为限制民事行为能力人,实施民事法律行为由其法定代理人代理或者经其法定代理人同意、追认;但是,可以独立实施纯获利益的民事法律行为或者与其年龄、智力相适应的民事法律行为。"8 周岁以上的未成年人虽智力尚未发育成熟,但已有相当的认识能力,所以其为限制民事行为能力人。因这一年龄段跨度较大,

① 参见王泽鉴:《民法总则》(2022 年重排版),北京大学出版社 2009 年版,第 132 页。

此年龄段的人的认识能力有很大的不同，所以8周岁以上的未成年人可以独立进行的是与其年龄、智力相适应的民事活动。对8周岁以上的未成年人进行的民事活动是否与其智力状况相适应，可以从行为与本人生活相关联的程度，本人的智力能否理解其行为并预见相应的行为后果，以及标的数量、价款或者报酬等方面认定（《民法总则解释》第5条）。

《民法典》第22条规定："不能完全辨认自己行为的成年人为限制民事行为能力人，实施民事法律行为由其法定代理人代理或者经其法定代理人同意、追认；但是，可以独立实施纯获利益的民事法律行为或者与其智力、精神健康状况相适应的民事法律行为。"虽已成年但因有精神疾病而不能完全辨认自己行为的人也为限制民事行为能力人，只可以独立实施纯获利益的民事法律行为和与其精神健康状况相适应即可辨认其行为后果的民事法律行为。在司法实践中，不能完全辨认自己行为的人进行的民事活动，是否与其精神健康状况相适应，可以从行为与本人生活相关联的程度，本人的精神状态能否理解其行为并预见相应的行为后果，以及标的数量、价款或者报酬等方面认定（《民法总则解释》第5条）。

（三）无民事行为能力

无民事行为能力是指自然人不具有以自己的行为取得权利和负担义务的资格。鉴于影响自然人民事行为能力的两种情形，无民事行为能力人也包括两部分人。《民法典》第20条规定："不满八周岁的未成年人为无民事行为能力人，由其法定代理人代理实施民事法律行为。"第21条第1、2款规定："不能辨认自己行为的成年人为无民事行为能力人，由其法定代理人代理实施民事法律行为。""八周岁以上的未成年人不能辨认自己行为的，适用前款规定。"

需要说明的是，法律规定限制民事行为能力和无民事行为能力的目的是保护无完全认识能力的自然人的利益和维护交易的安全，因此，即使是无民事行为能力人，其所独立实施的行为只要有利于本人又不损害社会利益，无碍于交易安全，也就应当是有效的。例如，无民事行为能力人接受奖励、赠与、报酬的，他人不得以行为人无民事行为能力为由主张行为无效。

五、自然人民事行为能力状况的认定

自然人的民事行为能力是法律赋予的，非依法定的条件和程序任何人不得剥夺和限制。法律根据自然人智力发育状况及年龄，规定了自然人不同的民事行为能力状态，同时规定有特殊情况的人在具备相应年龄时也不能具有相应的民事行为能力。但因其他原因不具有相应的民事行为能力的，须经法院认定，不能由当事人或他人自行决定。

《民法典》第24条第1款规定："不能辨认或者不能完全辨认自己行为的成年人，其利害关系人或者有关组织，可以向人民法院申请认定该成年人为无民事行为能力人或者限制民事行为能力人。"因此，认定成年人为无民事行为能力人或者限制民事行为能力人须具备以下条件：（1）经利害关系人或者有关组织申请；（2）被申请人为不能辨认或者不能完全辨认自己行为的成年人；（3）由法院认定。非经法院认定，任何组织或个人不能认定某成年人为无民事行为能力人或者限制民事行为能力人。法院受理认定民事行为能力的案件后，应按照《民事诉讼法》规定的特别程序作出判决。对不能辨认自己行为的人，应判决为无民事行为能力人；对不能完全辨认自己行为的人，应判决为限制民事行为能力人。

《民法典》第 24 条第 2 款规定："被人民法院认定为无民事行为能力人或者限制民事行为能力人的，经本人、利害关系人或者有关组织申请，人民法院可以根据其智力、精神健康恢复的状况，认定该成年人恢复为限制民事行为能力人或者完全民事行为能力人。"因此，被认定为无民事行为能力人或者限制民事行为能力人的人，其健康恢复为不能完全辨认自己的行为或者完全能够辨认自己的行为的，也须经法院认定其为限制民事行为能力人或者完全民事行为能力人，否则不能认定其为限制民事行为能力人或者完全民事行为能力人。

依据《民法典》第 24 条第 3 款规定，可为申请人的有关组织包括居民委员会、村民委员会、学校、医疗机构、妇女联合会、残疾人联合会、依法设立的老年人组织、民政部门等。

第三节　监　　护

一、监护的概念和意义

监护是对未成年人和无民事行为能力或限制民事行为能力的成年人设立监护人，以监督和保护无完全民事行为能力人的合法权益的制度。

设置监护制度的根本目的是保护被监护人的利益。[①] 同时，由于监护人应监督被监护人和约束被监护人的行为，以避免无民事行为能力人、限制民事行为能力人实施不法行为而损害他人利益，监护制度也有维护社会正常秩序的意义。

我国现行法未区分监护与保佐，因此监护的特点表现为：(1) 被监护人为未成年人和无民事行为能力或者限制民事行为能力的成年人；(2) 监护人须为完全民事行为能力人；(3) 监护人的权利义务由法律直接规定，而不能由当事人约定。

二、监护人的设立

监护人的设立，在各国法上一般有三种：一是法定监护，即由法律直接规定监护人；二是指定监护，即由法院或者有权指定的机关指定监护人；三是遗嘱监护，即未成年人的父母在其遗嘱中为未成年人指定监护人。我国《民法典》规定的监护人的设立，还包括意定监护。该法第 33 条规定："具有完全民事行为能力的成年人，可以与其近亲属、其他愿意担任监护人的个人或者组织事先协商，以书面形式确定自己的监护人，在自己丧失或者部分丧失民事行为能力时，由该监护人履行监护职责。"在意定监护中，协议的任何一方在该成年人丧失或者部分丧失民事行为能力前有权解除协议。但是，该成年人丧失或者部分丧失民事行为能力后，协议确定的监护人无正当理由不得解除协议。该成年人丧失或者部分丧失民事行为能力后，协议确定的监护人有《民法典》第 36 条第 1 款规定的情形之一的，该条第 2 款规定的有关个人、组织有权申请撤销其监护人资格(《民法总则解释》第 11 条)。

---

① 在罗马法上，最初设置监护与保佐的目的是保护家族的财产利益，至罗马共和国末年，设置监护和保佐制度的目的才变为保护被监护人和被保佐人的利益。

（一）未成年人的监护人的设立

依据《民法典》第 27 条规定，未成年人的监护人设立分为以下情形：

第一，未成年人的父母是未成年人的法定监护人。未成年人一经出生，其父母就当然地是其监护人。父母作为未成年人的监护人，是其亲权表现，也是其法定义务。《民法典》第 26 条第 1 款规定："父母对未成年子女负有抚养、教育和保护的义务。"只要父母生存，除其丧失监护能力或者未成年人依法被他人收养外，他人不能担任监护人。① 父母的监护人资格，不因其离婚或分居而丧失。双方离婚或分居后，未与未成年子女一同生活的一方也仍为未成年子女的监护人。

第二，未成年人的近亲属担任其监护人。未成年人的父母已经死亡或者没有监护能力的，应由未成年人的下列近亲属中有监护能力的人担任监护人：(1) 祖父母、外祖父母；(2) 兄、姐。近亲属担任未成年人的监护人也是其法定义务。对于自然人的监护能力，应当根据其年龄、身心健康状况、经济条件等因素进行确定(《民法总则解释》第 6 条)。

第三，其他愿意担任监护人的个人或者组织。未成年人的父母死亡或者没有监护能力的，除了近亲属以外，其他亲属、朋友或组织也可以担任监护人，但其不属于法定监护人，其担任监护人须具备两个条件：一是其本人愿意承担监护责任；二是经未成年人住所地的居民委员会、村民委员会或者民政部门同意。对于有关组织的监护能力，应当根据其资质、信用、财产状况等因素进行确定(《民法总则解释》第 6 条)。

第四，由有关组织担任监护人。依据《民法典》第 32 条规定，没有依法具有监护资格的人的，监护人由民政部门担任，也可以由具备履行监护职责条件的被监护人住所地的居民委员会、村民委员会担任。

依据《民法典》第 29 条规定，被监护人的父母担任监护人的，可以通过遗嘱指定监护人。被监护人的父母在遗嘱中指定监护人的，被指定的有监护能力的人为监护人。在遗嘱生效时被指定的人不同意担任监护人的，应当按照《民法典》第 27 条、第 28 条的规定确定监护人；未成年人由父母担任监护人，父母中的一方通过遗嘱指定监护人，另一方在遗嘱生效时有监护能力，有关当事人对监护人的确定有争议的，应当按照《民法典》第 27 条第 1 款的规定确定监护人(《民法总则解释》第 7 条)。

（二）无完全民事行为能力的成年人的监护人的设立

依据《民法典》第 28 条规定，无完全民事行为能力的成年人的监护人的设立分为以下情形：

第一，近亲属担任其监护人。有监护能力的近亲属依下列顺序担任监护人：(1) 配偶；(2) 父母、成年子女；(3) 其他近亲属。

第二，其他人。除近亲属以外，其他个人或者组织也可以担任监护人，但其不为法定监护人，其担任监护人必须愿意承担监护责任并经被监护人住所地的居民委员会、村民委员会或者

---

① 本书认为，父母不能担任监护人的情形还应包括其未取得完全民事行为能力。未成年人为人父母虽为特别现象，但于此情形下，何人为未成年人的子女的监护人，值得研究。

民政部门同意。

依据《民法典》第 33 条规定,具有完全民事行为能力的成年人,可以与他人订立书面的监护协议,确定自己的监护人。当事人有此协议的,在该成年人丧失或部分丧失民事行为能力时,协议中确定的监护人即为该成年人的监护人。

(三)监护人的协商确定和指定

依据《民法典》第 30 条规定,依法具有监护资格的人之间可以协议确定监护人,协议确定监护人应当尊重被监护人的真实意愿。如果未成年人的父母与其他依法具有监护资格的人订立协议,约定免除具有监护能力的父母的监护职责的,应认定无效;但是协议约定在未成年人的父母丧失监护能力时由该具有监护资格的人担任监护人的,应认定有效。依法具有监护资格的人之间依据《民法典》第 30 条规定,约定由《民法典》第 27 条第 2 款、第 28 条规定的不同顺序的人共同担任监护人,或者由顺序在后的人担任监护人的,应认定为有效(《民法总则解释》第 8 条)。

依据《民法典》第 31 条规定,对监护有争议的,由被监护人住所地的居民委员会、村民委员会或者民政部门指定,有关当事人对指定不服的,可以申请由法院指定;有关当事人也可以直接申请法院指定。指定监护人时应当尊重被监护人的真实意愿,以最有利于被监护人为原则。按照最有利于被监护人的原则指定,具体可以参考以下因素:(1)与被监护人生活、情感联系的密切程度;(2)依法具有监护资格的人的监护顺序;(3)是否有不利于履行监护职责的违法犯罪等情形;(4)依法具有监护资格的人的监护能力、意愿、品行等。法院依法指定的监护人一般应当是一人,由数人共同担任监护人更有利于保护被监护人利益的,也可以是数人(《民法总则解释》第 9 条)。有关当事人不服居民委员会、村民委员会或者民政部门的指定,在接到指定通知之日起 30 日内向法院申请指定监护人的,法院经审理,认为指定并无不当的,依法裁定驳回申请;认为指定不当的,依法判决撤销指定并另行指定监护人。有关当事人在接到指定通知之日起 30 日后提出申请的,法院应当按照变更监护关系处理(《民法总则解释》第 10 条)。在监护人指定前,由被监护人住所地的居民委员会、村民委员会、法律规定的有关组织或者民政部门担任临时监护人。监护人一经指定,不得擅自变更;擅自变更的,不免除被指定的监护人的责任。

应当指出,监护人基于患病、外出务工等原因在一定期限内不能完全履行监护职责,将全部或者部分监护职责委托给他人的,当事人不能主张受托人因此成为监护人(《民法总则解释》第 13 条)。

三、监护人的监护职责

《民法典》第 34 条第 1 款规定:"监护人的职责是代理被监护人实施民事法律行为,保护被监护人的人身权利、财产权利以及其他合法权益等。"监护人的监护职责,有的称为监护的内容,主要包括以下内容:

（一）保护被监护人的人身权利

监护人应当保护被监护人的人身安全，维护被监护人的人身利益，以防止和避免被监护人受到来自自身、他人的人身伤害或者自然伤害。监护人应当照顾好被监护人的生活，不得遗弃和虐待被监护人。

（二）管理被监护人的财产

监护人是被监护人财产的合法管理人，应管理和保护好被监护人的财产，维护被监护人的合法财产权益。监护人对被监护人财产的管理，应以善良管理人的注意为之。除为被监护人的利益外，不得处理被监护人的财产。

（三）管理和教育被监护人

监护人不仅应保护好被监护人免受侵害，也应管理好被监护人，约束被监护人的行为，以防止和避免被监护人对他人造成损害。特别是对于未成年人，监护人应当切实履行管理和教育的监护职责，确保未成年人健康成长。①

（四）代理被监护人实施民事法律行为

《民法典》第 23 条规定："无民事行为能力人、限制民事行为能力人的监护人是其法定代理人。"被监护人为无民事行为能力人的，监护人应代理其实施民事法律行为；被监护人为限制民事行为能力人的，其不能独立实施的民事法律行为，须由监护人代理或者征得监护人的同意、追认。

无民事行为能力人、限制民事行为能力人无诉讼行为能力。《民事诉讼法》第 60 条规定："无诉讼行为能力人由他的监护人作为法定代理人代为诉讼。法定代理人之间互相推诿代理责任的，由人民法院指定其中一人代为诉讼。"因此，在被监护人合法权益受到侵害或者与人发生争议时，监护人要代理其进行诉讼。

四、监护职责的履行

监护人履行监护职责，既是其权利，也是其义务。依据《民法典》第 34 条第 2、3 款规定，监护人依法履行监护职责产生的权利，受法律保护；监护人不履行监护职责或者侵害被监护人合法权益的，应当承担法律责任。

依据《民法典》第 34 条第 4 款规定，因发生突发事件等紧急情况，监护人暂时无法履行监护职责，被监护人的生活处于无人照料状态的，被监护人住所地的居民委员会、村民委员会或者民政部门应当为被监护人安排必要的临时生活照料措施。

依据《民法典》第 35 条规定，监护人履行监护职责应遵循以下两条原则：一是最有利于被监护人的原则。除为维护被监护人利益外，不得处分被监护人的财产。二是尊重被监护人的

---

① 关于监护人对未成年人的监护职责，参见《未成年人保护法》第 16 条。

真实意愿的原则。

五、监护人的更换和撤换

（一）监护人的更换

监护人的更换是指在监护人无力承担监护责任时，经其请求由有关单位或者法院更换他人为监护人。因为监护人应有监护能力，否则不利于被监护人，所以在监护人无力承担监护责任时，其可以请求有关单位或者法院另行指定他人担任监护人。对有关单位根据情况另行指定的监护人不服的，由法院裁决。但监护人被指定后，不得自行变更。擅自变更的，由原被指定的监护人和变更后的监护人承担监护责任。

（二）监护人的撤换

监护人的撤换是指对不履行监护职责的监护人，经有关人员或有关组织申请，由法院撤销其监护人的资格，另行指定监护人。

依据《民法典》第 36 条规定，监护人有下列情形之一的，经其他依法具有监护资格的个人或者组织申请，法院可以撤销其监护人资格：(1) 实施严重损害被监护人身心健康的行为；(2) 怠于履行监护职责，或者无法履行监护职责并且拒绝将监护职责部分或全部委托给他人，导致被监护人处于危困状态；(3) 实施严重侵害被监护人合法权益的其他行为。法院受理有关人员或组织要求撤换监护人的申请的，应安排必要的临时监护措施，并按照最有利于被监护人的原则依法指定监护人。

依据《民法典》第 37 条规定，依法负担被监护人抚养费、赡养费、扶养费的父母、子女、配偶等，被法院撤销监护人资格后，应当继续履行负担的义务。

依据《民法典》第 38 条规定，被监护人的父母或者子女被法院撤销监护人资格后，除对被监护人实施故意犯罪的外，确有悔改表现的，经其申请，法院可以在尊重被监护人真实意愿的前提下，视情况恢复其监护人资格。

六、监护的终止

监护的终止，即监护关系的消灭。监护的终止，有绝对终止与相对终止之分。前者指对特定被监护人不再发生监护关系；后者指特定的监护人对被监护人的监护关系消灭，但该关系中的被监护人仍需监护人，应另行确定监护人（《民法典》第 39 条第 2 款）。

监护关系终止的原因有四：(1) 被监护人取得或者恢复完全民事行为能力；(2) 监护人丧失监护能力；(3) 被监护人或者监护人死亡；(4) 法院认定监护关系终止的其他情况，如被撤销监护资格的父母恢复监护资格的，指定监护人与被监护人的监护关系即同时终止。监护人、其他依法具有监护资格的人之间就监护人是否有上述第(2)(4)项应当终止监护关系的情形发生争议，申请变更监护人，法院经审理认为理由成立的，应当予以支持。被依法指定的监护人与其他具有监护资格的人之间协议变更监护人的，法院应当尊重被监护人的真实意愿，按照最有利于被监护人的原则作出裁判(《民法总则解释》第 12 条)。

第四节　宣告失踪和宣告死亡

一、宣告失踪

(一) 宣告失踪的概念和意义

宣告失踪是指经利害关系人申请,由法院宣告下落不明满一定期间的人为失踪人的制度。

自然人下落不明,是指离开其住所无任何消息。一个人下落不明时,其参与的民事法律关系就会处于不确定的状态,如财产可能无人管理、债务无法清偿。这既不利于本人,也不利于他人。法律设立宣告失踪制度的目的,就在于结束因自然人下落不明而发生的财产关系不确定的状态,以保护失踪人和其利害关系人的合法权益。

(二) 宣告失踪的条件和程序

《民法典》第 40 条规定:"自然人下落不明满二年的,利害关系人可以向人民法院申请宣告该自然人为失踪人。"可见,宣告失踪须具备以下条件和程序:

第一,须经利害关系人申请。这里的利害关系人包括:(1) 被申请人的近亲属;(2) 依据《民法典》第 1128 条、第 1129 条规定对被申请人有继承权的代位继承人、丧偶儿媳或丧偶女婿;(3) 债权人、债务人、合伙人等与被申请人有民事权利义务关系的民事主体,但是不申请宣告失踪不影响其权利行使、义务履行的除外(《民法总则解释》第 14 条)。利害关系人向法院提出申请宣告自然人失踪的申请书中应当写明失踪的事实、时间和请求,并附有公安机关或者其他机关关于被申请人下落不明的书面证明。宣告失踪的规定为任意性的,未经利害关系人申请,法院不得依职权主动宣告自然人为失踪人。

第二,被申请人下落不明须满 2 年。下落不明是一种客观事实。只有下落不明满 2 年的自然人,才可被申请宣告失踪。《民法典》第 41 条规定:"自然人下落不明的时间自其失去音讯之日起计算。战争期间下落不明的,下落不明的时间自战争结束之日或者有关机关确定的下落不明之日起计算。"

第三,须由法院依特别程序宣告。宣告自然人失踪为法院的职权,其他任何机关不得为之。法院审理宣告失踪的案件,按照民事诉讼法规定的特别程序进行。法院审理宣告失踪的案件,应当查清被申请宣告失踪人的财产,指定临时管理人或者采取诉讼保全措施,发出寻找失踪人的公告。依据《民事诉讼法》第 192 条规定,公告期间为 3 个月。公告期间届满后,被宣告失踪的事实得到确认的,法院才可作出宣告失踪的判决。

(三) 宣告失踪的法律后果

经法院宣告为失踪人的,法院判决应当同时为其指定财产代管人。《民法典》第 42 条第 1、2 款规定:"失踪人的财产由其配偶、成年子女、父母或者其他愿意担任财产代管人的人代管。”“代管有争议,没有前款规定的人,或者前款规定的人无代管能力的,由人民法院指定的人代管。”法院指定失踪人的财产代管人,应当根据有利于保护失踪人财产的原则指定。无民事行为能力人、限制民事行为能力人失踪的,其监护人即为财产代管人。

失踪人的财产代管人负有管理失踪人财产的职责。依据《民法典》第 43 条规定,财产代管人应当妥善管理失踪人的财产,维护其财产权益。失踪人所欠税款、债务和应付的其他费用,由财产代管人从失踪人的财产中支付。代管人应管理好失踪人的财产,对于失踪人应收的款项,可以代失踪人收取。财产代管人因故意或者重大过失造成失踪人财产损失的,应当承担赔偿责任。

依据《民法典》第 44 条规定,失踪人的财产代管人不履行代管职责、侵害失踪人财产权益或者丧失代管能力的,失踪人的利害关系人可以向法院申请变更财产代管人。财产代管人有正当理由的,可以向法院申请变更财产代管人。法院变更财产代管人的,变更后的财产代管人有权请求原财产代管人及时移交有关财产并报告财产代管情况。

(四) 失踪宣告的撤销

《民法典》第 45 条第 1 款规定:“失踪人重新出现,经本人或者利害关系人申请,人民法院应当撤销失踪宣告。”因为宣告失踪是一种对失踪事实的推定,因此有未失踪的事实时,应推翻原来的推定。经本人或者利害关系人申请撤销失踪宣告的,法院应作出新判决,撤销原判决。失踪人重新出现,财产代管关系即终止,代管人应停止代管行为,将代管的财产交还被撤销失踪宣告的人,并应向其报告代管的情况。《民法典》第 45 条第 2 款规定:“失踪人重新出现,有权请求财产代管人及时移交有关财产并报告财产代管情况。”

二、宣告死亡

(一) 宣告死亡的概念和意义

宣告死亡是指经利害关系人申请,由法院宣告下落不明满一定期间的自然人死亡的制度。

宣告死亡制度的目的是结束因自然人失踪而使其参与的民事法律关系所处的不稳定状态,以保护利害关系人的利益和维护社会秩序的稳定。宣告死亡制度的设计是基于失踪人不可能生存,它不同于宣告失踪。宣告失踪的制度设计是基于失踪人可能生存,其目的主要是保护失踪人的财产利益,结束因失踪而造成的财产关系的不确定状态。由于二者的目的不同,因此相互间并无必然的联系,符合宣告失踪条件的,可以宣告失踪,而不能宣告死亡;符合宣告死亡条件的,可宣告失踪而不宣告死亡,也可直接宣告死亡而不必先宣告失踪。

(二) 宣告死亡的条件和程序

1. 须经利害关系人申请

只有利害关系人才可申请宣告被申请人死亡。依据《民法总则解释》第 16 条规定,被申请人的配偶、父母、子女,以及依据《民法典》第 1129 条规定对被申请人有继承权的丧偶儿媳、丧偶女婿为利害关系人。同时,符合下列情形之一的,被申请人的其他近亲属,以及对被申请人有继承权的代位继承人应当认定为利害关系人:(1) 被申请人的配偶、父母、子女均已死亡或者下落不明的;(2) 不申请宣告死亡不能保护其相应合法权益的。被申请人的债权人、债务人、合伙人等民事主体不属于利害关系人,但是不申请宣告死亡不能保护其相应合法权益的除外。《民法典》第 47 条规定:"对同一自然人,有的利害关系人申请宣告死亡,有的利害关系人申请宣告失踪,符合本法规定的宣告死亡条件的,人民法院应当宣告死亡。"可见,《民法典》对于利害关系人申请宣告被申请人死亡,并没有顺序限制。

2. 须被申请人下落不明满法定期间

依据《民法典》第 46 条规定,自然人有下列情形之一的,利害关系人才可以申请宣告其死亡:(1) 下落不明满 4 年;(2) 因意外事件,下落不明满 2 年。因意外事件下落不明,经有关机关证明该自然人不可能生存的,申请宣告死亡不受 2 年时间的限制。《民事诉讼法》第 191 条规定,因意外事件下落不明,经有关机关证明该自然人不可能生存的,利害关系人可以申请宣告其死亡。应当指出,自然人在战争期间下落不明的,利害关系人申请宣告死亡的期间为 4 年,自战争结束之日或者有关机关确定的下落不明之日起计算(《民法总则解释》第 17 条)。

3. 须由法院宣告

法院受理宣告死亡案件后,应发出寻找失踪人的公告。公告期间为 1 年。因意外事件下落不明,经有关机关证明其不可能生存的,公告期间为 3 个月。① 公告期间届满失踪人仍未出现的,法院作出宣告死亡的判决。依据《民法典》第 48 条规定,被宣告死亡的人,法院宣告死亡的判决作出之日视为其死亡的日期;因意外事件下落不明宣告死亡的,意外事件发生之日视为其死亡的日期。

(三) 宣告死亡的法律后果

自然人被宣告死亡发生与自然死亡基本相同的法律效力,宣告死亡与自然死亡一样是民事权利能力终止的原因。实际上,宣告死亡与自然死亡的效力并非完全相同。就被宣告死亡的人在其住所地参与的民事法律关系而言,宣告死亡会发生与自然死亡相同的后果,如婚姻关系终止、财产继承开始。就自然人民事权利能力的终止来说,宣告死亡不能成为其根据。如果自然死亡的时间早于被宣告死亡的死亡日期,被宣告死亡的人的民事权利能力实际上已于自然死亡时终止;若于被宣告死亡的死亡日期以后才自然死亡,则其民事权利能力也只能于自然死亡时终止。正因为如此,《民法典》第 49 条规定,自然人被宣告死亡但是并未死亡的,不影响该自然人在被宣告死亡期间实施的民事法律行为的效力。

(四) 死亡宣告的撤销

宣告死亡只是推定死亡,被宣告死亡的人可能并未死亡。《民法典》第 50 条规定:"被宣告死亡的人重新出现,经本人或者利害关系人申请,人民法院应当撤销死亡宣告。"死亡宣告一经撤销,发生以下效力:

第一,死亡宣告被撤销的,婚姻关系自撤销死亡宣告之日起自行恢复。但是,其配偶再婚

---

① 参见《民事诉讼法》第 192 条。

或者向婚姻登记机关书面声明不愿意恢复的除外。①

第二，撤销死亡宣告后，父母子女关系当然自动恢复。但被撤销死亡宣告的人在被宣告死亡期间，其子女被他人依法收养，则收养有效，被宣告死亡的人在死亡宣告被撤销后，不得以未经本人同意而主张收养行为无效。②

第三，被撤销死亡宣告的人有权要求依据《民法典》继承编的规定取得其财产的民事主体返还财产；无法返还的，应当给予适当补偿。③

第四，利害关系人隐瞒真实情况，致使他人被宣告死亡而取得其财产的，除应返还原物及孳息外，还应当对由此造成的损失承担赔偿责任。④

第五节 个体工商户、农村承包经营户

一、个体工商户的概念和特点

《民法典》第 54 条规定："自然人从事工商业经营，经依法登记，为个体工商户。个体工商户可以起字号。"个体工商户具有以下特点：

第一，个体工商户是自然人从事工商业活动的一种组织形式。个体工商户是自然人设立的，以从事工商业活动为目的，可以是个人经营，也可以是家庭经营。个体工商户以"户"为组织形式，不是以自然人个人名义存在的。个体工商户有明确的经营目的，从事工商业经营活动，而不是从事其他活动。

第二，个体工商户须依法经核准登记。个体工商户不是自然产生的，须依法经核准登记成立。不经登记取得营业执照，不得以个体工商户的资格营业。个体工商户转业、合并、停业、歇业时，都应依法办理相应的登记手续。

第三，个体工商户以户的名义进行民事活动，享有民事权利和负担民事义务。个体工商户自核准登记取得营业执照之日起，就取得独立经营的资格，以自己的名义进行民事活动。个体工商户可有自己的字号，对自己的名称享有名称权，对自己的商标可享有商标权，以自己的财产自主经营，同时它须在核准的范围内进行活动，依法纳税，并接受有关部门的监督、检查。

第四，个体工商户不具有民事责任能力。个体工商户虽有其从事生产经营活动的独立财产，但该财产与经营者的其他财产不是严格区分的，不具有绝对独立性。因此，个体工商户不具有民事责任能力，经营者对个体工商户的债务负无限责任。《民法典》第 56 条第 1 款规定："个体工商户的债务，个人经营的，以个人财产承担；家庭经营的，以家庭财产承担；无法区分

① 参见《民法典》第 51 条。依该条规定，被宣告死亡的人的婚姻关系，自死亡宣告之日起消除。但这一问题值得讨论。若当事人中有人出于恶意经宣告死亡而造成前后两个婚姻关系，则婚姻的效力应因当事人是否为善意而有所不同。例如，配偶一方为达到与他人结婚的目的，而使另一方经宣告死亡，该配偶一方虽于另一方被宣告死亡后与他人结婚，此后一婚姻是否构成重婚，值得讨论。

② 参见《民法典》第 52 条。

③ 参见《民法典》第 53 条第 1 款。

④ 参见《民法典》第 53 条第 2 款。

的,以家庭财产承担。”

二、农村承包经营户的概念和特点

《民法典》第 55 条规定:“农村集体经济组织的成员,依法取得农村土地承包经营权,从事家庭承包经营的,为农村承包经营户。”农村承包经营户具有以下特点:

第一,农村承包经营户是以户为单位的农村集体经济组织的成员。农村承包经营户是农村集体经济的一个经营层次,是农村经济的一种经营形式,一般为农村集体经济组织的成员。但农村承包经营户,不论是一人还是数人,均是以户为单位的。作为一个农“户”,它不同于自然人个人。

第二,农村承包经营户是以依法取得的农村土地承包经营权为基础从事商品经营的。农村承包经营户基于从事家庭承包经营而产生,无须进行登记。农村承包经营户依法取得农村土地承包经营权后,自主经营,以自己的名义独立进行经营活动,并且必须从事商品经营。若不从事商品经营,仅从事生产用于自己消费的农产品的活动的,不属于农村承包经营户。

第三,农村承包经营户必须在法律允许的范围内从事经营。农村承包经营户虽然不必办理工商登记,但也须在法律允许的范围内从事经营活动,不得从事法律许可范围外的生产经营活动。换言之,农村承包经营户的经营范围,不仅受土地承包合同的约束,也受法律的限制。

第四,农村承包经营户不具有民事责任能力。农村承包经营户,虽然以户的名义进行商品经营,但是其不具有民事责任能力,以户的名义所发生的债务由经营者承担清偿责任。《民法典》第 56 条第 2 款规定:“农村承包经营户的债务,以从事农村土地承包经营的农户财产承担;事实上由农户部分成员经营的,以该部分成员的财产承担。”

第六节　自然人的住所和身份证

一、自然人的住所

(一) 住所的概念

住所是指民事主体进行民事活动的主要基地和中心场所。自然人的住所,则是指自然人生活和进行民事活动的中心场所。因为一个人生活在社会中,总要以某一地点为其生活和进行活动的主要场所,其所参与的民事法律关系主要是在该地发生的。只有确定这一地点,才能明确民事法律关系发生的空间,才能明确法律关系主体所处的地方。因此,法律有必要规定民事主体的住所。

自然人的住所不同于居所。居所为自然人居住的场所,不论因何目的居住在某处多长时间,该处所均为该自然人的居所。而住所必须为自然人经常居住的处所。一个人可有多个居所,但只能有一个住所。

（二）住所的确定

各国法上确定住所的标准不一，有的以当事人的主观意思为标准，依当事人的意思决定住所，此种住所为意定住所；有的以当事人长久居住地的事实或意思为标准，直接由法律规定住所，此种住所为法定住所。我国《民法典》第 25 条规定：“自然人以户籍登记或者其他有效身份登记记载的居所为住所；经常居所与住所不一致的，经常居所视为住所。”可见，我国自然人的住所属于法定住所。

（三）住所的法律意义

住所的法律意义，有的称为住所的法律效力、法律价值，主要有以下方面：

第一，确定民事主体的状态。例如，确定某一自然人是否失踪，以离开住所无消息为准。

第二，确定某些民事法律关系的发生、变更、终止和履行。例如，继承开始地点一般为被继承人的最后住所地；债务履行地点约定不明确，给付货币的，应在接受给付的一方的住所地履行。

第三，确定有关民事事项的管辖。例如，《民法典》第 31 条规定，监护人的指定由被监护人住所地的居民委员会、村民委员会或者民政部门为之。又如《民事诉讼法》第 190、191 条规定，利害关系人申请宣告自然人失踪或死亡的，应向下落不明的被申请人住所地的基层法院提起。

第四，确定涉外民事关系法律适用的准据法。例如，《涉外民事关系法律适用法》第 44 条规定，侵权责任，适用侵权行为地法律，但当事人有共同经常居所地的，适用共同经常居所地法律。

二、自然人的身份证

身份证是证明自然人身份的有效法律文件。自然人进行民事活动，与他人发生法律关系时，需要证明自己的身份。能够证明自己身份的法律文件主要是户籍和居民身份证。

居民身份证登记的项目包括姓名、性别、民族、出生日期、住址等。姓名能够证明自己就是相应法律关系的主体，出生日期能够判断该人是否具有民事行为能力，住址则涉及住所。自然人办理民事或与民事有关的事务时，可以出示身份证，以证明自己的身份和相应资格。

自测习题　　案例分析　　案例分析参考答案

第五章　法人

■【导语】

民法之“人”，除自然人外，还有法人。法人不同于自然人，其不同的原因何在？不同的表现何在？法人如何才能作为“人”而存在和进行活动呢？有的人说：“公司董事长是法人。”此说法对否？法人虽不能如自然人一样生与死，但也有成立和消灭，其存续期间也会发生变化，于此类情形下，其地位又将如何呢？这都是本章要解决的问题。

第一节　法人概述

一、法人的概念和特点

《民法典》第57条规定：“法人是具有民事权利能力和民事行为能力，依法独立享有民事权利和承担民事义务的组织。”这是法律对法人的定义。

法人是相对于自然人而言的，具有以下特点：

第一，法人是社会组织。这是其与自然人的根本区别。社会组织是为实现一定的宗旨按照一定的方式建立起来的团体，它既可以是自然人的集合体，也可以是财产的集合体。社会组织与建立社会组织的个人或者作为社会组织成员的个人是不同的，社会组织以组织的名义在社会中存在和活动，而不是以自然人的名义存在和活动。

第二，法人是具有民事权利能力和民事行为能力的社会组织。法人是社会组织，但社会组织不都是法人。作为法人的社会组织，首先须具有民事权利能力和民事行为能力。因为只有具有民事权利能力，才有资格享有民事权利和承担民事义务，才能成为民事主体；若不具有民事权利能力，不能享有民事权利和承担民事义务，则不能成为民事主体。法人需要进行民事活动，换言之，只有在民事活动中法人才有意义，因此，法人是具有民事行为能力而不是其他行为能力的社会组织。

第三，法人是依法独立享有民事权利和承担民事义务的社会组织。能够以自己名义进行活动的社会组织未必就是法人，法人与其他可以组织名义进行民事活动的社会组织的根本区别在于它具有完全的独立性，独立享有民事权利和承担民事义务。法人的这一独立性，主要表现在三个方面：

（1）组织上的独立性。法人有着独立健全的组织机构，其存续不因其成员或者执行事务的人的死亡（或破产）、退出而受影响，其不依赖其他组织的存在而存在。合伙、公司的分支机构等虽然也是社会组织，但不具有组织上的完全独立性，故不为法人。

（2）财产上的独立性。法人有自己的独立财产，有自己独立的利益。法人的财产完全由法人自己支配，它与法人成员的财产、与其捐助人的其他财产、与其他组织的财产是完全分开的。

（3）责任的独立性。法人以自己的独立财产独立承担民事责任。法人不以其财产为他人承担责任，他人也不以自己的财产为法人承担责任。法人的财产不足以承担法人的责任时，法人就会因破产而终止。法人独立承担民事责任是以组织独立、财产独立为条件的，也是组织独立和财产独立的必然要求与结果。

二、法人的条件

依据《民法典》第58、60条规定，法人应当具备下列四个条件。

（一）依法成立

所谓依法成立，是指法人须依照法律规定的条件和程序成立，不是依法成立的社会组织不能成为法人。首先，法人要依法设立。依法设立是指其设立要有法律依据，如公司法人依据《公司法》的规定设立。在法人的设立上，对不同的法人实行不同的原则，主要有：（1）特许主义。即其设立须经法律特别许可，如机关法人即依法律的直接规定或命令设立。（2）许可主义。即其设立须经行政许可，如学校、社会团体即采许可主义。（3）准则主义。即由法律规定设立的条件，只要符合该条件，即可设立，如企业的设立即采准则主义。（4）强制主义。即依规定必须设立法人，如工会法人的设立即采强制主义。其次，法人要依法定程序成立。法人设立不等于法人的成立，法人设立后，一般还须经登记才能成立。法律规定应登记的，虽设立却未登记的社会组织，不能成为法人。

（二）有财产或者经费

财产或经费，是法人进行民事活动，独立承担民事责任的物质条件和保障。这里的经费，主要针对实行预算拨款的机关、事业单位而言。有财产或者经费包括两层意思：一是有独立自主支配的财产或者经费，该财产与他人包括投资人的财产是分开的；二是该财产或者经费的数额要与法人的设立宗旨、所需进行的民事活动的范围相适应，符合法律规定的其设立所需的最低财产限额。相关的法律对不同性质、不同业务的法人的财产最低额有不同的要求。

（三）有自己的名称、组织机构和住所

法人须以自己的名义进行民事活动，必须有自己的名称。法人的名称是其代表符号，是其区别于其他组织的标志。法人的名称应能反映自己的性质并符合法律关于法人名称的规定，不得使用法律禁止使用的名称。一个法人只能有一个名称，法人的名称可以转让，但须与其营

业一并转让。法人的名称属于法人登记的事项。

法人的组织机构是其成为一个完全独立的组织体的要素,是保障法人能够形成统一意志、自主进行民事活动的必要条件。法人的组织机构也须符合法律的规定,如股份有限公司就需要有股东大会、董事会、监事会等。

法人要有住所。《民法典》第 63 条规定:“法人以其主要办事机构所在地为住所。依法需要办理法人登记的,应当将主要办事机构所在地登记为住所。”此外,法人还必须有场所。场所是法人进行业务活动的处所。没有场所,法人也就没有进行业务活动的空间。法人的场所相当于自然人的居所,一个法人只能有一个住所,但可有多处场所。

(四) 能够独立承担民事责任

能够独立承担民事责任,是指法人具有独立承担民事责任的能力。能够独立承担民事责任与法人组织上的独立和必要的财产联系在一起。只有具有完全独立的人格,才能独立承担民事责任;只有具有必要的独立财产,才能够独立承担民事责任。所以,能够独立承担民事责任要求法人能以自己的名义和自己的财产承担责任。

三、法人的本质

法人何以为“人”? 这涉及法人的本质问题。关于法人的本质,有不同的学说,主要有法人拟制说、法人否认说与法人实在说。

法人拟制说源于欧洲中世纪的注释法学派,认为民事权利义务主体仅以有自由意思的自然人为限,团体不能成为权利义务主体,法人之所以为民事主体,全因法律所拟制。

法人否认说不承认法人为民事权利义务主体,认为不存在团体性的人格。此说又分为目的财产说(认为法人并不具有独立的人格,只不过是为了特定目的而存在的“目的财产”)、受益人主体说(认为法人仅仅为形式上的权利义务的归属者,真正的权利义务主体不是法人而是受益人)、管理人主体说(认为法人的人格实为管理财产的自然人,而非法人,只有管理财产的自然人才是权利义务的真正主体)。

法人实在说认为法人是客观存在的民事主体,又分为有机体说与组织体说。前者认为,法人也有其团体意思,为社会有机体,法律赋予该有机体独立的法律人格,使之成为法人;后者认为,法人并非社会有机体,而是具有区别于其成员的个体意思和利益的组织体。

以上各种学说都是有道理的。但本书认为,法人实在说的观点更合理。法律对法人主体资格的确认是经历了漫长过程的。法人之所以为法律主体,根本原因在于这种组织形式适应和促进了社会生产力的发展,是社会生活中客观存在的实体,已成为具有独立利益的经济关系的主体。民法是社会经济生活条件的反映。法律只有确认这种组织形式的主体资格,赋予其民事权利能力和民事行为能力,才能真实反映经济生活,才能适应社会经济的发展需求。

第二节　法人的种类

一、学理上的法人分类

（一）公法人与私法人

根据法人设立的法律依据，法人可分为公法人与私法人。通说认为，依据公法设立的法人为公法人，如国家机关法人；依据私法设立的法人为私法人，如公司法人。

（二）社团法人与财团法人

根据法人设立的基础，法人可分为社团法人与财团法人。通说认为，社团法人是以社员权为基础的人的集合体，其以有一定的社员（成员）为成立条件，故又称为人的组合。公司、合作社、学会等法人都属于社团法人。财团法人是为一定目的的财产的集合体，以捐助的一定财产为基础，故又称为财产组合。财团法人也须有专人管理财产，但其没有社员（成员）。基金会、慈善组织等法人就属于财团法人。从目的上说，财团法人只能从事公益事业。

（三）营利法人与公益法人

根据法人的设立目的，社团法人又可分为营利法人与公益法人。营利法人是指以营利为目的，并将其所得利益分配给社员的法人。因此，营利法人的设立人是以取得投资回报为目的的。公益法人是指以从事公益事业为目的而不以营利为目的的法人，如学校、医院等。有的社团法人既不以营利为目的也不以公益为目的，如校友会法人，学者称之为中间法人。

（四）本国法人与外国法人

根据法人的国籍，法人可分为本国法人与外国法人。本国法人是指根据本国法设立，具有本国国籍的法人；外国法人是指依据外国法设立，不具有本国国籍的法人。在我国，凡依照中国法律设立的法人都为中国法人，而依据外国法设立的法人则为外国法人。外国法人可以依法在我国设立分支机构。

二、立法上的法人分类

《民法典》第一编第三章中除一般规定外，分别用专节规定营利法人、非营利法人和特别法人。因此，依据《民法典》规定，法人分为营利法人、非营利法人和特别法人。

（一）营利法人

营利法人是指以营利为目的、独立从事商品生产和经营活动的法人。《民法典》第 76 条第 1 款规定："以取得利润并分配给股东等出资人为目的成立的法人，为营利法人。"

营利法人有以下特点:第一,以营利为目的。营利法人是以营利为目的的社团,它进行生产经营活动,有自己的营业。《民法典》第 86 条规定:“营利法人从事经营活动,应当遵守商业道德,维护交易安全,接受政府和社会的监督,承担社会责任。”这是对其经营活动的要求。第二,须有自己的独立财产。营利法人的财产,包括投资者投入的财产和生产经营所得的财产。设立营利法人必须有出资人出资,并且法人设立时的财产只能由出资人出资形成,而不能由财政拨款。即使全民所有制企业,企业财产也是与国家财产相分离、由企业支配的独立财产。营利法人的独立财产也是其承担民事责任的财产。第三,设立营利法人应制定法人章程(《民法典》第 79 条)。第四,须经登记成立。《民法典》规定,营利法人经依法登记成立(第 77 条)。依法设立的营利法人,由登记机关发给营利法人营业执照,营业执照签发日期为营利法人的成立日期(《民法典》第 78 条)。虽设立但未经登记领取营业执照的,不能成立。第五,法人组织机构包括权力机构、执行机构和监督机构。第六,法人名称可以随企业或者企业的一部分一并转让。营利法人的名称须符合法律规定,一个法人只准使用一个名称,经登记注册后方可使用,并在规定范围内享有专用权。

营利法人根据其组织形式,又可分为公司法人和非公司法人。公司法人是按照《公司法》规定,依公司形式成立的营利法人;非公司法人是指依其他有关企业法的规定,不依公司形式成立的营利法人。公司法人是最主要的营利法人。《民法典》第 76 条第 2 款规定:“营利法人包括有限责任公司、股份有限公司和其他企业法人等。”依据《公司法》规定,有限责任公司的股东以其认缴的出资额为限对公司承担责任,公司以其全部资产对公司的债务承担责任;股份有限公司的股东以其认购的股份为限对公司承担责任,公司以其全部财产对公司的债务承担责任。

(二)非营利法人

《民法典》第 87 条规定:“为公益目的或者其他非营利目的成立,不向出资人、设立人或者会员分配所取得利润的法人,为非营利法人。非营利法人包括事业单位、社会团体、基金会、社会服务机构等。”

1. 事业单位法人

事业单位法人是指从事非营利性的社会各项公益事业的具有法人资格的事业单位。

事业单位法人具有以下特点:第一,以从事社会公益事业为目的。事业单位法人不以营利为目的,但不等于说事业单位不能从事有收益的活动。一般来说,事业单位法人从事活动所得收益只能用于其目的事业,但在法律另有规定的情形下,投资人或兴办人也可以从中取得一定的投资回收。例如,私立医院、私立学校,不能以营利为目的,但其可从提供的服务中取得收益,并从中得到一定回报。第二,事业单位法人的财产和经费既有国家财政拨款,也有投资人的投资。第三,依国家法律和命令设立的事业单位,无须经核准登记即取得法人资格;依行政许可设立的事业单位,只有经依法办理法人登记,方能取得法人资格。第四,除法律另有规定外,理事会为其决策机构(《民法典》第 89 条)。

2. 社会团体法人

社会团体,有的简称为社团,但与“社团法人”中的“社团”不是同一概念。在我国法上,社会团体法人也包括基金会法人。

社会团体是指自然人自愿组成,为实现会员共同意愿,按照其章程开展活动的非营利性社会组织。国家机关以外的组织可以作为单位会员加入社会团体。社会团体法人具有以下特点:第一,社会团体为自愿设立,经法定程序成立。成立社会团体,应当制定章程,经其业务主管单位审查同意,并依照规定进行登记。依法不需要办理法人登记的,从成立之日起,具有社会团体法人资格。第二,社会团体的成立须具备法定条件。如须有符合规定的会员,有规范的名称和相应的组织机构,有固定的住所,有合法的资产和经费来源等。第三,社会团体法人不得从事营利性经营活动。第四,应设立会员大会或者会员代表大会等权力机构和理事会等执行机构(《民法典》第 91 条)。

3. 基金会、社会服务机构等法人

基金会、社会服务机构等法人是指以国内外社会团体和其他组织以及个人为公益目的自愿捐助的财产设立的非营利组织。由国家拨款建立的资助科学研究的基金会和其他各种专项基金管理组织,不在此列。基金会、社会服务机构等为捐助法人,属于传统法上的财团法人,其特点主要有:第一,其宗旨是通过资金资助推进科学研究、文化教育、社会福利和其他公益事业的发展。其财产应当用于符合其宗旨的活动和事业,不得挪作他用;不得经营管理企业。第二,财产来自社会捐赠。这类法人是由捐赠财产组成的,也可以向国内外热心于其活动宗旨的企业事业单位、社会团体和其他组织以及个人募捐以筹集资金,但必须出于捐赠者的自愿,严禁摊派。第三,法人没有成员。捐赠财产组成基金会、社会服务机构的人和捐赠财产的人都不是法人组织的成员。作为财团法人,基金会、社会服务机构等法人没有社员,而只有工作人员。工作人员的工资和办公费用,在基金利息等收入中开支。第四,须经登记方具有法人资格,方可进行业务活动。

(三)特别法人

特别法人是指营利法人和非营利法人以外的一类法人。依据《民法典》第 96 条规定,机关法人、农村集体经济组织法人、城镇农村的合作经济组织法人、基层群众性自治组织法人,为特别法人。

1. 机关法人

机关法人是指依法从事国家管理活动,承担行政职能,并因行使职权需要而具有民事权利能力和民事行为能力的法定机构。机关法人只在从事为履行职能所需要的民事活动时,才为民事主体,机关法人也只能从事为履行职能所需要的民事活动。机关法人有独立的经费,并以该经费承担民事责任。机关法人无须办理法人登记,自成立之日即具有法人资格。依据《民法典》第 98 条规定,机关法人被撤销的,法人终止,其民事权利和义务由继任的机关法人享有和承担;没有继任的机关法人的,由作出撤销决定的机关法人享有和承担。

2. 农村集体经济组织、城镇农村的合作经济组织法人

农村集体经济组织是指以土地所有为基础,依法代表成员集体行使所有权,实行家庭承包为基础、统分结合双层经营体制的地区性经济组织(《农村集体经济组织法》第 2 条);城镇农村的合作经济组织是指按照自愿互利、民主管理、协作服务原则组建的经济组织,如供销合作社、信用合作社、农民专业合作社等。农村集体经济组织、城镇农村的合作经济组织依法取得法人资格(《民法典》第 99、100 条)。例如,根据《农村集体经济组织法》第 6 条规定,农村集体

经济组织依照本法登记,取得特别法人资格,依法从事与其履行职能相适应的民事活动。《农民专业合作社法》第5条第1款规定:“农民专业合作社依照本法登记,取得法人资格。”

城镇农村的合作经济组织是自愿成立的自我组织、自我管理、自我受益的合作组织,也就是各类合作社。依据《民法典》第100条规定,城镇农村的合作经济组织依法取得法人资格。法律、行政法规对城镇农村的合作经济组织有规定的,依照其规定。

3. 居民委员会、村民委员会

居民委员会、村民委员会是居民、村民根据《城市居民委员会组织法》《村民委员会组织法》成立的自我管理、自我教育、自我服务的基层群众性自治组织。居民委员会、村民委员会为履行职能需要从事民事活动,法律有必要赋予其主体资格。《民法典》第101条第1款规定,居民委员会、村民委员会具有基层群众性自治组织法人资格,可以从事为履行职能所需要的民事活动。

在农村,有的村设有村集体经济组织,承担集体资产的管理、运营职能,而有的村并未设立村集体经济组织。《民法典》第101条第2款规定,未设立村集体经济组织的,村民委员会可以依法代行村集体经济组织的职能。

第三节 法人的民事能力

一、法人的民事权利能力

法人的民事权利能力,是法人能以自己的名义享有民事权利和承担民事义务的资格或能力。

因民事权利能力是具有民事主体资格的必要条件,是民事主体依法享有民事权利和承担民事义务的前提和基础,因此,作为民事主体的法人,必须具有民事权利能力。

法人的民事权利能力与自然人的民事权利能力一样都是法律赋予的一种资格。但因法人为组织,具有团体性,其民事权利能力有不同于自然人民事权利能力的特点。这主要表现在以下方面:

其一,法人的民事权利能力始于法人成立,终于法人终止。因法人为组织,不存在出生与死亡,只有成立与终止的现象,所以,《民法典》第59条规定:“法人的民事权利能力和民事行为能力,从法人成立时产生,到法人终止时消灭。”

其二,法人的民事权利能力受法人自然属性的限制。因法人具有团体性,不是与自然人一样的生命体,因而,法人不具有自然人基于自然属性而享有权利的能力。例如,法人不能享有生命权、健康权、继承权等,不具有自然人享有的婚姻能力、遗嘱能力、收养能力等。

其三,法人的民事权利能力受法人宗旨的限制。法人是为实现一定宗旨而成立的社会组织,为实现其设立目的而进行民事活动。法人设立的目的不同,其可享有的权利与承担的义务的范围也不同,因而,其民事权利能力的内容或范围也就不同。所以,法人的民事权利能力受法人宗旨的限制,而自然人不会受此限制。例如,机关法人就不具有从事经营活动取得权利和承担义务的资格。也正因如此,自然人的民事权利能力一律平等,相互间并无原则差异;法人的民事权利能力虽也是平等的,但不同性质的法人之间的权利能力有原则上的不同。

二、法人的民事行为能力

法人的民事行为能力,是指法人通过自己的行为取得民事权利和承担民事义务的资格。

法人的民事行为能力与法人的民事权利能力既有联系又有区别。法人的民事权利能力是法人成为民事主体的必要条件,而法人的民事行为能力是法人独立进行民事活动的资格。前者是后者的前提,后者是前者的实现条件。

基于法人的团体性,法人的民事行为能力也呈现出与自然人的民事行为能力不同的特点,主要表现在以下方面:

其一,法人的民事行为能力与法人的民事权利能力同时产生,同时终止。因法人的意思能力是一种团体的意思能力,不存在受年龄和智力发育状态的影响,所以法人的民事行为能力与法人的民事权利能力在存续时间上具有一致性,它也自法人成立时产生,到法人终止时消灭。

其二,法人的民事行为能力与法人的民事权利能力在范围上具有一致性。如前所述,法人的民事权利能力受法人设立目的的限制,法人的民事行为能力同样也受法人目的的限制,法人的民事行为能力与法人的民事权利能力的范围是一致的。因而,不同性质的法人的民事行为能力是不同的。例如,机关法人不具有通过从事经营活动取得权利和承担义务的民事权利能力,也不具有从事生产经营活动的民事行为能力,而营利法人则具有从事生产经营活动的民事行为能力。不具有从事生产经营活动行为能力的法人实施的经营活动无效,而具有从事生产经营活动的法人从事的经营活动超出经营范围的,并非一定无效。《民法典》第 85 条明确规定:“营利法人的权力机构、执行机构作出决议的会议召集程序、表决方式违反法律、行政法规、法人章程,或者决议内容违反法人章程的,营利法人的出资人可以请求人民法院撤销该决议。但是,营利法人依据该决议与善意相对人形成的民事法律关系不受影响。”第 504 条规定:“法人的法定代表人或者非法人组织的负责人超越权限订立的合同,除相对人知道或者应当知道其超越权限外,该代表行为有效,订立的合同对法人或者非法人组织发生效力。”

其三,法人的民事行为能力是通过法人机关或者其他代表人来实现的。民事行为能力是以意思能力为基础的,但法人为社会组织,其意思是一种团体意思,而团体意思只能通过一定的形式由自然人的意思来形成和表现。法人机关就是形成和执行法人团体意思的组织机构,因此,法人的民事行为能力是由法人机关或其他代表人来实现的。

三、法人的民事责任能力

法人的民事责任能力又称法人的不法行为能力,是指法人以自己的名义对其不法行为承担民事责任的能力或资格。

关于法人的民事责任能力,有否定说与肯定说两种观点。否定说为法人拟制说的观点,认为法人无民事责任能力;肯定说为法人实在说的观点,认为法人具有民事责任能力。依我国现行法规定,我国采法人实在说,认定法人具有民事责任能力。法人的民事责任能力具有以下特点:

其一，法人的民事责任能力与其民事权利能力、民事行为能力同时产生，同时消灭。法人自成立时起即具有民事权利能力与民事行为能力，同时也具有民事责任能力；自法人终止时，法人的民事权利能力、民事行为能力消灭，民事责任能力也消灭。

其二，法人的民事责任能力是法人对自己的不法行为承担民事责任的能力。法人只对自己的不法行为承担民事责任，对他人的行为不承担民事责任。通说认为，只有法人的法定代表人或者其他工作人员执行职务并以法人名义实施的行为，才为法人的行为。对此，《最高人民法院关于适用〈中华人民共和国民事诉讼法〉的解释》（以下简称《民诉法解释》）第 56 条规定："法人或者其他组织的工作人员执行工作任务造成他人损害的，该法人或者其他组织为当事人。"《民法典》第 62 条第 1 款规定："法定代表人因执行职务造成他人损害的，由法人承担民事责任。"

其三，法人的民事责任能力是法人以其财产承担民事责任的能力。如前所述，法人财产上的独立性是法人责任独立性的基础。法人具有民事责任能力，但也仅以法人自己的财产对自己的不法行为承担民事责任，而不以其他财产承担民事责任。《民法典》第 60 条规定："法人以其全部财产独立承担民事责任。"如果法人的财产不足以承担其应承担的民事责任，则该法人也只能破产。

第四节　法人的机关

一、法人机关的概念和特点

法人机关亦称法人机构，是指根据法律、章程或条例的规定，于法人成立时产生的不需特别授权就能够以法人的名义对内管理法人的事务，对外代表法人进行民事活动的集体或者个人。

法人机关具有以下四个特点：

第一，法人机关是形成、表示和实现法人意志的法人机构。如前所述，法人具有民事行为能力和民事责任能力，法人也就有自己的意思能力。但法人又不同于自然人，其意思的形成、表示和实现必须通过一定的组织机构、一定的程序来完成。法人机关就是形成、表示和实现法人意志的机构。没有法人机关，也就无法形成、表示和实现法人的意志。

第二，法人机关是法人的有机组成部分。法人的条件之一就是有自己的组织机构，法人机关是法人组织机构的重要组成部分。因此，法人机关是法人的有机组成部分，与法人同时产生，不能独立于法人而存在，不能与法人相分离。法人必有法人机关，有法人机关也必有法人存在。

第三，法人机关是根据法律、章程或条例的规定而成立的法人的领导或代表机关。法人机关的设立和权限由法律、章程或条例规定。法人机关对内负责管理法人的各项事务，对外代表法人进行民事活动。法人机关代表法人进行民事活动时，无须另行授权。

第四，法人机关由自然人个人或集体组成。不同的法人，法人机关有所不同。一般来说，法人机关包括权力机关、执行机关和监督机关。法人的权力机关是法人自身意思的形成机关，是决定法人重大事项的机关，如股份有限公司的股东大会。法人的执行机关是执行法人的意志、执行权力机关决定的机关，如股份有限公司的董事会。法人的监督机关是对法人的执行机关的行为进行监督检查的机关，如股份有限公司的监事会。这三类机关，并非任何法人都需有的常设机构。法人机关可以由自然人个人组成，也可以由几个自然人共同组成。由个人组成的法人机关称为独任机关，如厂长；由集体组成的法人机关称为合议制机关，如董事会（或理事会）。

二、法人的法定代表人

《民法典》第 61 条第 1 款规定："依照法律或者法人章程的规定，代表法人从事民事活动的负责人，为法人的法定代表人。"依此规定，法定代表人为法人的常设机关。法人的法定代表人具有以下特点：(1) 法定代表人是依照法律或者章程确定的。如《民法典》第 81 条规定，营利法人由"董事长、执行董事或者经理按照法人章程的规定担任法定代表人；未设董事会或者执行董事的，法人章程规定的主要负责人为其执行机构和法定代表人"；又如第 93 条规定，捐助法人由"理事长等负责人按照法人章程的规定担任法定代表人"。(2) 法定代表人是代表法人行使职权的负责人。《民法典》第 61 条第 2 款规定："法定代表人以法人名义从事的民事活动，其法律后果由法人承受。"法人的法定代表人代表法人行使职权，无须另行授权。法定代表人只能是法人的负责人，而不能是一般人员。《民诉法解释》第 50 条规定："法人的法定代表人以依法登记的为准，但法律另有规定的除外。依法不需要办理登记的法人，以其正职负责人为法定代表人；没有正职负责人的，以其主持工作的副职负责人为法定代表人。"(3) 法定代表人是代表法人进行业务活动的自然人。法人的法定代表人为法人独任机关，只能由一个符合法律规定的条件①的自然人担任。担任法定代表人的自然人只有依照法律或章程规定在职权范围内代表法人从事民事活动时，才为法定代表人。若其行为不是代表法人实施的，则该行为不为法定代表人的行为，而属于以个人名义实施的个人行为。依据《民法典》第 61 条第 3 款的规定，法人章程或者法人权力机构对法定代表人代表权的限制，不得对抗善意相对人。

三、法人机关与法人的关系

在法人机关与法人的关系上，主要有代理说和代表说两种不同的观点。代理说以法人拟制说为根据，认为法人本身并无意思能力，法人的民事活动只能由自然人代理，法人机关为法人的代理人，法人的法定代表人为法人的法定代理人，法人机关与法人之间为代理关系，应适

---

① 如《公司法》第 178 条规定，有下列情形之一的，不得担任公司的董事、监事、高级管理人员：(1) 无民事行为能力或者限制民事行为能力；(2) 因贪污、贿赂、侵占财产、挪用财产或者破坏社会主义市场经济秩序，被判处刑罚，或者因犯罪被剥夺政治权利，执行期满未逾 5 年，被宣告缓刑的，自缓刑考验期满之日起未逾 2 年；(3) 担任破产清算的公司、企业的董事或者厂长、经理，对该公司、企业的破产负有个人责任的，自该公司、企业破产清算完结之日起未逾 3 年；(4) 担任因违法被吊销营业执照、责令关闭的公司、企业的法定代表人，并负有个人责任的，自该公司、企业被吊销营业执照、责令关闭之日起未逾 3 年；(5) 个人因所负数额较大的债务到期未清偿被人民法院列为失信被执行人。

用代理的规定。代表说以法人实在说为根据,认为法人也是具有意思能力的,法人机关就是法人意思的形成者和执行者,法人机关是法人的有机组成部分,是法人的代表。法人机关与法人之间是代表关系,法人机关在其职权范围内以法人名义进行的活动,就是法人的活动。因法人实在说为关于法人本质的通说,因而在法人机关与法人的关系上代表说为通说。

如前所述,法人机关是法人的有机组成部分,法人机关与法人之间并非两个主体之间的关系,而是部分与整体的关系,二者只能具有同一的法律人格。法人机关在职权范围内以法人名义实施的行为,是代表法人实施的,也就是法人的行为,这与代理人的代理行为是不同的。

应当注意将法人机关与法人机关的担当人区分开。法人机关由自然人担当,但担当法人机关的自然人的更换并不是法人机关的变更。当然,因法人机关由自然人担当,法人机关以法人名义在职权范围内的行为是由自然人实施的,虽然该行为也就是法人的行为,但因该自然人负有依法行使职权的义务,若其违反法律的规定,则应对其实施的不法行为承担相应的责任。也正因如此,《民法典》第 62 条第 2 款规定,法人在对法定代表人因执行职务造成他人的损害承担民事责任后,“依照法律或者法人章程的规定,可以向有过错的法定代表人追偿”。

第五节 法人的变更和终止

一、法人的变更

法人变更,是指法人在存续期间因各种原因发生的重要事项的变化。主要包括以下情形。

(一) 法人组织体的变更

法人组织体的变更,包括合并和分立两种情形。

法人合并是指两个以上的法人合并为一个新法人。法人合并包括吸收合并与新设合并。前者是指一个法人吸收其他法人,其法人资格保留,而被吸收的法人资格消灭;后者是指两个以上的法人合并为一个新法人,原法人资格消灭。《民法典》第 67 条第 1 款规定,法人合并的,其权利和义务由合并后的法人享有和承担。

法人分立是指由一个法人分为两个以上的法人。法人分立包括新设分立与派生分立。前者是指原法人分成两个以上的新法人,原法人资格消灭;后者是指原法人资格不消灭,只是从中分出一个或几个新的法人。《民法典》第 67 条第 2 款规定,法人分立的,其权利和义务由分立后的法人享有连带债权,承担连带债务,但是债权人与债务人另有约定的除外。

(二) 法人组织形式的变更

法人组织形式的变更即组织形式的改变,是在原法人主体的基础上创设新法人。法人组织形式的变更应依法律规定程序办理。非公司的企业法人变更为有限责任公司,有限责任公司变更为股份有限公司,或者股份有限公司变更为有限责任公司,都属于法人组织形式的变更，应依据《公司法》的有关规定办理。①

（三）法人其他重要事项的变更

法人其他重要事项，是指有关法人的活动宗旨和业务范围的法人登记中应予登记的其他事项。法人存续期间登记事项发生变化的，应当办理变更登记。② 法人其他重要事项的变更，不影响变更前法人参与的法律关系的效力。依据《民法典》第 65 条规定，法人的实际情况与登记的事项不一致的，不得对抗善意相对人。

二、法人的终止

（一）法人终止的概念和原因

法人的终止又称法人的消灭，是指法人的民事权利能力和民事行为能力终止，其民事主体资格消灭。因法人为社会组织，法人的终止也就是作为法人的该社会组织体的解散。

不同的法人，其终止的原因有所不同。依据《民法典》第 68 条规定，有下列原因之一并依法完成清算、注销登记的，法人终止：(1) 法人解散；(2) 法人被宣告破产；(3) 法律规定的其他原因。法人终止，法律、行政法规规定须经有关机关批准的，依照其规定。这里的“解散”是指各种原因导致法人组织解体。依据《民法典》第 69 条规定，法人解散的原因包括：(1) 法人章程规定的存续期间届满或者法人章程规定的其他解散事由出现；(2) 法人的权力机构决议解散；(3) 因法人合并或者分立需要解散；(4) 法人依法被吊销营业执照、登记证书，被责令关闭或者被撤销；(5) 法律规定的其他情形。

（二）法人的清算

法人的清算是指法人终止时清理法人的财产，了结其参与的法律关系。

法人的清算是法人终止的程序。《民法典》第 72 条第 1 款规定：“清算期间法人存续，但是不得从事与清算无关的活动。”依据法人终止的原因，法人的清算可分为破产清算与非破产清算。破产清算是指依破产法规定的清算程序进行的清算；非破产清算是指非依破产法规定的程序进行的清算。

法人的清算由清算组负责组织进行。清算组又称为清算人，是依法成立的对终止的法人进行清算的组织或者个人，其职责主要包括：(1) 了结现存的事务。如未履行的合同能够履行的，应履行完毕。(2) 收取法人债权和清偿法人债务。(3) 移交剩余财产。清偿法人债务后有剩余财产的，清算人应负责将其交给对该财产享有权利的人。依据《民法典》第 70 条规定，法人解散的，除合并或者分立的情形外，清算义务人应当及时组成清算组进行清算。法人的董事、理事等执行机构或者决策机构的成员为清算义务人。法律、行政法规另有规定的，依照其规定。清算义务人未及时履行清算义务造成损害的，应当承担民事责任；主管机关或者利害关

---

① 参见《公司法》第 12 条。

② 参见《民法典》第 64 条。

系人可以申请人民法院指定有关人员组成清算组进行清算。

清算组履行完其职责后，应按照有关规定向有关部门或人员报告清算情况，并应向登记机关办理法人注销登记并公告。法人于注销后即消灭。依法不需要办理法人注销登记的，清算结束时，法人终止。①

自测习题 案例分析 案例分析参考答案

① 关于法人于何时终止即消灭，有不同的观点，对法人清算期间的性质也有不同的看法。一种观点认为，法人一经解散即终止，其民事主体资格消灭。持此种观点者，有的认为，为便于清算，原法人此时被视为以清算为目的的法人，清算法人不享有原法人的民事权利能力和民事行为能力；有的认为，原法人消灭，但基于清算的目的，法律上拟制法人在清算目的范围内享有民事权利能力，于清算完结前法人仍然存续。另一种观点认为，法人并非一旦具备解散的原因就归于消灭，只有清算完结，法人才消灭；在法人清算期间，法人的主体资格仍然存在，不过已不能进行积极的民事活动。

第六章　非法人组织

■【导语】

甲、乙、丙三人合伙成立一个"悦心"饮食企业，该企业在法律上具有何种地位？王某出资成立一个独资的家具厂，该厂的民事地位是否与王某相同？这都涉及不具有法人资格的组织的地位，也是本章要回答的问题。

第一节　非法人组织概述

一、非法人组织的概念和地位

非法人组织又称为非法人团体，是指不具有法人资格，但能够依法以自己的名义进行民事活动的组织。

关于非法人组织的主体地位，即其可否成为民事主体，在民法理论与各国立法上有不同的观点，主要有否定说与肯定说。否定说认为，民事主体只有自然人与法人两类，非法人组织不具有民事权利能力和民事行为能力，它只是自然人进行民事活动的特殊形式，仅具有诉讼能力。肯定说认为，非法人组织具有一定的民事权利能力和民事行为能力，也具有诉讼能力，可以以自己的名义进行民事活动，因此，它是既不同于自然人又不同于法人的另一类民事主体，有的学者称之为第三类主体。《民法典》采取肯定说，该法第一编第四章的标题即为"非法人组织"。

法律对社会组织主体资格的认可是有一定过程的。1804年《法国民法典》仅承认自然人的民事主体地位，不认可法人为主体。法人制度的完全确立是由《德国民法典》完成的。单一的自然人的联合，可采取各种形式，并非一定全都集合成完全独立的法人组织。从单一的个人到具备法人条件的社会组织，这中间还有其他联合形式，这些联合形式就构成非法人组织。并且不仅自然人之间，法人与法人之间、法人与自然人之间也可进行并非与法人组织一样紧密的联合。因此，非法人组织是广泛存在的。对于非法人组织，起初各国法律一般并不承认其具有民事主体地位。但随着社会的发展，法律逐渐认可非法人组织的主体地位，在立法上赋予其既不同于自然人又不同于法人的主体资格。①

---

① 其实，是否承认非法人组织的民事主体地位也与对法人条件的规定（是否以独立承担民事责任为法人的必要条件）有关。在不以独立承担民事责任为法人条件的立法中，合伙也属于法人。

二、非法人组织的特点

第一,非法人组织为依法成立的社会组织。作为社会组织,非法人组织不同于自然人,不是以自然人个人的名义存在于社会的。并且,非法人组织应当是为实现一定的目的而设立的具有稳定性的组织。若干人临时性联合在一起所成立的“组织”,不属于非法人组织。非法人组织要作为一个组织体存在并活动于社会,需要有自己的名称、有一定的组织规则和组织形式。在一般情形下,非法人组织应当有两个以上的成员,但即使仅有一个成员,也可成立非法人组织。

第二,非法人组织是不具备法人条件的社会组织。非法人组织虽为社会组织,但不属于法人,是与具备法人条件的社会组织不同的组织。非法人组织既不是如法人一样地具有完全的独立性、完善的组织机构等,也不能够独立承担民事责任。《民法典》第 104 条规定:“非法人组织的财产不足以清偿债务的,其出资人或者设立人承担无限责任。法律另有规定的,依照其规定。”

第三,非法人组织具有相应的民事权利能力和民事行为能力。非法人组织虽不具有民事责任能力,不能独立承担民事责任,但它是为实现一定目的而存在的,为实现其目的需要以自己的名义进行民事活动。因此,非法人组织也具有相应的民事权利能力和民事行为能力,可以以自己的名义享有民事权利和承担民事义务。非法人组织作为组织体,须有一人或者数人代表该组织从事民事活动。①

三、非法人组织的种类

非法人组织依据其成立的目的,可以分为营利性非法人组织与非营利性非法人组织。

营利性非法人组织是指以营利为目的的不具有法人资格的社会组织,如个人独资企业、合伙企业等。这是非法人组织的常见形态,其特点在于可以从事以营利为目的的活动。

非营利性非法人组织是指不以营利为目的的不具有法人资格的社会组织。其特点是不得从事以营利为目的的经营活动,如从事非营利性社会服务活动的不具有法人资格的社会组织。

四、非法人组织的设立与解散

非法人组织作为社会组织体,应当按照法律规定设立,并应当进行登记。依据《民法典》第 103 条规定,非法人组织应当依照法律的规定登记。设立非法人组织,法律、行政法规规定须经有关机关批准的,依照其规定。

有下列情形之一的,非法人组织解散:(1) 章程规定的存续期间届满或者章程规定的其他解散事由出现;(2) 出资人或者设立人决定解散;(3) 法律规定的其他情形(《民法典》第 106 条)。非法人组织解散的,应当依法进行清算(《民法典》第 107 条)。

---

① 参见《民法典》第 105 条。

第二节　非法人组织的类型

一、合伙企业

合伙企业是指由两个以上民事主体为共同的经济目的，按照共同协议组成的不具备法人资格的营利性企业形态。依据《合伙企业法》第2、3条规定，合伙企业分为普通合伙企业和有限合伙企业。普通合伙企业由普通合伙人组成，合伙人对合伙债务承担无限连带责任，法律对普通合伙人承担责任的形式有特别规定的，从其规定。有限合伙企业由普通合伙人和有限合伙人组成，普通合伙人对合伙企业债务承担无限连带责任，有限合伙人以其认缴的出资额为限对合伙企业债务承担责任，国有独资公司、国有企业、上市公司以及公益性的事业单位、社会团体不得成为普通合伙人。有限合伙人转变为普通合伙人的，对其作为有限合伙人期间有限合伙发生的债务承担无限连带责任；普通合伙人转变为有限合伙人的，对其作为普通合伙人期间合伙发生的债务承担无限连带责任。

合伙企业具有以下特点：

第一，合伙企业是按照合伙协议组成的联合体。与营利法人依章程设立不同，合伙企业是按照合伙协议设立的。合伙人之间关于成立合伙的协议也就是合伙合同。合伙协议以书面形式订立，①设立普通合伙的协议应当载明下列事项：(1) 合伙企业的名称和主要经营场所的地点；(2) 合伙目的和合伙经营范围；(3) 合伙人的姓名或者名称、住所；(4) 合伙人出资的方式、数额和缴付期限；(5) 利润分配、亏损分担方式；(6) 合伙事务的执行；(7) 入伙与退伙；(8) 争议解决办法；(9) 合伙企业的解散与清算；(10) 违约责任。② 设立有限合伙的合伙协议还应当载明下列事项：(1) 普通合伙人和有限合伙人的姓名或者名称、住所；(2) 执行事务合伙人应具备的条件和选择程序；(3) 执行事务合伙人权限与违约处理办法；(4) 执行事务合伙人的除名条件和更换程序；(5) 有限合伙人入伙、退伙的条件、程序以及相关责任；(6) 有限合伙人和普通合伙人相互转变程序。③

第二，合伙企业是独立从事经营活动的联合体。合伙企业是合伙人为共同的经济目的而成立的联合体，具有团体性。合伙企业经工商登记部门核准登记才能成立，有自己的名称或字号，可以自己的名义从事经营活动、享有权利和承担义务，因此，合伙企业虽不能与法人一样有完全的独立性，但在人格、财产、利益和责任等方面也是相对独立于合伙人的。

第三，合伙企业是合伙人共同出资、共享收益、共担风险的联合体。合伙企业是由合伙人基于相互信任共同出资设立的社会组织。合伙人的出资形成合伙企业从事经营活动的物质基础。依据《合伙企业法》第16条规定，合伙人可以用货币、实物、知识产权、土地使用权或者其他财产权利出资，也可以用劳务出资。但是，有限合伙人不得以劳务出资。普通合伙人应共同

---

① 《合伙企业法》第4条规定："合伙协议依法由全体合伙人协商一致、以书面形式订立。"

② 参见《合伙企业法》第18条。

③ 参见《合伙企业法》第63条。

进行经营活动，参与合伙盈余的分配和分担合伙亏损，并对合伙债务负无限连带责任。有限合伙人不参与合伙经营，仅以出资为限对合伙债务承担责任。

二、个人独资企业

依据《个人独资企业法》第2条规定，个人独资企业是指由一个自然人投资，财产为投资人个人所有，投资人以其个人财产对企业债务承担无限责任的经营实体。个人独资企业具有以下特点：

第一，个人独资企业是一个企业。个人独资企业虽由自然人个人设立，但其不同于自然人，它是一个经营实体：有自己的名称；有自己的财产；有自己的住所；需经登记成立。它是以企业的名义而不是以自然人的名义进行经营活动的。

第二，个人独资企业由自然人一人投资，财产由投资人个人所有。个人独资企业不具有法人的条件，也不同于合伙企业。它仅是由自然人一人投资设立的，企业资产为投资人个人所有，投资人可依法对有关权利进行转让或继承。

第三，个人独资企业有一定的经营规模。个人独资企业不同于个体工商户，须有一定的规模。设立个人独资企业不仅要有投资人申报的出资，而且要有固定的生产经营场所和必要的生产经营条件，有必要的从业人员。

第四，个人独资企业自主经营。个人独资企业经登记取得营业执照后，可以依法申请贷款、取得土地使用权，并享有法律、法规规定的其他权利。个人独资企业依法自主经营，他人不得非法干预。个人独资企业投资人可以自行管理企业事务，也可以委托或者聘任其他具有民事行为能力的人负责企业事务的管理。受托人或者被聘用的人员应当履行诚信、勤勉义务，按照与投资人签订的合同负责个人独资企业的事务管理。但投资人对受托人或者被聘用人员职权的限制，不得对抗善意第三人。

第五，个人独资企业不能独立承担民事责任。个人独资企业不具有独立承担民事责任的能力，投资人对个人独资企业的债务负无限责任。个人独资企业在申请企业设立登记时明确以其家庭共有财产作为个人财产出资的，应当依法以家庭共有财产对企业债务承担无限责任。

三、专业服务机构

专业服务机构是指利用自己的专业知识，在特定领域为服务对象提供服务的社会组织，如会计师事务所、律师事务所、科技咨询服务机构、市场调查服务机构等。

从法律地位上说，专业服务机构可以为非法人组织，也可以依法登记为法人，取得法人资格。例如，依据《会计师事务所执业许可和监督管理办法》第6条规定，会计师事务所可以采用普通合伙、特殊普通合伙或者有限责任公司形式。采用合伙形式的，为非法人组织；采用公司形式的则为法人。合伙制律师事务所也为非法人组织。

四、法人分支机构和筹建中的法人

法人分支机构,是法人依法投资设立的在法人授权范围内以自己名义从事民事活动的组织。法人分支机构不具有法人资格,其名称须表明其与法人的隶属关系。法人分支机构根据法人的授权以自己的名义实施民事法律行为,进行法人业务范围内的民事活动,但不具有民事责任能力。《民法典》第 74 条第 2 款规定,分支机构以自己的名义从事民事活动,产生的民事责任由法人承担;也可以先以该分支机构管理的财产承担,不足以承担的,由法人承担。

筹建中的法人,是指为设立法人而设立的筹建组织。筹建组织以筹建的法人名义进行筹建活动,但其并不独立承担民事责任。依据《民法典》第 75 条规定,设立人为设立法人从事的民事活动,其法律后果由法人承受;法人未成立的,其法律后果由设立人承受;设立人为二人以上的,享有连带债权,承担连带债务。设立人为设立法人以自己的名义从事民事活动产生的民事责任,第三人有权选择请求法人或者设立人承担。

自测习题　　案例分析　　案例分析参考答案

第七章 民事权利客体

■【导语】

民事主体参与民事权利义务关系，是为了满足自己的利益需要。可见，民事主体总是为满足利益需要而基于一定的事物形成民事权利义务关系的。这一事物就是该利益的载体，也就是权利义务指向的对象，民法上称之为权利客体。哪些事物可成为权利的客体？这是本章要说明的问题。因民事法律关系经常涉及物，所以本章将重点介绍法律上的物。

第一节 民事权利客体概述

一、民事权利客体的概念和特点

民事权利客体又称民事权利的标的，是指民事权利所指向的对象，即民事权利的利益载体。因为民事权利是民事法律关系内容的主导方面，权利义务是相互对应的，权利所指向的对象也就是义务所指向的对象，权利的载体也就是义务的载体，因此，民事权利的客体也称为民事法律关系的客体。①

民事权利的客体具有以下三个特点：

一是有益性。所谓有益性，是指能够满足人们的利益需要。民事主体参与民事法律关系，享有民事权利，总是为满足自己的一定利益需要的。即使义务性的权利，也是为维护和保护某种利益的，只不过该种利益不是为权利人本身而已。例如，父母对未成年子女的权利，是以身份利益为客体的，该种利益主要是满足未成年人的需要。若无利益存在，也就不会有权利的存在。正如一些学者所言，民事法律关系建立的目的，总是保护某种利益、获取某种利益或分配转移某种利益，因此，民事法律关系客体所承载的利益，是民事权利和民事义务联系的中介。②能够满足人们需要的利益是多种多样的，既有物质的，也有非物质的。因此，民事权利的客体可以是物质财富，也可以是非物质财富，但不具有有益性的事物是不能够成为民事权利客体的。

二是客观性。所谓客观性，是指不依主体的意识而转移。民事权利客体是存在于主体之

---

① 严格说，民事权利客体与民事法律关系客体有所不同，因为法律关系中包含的权利可有多项。

② 参见魏振瀛主编：《民法》（第八版），北京大学出版社、高等教育出版社 2021 年版，第 131 页。

外的客观现象，它既可以是客观物质世界的现象，也可以是客观精神世界的现象，不依主体的意识而存在。民事权利主体可以选择或决定以何种客观现象为权利客体，但该客体不依主体的意识而存在或转移。客观上不存在的，仅是主体的意识或意念中存在的事物，不能为权利的客体。

三是法定性。所谓法定性，是指由法律规定。因为民事权利是为法律所确认和保护的，它取决于一定社会的物质生活条件。因此，何种客观事物可为民事权利的客体，也是由法律确认的。例如，隐私作为一种人格利益是客观存在的现象，但在法律未确认其为权利客体时，也就不为权利客体。又如，知识产品在古代法中并不是权利的客体，而在现代社会则可成为权利的客体。

二、民事权利客体的种类

关于民事权利客体或民事法律关系客体的种类，学者中有不同的观点。王泽鉴教授将其区分为权利客体与处分客体。他认为，权利得以物、精神上创造或权利为其支配的客体，是为第一层次的权利客体。权利本身则得作为权利人处分的对象，乃第二层次的权利客体。此项得为处分之客体者，除物权、无体财产权（智慧财产权）及债权外，尚包括一定的法律关系（如买卖、租赁）。[①] 这一区分是有道理的。通说认为，不同的民事权利的客体是不同的，民事权利多种多样，民事权利客体也是多种多样的。总的来说，民事权利客体包括以下种类：

第一，物。物是物权的客体。

第二，有价证券。有价证券通常被视为物的特别形态。但有价证券与物不是同一概念，有价证券通常为权利凭证。从权利凭证的意义上说，有价证券为物；从所代表的权利上说，有价证券为财产权利。

第三，行为。行为包括作为和不作为，为债权的客体。当然，有的行为需与一定的工作成果或物结合才能为客体，有的行为仅为一种服务或劳务的提供。

第四，知识产品。知识产品，有的也称为精神创造或智力成果，是知识产权的客体。依据《民法典》第 123 条规定，知识产权的客体包括：作品；发明、实用新型、外观设计；商标；地理标志；商业秘密；集成电路布图设计；植物新品种；法律规定的其他客体。

第五，权利。权利也可为权利的客体，如权利质权的客体就是权利。但作为权利客体的权利一般只能是财产性权利，并应当不具有专属性。

第六，人身利益。人格与身份所体现的人身利益属于非物质利益，是人身权的客体。

第七，信息、数据、网络虚拟财产等。[②]

除上述外，其他能够满足人的需要的各种利益，也可以成为权利客体。财产可否为权利客体？学者对此有不同观点。王泽鉴教授认为，财产（或企业）系各种权利的总体，其本身不得

---

① 参见王泽鉴：《民法总则》（2022 年重排版），北京大学出版社 2009 年版，第 209 页。

② 参见《民法典》第 111、127 条。

为权利的客体。[①] 本书认为，财产在民法上是一个存在多含义的概念，有时指物，有时指物和财产权利，有时则指物以及财产权利和财产义务，但多指特定主体的具有经济价值的物质利益。作为各种权利总和的财产，也未必不可为权利的客体。不仅企业租赁、企业转让等民事法律行为的客体为财产（或企业），浮动抵押权等权利的客体也可为企业的财产总体。

第二节　物

一、物的概念和特点

物是指存在于人身之外的能够为民事主体所支配或实际控制，并能满足其社会需要的物质资料。

民法上的物与物理学、哲学上的物质或物是既有联系又有区别的。其联系在于，只有物理学、哲学上的物质才能为民法上的物；其区别在于，法律上的物不仅具有自然属性，还具有法律属性，物理学、哲学上的物质并非均为法律上的物。民法上的物须具备以下特点：

第一，存在于人身之外。民法上的物为权利的客体，而人为主体，因此，作为主体的人自身不能为物，物只能存在于人身之外。但人体器官与人体相分离，则可为物。人死亡后的尸体已无生命特征，可为物，但尸体作为物具有特殊性，不能为人所任意处置。

第二，能为人力所实际控制或支配。民法上的物为权利义务的载体，因此它须为人力所能控制或支配。不能为人力所实际控制或支配的物，既不能为某人所利用，也不能用于交易，也就没有法律意义。随着生产力的发展，人类支配自然的能力增强，物的范围也就会不断扩大。例如，电、光、热等自然力，在能被人力控制前不为物，而在能为人力控制或支配后则成为物。

第三，能满足人们的社会生活需要。民法上的物须具有价值和使用价值，能够满足人们的社会生活需要。不能满足人的社会生活需要的物，不会成为权利义务的利益载体，也即不为权利的客体，不为民法上的物。例如，一粒良种可为物，而一粒一般的稻谷就不为物。

第四，为独成一体的有体物。所谓有体物，是指具有一定形态并能为人的感官所感触到的物。因此，虽可为权利客体的权利，但不能为人的感官感触到的，不为物。法律规定权利作为物权客体的，该权利可为物权客体，视为物。民法上的物，还须是独为一体，即能够单独满足人们的需要。例如，房屋上的砖瓦不为物，一间房屋为一物，一幢楼也可为一物。

二、物的分类

（一）动产与不动产

根据物是否具有可移动性，可将其分为动产与不动产。

---

① 参见王泽鉴：《民法总则》（2022 年重排版），北京大学出版社 2009 年版，第 209 页。他指出，财产为法律行为的客体、责任客体、侵权行为法的保护客体（参见该书第 233 页）。

动产是指具有可移动性，即依一般方法可以移动且移动后不会损害其价值的物；不动产是指不具有可移动性，即不能依一般方法移动或者移动后会损害其价值的物。依据《不动产登记暂行条例》第2条第2款规定，不动产是指土地、海域以及房屋、林木等定着物。定着物须是固定在土地上并且不可分离的物，如房屋、桥梁等建筑物，林木等种植物。虽未完全建成的建筑物但足以达到经济上使用目的的，为定着物；但其未构成定着物的房屋不属于不动产。[①] 工厂的机器虽附着于土地上，但非固定与土地不可分离的，仍为动产而非不动产。

区分动产与不动产的法律意义主要在于法律对其调整的规则不同：第一，动产与不动产上存在的物权种类不同。例如，建设用地使用权、土地承包经营权、宅基地使用权、居住权、地役权、海域使用权等用益物权仅存在于不动产上，留置权只能存在于动产上。第二，动产物权与不动产物权的公示要件不同。例如，动产以占有为公示方式，而不动产则以登记为公示方式，因而动产物权的取得以交付（取得占有）为要件，而不动产物权的取得一般是以办理权属变更登记为要件。第三，诉讼管辖不同。不动产权属纠纷的诉讼由不动产所在地法院管辖，而动产权属纠纷的诉讼不依动产的所在地确定管辖权。第四，对于某些法律关系，法律适用不同。例如，依据《涉外民事关系法律适用法》第31条规定，法定继承，适用被继承人死亡时经常居所地法律，但不动产法定继承，适用不动产所在地法律。

（二）流通物、限制流通物与禁止流通物

根据物是否具有流通性以及其流通是否受限制，可将其分为流通物、限制流通物与禁止流通物。

流通物又称融通物，是指允许在民事主体之间自由流通的物。限制流通物、禁止流通物以外的物，均为流通物。限制流通物又称限制融通物，是指法律对其流通予以一定限制，仅可在特定的主体或者特定范围内流通的物。禁止流通物又称禁止融通物，是指法律禁止其流通的物。限制流通物与禁止流通物是由法律直接明确规定的。禁止流通物主要包括国家专有的财产（如国有土地、矿藏、水流等）、假币、毒品、淫秽物品等。限制流通物主要包括非国家专有的自然资源、文物、麻醉药品等。金银原也为限制流通物，但我国已逐渐放开对其的限制。

区分流通物、限制流通物与禁止流通物的法律意义主要在于：流通物可以自由流通，限制流通物只能在限定的范围内流通，以禁止流通物为交易物或者在限定范围外交易限制流通物的，该交易无效。

（三）主物与从物

根据两物之间的相互关系，可将其分为主物与从物。

由同一人所有的须共同使用才能更好发挥其效用的两物中起主要作用的物为主物，辅助主物发挥效用的物为从物。从物须具备三个条件：第一，与主物同归一人所有；第二，须独成一物；第三，须与主物共同使用才能更好地发挥主物的效用。例如，一人所有的一辆汽车与该车上的备用胎构成主从物关系，备用胎为从物，而该车的轮胎则为汽车的组成部分，不为从物。

区分主物与从物的法律意义主要在于：除当事人另有约定外，对主物的处分效力及于从

---

① 参见王泽鉴：《民法总则》（2022年重排版），北京大学出版社2009年版，第214页。

物，从物随主物的转移而转移。依据《民法典》第320条规定，主物转让的，从物随主物转让，但是当事人另有约定的除外。例如，将汽车出卖时，备用胎随汽车所有权的转移而转移为买受人所有；若无特别约定，汽车所有人将汽车抵押时，抵押权的效力及于备用胎。

（四）原物与孳息

根据两物间的一物由另一物所生的关系，可将其分为原物与孳息。

原物是指产生收益的物，孳息为由原物所生的收益。孳息分为天然孳息与法定孳息。前者指依物的自然属性所生的收益，如果树所产的果实；后者指依法律关系所生的收益，如出租房屋的租金。

区分原物与孳息的法律意义主要在于：除当事人另有约定外，天然孳息由原物的所有权人取得，既有所有权人又有用益物权人的，由用益物权人取得；对于法定孳息，当事人按照约定取得，没有约定或者约定不明确的，按照交易习惯取得。①

（五）消耗物与非消耗物

根据物使用后的形态变化，可将其分为消耗物与非消耗物。

消耗物又称为消费物，是指经一次性使用就会归于消灭或者改变形态和性质的物，如米、面、油、盐等。非消耗物又称为非消费物，是指可多次为同一目的使用而不会改变其形态和性质的物，如房屋、机器等。

区分消耗物与非消耗物的法律意义主要在于：消耗物仅能为同一经济目的被一次性使用，而非消耗物可被多次使用，因此，消耗物不能为转移使用权的债的标的物。

（六）可分物与不可分物

根据物是否可分割，可将其分为可分物与不可分物。

可分物是指经分割后不会改变其性质或影响其效益的物，如一桶油可分为若干份，其性质或效用并不会改变，因此，油为可分物。不可分物是指经分割会改变其性质和影响其用途的物，如一头牛若被分割，则不为牛。

区分可分物与不可分物的法律意义主要在于：数人共有一物时，共有物为可分物的，可采取实物分割的方法分割，共有物为不可分物的，则不能采取实物分割的方法分割；多数人之债的标的物为不可分物的成立不可分之债，标的物为可分物的则可成立可分之债。

（七）特定物与种类物

根据物在交易中的确定方式，可将其分为特定物与种类物。

特定物是指依其单独的特点具体确定的物。它既可是因物自身的特点而确定，如一件唐代文物；也可依民事主体的主观意志而确定，如从同一牌号的自行车中选定的一辆。种类物是指仅以品种、规格、型号或者度量衡加以确定的物，如联想电脑50台、大同煤100吨。

区分特定物与种类物的法律意义主要在于：在交易中以特定物为标的物的，在标的物意外

---

① 参见《民法典》第321条。

灭失时，债务人的交付义务免除，债权人只能请求赔偿损失；以种类物为标的物的，只有在债务人的该种类财产全部灭失的情况下，债务人才可免负交付义务。

（八）可代替物与不可代替物

根据物是否具有可替代性，可将其分为可代替物与不可代替物。

可代替物是指可以用同一种类、质量、数量的物代替的物，如米、面等；不可代替物是指不能用他物代替的物，如房屋、车辆、电视机等。

区分可代替物与不可代替物的法律意义主要在于：可代替物一般只能为借贷（消费借贷）的标的物；不可代替物为借用、租赁等转移使用权的法律关系的标的物。

（九）单一物、合成物与集合物

根据物的构成形态，可将其分为单一物、合成物与集合物。

单一物是指形态上独成一体的物，如一只羊；合成物又称结合物，是指由数个单一物失其特性而合成一体的物，如房屋；集合物是指数个单一物或合成物虽未失其特点，但法律上或观念上作为一物，如一群羊、企业。

区分单一物、合成物与集合物的法律意义主要在于：对于单一物、合成物只能就其整体设立权利或交易，而不能就其构成部分设立权利或交易；对于集合物，既可以就其整体设立权利或交易，也可以就集合物中的各物单独设立权利或交易。

第三节　货币和有价证券

一、货币

货币，有时称为金钱，是指充当一般等价物的一种特殊的物。货币的特点在于，其价值体现为票面价值。只要货币票面的价值相同，其价值就是一样的。从性质上说，货币为动产、可代替物、种类物、消耗物。因此，货币作为一般等价物是支付手段、流通手段和补偿手段。在任何情形下，占有货币也就取得货币的所有权。

货币有本币与外币之分。本币为本国的货币，外币为外国的货币。我国的本币为人民币，人民币为法定货币，可任意流通。但依法律规定，单位之间的交易，除特别情形外不能直接以现金结算。我国香港、澳门特别行政区的货币、我国台湾地区的货币以及外国的货币属于限制流通物，一般不能作为支付手段。

二、有价证券

（一）有价证券的概念和特点

有价证券是指设立并证明持券人有权取得一定财产权利的凭证。有价证券代表着一定的财产权利，具有价值与使用价值；无价证券虽也代表着一定的权利，但不具有交换价值。我国现行的证券，如股票、公司债券、政府债券、票据等都属于有价证券。有价证券具有以下特点：

第一，有价证券与证券上所记载的权利不可分离。有价证券的价值是由证券所代表的财产权利体现出来的，而不在于证券这个“物”。有价证券之所以“有价”，就是因为它代表着一定财产权利并可用于交易。只有持有证券才能享有证券上的权利；行使证券上的权利须出示证券，转让证券上的权利也须交付证券或者变更登记。不持有有价证券的人是不能享有和行使证券上的权利的。有价证券的这一特点使其区别于单纯证明权利的书面证据。例如，借据为证明债权人债权的凭证，债权人即使丧失了借据，也可以其他方式证明其债权而向债务人主张债权。但若该债权是以债券代表的，则丧失债券的债权人不能依其他方式证明债权的存在而向债务人主张权利。

第二，有价证券的持有人只能向特定的义务人主张权利。有价证券的义务人是特定的，虽然权利人可因有价证券的转让而变更，但持有证券的人只能向特定的负有义务的人主张权利，而不能向其他人主张权利。这一特点表明有价证券不同于货币，货币的持有人可以向任何人主张权利。

第三，有价证券的义务人负有单方的见券即付的义务。首先，有价证券的义务人的义务是单方义务，其向证券持有人履行义务不能要求对方支付任何代价。其次，有价证券的义务人见到证券持有人主张权利时提示的证券即应履行义务。有价证券义务人向证券持有人履行义务后可收回有价证券，双方的权利义务关系消灭。

（二）有价证券的种类

1. 依有价证券所设立和代表的权利性质分类

根据有价证券设立和代表的权利的性质，可将其分为以下几种：

（1）设立和代表债权的有价证券，如票据和债券。票据包括本票、汇票、支票，义务人负有无条件支付票面所载金额货币的义务。债券的债务人负有到期向债权人支付本金与利息的义务。但票据主要是融通手段，而购买债券是投资方式。

（2）设立和代表物权的有价证券，如仓单、提单。仓单、提单的义务人负有向证券持有人交付证券上所载明的物品的义务，取得和持有仓单、提单也就取得证券上所载明的物品的所有权。

（3）设立和代表一定股份的有价证券，如股票。股票的权利人也就是股东，购买股票也是一种投资方式，股票的持有人为股东，享有社员权，其出资不能从公司抽回。

2. 依有价证券载明的权利的标的性质分类

根据有价证券载明的权利标的的性质，可将其分为以下几种：

（1）金钱证券。金钱证券是指证券上的权利的标的为金钱的有价证券，如票据、债券等。

（2）物品证券。物品证券是指证券上的权利的标的为物品的有价证券，如仓单、提单。

（3）服务证券。服务证券是指证券上的权利的标的为提供一定服务的有价证券，如车票、船票、机票等。

3. 依有价证券上的权利的转移方式分类

根据有价证券载明的权利的转移方式，可将其分为以下几种：

（1）记名有价证券。记名有价证券是在证券上记载着权利人姓名或名称的有价证券。记名有价证券的权利转让一般须按债权转让方式进行，有的还须办理过户手续，如记名股票的转让即需要办理过户登记手续。记名有价证券的权利人行使权利不仅要提交证券，还要提交证明自己为证券上记载的权利人的证明。

（2）指示有价证券。指示有价证券是指在证券上指明第一个取得证券权利人的姓名或名称的有价证券。指示有价证券的权利转让须依背书方式进行，即不仅要交付证券，而且须在证券上背书受让人的姓名或名称。

（3）无记名有价证券。无记名有价证券是指在证券上无权利人姓名或名称记载的有价证券。无记名有价证券的权利转让可仅依单纯交付的方式为之，即交付证券也就转移证券上的权利。

自测习题　　案例分析　　案例分析参考答案

第八章　民事法律行为

■【导语】

在社会生活中，为实现不同的目的，人们要实施各种行为。这些行为，有的具有法律意义，会发生一定的民事法律效果，如购买物品、收养子女等；有的不具有法律意义，不发生法律效果，如外出散步、朋友聚会等。民法所规范的行为重点在于民事法律行为，它是最重要的法律事实，是"私法自治"的体现。本章重点介绍民事法律行为的相关知识，包括民事法律行为的概念、特点、种类、成立和生效等。

第一节　民事法律行为概述

一、民事法律行为的概念和特点

依据《民法典》第133条规定，民事法律行为是民事主体通过意思表示设立、变更、终止民事法律关系的行为。

依我国现行法的规定，民事法律行为具有以下三个特点：

第一，民事法律行为是民事主体实施的以发生一定民事法律后果为目的的行为。民事法律行为的主体只能是自然人、法人和非法人组织等民事主体，非民事主体实施的行为，不论是否发生民事法律后果，皆不为民事法律行为。民事法律行为不仅要求行为主体为民事主体，而且要求主体实施行为的目的是发生民事法律后果。所谓发生民事法律后果，是指在当事人间会发生民事权利义务的变动。例如，设立遗嘱为处分财产，订立合同为设立债权，结婚为确立夫妻关系。虽为民事主体实施，但其目的不是发生权利义务变动的行为，尽管发生民事法律后果，也不是民事法律行为。例如，侵权行为虽能发生民事法律后果，但行为人实施行为的目的并不是要发生民事法律关系。

第二，民事法律行为是以意思表示为要素的行为。民事主体实施民事法律行为不仅要有发生民事法律后果的目的，还必须将发生该法律后果的目的的意思表现出来。将发生民事法律后果的意思表现于外部，即为意思表示。可见，没有意思表示也就没有民事法律行为，民事法律行为是以意思表示为要素的。是否有意思表示，是区分民事法律行为与事实行为的根本标志。

第三,民事法律行为是能否发生行为人预期目的不确定的行为。民事主体所实施的以发生一定民事后果为目的、以意思表示为要素的行为,是否能够发生当事人预期的目的,还决定于该行为是否符合法律的要求。只有符合法律要求的有效的民事法律行为,才能够发生当事人预期的民事法律后果。如果该行为不符合法律的要求,则不能发生当事人预期的民事法律后果。

二、民事法律行为的分类

(一)单方行为、双方行为与多方行为

根据民事法律行为的成立是需要一方的意思表示还是双方或多方的意思表示,可将其分为单方行为、双方行为与多方行为。

单方行为是指仅需要当事人一方的意思表示即可成立的民事法律行为。单方行为又可分为有相对人的单方行为与无相对人的单方行为,前者如撤销行为、解除合同的行为;后者如设立遗嘱、捐助行为。有相对人的单方行为自意思表示到达相对人时才能发生效力。

双方行为或多方行为,是指需要当事人各方意思表示一致才能成立的民事法律行为。例如,买卖的成立需有出卖人出卖的意思表示和买受人买入的意思表示,且两个意思表示的内容一致。双方行为或多方行为仅要求当事人的意思表示一致即合意,不要求当事人的经济目的相同。有的当事人双方的经济目的正是相反的,如出卖人与买受人所要达到的经济目的正好相反;有的当事人各方的经济目的是一致的、相同的,如设立公司的协议、合伙协议。有的学者将前者称为契约,将后者称为合同(协同)行为。①

区分单方行为、双方行为与多方行为的法律意义主要在于确定民事法律行为是否成立。因为依法律要求,单方行为只需行为人一方的意思表示即可成立,而双方行为或多方行为则须有各方的意思表示一致才能成立。

多方法律行为中的决议行为不同于其他共同行为。决议行为仅需依照规定的程序或方式作出,并不要求各方的意思表示都一致。《民法典》第 134 条第 2 款规定,法人、非法人组织依照法律或者章程规定的议事方式和表决程序作出决议的,该决议行为成立。

(二)财产行为与身份行为

根据民事法律行为人实施行为所要发生的法律后果的性质,可将其分为财产行为与身份行为。

财产行为是指当事人实施行为所要发生的后果为财产权利义务变动的行为。财产行为又可分为负担行为与处分行为。负担行为是指使一方负担给付义务的行为,如捐助行为使捐助人负给付义务,买卖行为使出卖人和买受人负给付义务。处分行为是指直接发生财产权利变动的行为,如抛弃所有权、让与所有权、免除债务。处分行为与负担行为既可并存,如买卖中出卖人依让与所有权的合意交付出卖物或办理产权过户手续;也可独立存在,如抛弃所有权的行

---

① 参见王泽鉴:《民法总则》(2022 年重排版),北京大学出版社 2009 年版,第 256 页。

为并无负担行为存在。①

身份行为是指当事人实施行为所要发生的后果为身份关系变动的行为，如结婚、离婚、收养、解除收养。

区分财产行为与身份行为的法律意义主要在于：第一，二者适用的法律规范不同。财产行为适用财产法规范，身份行为适用身份法规范。财产行为为民事法律行为的一般，而身份行为为民事法律行为的特殊，《民法典》总则编关于民事法律行为的规定主要适用于财产行为，而身份行为主要适用婚姻家庭编的有关规定。第二，二者发生的法律效果的性质不同。财产行为的目的是发生财产权利义务的变动，而身份行为的目的是发生身份权利义务的变动。财产行为一般可由代理人代理，身份行为通常不能由代理人代理。

（三）有偿行为与无偿行为

根据民事法律行为是否有对价，可将其分为有偿行为与无偿行为。

有偿行为是指有对价的民事法律行为。有偿行为的一方从对方取得利益须支付一定的财产代价，任何一方在未给予对方相应代价时，不能从对方取得相应的利益。如买受人取得标的物的所有权，应向出卖人支付价款。无偿行为是指没有对价的民事法律行为。无偿行为的一方从对方取得某种财产利益，无需向对方支付相应的财产代价，如受赠人取得赠与物无需向赠与人支付任何财产。民事法律行为是否有偿取决于法律的规定和当事人的约定。有的行为由法律性质决定只能是有偿或无偿，如买卖、租赁只能是有偿行为，而借用、赠与只能是无偿行为。有的行为是否有偿取决于当事人的约定，如委托，若当事人约定委托人须支付报酬，则为有偿，否则即为无偿。

区分有偿行为与无偿行为的法律意义主要在于：第一，有偿行为成立时显失公平的，当事人可以请求撤销，而无偿行为不存在显失公平的认定问题。第二，有偿行为当事人的责任重于无偿行为当事人的责任。如《民法典》第 897 条规定，保管期内，因保管人保管不善造成保管物毁损、灭失的，保管人应当承担赔偿责任。但是，无偿保管人证明自己没有故意或者重大过失的，不承担赔偿责任。第三，有偿行为的当事人须有相应的民事行为能力，而限制民事行为能力人、无民事行为能力人可以独立实施纯获利益的无偿行为。②

（四）双务行为与单务行为

根据民事法律行为当事人双方权利义务的负担关系，可将其分为双务行为与单务行为。

双务行为是指当事人双方均负担相应的权利义务的行为，一方的义务即为另一方的权利，如租赁中出租人的义务也正是承租人的权利。单务行为是指当事人一方仅负担义务而另一方享有权利的行为，双方的义务无对应关系。如赠与中的赠与人仅负担交付赠与物并转移所有权的义务，而不享有权利；受赠人一般不负义务，即使是附义务的赠与，受赠人履行所附负担的义务与赠与人的义务也无对应关系。

---

① 参见王泽鉴：《民法总则》（2022 年重排版），北京大学出版社 2009 年版，第 258 页。

② 虽然《民法典》仅明确规定限制民事行为能力人可以实施纯获利益的行为，但对于无民事行为能力人，从目的解释上也应认定其可实施纯获利益的民事法律行为。

区分双务行为与单务行为的法律意义主要在于：双务行为中发生义务的履行顺序问题，除法律另有规定或者当事人另有约定外，当事人应当同时履行义务。如《民法典》第525条规定："当事人互负债务，没有先后履行顺序的，应当同时履行。一方在对方履行之前有权拒绝其履行请求。一方在对方履行债务不符合约定时，有权拒绝其相应的履行请求。"而单务行为不发生义务的履行顺序问题。

（五）诺成性行为与实践性行为

根据民事法律行为是否以标的物的实际交付为成立要件，可将其分为诺成性行为与实践性行为。

诺成性行为又称不要物行为，是指只要当事人各方的意思表示一致，就可以成立的行为。如买卖、租赁等大多数民事法律行为，只需当事人合意，就可成立。实践性行为又称为要物行为，是指除当事人各方意思表示一致外，还需要实际交付标的物才能成立的行为。如借用合同，仅有借用人与出借人之间的合意还不能成立，只有在出借人将借用物交付给借用人时，借用合同才可成立。某一行为是否为实践性的取决于法律的规定和交易习惯。如《民法典》第890条规定："保管合同自保管物交付时成立，但是当事人另有约定的除外。"根据这一规定，除当事人另有约定外，保管合同就是实践性行为。

区分诺成性行为与实践性行为的法律意义主要在于：正确认定民事法律行为的成立、当事人的权利义务以及标的物转移的时间。诺成性行为自当事人达成合意时成立生效，当事人交付标的物为履行其义务；实践性行为自当事人交付标的物时成立，交付标的物为行为的成立要件。

（六）要式行为与不要式行为

根据民事法律行为是否必须采取法律规定的形式，可将其分为要式行为与不要式行为。

要式行为是指必须采取法律规定的特定形式的民事法律行为；不要式行为是指当事人可自愿选择法律行为形式的民事法律行为。古代法上，民事法律行为以要式为原则，以不要式为例外；现代法上，民事法律行为以不要式为原则，以要式为例外。

区分要式行为与不要式行为的法律意义主要在于：对于要式行为，不采取法律规定的形式不能成立生效；对于不要式行为，当事人选用任何形式都不影响其成立生效。《民法典》第135条规定："民事法律行为可以采用书面形式、口头形式或者其他形式；法律、行政法规规定或者当事人约定采用特定形式的，应当采用特定形式。"当事人未采用书面形式或者口头形式，但是实施的行为本身表明已经作出相应意思表示，并符合民事法律行为成立条件的，可以认定为其他形式（《民法总则解释》第18条）。

（七）要因行为与不要因行为

根据民事法律行为与其原因间的关系，可将其分为要因行为与不要因行为。

要因行为又称有因行为，是指与其原因不可分离，原因不存在，也就不能成立生效的民事法律行为。这里的原因，也就是行为的目的。如买卖的原因是出卖人取得价款、买受人取得出卖的标的物。若无买受人取得标的物、出卖人取得价款这一原因，买卖也就不能成立生效。因此，买卖为要因行为。不要因行为又称无因行为，是指与其原因可以分离，原因存在与否不影响行为效力的民事法律行为。如甲为支付货款而签发一票据，签发票据的原因为应付货款，无论甲应付货款的这一原因是否存在，甲所签发的票据都是有效的，票据行为即为无因行为。

区分要因行为与不要因行为的法律意义主要在于：要因行为的原因不存在的，行为无效；不要因行为不因为原因的不存在或有瑕疵而无效。

（八）生前行为与死后行为

根据民事法律行为发生效力的时间，可将其分为生前行为与死后行为。

生前行为又称为生存行为，是指于行为人生存时发生效力的民事法律行为；死后行为又称为死因行为，是指于行为人死亡后才能发生法律效力的民事法律行为。民事法律行为以生前行为为一般，以死后行为为例外。

区分生前行为与死后行为的法律意义主要在于：法律对于死后行为多设有特别规定。例如遗嘱就为典型的死后行为，当事人设立遗嘱必须依照法律的特别规定为之。

（九）主行为与从行为

根据两个民事法律行为相互间的关系，可将其分为主行为与从行为。

主行为是指在两个有联系的民事法律行为中，不依赖于他行为的存在而可独立存在的行为；从行为是指需要依赖于他行为的存在而存在的行为。

区分主行为与从行为的法律意义主要在于：主行为决定从行为的法律命运，主行为不存在，从行为也不能存在。如为担保贷款而订立保证合同，贷款合同为主行为，保证合同为从行为；贷款合同不存在，保证合同也就不存在。

（十）独立行为与辅助行为

根据两个民事法律行为间一行为需受另一行为辅助的关系，可将其分为独立行为与辅助行为。

独立行为是指有设立权利义务的独立的实质内容的行为；辅助行为是指并无实质的独立内容，仅辅助他行为生效的行为。

区分独立行为与辅助行为的法律意义主要在于：辅助行为的效力是使受辅助的独立行为生效，并不设立权利义务。例如，限制民事行为能力人订立其不能独立订立的合同，该行为为独立行为，其法定代理人对该合同予以同意的行为就为辅助行为。无辅助行为，独立行为不能生效。

第二节 意思表示

一、意思表示的概念和要素

意思表示是指行为人将其实施民事法律行为的目的以一定的方式表现于外部。如前所述,民事法律行为是以设立、变更、终止民事权利义务关系为目的的行为,行为人设立、变更、终止民事权利义务关系的目的,是行为人实施行为的内在意思,该意思只有表达出来,才能为外界认知。意思表示正是行为人欲设立、变更、终止民事权利义务关系的这一内在意思的外部表现。例如,某人欲以某价钱出卖某物,该人向他人表达出这一意思,就属于意思表示。

意思表示须由两部分组成,即意思和表示。这里的意思,是指行为人所欲设立、变更、终止民事权利义务关系即发生法律效果的意思,所以又称为效果意思。效果意思反映的是行为人要设立、变更、终止的民事权利义务关系,也就构成民事法律行为的内容。效果意思必须是真实的、确定的、合法的,否则不能发生效力。效果意思是行为人实施行为的具体目的的体现,与行为人实施行为的动机无关。这里的表示,是指行为人以一定形式表达出其意思。因此,表示又包括两个要素:一是表示行为,即行为人表达意思的行为;二是由表示行为所表达出的外部意思。例如,上述出卖人欲以某价格出卖某物的意思为效果意思,该人以信函将该意思传达给某人的行为为表示行为,而该信函中载明的以某价格出卖某物的意思即为表示出的外部意思。

没有意思或表示,不能构成意思表示;意思与表示不一致,亦即效果意思与表示出的外部意思不同,意思表示也不能发生效力。只有行为人的意思是真实的、确定的、合法的,意思与表示又一致时,意思表示才能发生效力。所谓意思表示发生效力,是指作出意思表示的行为人即表意人受其意思表示的约束,非依法律规定不得擅自撤销或者变更其意思表示。

二、意思表示的形式

意思表示的形式,是指行为人作出意思表示的方式。没有一定的方式,行为人也就不能表达出其意思。虽然意思表示不等于民事法律行为,但意思表示为民事法律行为的要素,因此,意思表示的形式也就是民事法律行为的形式。

意思表示的形式依其确定的根据可分为约定形式与法定形式。约定形式是指由当事人约定的意思表示的形式;法定形式是指由法律直接规定的意思表示的形式。

意思表示的具体形式主要有口头形式、书面形式和默示形式。

口头形式是指以口头语言方式作出意思表示,如行为人面谈或通过电话表达其意思。口头形式简单方便,但在发生纠纷时,难以查证。

书面形式是指以书面文字等方式作出意思表示,如合同书、信件、电报、电传、传真等可以有形地表现所载内容的形式。以电子数据交换、电子邮件等方式能够有形地表现所载内容,并可以随时调取查用的数据电文,视为书面形式(《民法典》第 469 条)。

默示形式是指不直接以语言文字而是通过行为作出意思表示。默示形式包括推定形式和沉默形式。推定形式是指当事人通过积极的行为作出其意思表示。例如,租赁合同当事人于租赁期间届满后,承租人仍交付租金,出租人收受该租金,双方尽管不以口头或书面形式表达延长租赁合同的意思表示,但其交付和收受租金的行为表明了双方延长租赁合同的意思表示。沉默形式是指行为人以消极行为作出其意思表示。例如,继承人知道被继承人死亡后,对其是否继承遗产不作口头或书面的表示,而只是保持沉默,就是以沉默的形式作出其接受继承的意思表示。但需注意,依据《民法典》第 140 条第 2 款规定,只有在有法律规定、当事人约定或者符合当事人之间的交易习惯时,沉默才可视为作出意思表示。

三、意思表示的分类

（一）有相对人的意思表示与无相对人的意思表示

根据意思表示有无相对人，可将其分为有相对人的意思表示与无相对人的意思表示。

有相对人的意思表示是指有表示对象的意思表示。意思表示的对象一般是特定的，如订立合同中的要约和承诺、债务的免除、代理权的授予等；但也可以是不特定的，如悬赏广告。无相对人的意思表示是指无表示对象的意思表示，如遗嘱、捐助。

区分有相对人的意思表示与无相对人的意思表示的法律意义主要在于：有相对人的意思表示必须向相对人为之，并且只有到达相对人时才能发生效力。而无相对人的意思表示，则不发生向相对人为之的问题，意思表示完成时即生效；法律另有规定的，依照其规定（《民法典》第 138 条）。双方行为中的意思表示都为有相对人的意思表示，并且受领意思表示的相对人原则上应有受领能力。单方行为中的意思表示多为无相对人的意思表示，但有的也为有相对人的意思表示，如代理权的授予虽为单方行为，但意思表示须有相对人。

（二）对话的意思表示与非对话的意思表示

有相对人的意思表示，根据表示到达的方式可分为对话的意思表示与非对话的意思表示。

对话的意思表示，是指表意人作出的意思表示直接进入可为对方了解的范围，相对人基本可同步受领的意思表示，如双方面谈或者通过电话作出的意思表示。非对话的意思表示，是指表意人作出的意思表示不直接进入可为对方了解的范围，相对人不能同步受领的意思表示，如以书信作出的意思表示、通过第三人转达的意思表示。

区分对话的意思表示与非对话的意思表示的法律意义主要是二者生效的时间不同。对于对话的意思表示，通说认为，从意思表示可被相对人了解时生效。《民法典》第 137 条第 1 款规定：“以对话方式作出的意思表示，相对人知道其内容时生效。”对于非对话的意思表示的生效时间，有表示主义、发信主义、到达主义、了解主义等不同的立法例。我国法上对非对话的意思表示生效时间采取到达主义，即意思表示自到达相对人时生效。《民法典》第 137 条第 2 款规定：“以非对话方式作出的意思表示，到达相对人时生效。以非对话方式作出的采用数据电文形式的意思表示，相对人指定特定系统接收数据电文的，该数据电文进入该特定系统时生效；未指定特定系统的，相对人知道或者应当知道该数据电文进入其系统时生效。当事人对采用数据电文形式的意思表示的生效时间另有约定的，按照其约定。”

（三）健全的意思表示与不健全的意思表示

根据意思表示有无瑕疵，可将其分为健全的意思表示与不健全的意思表示。

健全的意思表示又称无瑕疵的意思表示，是指表意人的意思与表示相一致，且其意思为自己自由形成的。不健全的意思表示又称有瑕疵的意思表示，是指表意人的意思不是其自由形成的或者其意思与表示不一致的意思表示。

区分健全的意思表示与不健全的意思表示的主要法律意义在于二者的效力不同：健全的

意思表示为有效的意思表示,而不健全的意思表示影响民事法律行为的效力。

四、意思表示的瑕疵

意思表示若有瑕疵,就为不健全的意思表示。意思表示的瑕疵分为意思与表示不一致和意思表示不自由两种情形。

(一)意思与表示不一致

意思与表示不一致,是指表意人内在的真实意思与表示出的意思不相符合。例如,甲的真意是要将自行车卖给乙,而向乙表示出的意思是送给乙。意思与表示不一致又分为故意的不一致与无意的不一致。

1. 故意的不一致

意思与表示故意的不一致,是指表意人明知行为的意思与表示的不一致。包括以下几种形式:

(1)虚假的意思表示。这种意思表示又称虚伪的意思表示、真意保留等,是指表意人故意作虚伪表示,即故意隐匿其真意作出不同于真意的表示,表意人并无受其意思表示拘束的意思。例如,出卖人意欲出卖其电视机,为显示其卖价低,却说:我送给你吧。于此情形下,表意人所作的意思表示并非其真意,应不发生效力。但因该虚伪的意思表示是表意人故意保留真意的,为保护交易的安全和第三人的利益,表意人的意思表示有效,表意人应受其拘束;如果相对人明知表意人故意使其意思与表示不一致,则该虚伪的意思表示无效。

(2)通谋的虚伪表示。这种意思表示又称伪装表示,是指表意人与相对人通谋而为虚伪的意思表示。例如,甲为避免其财产被强制执行,与乙通谋将该财产出卖给乙。通谋的虚伪表示,因当事人双方都知道不是表意人的真意,因而是无效的,但当事人不得以其虚伪的意思表示无效而对抗善意第三人。

(3)隐藏行为。这种意思表示是指表意人为虚伪的表示,但其真意为发生另外的法律效果的意思表示。例如,甲为不将房屋出租给丙而出租给乙,与乙通谋表示将房屋借给乙。甲出借房屋的意思表示是虚伪的,其真实的意思是出租房屋给乙。隐藏行为中的虚伪表示,并非当事人的真意,应为无效,但被隐藏的真实意思应发生效力。因此,隐藏行为所隐藏的意思表示是否有效应依其真实意思是否符合法律规定而定。《民法典》第 146 条第 2 款规定,以虚假的意思表示隐藏的民事法律行为的效力,依照有关法律规定处理。

2. 无意的不一致

意思与表示无意的不一致,是指表意人不知道其意思与表示不一致,包括错误与误传。

(1)错误。错误指表意人因误认或不知而使其意思与表示不一致。例如,丙不知道甲与乙已离婚,认定乙为甲的配偶而将某物赠与乙。错误既包括表示内容上的错误,也包括表示上的错误。表示内容上的错误主要包括:关于当事人的错误,如将乙误认作甲的配偶;关于行为性质的错误,如将租赁误为借用;关于标的物的错误,如将甲之物误作丙之物;关于标的物价格、质量、数量以及履行时间、地点的错误。表示上的错误是表意人表示的内容没有错误,但表示时出现错误,如误将千米写成米。错误构成重大误解的,当事人可以撤销该行为。在司法实践中,行为人对行为的性质、对方当事人或者标的物的品种、质量、规格、价格、数量等产生错误认识,按照通常理解如果不发生该错误认识行为人就不会作出相应的意思表示的,可以认定为重大误解(《民法总则解释》第19条第1款)。但是,在当事人撤销该行为前,其意思表示有效。

(2)误传。误传是指第三人无意地传达错误导致意思与表示不一致。例如,表意人的意思为出租某物,而经第三人传达该意思时,表示为出卖该物。误传在性质上也属于表意人的错误。意思表示由第三人义务转达,而第三人由于过失转达错误或者没有转达,造成他人损失的,一般可由意思表示人负赔偿责任,但法律另有规定或者双方另有约定的除外。因误传而成立的民事法律行为,也属于因错误而成立的民事法律行为,构成重大误解的,当事人可以撤销该行为(《民法总则解释》第20条)。

(二)意思表示不自由

意思表示不自由,是指表意人的意思表示不是基于自己的真实意愿,而是受到不正当的干预,非自由形成的有瑕疵的意思表示。意思表示不自由属于有瑕疵的意思表示,因而表意人可以撤销其意思表示。意思表示不自由主要有以下情形:

1. 受欺诈的意思表示

受欺诈的意思表示,是指表意人因受他人的欺诈而作出的违背其真实意思的意思表示。受欺诈的意思表示的构成须具备以下三个条件:(1)须有他人的欺诈。所谓欺诈,是指故意告知虚假情况,或者负有告知义务的人故意隐瞒真实情况,致使当事人基于错误认识作出意思表示(《民法总则解释》第21条)。但若他方并无告知的义务,则即便未如实告知真实情况,也不为欺诈。(2)须表意人因受欺诈而陷入错误。如其错误非由受欺诈造成,不成立受欺诈的意思表示。(3)表意人因该错误而作出违背其真实意思的表示。虽受欺诈,但作出的意思表示不违背真实意思的,也不为受欺诈的意思表示。

2. 受胁迫的意思表示

受胁迫的意思表示,是指表意人因受他人的胁迫而作出的违背其真意的意思表示。其构成须具备以下条件:(1)须表意人受到胁迫。所谓胁迫,是指以给自然人及其近亲属等的人身权利、财产权利以及其他合法权益造成损害或者以给法人、非法人组织的名誉、荣誉、财产权益等造成损害为要挟,迫使其基于恐惧心理作出意思表示(《民法总则解释》第22条)。未受他人的胁迫,不发生受胁迫的意思表示。(2)须表意人受胁迫而产生恐惧。虽有他人的胁迫,但表意人并不恐惧的,自然也不发生受胁迫的意思表示。(3)须表意人因恐惧而作出违背真实意思的意思表示。若表意人的意思表示与恐惧无关,则其意思表示不为受胁迫的意思表示。

3. 危难中的意思表示

危难中的意思表示,是指表意人处于困境或面临危难,为摆脱困境被迫迎合对方而作出的违背其真实意思的意思表示。从对方角度来说,危难中的意思表示,是对方乘人之危而使表意人作出的。因此,危难中的意思表示的构成须具备以下条件:(1)须表意人处于危难之中;(2)须他方利用表意人的危难迫使其作出符合他方意思的意思表示;(3)表意人为摆脱困境而迎合对方作出违背其真实意思的意思表示。

五、意思表示的解释

意思表示的解释是指阐明并确定当事人意思表示的真实含义。当事人的意思表示明确、清楚,双方的理解认识一致,并无任何争议时,当然不发生意思表示的解释。但在意思表示不够明了或不十分完整,当事人对其含义发生争议时,也就发生意思表示的解释。意思表示的解释不仅可阐明不明确的意思表示,还可补充不完整的意思表示,有时也可订正有误解的意思表示。①

关于意思表示的解释原则,有意思主义、表示主义与折中主义三种不同的学说。意思主义主张解释时应探求表意人的真意而不考虑其表示;表示主义主张解释时应以表示的客观内容为准;折中主义则主张解释时既要考虑表意人的主观真意,也要考虑表意人客观上表示出的内容。现多采取折中主义的解释原则。

《民法典》第 142 条对有相对人的意思表示的解释和无相对人的意思表示的解释分别作了规定:有相对人的意思表示的解释,应当按照所使用的词句,结合相关条款、行为的性质和目的、习惯及诚信原则,确定意思表示的含义;无相对人的意思表示的解释,不能完全拘泥于所使用的词句,而应当结合相关条款、行为的性质和目的、习惯以及诚信原则,确定行为人的真实意思。

第三节 民事法律行为的成立和生效

一、民事法律行为的成立

民事法律行为的成立,依据行为的性质不同,要求也不相同。但不论在何种情形之下,只有具备其成立要件,民事法律行为才能成立。民事法律行为的成立要件可以分为一般成立要件与特别成立要件。

民事法律行为的一般成立要件,是指任何民事法律行为的成立均须具备的条件。通说认为,民事法律行为的一般成立要件包括以下三个:一为行为主体即当事人。任何民事法律行为都须有主体,所谓主体,是指作出意思表示的人。不过在单方行为中,行为人仅为一人;在双方行为中,行为人须为二人;在多方行为中,行为人则为多人。二为意思表示。因民事法律行为以意思表示为要素,因此无意思表示也就不成立民事法律行为。不过在单方行为中,只需有行为人一方的意思表示;在双方或多方行为中,则需有各方之间的意思表示的一致即合意。决议行为则须依规定程序作出。三为标的。这里的标的也就是意思表示的内容,是行为人实施行为所要达到的效果。无标的,也就无意思表示的内容,当然也就不能成立民事法律行为。

民事法律行为成立的特别要件,是指一些特别的民事法律行为的成立除须具备一般成立条件外还须具备的条件。例如,要式行为(如遗嘱),还需具备特别要求的形式才能成立;实践

---

① 参见魏振瀛主编:《民法》(第八版),北京大学出版社、高等教育出版社 2021 年版,第 162 页。

性行为（如自然人间的借款），还需要实际交付标的物才能成立。

民事法律行为不具备成立条件的，不能产生当事人预期的法律后果。但是，民事法律行为不成立的，当事人有权依据《民法典》第 157 条的规定请求返还财产、折价补偿或者赔偿损失（《民法总则解释》第 23 条）。

二、民事法律行为的生效

民事法律行为的生效，是指民事法律行为发生法律效力。民事法律行为发生法律效力，当事人任何一方不得随意撤销或者解除；当事人双方均应受其法律拘束，享受所设立的权利，履行所负担的义务；任何一方不履行其义务，均应承担相应的民事责任。在当事人之间发生纠纷时，应依所实施的行为确定当事人间的权利、义务和责任。

民事法律行为成立并不等于发生效力，已成立的民事法律行为只有在符合法律规定的条件时才能生效，不符合法律规定条件的民事法律行为不能发生效力。法律规定民事法律行为生效的条件，就为当事人的意思表示自由限定了范围，也就是为"私法自治"限定了范围。民事法律行为的生效要件分为一般生效要件与特别生效要件。

（一）民事法律行为的一般生效要件

民事法律行为的一般生效要件是指民事法律行为生效普遍须具备的条件。在一般情况下，民事法律行为成立即生效，因此，民事法律行为的一般生效要件，也就是民事法律行为的有效条件。依据《民法典》第 143 条规定，民事法律行为的一般生效要件包括以下三个：

第一，行为人具有相应的民事行为能力。行为人具有相应的民事行为能力，是指行为人具有实施该行为相应的意思表示的能力。例如，无民事行为能力人不能独立实施民事法律行为；限制民事行为能力人只能实施与其年龄、智力或精神健康状况相适应的民事法律行为。但如前所述，无民事行为能力人、限制民事行为能力人实施的纯获利益的民事法律行为，可以有效。

第二，意思表示真实。意思表示真实，是指行为人的意思表示为健全的意思表示。若行为人的意思表示不真实，其意思表示是不健全的、有瑕疵的，则该民事法律行为因意思表示有瑕疵，并不能当然有效。

第三，不违反法律、行政法规的强制性规定，不违背公序良俗。这是指行为的内容即标的合法、可能、确定。① 所谓合法，是指不违反法律、法规的强制性规定，不违反公序良俗。若行为的内容与法律的任意性规定不符合，则属于排除任意性规范的适用，仍为合法。所谓可能，是指行为的内容是可以实现的。若行为的标的不可能实现，则民事法律行为不发生效力。但标的若为嗣后不能，即于行为成立时为可能而于其后不可能的，则该民事法律行为仍有效，只是发生履行不能。所谓确定，是指行为的标的是确定的或能够确定。若标的不确定，则当事人的权利义务不确定，也就无法履行，民事法律行为不能生效。例如，当事人约定买卖一批货物，当事人无法履行，则该买卖行为不能生效。

---

① 也有人将标的的可能与确定并列为一个要件。

（二）民事法律行为的特别生效要件

民事法律行为的特别生效要件，是指某些特别的民事法律行为除须具备一般的生效要件外还须具备的生效要件。例如，死后行为除一般生效要件外，还须具备行为人死亡的条件才能生效。又如，《民法典》第 502 条第 2 款规定："依照法律、行政法规的规定，合同应当办理批准等手续的，依照其规定。"这里所说的批准等手续，就属于民事法律行为生效的特别要件。

第四节　无效民事法律行为

一、无效民事法律行为的概念和特点

无效民事法律行为，是指因根本不具备民事法律行为的有效要件，自始就确定的当然不能发生法律效力的民事法律行为。无效民事法律行为具有以下特点：

第一，无效民事法律行为是严重欠缺民事法律行为有效要件的民事法律行为。所谓严重欠缺，是指所欠缺的有效要件从外观上就可以确定且当事人不能予以补正。若民事法律行为所欠缺的有效要件从外观上不能确定或者可以补正，则该民事法律行为不属于无效民事法律行为。

第二，无效民事法律行为是自始就不能发生法律效力的民事法律行为。《民法典》第 155 条规定："无效的或者被撤销的民事法律行为自始没有法律约束力。"所谓无效，就是不发生法律效力，不能发生当事人预期的法律后果。无效民事法律行为是自始无效的，从行为成立一开始就没有法律约束力。

第三，无效民事法律行为是当然无效的民事法律行为。所谓当然无效，是指不须经任何程序和无须任何人主张就是无效的。无效民事法律行为，不论当事人是否主张无效，不论是否经过法院或仲裁机构确认，都是无效的。

第四，无效民事法律行为是确定无效的民事法律行为。所谓确定无效，是指其无效从一开始就是确定不变的，不会因其他事实而使之有效，也不会因当事人的主张或不主张而有效。

第五，无效民事法律行为是绝对无效的民事法律行为。无效民事法律行为是绝对不能发生效力的，不仅法院或仲裁机构可依职权主动确认无效民事法律行为，而且任何人都可以主张无效民事法律行为的无效。

无效民事法律行为依其内容的无效性可分为全部无效的民事法律行为与部分无效的民事法律行为。全部无效的民事法律行为，是指行为的内容全部无效的民事法律行为；部分无效的民事法律行为，是指行为的内容仅有一部分无效，而其他部分可以有效的民事法律行为。《民法典》第 156 条规定："民事法律行为部分无效，不影响其他部分效力的，其他部分仍然有效。"依据《民法典》第 507 条规定，合同无效、被撤销的，不影响合同中有关解决争议方法的条款的效力。

二、无效民事法律行为的种类

依据《民法典》总则编第六章的规定,无效民事法律行为包括以下六种。

(一)无民事行为能力人实施的民事法律行为

无民事行为能力人不具有独立实施民事法律行为的资格,并且行为人是否具有民事行为能力客观上是可以确定的,因此,无民事行为能力人实施的民事法律行为无效(《民法典》第144条》)。这是保护无民事行为能力人利益的要求。但如前所述,若无民事行为能力人实施的行为是使其纯获利益的,则可有效。

(二)限制民事行为能力人实施的依法不能独立实施的单方法律行为

限制民事行为能力人只能独立实施其依法可以独立实施的民事法律行为,其他民事法律行为应由其法定代理人代理或者征得法定代理人的同意或追认。限制民事行为能力人实施其不能独立实施的民事法律行为,属于行为人不具有相应民事行为能力的行为。因对于双方行为,限制民事行为能力人独立实施的行为即使为其不能独立实施的,也可经其法定代理人的追认而有效,所以,只有限制民事行为能力人实施的依法不能独立实施的单方行为,才为无效民事法律行为,如订立遗嘱。

(三)虚假的民事法律行为

《民法典》第146条第1款规定:"行为人与相对人以虚假的意思表示实施的民事法律行为无效。"双方以虚假的意思表示实施民事法律行为的,严格地说,每一方的意思表示都无效,双方既然都无发生意思表示的效果意思,所谓的合意也是虚假的,也就不能发生法律效力。但行为人作虚假的意思表示往往隐藏着真实的意思表示,虚假行为所掩盖的真实民事法律行为是否有效,须依据该被掩盖的民事法律行为是否符合有效条件确定。《民法典》第146条第2款规定:"以虚假的意思表示隐藏的民事法律行为的效力,依照有关法律规定处理。"

依据《最高人民法院关于适用〈中华人民共和国民法典〉合同编通则若干问题的解释》(以下简称《合同通则解释》)第14条第1款规定,当事人之间就同一交易订立多份合同,应当认定其中以虚假意思表示订立的合同无效。当事人为规避法律、行政法规的强制性规定,以虚假意思表示隐藏真实意思表示的,应当依据《民法典》第153条第1款的规定认定被隐藏合同的效力;当事人为规避法律、行政法规关于合同应当办理批准等手续的规定,以虚假意思表示隐藏真实意思表示的,应当依据《民法典》第502条第2款的规定认定被隐藏合同的效力。在认定被隐藏合同无效或者确定不发生效力后,应当以被隐藏合同为事实基础,依据《民法典》第157条的规定确定当事人的民事责任。但是,法律另有规定的除外(《合同通则解释》)第14条第2款)。

(四)恶意串通,损害他人合法权益的民事法律行为

实施民事法律行为的当事人双方故意合谋实施行为,以损害他人合法权益的,属于恶意串

通行为。恶意串通行为,因损害当事人以外的他人的利益,不能由当事人决定行为的效力,应为无效民事法律行为。构成恶意串通的民事法律行为须具备两个条件:一是双方有共同的故意;二是当事人合谋的后果损害他人的利益。

（五）违反法律、行政法规的效力性强制性规定的民事法律行为

《民法典》第 153 条第 1 款规定:“违反法律、行政法规的强制性规定的民事法律行为无效。但是,该强制性规定不导致该民事法律行为无效的除外。”法律、行政法规的强制性规定,是任何人都必须遵守的,当事人不得以其意思排除适用的规定。但强制性规定有的属于管理性的,有的属于效力性的。只有违反效力性的强制性规定,才能导致民事法律行为无效;仅违反管理性规范并不导致该民事法律行为无效。

依据《合同通则解释》第 16 条规定,合同违反法律、行政法规的强制性规定,有下列情形之一,由行为人承担行政责任或者刑事责任能够实现强制性规定的立法目的的,可以依据《民法典》第 153 条第 1 款关于“该强制性规定不导致该民事法律行为无效的除外”的规定认定该合同不因违反强制性规定无效:(1) 强制性规定虽然旨在维护社会公共秩序,但是合同的实际履行对社会公共秩序造成的影响显著轻微,认定合同无效将导致案件处理结果有失公平公正;(2) 强制性规定旨在维护政府的税收、土地出让金等国家利益或者其他民事主体的合法利益而非合同当事人的民事权益,认定合同有效不会影响该规范目的的实现;(3) 强制性规定旨在要求当事人一方加强风险控制、内部管理等,对方无能力或者无义务审查合同是否违反强制性规定,认定合同无效将使其承担不利后果;(4) 当事人一方虽然在订立合同时违反强制性规定,但是在合同订立后其已经具备补正违反强制性规定的条件却违背诚信原则不予补正;(5) 法律、司法解释规定的其他情形。法律、行政法规的强制性规定旨在规制合同订立后的履行行为,当事人无权以合同违反强制性规定为由请求认定合同无效,但是合同履行必然导致违反强制性规定或者法律、司法解释另有规定的除外。应当指出,法律、行政法规的规定虽然有“应当”“必须”或者“不得”等表述,但是该规定旨在限制或者赋予民事权利,行为人违反该规定将构成无权处分、无权代理、越权代表等,或者导致合同相对人、第三人因此获得撤销权、解除权等民事权利的,应当依据法律、行政法规规定的关于违反该规定的民事法律后果认定合同效力(《合同通则解释》第 18 条)。

（六）违背公序良俗的民事法律行为

《民法典》第 153 条第 2 款规定,违背公序良俗的民事法律行为无效。遵循公序良俗,是民法的基本原则。当事人实施的民事法律行为违背公序良俗,也就违反了社会生活的基本规则,就会损害社会利益,因而是无效的。例如,社会公共利益是涉及全体社会成员的共同利益,损害社会公共利益的行为不仅仅是行为当事人的事情,不能由当事人决定其效力。损害社会公共利益的民事法律行为就属于违反公序良俗的民事法律行为,属于无效的民事法律行为。依据《合同通则解释》第 17 条规定,合同虽然不违反法律、行政法规的强制性规定,但是有下列情形之一,应当依据《民法典》第 153 条第 2 款的规定认定合同无效:(1) 合同影响政治安全、经济安全、军事安全等国家安全的;(2) 合同影响社会稳定、公平竞争秩序或者损害社会公共利益等违背社会公共秩序的;(3) 合同背离社会公德、家庭伦理或者有损人格尊严等违背善

良风俗的。认定合同是否违背公序良俗应当以社会主义核心价值观为导向，综合考虑当事人的主观动机和交易目的、政府部门的监管强度、一定期限内当事人从事类似交易的频次、行为的社会后果等因素。当事人确因生活需要进行交易，未给社会公共秩序造成重大影响，且不影响国家安全，也不违背善良风俗的，不应当认定合同无效。

三、无效民事法律行为的后果

无效民事法律行为之无效，是指不能发生当事人预期的法律效果，并非指不发生任何法律后果。因无效民事法律行为的实施对当事人、对他人都会发生一定的影响，所以无效民事法律行为虽不能让当事人的效果意思发生效力，但发生法律规定的其他后果。

民事法律行为无效后，行为人因该行为取得的财产，应当予以返还；不能返还或者没有必要返还的，应当折价补偿。有过错的一方应当赔偿对方由此所受到的损失；各方都有过错的，应当各自承担相应的责任。法律另有规定的，依照其规定（《民法典》第 157 条）。可见，民事法律行为被确认无效后，发生返还财产、折价补偿、赔偿损失的法律后果。

依据《合同通则解释》第 24 条规定，合同无效后，当事人请求返还财产，经审查财产能够返还的，应当根据案件具体情况，单独或者合并适用返还占有的标的物、更正登记簿册记载等方式；经审查财产不能返还或者没有必要返还的，应当以认定民事法律行为无效之日该财产的市场价值或者以其他合理方式计算的价值为基准判决折价补偿。当事人还请求赔偿损失的，应当结合财产返还或者折价补偿的情况，综合考虑财产增值收益和贬值损失、交易成本的支出等事实，按照双方当事人的过错程度及原因力大小，根据诚信原则和公平原则，合理确定损失赔偿额。此外，民事法律行为无效后，有权请求返还价款或者报酬的当事人一方请求对方支付资金占用费的，应当在当事人请求的范围内按照中国人民银行授权全国银行间同业拆借中心公布的一年期贷款市场报价利率（LPR）计算。但是，占用资金的当事人对于民事法律行为无效没有过错的，应当以中国人民银行公布的同期同类存款基准利率计算。双方互负返还义务的，当事人有权主张同时履行；占有标的物的一方对标的物存在使用或者依法可以使用的情形，对方有权请求将其应支付的资金占用费与应收取的标的物使用费相互抵销，但是法律另有规定的除外（《合同通则解释》第 25 条）。

第五节 可撤销的民事法律行为

一、可撤销的民事法律行为的概念和特点

可撤销的民事法律行为，是指因行为人的意思表示有瑕疵而不真实，当事人可以请求法院或者仲裁机构予以撤销的民事法律行为。

可撤销的民事法律行为也是欠缺民事法律行为有效要件的民事法律行为，但其外观上具备民事法律行为生效的要件。可撤销的民事法律行为具有以下特点：

第一，可撤销的民事法律行为是仅意思表示有瑕疵的民事法律行为。可撤销的民事法律

行为欠缺的是意思表示真实这一民事法律行为的有效要件,仅是意思表示有瑕疵的民事法律行为。而意思表示是否有瑕疵,客观上是不能确定的,只有当事人才清楚。所以,这类民事法律行为外观上是具备民事法律行为有效要件的。

第二,可撤销的民事法律行为是可以予以撤销的民事法律行为。可撤销的民事法律行为并非自始就确定无效,实际上民事法律行为成立时是有效的,只是因意思表示不健全,当事人可以予以撤销;只有在被撤销后,它才溯及行为成立时无效。

第三,可撤销的民事法律行为是只有当事人才可以主张无效的民事法律行为。可撤销的民事法律行为不是当然的确定的绝对无效的民事法律行为,只有享有撤销权的当事人可以主张撤销而使之无效。当事人不主张无效的,其他任何人不能主张无效,法院或仲裁机构也不能依职权主动确认其无效。正因如此,有的学者称可撤销的民事法律行为为相对无效的民事法律行为。

二、可撤销的民事法律行为的种类

依据《民法典》总则编的规定,可撤销的民事法律行为包括以下四种。

(一)因重大误解实施的民事法律行为

因重大误解实施的民事法律行为,当事人的意思与表示无意的不一致,因此,当事人可以予以撤销。《民法典》第 147 条规定:“基于重大误解实施的民事法律行为,行为人有权请求人民法院或者仲裁机构予以撤销。”但并非任何意思表示错误的民事法律行为均可撤销,只有意思与表示的不一致构成重大误解的,当事人才可请求予以撤销。

(二)受欺诈的民事法律行为

受欺诈的民事法律行为包括两种情形:一是一方以欺诈手段,使对方在违背真实意思的情况下实施的民事法律行为;二是第三人实施欺诈行为,使一方在违背真实意思的情况下实施民事法律行为,而对方又知道或应当知道该欺诈行为。无论何情形下的受欺诈行为,受欺诈方的意思表示并非真意。依据《民法典》第 148、149 条规定,对于受欺诈实施的民事法律行为,受欺诈方有权请求法院或者仲裁机构予以撤销。依据《合同通则解释》第 5 条规定,第三人实施欺诈行为,使当事人在违背真实意思的情况下实施民事法律行为,受到损失的当事人有权请求第三人承担赔偿责任;当事人亦有违背诚信原则的行为的,应当根据各自的过错确定相应的责任。但是,法律、司法解释对当事人与第三人的民事责任另有规定的,依照其规定。

(三)受胁迫的民事法律行为

《民法典》第 150 条规定:“一方或者第三人以胁迫手段,使对方在违背真实意思的情况下实施的民事法律行为,受胁迫方有权请求人民法院或者仲裁机构予以撤销。”以胁迫的手段使对方在违背真实意思的情况下所为的民事法律行为中,受损害一方的意思表示,属于不健全意思表示中不自由的意思表示。受胁迫的意思表示的表意人可以撤销其意思表示。依据《合同通则解释》第 5 条规定,第三人实施胁迫行为,使当事人在违背真实意思的情况下实施民事法律行为,受到损失的当事人有权请求第三人承担赔偿责任;当事人亦有违背诚信原则的行为的,应当根据各自的过错确定相应的责任。但是,法律、司法解释对当事人与第三人的民事责任另有规定的,依照其规定。

(四) 显失公平的民事法律行为

显失公平的民事法律行为,是指因各种因素致使于行为成立时双方当事人的权利与义务分担明显不公平的行为,所以有的称为暴利行为。如果于行为成立后因客观情形的变化而使当事人间的权利义务分担明显不公平的,则不属于显失公平的民事法律行为。《民法典》第151条规定:“一方利用对方处于危困状态、缺乏判断能力等情形,致使民事法律行为成立时显失公平的,受损害方有权请求人民法院或者仲裁机构予以撤销。”依据《合同通则解释》第11条规定,当事人一方是自然人,根据该当事人的年龄、智力、知识、经验并结合交易的复杂程度,能够认定其对行为的性质、法律后果或者交易中存在的特定风险缺乏应有的认知能力的,可以认定该情形构成《民法典》第151条规定的“缺乏判断能力”。

三、可撤销的民事法律行为的撤销

(一) 撤销权的含义

可撤销的民事法律行为可依当事人单方的意思表示而撤销。当事人享有的以其单方的意思表示对已成立的民事法律行为予以撤销的权利,称为撤销权。

从性质上说,撤销权属于形成权,因为撤销权的行使是以一方的意思表示而使当事人间的权利义务发生变动。依我国法律规定,撤销权人行使撤销权,应向法院或者仲裁机构提出撤销其实施的民事法律行为的请求,但其撤销的意思表示并非须经对方当事人同意。

可撤销的民事法律行为的当事人并非全都享有撤销权。依据《民法典》规定,在可撤销的民事法律行为中,重大误解的民事法律行为的行为人都有撤销权,但是,若根据交易习惯等认定行为人无权请求撤销的,行为人不享有撤销权(《民法总则解释》第19条第2款);其他可撤销的民事法律行为,只有受损害方享有撤销权。

(二) 撤销权的行使期间

可撤销的民事法律行为的撤销权人应当在撤销权的行使期间内行使撤销权。撤销权的行使期间为除斥期间,当事人在撤销权的行使期间内未行使撤销权的,撤销权即消灭;当事人放弃撤销权的,也不得再行使该权利。依据《民法典》第152条规定,当事人自知道或者应当知道撤销事由之日起1年内、重大误解的当事人自知道或者应当知道撤销事由之日起90日内没有行使撤销权的,撤销权消灭;受胁迫民事法律行为,自胁迫行为终止之日起1年内受胁迫人没有行使撤销权的,撤销权消灭;当事人知道撤销事由后明确表示或者以自己的行为表明放弃撤销权的,撤销权消灭。不论当事人何时知道撤销事由,只要当事人自民事法律行为发生之日起5年内没有行使撤销权,撤销权就消灭。

（三）撤销权行使的后果

撤销权人行使撤销权，请求撤销民事法律行为，该民事法律行为经法院或者仲裁机构予以撤销的，被撤销的民事法律行为溯及自行为成立时起无效，发生与无效民事法律行为相同的法律后果。①

第六节　效力待定的民事法律行为

一、效力待定民事法律行为的概念和特点

效力待定民事法律行为又称效力未定民事法律行为，是指于行为成立时其是有效或无效尚处于不确定状态，须待其后的一定事实的发生与否才能确定其效力的民事法律行为。

效力待定民事法律行为也是不完全具备民事法律行为有效要件的民事法律行为，但它既不同于无效民事法律行为，也不同于可撤销的民事法律行为。效力待定民事法律行为具有以下特点：

第一，效力待定民事法律行为于行为成立时其有效还是无效处于不确定状态。效力待定民事法律行为欠缺民事法律行为生效的要件，并且其并非意思表示有瑕疵，因此于行为成立时不能确定有效。同时，效力待定民事法律行为所欠缺的有效要件又是非实质性的，可以通过其后的一定事实予以补充而使之有效。因此，效力待定民事法律行为既不同于成立时就确定无效的无效民事法律行为，也不同于行为成立时有效但可予以撤销的可撤销民事法律行为。

第二，效力待定民事法律行为的有效或无效取决于当事人意思以外的事实。效力待定的民事法律行为既可以有效，也可以无效，其有效还是无效取决于当事人以外的第三人的意思：第三人予以同意的，行为有效；第三人不同意的，行为无效。第三人对效力待定民事法律行为的同意属于对该行为的追认。这一点也是不同于无效民事法律行为和可撤销民事法律行为的：无效民事法律行为不能因当事人或第三人的意思而有效；可撤销的民事法律行为仅依撤销权人的意思可予以撤销，只有撤销权人行使撤销权时，被撤销的民事法律行为才由有效变为无效。

二、效力待定民事法律行为的种类

关于效力待定民事法律行为，《民法典》中有所规定。一般来说，效力待定的民事法律行为主要有以下几种。

（一）民事行为能力欠缺的民事法律行为

行为人实施某民事法律行为而不具有相应的民事行为能力，且该民事法律行为属于行为

---

① 参见《民法典》第155、157条。

人完全不能独立实施的,则该民事法律行为因行为人无相应的民事行为能力而无效;该民事法律行为属于行为人在征得其法定代理人同意后可以实施的,则该民事法律行为就因行为人民事行为能力欠缺而属于效力待定的民事法律行为,因为该行为是有效还是无效并不能确定,而取决于行为人的法定代理人是否予以追认。依据《民法典》第 145 条第 1 款规定,限制民事行为能力人实施的纯获利益的或者与其年龄、智力、精神健康状况相适应的民事法律行为以外的其他民事法律行为,经法定代理人同意或者追认后才有效。

所谓法定代理人的追认,是指法定代理人对限制民事行为能力人不能独立实施的双方民事法律行为于行为成立后予以同意的意思表示。追认权属于一种形成权,追认权人单方的意思表示就可使行为当事人间的权利义务关系发生变动。追认权人追认的行为属于辅助性民事法律行为。法定代理人追认的意思表示应当对限制民事行为能力人的相对人作出,但其对限制民事行为能力人作出,且该限制民事行为能力人能够证明的,也可发生追认的效力。

法定代理人是否追认民事行为能力欠缺的民事法律行为,决定着该民事法律行为是否有效。若法定代理人长期不作出是否追认的决定,该民事法律行为就会长期处于效力不确定的状态,这不利于对相对人利益的保护,也不利于经济关系的稳定。因此,依据《民法典》第 145 条第 2 款规定,相对人有权催告法定代理人自收到通知之日起 30 日内予以追认,于该期间届满法定代理人未作表示的,视为拒绝追认。同时,在法定代理人未予以追认前,善意相对人享有撤销权,撤销权人也可行使撤销权而使该民事法律行为因被撤销而无效。善意相对人行使撤销权的,应当将其撤销的意思通知对方。

(二)代理权欠缺的民事法律行为

代理人代理被代理人所为的民事法律行为,须代理人有代理权才能对被代理人发生效力。若行为人没有代理权而以被代理人名义为民事法律行为,则该行为也就属于代理权欠缺的民事法律行为,其是否对被代理人有效取决于被代理人是否予以追认。《民法典》第 171 条第 1 款规定:"行为人没有代理权、超越代理权或者代理权终止后,仍然实施代理行为,未经被代理人追认的,对被代理人不发生效力。"

代理权欠缺的民事法律行为的效力待定,是指该行为对被代理人是否发生效力处于不确定状态。对代理权欠缺民事法律行为的追认权属于被代理人。被代理人应及时决定是否追认,经相对人催告自收到通知之日起 30 日内被代理人未作出追认表示的,视为拒绝追认,该民事法律行为仅对行为人发生效力。善意相对人在被代理人追认前有撤销权,善意相对人于被代理人予以追认前将撤销的意思通知行为人的,则该民事法律行为因被撤销而为自始无效的民事法律行为。《民法典》第 503 条规定,无权代理人以被代理人的名义订立合同,被代理人已经开始履行合同义务或者接受相对人履行的,视为对合同的追认。

依据《民法典》第 171 条第 3 款规定,行为人实施的行为未被追认的,善意相对人有权请求行为人履行债务或者就其受到的损害请求行为人赔偿,但是,赔偿的范围不得超过被代理人追认时相对人所能获得的利益。

(三)处分权欠缺的民事法律行为

处分权欠缺的民事法律行为,也就是无权处分行为,是指无处分权人与相对人所为的处分他人的财产或权利的行为。

处分他人财产而欠缺处分权的民事法律行为也属于效力待定的民事法律行为:若处分行为成立后,权利人予以追认或者处分人取得该财产,则因处分权的补正,该处分行为有效;否则,该处分行为则无效。所谓处分行为有效,是指受让人可取得处分人所处分的财产;所谓处分行为无效,是指受让人不能取得处分人所处分的财产,除非该受让人取得财产构成善意取得。

(四)债权人同意欠缺的债务转移行为

债务转移行为,是债务人将其债务转移给第三人负担的民事法律行为。债务转移,须经债权人同意才能对债权人发生效力。《民法典》第 551 条第 1 款规定:“债务人将债务的全部或者部分转移给第三人的,应当经债权人同意。”因此,未经债权人同意,债务人与第三人实施将债务转移给第三人的行为,因欠缺债权人的同意也为效力待定的民事法律行为。依据《民法典》第 551 条第 2 款规定,债务人或者第三人可以催告债权人在合理期限内予以同意,债权人未作表示的,视为不同意。欠缺债权人同意的债务转移行为,经债权人同意的,该民事法律行为对债权人发生效力,受让人向债权人清偿债务的,为适当清偿;若债权人不同意,该民事法律行为对债权人不发生效力,不发生债务转移的后果,受让第三人清偿债务的也不为债务人的清偿。

三、效力待定民事法律行为确定不发生效力的后果

效力待定民事法律行为确定不发生效力的,发生与民事法律行为无效相同的法律后果。

第七节 附条件和附期限的民事法律行为

一、附条件的民事法律行为

附条件的民事法律行为是指行为人设立一定的条件,以条件的成就与否决定民事法律行为效力的发生或消灭的民事法律行为。《民法典》第 158 条规定:“民事法律行为可以附条件,但是根据其性质不得附条件的除外。附生效条件的民事法律行为,自条件成就时生效。附解除条件的民事法律行为,自条件成就时失效。”

(一)条件的概念和特点

民事法律行为所附的条件,是指行为人在实施行为时设立的用以决定民事法律行为效力的特定的客观事实。例如,甲、乙约定,若乙考上大学,甲送给乙 1 万元。“乙考上大学”就是甲、乙设定的用以决定赠与行为效力的条件。条件是民事法律行为中的附款,虽不决定当事人双方的权利义务内容,但决定当事人行为的效力是否发生或消灭。民事法律行为所附的条件具备以下特点:

第一,须为尚未发生的客观事实。客观事实是不依当事人的意思所决定的客观存在的事实。若单为当事人主观意志就可以决定的事实,不能成为条件。同时,条件须为将来发生的客观事实。已经发生的客观事实,则不能成为条件。

第二,须为发生与否不能确定的事实。条件应是将来可能发生也可能不发生的事实,即是否发生具有或然性。若该事实将来肯定发生或肯定不能发生,则不能作为条件。依据《民法总则解释》第 24 条规定,民事法律行为所附条件不可能发生,当事人约定为生效条件的,应当认定民事法律行为不发生效力;当事人约定为解除条件的,应当认定未附条件,民事法律行为是否失效,应当依照民法典和相关法律、行政法规的规定认定。

第三,须为合法的事实。作为条件的事实,须不违反法律、法规,不违反社会的公序良俗。违法的事实,不能作为条件。例如,甲、乙约定,甲若盗得丙的财物,乙赠与甲财物若干。此赠与行为就是以不合法的事实为“条件”。以不合法事实为条件的民事法律行为不能有效,但是如果关于条件的部分无效,不影响其他部分效力的,则民事法律行为的其他部分可以有效。

第四,须为当事人约定的事实。民事法律行为所附的条件,只能是当事人特别约定的客观事实。由法律规定或者行为性质决定的限制民事法律行为效力的事实,不能作为条件。例如,甲、乙约定甲以其房屋为乙设立抵押权,抵押合同中载明,抵押权自登记时设立生效。因法律规定房屋抵押权自登记时起设立生效,因而当事人约定的登记这一事实就不属于条件。

第五,须与当事人欲发生的法律效果不相矛盾。因为条件是由当事人约定的,关于条件的约定为民事法律行为的附款,属于行为内容的一部分,当然也就不能与当事人欲发生的法律效果相矛盾。例如,甲、乙约定,若甲将某物卖给丙,就将该物赠与乙。将物出卖的事实与赠与物的效果相矛盾,也就不能成为条件。

（二）条件的成就与不成就

条件因是将来发生与否不确定的客观事实,也就有发生的可能,也有不发生的可能。这也就意味着当事人用以决定民事法律行为效力的条件可能成就,也可能不成就。所谓条件成就,就是约定的作为条件的客观事实出现;所谓条件不成就,就是约定作为条件的客观事实未出现。例如,甲、乙约定,乙考上大学,甲即赠与财物若干。若乙考上大学,则为条件成就;若乙未考上大学,则为条件不成就。因条件的成就与否直接关系着民事法律行为的效力,在条件成就与否未确定以前,当事人享有因条件成就或不成就而可取得利益的权利。当事人的这种权利虽为期待权,但却会为其带来利益。因此,条件的成就与否应是自然发生的结果,当事人不得恶意地促成或者阻碍条件的成就。恶意促成或者阻碍条件的成就,是损害对方当事人的期待权的行为,因此而得到的利益应当归属对方。《民法典》第 159 条规定:“附条件的民事法律行为,当事人为自己的利益不正当地阻止条件成就的,视为条件已经成就;不正当地促成条件成就的,视为条件不成就。”

（三）条件的种类

1. 生效条件与解除条件

根据条件的作用,可将其分为生效条件与解除条件。

生效条件又称停止条件、延缓条件,是指关系民事法律行为效力发生的条件。附生效条件的民事法律行为成立后,当事人的权利义务已经确定,但不发生效力而是处于停止状态,待所附条件成就时发生效力。若所附条件不成就,则当事人间的权利义务失去效力。例如,甲、乙约定,甲采摘的苹果如特等果达 1 000 千克,就卖给乙。此即为附生效条件的买卖行为。

解除条件是指关系民事法律行为效力消灭的条件。附解除条件的民事法律行为成立后,当事人的权利义务发生效力,但当条件成就时,当事人间的权利义务失效。若所附的条件不成就,当事人间的权利义务继续有效。例如,甲将房屋出租给乙,约定甲调往外地时,乙就应交还承租的房屋。“甲调往外地”这一条件就为解除条件。

2. 积极条件与消极条件

根据条件的内容,可将其分为积极条件与消极条件。

积极条件又称为肯定条件,是指以某种客观事实的发生为内容的条件,例如,甲、乙约定,若甲调到外地,即将其一间房屋租给乙,其中“甲调往外地”就属于积极条件。

消极条件又称为否定条件,是指以某种客观事实的不发生为内容的条件。例如,甲、乙约定,若甲不调到外地,即将其一间房屋出租给乙,其中“甲不调到外地”就属于消极条件。

3. 随意条件、偶成条件与混合条件

根据条件可否由当事人的意思决定其成否,可将其分为随意条件、偶成条件与混合条件。

随意条件是指可由当事人一方的意思决定其成否的条件。例如,甲、乙约定,乙调到甲处工作,甲赠乙房屋一处。“乙调到甲处工作”这一条件是可由乙的意思决定其是否成就的,因此属于随意条件。

偶成条件是指以偶然发生的事实而决定其成否的条件。对于偶成条件,其成就与否与当事人的意思无关。例如,前述的“甲采摘的苹果特等果达 1 000 千克”,就属于偶成条件,因其是否成就与当事人的意思无关。

混合条件是指由当事人的意思与偶然事实混合决定其是否成就的条件。例如,“乙考上大学”的条件是否成就,既取决于乙的意思,又取决于其他情形,就属于混合条件。

二、附期限的民事法律行为

附期限的民事法律行为,是指当事人以将来确定到来的客观事实作为决定民事法律行为效力的附款的民事法律行为。

《民法典》第 160 条规定:“民事法律行为可以附期限,但是根据其性质不得附期限的除外。附生效期限的民事法律行为,自期限届至时生效。附终止期限的民事法律行为,自期限届满时失效。”

附期限的民事法律行为与附条件的民事法律行为,都是由当事人于民事法律行为中设立一定的附款以决定民事法律行为效力的,无论条件还是期限都用来限制民事法律行为的效力。附期限的民事法律行为与附条件的民事法律行为的根本区别在于:民事法律行为所附的条件是将来发生与否不确定的客观事实,而民事法律行为所附的期限是将来肯定发生的客观事实。

附期限的民事法律行为中所附期限,依其作用可分为生效期限与终止期限。

生效期限又称为延缓期限,是指决定民事法律行为效力发生的期限。附生效期限的民事法律行为成立后在期限到来前当事人的权利义务不发生效力,于期限到来时才发生效力。例如，甲、乙约定，甲搬进新房时将旧房租给乙，此租赁关系自甲搬进新房时生效。终止期限又称终期、解除期限，是指决定民事法律行为效力消灭的期限。附终止期限的民事法律行为在期限到来前有效，而于期限到来时失效。例如，甲将房屋出租给乙，约定租赁期限为3年，该3年的期限即为终期，于3年期限届满时租赁关系失效。

附期限的民事法律行为中的期限，根据其具体时间的确定性可分为确定期限与不确定期限。确定期限是指作为期限的客观事实不仅确定发生，而且其发生的具体时间也是确定的。如上所说的3年的期限就为确定期限。不确定期限是指作为期限的客观事实是确定发生的，但发生的具体时间不能确定。如上述“甲搬进新房”的期限，尽管甲搬进新房这一客观事实的发生是确定的，但具体于何日才搬进，却是不确定的，因此，这一期限就属于不确定期限。

自测习题　　案例分析　　案例分析参考答案

第九章　代理

■【导语】

人们常将小偷向受害人伸出的不义之手形容为“第三只手”。这“第三只手”为法律所不许，应受到法律制裁。但是，在民事活动中，行为人常借他人之手而为自己办事，这虽也可称为“第三只手”，却是法律所允许的。从民法角度来说，这就是代理制度。代理制度之所以存在，是因为社会活动十分复杂，而个人精力及时间有限，无法事必躬亲，必须借助他人的协助。本章重点说明代理的概念、特点、适用范围、代理权以及无权代理等问题。

第一节　代理概述

一、代理的概念和特点

（一）代理的概念

《民法典》第162条规定：“代理人在代理权限内，以被代理人名义实施的民事法律行为，对被代理人发生效力。”依此规定，代理是指代理人在代理权限内，以被代理人的名义实施民事法律行为，由被代理人直接承受该行为法律后果的制度。这是狭义代理的概念。

狭义代理又称为直接代理、显名代理。① 广义代理不仅包括狭义代理，还包括间接代理。间接代理是指代理人在代理权限内以自己的名义为被代理人实施民事法律行为，由被代理人承受其法律后果。《民法典》第925条和第926条也承认间接代理，但《民法典》总则编“代理”一章规定的代理仅为狭义代理。本章也仅阐述狭义代理。

代理关系包含涉及三方面当事人的三方面法律关系。三方面的当事人是代理人、被代理人（又称为本人）与相对人（与代理人为民事法律行为的人）。三方面的法律关系包括：一是代理人与被代理人之间的关系，这是代理的基础关系；二是代理人与相对人之间的关系，这是代理人与相对人实施民事法律行为即作意思表示与受领意思表示的关系；三是被代理人与相对人之间的关系，这是因代理人与相对人实施民事法律行为所形成的法律关系即代理所发生的

① 严格来说，直接代理与显名代理不能等同。直接代理与间接代理相对应，显名代理与隐名代理相对应。

法律后果。

（二）代理的特点

第一，代理人以被代理人的名义实施民事法律行为。代理人与相对人以被代理人的名义而不是以自己的名义实施民事法律行为，这是代理行为与行纪行为的重要区别。行纪人以自己的名义而不是以委托人的名义代委托人实施购销行为。代理的这一特点也说明代理人不同于代表人。代理人与被代理人是不同的两个主体，而代表人与所代表的组织之间并不是两个主体的关系，代表人的行为就是其所代表的组织的行为。

第二，代理人独立地实施代理行为。代理人实施代理行为，独立地与相对人作出意思表示或者受领意思表示。正因为代理人须独立地为意思表示，因此代理人应有意思能力。代理的这一特点将代理人与传达人、中介人相区别。传达人也称为使者，是受他人委托将他人的意思表示转达到对方的人，传达人不能独立为意思表示，只能原原本本地传达委托人的意思。中介人虽也为民事法律行为当事人之间的媒介，但其不代任何一方向另一方作出意思表示或受领意思表示。

第三，代理人代理实施的是有法律意义的行为。因代理中代理人须与相对人实施行为，并由被代理人承担由此行为所发生的权利义务，所以，代理人实施的须是有法律意义即能够发生民事上权利义务的行为。若代理人实施的行为并不发生民事权利义务，则不为代理。代理人代理实施的主要是民事法律行为，但不限于民事法律行为，如办理产权登记、法人登记等，也可代理。

第四，代理人须有代理权限。代理人只能在代理权限内实施代理行为，也就是说只有代理人在代理权限内实施的代理行为，才能对被代理人发生效力。代理人超越代理权限所为的代理行为，属于无权代理，不能当然地发生代理的法律后果。

第五，代理行为直接对被代理人发生效力。代理人所为的有效代理行为，直接对被代理人发生法律效力，也就是由被代理人直接承受代理行为的法律后果。因此，代理人所实施的代理行为，与被代理人自己实施的民事法律行为有相同的后果，由代理行为所产生的权利义务，不是由代理人承受，也不是由代理人承受后再转给被代理人。也正因为被代理人直接承受代理的法律后果，所以代理人独立所为的意思表示应与被代理人的意思相一致，应在代理权限内。

二、代理的适用范围

《民法典》第 161 条第 1 款规定："民事主体可以通过代理人实施民事法律行为。"依此规定，不论是自然人，还是法人或非法人组织，其所实施的民事法律行为都可由代理人代理。但如上所述，代理行为须为有法律意义的行为，并不限于民事法律行为。同时，也并非各种民事活动都适用代理。一般来说，下列三种行为不适用代理。

（一）应由本人亲自实施的民事法律行为

《民法典》第 161 条第 2 款规定："依照法律规定、当事人约定或者民事法律行为的性质，应当由本人亲自实施的民事法律行为，不得代理。"凡法律规定应由本人亲自实施的民事法律行为,如立遗嘱、婚姻、收养等,不适用代理;依法律行为的性质应由本人亲自实施的民事法律行为,如特约某画家作画,因其义务的履行与特定人的身份有关,该义务的履行不适用代理;虽然法律没有规定或依其性质可由他人代理,但当事人双方约定应由本人亲自实施的民事法律行为,也不适用代理。

(二)事实行为

事实行为无须向他人为意思表示,而代理行为须有相对人。所以,事实行为不适用代理。

(三)违法行为

《民法典》第 167 条规定:"代理人知道或者应当知道代理事项违法仍然实施代理行为,或者被代理人知道或者应当知道代理人的代理行为违法未作反对表示的,被代理人和代理人应当承担连带责任。"因此,违法行为不适用代理。代理实施违法行为的,不发生代理的法律后果,由被代理人和代理人共同就该违法行为承担连带责任。

三、代理的分类

(一)委托代理与法定代理

根据代理权的发生根据是否来自委托授权,可将代理分为委托代理与法定代理。

委托代理是指按照委托人的委托而发生的代理。委托代理人的代理权来自委托人的授权,因此,委托代理又称为授权代理。因委托代理人是依委托人的意思决定的,所以,委托代理也称为意定代理。委托代理人按照委托人的委托行使代理权。

法定代理是指根据法律的直接规定或者依法律规定的指定而发生的代理。法定代理人的代理权非来自委托,而来自法律的规定,是由法律根据代理人与被代理人之间的特定关系直接赋予的。例如,《民法典》第 23 条规定:"无民事行为能力人、限制民事行为能力人的监护人是其法定代理人。"法定代理人依照法律的规定行使代理权。

(二)一般代理与特别代理

根据代理人的代理权限范围,可将代理分为一般代理与特别代理。

一般代理又称为概括代理、全权代理、总括代理,是指代理权限及于一般事项的全部,其范围并无特别限定的代理;特别代理与一般代理相对应,是指代理权仅限于一定范围或者某一事务的特定事项的代理。

区分一般代理与特别代理的法律意义主要在于,对法律规定的某些须特别授权的事项,只有在特别授权时,代理人才有特别代理权。

(三)单独代理与共同代理

根据代理人的人数,可将代理分为单独代理与共同代理。

单独代理是指代理权仅授予一人,代理人为一人的代理;共同代理是指代理权授予两人以上,代理人为两人以上的代理。

区分单独代理与共同代理的法律意义在于,共同代理发生数个代理人如何共同行使代理权的问题。《民法典》第166条规定:“数人为同一代理事项的代理人的,应当共同行使代理权,但是当事人另有约定的除外。”在数个委托代理人共同行使代理权的情况下,其中一人或者数人未与其他委托代理人协商,擅自行使代理权的,应当依据《民法典》第171条有关无权代理、第172条有关表见代理等规定处理(《民法总则解释》第25条)。

(四)积极代理与消极代理

根据代理人在代理行为中的地位,代理可分为积极代理与消极代理。

积极代理又称为主动代理,是指在代理行为中代理人为意思表示的代理;消极代理又称为被动代理,是指在代理行为中代理人受领意思表示的代理。例如,代理订立合同,代理人发出要约的,属于积极代理;代理人作出承诺的,则属于消极代理。

(五)本代理与再代理

根据代理权是否由本人授予,代理可分为本代理与再代理。

本代理是指直接由本人授权的代理,代理人是由被代理人直接选任的;[①]再代理又称为复代理,是指代理人转托他人而发生的代理,再代理人是由代理人选任的,而不是由被代理人选定的。

区分本代理与再代理的法律意义主要在于,再代理的成立须具备特别的条件。《民法典》第169条第1款规定:“代理人需要转委托第三人代理的,应当取得被代理人的同意或者追认。”可见,并非代理人任何转委托行为都发生再代理,只有在具备下列条件时,才发生再代理:(1)须由代理人授权。再代理是由代理人授权的,若为本人授权,则成立本代理,而不属于再代理。(2)须经本人同意或者追认。代理人转托他人代理的,须事先经本人(即被代理人)同意,或者事后及时报告本人以取得本人的同意。本人不同意的,不能发生再代理。只有在紧急情况下,为了保护被代理人的利益而需要转托他人代理的,虽本人不同意,也可成立再代理。所谓紧急情况,是指由于急病、通信联络中断、疫情防控等特殊原因,委托代理人自己不能办理代理事项,又不能与被代理人及时取得联系,如不及时转托他人代理,会给被代理人的利益造成损失或者扩大损失的情况(《民法总则解释》第26条)。

代理人转托他人代理,若成立再代理,则再代理人的代理行为对被代理人发生效力,被代理人可以就代理事务直接指示转委托的再代理人,再代理行为的法律后果由被代理人直接承受,代理人仅就再代理人的选任以及对再代理人的指示承担责任;若不成立再代理,则受代理人转托的第三人所实施的代理行为,对被代理人不发生效力,相当于以代理人为本人的本代理,由代理人承受其所转托的第三人所为的代理行为的法律后果。[②]

---

① 广义的本代理又称原代理,不仅包括由被代理人直接选任代理人的代理,也包括直接由法律规定或者指定单位指定的代理。

② 参见《民法典》第169条第2、3款。

第二节 代 理 权

一、代理权的概念与性质

代理权是指代理人以被代理人的名义进行民事活动,并由被代理人承受其行为后果的法律资格。

关于代理权的性质,有不同的观点。否定说认为,代理不过是基础关系的外部效力,应受规律这一基础关系的规定的支配;权力说认为,代理权为权力,是法律上之力;权利说认为,代理权为一种权利,是代理人实施代理行为之权;资格说认为,代理权不是一种权利,而是一种资格或地位。资格说为多数人所主张。因为代理权并非为代理人的利益而存在的,也不是为代理人取得权利和义务,代理权只是意味着代理人有权利也有义务为代理行为,并且代理行为的后果为被代理人承受。①

二、代理权的授予

代理权的授予,是指授予代理人代理权。这是代理人取得代理权的根据。没有被授予代理权,也就无代理的资格,不能发生代理的法律效果。

代理权的授予,依代理发生的原因不同而不同。

在法定代理中,代理权因法律的直接规定而发生,因此,代理权是由法律直接授予的。法定代理人只要证明自己为被代理人的监护人或者自己依法律规定有权实施所实施的民事法律行为,便证明了自己有代理权。若代理是因指定而发生的,代理权是由法院或者其他指定单位授予的,指定单位的指定也就是代理人取得代理权的证明。

在委托代理中,代理权是由被代理人授予的,没有被代理人的授权,就没有代理权的发生。关于被代理人授予代理人代理权的行为性质,理论上有不同的看法。通说认为,授权行为是一种单方行为,只要有被代理人一方授予代理权的意思表示,就可以发生授权的法律效力,而不必取得相对人同意。当然,被代理人之所以为授权行为,是因为代理人与被代理人之间有代理的基础法律关系的存在,但授权行为原则上应为无因行为,因为即使授权的基础关系无效,被代理人未撤销授权,善意第三人也可以主张代理人的代理行为有效。授权的意思表示既可向代理人为之,也可向与代理人实施民事行为的第三人为之。

授权行为属于不要式行为,除法律另有规定外,当事人可任意选择以何种形式授权。被代理人以书面形式授权的,授权的文件称为授权委托书。授权委托书是代理人证明其有代理权

---

① 王泽鉴教授认为,代理权系使以代理人名义所为法律行为的效力,得直接归属本人的法律上权能。此法律上权能本质上系一种资格或地位,虽为独立的法律上之力,但并非所谓的权利或能力。其之所以非属权利,系因代理权非为代理人的利益而存在,而是为本人的利益而赋予。其之所以非属能力,系因其非为使代理人取得某种权利和承担某种义务,乃在扩大本人法律上交易活动的范围。参见王泽鉴:《民法总则》(2022 年重排版),北京大学出版社 2009 年版,第 459~460 页。

的书面证据，也就是代理证书。授权委托书的内容应当清楚、明确，以维护代理各方当事人的权益。《民法典》第 165 条规定："委托代理授权采用书面形式的，授权委托书应当载明代理人的姓名或者名称、代理事项、权限和期限，并由被代理人签名或者盖章。"

被代理人授权的意思表示的内容不明确的，属于授权不明。因授权行为是单方行为，授权不明的责任在被代理人，并且代理人是为被代理人的利益实施代理行为的，因此，被代理人应承担授权不明的法律后果，除非法律另有规定。

委托代理中的职务代理有一定特殊性，代理人的代理权非来自一次次的授权，而来自职务授权。依据《民法典》第 170 条规定，执行法人或者非法人组织工作任务的人员，就其职权范围内的事项，以法人或者非法人组织的名义实施民事法律行为，对法人或者非法人组织发生效力。法人或者非法人组织对执行其工作任务的人员职权范围的限制，不得对抗善意相对人。

三、代理权的行使

代理权的行使，是指代理人在代理权限内以被代理人的名义与第三人实施民事法律行为。从代理的意义上说，代理人行使代理权，应遵循以下四项原则。

（一）在代理权限内积极行使代理权

首先，代理人只能在代理权限内行使代理权。代理权限也就是代理权的范围。代理人仅有权实施代理权范围内的行为，只有代理权范围内的代理行为才能对被代理人发生效力。代理人实施的代理行为若超越代理权限，则属于无权代理，不能当然地发生代理的法律后果。其次，代理人应当积极地行使代理权。不论是积极代理，还是消极代理，代理人都应履行其代理的职责，积极地依代理权限为代理行为。代理人怠于行使代理权的，属于违反其义务，给被代理人造成损失的，应当承担民事责任。《民法典》第 164 条第 1 款明确规定："代理人不履行或者不完全履行职责，造成被代理人损害的，应当承担民事责任。"

（二）亲自行使代理权

代理人是与被代理人之间有着特别关系的人，并非任何人都可代替代理人。因此，代理人应当亲自行使代理权，而不得擅自将代理权转托他人。代理人将代理权转托他人而不构成再代理的，由代理人自己承担其转托行为的法律后果，对转委托的第三人的行为承担责任。

（三）维护被代理人的利益

代理是为被代理人的利益而设的，代理人实施代理权并非为自己的利益，而是为被代理人的利益。因此，代理人在实施代理行为时，应考虑被代理人的利益，维护被代理人的利益。代理人在代理中擅自变更被代理人的指示，未尽相当的注意义务，从而损害被代理人利益的，也属于不履行代理职责，代理人应对被代理人因此受到的损害承担民事责任。

（四）合法行使代理权

代理人行使代理权应实施合法行为，而不得代理实施违法事项。代理人代理实施违法事项的，属于违法行为的代理，不发生代理的后果。代理人行使代理权不仅不得超越代理权限，也不得滥用代理权。

四、滥用代理权的禁止

（一）滥用代理权的含义与构成条件

所谓滥用代理权，是指代理人行使代理权违背代理的宗旨而实施有损被代理人利益的行为。滥用代理权因违背代理的宗旨，违反代理权行使的原则，所以，在各国法上普遍予以禁止。

滥用代理权的构成须具备以下条件：(1) 代理人有代理权。只有有代理权才会构成代理权的滥用。没有代理权而实施的行为，只会成立无权代理，而不能发生代理权的滥用。(2) 代理人实施代理行为。只有代理人行使代理权，才会发生其行使是否违背代理宗旨的问题。代理人有代理权而不行使的，可构成不履行代理职责，而不成立代理权的滥用。(3) 代理人的代理行为有损被代理人利益。滥用代理权的要害在于损害被代理人的利益，禁止滥用代理权是为了维护被代理人的利益。因此，若代理人行使代理权的行为不损害被代理人的利益，也就符合代理的宗旨，当然不构成代理权的滥用。

（二）滥用代理权的类型与后果

滥用代理权主要有以下情形：

一是对己代理。所谓对己代理，是指代理人以被代理人的名义与自己实施民事法律行为，如甲代理乙与自己订立购买甲的电视机的合同。在这种情形下，交易双方实际只有一方的意思表示，而代理人出于自己的利益考虑，往往会损害被代理人的利益。所以，《民法典》第 168 条第 1 款规定："代理人不得以被代理人的名义与自己实施民事法律行为，但是被代理人同意或者追认的除外。"

二是双方代理。所谓双方代理，是指代理人同时代理双方实施同一民事法律行为。例如，甲授权丙代理购买电视机，乙授权丙代理出卖电视机，丙既代理甲，又代理乙，订立由甲购买乙出卖的电视机的买卖合同。双方代理因在一个双方的行为中只有代理人一人的意思表示，既谈不上合意，也难以顾及双方的利益，会损害某一被代理人的利益。因此，双方代理的行为原则上也应无效，但被代理的双方当事人特别许可的，因该行为并不损害第三人的利益和社会利益，应为有效。《民法典》第 168 条第 2 款规定："代理人不得以被代理人的名义与自己同时代理的其他人实施民事法律行为，但是被代理的双方同意或者追认的除外。"

三是代理人与第三人恶意串通。代理人与第三人恶意串通，是指代理人与第三人实施民事法律行为时，损害被代理人的利益的行为。由于代理人实施代理行为应以被代理人利益计，应维护被代理人利益，代理人与第三人恶意串通，严重违背代理的宗旨，因此，代理人与第三人恶意串通的行为，为法律禁止的滥用代理权的行为。《民法典》第 164 条第 2 款规定："代理人和相对人恶意串通，损害被代理人合法权益的，代理人和相对人应当承担连带责任。"依此规定，代理人与第三人恶意串通所为民事法律行为不仅不能发生代理的后果，不能由被代理人承受该行为的后果，而且因该行为的实施损害被代理人利益的，代理人和第三人应向被代理人承担连带赔偿责任。

五、代理权的消灭

代理权的消灭又称代理的终止,是指代理人与被代理人之间的代理关系消灭。代理权发生的根据不同,代理权消灭的原因也不同。

(一)委托代理的终止原因

依据《民法典》第173条规定,委托代理终止的原因主要有以下情形:

第一,代理期限届满或者代理事务完成。被代理人授权时明确代理期限或者代理事务的,于期限届满或者代理事务完成时,代理当然终止。如授权委托书中未规定代理期限而于基础关系的合同中有约定的,则于该约定的期限届满时代理终止。

第二,被代理人取消委托或者代理人辞去委托。委托代理是基于当事人双方互相信任而发生的,因此,当事人双方任何一方都可基于单方的意思表示解除委托关系。被代理人取消委托或者代理人辞去委托的,应当事先通知对方,否则应对因此给对方造成的损失承担赔偿责任。如果当事人双方在合同中明确约定,任何一方不得随意解除合同的,则被代理人取消委托或者代理人辞去委托,应属于违约。

第三,代理人丧失民事行为能力。代理人须独立为意思表示,应具有民事行为能力。代理人丧失民事行为能力,也就不具备担任代理人的资格,代理也就应当终止。

第四,代理人或者被代理人死亡。代理人死亡,代理人的主体资格消灭,而代理权本质上属于一种资格,具有人身性,不能转移给他人,代理当然终止。

被代理人死亡的,因代理缺乏一方的主体,代理也应终止。不过,因被代理人死亡,代理人代理的事务可由他人继受,所以,依据《民法典》第174条规定,被代理人死亡后,有下列情形之一的,委托代理人实施的代理行为有效:(1)代理人不知道并且不应当知道被代理人死亡;(2)被代理人的继承人均予承认;(3)被代理人与代理人约定到代理事务完成时代理权终止;(4)在被代理人死亡前已经实施,为了被代理人的继承人的利益继续代理。

第五,作为代理人或者被代理人的法人、非法人组织终止。法人、非法人组织终止,也就失去主体资格,并且也不发生继承人的继承。因此,法人、非法人组织不论是代理人还是被代理人,只要其终止,代理关系也就终止。但作为被代理人的法人、非法人组织终止的,依据《民法典》第174条规定,代理人实施的代理行为也可有效。

(二)法定代理的终止原因

依据《民法典》第175条规定,法定代理终止的原因有以下几种:

第一,被代理人取得或者恢复完全民事行为能力。被代理人无完全民事行为能力的,发生法定代理。被代理人取得或者恢复完全民事行为能力的,代理发生的原因不存在,当然应当消灭。

第二,代理人丧失民事行为能力。代理人丧失民事行为能力,不具备代理人的资格,代理也就消灭。

第三,代理人或者被代理人死亡。代理人或者被代理人死亡的,因无代理的必要或者代理权的主体消灭,代理当然消灭。

第四,法律规定的其他情形。被代理人的监护人为法定代理人的,若因其他原因引起代理人与被代理人之间的监护关系消灭,原代理人不再为监护人,也就不能是法定代理人,其代理权也就终止。

第三节 无权代理

一、无权代理的含义

无权代理,是指行为人没有代理权而以本人的名义与第三人实施民事法律行为的现象。无权代理包括狭义的无权代理与表见代理。依据《民法典》第 171 条第 1 款规定,无权代理的发生有三种情形:一是行为人自始就没有代理权;二是行为人有代理权但其所为的行为超越代理权;三是行为人原有代理权但代理权已经终止。不论何种情形发生的无权代理,都具有以下特点:

第一,行为人以本人的名义实施民事法律行为。无权代理本不属于代理,但因行为人是以本人的名义实施民事法律行为,符合代理的外部表征,所以将该现象规定于代理制度中。如行为人不是以本人的名义实施民事法律行为,则不成立无权代理。

第二,行为人没有实施该代理行为的代理权限。无权代理的成立前提是行为人没有实施该行为的代理权。至于行为人是自始就没有代理权,还是原有代理权但代理权已消灭,或者行为人有代理权但实施该行为超越代理权,则在所不问。

第三,行为人与第三人之间的行为是有效的。如果行为人与第三人实施的行为是无效的,则不涉及能否对本人发生效力问题,不属于无权代理。

无权代理不同于滥用代理权:(1) 无权代理是行为人没有代理权而实施的所谓代理行为,而滥用代理权却是有代理权的代理人实施的代理行为。(2) 无权代理的行为后果并非都会损害被代理人的利益,而滥用代理权一般会损害被代理人的利益。(3) 无权代理的行为并非绝对不能发生有效代理的后果,而滥用代理权的行为一般是无效的。

二、狭义无权代理

狭义无权代理是行为人没有代理权,也没有足以使相对人相信其有代理权的客观事实,而以本人的名义与相对人实施民事法律行为所为的代理。狭义无权代理是指除表见代理以外的无权代理。

如前所述,无权代理属于代理权欠缺的效力待定的民事法律行为。因此,狭义无权代理发生以下法律后果。

（一）本人的追认权

无权代理行为的效力待定是指对本人是否发生效力不能确定。对该行为，本人有追认权：若经本人追认，对本人确定地发生效力；若本人予以拒绝，则对本人确定地不发生效力。本人的追认权应于规定期间内行使，超过规定期间未追认的，视为拒绝。依据《民法总则解释》第29条规定，被代理人向相对人作出追认的意思表示的，应当依据《民法典》第137条有关意思表示生效时间的规定确认其追认意思表示的生效时间。

（二）善意相对人的催告权与撤销权

对于无权代理行为，相对人为善意即不知道行为人无代理权的，在本人追认前有撤销权，相对人行使撤销权撤销该无权代理行为的，该行为对相对人也自始不发生效力。善意相对人也有催告权，可以催告本人在规定期间内予以追认。本人自收到通知之日起30日内未作表示的，视为拒绝追认。

（三）行为人的责任

无权代理未经相对人主张撤销，也未被本人追认的，行为人应承担该无权代理行为的法律后果，善意相对人有权请求行为人履行债务或者就其受到的损害请求行为人赔偿。但是，赔偿的范围不得超过被代理人追认时相对人所能获得的利益。[①] 应当指出，在无权代理行为未被追认，相对人请求行为人履行债务或者赔偿损失的情况下，应由行为人就相对人知道或者应当知道行为人无权代理承担举证责任。行为人不能证明的，应当支持相对人的相应请求；行为人能够证明的，应当按照各自的过错认定行为人与相对人的责任（《民法总则解释》第27条）。

无权代理的行为人实施的行为给本人造成损害的，应负赔偿责任；相对人知道或者应当知道行为人无权代理的，相对人和行为人按照各自的过错承担责任。[②]

三、表见代理

（一）表见代理的概念和构成

表见代理又称表现代理，是指行为人无代理权而以本人的名义实施民事法律行为，但有足以使第三人相信行为人有代理权的事实和理由，善意第三人与行为人实施民事法律行为的，可发生与有权代理相同的法律后果。《民法典》第172条规定："行为人没有代理权、超越代理权或者代理权终止后，仍然实施代理行为，相对人有理由相信行为人有代理权的，代理行为有效。"

表见代理属于广义无权代理的一种情形，其成立除须具备无权代理的要件外，还须具备特别的条件。一般来说，表见代理的构成须具备以下条件：

---

① 参见《民法典》第171条第3款。
② 参见《民法典》第171条第4款。

第一,行为人无代理权却以本人的名义为民事法律行为。因表见代理属于广义无权代理,因此,只有行为人无代理权却以本人的名义实施民事法律行为时,才会发生表见代理。若行为人有代理权,则其所为的代理行为属于有权代理,不属于表见代理。

第二,客观上有足以使他人相信行为人有代理权的事实和理由。表见代理的实质在于行为人无代理权而又表现为有代理权。因此,只有从表面上看行为人有代理权时,才发生表见代理。所谓从表面上看行为人有代理权,是指虽然行为人与本人之间实质上无代理权,但客观上有足以使人相信行为人有代理权的事实或者理由,如行为人持有本人盖章的空白合同书。正因为行为人有使人相信其有代理权的事实和理由,相对人基于此才与行为人实施民事法律行为,为维护交易的安全和第三人的利益,法律才规定表见代理,使其成为有效代理。

第三,相对人为善意且无过失。所谓相对人为善意且无过失,是指与行为人实施民事法律行为的相对人不知道行为人无代理权并且无过失地相信行为人有代理权(《民法总则解释》第28条)。若相对人为恶意,知道行为人无代理权而仍与之为民事法律行为,则因法律不保护恶意的当事人,没有对相对人加以保护的必要,也就不能成立表见代理。相对人应当知道行为人无代理权,因其过失而不知道的,因为相对人主观上有过错,一般无保护的必要,也不应成立表见代理。相对人是否具有故意或者过失,应由否认表见代理的本人负举证责任。

第四,行为人与相对人所为民事法律行为具备有效要件。表见代理为有效代理,本人应承担行为人与相对人所为民事法律行为的法律后果。因此,只有行为人与相对人所为的民事法律行为有效时,才能成立表见代理,才发生由本人承担该行为的后果。若行为人与相对人所为的民事法律行为不具备民事法律行为的生效条件,则不成立表见代理。

表见代理的发生一般是因本人有过错,所以有的学者主张,本人有过错应为表见代理的成立要件。但因表见代理制度的目的在于保护交易的安全和善意第三人,所以,尽管发生表见代理时本人一般具有可归责性,但本人是否有过错不应影响表见代理的成立。

(二)表见代理的类型

表见代理的表现形式多样,常见的主要有以下情形:

第一,本人有授权的表示而实际上未授权。例如,本人曾向第三人表示要授权给行为人代理实施某行为,而其后本人并未授予行为人代理权,或者虽向行为人授权,但于行为人实施行为时本人已经撤回授权,第三人基于本人原有表示而与行为人实施民事法律行为。

第二,本人交付证件给行为人。例如,本人将空白合同书给予行为人,由行为人自行填写相关内容,第三人基于此文件而与行为人实施民事法律行为。

第三,代理关系终止后,本人未收回代理证书,行为人以此代理证书证明其有代理权而与第三人实施民事法律行为。

第四,行为人与第三人实施无权代理行为,本人知道而又不表示反对,而第三人不知道行为人无代理权。例如,行为人以本人的名义与第三人订立合同,本人知道该事实后为履行合同进行准备。

(三)表见代理的效力

依据《民法典》第172条规定,表见代理发生与有效代理相同的效力,即该代理行为对被代理人发生效力，被代理人应当承受该代理行为所设立的权利义务。

但是，表见代理毕竟属于无权代理，其设置目的在于保护交易安全，因此，表见代理是否为有效代理，应取决于相对人的意思。相对人既可以认定其与行为人所为的行为属于表见代理，主张代理有效而由本人承受行为的后果；也可以在本人承认该行为以前主张无权代理而撤销该行为，向实施表见代理的行为人追究责任。

自测习题　　案例分析　　案例分析参考答案

第十章　诉讼时效和期限

【导语】

人们常说:“时间就是金钱。”这也表明时间在交易中的重要性。民法上的诉讼时效与期限是与时间密切相关的。例如,乙因治病急用钱,向邻居甲借款1万元,答应3个月后归还。3个月后,乙未还款,甲也不好意思向乙要钱。3年后,甲因买车钱不够,就向乙提出还款要求。不料,乙却说,因时效已过他不还。无奈,甲向法院起诉,要求乙还钱。法院能否满足甲的请求而判决乙偿还借款呢?这就涉及诉讼时效及期限问题。本章阐述时效与期限,重点说明诉讼时效制度和期限的确定。

第一节　时效概述

一、时效的含义

民法上的时效,是指一定的事实状态持续存在一定的时间后即发生一定法律后果的法律制度。

从字面含义上说,时效即时间上的效力。但其含义包含着三方面的意思:一是须有一定的事实状态。所谓事实状态,是指仅为一种客观的事实,并未受法律确认。例如,某人占有某物,占有就是一种事实;又如某人未行使其请求权,未行使权利也是一种事实。二是该事实状态须持续存在一定时间。所谓持续存在,是指该事实状态中间未间断,如占有某物达10年,未行使请求权已满5年。三是发生一定的法律后果,也就是该事实状态存在达一定时间后发生法律上的效力,这种效力表现为取得权利或丧失权利。

从时效的含义可见,时效是将一定事实状态经过的一定时间与一定的法律后果联系在一起的。一定事实状态持续存在的一定时间,也就是时效的期间。所以,时效期间并非简单的时间经过,其构成须具备两个条件:一是一定事实状态的存在,没有事实状态的存在,不涉及发生某种法律后果;二是一定时间的经过,只有某种事实状态,而该事实状态并未持续存在一定时间的,不能发生法律后果,仍仅为事实状态而已。

二、时效的性质

（一）时效期间为自然状态

因时效会引起当事人之间的权利义务变动，所以时效期间也属于一种法律事实。作为法律事实，时效期间属于自然状态。因为虽然占有某物或不行使权利的事实状态的存在与人的意志有关，但时间的经过与人的意志无关，所以时效期间不属于行为，而是一种自然状态。

（二）时效具有强制性

时效制度的作用主要在于稳定社会的经济秩序，使法律状态与事实状态相一致，因此，时效的构成和效力是由法律直接规定的，当事人不得排除其适用。即使当事人有不适用时效的约定，该约定也无效。时效期间也是由法律规定的，当事人不得约定延长或缩短。所以，时效期间为法定期间、强制性期间。

三、时效的种类

根据时效的前提和发生的效力，一般将时效分为取得时效与消灭时效。

取得时效，是指占有他人的财物的事实状态持续存在一定期间后占有人即取得该财物的所有权的时效。取得时效的前提是占有他人财物的事实状态，所以，取得时效又称为占有时效。从各国法律规定看，取得时效的构成条件是占有人和平、公开并且善意地以自己的名义占有他人的财物，这一事实状态持续存在达到一定的期间，如 20 年；所发生的法律后果是占有人取得占有的财产的所有权。因此，取得时效是所有权的取得根据，其作用在于使财产所有关系得到确定。

消灭时效，是指权利人不行使权利的事实状态持续存在一定期间后即丧失该权利的时效。消灭时效的前提是权利人不行使权利的事实状态。

《民法典》未规定取得时效，仅规定了诉讼时效。我国法律上的诉讼时效，相当于其他国家或地区法律上的消灭时效。

第二节 诉 讼 时 效

一、诉讼时效的概念和特点

《民法典》第 188 条第 1 款规定："向人民法院请求保护民事权利的诉讼时效期间为三年。法律另有规定的，依照其规定。"依此规定，诉讼时效是指权利人于一定期间内不请求法院保护其民事权利，就丧失请求法院保护其民事权利的权利的法律制度。

权利人的权利受到侵害时，得请求法院予以保护，这本是权利应有的作用。但法院保护权利人的权利并非无限期的。为维护社会关系的稳定,促使权利人及时行使权利,法律规定权利人请求法院保护民事权利应于规定的期间内提出,否则,权利人向法院请求保护其权利的请求权也会丧失。法律规定的权利人请求法院保护其民事权利的法定期间,也就是诉讼时效期间。

诉讼时效具有以下特点:

第一,诉讼时效属于消灭时效。诉讼时效是因为权利人不行使请求法院保护其民事权利的请求权这一事实状态达一定期间而导致该请求权消灭的时效,因其发生权利消灭的效果,所以诉讼时效属于消灭时效而不是取得时效。

第二,因诉讼时效而消灭的是实体请求权而非诉权。诉讼时效完成后,权利人消灭的并非诉讼上的权利,因此,在诉讼时效期间届满后,权利人仍有权向法院起诉,只不过一旦对方提出诉讼时效抗辩,法院对其民事权利不再予以保护。也就是说,诉讼时效完成后,权利人可能丧失的是胜诉的权利,而不是起诉的权利。

第三,诉讼时效具有强制性与普遍性。诉讼时效为时效的一种,当然也就具有强制性。《民法典》第 197 条规定:“诉讼时效的期间、计算方法以及中止、中断的事由由法律规定,当事人约定无效。当事人对诉讼时效利益的预先放弃无效。”同时,诉讼时效还具有普遍性,除法律另有规定外,诉讼时效适用于各种民事关系。

关于诉讼时效的适用范围,学者有不同的认识。依据《民法典》第 196 条规定,诉讼时效的规定不适用于下列请求权:(1) 请求停止侵害、排除妨碍、消除危险;(2) 不动产物权和登记的动产物权的权利人请求返还财产;(3) 请求支付抚养费、赡养费或者扶养费;(4) 依法不适用诉讼时效的其他请求权。此外,依据《民法典》第 995 条规定,在人格权受到侵害后,受害人的消除影响、恢复名誉、赔礼道歉请求权,不适用诉讼时效的规定。人身权请求权不适用诉讼时效,但因人身权受损害而要求赔偿的请求权适用诉讼时效;为公众利益行使的请求权,如支付物业费的请求权,不适用诉讼时效。诉讼时效适用于债权请求权,但依据《最高人民法院关于审理民事案件适用诉讼时效制度若干问题的规定》(以下简称《诉讼时效规定》)第 1 条,对下列债权请求权提出诉讼时效抗辩的,法院不予支持:(1) 支付存款本金及利息请求权;(2) 兑付国债、金融债券以及向不特定对象发行的企业债券本息请求权;(3) 基本投资关系产生的缴付出资请求权;(4) 其他依法不适用诉讼时效规定的债权请求权。

二、诉讼时效与除斥期间的区别

除斥期间又称预定期间,是指法律规定的某种权利的预定存续期间。权利人于除斥期间内不行使权利的,则丧失该权利,如撤销权的行使期间就属于除斥期间。除斥期间也可发生权利人权利丧失的法律后果,此与诉讼时效相似。但诉讼时效与除斥期间是不同的制度,二者的区别主要在于:

第一,性质和作用不同。诉讼时效期间是权利人请求法院保护其民事权利的法定期间,诉讼时效期间届满后权利人丧失的是请求法律保护的请求权,只有在权利受到侵害时才会发生;除斥期间是权利的存续期间,不因权利受侵害而发生,除斥期间届满后权利消灭。诉讼时效的作用在于维护新的法律关系而否定原来的法律关系,而除斥期间的作用在于维护原来的法律关系。

第二，适用对象不同。诉讼时效的适用对象也就是诉讼时效的客体，是请求权；除斥期间的适用对象，一般是形成权，如追认权、撤销权等。

第三，计算方式不同。诉讼时效期间属于可变期间，于诉讼时效开始后，可以发生时效的中止、中断或延长；除斥期间为不变期间，于除斥期间开始后不发生中止、中断，也不发生延长。《民法典》第 199 条规定："法律规定或者当事人约定的撤销权、解除权等权利的存续期间，除法律另有规定外，自权利人知道或者应当知道权利产生之日起计算，不适用有关诉讼时效中止、中断和延长的规定。存续期间届满，撤销权、解除权等权利消灭。"

第四，效力不同。诉讼时效完成后，当事人自愿履行的，不受时效的限制；除斥期间届满后，不论当事人是否主张，法院均可依职权主动适用除斥期间的规定，不存在当事人是否认可的问题。

第五，法律条文的表述不同。对于诉讼时效，法律条文一般表述为"时效"或者为某项请求权因多长时间不行使而消灭或不受保护；除斥期间一般表述为某权利的存续期间为多长时间或者因多长时间不行使而消灭或者应于何期间内行使。

三、诉讼时效的效力

诉讼时效的效力是指诉讼时效期间届满后发生的法律后果。

关于消灭时效的效力，国外有不同的立法例：一是实体权消灭说，主张时效完成后，权利人的实体权利消灭，日本民法采此说；二是诉权消灭说，主张时效完成后权利人的诉权消灭，权利人不能请求法院强制执行，法国民法采此说；三是抗辩权发生说，主张时效完成后，仅在债务人一方产生抗辩权，德国民法采此说。

如前所述，我国法律规定的诉讼时效相当于消灭时效，即诉讼时效完成后，权利人仅丧失请求法院保护其民事权利的胜诉权。依据《民法典》第 192 条第 1 款规定，诉讼时效期间届满的，义务人可以提出不履行义务的抗辩。当事人未提出诉讼时效抗辩的，法院不应对诉讼时效问题进行释明。[①] 诉讼时效期间届满后，义务人自愿履行的，不受诉讼时效限制，不得请求返还。因此，于诉讼时效完成后，权利人的受领权仍然存在，但其请求义务人履行，义务人提出诉讼时效抗辩的，法院不会强制义务人履行。法院虽不强制义务人履行义务，但义务人的履行义务未消灭，义务人自愿履行的，其履行仍然有效。依据《民法典》第 192 条第 2 款规定，诉讼时效期间届满后，义务人同意履行的，不得以诉讼时效期间届满为由进行抗辩；义务人已经自愿履行的，不得请求返还。因此，诉讼时效期间届满后，当事人就原债务达成新的协议，债务人作出同意履行义务的意思表示的，债务人就应当履行其义务。

四、诉讼时效的种类

按照适用范围，诉讼时效可分为一般诉讼时效与特别诉讼时效。

---

① 参见《民法典》第 193 条、《诉讼时效规定》第 2 条。

（一）一般诉讼时效

一般诉讼时效又称为普通诉讼时效，是指《民法典》统一规定的适用于法律没有另外特别规定的各种民事法律关系的诉讼时效。

一般诉讼时效有两个特点：第一，它是由一般法而不是特别法规定的；第二，它在适用上有一般意义，只要法律没有特别规定，就应适用一般诉讼时效。《民法典》第188条就属于对于一般诉讼时效的规定。依该规定，一般诉讼时效的期间为3年。

（二）特别诉讼时效

特别诉讼时效，是指由《民法典》或者单行法特别规定的适用于法律特别规定的民事法律关系的诉讼时效。

特别诉讼时效的特点在于：它在适用上没有一般意义，仅适用于法律特别规定的关系，并且特别诉讼时效的期间一般不同于一般诉讼时效期间。在国外的立法上，特别消灭时效期间短于一般消灭时效期间，所以，特别消灭时效称为短期时效，而一般消灭时效称为长期时效。但我国法上的特别诉讼时效的期间并非短于一般诉讼时效期间。例如，《民法典》第594条规定，因国际货物买卖和技术进出口合同争议提起诉讼或者申请仲裁的时效期间为4年。这一特别规定的特别诉讼时效期间就长于一般诉讼时效期间。

五、诉讼时效期间的计算

（一）诉讼时效的起算

诉讼时效的起算，也就是诉讼时效期间的开始计算。《民法典》第188条第2款规定："诉讼时效期间自权利人知道或者应当知道权利受到损害以及义务人之日起计算。法律另有规定的，依照其规定。但是，自权利受到损害之日起超过二十年的，人民法院不予保护，有特殊情况的，人民法院可以根据权利人的申请决定延长。"所谓权利人知道或应当知道权利受到损害，是指权利人知道或应当知道权利被何人侵害的事实。例如，债务人于债务履行期限届满而未清偿债务，债权人就应当知道其债权受侵害。因为权利人知道权利受到损害，也就可以行使请求法院保护其权利的权利。所以，诉讼时效期间也就应从此时开始计算。由于权利人不知道或不应当知道权利受到损害，诉讼时效期间不能开始计算，这就会造成权利受到损害后的保护是无限期的，不利于社会关系的稳定，所以，法律规定，从权利受到损害之日起超过20年的，即使权利人不知道权利受到损害，法院也不再予以保护，除非法院应其请求决定延长时效期间。

不同的法律关系中的权利人知道或者应当知道其权利受到损害的时间有所不同，一般来说，权利人知道或者应当知道权利受到损害的时间依下列情形确定：（1）定有履行期限的债，为约定的履行期限届满之日；当事人约定同一债务分期履行的，为最后一期履行期限届满之日（《民法典》第189条）。（2）未定有履行期限的债，为权利人给予债务人的宽限期届满之日。所谓宽限期，是指债权人要求债务人履行债务时给予对方的必要的准备时间。但债务人在债权人第一次向其主张权利之时明确表示不履行义务的,为债务人明确表示不履行之日。①(3)以不作为为标的的请求权,为义务人违反不作为义务之日。(4)违约损害赔偿请求权,为违约行为发生之日。(5)合同被撤销,请求返还财产、赔偿损失的,为合同被撤销之日。②(6)返还不当得利请求权的诉讼时效期间,从当事人一方知道或者应当知道不当得利事实及对方当事人之日起计算。③(7)无因管理的管理人请求本人给付管理费用、赔偿损失的,为无因管理行为结束且知道或应当知道本人之日;本人因不当无因管理要求赔偿的,为其知道或应当知道管理人及损害事实之日。④(8)无民事行为能力人或者限制民事行为能力人的权利受到损害的,自其法定代理人知道或者应当知道权利受到损害以及义务人之日起计算,但是法律另有规定的除外(《民法总则解释》第36条)。(9)侵害身体健康,伤害明显的,为受伤害之日;伤害当时未曾发现,后经确诊并能证明是由伤害引起的,为伤势确诊之日。

为保护无完全民事行为人的利益,《民法典》第190条规定,无民事行为能力人或者限制民事行为能力人对其法定代理人的请求权的诉讼时效期间,自该法定代理终止之日起计算。无民事行为能力人、限制民事行为能力人的权利受到原法定代理人损害,且在取得、恢复完全民事行为能力或者在原法定代理终止并确定新的法定代理人后,相应民事主体才知道或者应当知道权利受到损害的,有关请求权诉讼时效期间的计算适用《民法典》第188条第2款、《民法总则解释》第36条的规定(《民法总则解释》第37条)。《民法典》第191条规定,未成年人遭受性侵害的损害赔偿请求权的诉讼时效期间,自受害人年满18周岁之日起计算。

(二)诉讼时效的中止

1. 诉讼时效中止的概念

诉讼时效中止是指在诉讼时效期间的最后6个月内,因发生法定事由使权利人不能行使请求权的,暂停计算时效期间,待中止事由消除后,再继续计算诉讼时效期间。

2. 诉讼时效中止的事由

依据《民法典》第194条规定,诉讼时效中止的法定事由包括:(1)不可抗力;(2)无民事行为能力人或限制民事行为能力人没有法定代理人,或者法定代理人死亡、丧失民事行为能力、丧失代理权;(3)继承开始后没有确定继承人或者遗产管理人;(4)权利人被义务人或者其他人控制;(5)其他导致权利人不能行使请求权的障碍,如义务人逃避债务下落不明,当事人双方处于夫妻关系中,等等。但只有可引起诉讼时效中止的事由发生在诉讼时效期间的最后6个月内,才能发生诉讼时效的中止。如果中止的事由发生在诉讼时效期间的最后6个月前而于最后6个月时消除的,诉讼时效不中止;若该中止事由延续至最后6个月内,则自诉讼时效的最后6个月时起时效中止。

3. 诉讼时效中止的效力

诉讼时效中止,只是在诉讼时效进行中因法定事由的发生而暂停诉讼时效期间的计算。

---

① 参见《诉讼时效规定》第4条。
② 参见《诉讼时效规定》第5条第2款。
③ 参见《诉讼时效规定》第6条。
④ 参见《诉讼时效规定》第7条。

因此,诉讼时效中止的,原进行的诉讼时效期间仍然有效,只是不将中止时效的法定事由存续的期间计算在诉讼时效期间内,待该事由消除后继续计算诉讼时效期间。《民法典》第 194 条第 2 款规定,自中止时效的原因消除之日起满 6 个月,诉讼时效期间届满。

(三) 诉讼时效的中断

1. 诉讼时效中断的概念

诉讼时效中断是指在诉讼时效进行中,因发生法定事由致使已经进行的诉讼时效期间全归无效,待中断时效的事由消除后,重新开始计算诉讼时效期间。

2. 诉讼时效中断的事由

依据《民法典》第 195 条规定,诉讼时效中断的事由包括以下几种:

(1) 权利人提出履行要求。权利人提出履行要求,是指权利人向义务人主张权利,要求义务人履行义务。权利人提出履行要求,表明其未放弃权利而在行使权利,这就使权利人不行使权利的事实状态发生改变,因此,诉讼时效也因其前提条件不存在而中断。但因权利人提出要求而中断时效的,权利人负有证明其提出要求履行的义务。依据《诉讼时效规定》第 8 条规定,具有下列情形之一的,应当认定为"当事人一方提出要求":当事人一方直接向对方当事人送交主张权利文书,对方当事人在文书上签名、盖章、按指印或者虽未签名、盖章、按指印但能够以其他方式证明该文书到达对方当事人的;当事人一方以发送信件或者数据电文方式主张权利,信件或者数据电文到达或者应当到达对方当事人的;当事人一方为金融机构,依照法律规定或者当事人约定从对方当事人账户中扣收欠款本息的;当事人一方下落不明,对方当事人在国家级或者下落不明的当事人一方住所地的省级有影响的媒体上刊登具有主张权利内容的公告的,但法律和司法解释另有特别规定的,适用其规定。此外,权利人向义务人的代理人、财产代管人或者遗产管理人等提出履行请求的,可以认定为诉讼时效中断《民法总则解释》第 38 条第 2 款)。

(2) 义务人同意履行义务。义务人同意履行义务,有的称为承认、同意,是指义务人向权利人表示承认权利人的权利,履行其义务。义务人同意履行义务,当事人双方的权利义务也就处于确定的状态,权利人也没有必要请求法院强制义务人履行。因此,义务人同意履行义务也是诉讼时效中断的事由。但因该事由中断时效的,权利人也负有证明义务人同意履行的义务。依据《诉讼时效规定》第 14 条规定,义务人作出分期履行、部分履行、提供担保、请求延期履行、制定清偿债务计划等承诺或者行为的,应当认定为"同意履行义务"。

(3) 权利人提起诉讼或者申请仲裁。提起诉讼或申请仲裁,是指权利人依诉讼程序或仲裁程序向法院起诉或向仲裁机构提出仲裁申请,请求保护其权利。权利人提起诉讼或申请仲裁,说明其积极行使其请求权,诉讼时效进行的根据不存在,诉讼时效也就中断。依据《诉讼时效规定》第 10 条规定,当事人一方向法院起诉的,诉讼时效从提交起诉状或者口头起诉之日起中断。

(4) 与提起诉讼或者申请仲裁具有同等效力的其他情形。依据《诉讼时效规定》,当事人申请支付令,申请破产、申报破产债权,为主张权利而申请宣告义务人失踪或死亡,申请诉前保全、诉前临时禁令等诉前措施,申请强制执行,申请追加当事人或者通知参加诉讼,在诉讼中主张抵销等,发生与起诉同等的诉讼时效中断的效力(第 11 条)。权利人向人民调解委员会或者有关单位提出保护民事权利请求的，也表明其行使权利，因此，诉讼时效也从提出请求之日起中断（第12条）。权利人向公安机关、检察院、法院报案或者控告，请求保护其民事权利的，诉讼时效从其报案或者控告之日起中断（第13条第1款）。

3. 诉讼时效中断的效力

诉讼时效中断，使已经进行的诉讼时效期间全归无效，重新开始计算诉讼时效期间。但新的诉讼时效期间并不能从中断之日就开始计算。一般来说，基于权利人提出履行要求、义务人同意履行而中断时效的，从要求或者同意的意思表示到达对方时起诉讼时效中断，重新计算诉讼时效期间。因提起诉讼或者申请仲裁而中断诉讼时效的，应自诉讼终结或者法院或仲裁机构作出裁决之日重新计算诉讼时效期间；权利人申请强制执行的，应自执行程序完毕之日重新计算诉讼时效期间。权利人向人民调解委员会或者有关单位提出权利保护请求而中断诉讼时效的，经调处达不成协议的，自调处失败之日重新开始计算诉讼时效期间；调处达成协议的，义务人未按照协议所定期限履行义务的，自该期限届满之日起开始计算诉讼时效期间。权利人向公安机关、检察院、法院报案或者控告，上述机关决定不立案、撤销案件、不起诉的，从权利人知道或应当知道不立案、撤销案件或者不起诉之日起重新计算诉讼时效期间；刑事案件进入审理阶段，从刑事裁判文书生效之日起重新计算诉讼时效期间。[①] 诉讼时效中断后，在新的诉讼时效期间内，再次出现中断事由的，可以认定为诉讼时效再次中断（《民法总则解释》第38条第1款）。

4. 诉讼时效中断与诉讼时效中止的异同

诉讼时效中断与诉讼时效中止，都是于诉讼时效开始后因发生法定事由而使诉讼时效期间不能按期完成的障碍。但诉讼时效的中断与中止不同：（1）发生事由的性质不同。诉讼时效中断的法定事由是可由当事人主观意志决定的情况；诉讼时效中止的法定事由是不由当事人主观意志决定的客观情况。（2）发生时间不同。诉讼时效中断可发生于诉讼时效期间开始后的任何时间；诉讼时效中止只能发生在诉讼时效期间的最后6个月内。（3）发生的后果不同。诉讼时效中断，发生新的诉讼时效期间的开始，而原进行的时效期间无效；诉讼时效中止，发生诉讼时效期间的暂时停止计算，于中止事由消除后继续计算诉讼时效期间并于满6个月时届满。

（四）诉讼时效的延长

诉讼时效的延长是指在诉讼时效完成后，权利人向法院提出延长保护期限的请求，经法院查明权利人确有正当理由未能及时行使权利的，法院将延长时效期间，仍保护权利人的权利。

诉讼时效的延长，是对诉讼时效中止的一种补充。诉讼时效的延长只能发生于诉讼时效期间届满后，权利人未在时效期间内行使权利时。对其是否有正当理由，应由法院根据具体情况确定。应当指出，诉讼时效的延长仅适用于20年诉讼时效期间，不适用于3年诉讼时效期间。同时，20年诉讼时效期间不适用中止、中断的规定（《民法总则解释》第35条）。

---

① 参见《诉讼时效规定》第13条第2款。

第三节　期　　限

一、期限的概念和意义

期限,是指民事法律关系发生、变更和终止的时间。期限包括期日和期间。期日,是指不可分的特定时间,如某年、某月、某日、某时。期间,是指从某一时刻到另一时刻所经过的一段时间,如 1 年、1 个月、1 小时。例如,2020 年 10 月 30 日为期日,2020 年 10 月 30 日到 2021 年 4 月 30 日为期间。

任何民事法律关系都有一个从发生到终止的过程,都是与一定的时间相联系的。期限也是非常重要的法律事实。期限在民法上的重要意义主要表现在:(1) 期限决定民事主体的民事权利能力与民事行为能力。例如,自然人的民事权利能力始于出生之时、终于死亡之时;精神健康的自然人自成年之日起取得完全民事行为能力;法人的民事权利能力与民事行为能力自其成立之日取得。(2) 期限决定某些事实的推定。例如,自然人下落不明满一定期间的,推定失踪或推定死亡。(3) 期限决定权利的行使和义务的履行,如债务履行期限、保证期间。(4) 期限决定权利的取得、丧失,如所有权的转移时间、时效期间、除斥期间。(5) 期限决定法律关系的效力,如附期限民事法律行为中的期限。

二、期间的分类

(一) 任意性期间与强制性期间

根据期间是否具有强制性,可将其分为任意性期间与强制性期间。任意性期间是指法律允许当事人自行约定的期间,如合同的履行期间;强制性期间是指由法律直接规定的当事人不得自行决定的期间,如诉讼时效期间。

(二) 确定期间、相对确定期间与不确定期间

根据期间是否具有确定性,可将其分为确定期间、相对确定期间与不确定期间。确定期间是指以日历上的某一时间来确定的期间,如 2020 年 11 月 4 日至 2021 年 11 月 3 日;相对确定期间是指以某一事件或行为的发生时间来确定的期间,如双方签字后 2 个月;不确定期间是指未明确规定而由当事人根据情况来确定的期间,如双方约定“债务人收到债权人通知后及时发货”,这里的“及时”就属于不确定期间。

(三) 连续期间与不连续期间

根据期间是否连续计算,可将其分为连续期间与不连续期间。连续期间是指开始计算后不因任何情形的出现而中断计算的期间,如除斥期间;不连续期间是指开始计算后只计算其中的某些时间或者可舍去计算某些时间的期间,如双方约定“工期 2 年,不能施工的时间不计算

在内”,这里所约定的 2 年期间就是不连续期间。

（四）法定期间、指定期间与意定期间

根据确定期间的根据,可将其分为法定期间、指定期间与意定期间。法定期间是指法律直接规定的期间,如诉讼时效期间、除斥期间、推定失踪的失踪期间;指定期间是指由法院或仲裁机构的裁决确定的期间,如裁决中规定的债务人履行债务的期间;意定期间是指由当事人依其意思自行约定的期间,如合同中约定的履行期间。

（五）普通期间与特别期间

根据期间的适用范围,可将其分为普通期间与特别期间。普通期间是指除法律另有规定外,普遍适用于各种或某类民事法律关系的期间,如一般诉讼时效期间;特别期间是指仅适用于法律特别规定的某些民事法律关系的期间,如特殊诉讼时效期间。

三、期限的确定和计算

期限的具体确定可依以下方式:一是规定日历上的某一期日,如 2020 年 3 月 1 日;二是规定一定期间,如 2020 年 2 月 1 日至 2020 年 4 月 1 日、1 个月等;三是规定某一必然到来或发生的特定时刻,如死亡之日、见票之日;四是规定以当事人提出的时间为准,如债权人要求偿还之日。

依据《民法典》第 200~204 条规定,民法所称的期间按照公历年、月、日、小时计算。按照年、月、日计算期间的,开始的当天不算入,从下一天开始计算。按照小时计算期间的,自法律规定或者当事人约定的时间开始计算。按照年、月计算期间的,到期月的对应日为期间的最后一日;没有对应日的,月末日为期间的最后一日。期间的最后一天是法定休假日的,以法定休假日结束的次日为期间的最后一天。期间的最后一天的截止时间为 24 点;有业务时间的,到停止业务活动的时间截止。对期间的计算方法,法律另有规定或者当事人另有约定,依照规定或约定的方法计算。

依据《民法典》第 1259 条规定,民法所称的“以上”“以下”“以内”“届满”,包括本数;所称的“不满”“超过”“以外”,不包括本数。

自测习题　　案例分析　　案例分析参考答案

第二编　物权

第十一章　物权总论

■【导语】

财产是人类生存的基本保障，但财产又是有限的。为此，社会必须有定分止争的规范，以确定财产的归属与利用，保证社会经济生活秩序的稳定。物权规范就属于这种规范。物权规范不仅要明确财产的归属，而且要确定财产如何利用。本章重点阐释物权的概念、特性、种类、效力、变动等基本问题。

第一节　物权概述

一、物权的概念

依据《民法典》第114条第2款规定，物权是权利人依法对特定的物享有直接支配和排他的权利，包括所有权、用益物权和担保物权。

物权制度滥觞于罗马法，但罗马法中并没有出现物权这一抽象的概念，物权概念是中世纪注释法学派在研究、诠释罗马法时创造的。一般认为，1811年的《奥地利民法典》率先在立法上采用了物权的概念，该法第307条规定："物权，是属于个人财产上的权利，可以对抗任何人。"《德国民法典》率先在法典中设立了物权编，对物权制度作了系统、完整的规定。其后，物权概念为多数国家的立法所接受，①但除《奥地利民法典》外，各国立法上并未给物权下定义。

从法律关系上阐释物权的含义，主要有对物关系说、对人关系说和两方面关系说（又称折中说）三种学说。② 我国通说为折中说，认为物权关系是以对物的占有、支配为媒介而发生的人与人的关系。《民法典》也采折中说，在物权的概念中强调了对物支配与效力排他两个基本要素，并列举了物权的基本类别。

---

① 英美法系国家法律上没有物权的概念，与之相近的词汇是"财产"或"财产权"。不过，英美法系中的这一用语与大陆法系中的"物权"并非对等的概念，其内涵、外延及所反映的财产权观念均有差别。

② 对物关系说认为，物权乃人与物的关系，是"支配物的财产权"；对人关系说认为，物权是人与人之间的关系，是"得对抗一般人的财产权"；折中说认为，物权同时反映着人与物、人与人之间的关系，是直接支配物且得对抗一般人的财产权。

二、物权的特点

（一）物权是以特定的物为客体的权利

这是物权在客体方面的特性。首先，物权是民事主体对物质资料的占有关系在法律上的反映，因此，物权的客体只能是物，而不能是行为。其次，由于物权系对物直接支配的权利，标的物如不特定、不独立则无以进行支配，且在发生物权变动时也无法进行登记或交付，因此，物权的客体还应是特定的、独立的、既存的物。最后，为使法律体系和权利类别清晰明确，物权客体一般还限于有体的动产或不动产。在例外情况下，法律有特别规定时，可流转的财产性权利亦可作为物权的客体，并准用物权法的规定。[①]《民法典》第115条规定："物包括不动产和动产。法律规定权利作为物权客体的，依照其规定。"

（二）物权是直接支配特定的物并享受物之利益的权利

这是物权在内容方面的特性。物权以直接支配标的物为内容，权利人得依自己的意思及行为对标的物为管领处分，实现其利益，而无须他人的意思或行为之介入。因而，物权是典型的"支配权"。物权人对标的物为支配的方式，可以是事实上的管领处分，也可以是法律上的管领处分；可以是有形的实体支配，也可以是无形的价值支配。物权为民事权利的一种，物权人当然得享受因直接支配物而产生的利益，此为物权的目的之所在。物之利益可以大体分为归属利益、用益利益和担保利益（或融资利益），由于各类物权的具体内容与目的不同，物权人所享受的物之利益也有所不同。

（三）物权是具有排他性的权利

这是物权在效力方面的特性。物权为直接支配标的物的权利，对外当然具有排除他人干涉而由权利人独占地享受其利益的性质与效力。关于物权的排他性，其含义包括：当特定物上依法成立某人的某项物权后，他人即不得再于该物之上成立与之性质相抵触或内容不相容的另一物权；物权为对世权，其效力及于任何人，物权人之外的一切人均对物权人负有不为妨害的消极义务。当物权人行使及实现其权利遇到任何他人的不法妨害时，物权人得主张物权请求权，并凭借其强大的效力排除妨害。

三、一物一权主义

自罗马法以来的物权法理论抽象出了关于物权性质的"一物一权主义"，并将其奉为物权制度的一项基本规则。依多数学者见解，在以所有权为中心的罗马法上，一物一权中的"一物"，原则上是指物理上或客观上独立、特定的一个有体物；"一权"亦仅指一个所有权。而在现代生活中及法律观念与法律实践上，"一物"的衡量标准发生了重大变化，是指在"法律观念

---

① 传统理论上，通常将作为普通物权之变态形式的权利物权称为"准物权"。

上”具有特定性与独立性的一物，而不限于客观的独立一物；“一权”也不再局限于所有权，而应包括所有权与其他物权在内的各种物权，其意义是强调一物之上不得并存两个以上内容、性质相抵触的物权。因此，一物一权原则包含以下内容：(1) 一项物权的客体应为特定的、独立的一物；(2) 尚未与物之整体分离的物之组成部分之上，不能单独设立物权；(3) 一物之上只能存在一个所有权，而不得并存两个以上所有权；(4) 一物之上不得同时存在两个以上性质、内容相抵触的物权，但不相抵触的数个物权可以同时存在于一物之上。

第二节　物权的种类

一、物权法定原则

（一）物权法定原则的意义

物权法定原则又称物权法定主义，是指物权的种类及其内容等均由法律明确规定，当事人不得任意创设新物权或变更物权的法定内容。《民法典》第 116 条明确规定：“物权的种类和内容，由法律规定。”

物权法上采行物权法定原则的理由，概言之，系物权乃绝对权，得对抗任何人，具有极强的效力，对他人的利益和社会经济秩序都有直接关系，只有以强制性规范规定物权的种类、内容，才能使物权的存在明朗化、物权的变动公开化，才能既保障物权人的利益，又不至于发生当事人任意创设新的物权种类或滥用权利而损害第三人利益、危害社会经济秩序的现象。同时，实行物权法定主义，对物权的类型进行系统的整理，还有利于维护一国的基本经济制度，充分发挥物的效用。

（二）物权法定的内容

依据《民法典》第 116 条及其他相关规定，物权法定包括以下两项内容：

其一，物权的种类法定。即物权的种类由法律明确规定，当事人不得以协议的方式创设法律所不认可的新的物权类型，理论上称之为“类型强制”。例如，当事人不得创设我国法律所不认可的不动产质权。

其二，物权的内容法定。即物权的内容由法律明定，当事人不得创设与法定物权内容不符的物权，理论上称之为“类型固定”或“内容固定”。例如，当事人协议设立不转移占有的动产质权，因与法律规定相悖而不被承认。

（三）违反物权法定原则的后果

第一，物权的设立违反物权法定原则的，应属无效，不能发生物权法上的效果。但其他法律如有特别规定的，不属于违反物权法定原则，而应从其规定。

第二，物权的部分内容违反物权法定原则，但不影响其他部分的效力的，其他部分仍可有效。例如，关于住宅建设用地使用权的期限，若约定为 100 年，则因超过法定最高 70 年期限而导致超过部分无效,但该住宅建设用地使用权于70年期限内仍为有效。

第三,物权法上无明确规定的物权事项,应推定为禁止。当事人约定的有关物权的事项在物权法上无明确规定时,视同违反法律的强制性规定,并应依相应的规则处理。

第四,物权的设立虽然无效,但当事人的行为若符合其他民事法律行为的有效要件,仍可产生该民事法律行为的效力。

(四)物权法定原则的缓和

大陆法系国家的民法学说一般认为,物权法定原则所言之"法",系指狭义上的法律(民法典及其他法律),法规等不包括在内。国内学者一般也采此主张。但是,再完备的法律也难以穷尽社会生活中的所有问题,而且法律颁行后,社会生活还会有新的发展,而法律又不能时时更新,因此,如何避免物权法定主义的过于僵化和可能出现的限制社会发展之弊端,是民法上的一个不可忽视的问题。晚近以来,学界及实务中曾出现多种学说,以期解释和解决这一问题。① 最值得赞同的观点是:民法采用物权法定主义,目的非在于僵化物权,阻止法律的发展,而旨在以类型之强制限制当事人的意思自治,避免当事人任意创设具有对世效力的新的法律关系,借以维持物权关系的明确与安定,但此并不排除于必要时得以补充立法或法官造法之方式,创设新的物权,盖法律必须与时俱进,始能适应社会之需要。② 依我国学者的一般认识,物权法定主义并不意味着物权法规范是一成不变的封闭性立法,而应随着社会生活的发展而有所发展、变化,因此,在特定情况下可以对物权法定主义进行目的性扩张解释。

二、物权的法定种类

由于国情和法律传统等的不同,各国法律上所规定的物权种类既有相同之处,也有一些差异。例如,《法国民法典》中所确立的物权类型主要为:所有权、用益权、使用权、居住权、役权或地役权、质权、抵押权、优先权、留置权等,司法实践中还承认地上权和类似于永佃权的长期租赁权。《德国民法典》中所确立的物权类型主要为:所有权、地上权、役权(包括地役权、用益权和限制的人役权)、实物负担、抵押权、土地债务、定期金土地债务、质权(包括动产质权与权利质权)等。《日本民法典》中确立的物权类型主要为:占有权、所有权、地上权、永佃权、地役权、留置权、先取特权、质权、抵押权。在民法典之外,各国或地区的民商事特别法还规定了许多特别的物权种类,司法实践中对一些非典型物权也有确认。我国《民法典》及其他法律规定的物权种类主要有所有权(含建筑物区分所有权)、土地承包经营权、建设用地使用权、宅基地使用权、居住权、地役权、抵押权、质权、留置权以及海域使用权、探矿权、采矿权、取水权、养殖权、捕捞权、优先权等。

---

① 这些学说观点主要有物权法定无视说、习惯法包含说、习惯法物权有限承认说、物权法定缓和说等。详见梁慧星、陈华彬:《物权法》(第七版),法律出版社2020年版,第68页。

② 参见王泽鉴:《民法学说与判例研究》(第七册),北京大学出版社2009年版,第206页。

三、物权的学理分类

(一) 自物权与他物权

根据物权的标的物为自有还是他有,可将其分为自物权与他物权。自物权是指权利人对自己所有的物所享有的物权,自物权亦即所有权;他物权是指在他人所有之物上所设立或成立的物权。他物权均派生于所有权,是依据当事人的约定或法律的规定在所有权的基础上产生的。所有权以外的其他物权均属于他物权。

区分自物权与他物权的法律意义在于:二者的标的物归属不同。

(二) 完全物权与定限物权

根据物权的权利人对标的物的支配范围,可将其分为完全物权与定限物权。完全物权是指对标的物的使用价值与交换价值为全面支配的物权,完全物权即是所有权;定限物权又称不完全物权,是指仅得于一定限度内对物为某些方面支配的物权。所有权以外的其他物权均为定限物权。由于一物之上设立其他物权后,标的物所有权人的权利就在该他物权的支配效力范围内受到了限制,因此,他物权也具有限制所有权的作用,故又称限制物权。

区分完全物权与定限物权的法律意义,除可明晰二者在权利主体、权利内容及权利存续的条件与期限等方面不同外,更主要的在于明确定限物权具有限制完全物权的作用,其效力强于完全物权。

(三) 不动产物权、动产物权与权利物权

根据物权的标的物的种类,可将其分为不动产物权、动产物权与权利物权。以不动产为标的物的不动产物权主要有不动产所有权、不动产用益物权以及不动产抵押权等;以动产为标的物的动产物权包括动产所有权、动产质权、动产抵押权与留置权;以可流通的财产性权利为标的的权利物权主要包括权利抵押权与权利质权。

区分不动产物权、动产物权与权利物权的法律意义在于:这三类物权的成立与变动之要件、公示方法及法律上的限制程度不同。

(四) 用益物权与担保物权

在定限物权中,根据权利人对标的物所支配的内容不同,可将其分为用益物权与担保物权。用益物权是以支配标的物的使用价值为内容,以对标的物的使用、收益为目的的物权。土地承包经营权、建设用地使用权、宅基地使用权、居住权、地役权等为用益物权。用益物权的实现常以对标的物的实体加以支配为基础,故又称为实体物权。担保物权是以支配标的物的交换价值为内容,以保障债权的实现为目的的物权。抵押权、质权、留置权等均属担保物权。担保物权重在支配标的物的交换价值,并通过对标的物的变价而实现,故又称为价值物权。

区分用益物权与担保物权的法律意义在于:通过揭示这两类物权对物支配的方面及设立

目的上的不同,对他物权的类型进行系统化整理,并根据其不同特点确立相应的法律规则。

(五)独立物权与从属物权

根据物权的存在是否以物权人享有的其他民事权利为前提,可将其分为独立物权与从属物权。独立物权是指不以权利人享有的其他民事权利为前提,能够独立存在的物权。所有权与多数用益物权均属独立物权。从属物权又称从物权,系指依附、从属于权利人所享有的其他权利而存在的物权。从属物权自身并无独立的存在价值,其存在是为了所从属的权利得以实现。以主体享有需役地的权利为存在前提的地役权,以担保债权实现为目的担保物权,均为从属物权。

区分独立物权与从属物权的法律意义在于:独立物权得单独存在,且在变动、消灭上有独立的命运;从属物权的命运一般附随于主权利。

(六)意定物权与法定物权

根据物权成立原因的不同,可将其分为意定物权与法定物权。意定物权是指依据当事人的合意而设立的物权。多数物权为意定物权,如依当事人的合意而设立的土地承包经营权、建设用地使用权、居住权、地役权、抵押权、质权等。法定物权是指非依当事人的意思而根据法律的直接规定成立的物权,如留置权、优先权。

区分意定物权与法定物权的法律意义在于:二者的成立要件及适用条件不同。

(七)登记物权与非登记物权

根据物权的成立及变动是否须登记,可将其分为登记物权与非登记物权。登记物权是指物权的设立、变更及终止须经登记机构登记方能产生相应效力的物权;非登记物权是指物权的设立、变更及终止无须登记即可发生相应法律效力的物权。①

区分登记物权与非登记物权的意义在于:二者的成立、变更及终止的法律要件不同。

(八)有期物权与无期物权

根据物权的存续有无期限的限制,可将其分为有期物权与无期物权。有期物权是指有存续期限且仅能于约定或法定期限内存在的物权,他物权多属有期物权。无期物权是指无存续期限,得永久存在的物权。所有权为客观上无存续期限限制的物权。

区分有期物权与无期物权的法律意义在于:有期物权因存续期限的届满而归于消灭;无期物权则只可因标的物灭失、抛弃或其他原因而消灭。

(九)普通法上的物权与特别法上的物权

根据物权所依据的法律不同,可将其分为普通法上的物权与特别法上的物权。普通法(指《民法典》)上所规定的物权为普通物权;特别法上所规定的具有物权性质的财产权为特别法上的物权。

---

① 非登记物权通常需要通过移转标的物的占有而设立,属于占有型物权。

区分普通法上的物权与特别法上的物权的法律意义在于:二者在法律适用上有所差别。特别法上的物权应优先适用特别法的规定(特别法上物权的取得通常有特别程序,其行使也有较多行政干预),只有在特别法没有特别规定时,才适用普通法的规定。

第三节 物权的效力

一、物权的效力概说

物权的效力是指法律赋予物权的强制性作用力与保障力。物权的效力反映着物权的权能和特性,界定着法律保障物权人对标的物进行支配并排除他人干涉的程度和范围,集中体现着物权依法成立后所发生的法律效果。

物权的效力,有各种物权所共有的效力与每种物权特有的效力之分。前者为物权的基本效力,后者为物权的特别效力。这里所说的物权效力仅指物权的基本效力。

各国民法对物权的效力并无系统、完整的规定,学者对物权效力的认识与归纳也有不同的观点,主要有以下三种:一是二效力说,认为物权的效力包括优先权效力与物权请求权效力。二是三效力说,在三效力说中,有的认为物权的效力包括排他效力、优先效力与物权请求权效力,有的认为物权的效力包括对物的支配力、对债权的优先力、对妨害的排除力(物权请求权),还有的认为物权的效力包括排他的效力、优先的效力与追及的效力。三是四效力说,认为物权的效力包括排他效力、优先效力、追及效力和物权请求权效力。这里按照四效力说对物权的效力作一说明。

二、物权的排他效力

(一)物权排他效力的含义

物权的排他效力是指物权相互之间的对抗效力,即一项物权排斥内容和性质与其相抵触的另一物权并存于同一标的物之上。由于对物的占有与支配状态不同,不同物权所生之排他效力也随之产生差别:一物之上客观上不能有两个直接占有与现实支配,故同以直接占有标的物为要件而发生支配效力的物权之间不得并立;非均以直接占有标的物为要件的两个物权之间得发生并立之情形,不发生成立上的排他效力。

物权的排他效力源于物权的对物支配权性质,为保障权利人的支配权的实现,法律必赋予其排他效力。尽管物权的支配性、支配力与排他性、排他力之间有着密切的联系,但其表现了物权的两个不同方面的特性:前者是从物权人与物的关系上而言的,强调的是物权人对特定标的物的管领与控制力;后者是从物权人与其他人的关系上而言的,强调的是物权人对他人的对抗力。因此,将排他性作为物权的一项效力,既有必要,也有实益。

（二）物权排他效力的表现

第一，所有权是对物的全面支配权，同一标的物之上不可能存在两个相同的全面支配权，故所有权之间具有绝对的排他效力。

第二，用益物权是对他人之物为占有、使用、收益的实体支配权，而同一物之上势难同时成立两个现实占有，因此，用益物权之间当然具有排他性。但也有例外，如基于地役权的性质、特点，其与土地承包经营权、建设用地使用权、宅基地使用权之间可以并存不悖，而且同一供役地上也可设立两个以上非继续性的地役权。

第三，担保物权是以获得标的物之交换价值为目的的价值权，因此，除动产质权及以权利凭证的交付为成立要件的权利质权之间具有排他效力外，其他担保物权及其相互之间不具有排他效力，多个担保物权可以并存于同一标的物之上。

第四，用益物权与不动产抵押权之间不发生排他效力，可以并存于同一标的物之上。

三、物权的优先效力

关于物权优先效力的内容，有不同的观点。有的认为仅限于物权优先于债权的效力，有的认为仅指先成立的物权优先于后成立的物权的效力，而多数学者则认为此二者均为物权优先效力的范围。

（一）物权优先于债权

物权优先于债权的效力，即当特定的物既是物权的支配物又是债权中的给付标的物时，无论物权与债权成立的先后，物权均有优先于债权的效力。物权优先于债权的效力主要表现在如下方面：

第一，所有权优先于债权。例如，在“一物二卖”的场合，因交付或登记而先取得标的物所有权的人，其权利优先于未取得标的物所有权的债权人的权利。

第二，用益物权优先于债权。物上如有用益物权存在，无论其成立时间之先后，该物权有优先于以给付该物为内容的债权的效力，债权人不得对物权人请求转移其物，也不得请求除去该物上之物权。反之，如债权的存在妨害物权的实现时，用益物权人得因其权利的行使而除去债权。

第三，担保物权优先于债权。有担保物权担保之债权，就担保物之变价得优先于一般债权人之债权而受偿。

当然，物权优先于债权也存在例外。例如，《民法典》第725条规定：“租赁物在承租人按照租赁合同占有期限内发生所有权变动的，不影响租赁合同的效力。”这就是“买卖不破租赁”规则，即先设立的租赁权优先于租赁物受让人的所有权。再如，不动产买卖协议（尤其是期房预售合同）如果在登记机构进行了预告登记，则买受人的债权就具有物权性的排他效力（《民法典》第221条）。

（二）物权相互间的优先效力

物权相互间的优先效力是指在同一标的物之上有不同性质或内容的物权并存时，成立在先的物权优先于成立在后的物权。这就是民法上所称的“先来后到”规则或“时间在先，权利在先”规则。物权相互间的优先效力表现在两个方面：一是成立在先的物权的物权人优先享受其利益。例如，在同一不动产上先后设立了两个经登记的抵押权，则前一个抵押权将优先于后一个抵押权实现。二是成立在先的物权压制成立在后的物权，即当后成立的物权害及先成立的物权时，后成立的物权将因先成立的物权的实行而被排斥或消灭。

物权相互间的优先效力规则也存在例外，即后成立的物权也可以优先于先成立的物权。例如，在同一块土地上，虽然土地承包经营权、建设用地使用权等用益物权成立于所有权之后，但由于定限物权具有限制所有权的功能，故土地承包经营权人、建设用地使用权人等定限物权人仍可优先于所有权人行使权利。再如，如果法律明确规定了物权的先后顺序，则应以法律的规定确定物权的先后顺序，如《民法典》第 456 条规定，同一动产上已设立抵押权或者质权，该动产又被留置的，留置权人优先受偿。

四、物权的追及效力

物权的追及效力是指不管物权的标的物辗转流入何人之手，除法律另有规定外，物权人均可追及其物而直接行使权利。例如，当所有权人的财产被侵夺，而该财产又被侵夺人转让于第三人时，财产的原所有权人可以对现实的财产占有人主张其权利，请求返还其所有物。再如，抵押人将抵押财产转让给第三人的，抵押权不受影响（《民法典》第 406 条）。

应当指出的是，承认物权的追及效力，虽然有利于加强对物权人利益的维护，但却可能损及第三人的利益和交易安全。因此，各国民法通常设立善意取得和时效取得制度，切断物权的追及效力，以维护善意第三人的利益和交易安全。

五、物权请求权效力

（一）物权请求权效力的含义

物权请求权效力是指物权具有的排除他人妨害、恢复权利人对物的正常支配的效力。物权请求权是指物权的圆满状态受到妨害或有被妨害之虞时，物权人得请求妨害人除去妨害或防患于未然，以恢复其物权的圆满状态的权利。

凡属物权均能发生物权请求权。物权请求权不仅可以基于所有权而发生，也可基于用益物权、担保物权而发生，不过基于不同物权而发生的物权请求权，其具体内容略有不同。

（二）物权请求权的内容

物权请求权以排除妨害及恢复物权的圆满状态为目的，因此，根据妨害形态的不同，物权请求权也有多种。一般认为，物权请求权分为三类：

一是物之返还请求权。占有人无权占有他人的不动产或者动产的，发生物权人的原物返还请求权。《民法典》第 235 条规定：“无权占有不动产或者动产的，权利人可以请求返还原物。”

二是妨害排除请求权。物权受到侵害或物权的行使受到妨碍时，发生物权人的妨害排除请求权。根据《民法典》第 236 条规定，妨害物权的，权利人可以请求排除妨害。

三是妨害预防请求权。物权虽未受到现实妨害，但有受到妨害的可能时，发生物权人的妨害预防请求权。根据《民法典》第 236 条规定，可能妨害物权的，权利人可以请求消除危险。

（三）物权请求权的性质

关于物权请求权的性质，大致有债权说、物权作用说、准债权说、物权效力所生请求权说、独立请求权说等不同的见解。[①] 其中，完全否认物权请求权的独立性或将物权请求权看作纯粹的债权的观点，不足为取。至于其他诸说，都是从物权请求权的不同方面观察而得出的结论，均有相当的道理，唯着重点不同而已。通说认为，物权请求权系以物权为基础的独立请求权。[②] 对此，可以从如下几个方面说明：

第一，物权请求权是请求权，而非物权之本体。物权请求权在物权受到妨害时发生，是物权人请求妨害人为特定行为（除去妨害）的权利，为请求权的一种。该请求权不以对物权标的物的支配为内容，故不是物权的本体或其内容的一部分，而是与物权相区别的一种独立的权利。

第二，物权请求权为物权所派生，与物权同命运。物权请求权是物权的救济权，是物权的效用，因此，物权请求权以物权及其客体的存在为前提，为物权所派生，在物权受到侵害时作为保护手段而发生作用。物权请求权既然为物权所派生，就不能与物权相分离而单独存在，物权转移、消灭的，物权请求权也随之转移、消灭。

第三，物权请求权不同于债权请求权。作为请求权的一种，物权请求权与债权（请求权的典型形态）有一些类似的属性，在其性质许可的范围内，可以适用债权的有关规定，如过失相抵、给付迟延、清偿以及债权让与等。[③] 但是，物权请求权不等同于债权请求权。

第四节 物权的变动

一、物权变动的概念和形态

物权的变动是指物权的发生、变更、转让和消灭。[④] 物权的变动，就物权自身而言，是物权的运动状态；就物权主体而言，则为物权的得丧变更；就法律关系而言，是指人与人之间对于物之支配和归属关系的变化。

---

① 参见梁慧星、陈华彬：《物权法》（第七版），法律出版社 2020 年版，第 58～59 页。

② 参见谢在全：《民法物权论》（上册），中国政法大学出版社 2011 年版，第 29 页；魏振瀛主编：《民法》（第八版），北京大学出版社、高等教育出版社 2021 年版，第 230 页。

③ 参见谢在全：《民法物权论》（上册），中国政法大学出版社 2011 年版，第 30 页。

④ 《民法典》物权编第一分编第二章的章名为“物权的设立、变更、转让和消灭”。严格地说，物权的“发生、移转”的词义宽于“设立、转让”。

（一）物权的发生

物权的发生是指物权与特定主体相结合，即某一主体取得对某物的物权。从获得物权的主体角度而言，物权的发生又称物权的取得，包括原始取得与继受取得两种情况。

1. 物权的原始取得

物权的原始取得又称物权的固有取得或权利的绝对发生，是指非依他人既存的权利而取得物权。物权的原始取得包括三种情况：一是一物之上原不存在任何人的所有权，主体第一次或最初取得该物的所有权。例如，对自己劳动创造的物取得最初的所有权，依先占而取得无主物的所有权等。二是物上原存在他人的所有权，但法律上不予承认，而是依法律或国家权力而强制取得，如没收等。三是法律上承认原物上的权利，但新物权人不依据原权利人的意志而依法取得新的物权，如征收、添附等。

2. 物权的继受取得

物权的继受取得又称物权的传来取得、物权的相对发生，是指基于他人既存的权利及权利人的意志而取得物权。在继受取得中，由于对标的物的权利系因继受而来，基于权利人不得将大于其所有的权利让与他人的法理，存在于标的物上的一切旧有负担得继续存在，而转由取得人承继。①

依继受取得方法的不同，继受取得可分为转移的继受取得与创设的继受取得。转移的继受取得简称转移取得，是指就他人的物权依其原状转移而取得。例如，基于买卖或赠与而受让某物的所有权。转移取得的物权与原物权人的物权性质和内容是相同的。创设的继受取得简称设立取得或创设取得，是指在自己所有的物上为他人设立用益物权或担保物权。例如，所有权人在自己的物上为他人设立抵押权或地役权。创设取得实际上是在一物之上通过民事法律行为再设立另一物权，因此，其只能是他物权的取得方式。

（二）物权的变更

广义的物权变更包括物权的主体、客体与内容等要素中的一项或数项的变更；通常所称的物权变更是狭义上的，即指物权客体与内容的变更，而不包括物权主体的变更，后者属于物权的转让。

物权客体的变更称为量的变更，是指物权标的物在量上有所增减。例如，所有权的客体因附合而增加，抵押物因部分毁损而减少。物权内容的变更称为质的变更，是指物权发生内容上的扩张或缩减、期限上的延长或缩短等变化。例如，建设用地使用权存续期间经协议而延长或缩短，抵押权顺位经协议变更等。

（三）物权的转让

物权的转让是指已经存在的物权在民事主体之间的流转，即一物上的物权从一个权利人手中转移至另一个权利人手中。物权的转让，从前手的角度来观察，意味着其物权的丧失，是物权消灭的原因；从后手的角度来看，就是物权的取得。

---

① 参见谢在全：《民法物权论》（上册），中国政法大学出版社 2011 年版，第 44 页。

（四）物权的消灭

物权的消灭分为绝对消灭与相对消灭。前者是指权利人的物权消灭，且他人也不能取得该物权（如因标的物灭失）；后者是指物权虽与原主体分离，但又与另一新主体相结合。例如，因买卖而发生的所有权转让，从出卖人的角度说，为其物权的消灭；从买受人的角度说，则为物权的继受取得。因此，物权的相对消灭与物权的继受取得，实际上是同一问题的两个方面。

二、物权变动的原因

物权变动的原因，是指引起物权变动的法律事实。物权变动的原因多种多样，从性质上可以分为三类。

其一，民事法律行为。引起物权变动的民事法律行为包括单方行为与双方行为。前者如物权的抛弃①等；后者如设立、变更及转让物权的合同，这是物权变动的最常见、最主要的原因。

其二，事实行为与事件。事实行为，如商品的生产与制造、先占、添附、混同②等；事件，如法定期间的届满、物权人的死亡等。

其三，行政行为或司法行为。公法上的行政行为或司法行为也可以引起物权的变动。例如，因征收或没收、法院的判决、仲裁机构的裁决等致物权发生变动。

三、物权变动的公示公信原则

（一）公示原则

1. 公示原则的意义

物权公示是指以一定的公开的、外在的、易于查知的形式展示物权存在和变动的情况。物权公示原则是指当事人必须以法定的公示方式展现物权变动的事实，否则，不能发生物权变动的效力。

物权是具有支配性、对世性及排他性的权利，物权的变动如不能以一定的方式公开、透明，则既不利于明确物权人的权利并加以保护，也不利于维护善意第三人的利益，难免对交易安全造成极大妨害。因此，物权公示原则对于维护物权秩序和交易安全，具有极为重要的意义。

---

①　物权法上的抛弃，是指依权利人的意思表示，使物权归于消灭的单方行为。抛弃物权，除须有抛弃的意思表示外，还须抛弃对该物的占有或办理注销登记，始生抛弃的效力。

②　物权法上的混同，是指两个无并存必要的物权同归于一人的事实。当所有权与其他物权因某种原因归属于一人时，其他物权原则上因混同而消灭，但如果其他物权的存续于所有人或第三人有法律上的利益时，其他物权则例外地不消灭；所有权以外的物权与以该物权为标的物的权利归属于一人时，也适用相同的规则。

2. 物权公示的方法

在现代各国法上,物权公示的方法,因不动产物权或动产物权的不同而有所区别。自物权变动的角度而言,不动产物权的公示方法为登记,动产物权的公示方法为交付;若从物权的享有与变动(静态与动态)两方面完整地来看,不动产物权的公示方法为登记与登记的变更,动产物权的公示方法为占有与占有的移转(交付)。我国民法亦将不动产登记和动产交付规定为物权的公示方法。对此,《民法典》第 208 条规定:“不动产物权的设立、变更、转让和消灭,应当依照法律规定登记。动产物权的设立和转让,应当依照法律规定交付。”

3. 公示的效力

物权公示的效力,主要是指决定物权的变动是否发生或能否对抗第三人的效力,即所谓物权公示的形成力或对抗力。另外,物权公示还具有权利正确性推定效力和善意保护效力,此为物权公示的公信力,理论上一般认为其属于公信原则的内容。

关于物权公示的效力及其与物权变动的关系,立法上有不同的态度,大致可分为以下三种:

一是公示要件主义。依此主义,物权的变动以完成公示为其生效要件(同时也是物权的成立要件),仅有当事人变动物权的意思而未依法予以公示的,不能发生物权变动的法律效果。德国等国家采此主义。这种立法例使公示具有形成力,即决定物权变动的效力。

二是公示对抗主义。依此主义,物权的公示并非物权变动的要件而仅为发生物权对抗力的要件。换言之,物权变动的效果仅依当事人的意思表示即可发生,但未经登记或交付的,不得对抗善意第三人。法国等国家采此主义。在这种立法例中,物权的公示不具有形成力,而只具有对抗力。

三是折中主义。即兼采公示要件主义与公示对抗主义,换言之,折中主义是对某些种类的物权变动采用公示要件主义,而对另一些种类的物权变动则采用公示对抗主义。较常见的做法是以公示要件主义为原则,以公示对抗主义为例外。

我国《民法典》第 209 条第 1 款规定:“不动产物权的设立、变更、转让和消灭,经依法登记,发生效力;未经登记,不发生效力,但是法律另有规定的除外。”第 224 条规定:“动产物权的设立和转让,自交付时发生效力,但是法律另有规定的除外。”据此并结合其他有关规定,可知我国采用的是以公示要件主义为原则、以公示对抗主义为例外的折中主义。

应当注意的是,在公示原则的适用中,未经登记或交付,只是不能发生物权变动,但不能因此而否定合法订立的合同的约束力。《民法典》第 215 条规定:“当事人之间订立有关设立、变更、转让和消灭不动产物权的合同,除法律另有规定或者当事人另有约定外,自合同成立时生效;未办理物权登记的,不影响合同效力。”

(二)公信原则

所谓公信原则,是指依法定方式公示的物权,具有使社会一般人信赖其正确的效力,即使公示的物权状况与真实的权利状态不符,法律对信赖公示的善意第三人从公示的物权人处所取得的权利仍予以保护。依此原则,只要物权的变动符合法律规定的公示方式,对善意当事人及第三人就具有完全的效力。实际上,公信原则就是赋予物权公示以公信力。物权公示的公信力表现在如下两个方面。

1. 权利正确性推定效力

权利正确性推定效力是指以法定方法公示出来的物权，具有使社会一般人信赖其为真实、正确的物权的效力。依此效力，在不动产登记簿上记载某人享有某项物权时，应推定该人享有该项权利，在登记簿上涂销某项物权时，应推定该项权利消灭；动产的占有人对其占有物实施某项行为时，应推定该人依法有为此种行为的权利。

2. 善意保护效力

善意保护效力是指法律对因信赖物权公示而从公示的物权人处善意取得物权的第三人，予以强制保护，使其免受任何人追夺的效力。换言之，在公示的物权人与真实的物权人不一致的情况下，对于信赖公示而与公示的物权人进行的交易行为，法律承认其产生与真实的物权人进行交易的相同效果。《民法典》第 311 条所规定的“善意取得”制度，为此效力的典型表现。

公信原则与公示原则相辅相成，以不同的功能确保物权变动快捷、顺畅、安全地完成。公示原则的功能主要在于使人“知”，而公信原则的功能则在于使人“信”。依法公示的物权若不能产生公信力，则公示的效力难谓完整，交易的安全仍难以维护，或将导致征信成本过高，影响交易的发展。公信原则有力地保护了信赖公示而从事正常交易活动的善意行为人，体现了鼓励交易和维护交易安全的立法宗旨。尽管公信原则会对真正物权人的权利有所牺牲，但由于有适用条件和范围的限制，能够求得真正物权人与善意第三人之间利益的相对平衡，兼顾了财产的静态安全与动态安全。

四、物权变动的规范模式

（一）基于民事法律行为而发生的物权变动

在引起物权变动的法律事实中，最重要的是民事法律行为。在物权基于民事法律行为发生变动上，主要有债权意思主义、物权形式主义及债权形式主义三种不同的立法主张。

债权意思主义又称债权合意主义或意思主义，以法国、日本民法为其代表。依此主义，物权因民事法律行为而变动时，仅须由当事人订立债权合同即为已足，不须以登记或交付为其成立或生效要件。其要旨为：(1) 物权变动是债权行为的当然结果，发生债权的意思表示与发生物权变动的意思表示二者合一；(2) 物权变动的结果当然受其原因关系即债权行为效力的影响，原因行为无效或被撤销的，物权变动的结果随之失效；(3) 物权公示原则所要求的登记或交付，并非物权变动的成立或生效要件，而只是发生对抗力的要件。

物权形式主义又称形式主义，以德国法为其典范。依此主义，物权因民事法律行为而发生变动时，除有债权契约（原因行为）外，还须另有物权变动的意思表示一致（物权合意或物权契约）以及登记或交付的法定形式，始能成立或生效。其要旨为：(1) 引起债权发生的债权契约与引起物权变动的物权行为，是两个不同的民事法律行为，一个民事法律行为不能发生债权和物权变动的二重效果，故物权行为与债权行为相分离而独立存在。(2) 物权行为不仅独立存在，而且物权行为的效果不受债权行为效力的当然影响，具有无因性。债权行为无效或被撤销的，物权变动的结果并不当然随之无效或撤销。(3) 物权公示原则所要求的登记或交付为物权行为的法定形式，是物权变动的生效要件和物权的成立要件，非经登记或交付的，物权变动根本不能发生。

债权形式主义又称折中主义、意思主义与登记或交付相结合，以奥地利民法为其典型。依此主义，物权因民事法律行为发生变动时，除当事人间须有债权合意外，仅须另外践行登记或交付的法定方式，即产生物权变动的效力。其要旨为：(1) 发生债权的意思表示即为物权变动的意思表示，二者合一；(2) 欲使物权变动实际发生，仅有当事人的意思表示尚有不足，还须履行登记或交付的法定方式，公示为物权变动的生效要件；(3) 物权的变动仅须在债权意思表示之外加上登记或交付即可，无须另有物权变动的合意，故无物权行为的独立存在；(4) 物权变动之效力自然受其原因关系即债权行为之影响，因而也无所谓物权行为的无因性可言，至于交易安全的保护，则委诸公示公信原则。

从我国《民法典》第 209、224 条等规定来看，我国立法上采行的是债权意思主义与登记或交付相结合的模式，既不要求物权变动须另有物权合意，也未承认物权变动的无因构成。

（二）非基于民事法律行为的物权变动

一般来说，非基于民事法律行为而发生的物权变动，不经登记或交付即可直接生效，故此类物权变动又称为不必公示的物权变动。根据《民法典》第 229～231 条规定，因法院、仲裁机构的法律文书或者人民政府的征收决定等，导致物权变动的，自法律文书或者征收决定等生效时发生效力；①因继承取得物权的，自继承开始时发生效力；因合法建造、拆除房屋等事实行为设立或者消灭物权的，自事实行为成就时发生效力。

非基于民事法律行为而发生的物权变动，虽不经公示即可生效，但毕竟上述物权变动不一定为社会一般人所明知，为维护交易的安全，法律通常对物权取得人的处分权作出一定的限制。对此，《民法典》第 232 条规定："处分依照本节规定享有的不动产物权，依照法律规定需要办理登记的，未经登记，不发生物权效力。"

五、不动产登记

（一）不动产登记的意义

不动产登记是指登记机构根据当事人的申请并经审查，对不动产物权的设立、变更、转让、消灭等事项登录记载于特定簿册的事实。不动产登记不仅是国家对不动产进行行政管理、课征税赋等的依据，也是公示物权状况、警示交易风险、维护不动产交易安全的有效措施，是不动产物权获得法律承认和保护的基本依据。②

---

① 依据《最高人民法院关于适用〈中华人民共和国民法典〉物权编的解释（一）》（法释〔2020〕24 号，以下简称《物权解释（一）》）第 7 条规定，人民法院、仲裁机构在分割共有不动产或者动产等案件中作出并依法生效的改变原有物权关系的判决书、裁决书、调解书，以及人民法院在执行程序中作出的拍卖成交裁定书、变卖成交裁定书、以物抵债裁定书，应当认定为《民法典》第 229 条所称导致物权设立、变更、转让或者消灭的人民法院、仲裁机构的法律文书。

② 不仅不动产物权的公示以登记为方法，对某些特殊动产（主要是机动车辆、船舶、航空器等）物权，法律上也采用了登记的公示方法，但其效果与不动产登记不同。

（二）登记机构及其职责

《民法典》第 210 条规定："不动产登记，由不动产所在地的登记机构办理。国家对不动产实行统一登记制度。统一登记的范围、登记机构和登记办法，由法律、行政法规规定。"依据《不动产登记暂行条例》第 7 条规定，不动产登记由不动产所在地的县级人民政府不动产登记机构办理；直辖市、设区的市人民政府可以确定本级不动产登记机构统一办理所属各区的不动产登记。跨县级行政区域的不动产登记，由所跨县级行政区域的不动产登记机构分别办理。国务院确定的重点国有林区的森林、林木和林地，国务院批准项目用海、用岛，中央国家机关使用的国有土地等不动产登记，由国务院自然资源主管部门会同有关部门规定。

依据《民法典》和《不动产登记暂行条例》规定，当事人申请登记，应当根据不同登记事项提供权属证明和不动产界址、面积等必要材料。登记机构收到申请后，应当查验申请人提供的权属证明和其他必要材料，并就有关登记事项询问申请人，如实、及时登记有关事项，并履行法律、行政法规规定的其他职责。申请登记的不动产的有关情况需要进一步证明的，登记机构可以要求申请人补充材料，必要时可以实地查看。登记机构不得要求对不动产进行评估、以年检等名义进行重复登记，也不得有超出登记职责范围的其他行为。不动产登记费按件收取，不得按照不动产的面积、体积或者价款的比例收取。①

因登记错误，造成他人损害的，登记机构应当承担赔偿责任。登记机构赔偿后，可以向造成登记错误的人追偿。②

（三）不动产登记簿与权属证书

根据《民法典》第 214~219 条规定，不动产物权的设立、变更、转让和消灭，依照法律规定应当登记的，自记载于不动产登记簿时发生效力。不动产登记簿是物权归属和内容的根据。不动产登记簿由登记机构管理。不动产权属证书是权利人享有该不动产物权的证明。不动产权属证书记载的事项，应当与不动产登记簿一致；记载不一致的，除有证据证明不动产登记簿确有错误外，以不动产登记簿为准。权利人、利害关系人可以申请查询、复制不动产登记资料，登记机构应当提供。利害关系人不得公开、非法使用权利人的不动产登记资料。《不动产登记暂行条例》第 27 条第 2 款规定，有关国家机关可以依照法律、行政法规的规定查询、复制与调查处理事项有关的不动产登记资料。

（四）不动产登记的类别

依据《民法典》《不动产登记暂行条例》及其实施细则的规定并基于各种不动产登记的内容、作用、效力等的差异，可以将不动产登记作以下分类。

1. 首次登记、变更登记、转移登记与注销登记

首次登记又称初始登记、原始登记，是指对原无权属证书的不动产第一次办理不动产登

---

① 参见《民法典》第 211~213、223 条，《不动产登记暂行条例》第 17~19 条。

② 参见《民法典》第 222 条第 2 款。

记。例如,在房屋建成后所办理的不动产登记。

变更登记是指办竣首次登记后,因权利人的姓名、名称或不动产的状况等发生更改变化而进行的登记。

转移登记通常又称过户登记,是指因转让、赠与、继承、司法裁判等发生不动产权属转移时所进行的登记。

注销登记又称涂销登记,是指在不动产灭失、权利人放弃物权及其他原因导致物权消灭的情况下,登记机构根据当事人申请而对原有的登记予以消除而作的登记。

2. 所有权登记与他物权登记

不动产所有权登记主要包括:集体土地所有权登记、房屋所有权登记(包括建设用地上的房屋和宅基地上的房屋的所有权登记)、其他建筑物和构筑物所有权登记、森林及林木所有权登记等。

他物权登记又称他项权利登记,主要包括:国有建设用地使用权登记、集体建设用地使用权登记、土地承包经营权登记、宅基地使用权登记、居住权登记、地役权登记、海域使用权登记、不动产抵押权登记等。

3. 预告登记、更正登记与异议登记

预告登记是与正式登记相对应的概念。一般所讲的不动产登记,是指对现实的不动产物权所进行的正式登记,而预告登记是指为保全一项以将来发生不动产物权变动为目的的债权请求权而作的提前登记。关于预告登记,《民法典》第 221 条规定:“当事人签订买卖房屋的协议或者签订其他不动产物权的协议,为保障将来实现物权,按照约定可以向登记机构申请预告登记。预告登记后,未经预告登记的权利人同意,处分该不动产的,不发生物权效力。预告登记后,债权消灭或者自能够进行不动产登记之日起九十日内未申请登记的,预告登记失效。”依据《物权解释(一)》规定,未经预告登记的权利人同意,转让不动产所有权等物权,或者设立建设用地使用权、居住权、地役权、抵押权等其他物权的,不发生物权效力(第 4 条);预告登记的买卖不动产物权的协议被认定无效、被撤销,或者预告登记的权利人放弃债权的,属于债权消灭的情形(第 5 条)。

更正登记是指当事人认为登记有错误时申请更正或登记机构发现有登记错误时依职权所进行的更正。《民法典》第 220 条第 1 款规定:“权利人、利害关系人认为不动产登记簿记载的事项错误的,可以申请更正登记。不动产登记簿记载的权利人书面同意更正或者有证据证明登记确有错误的,登记机构应当予以更正。”

异议登记是指对现实登记的权利的正确性提出异议而进行的登记。《民法典》第 220 条第 2 款规定:权利人、利害关系人提出更正登记的申请后,“不动产登记簿记载的权利人不同意更正的,利害关系人可以申请异议登记。登记机构予以异议登记,申请人自异议登记之日起十五日内不提起诉讼的,异议登记失效。异议登记不当,造成权利人损害的,权利人可以向申请人请求损害赔偿”。可见,异议登记主要是一种临时性保护措施,目的在于阻止登记权利人对不动产的现时处分。

六、动产交付

（一）动产交付的意义

动产物权的公示方式，自古以来即为占有与占有的移转（交付）。这是因为，动产的数量难以计数且交易频繁，若均要求登记，既无必要也无可能，更不利于交易的便捷。依一般生活观念和交易习惯，现实占有某物而有所作为者，当然推定占有人为物的权利人，动产物权的变动也以标的物的现实交付为外观，法律上遵从此一观念，因而确认了“占有之所在即为动产物权之所在”的理念。依据《民法典》第 224、225 条规定，动产物权的设立和转让，自交付时发生效力，但是法律另有规定的除外；船舶、航空器和机动车等物权的设立、变更、转让和消灭，未经登记，不得对抗善意第三人。依据《物权解释（一）》第 6 条规定，转让人转让船舶、航空器和机动车等所有权，受让人已经支付合理价款并取得占有，虽未经登记，但转让人的债权人不属于《民法典》第 225 条所称的“善意第三人”，法律另有规定的除外。

（二）交付的一般形态——现实交付

现实交付又称直接交付，是指一方将物的直接占有转移给另一方的行为。在现实交付中，必要的单证（如发票、产品合格证、质量保证书、保险单等）应附随交付，但单证交付与否不影响物权变动的生效。

现实交付还包括委托交付与拟制交付。委托交付是指让与人根据约定将动产交付给承运人或邮局的交付方式。在这种交付方式中，办理完毕托运、交邮等手续，即为交付。拟制交付是指让与人将代表标的物权利的有效凭证（如仓单、提单等）交付给受让人，交付即告完成的交付方式。

（三）交付的变通形态——观念交付

观念交付是指在特殊情况下，法律允许当事人通过特别的约定采用变通的或观念上的方法转移标的物权利的交付方式。观念交付主要包括下列三种形式。

1. 简易交付

简易交付又称在手交付、先行占有，是指动产物权的受让人已因其他关系先行占有了标的物，而后双方又达成了物权变动的合意，因而不必再行现实交付，物权变动自合同生效时发生。先租后买或先借后质等情形，为其适例。《民法典》第 226 条规定：“动产物权设立和转让前，权利人已经占有该动产的，物权自民事法律行为生效时发生效力。”

2. 指示交付

指示交付又称长手交付、替代交付或返还请求权的让与，是指当标的物由第三人占有时，让与人将对该第三人的返还请求权让与受让人并通知占有人，以代物的实际交付。例如，所有权人将交由他人保管的动产出卖给买方时，只需将其对于保管人的返还请求权转让给买受人并通知保管人即可。《民法典》第 227 条规定：“动产物权设立和转让前，第三人占有该动产的，负有交付义务的人可以通过转让请求第三人返还原物的权利代替交付。”

3. 占有改定

占有改定是指出让动产时，出让人仍有必要继续占有该项动产的，可以与受让人另行约定由其实际占有该动产而使受让人取得间接占有，以代替实际交付的情形。在卖出租回或卖出借回等“混合交易”的情形下，有其适用。占有改定实际上是标的物的所有权转移，但现实占有不转移，只是占有人的占有名义发生了变更。《民法典》第228条规定：“动产物权转让时，当事人又约定由出让人继续占有该动产的，物权自该约定生效时发生效力。”

自测习题　　案例分析　　案例分析参考答案

第十二章　所有权

■【导语】

在现实生活中，一提到某物，人们常会说："这是我的""我的东西我做主"。这涉及民法上的所有权。然而，所有权问题并非如常人想象的那样简单。哪些东西可以为个人私有，某物如何才能确定为"我的""他的"？高层住宅公寓中各家的专有部分和共有部分的界限如何？数人共有的财产，其权利如何行使？自家的房屋，任你自由使用，但如影响到邻人的权益，又应如何处理？逮到一只野兔，采到一株山珍，是否当然可以取得其所有权？将他人的一块玉石雕刻成工艺品，该工艺品应当归谁？这些都是本章内容涉及的问题。

第一节　所有权概述

一、所有权的概念和特点

《民法典》第 240 条规定："所有权人对自己的不动产或者动产，依法享有占有、使用、收益和处分的权利。"据此，可将所有权定义为：所有权人在法律规定的范围内，对自己的财产以占有、使用、收益、处分等方式进行全面支配，并排除他人干涉的权利。

所有权除具有客体的特定性、内容的支配性、效力的绝对性与排他性等物权的一般特点外，还具有以下特点：

第一，自权性。这是指所有权系所有权人对自己的物所享有的物权，属于自物权。

第二，全面性。这是指所有权为完全物权，是权利主体对于物所能享有的最完整、最充分的权利。

第三，整体性。这又称单一性、浑一性或统一支配性，是指所有权系对标的物具有概括管领力或统一支配力的物权。所有权尽管有占有、使用、收益、处分等各种权能或作用，但所有权并不是这些权能或作用的简单相加或总和，而是各种权能浑然一体的整体性权利。因此，所有权本身不得在内容或时间上加以分割。① 在基于所有权而设立用益物权、担保物权时，并不是分割出所有权的某种权能，而是将所有权的单一内容的一部分予以具体化，由他人享有之。

---

① 参见梁慧星、陈华彬：《物权法》（第七版），法律出版社 2020 年版，第 129 页。

第四,弹力性。这又称归一性或归一力,是指所有权的单一内容可以自由伸缩,其权能可以于一定情况下往复分出、回归。在所有权之上设立定限物权时,所有权人对所有物的全面支配权将因受到限制而缩减,而于该限制解除时,所有权人又恢复了对所有物的圆满支配状态。

第五,恒久性。这又称永久性、无期性,是指所有权因标的物的存在而永久存续,不得预定其存续期间。因此,所有权是无期物权。

二、所有权的内容

一般来说,所有权的内容就是指所有权的权能。所有权的权能也即所有权的作用,是所有权人为实现其利益而于法律规定的限度内可以对物采取的各种措施和手段。在学理上,所有权人对所有物的占有、使用、收益、处分权能被称为所有权的积极权能。另依通说,所有权尚有消极权能,即排除他人干涉的权能。

(一)所有权的积极权能

1. 占有权能

占有权能是指所有权人对标的物为管领、控制的权能。占有为所有权的基本权能,行使物的占有权能为行使物的支配权的基础与前提。但同时,作为所有权的一项权能,占有权能于一定条件下也可以由他人享有。当占有权能由非所有权人(如保管人、承租人、质权人)享有时,其对物的占有同样受法律保护,所有权人不能任意请求其返还原物;当非所有权人的合法占有被他人侵夺时,其同样可以诉请保护。

2. 使用权能

使用权能是指依物的性能或用途,在不毁损物的本体或变更其性质的情形下对物加以利用,以实现物的使用价值的权能。所有权的使用权能以物的使用价值为基础,对物进行使用为实现物之使用价值的手段。当然,行使物之使用权能以对物的占有为前提,因此,享有物之使用权能必同时享有物之占有权能。但在某些场合,他人享有物之占有权能却并不一定享有物之使用权能。例如,质权人、保管人只能对标的物占有,而不能任意加以使用。物的使用权能,既可以由所有权人自己行使,也可以由他人行使。非所有权人对物进行使用,须有合法的依据(如借用人、承租人、用益物权人的使用等)。无法定或约定原因而使用他人之物的,为无权使用或非法使用,使用人须返还因对物之使用而获得的不当利益并承担其他民事责任。

3. 收益权能

收益权能是指收取所有物所产生的经济利益或物质利益的权能。这里所讲的经济利益,并不限于物之天然孳息和法定孳息,还包括在生产经营活动中的劳动收益和利润。收益权能与使用权能有着密切的联系,通常是有使用权能方有收益权能。但所有权人也可以将使用权能授予他人,而自己保留收益权能(如出租)。同时,收益权能也可以由他人享有。在现代市场经济条件下,收益权能由非所有权人享有是常见的,且其表现形式复杂多样。

4. 处分权能

处分权能是指依法对物进行处置,从而决定物的命运的权能。处分权能为所有权内容的核心和最重要的权能。作为所有权权能之一的处分,包括事实上的处分与法律上的处分。前者是指对物进行实质上的变形、改造或毁损等物理上的事实处分行为,如拆除房屋、消费可消耗物等;后者是指使标的物所有权发生转移、限制或消灭,从而使所有权发生变动的民事法律行为,如出卖、赠与标的物等。法律上的处分导致所有权相对消灭。通说认为,在自己的所有物上为他人设立抵押权、质权等,也属于法律上的处分。

(二)所有权的消极权能

所有权的消极权能又称为排除他人干涉的权能,是指所有权人有权依法排除他人对其所有物或所有权的不法侵夺、干扰或妨害。由于此项权能通常隐而不彰,唯于受他人不法之干扰、妨害或侵夺时始能表现,故称为消极权能。至于所有权的消极权能之根据,则在于所有权的绝对性。

三、所有权的限制

与其他权利一样,所有权也不是绝对无限制的。在现代社会,所有权的行使须符合法律的规定或在法律允许的范围内进行。法律之所以对所有权予以一定的限制,目的在于保护社会公益和他人的正当权益。从所有权所受限制的情形来看,主要可分为三种:一为所有权人的容忍义务,即要求所有权人容忍他人对其所有物于一定限度内为一定的“妨害”行为,基于相邻关系而产生的限制多属此类;二为不作为义务,即要求所有权人不得任意实施某种自由支配行为,如不得擅自改变耕地的用途等;三为积极的作为义务,即所有权人于一定情况下不仅有行使其所有权的权利,还负有积极行使的义务,如应及时拆除或加固危房、不能使土地撂荒等。

第二节　所有权的种类

一、国家所有权、集体所有权、法人所有权与私人所有权

根据所有权的主体不同,可将其分为国家所有权、集体所有权、法人所有权与私人所有权。

(一)国家所有权

国家所有权是指国家对全民所有的财产享有的占有、使用、收益和处分的权利。《民法典》第246条第1款规定:“法律规定属于国家所有的财产,属于国家所有即全民所有。”

国家所有权具有如下主要特点:(1)所有权的主体是国家,具有唯一性。(2)所有权的客体十分广泛。任何财产都可以成为国家所有权的客体,而法律规定专属于国家所有的不动产和动产,任何单位和个人不能取得其所有权。依据《民法典》规定,矿藏、水流、海域、无居民海岛、城市的土地、无线电频谱资源、国防资产,属于国家所有;法律规定属于国家所有的农村和城市郊区的土地、野生动植物资源、文物以及铁路、公路、电力设施、电信设施和油气管道等基础设施,属于国家所有;森林、山岭、草原、荒地、滩涂等自然资源,属于国家所有,但是法律规定

属于集体所有的除外。[①]（3）所有权的取得方法具有特殊性。诸如征收、没收、税收等只能产生国家所有权，其他主体的所有权不能以这些方法产生。（4）所有权的行使具有特殊性。国家所有权由代表国家的专门机关或单位行使。依据《民法典》规定，国有财产由国务院代表国家行使所有权，法律另有规定的，依照其规定。国家机关、国家举办的事业单位对其直接支配的不动产和动产，享有占有、使用以及依照法律和国务院的有关规定处分的权利。国家出资的企业，由国务院、地方人民政府依照法律、行政法规规定分别代表国家履行出资人职责，享有出资人权益。[②]（5）所有权的保护具有一定的特殊性。依据《民法典》规定，国家所有的财产受法律保护，禁止任何组织或者个人侵占、哄抢、私分、截留、破坏。履行国有财产管理、监督职责的机构及其工作人员，应当依法加强对国有财产的管理、监督，促进国有财产保值增值，防止国有财产损失；滥用职权，玩忽职守，造成国有财产损失的，应当依法承担法律责任。违反国有财产管理规定，在企业改制、合并分立、关联交易等过程中，低价转让、合谋私分、擅自担保或者以其他方式造成国有财产损失的，应当依法承担法律责任。[③]

（二）集体所有权

集体所有权是指农村和城镇集体依法对集体财产享有的占有、使用、收益、处分并排除他人干涉的权利。集体所有权主要包括农民集体所有权和城镇集体所有权两类。《民法典》第261条第1款规定：“农民集体所有的不动产和动产，属于本集体成员集体所有。”第263条规定：“城镇集体所有的不动产和动产，依照法律、行政法规的规定由本集体享有占有、使用、收益和处分的权利。”

集体所有权具有如下主要特点：（1）集体所有权的主体具有团体性，是由个体成员所组成的集体。因此，集体所有既不同于成员的个体所有，也不同于法人所有，更不同于共有。（2）集体所有权的主体是为数众多的劳动群众集体组织，具有多元性，而不像国家所有权那样具有主体的唯一性。（3）集体所有权的客体范围受到一定限制，具有有限的广泛性。依据《民法典》第260条规定，集体所有的不动产和动产包括：法律规定属于集体所有的土地和森林、山岭、草原、荒地、滩涂；集体所有的建筑物、生产设施、农田水利设施；集体所有的教育、科学、文化、卫生、体育等设施；集体所有的其他不动产和动产。（4）集体所有权可以由集体直接行使，也可由其代表行使，重要事项应依照法定程序经本集体成员决定。例如，依据《民法典》规定，在农民集体所有权行使中，下列事项应当依照法定程序经本集体成员决定：① 土地承包方案以及将土地发包给本集体以外的组织或者个人承包；② 个别土地承包经营权人之间承包地的调整；③ 土地补偿费等费用的使用、分配办法；④ 集体出资的企业的所有权变动等事项；⑤ 法律规定的其他事项。[④] 对于集体所有的土地和森林、山岭、草原、荒地、滩涂等，依照下列规定行使所有权：① 属于村农民集体所有的，由村集体经济组织或者村民委员会依法代表集体行使所有权；② 分别属于村内两个以上农民集体所有的，由村内各该集体经济组织或者村民小组

① 参见《民法典》第247~254条。
② 参见《民法典》第246条第2款、第255~257条。
③ 参见《民法典》第258、259条。
④ 参见《民法典》第261条。

依法代表集体行使所有权;③ 属于乡镇农民集体所有的,由乡镇集体经济组织代表集体行使所有权。[①] 此外,依据《民法典》规定,农村集体经济组织或者村民委员会、村民小组应当依照法律、行政法规以及章程、村规民约向本集体成员公布集体财产的状况。集体成员有权查阅、复制相关资料。[②] 集体所有的财产受法律保护,禁止任何组织或者个人侵占、哄抢、私分、破坏。农村集体经济组织、村民委员会或者其负责人作出的决定侵害集体成员合法权益的,受侵害的集体成员可以请求法院予以撤销。[③]

(三)法人所有权

法人所有权是指法人对其不动产和动产依照法律、法规及章程享有的占有、使用、收益、处分并排除他人干涉的权利。《民法典》第 268 条规定:"国家、集体和私人依法可以出资设立有限责任公司、股份有限公司或者其他企业。国家、集体和私人所有的不动产或者动产投到企业的,由出资人按照约定或者出资比例享有资产收益、重大决策以及选择经营管理者等权利并履行义务。"第 269 条规定:"营利法人对其不动产和动产依照法律、行政法规以及章程享有占有、使用、收益和处分的权利。营利法人以外的法人,对其不动产和动产的权利,适用有关法律、行政法规以及章程的规定。"此外,第 270 条还规定:"社会团体法人、捐助法人依法所有的不动产和动产,受法律保护。"

(四)私人所有权

私人所有权是指自然人个人对其合法取得的不动产和动产享有的占有、使用、收益、处分并排除他人干涉的权利。《民法典》第 266 条规定:"私人对其合法的收入、房屋、生活用品、生产工具、原材料等不动产和动产享有所有权。"

值得强调的是,《民法典》在对不同主体的物权进行分类规定的同时,坚持了平等保护原则。《民法典》第 206 条规定:"国家坚持和完善公有制为主体、多种所有制经济共同发展,按劳分配为主体、多种分配方式并存,社会主义市场经济体制等社会主义基本经济制度。国家巩固和发展公有制经济,鼓励、支持和引导非公有制经济的发展。国家实行社会主义市场经济,保障一切市场主体的平等法律地位和发展权利。"第 207 条规定:"国家、集体、私人的物权和其他权利人的物权受法律平等保护,任何组织或者个人不得侵犯。"第 267 条再次明确:"私人的合法财产受法律保护,禁止任何组织或者个人侵占、哄抢、破坏。"

二、动产所有权与不动产所有权

根据所有权客体性质不同,可将其分为动产所有权与不动产所有权。

动产所有权是指以动产为客体的所有权;不动产所有权是指以不动产为客体的所有权。不动产所有权通常分为土地所有权和建筑物所有权,建筑物所有权又有建筑物的普通所有权

---

① 参见《民法典》第 262 条。

② 参见《民法典》第 264 条。

③ 参见《民法典》第 265 条。

和建筑物的区分所有权之分。动产所有权与不动产所有权，在主体范围的限制、取得方法、公示原则等方面存在着明显差别，因而是所有权的一种基本分类。动产所有权的内容及行使，并无更多的特殊性，唯因动产的交易和变动较为频繁，理论研究与立法规范多从其取得方式的角度着手。这里重点介绍不动产所有权中的一些特殊问题。

（一）土地所有权

1. 土地所有权的概念与效力范围

土地所有权是指以土地为权利客体的不动产所有权。土地是人类生存之本，是“一切财富的原始源泉”，也是不可再生的稀缺资源。因此，土地所有权是最重要的不动产所有权。

土地所有权的效力范围，是指土地所有权的效力及其行使所及的界限。土地所有权的效力范围可从“横”“纵”两方面理解。在横的方面，可通过人为划定四至即地界来确定某一土地所有权的效力范围并予以登记造册。在纵的方面，现代各国民法修正了罗马法及近代民法奉行的土地所有权“上达天宇、下及地心”的法则，对其范围予以必要限制。土地所有权人的权利虽可及于地面上和地面下的必要空间，但在于其利益并无影响的前提下，不得排斥他人对地上空间和地身的利用。

土地所有权效力范围的限制、现代社会都市化进程的加快及建筑技术的提高，为空间权的产生提供了坚实的基础。所谓空间权，是指以土地地表之上的一定空间或地表之下的一定地身为客体而成立的一种不动产权利。空间权产生于20世纪初，是随着土地利用的立体化发展而逐渐形成的一种权利。它改变了传统土地之“垂直所有、利用形态”，进而形成“水平所有、利用形态”。高架桥、高架铁路、空中走廊、地下铁道、地下街道、地下商场、地下停车场等均属于土地立体化利用的典型形态。

依照空间权的法理，空间权可分为空中权与地中权、空中所有权与空中利用权等形态，而空中利用权除物权性的空间地上权、空间地役权外，还包括债权性的空间租赁权及空间借贷权。[①] 目前，空间权在许多国家或地区已受到普遍的重视，并有相关的立法。我国《民法典》第345条对空间利用权也有简要规定。

2. 我国的土地所有权制度

我国实行土地公有制，土地所有权有以下特点：(1) 主体的限定性。土地所有权的主体只能是国家或农村集体，而不能是其他组织和个人。(2) 交易的禁止性。在我国，承担土地流转功能的是土地使用权，严禁土地所有权自由交易。(3) 实现手段的特殊性。土地归国家或集体所有，但国家或集体一般并不直接行使土地所有权，而是通过建设用地使用权、土地承包经营权等权利形式由单位及个人使用和经营土地。(4) 用途管制的严格性。依据《土地管理法》规定，国家实行土地用途管制制度。根据土地用途，土地分为农用地、建设用地和未利用地；严格限制农用地转为建设用地，控制建设用地的总量，对耕地实行特殊保护；使用土地的单位和个人必须按照土地利用总体规划确定的用途使用土地。

在我国，土地所有权包括国有土地所有权和集体土地所有权，分别具有不同的特点。

国有土地所有权具有以下特点：(1) 所有权的主体为国家。任何个人及组织都不能成为

---

① 参见梁慧星、陈华彬：《物权法》（第七版），法律出版社2020年版，第168页。

国有土地所有权的主体,并且只有国务院才有权代表国家行使土地所有权。(2)所有权的客体具有确定性。依据法律规定,国有土地包括:城市市区的土地;法律规定属于国家所有的农村和城市郊区的土地;法律规定属于集体所有之外的林地、草地、山岭、荒地、滩涂等土地。(3)国家土地所有权可以因征收取得。《民法典》第243条第1、2款规定:“为了公共利益的需要,依照法律规定的权限和程序可以征收集体所有的土地和组织、个人的房屋以及其他不动产。征收集体所有的土地,应当依法及时足额支付土地补偿费、安置补助费以及农村村民住宅、其他地上附着物和青苗等的补偿费用,并安排被征地农民的社会保障费用,保障被征地农民的生活,维护被征地农民的合法权益。”(4)国有土地的使用权即建设用地使用权,可以依法出让或者转让。

集体土地所有权具有如下特点:(1)集体土地所有权的主体为农民集体。集体土地所有权主体主要包括三种:村农民集体、村内各农民集体以及乡镇农民集体。(2)集体土地所有权客体为法律规定属于国家所有以外的农村和城市郊区的土地。(3)农民集体所有的耕地、林地、草地以及其他用于农业的土地,依法实行土地承包经营制度;农民集体的成员,依法有权取得宅基地的使用权。

(二)房屋所有权

1. 房屋所有权的概念

房屋所有权属于建筑物所有权的一种,是指所有权人在法律规定的范围内对其房屋独占性地支配并排除他人干涉的权利。根据房屋所处位置的不同,房屋所有权可分为城镇房屋所有权和农村房屋所有权。在我国,法律对农村房屋所有权有特殊的管理要求。

2. 房屋与土地的关系

房屋与其他建筑物、构筑物同属于地上定着物,与土地有着密切关系。关于二者的关系,有两种立法例。一种是结合主义,即将房屋与土地结合作为一个不动产,房屋为土地的一部分,不构成独立的不动产。这主要为德国法所采用。依“土地吸收地上物”的原则,土地所有权人拥有房屋所有权,但在房屋所有权人与土地所有权人相异时,房屋所有权人可依地上权保有其房屋所有权。另一种是分离主义,即房屋与土地各为独立不动产,但两者基于密切关系而有一定联系。我国法律上采取分别主义,房屋所有权独立于土地所有权,土地和房屋二者都可以独立成为权利的客体,但建设用地使用权与房屋所有权又有密切的联系。《民法典》第356条规定:“建设用地使用权转让、互换、出资或者赠与的,附着于该土地上的建筑物、构筑物及其附属设施一并处分。”第357条规定:“建筑物、构筑物及其附属设施转让、互换、出资或者赠与的,该建筑物、构筑物及其附属设施占用范围内的建设用地使用权一并处分。”这些规定所贯彻的是“房随地走”“地随房走”的“房地一体流转”规则。

(三)建筑物区分所有权

1. 建筑物区分所有权的概念与特点

建筑物区分所有权简称为区分所有权,是指多个区分所有权人共同拥有一栋区分所有建筑物时,各区分所有权人对建筑物专有部分所享有的专有所有权和对共有部分所享有的共有权的总称。

对于建筑物区分所有权的概念，主要有一元说（含专有权说和共有权说）、二元说、三元说及新一元论说（享益部分说）等。① 各说之分歧，在于对区分所有权究竟包括专有权、共有权及成员权中的哪几项有不同认识，尤其对成员权是否为区分所有权的构成要素争议最大。本书认为，成员权实质上是区分所有权人（即业主）为了更好地行使专有权和共有权而共同管理区分所有的建筑物，在业主团体中所享有的权利（如参与制订管理规约、对共同事务的表决等），该权利的享有以其享有的专有权、共有权为前提并附随于区分所有权，且非为物权性的权利，故不应作为区分所有权的物权性构成要素。不过，在理解区分所有权人的权利内容时，仍有提及成员权的必要。《民法典》第 271 条规定："业主对建筑物内的住宅、经营性用房等专有部分享有所有权，对专有部分以外的共有部分享有共有和共同管理的权利。"

建筑物区分所有权具有如下特点：(1) 内容的复合性，即建筑物区分所有权系由专有所有权（专有权）、共有部分持分权（共有权）所构成。另外，区分所有权人还享有成员权。(2) 专有权具有主导性，区分所有权人取得专有权即意味着同时取得了共有权及成员权，专有权的大小还决定着共有权及成员权（如表决权）的大小。在区分所有权的成立上，仅须登记专有权即可。如果失去了专有权，也就失去了其他权利。(3) 权利主体身份的多重性，即区分所有权人同时是专有部分所有人、共有部分的共有人及共同事务管理的成员权人。(4) 流转上的一体性，即专有权与共有权及成员权结为一体，不可分离，于转让、处分、抵押、继承时须一并进行。《民法典》第 273 条第 2 款规定："业主转让建筑物内的住宅、经营性用房，其对共有部分享有的共有和共同管理的权利一并转让。"

2. 专有权

专有权是指区分所有权人对建筑物中属于其独立所有的部分予以占有、使用、收益、处分的权利。《民法典》第 272 条规定："业主对其建筑物专有部分享有占有、使用、收益和处分的权利。业主行使权利不得危及建筑物的安全，不得损害其他业主的合法权益。"

专有权客体的专有部分，是指在构造上能明确区分、独立，具有排他性且可独立使用的建筑物部分，如公寓楼中的一套单元住宅。依据《最高人民法院关于审理建筑物区分所有权纠纷案件适用法律若干问题的解释》（以下简称《区分所有权解释》）第 2 条规定，建筑区划内符合下列条件的房屋以及车位、摊位等特定空间，应当认定为专有部分：(1) 具有构造上的独立性，能够明确区分；(2) 具有利用上的独立性，可以排他使用；(3) 能够登记成为特定业主所有权的客体。规划上专属于特定房屋，且建设单位销售时已经根据规划列入该特定房屋买卖合同中的露台等，属于专有部分的组成部分。专有部分的范围，一般认为应区分内部关系与外部关系而定。于区分所有权人之间，尤其是在建筑物的维护、管理关系上，专有部分应包含壁、柱、地板及天花板等境界部分表层所粉刷之部分；于外部关系上，尤其是对第三人如买卖、保险、税金关系上，专有部分应达壁、柱、地板及天花板厚度之中心线。②

---

① 参见梁慧星、陈华彬：《物权法》（第七版），法律出版社 2020 年版，第 177～179 页。

② 参见温丰文：《论区分所有建筑物之专有部分》，载《法令月刊》第 42 卷第 7 期，第 276 页；陈华彬：《建筑物区分所有权》，中国法制出版社 2011 年版，第 99 页。

3. 共有权

共有权是指区分所有权人依照法律或管理规约的规定，对建筑物专有部分以外的共用部分所享有的占用、使用及收益的权利。《民法典》第 273 条第 1 款规定："业主对建筑物专有部分以外的共有部分，享有权利，承担义务；不得以放弃权利为由不履行义务。"

共有权的客体是建筑物除专有部分以外的共有部分，如道路、绿地、公用设施等。共有部分有些为全体业主共有，有些则仅为部分业主共有（如单元楼的楼梯、各楼层间之楼板、两套住宅间的隔墙等）。关于共有部分的共有，《民法典》有如下规定：(1) 建筑区划内的道路，属于业主共有，但是属于城镇公共道路的除外。建筑区划内的绿地，属于业主共有，但是属于城镇公共绿地或者明示属于个人的除外。建筑区划内的其他公共场所、公用设施和物业服务用房，属于业主共有（第 274 条）。(2) 占用业主共有的道路或者其他场地用于停放汽车的车位，属于业主共有（第 275 条第 2 款）。[①] (3) 建筑物及其附属设施的维修资金，属于业主共有。经业主共同决定，可以用于电梯、屋顶、外墙、无障碍设施等共有部分的维修、更新和改造。建筑物及其附属设施的维修资金的筹集、使用情况应当定期公布。紧急情况下需要维修建筑物及其附属设施的，业主大会或者业主委员会可以依法申请使用建筑物及其附属设施的维修资金（第 281 条）。(4) 建设单位、物业服务企业或者其他管理人等利用业主的共有部分产生的收入，在扣除合理成本之后，属于业主共有（第 282 条）。(5) 建筑物及其附属设施的费用分摊、收益分配等事项，有约定的，按照约定；没有约定或者约定不明确的，按照业主专有部分面积所占比例确定（第 283 条）。一般来说，除法律、行政法规规定的共有部分外，建筑区划内的以下部分也应认定为共有部分：(1) 建筑物的基础、承重结构、外墙、屋顶等基本结构部分，通道、楼梯、大堂等公共通行部分，消防、公共照明等附属设施、设备，避难层、设备层或者设备间等结构部分；(2) 其他不属于业主专有部分，也不属于市政公用部分或者其他权利人所有的场所及设施等。此外，建筑区划内，依法由业主共同享有建设用地使用权，但属于业主专有的整栋建筑物的规划占地或者城镇公共道路、绿地占地除外。[②]

4. 成员权

成员权是指区分所有权人基于一栋建筑物的构造、权利归属和使用上的密切关系而形成的作为建筑物管理团体成员之一对共有部分所享有的权利。

在建筑物区分所有权中，成员权内容非常广泛。依据《民法典》相关规定，业主的成员权包括：(1) 业主可以设立业主大会，选举业主委员会（第 277 条）。(2) 下列事项由业主共同决定：① 制定和修改业主大会议事规则；② 制定和修改管理规约；③ 选举业主委员会或者更换业主委员会成员；④ 选聘和解聘物业服务企业或者其他管理人；⑤ 使用建筑物及其附属设施的维修资金；⑥ 筹集建筑物及其附属设施的维修资金；⑦ 改建、重建建筑物及其附属设施；⑧ 改变共有部分的用途或者利用共有部分从事经营活动；⑨ 有关共有和共同管理权利的其他重大事项，如处分共有部分，以及业主大会依法决定或者管理规约依法确定应由业主共同决

---

① 《民法典》第 275 条第 1 款规定，建筑区划内，规划用于停放汽车的车位、车库的归属，由当事人通过出售、附赠或者出租等方式约定；第 276 条规定，建筑区划内，规划用于停放汽车的车位、车库应当首先满足业主的需要。

② 参见《区分所有权解释》第 3 条。

定的事项。[1] 业主共同决定事项,应当由专有部分面积占比 2/3 以上的业主且人数占比 2/3 以上的业主参与表决。决定上述第⑥~⑧项规定的事项,应当经参与表决专有部分面积 3/4 以上的业主且参与表决人数 3/4 以上的业主同意。决定其他事项,应当经参与表决专有部分面积过半数的业主且参与表决人数过半数的业主同意(第 278 条)。(3) 业主不得违反法律、法规以及管理规约,将住宅改变为经营性用房。业主将住宅改变为经营性用房的,除遵守法律、法规以及管理规约外,应当经有利害关系的业主一致同意(第 279 条)。(4) 业主大会或者业主委员会的决定,对业主具有法律约束力,但业主大会或者业主委员会作出的决定侵害业主合法权益的,受侵害的业主可以请求法院予以撤销(第 280 条)。该撤销权应当在知道或者应当知道业主大会或者业主委员会作出决定之日起 1 年内行使。[2] (5) 业主应当遵守法律、法规以及管理规约,相关行为应当符合节约资源、保护生态环境的要求。对于物业服务企业或者其他管理人执行政府依法实施的应急处置措施和其他管理措施,业主应当依法予以配合。业主大会或者业主委员会,对任意弃置垃圾、排放污染物或者噪声、违反规定饲养动物、违章搭建、侵占通道、拒付物业费等损害他人合法权益的行为,有权依照法律、法规以及管理规约,请求行为人停止侵害、排除妨碍、消除危险、恢复原状、赔偿损失。业主或者其他行为人拒不履行相关义务的,有关当事人可以向有关行政主管部门报告或者投诉,有关行政主管部门应当依法处理(第 286 条)。(6) 业主对建设单位、物业服务企业或者其他管理人以及其他业主侵害自己合法权益的行为,有权请求其承担民事责任(第 287 条)。

第三节 相邻关系

一、相邻关系的概念和特点

相邻关系即不动产相邻关系,是指相互毗邻或邻近的不动产所有权人或使用权人之间在行使所有权或使用权时,因相互间依法应当给予方便或接受限制而发生的权利义务关系。这种权利义务关系从权利角度讲,又称为相邻权。

由于不动产往往是相互毗邻的,如果一项不动产的所有权人或使用权人仅注重自己权利的行使,则必然与相邻他方所有权人或使用权人发生利益冲突。为调和其冲突,各国法律均将相邻关系规定于不动产所有权制度中,使相邻各方享有法律规定的相邻权,同时也承担法律规定的容忍义务。相邻关系的实质是相邻的不动产所有权人或使用权人的权利扩张或限制,其既不损害所有权人或使用权人的合法权益,又给予了相邻他方必要的方便,有利于增进物的利用效益和社会的安定团结。

不动产相邻关系具有如下特点:

第一,相邻关系的主体是相邻近的不动产所有权人或使用权人。如果不动产不相毗邻,则所有权人或使用权人之间不会发生权利行使的冲突问题,自然也就不会发生相邻关系。但不

---

① 参见《区分所有权解释》第 7 条。

② 参见《区分所有权解释》第 12 条。

动产的毗邻或邻近,并不以不动产相连为必要,只要不动产所有权人或使用权人行使权利影响到另一方不动产所有权人或使用权人的利益,即可产生相邻关系。相邻的不动产既可以是土地,也可以是建筑物等地上定着物;相邻关系的主体既可以是不动产的所有权人,也可以是不动产的使用权人。

第二,相邻关系的客体不同于一般物权的客体。关于相邻关系的客体,理论上有不同的看法。第一种观点认为,相邻关系的客体是不动产本身;第二种观点认为,相邻关系的客体是行使不动产权利所体现的利益;第三种观点认为,相邻关系的客体是相邻各方所实施的行为(作为或不作为)。本书认为,第二种观点是可取的。因为相邻人之间对各自的不动产的所有权、使用权并无争议,双方只是在行使不动产权利时发生了利益冲突,相邻关系所要解决的就是这种利益冲突。相邻各方在行使权利时,既要实现自己的合法利益,又要为邻人提供方便,尊重他人的合法权益。因此,相邻关系的客体是行使不动产权利时所体现的利益,而相邻各方的行为是相邻关系的内容而不是客体。

第三,相邻关系的内容十分复杂。相邻关系因种类不同而有不同的内容,主要包括两个方面:一是相邻一方在行使所有权或使用权时,有权要求相邻他方给予便利,而相邻他方应当提供必要的便利。所谓必要的便利,是指非从相邻方得到这种便利,就不能正常行使不动产的所有权或使用权。这种相邻关系是以相邻方的作为为内容的。二是相邻各方行使权利时,不得损害相邻他方的合法权益。这种相邻关系是以相邻方的不作为为内容的。

第四,相邻关系的产生有法定性。相邻关系不是由当事人通过合同设立的,而是法律直接为调和相邻的不动产所有权人或使用权人之间的利益冲突而对所有权所作的限制,属于所有权制度的一项重要内容。

二、相邻关系的处理原则

《民法典》第 288 条规定:“不动产的相邻权利人应当按照有利生产、方便生活、团结互助、公平合理的原则,正确处理相邻关系。”第 289 条规定:“法律、法规对处理相邻关系有规定的,依照其规定;法律、法规没有规定的,可以按照当地习惯。”据此规定,在处理相邻关系时应当坚持以下三个原则:

第一,有利生产和方便生活的原则。相邻关系是人们在生产、生活中,因行使不动产权利而产生的,与人们的生产、生活直接相关。法律规定相邻关系的目的就是充分发挥相邻不动产的使用效益,以满足相邻各方的利益需要。因此,在处理相邻关系时,应当从有利生产、方便生活的原则出发,妥善解决各方的利益需要,既要注意保护相邻各方的合法权益,又要注意有利生产和方便生活。

第二,团结互助和公平合理的原则。相邻关系发生在相邻不动产的所有权人或使用权人之间,要求相邻各方在行使自己的权利时必须尊重相邻人的权利,为相邻他方行使权利提供方便。因此,处理相邻关系必须遵循团结互助的原则。在确认相邻关系各方的权利义务关系时,应当公平合理。相邻各方在获得便利时,也应当承担一定的义务,避免对相邻方造成损害。《民法典》第 296 条规定:“不动产权利人因用水、排水、通行、铺设管线等利用相邻不动产的,应当尽量避免对相邻的不动产权利人造成损害。”

第三，尊重历史和习惯的原则。不动产相邻关系往往不是一朝一夕形成的，而是有其历史沿革和当地习惯因素的。因此，在处理相邻关系时就必须尊重历史和当地习惯，这也是各国处理相邻关系所普遍遵循的原则。例如，房屋滴水檐的设置、两房的间距等往往有当地的习惯，应当遵从；建筑物范围内历史形成的通道，一方不得堵塞而妨碍他人的通行。

三、相邻关系的种类

相邻关系的种类相当多，情况也十分复杂，较为常见的有以下几种。

（一）相邻用水和排水关系

在相邻用水和排水关系中，依据《民法典》第 290 条规定，不动产权利人应当为相邻权利人用水、排水提供必要的便利。对自然流水的利用，应当在不动产的相邻权利人之间合理分配。对自然流水的排放，应当尊重自然流向。

（二）相邻土地的通行关系

在相邻的土地之间，如果一方土地处于邻人的土地包围之中，与公共道路不相通，以致其非经过邻人土地不能为通常使用的，可以通行周围土地，而周围土地所有权人或使用权人则负有容忍其通行的义务，应当提供必要的便利。对此，《民法典》第 291 条规定："不动产权利人对相邻权利人因通行等必须利用其土地的，应当提供必要的便利。"通行人在选择道路时，应当选择对周围地所有权人或使用权人损害最小的路线。例如，只需要小道即可，就不得开辟大道；能够在荒地上辟路，就不应在耕地上通行。

（三）建造、修缮建筑物及管线铺设关系

不动产权利人在其四至内或近旁，营造或修缮建筑物以及铺设管线时，如果有临时使用相邻不动产的必要，相邻权利人应当准许使用并提供必要的便利。对此，《民法典》第 292 条规定："不动产权利人因建造、修缮建筑物以及铺设电线、电缆、水管、暖气和燃气管线等必须利用相邻土地、建筑物的，该土地、建筑物的权利人应当提供必要的便利。"

（四）相邻的损害防免关系

关于相邻的损害防免关系，《民法典》主要规定了三种情形：其一，建造建筑物，不得违反国家有关工程建设标准，不得妨碍相邻建筑物的通风、采光和日照（第 293 条）。妨碍相邻建筑物的通风、采光和日照的，学理上和立法例上通常又称为"日照妨害"或"安居妨害"。其二，不动产权利人不得违反国家规定弃置固体废物，排放大气污染物、水污染物、土壤污染物、噪声、光辐射、电磁辐射等有害物质（第 294 条）。这种相邻关系，学理上通常称为"不可量物侵入的防免关系"或者"相邻环保关系"。其三，不动产权利人挖掘土地、建造建筑物、铺设管线以及安装设备等，不得危及相邻不动产的安全（第 295 条）。

第四节　共　　有

一、共有概述

（一）共有的概念和特点

《民法典》第297条规定,不动产或者动产可以由两个以上组织、个人共有。据此规定,共有是指两个以上的权利主体对同一物共同享有所有权的法律状态。在共有关系中,共同享有所有权的人称为共有人,共有的不动产或者动产称为共有物或共有财产。

共有具有如下特点:

第一,共有的主体为两个以上,即共有的主体具有复数性。这里的主体不限于自然人,也可以是国家、集体或者法人、非法人组织。

第二,共有的客体是同一项特定财产,即共有的客体具有同一性。这里所说的同一财产,既可以是单一的不动产或者动产,也可以是特定财产的集合。

第三,共有的内容包括对内对外双重权利义务关系,即共有的内容具有双重性。在共有的内部关系中,各共有人或是按照确定的份额享有权利和承担义务,或是不分份额、平等地分享权利和分担义务;在共有的对外关系中,共有人作为单一的权利主体同他人发生民事法律关系。

第四,共有是所有权联合的法律形式,而不是一种独立的所有权类型,即共有所有权具有联合性。这种联合既可以是同一类型的所有权的联合,也可以是不同类型的所有权的联合。①

（二）共有的成立原因

共有的发生原因通常有两个:一是基于当事人的意思而发生,即共有人因为具有共有的目的、意思而成立共有关系,如甲、乙、丙共同出资购买一项财产并共享其所有权;二是基于法律的直接规定而发生,如夫妻财产、家庭财产的共有,遗产分割前数个继承人对遗产的共有,数人基于先占、添附等而发生的共有等。

二、共有的分类

依据《民法典》第297条规定,共有包括按份共有和共同共有。此外,理论上和立法上也承认准共有。②

---

① 值得注意的是,共有和公有是两个不同的概念。相对于私有而言,公有是公共所有,在我国是指全民所有和集体所有;共有是相对于单独所有而言的,其与公有分属不同的范畴,二者有着质的区别。

② 所谓准共有,是指数人共同享有所有权以外的财产权的情形,如数人共享一项用益物权、担保物权、债权、著作权、商标权等。这种类型的共有与普通的共有即对所有权的共有在性质上没有什么差别,准共有除适用法律的特别规定外,准用关于共有的规定。对此,《民法典》第310条规定:“两个以上组织、个人共同享有用益物权、担保物权的,参照适用本章的有关规定。”

（一）按份共有

按份共有又称分别共有，是指共有人按照确定的份额对共有物分享权利和分担义务的共有。《民法典》第 298 条规定："按份共有人对共有的不动产或者动产按照其份额享有所有权。"

按份共有除具有共有的一般特点外，还具有以下特点：

第一，按份共有人之间的联系不以存在共同关系为必要。即按份共有人之间不需要存在特殊的团体性或身份关系（如亲属关系），而且通常情况下，按份共有人之间原本并无共有的基础关系。因此，依据《民法典》第 308 条规定，共有人对共有物没有约定为按份共有或者共同共有，或者约定不明确的，除共有人具有家庭关系等外，视为按份共有。

第二，各共有人分别享有确定的份额。该份额通常称为共有人的"应有部分"，一般由共有人协议决定。应注意的是，按份共有人的份额是所有权量上分割的份额，而不是共有物量上的份额。依据《民法典》第 309 条规定，如果按份共有人对共有物享有的份额没有约定或者约定不明确的，按照出资额确定；不能确定出资额的，视为等额享有。

第三，按份共有人对其应有部分享有相当于所有权的权利。在法律或共有协议未作限制的情况下，按份共有人随时可以要求分出、转让其应有部分或就其应有部分设立负担。①

（二）共同共有

1. 共同共有的概念和特点

共同共有是指共有人基于共同关系，不分份额地共享共有物所有权的共有。《民法典》第 299 条规定："共同共有人对共有的不动产或者动产共同享有所有权。"

与按份共有相比，共同共有具有如下特点：

第一，共同共有以共同关系的存在为前提。这种共同关系，如夫妻关系、家庭关系等，一般发生在互有特殊身份关系的当事人之间。作为共同共有之基础的共同关系消灭，共同共有关系一般也随之消灭。

第二，共同共有是不分份额的共有。共同共有关系中没有各共有人的应有部分之说。只要共有关系存在，共有人对共有物就不能划分自己的份额，只有在共同关系消灭时，才能确定各共有人的应有份额。

第三，共同共有人平等地享有权利和承担义务。在共同共有关系中，各共有人对于共有物，不分份额地平等地享有占有、使用、收益和处分的权利，也平等地承担义务。

2. 共同共有的类型

在我国实际生活中，常见的共同共有主要有如下几种：

（1）夫妻财产共有。这是共同共有的基本类型。依据《民法典》第 1062 条规定，除法律另有规定或夫妻另有约定的外，夫妻在婚姻关系存续期间所得的下列财产，为夫妻的共同财产，归夫妻共同所有，包括：工资、奖金、劳务报酬；生产、经营、投资的收益；知识产权所产生的

---

① 对于按份共有人是否可以就自己的应有部分设立负担，理论上有不同的看法。通说认为，共有人有权就其应有部分设立负担，但这种负担只能以不转移标的物的占有为内容，如设立抵押权，而不能设立以占有为内容的物权。

收益；继承或受赠的财产（但不包括遗嘱或赠与合同确定只归夫或妻一方的财产）；其他应当归夫妻共同所有的财产。

（2）家庭财产共有。家庭共有财产是指家庭成员在家庭共同生活关系存续期间共同创造、共同所得的财产。家庭共有财产与家庭财产并不相同，家庭共有财产不包括家庭成员各自所有的财产。关于家庭共有财产的共有人范围如何确定，理论上有不同的认识。有的认为所有的家庭成员都是家庭共有财产的共有人，这样有利于稳定家庭关系，促进家庭的和睦团结；也有的认为共有人仅限于对家庭共有财产的形成作出过贡献的家庭成员，而并非每一个家庭成员都当然是共有人。本书赞同后一种观点，依此观点并不会产生无劳动能力的家庭成员生活无着的问题，因为法律上还有家庭成员间的扶养义务和监护人的职责等的规定。

（3）遗产分割前的共有。在多个继承人继承遗产的情况下，于继承开始后、遗产分割前，会发生对遗产的共有。通说认为，这种共有为共同共有。

除上述类型外，还有学者认为合伙人对合伙财产的共有也应是共同共有。①

三、共有的内部关系和外部关系

共有人内部之间及共有人对外关系上的权利义务关系主要包括以下五个方面。

（一）共有物的占有、使用、收益

在共同共有中，各共有人对共有物享有平等的占有、使用、收益的权利，各共有人的权利平等地及于共有物的全部，任何共有人不得主张对共有物的特定部分行使权利。

在按份共有中，各共有人依其应有份额对共有物进行占有、使用、收益，无论应有部分的多寡，各共有人权利的行使不及于共有物的全部。各共有人在行使占有、使用、收益权时，应当按其份额进行。如果根据共有物的性质，全体共有人不能同时对共有物进行占有、使用、收益时，最佳的处理办法是由共有人进行协商，并按协商一致的意见处理。在意见不一致时，按照拥有共有份额一半以上的共有人的意见处理，但不得损害其他共有人的利益。

（二）共有物的管理与费用负担

对共有物进行管理既是共有人的权利，也是其义务。《民法典》第300条规定："共有人按照约定管理共有的不动产或者动产；没有约定或者约定不明确的，各共有人都有管理的权利和义务。"共有物的费用，既包括管理费用，如因保存、改良或利用行为所支付的费用；也包括其他费用，如税费等。《民法典》第302条规定："共有人对共有物的管理费用以及其他负担，有约定的，按照其约定；没有约定或者约定不明确的，按份共有人按照其份额负担，共同共有人共同负担。"

（三）共有物的处分

《民法典》第301条规定："处分共有的不动产或者动产以及对共有的不动产或者动产作

---

① 参见魏振瀛主编：《民法》（第八版），北京大学出版社、高等教育出版社2021年版，第292页。

重大修缮、变更性质或者用途的，应当经占份额三分之二以上的按份共有人或者全体共同共有人同意，但是共有人之间另有约定的除外。”可见，在共有物的处分问题上，共同共有实行“一致决”规则，而按份共有则实行“多数决”规则。依据《民法典》规定，在按份共有人转让其享有的共有份额时，其他共有人在同等条件下享有优先购买的权利（第305条）。在按份共有人转让其享有的共有份额时，应当将转让条件及时通知其他共有人，其他共有人应当在合理期限内行使优先购买权。如果两个以上其他共有人主张行使优先购买权的，应协商确定各自的购买比例；协商不成的，按照转让时各自的共有份额比例行使优先购买权（第306条）。《民法典》对按份共有人优先购买权的规定还比较原则，《物权解释（一）》第9~13条对此作了更详细的规定：（1）共有份额的权利主体因继承、遗赠等原因发生变化时，其他按份共有人无权主张优先购买，但按份共有人之间另有约定的除外。（2）所谓“同等条件”，应当综合共有份额的转让价格、价款履行方式及期限等因素确定。（3）优先购买权的行使期间，按份共有人之间有约定的，按照约定处理；没有约定或者约定不明的，按照下列情形确定：① 转让人向其他按份共有人发出的包含同等条件内容的通知中载明行使期间的，以该期间为准；② 通知中未载明行使期间，或者载明的期间短于通知送达之日起15日的，为15日；③ 转让人未通知的，为其他按份共有人知道或者应当知道最终确定的同等条件之日起15日；④ 转让人未通知，且无法确定其他按份共有人知道或者应当知道最终确定的同等条件的，为共有份额权属转移之日起6个月。（4）按份共有人向共有人之外的人转让其份额，其他按份共有人具有下列情形之一的，不能行使优先购买权：① 未在上述期间内主张优先购买，或者虽主张优先购买，但提出减少转让价款、增加转让人负担等实质性变更要求；② 以其优先购买权受到侵害为由，仅请求撤销共有份额转让合同或者认定该合同无效。（5）按份共有人之间转让共有份额，其他按份共有人无权主张优先购买，但按份共有人之间另有约定的除外。

共有人抛弃其共有份额的，原则上应当允许，但抛弃行为不得损害国家、社会的利益及他人的合法权益（如不得以逃避因共有物所产生的债务为目的抛弃共有份额）。某一共有人抛弃的份额，应由其他共有人取得抛弃部分的所有权，并由其按比例分享。

（四）共有关系的维持

共有关系成立后，共有人负有维持共有关系的义务，而不得随意终止共有关系。对此，《民法典》第303条规定：“共有人约定不得分割共有的不动产或者动产，以维持共有关系的，应当按照约定，但是共有人有重大理由需要分割的，可以请求分割；没有约定或者约定不明确的，按份共有人可以随时请求分割，共同共有人在共有的基础丧失或者有重大理由需要分割时可以请求分割。因分割造成其他共有人损害的，应当给予赔偿。”

（五）因共有物产生的债权债务的享有与承担

因共有物产生的债权债务关系的享有与承担，既涉及共有人的内部关系，也涉及共有人全体的对外关系。《民法典》第307条规定：“因共有的不动产或者动产产生的债权债务，在对外关系上，共有人享有连带债权、承担连带债务，但是法律另有规定或者第三人知道共有人不具有连带债权债务关系的除外；在共有人内部关系上，除共有人另有约定外，按份共有人按照份额享有债权、承担债务，共同共有人共同享有债权、承担债务。偿还债务超过自己应当承担份额的按份共有人，有权向其他共有人追偿。”

四、共有关系的终止与共有物的分割

（一）共有关系终止的原因

共有关系会因一定情况的出现而终止。引起共有关系终止的原因很多，常见的有共有物灭失、一个共有人取得共有物的单独所有权、共有人协商终止、共同共有基础关系的解除或消灭等。

（二）共有物的分割

共有关系终止，应进行共有物的分割。关于共有物的分割方法，《民法典》第 304 条第 1 款规定：“共有人可以协商确定分割方式。达不成协议，共有的不动产或者动产可以分割且不会因分割减损价值的，应当对实物予以分割；难以分割或者因分割会减损价值的，应当对折价或者拍卖、变卖取得的价款予以分割。”据此，共有人对共有物的分割可以达成分割协议，在协商不成时，可申请法院或仲裁机构进行裁判分割。不论是协议分割还是裁判分割，最终的具体分割方法不外以下三种：

一是实物分割，即对共有物进行实体分割。实行这种分割的条件是共有物是可分物，分割后不能损害共有物的价值。实物分割后，各共有人取得自己的应有部分。

二是变价分割，即拍卖、变卖共有物，所得价金由共有人按份额比例分配。这种方式一般在分割实物将严重损害共有物的价值或共有人都不愿接受共有物的情况下进行。

三是作价补偿，即由其中某个共有人取得共有物，并由该共有人向其他共有人补偿其应有部分的价值。实行这种分割后，共有物归一人所有。

共有物分割后，各共有人之间产生瑕疵担保责任，即共有人分割所得的部分有瑕疵的，其他共有人应当分担损失（《民法典》第 304 条第 2 款）。

第五节　所有权的取得方式

所有权应基于一定的法律事实而取得。《民法典》物权编在所有权分编中单设了“所有权取得的特别规定”一章。本节对所有权通过买卖、受赠等方式继受取得和通过劳动生产、合法建造、征收等方式原始取得不再介绍，只对其他几种特殊的原始取得方式予以说明。

一、先占

（一）先占的概念和成立条件

先占是指占有人以所有的意思，先于他人占有无主动产而取得其所有权的事实。通说认为，先占在法律性质上是一种事实行为，不以先占人具有完全的民事行为能力为必要。

先占须具备如下条件：

第一，先占之物须是无主物。无主物是指现在不属于任何人所有之物，而不论过去该物是否有主。

第二，先占之物限于动产。依各国立法，无主不动产通常只能归国家所有，不能成为先占的标的物。同时，也并不是所有的动产都能成为先占的标的物，一般认为下列几类动产不能成为先占的标的物：(1) 禁止流通的物；(2) 依诚实信用和善良风俗不得认定为无主物的物品，如遗体；(3) 文物与珍稀动植物；(4) 位于他人有使用权的土地上的无主动产，非经土地使用权人许可，不得依先占取得，但依照当地习惯无须许可的除外。

第三，先占人须以所有的意思占有无主动产。一方面，先占人应有“所有的意思”，即将占有的动产归于自己管领支配的意思；另一方面，先占人须实际占有动产。行为人仅发现无主动产而不予占有，不能构成先占。

第四，先占不得违反法律、法规的规定。违法的行为，如在禁猎区、禁渔期内狩猎、捕捞，猎获、摘取受法律保护的珍稀野生动植物等，不能成立先占。

（二）先占的效力

关于先占的效力，主要有两种立法例：一是先占自由主义，即不分动产与不动产，法律均允许自由先占而取得所有权；二是先占权主义，即无主不动产只有国家才有先占权，动产则须经过法律的许可，方能取得其所有权。大多数国家民事立法采取第二种做法。我国民事立法并未对先占制度作出直接规定，实践中依据共同生活习惯而予认可。依据《民法典》第 10 条规定的精神，法律亦认可在不违背公序良俗的前提下，依据习惯而由先占人取得无主动产的所有权。

二、善意取得

（一）善意取得的概念和意义

善意取得又称即时取得，是指无处分权人将其占有的他人动产或登记在其名下的他人的不动产转让给第三人，若第三人在交易时出于善意即可取得该财产的所有权，原所有权人不得追夺的法律制度。

法律规定善意取得制度，主要是为了维护交易安全。法律所保护的财产秩序的安全，有静态安全和动态安全两方面。从保护所有权人的立场而言，其所有权不能因他人的无权处分而消灭，所有权人得追及物之所在，而受让人仅能从无权处分人处寻求救济。但是，如果绝对贯彻所有权保护原则，漠视受让人对让与人占有物或权利登记的事实的合理信赖，则可能导致交易难以进行或使征信成本极大提高；在市场交易频繁、迅捷、复杂的现代经济中，要求买受人详细查知让与人是否为有权处分，亦属不可能之事。善意取得制度区分受让人善意、恶意以及是否有合理的对价，对正常进行交易的善意第三人的利益予以保护，在公平原则的基础上兼顾了动态安全与静态安全两种价值，适应了社会经济发展的要求，因而被现代各国民法普遍采用。

（二）善意取得的构成要件

《民法典》第 311 条第 1 款规定："无处分权人将不动产或者动产转让给受让人的，所有权人有权追回；除法律另有规定外，符合下列情形的，受让人取得该不动产或者动产的所有权：（一）受让人受让该不动产或者动产时是善意；（二）以合理的价格转让；（三）转让的不动产或者动产依照法律规定应当登记的已经登记，不需要登记的已经交付给受让人。"据此规定并结合学理，善意取得应符合下列条件：

1. 让与人须为动产的占有人或者登记的不动产权利人

善意取得的制度基础在于物权公示的公信力。不动产的登记和动产的占有，均为物权的公示方法，非真正权利人而登记为不动产所有权人（如真正权利人借用子女或他人名义为房产登记或者共有的不动产只以一人的名义进行登记）或现实占有他人的动产（如承租人、保管人、借用人及保留所有权买卖的买受人占有他人动产的情形等），方能给不特定的第三人以权利外观，使其相信登记权利人或占有动产的人就是真正权利人而与其进行交易。①

2. 让与人须无处分权

唯有在无权处分的情况下，才有可能发生第三人善意取得。因此，善意取得的另一要件，是让与人无处分他人财产的权利。让与人无处分权，既包括根本即无处分权，也包括欠缺完整的处分权（如仅为共有人之一）。

3. 受让人须基于交易行为且以合理的价格受让财产

只有在让与人与受让人间存在交易行为时，才存在善意取得问题。非通过交易行为而以受赠、继承等方式无偿取得财产的或以明显不合理价格受让财产的，不能发生善意取得的效力，否则将会造成各方利益保护上的失衡。同时，该交易行为应为有效。如果转让合同被认定无效或者被撤销，则受让人不能主张善意取得。② 根据善意取得制度保护交易安全的旨趣，《民法典》第 311 条规定，善意取得以支付合理的价格为条件。"合理的价格"一般根据转让标的物的性质、数量以及付款方式等具体情况，参考转让时交易地市场价格以及交易习惯等因素综合认定。③

4. 受让人受让财产时须为善意

受让人从无权处分人处受让不动产或动产时须为善意，乃善意取得的必备条件。确定受让人是否为善意，应以其受让不动产或者动产时的情况判定。这里的"受让人受让该不动产或者动产时"，是指依法完成不动产物权转移登记或者动产交付之时。若当事人以简易交付方式交付动产的，转让动产的民事法律行为生效时为动产交付之时；若当事人以指示交付的方式交付动产的，转让人与受让人之间有关转让返还原物请求权的协议生效时为动产交付之时。法律对不动产、动产物权的设立另有规定的，应当按照法律规定的时间认定权利人是否为善

---

① 至于"冒名处分"，即登记的权利人之外的人（如房主的子女或房屋的承租人等）通过骗取、伪造不动产证书和房主的身份证件及授权委托书等必要书件的手段，获得第三人和登记机构的信任而处分他人的不动产的情况，多数学者认为应依据民法上的无权代理（表见代理）的规则处理。

② 参见《物权解释（一）》第 20 条。

③ 参见《物权解释（一）》第 18 条。

意。[1] 至于其后受让人是否知晓真实情况，不影响善意取得的成立；让与人是善意还是恶意，则在所不问。关于善意认定的标准，理论上有积极观念说与消极观念说。前者认为，受让人须具有将让与人视为所有权人之观念始为善意；后者认为，受让人不知或不应知让与人无处分权且无重大过失即为善意。我国司法实践采纳消极观念说，认为受让人受让不动产或者动产时，不知道转让人无处分权，且无重大过失的，应当认定受让人为善意；真实权利人主张受让人不构成善意的，应当承担举证证明责任。一般而言，具有下列情形之一的，应当认定不动产受让人知道转让人无处分权：(1) 登记簿上存在有效的异议登记；(2) 预告登记有效期内，未经预告登记的权利人同意；(3) 登记簿上已经记载司法机关或者行政机关依法裁定、决定查封或者以其他形式限制不动产权利的有关事项；(4) 受让人知道登记簿上记载的权利主体错误；(5) 受让人知道他人已经依法享有不动产物权。真实权利人有证据证明不动产受让人应当知道转让人无处分权的，应当认定受让人具有重大过失。受让人受让动产时，交易的对象、场所或者时机等不符合交易习惯的，应当认定受让人具有重大过失。[2]

5. 转让的标的物已经完成转移登记或者交付

善意取得的完成，须以转让的不动产已经登记或者动产已经交付为要件，即依照法律规定应当登记的已经完成转移登记，不需要登记的已经实际交付给受让人。如果无权处分人与受让人双方仅达成了转让的合意而尚未办竣登记手续或者尚未交付，则不发生善意取得，权利人得及时阻止其交易。通说认为，受让人若系以占有改定方式取得动产的，该权利的转让不得对抗第三人，也不能对抗所有权人的追索。另应当指出的是，在特殊动产的无权处分中，转让人只要将船舶、航空器和机动车等交付给受让人的，即符合善意取得的条件，并不以登记为条件。[3]

（三）善意取得的效力

善意取得发生后，受让人取得受让财产的所有权，原权利人丧失该财产的所有权，不得向受让人主张返还。一般认为，善意取得中受让人取得标的物的所有权系出于法律的直接规定，而非基于当事人之间民事法律行为的效力，故其属于原始取得。《民法典》第 313 条规定："善意受让人取得动产后，该动产上的原有权利消灭。但是，善意受让人在受让时知道或者应当知道该权利的除外。"

善意取得的发生，可在原所有权人与无权处分人之间产生债的关系，原所有权人可以就自己的损失向对方选择行使债务不履行的损害赔偿请求权、不当得利返还请求权或者侵权损害赔偿请求权。依据《民法典》第 311 条第 2 款规定，受让人依善意取得的规定取得不动产或者动产的所有权的，原所有权人有权向无处分权人请求损害赔偿。

（四）善意取得规定适用的扩张与限制

1. 善意取得规定适用的扩张

依据《民法典》第 311 条第 3 款规定，当事人善意取得其他物权的，可以参照所有权善意

---

① 参见《物权解释(一)》第 17 条。
② 参见《物权解释(一)》第 14~16 条。
③ 参见《物权解释(一)》第 19 条。

取得的规定。因此，在符合法定条件的情况下，诸如不动产用益物权及抵押权、质权等，亦可有善意取得的适用。

2. 善意取得对占有脱离物的适用

占有脱离物是指非基于权利人的意思而丧失占有的物，如遗失物、盗赃物（盗窃、抢劫的物等）。对遗失物和盗赃物是否得适用善意取得，各国立法规定不一致。我国《民法典》中未规定盗赃物的善意取得，但在司法实践中，对于诈骗财物有善意取得的适用。[①]《民法典》第312条中对遗失物的善意取得问题作了特别规定："所有权人或者其他权利人有权追回遗失物。该遗失物通过转让被他人占有的，权利人有权向无处分权人请求损害赔偿，或者自知道或者应当知道受让人之日起二年内向受让人请求返还原物；但是，受让人通过拍卖或者向具有经营资格的经营者购得该遗失物的，权利人请求返还原物时应当支付受让人所付的费用。权利人向受让人支付所付费用后，有权向无处分权人追偿。"

3. 不适用善意取得的物

所有权的取得不得违反法律规定，此乃所有权取得的一般原则，《民法典》关于善意取得的规定中也明确了"法律另有规定的除外"。例如，货币现金通常适用"占有即所有"的规则，而不适用善意取得的规则；法律禁止流通物，如毒品、枪支弹药、国家专有财产、文物等，依法不能适用善意取得。

三、拾得遗失物

（一）拾得遗失物的概念和成立要件

拾得遗失物是指发现他人遗失的物并予以占有的事实。拾得遗失物的成立，需要具备以下条件：

第一，须有拾得的行为。所谓拾得，是指发现并且实际占有遗失物。只发现而不占有，不能构成拾得。

第二，标的物须是遗失物。遗失物是指权利人丢失而未被任何人占有的动产。构成遗失物一般须具备四个条件：一是应为动产；二是须为他人之物（有主物）；三是遗失人丧失了对物的占有；四是占有的丧失不是出于遗失人的本意（否则应属抛弃物）。

（二）拾得遗失物的效力

关于拾得遗失物的效力，立法上有两种不同的体例，即拾得人不能取得所有权主义和依一定的条件而取得所有权主义。多数国家民事立法规定，拾得人在履行一定义务的前提下，可以取得遗失物的所有权，或者在找到失主的情况下享有一定比例的报酬请求权。

在我国，《民法典》对拾得遗失物的规则作了规定：（1）拾得遗失物，应当返还权利人。拾得人应当及时通知权利人领取，或者送交公安等有关部门（第314条）。（2）有关部门收到遗

---

① 参见《最高人民法院、最高人民检察院关于办理诈骗刑事案件具体应用法律若干问题的解释》（法释〔2011〕7号）第10条第2款。

失物,知道权利人的,应当及时通知其领取;不知道的,应当及时发布招领公告(第315条)。(3)拾得人在遗失物送交有关部门前,有关部门在遗失物被领取前,应当妥善保管遗失物。因故意或者重大过失致使遗失物毁损、灭失的,应当承担民事责任(第316条)。(4)权利人领取遗失物时,应当向拾得人或者有关部门支付保管遗失物等支出的必要费用。权利人悬赏寻找遗失物的,领取遗失物时应当按照承诺履行义务。拾得人侵占遗失物的,无权请求权利人支付保管遗失物等支出的费用,也无权请求权利人按照承诺履行义务(第317条)。(5)遗失物自发布招领公告之日起1年内无人认领的,归国家所有(第318条)。可见,关于拾得遗失物,我国法采取了国家取得所有权主义。

四、发现埋藏物

(一)发现埋藏物的概念和成立要件

发现埋藏物是指发现埋藏物的所在并予以占有的事实行为。发现埋藏物的成立,需要具备如下两个条件:

其一,须有发现。发现是指认识到埋藏物的存在或存在地点。通说认为,发现人只需有发现,不需要直接占有即可构成“发现”。埋藏物的发现人与占有人可能是不同的人,在这种情况下应以占有人的占有是否基于他人的发现结果为确定埋藏物归属的标准。

其二,标的物须为埋藏物。埋藏物是指埋藏或隐藏于土地或他物之中且所有权归属不明的动产。埋藏物须满足以下条件:(1)应为动产。不动产,如矿脉等不适用发现埋藏物之规则。(2)须是埋藏于土地或隐藏于他物之中而不易被发现之物。(3)须是所有权人不明之物。埋藏物在性质上应是有主物,只是所有权人是谁无法判定、查明而已。

(二)发现埋藏物的效力

关于发现埋藏物的效力,立法上有三种体例:一是发现人有条件取得所有权主义,即埋藏物在无人认领的情况下,由发现人所有,或由发现人与土地所有权人各取得一半。二是公有主义,即无论在何种情况下,埋藏物只能归国家所有。三是报酬主义,即埋藏物归埋藏物的所有权人所有,但发现人可以请求埋藏物的所有权人支付一定比例的报酬。

在我国,《民法典》第319条规定:“拾得漂流物、发现埋藏物或者隐藏物的,参照适用拾得遗失物的有关规定。法律另有规定的,依照其规定。”可见,关于发现埋藏物的效力,我国法律采取了国家取得所有权主义。

五、添附

添附是指不同所有权人之物结合、混合在一起或者不同人的劳力与物结合在一起而形成一种新物的法律状态。关于添附,《民法典》第322条规定:“因加工、附合、混合而产生的物的归属,有约定的,按照约定;没有约定或者约定不明确的,依照法律规定;法律没有规定的,按照充分发挥物的效用以及保护无过错当事人的原则确定。因一方当事人的过错或者确定物的归属造成另一方当事人损害的，应当给予赔偿或者补偿。”

添附包括加工、附合与混合三种形式，添附形式不同，确定添附物所有权的规则不同。

（一）加工

加工是指对他人的动产进行制作、改造，使之形成一种具有更高价值的新物。例如，将他人的布料做成衣服、将他人的玉石雕成工艺品、将他人的画进行精致的装裱等。因加工而形成的新物，称为加工物。

加工的构成应具备四个条件：一是需要有加工行为；二是加工的标的物仅限于动产；三是加工的标的物必须是他人所有的物；四是因加工行为而形成新物，即加工物与加工之前的动产必须是不同的物品。

关于加工物的归属问题，早在罗马法时期就有加工物应归加工人所有的加工主义和加工物应归原材料人所有的材料主义两种主张。至查士丁尼时期采折中主义，区分完全加工与不完全加工两种情形而分别实行加工主义或材料主义。① 现代各国立法均采折中主义的做法：或者以加工主义为原则，以材料主义为例外；或者以材料主义为原则，以加工主义为例外。本书主张，在确定加工物的归属时，应采取以材料主义为原则，以加工主义为例外的做法。原则上，加工物所有权应归属于原材料的所有权人，唯在加工人为善意加工且加工后增值的价值明显高于原物价值的情况下，方可由其取得所有权。加工人主观上若为恶意，无论增值部分价值大小，加工人均不能取得所有权。

（二）附合

附合是指不同所有权人的物结合在一起而形成新物。因附合而形成的新物，称为附合物。附合主要有两种情形，即动产与不动产的附合、动产与动产的附合。

1. 动产与不动产的附合

这是指动产附合于不动产之上，成为不动产组成部分的情况。例如，将砖瓦、石板、木料等建筑装修材料铺砌、安装在房屋之上。这种附合须具备三个条件：一是动产附合于不动产之上，即附合者是动产，被附合者是不动产。二是动产成为不动产的组成部分。动产附合在不动产上之后，其相互结合的程度在一般观念上已被视为一物，非经毁损或变更其性质不能使二者分离，或者虽能分离但花费过大。三是动产与不动产须原本属于不同的人所有。若其原本就属于同一人，则不发生附合的问题。

动产附合于不动产之上产生的法律效果为：第一，不动产所有权人取得动产的所有权且不问其是否为善意。此时，不动产的所有权扩及于整个附合物。第二，动产所有权因附合而消灭。原动产所有权人不能请求恢复原状，但可依不当得利的规定要求不动产所有权人给予补偿；若不动产所有权人恶意为附合，还可发生侵权损害赔偿。

2. 动产与动产的附合

这是指不同所有权人的动产互相结合而成为一物的情况。例如，将油漆涂刷于他人的家具上，将钻石镶嵌于戒指上。这种附合的成立也须具备三个条件：一是附合物与被附合物都是

---

① 参见周枏：《罗马法原论》（上册），商务印书馆2014年版，第390页。

动产;二是附合后所形成的附合物非经毁损不能分离或分离花费过大;三是原动产应分属于不同的人所有。

动产和动产附合后,原则上应由原动产的所有权人共有附合物,各共有人的应有部分依附合时的价值比例确定或由各共有人协商确定;如果一方的动产价值明显高于他方的动产价值,则应由价值明显高的原动产的所有权人取得附合物所有权,并由其对因附合而丧失权利或遭受损失的他方给予补偿。但恶意为动产附合行为者,不得取得附合物的所有权。

(三)混合

混合是指不同所有权人的动产互相混杂在一起而成为新物。例如,将不同所有权人的水泥和石灰搀在一起而形成混合物。混合的成立应具备三个条件:一是发生混合的各物都是动产。二是混合物各部分已无法识别,或者虽能采用某种方法识别但花费太大。混合物通常由气体、液体或粉末状物结合而成,原物已难以识别,更无法分离,这也是混合与附合的主要区别。三是混合前的各项动产分属于不同的所有权人。

理论上及各国立法上一般认为,动产混合后所发生的法律效果,准用动产与动产附合的处理原则。

自测习题　　案例分析　　案例分析参考答案

第十三章　用益物权

■【导语】

自然资源的有限性，决定了人们在需要利用某种资源时，不可能都通过取得所有权的方式加以实现。这就需要法律创设一项利用他人财产的制度，这一制度的核心就是用益物权。在实际生活中，人们通过何种方式利用他人的财产，其权利应如何保护？例如，某村将一处果园交由一村民承包，期限为30年，该村民享有的权利有哪些？住宅用地的70年期限届满后，有关问题如何解决？这涉及本章所述的用益物权制度。

第一节　用益物权概述

一、用益物权的概念和特点

《民法典》第323、324条规定："用益物权人对他人所有的不动产或者动产，依法享有占有、使用和收益的权利。""国家所有或者国家所有由集体使用以及法律规定属于集体所有的自然资源，组织、个人依法可以占有、使用和收益。"据此，用益物权是指以一定范围内的占有、使用、收益为目的而在他人之物上设立的物权。

用益物权具有以下特点：

第一，用益物权是一种定限物权。用益物权只具有对标的物占有、使用、收益等权能，其行使限于一定范围和一定期限之内，故属于定限物权。

第二，用益物权的实现以占有他人之物为前提。用益物权的这一特点包括两层含义：一是用益物权只存在于他人之物上，为他物权的一种；二是用益物权的实现须有对他人之物的占有，只有实际占有了标的物，用益物权人才能实现对标的物的使用和收益。

第三，用益物权的标的物一般限于不动产。① 这是因为，不动产（尤其是土地）价值较高且总量稀缺，拥有不易，社会上对其所有权与利用权分别归不同的人享有的需求较强，故用益物权通常以不动产为标的物。而动产价值通常较低，获得也比较容易，将其利用价值与所有权分离而由不同的人所支配，并无多大社会意义，故法律上多不允许在动产上设立具有支配权性质

① 国外一些立法规定用益权的客体可以是动产；我国《民法典》第323条在有关用益物权的规定中提及了动产，但目前尚无关于动产用益物权类型的具体规定。

的用益物权。

第四,用益物权的设立目的是对物进行使用和收益。物的价值有使用价值和交换价值之分,用益物权侧重于支配物的使用价值,且以对物为使用、收益,以获取最大的经济效益为目的。

第五,用益物权是一种独立物权。用益物权不以用益物权人对所有权人享有其他财产权利为其存在前提,不随他权利的让与而让与,也不随他权利的消灭而消灭,仅依法律的规定或当事人之间的约定为根据而独立存在(地役权有所例外)。因此,用益物权是一种独立物权。

二、用益物权的社会作用

用益物权制度是一项古老的法律制度,早在《汉谟拉比法典》中就已经出现了永佃权的萌芽。至罗马法时代,由于简单商品经济的发展,对于物的利用也越来越广泛,因此,罗马法除创立了较为完善的所有权制度外,还确立了地役权、人役权、地上权、永佃权等用益物权制度。近现代大陆法系国家继受罗马法传统,在其民法典中均规定了用益物权制度,只是具体类别的规定略有不同。

用益物权制度之所以在物权法中占据重要的地位,是与用益物权的社会作用分不开的。自古以来,人们对物质资料的占有和需求之间就有矛盾。一方面,社会成员对物质资料的所有存在差异,所有权人在一定条件下不必或者不能直接利用标的物;另一方面,非所有权人在一定条件下急需利用该物,同时又不想或不能取得该物的所有权。为了解决这种物的所有和利用之间的矛盾,提高资源的利用效率,弱化所有权的绝对性,需要构建一种既兼顾所有权人利益又兼顾利用人利益的法律制度,这就是用益物权制度。近现代以来出现了所谓从物的所有向物的利用发展的趋势,用益物权遂逐渐成为物权法的中心。

从我国的情况来看,土地、矿藏、水流等自然资源皆为国家所有或集体所有,且不能依民事方式流通。因此,建立和完善用益物权制度,对于妥善处理所有权人和用益权人的利益关系,保护和合理开发利用自然资源,充分发挥自然资源的利用效益,具有更为重大的意义。《民法典》重点规定了土地承包经营权、建设用地使用权、宅基地使用权、居住权、地役权五种用益物权,并明确了海域使用权以及探矿权、采矿权、取水权和养殖权、捕捞权等权利的用益物权性质。

第二节 土地承包经营权

一、土地承包经营权的概念和特点

土地承包经营权,是指农业生产经营者为种植、养殖、畜牧等农业生产目的对其依法承包的农民集体所有和国家所有由农民集体使用的土地享有的占有、使用、收益的权利。

土地承包经营权是我国法律中特有的概念,是中国农村集体经济组织实行土地承包责任制的产物。①《民法典》第 330 条规定："农村集体经济组织实行家庭承包经营为基础、统分结合的双层经营体制。农民集体所有和国家所有由农民集体使用的耕地、林地、草地以及其他用于农业的土地，依法实行土地承包经营制度。"第 331 条规定："土地承包经营权人依法对其承包经营的耕地、林地、草地等享有占有、使用和收益的权利，有权从事种植业、林业、畜牧业等农业生产。"

土地承包经营权具有如下特点：

第一，土地承包经营权的主体是农业生产经营者。享有土地承包经营权的，是从事农业生产的个人或集体，并且一般都是农地所属的村集体经济组织的成员。《农村土地承包法》第 5 条规定："农村集体经济组织成员有权依法承包由本集体经济组织发包的农村土地。任何组织和个人不得剥夺和非法限制农村集体经济组织成员承包土地的权利。"

第二，土地承包经营权的客体是农村土地。土地承包经营权是一种以土地为客体的用益物权，但其标的物限于农村土地，在城市国有土地上不得设立土地承包经营权。依据《农村土地承包法》第 2 条规定，农村土地是指农民集体所有和国家所有依法由农民集体使用的耕地、林地、草地，以及其他依法用于农业的土地。其他依法用于农业的土地，主要是指水面、荒山、荒沟、荒丘、荒滩等。

第三，土地承包经营权的设立宗旨是以农业生产为目的利用土地。以农业生产为目的，主要指从事种植业、林业、畜牧业、养殖业等农业活动。非以农业生产为目的的活动，不得设立土地承包经营权。

二、土地承包经营权的取得

土地承包经营权主要是基于民事法律行为取得的，具体包括以下两种形式。

（一）土地承包经营权的设立

土地承包经营权由双方当事人通过签订农地承包合同设立。依据《农村土地承包法》第 22 条规定，土地承包合同应采取书面形式，其条款一般包括：发包方、承包方的名称，发包方负责人和承包方代表的姓名、住所；承包土地的名称、坐落、面积、质量等级；承包期限和起止日期；承包土地的用途；发包方和承包方的权利和义务；违约责任等。《民法典》第 333 条规定："土地承包经营权自土地承包经营权合同生效时设立。登记机构应当向土地承包经营权人发放土地承包经营权证、林权证等证书，并登记造册，确认土地承包经营权。"

（二）土地承包经营权的流转

土地承包经营权作为用益物权之一种，从法律的角度来说，应允许当事人依法通过合同自

---

① 传统民法上，与我国的土地承包经营权制度最为接近的是永佃权。所谓永佃权，是指支付佃租，长期或永久在他人土地上为耕作或畜牧之权。虽然土地承包经营权与永佃权的设立目的都是进行农业生产，但二者在设立的经济基础、当事人双方的地位、收益分配的性质及存续期限等方面存有差异，故不可等同。需要指出的是，我国台湾地区"民法"物权编在 2010 年修正时已经删除有关永佃权的规定，新增"农育权"这一新的用益物权。所谓农育权，是指在他人土地上进行农作、森林、养殖、畜牧、种植竹木或保育的权利。

由流转。依据《民法典》规定，土地承包经营权人依照法律规定，有权将土地承包经营权互换、转让（第 334 条）。土地承包经营权互换、转让的，当事人可以向登记机构申请登记；未经登记，不得对抗善意第三人（第 335 条）。

三、土地承包经营权的效力

（一）土地承包经营权人的权利

第一，对土地的使用、收益权。土地承包经营权的设立目的就是在土地上从事种植业、林业、养殖业或畜牧业等农业生产，故土地承包经营权人在此范围内当然可享有对该土地的使用、收益权。同时，土地承包经营权人有权自主组织生产经营和处置农产品，不受他人干涉。

第二，依法将土地承包经营权互换、转让和采取出租（转包）、入股或者其他方式向他人流转土地经营权的权利（《农村土地承包法》第 33～36 条）。为落实农村土地"三权分置"的改革要求，《农村土地承包法》和《民法典》中增加了关于由土地承包经营权中分离出来土地经营权的规定。依据《民法典》规定，土地承包经营权人可以自主决定依法采取出租、入股或者其他方式向他人流转土地经营权。流转期限为 5 年以上的土地经营权，自流转合同生效时设立。当事人可以向登记机构申请土地经营权登记；未经登记，不得对抗善意第三人（第 339、341 条）。此外，土地承包经营权人可以用承包地的土地经营权向金融机构融资担保，并向发包方备案。担保物权自融资担保合同生效时设立。当事人可以向登记机构申请登记；未经登记，不得对抗善意第三人（《农村土地承包法》第 47 条）。

第三，投资补偿权。依据《农村土地承包法》和《民法典》规定，承包人或受让方在下列情况下有权获得相应的补偿：一是承包地被依法征收、征用、占用的；二是承包期内，承包人交回承包地或者发包人依法收回承包地时，承包人在承包土地上投入而提高土地生产能力的；三是经承包方同意，受让方依法投资改良土壤，建设农业生产附属、配套设施的。

第四，法律、行政法规规定的其他权利。

（二）土地承包经营权人的义务

《民法典》第 326 条规定："用益物权人行使权利，应当遵守法律有关保护和合理开发利用资源、保护生态环境的规定。"《农村土地承包法》第 11 条规定："农村土地承包经营应当遵守法律、法规，保护土地资源的合理开发和可持续利用。未经依法批准不得将承包地用于非农建设。国家鼓励增加对土地的投入，培肥地力，提高农业生产能力。"据此并结合《农村土地承包法》第 18 条规定，土地承包经营权人所承担的义务是：维持土地的农业用途，未经依法批准不得用于非农建设；依法保护和合理利用土地，不得给土地造成永久性损害；法律、行政法规规定的其他义务。

四、土地承包经营权的消灭

依据《民法典》《农村土地承包法》规定，土地承包经营权的消灭事由主要有以下几项。

第一,承包期限届满不愿继续承包。《民法典》第 332 条第 1、2 款规定:"耕地的承包期为三十年。草地的承包期为三十年至五十年。林地的承包期为三十年至七十年。""前款规定的承包期限届满,由土地承包经营权人依照农村土地承包的法律规定继续承包。"《农村土地承包法》第 21 条第 2 款规定,耕地承包期届满后再延长 30 年,草地、林地承包期届满后亦依照其期限的规定相应地延长。但是,如果承包期满后,承包人不愿继续承包、续展合同的,土地承包经营权消灭。

第二,承包人在承包期内交回承包地。《农村土地承包法》第 30 条规定,承包人可以在承包期内自愿将承包地交回发包人。承包人自愿交回承包地的,可以获得合理补偿,但是应当提前半年以书面形式通知发包方。承包人在承包期内交回承包地的,在承包期内不得再要求承包土地。

第三,承包人将土地承包经营权转让。《农村土地承包法》第 34 条规定,经发包人同意,承包人将全部或者部分的土地承包经营权转让给本集体经济组织的其他农户的,由该农户同发包人确立新的承包关系,原承包人与发包人在该土地上的承包关系即行终止。

第四,发包人在承包期内依法收回土地。《民法典》第 337 条规定:"承包期内发包人不得收回承包地。法律另有规定的,依照其规定。"可见,只有在法律有规定的情况下,发包方才能收回承包地。发包人依法收回承包地的,土地承包经营权消灭。

第五,农地被依法征收。国家基于公共利益的需要,在依照法定程序并给予合理补偿的前提下,可以依法征收集体土地,此时设立于该集体土地之上的土地承包经营权即归于消灭,但承包人可以依照法律规定获得相应的安置和补偿。

第三节 建设用地使用权

一、建设用地使用权的概念和特点

《民法典》第 344 条规定:"建设用地使用权人依法对国家所有的土地享有占有、使用和收益的权利,有权利用该土地建造建筑物、构筑物及其附属设施。"据此,建设用地使用权是指土地使用权人为营造建筑物或其他工作物而使用国有土地的权利。

建设用地使用权主要有以下特点:

第一,建设用地使用权的客体限于国有土地。在我国,土地属于国家或集体所有,而在国家所有和集体所有的土地上均可以建造建筑物和其他工作物。但是,《民法典》所规定的建设用地使用权,其客体限于国有土地。在集体土地上营造建筑物、构筑物的,适用法律规则有差异。对此,《民法典》第 361 条规定:"集体所有的土地作为建设用地的,应当依照土地管理的法律规定办理。"

第二,建设用地使用权的设立目的是在土地上建造建筑物或其他工作物。① 所谓建筑物,

---

① 在传统物权法中,与我国建设用地使用权制度最为接近的是地上权制度。所谓地上权,是指在他人土地上以所有建筑物或其他工作物或竹木为目的,而使用其土地的权利。

是指在土地上建设的房屋等;所谓其他工作物,是指在土地上除建筑物之外的构筑物及其附属设施,如桥梁、沟渠、堤防、地窖、隧道、纪念碑等。需要注意的是,建筑物、构筑物及其附属设施,不仅可以建造于地表,亦得建造于地上空间和地下空间。依据《民法典》规定,建设用地使用权可以在土地的地表、地上或者地下分别设立(第 345 条);设立的建设用地使用权不得损害已经设立的用益物权(第 346 条)。

第三,建设用地使用权通过出让或者划拨的方式取得。建设用地使用权的取得方式较为特殊。对此,《民法典》第 347 条规定:"设立建设用地使用权,可以采取出让或者划拨等方式。工业、商业、旅游、娱乐和商品住宅等经营性用地以及同一土地有两个以上意向用地者的,应当采取招标、拍卖等公开竞价的方式出让。严格限制以划拨方式设立建设用地使用权。"

第四,建设用地使用权具有流通性。与土地所有权不同,建设用地使用权具有商品性质,可以进入流通领域。《民法典》第 353 条规定:"建设用地使用权人有权将建设用地使用权转让、互换、出资、赠与或者抵押,但是法律另有规定的除外。"

二、建设用地使用权的取得

(一)基于民事法律行为的取得

1. 建设用地使用权的设立

依法律规定,建设用地使用权的设立包括两种方式:一是出让方式,二是划拨方式。

《民法典》第 348 条规定,通过招标、拍卖、协议等出让方式设立建设用地使用权的,当事人应当采用书面形式订立建设用地使用权出让合同。出让合同一般包括下列条款:(1)当事人的名称和住所;(2)土地界址、面积等;(3)建筑物、构筑物及其附属设施占用的空间;(4)土地用途、规划条件;(5)建设用地使用权期限;(6)出让金等费用及其支付方式;(7)解决争议的方法。第 349 条规定,设立建设用地使用权的,应当向登记机构申请建设用地使用权登记。建设用地使用权自登记时设立。登记机构应当向建设用地使用权人发放权属证书。

依据《土地管理法》《城市房地产管理法》等的规定,下列建设用地使用权,确属必要的,可以由县级以上人民政府依法批准划拨:(1)国家机关用地和军事用地;(2)城市基础设施用地和公益事业用地;(3)国家重点扶持的能源、交通、水利等基础设施用地;(4)法律、行政法规规定的其他用地。

2. 建设用地使用权的让与

建设用地使用权具有商品性,可为让与的标的,建设用地使用权人和受让人之间可通过合同转让建设用地使用权。建设用地使用权的让与为物权变动的一种,其转让一般应采书面形式并于登记后发生效力。法律对建设用地使用权的转让有限制性规定的,应当遵守法律的规定。

(二)基于民事法律行为以外的事实取得

建设用地使用权人为自然人的,在该自然人死亡时,其继承人可在剩余使用期限内依法继承该建设用地使用权。

三、建设用地使用权的效力

（一）建设用地使用权人的权利

1. 对土地的占有、使用、收益权

依据《民法典》第344条规定和建设用地使用权的设立目的，权利人依法对作为标的物的四至界限明确的国有土地享有占有、使用和收益的权利。

2. 享有所建造的建筑物及其他工作物的所有权

《民法典》第352条规定："建设用地使用权人建造的建筑物、构筑物及其附属设施的所有权属于建设用地使用权人，但是有相反证据证明的除外。"

3. 将建设用地使用权转让、互换、出资、赠与或者抵押的权利

依据《民法典》规定，除法律另有规定外，建设用地使用权人有权将建设用地使用权转让、互换、出资、赠与或者抵押。建设用地使用权转让、互换、出资、赠与或者抵押的，当事人应当采取书面形式订立相应的合同，其使用期限由当事人约定，但是不得超过建设用地使用权的剩余期限。建设用地使用权转让、互换、出资或者赠与的，应当向登记机构申请变更登记。建设用地使用权转让、互换、出资或者赠与的，附着于该土地上的建筑物、构筑物及其附属设施一并处分；建筑物、构筑物及其附属设施转让、互换、出资或者赠与的，该建筑物、构筑物及其附属设施占用范围内的建设用地使用权亦一并处分。①

4. 从事必要附属行为的权利

建设用地使用权人为行使建设用地使用权，可以在依法占有使用的土地范围内，进行与营造建筑物或其他工作物有关的附属行为，如开辟道路、修筑围墙、种植花木等。

5. 建设用地使用权被提前收回时获得补偿的权利

《民法典》第358条规定："建设用地使用权期限届满前，因公共利益需要提前收回该土地的，应当依据本法第二百四十三条的规定对该土地上的房屋以及其他不动产给予补偿，并退还相应的出让金。"

（二）建设用地使用权人的义务

1. 支付建设用地使用权出让金等费用的义务

依据《民法典》和《城市房地产管理法》规定，以出让方式取得建设用地使用权的，建设用地使用权人应当依照法律规定以及合同约定支付出让金等费用；以划拨方式取得建设用地使用权的，无须支付出让金，但在转让时，应当由受让方办理建设用地使用权出让手续并缴纳出让金。

2. 对土地的合理使用和保护义务

依据《民法典》第350条和《城市房地产管理法》规定，建设用地使用权人应当按照建设用

① 参见《民法典》第353～357条。

地使用权设立时登记的用途使用土地,不得擅自改变土地用途;需要改变土地用途的,应当依法经有关行政主管部门批准。同时,建设用地使用权人应当保护土地的完好,按照土地的自然属性和法律属性合理使用土地,维护土地的价值和使用价值。

四、建设用地使用权的消灭

(一)建设用地使用权的消灭事由

1. 建设用地使用权期限届满

建设用地使用权为有期限的权利,当法律规定或当事人约定的使用权期限届满时,建设用地使用权归于消灭。该期限及期满后的续展,因土地用途的不同而有所不同。根据有关规定,以划拨的方式取得的建设用地使用权,除法律、行政法规另有规定外,没有使用期限的限制;建设用地使用权出让的最长期限为:居住用地 70 年,商业、旅游、娱乐用地 40 年,工业用地和教育、科技、文化、卫生、体育用地以及综合或其他用地 50 年。根据住宅用地和非住宅用地的差异,《民法典》第 359 条规定:“住宅建设用地使用权期限届满的,自动续期。续期费用的缴纳或者减免,依照法律、行政法规的规定办理。非住宅建设用地使用权期限届满后的续期,依照法律规定办理。该土地上的房屋以及其他不动产的归属,有约定的,按照约定;没有约定或者约定不明确的,依照法律、行政法规的规定办理。”

2. 建设用地使用权被撤销

土地所有权人在一定情况下,可依法律规定撤销建设用地使用权。例如,《城市房地产管理法》第 26 条规定,以出让方式取得建设用地使用权进行房地产开发的,必须按照出让合同约定的土地用途、动工开发期限开发土地。超过出让合同约定的动工开发日期满 1 年未动工开发的,可以征收相当于出让金 20%以下的土地闲置费;满 2 年未动工开发的,可以无偿收回建设用地使用权。但是,因不可抗力或者政府、政府有关部门的行为或者动工开发必需的前期工作造成动工开发迟延的除外。

3. 建设用地使用权被提前收回

依据《民法典》第 358 条以及《土地管理法》第 58 条规定,为公共利益需要使用土地,或者为实施城市规划进行旧城区改建,需要调整土地的,国家可以提前收回建设用地使用权,但应当对土地上的房屋以及其他不动产给予补偿,并退还相应的出让金。

4. 土地灭失

作为建设用地使用权之标的物的土地一旦灭失,建设用地使用权自然随之归于消灭;如果部分灭失而不影响其他部分使用的,则未灭失部分仍可继续使用。

(二)建设用地使用权消灭的法律效果

建设用地使用权消灭事由不同,其法律效果也不尽相同。依我国法律、法规的规定,国家无偿收回划拨的建设用地使用权的,对其地上建筑物或其他工作物,市、县人民政府应当根据实际情况给予适当补偿;国家提前收回出让的建设用地使用权的,应当根据建设用地使用权人已使用的年限和开发、利用土地的实际情况给予相应的补偿。

《民法典》第 360 条规定:“建设用地使用权消灭的,出让人应当及时办理注销登记。登记机构应当收回权属证书。”

第四节　宅基地使用权

一、宅基地使用权的概念和特点

《民法典》第 362 条规定:“宅基地使用权人依法对集体所有的土地享有占有和使用的权利,有权依法利用该土地建造住宅及其附属设施。”据此,宅基地使用权是指农村集体经济组织成员依法在集体所有的土地上建造住宅及其附属设施,供居住使用的权利。

宅基地使用权具有如下主要特点:

第一,宅基地使用权的主体是农村集体经济组织的成员。宅基地使用权是根据农村集体土地所有权的特点,专为农村集体经济组织的成员设立的权利,除法律另有规定外,他人不能享有宅基地使用权。

第二,宅基地使用权的取得一般是无偿的。宅基地是农村集体所有土地的组成部分,而每一农村集体经济组织的成员都是集体的一分子,依法都有利用集体土地建造住宅的权利,此为农民所享有的集体福利。因此,宅基地使用权的取得一般无须支付对价。

第三,宅基地使用权的客体是经依法批准划拨给个人建造住宅使用的集体土地。宅基地使用权的客体,限于集体土地,且须是依照有关法律规定批准的供建造住宅的土地。任何人不得违反法律规定抢占耕地建造住宅。

第四,宅基地使用权的设立目的是供建造住宅及其附属设施而居住、使用。宅基地使用权的设立目的是依法建造、保有个人住宅、庭院及种植竹木等,为居住而对土地进行占有、使用的权利。出于其他目的而使用集体土地的,不能成立宅基地使用权。

二、宅基地使用权的取得和行使

《民法典》第 363 条规定:“宅基地使用权的取得、行使和转让,适用土地管理的法律和国家有关规定。”依据《土地管理法》等法律的规定,宅基地使用权的取得,通常采取审批的方式,其程序大致包括三个步骤,即使用权人申请、土地所有权人同意、行政审批。宅基地使用权的审批,应当符合农村土地利用的总体规划。

宅基地使用权人取得宅基地后,可以建造住宅及附属设施,供居住、使用;也可以随房屋所有权的转让、出租而转让、出租。但因房屋所有权的转让以及抛弃等而丧失宅基地使用权的,原权利人不得再申请宅基地使用权。基于宅基地使用权本身的特点,其为无期限限制的权利。

三、宅基地使用权的消灭

宅基地使用权的消灭原因主要有以下两个:

其一,宅基地被收回或者征收。在土地所有权人因城乡发展规划的调整而收回宅基地或者国家因公共利益的需要而征收土地的情况下,原宅基地使用权消灭。但这种情况下,土地所有权人应给予相应的补偿并另行批给宅基地。国家征收土地,也须依照法定程序并给予补偿。

其二,宅基地灭失。《民法典》第 364 条规定:“宅基地因自然灾害等原因灭失的,宅基地使用权消灭。对失去宅基地的村民,应当依法重新分配宅基地。”至于宅基地上的建筑物或其他附属物灭失的,则不影响宅基地使用权的存续,宅基地使用权人可以重新建造房屋而居住、使用。《民法典》第 365 条规定:“已经登记的宅基地使用权转让或者消灭的,应当及时办理变更登记或者注销登记。”

第五节　居　住　权

一、居住权的概念和特点

《民法典》第 366 条规定:“居住权人有权按照合同约定,对他人的住宅享有占有、使用的用益物权,以满足生活居住的需要。”据此,居住权是指设定于住宅之上,供特定人居住的权利。在传统民法上,居住权是人役权的一种。

居住权具有如下主要特点:

第一,居住权的主体只能是特定的人。这种特定的人必须是自然人,并且通常是与房屋所有人有特定关系的人,但不限于近亲属。

第二,居住权的标的物仅限于住宅。受居住权的设立目的的限制,其仅得设定于他人所有的住宅之上,适用范围颇为有限。

第三,居住权的设立目的是为居住而使用他人房屋。为居住之外的其他目的(如作为生产经营活动场所等)而设定的使用他人房屋的权利,不属于居住权。

第四,居住权以无偿设立为原则,但允许当事人另行约定。

第五,居住权具有长期性。由居住权的设立目的所决定,其存续期限往往较长甚至为居住权人终生。一般来说,居住权的期限事先有约定的,按照约定;没有约定或约定不明的,居住权至居住权人死亡时才终止。

二、居住权的取得和效力

(一)居住权的取得

1. 通过合同方式设立

依据《民法典》第 367 条规定,设立居住权,当事人应当采用书面形式订立居住权合同。居住权合同一般包括下列条款:(1) 当事人的姓名或者名称和住所;(2) 住宅的位置;(3) 居住的条件和要求;(4) 居住权期限;(5) 解决争议的方法。依据第 368 条规定,当事人设立居住权的,应当向登记机构申请居住权登记。居住权自登记时设立。

2. 通过遗嘱的方式设立

依据《民法典》第 371 条规定,居住权可以通过遗嘱方式设立。在遗嘱设立居住权的情况下,于居住权存续期间,继承人取得的房屋所有权要受到居住权的限制。

(二)居住权的效力

居住权人的主要权利是对住宅及其附属设施的占有及合理使用,以满足居住的需要。居住权人对住房的某一部分享有居住权的,可以使用该住房的共用部分。此外,如果合同或遗嘱中没有相反的约定或限制,应允许居住权人收留其家属及必要的服务和护理人员共同居住。依据用益物权效力的原理,居住权设立后,该住宅的所有权发生变化的,不影响居住权人的权利;所有权人将登记设立了居住权的房屋抵押的,原居住权亦不受抵押权的影响。

居住权人的主要义务是合理使用住房,并承担房屋的日常维修费用和物业管理等费用,但是当事人另有约定的除外。

另外,由于居住权是一种身份属性极强的权利,因此,居住权不得转让、继承。依据《民法典》第 369 条规定,设立居住权的住宅不得出租,但当事人另有约定的除外。

三、居住权的消灭

《民法典》第 370 条规定:"居住权期限届满或者居住权人死亡的,居住权消灭。居住权消灭的,应当及时办理注销登记。"

此外,居住权人在居住权存续期限内放弃居住权、居住权合同约定或者遗嘱设定的居住权的解除条件成就,以及住房灭失或者被征收的,也会导致居住权消灭。

第六节 地 役 权

一、地役权概述

(一)地役权的概念和特点

《民法典》第 372 条第 1 款规定:"地役权人有权按照合同约定,利用他人的不动产,以提高自己的不动产的效益。"据此,地役权是指为了自己的不动产使用的便利和效益,按照合同约定而使用他人不动产的权利。在地役权中,他人的不动产为供役地,自己的不动产为需役地。为自己不动产的便利而使用他人土地的一方称为需役地人或地役权人,将自己的不动产供他人使用的一方称为供役地人或供役地权利人。

地役权具有如下特点:

第一,地役权是存在于他人不动产之上的物权。地役权的标的以不动产为限,且须存在于他人的不动产之上，在自己的不动产上一般不存在地役权的问题。地役权不仅可以存在于不同的不动产所有权人之间，在不动产的使用权人之间以及不动产使用权人与所有权人之间也都可以设立地役权。《民法典》第 378 条规定："土地所有权人享有地役权或者负担地役权的，设立土地承包经营权、宅基地使用权等用益物权时，该用益物权人继续享有或者负担已经设立的地役权。"第 379 条规定："土地上已经设立土地承包经营权、建设用地使用权、宅基地使用权等用益物权的，未经用益物权人同意，土地所有权人不得设立地役权。"

第二，地役权是以他人不动产供自己的不动产便宜之用的权利。地役权人使用他人不动产的目的，在于更好地利用自己的不动产，以增进其价值和利用效益。所谓便宜，系指方便利用的利益，此种利益不限于经济上的利益，也包括精神上或感情上的利益。前者如通行地役权，后者如眺望地役权。地役权的内容十分广泛，只要不违反法律的强制性规定及公序良俗，可由当事人自由约定。

第三，地役权具有从属性。地役权本质上是用益物权的一种，但地役权必须从属于需役地而存在，若无需役地，便不能产生地役权。地役权的从属性具体表现为两个方面：一方面，地役权不得与需役地的所有权或使用权相分离而单独转让。《民法典》第 380 条规定："地役权不得单独转让。土地承包经营权、建设用地使用权等转让的，地役权一并转让，但是合同另有约定的除外。"另一方面，地役权不得与需役地的所有权或使用权相分离而作为其他权利的标的，如不能单独以地役权设立抵押权。《民法典》第 381 条规定："地役权不得单独抵押。土地经营权、建设用地使用权等抵押的，在实现抵押权时，地役权一并转让。"

第四，地役权具有不可分性。地役权是为需役地的便利而存在于供役地之上的，必须及于需役地和供役地的全部，不能分割为数部分或仅为一部分而存在。即地役权不得被分割为两个以上的权利，也不得使其一部分消灭。需役地或供役地为共有的，地役权由各共有人共同享有或共同负担。需役地被分割时，各分割部分仍存在原地役权；供役地被分割时，各分割部分仍承担原来的地役权。关于地役权的不可分性，《民法典》有两个方面的规定：其一，需役地以及需役地上的土地承包经营权、建设用地使用权等部分转让时，转让部分涉及地役权的，受让人同时享有地役权（第 382 条）；其二，供役地以及供役地上的土地承包经营权、建设用地使用权等部分转让时，转让部分涉及地役权的，地役权对受让人具有法律约束力（第 383 条）。

（二）地役权的种类

关于地役权的种类，可以从内容、客体和行使上进行分类。从地役权的内容上看，可以分为通行地役权、建筑地役权、引水地役权、排水地役权、眺望地役权等；从地役权的客体上看，可分为地表地役权与空间地役权。在理论上，一般从地役权的行使上对其进行以下分类：

1. 积极地役权与消极地役权

根据地役权的行使内容，可将其分为积极地役权与消极地役权。积极地役权又称作为地役权，是以需役地人在供役地上为一定行为为内容的地役权。这类地役权要求供役地人承担容忍需役地人为一定行为的义务，如通行地役权、引水地役权等。消极地役权又称不作为地役权，是以供役地人不为一定行为为内容的地役权。这类地役权要求供役地人承担不为一定行为的义务，如供役地人不得建造妨害需役地人远眺的建筑物。

2. 继续地役权与非继续地役权

根据地役权的行使方法,可将其分为继续地役权与非继续地役权。继续地役权是指地役权的行使,无须每次有权利人的行为而能继续行使的地役权,如眺望地役权、筑有道路的通行地役权、装有管道的引水地役权;非继续地役权是指每次行使权利,须有权利人行为的地役权,如汲水地役权、放牧地役权等。

3. 表见地役权与不表见地役权

根据地役权的行使状态,可将其分为表见地役权与不表见地役权。表见地役权又称表现性地役权,是指地役权的行使有外部表现形态的地役权,如铺设道路的通行地役权、地面汲水地役权等;不表见地役权又称不表现性地役权,是指地役权的行使没有外部表现形态的地役权,如通过地下管道的排污地役权、汲水地役权,不铺设道路的通行地役权等。

二、地役权的取得

地役权的取得原因,可以是民事法律行为,也可以是民事法律行为以外的其他法律事实。

基于民事法律行为取得地役权,包括创设取得和转移取得。创设取得通常是指通过合同设立地役权,但也可以通过遗嘱等单方行为设立地役权。设立地役权,须采取书面形式。《民法典》第 373 条规定:“设立地役权,当事人应当采用书面形式订立地役权合同。地役权合同一般包括下列条款:(一)当事人的姓名或者名称和住所;(二)供役地和需役地的位置;(三)利用目的和方法;(四)地役权期限;(五)费用及其支付方式;(六)解决争议的方法。”第 374 条规定:“地役权自地役权合同生效时设立。当事人要求登记的,可以向登记机构申请地役权登记;未经登记,不得对抗善意第三人。”设立地役权可以是有偿的,也可以是无偿的;可以是有期限的,也可以是无期限的,但地役权的期限不得超过土地承包经营权、建设用地使用权等用益物权的剩余期限(《民法典》第 377 条)。地役权具有从属性,因此,地役权的转移取得只能是随需役地权利的转移取得而发生,不能单独依转移取得而取得地役权。

需役地人死亡时,地役权即由其继承人继承。依国外立法例,地役权还可因时效而取得,但限于继续性的和表现性的地役权。

三、地役权的效力

(一)地役权人的权利和义务

1. 使用供役地的权利

地役权设立的目的是为需役地所有权人、使用权人使用他人不动产提供方便。因此,地役权人当然享有使用供役地的权利。地役权人应按当事人约定的使用方法、范围和程度来使用供役地。同一供役地上并存数个地役权时,设立在先的地役权优先于设立在后的地役权。但如果都是消极地役权,则不存在哪个权利优先的问题。依照诚信原则,地役权人应选择于供役地损害最小的方法和处所为必要使用,这是地役权人应承担的当然义务。《民法典》第 376 条规定:“地役权人应当按照合同约定的利用目的和方法利用供役地,尽量减少对供役地权利人物权的限制。”

2. 为必要附随行为与设置必要设施的权利

地役权人为达到设立地役权的目的，享有为必要附随行为和设置必要设施的权利。例如，为达到排水的目的而开凿沟渠，为达到通行的目的而修筑道路。地役权人为这些行为时，同样应选择于供役地损害最小的方法和处所为之。

3. 行使基于地役权所生的物权请求权的权利

地役权人在其权利范围内，对供役地有直接支配和排除妨害的权利，不但供役地人应当容忍，而且第三人也不得妨碍。因此，对于他人妨害地役权的行为，地役权人得请求排除；有妨害地役权的危险的，地役权人得请求消除。

4. 工作物取回权与恢复原状的义务

在地役权消灭后，原地役权人对在供役地上所设置的工作物有取回的权利，也负有恢复原状的义务。但是，如果供役地人愿以适当价格购买其工作物时，原地役权人不得拒绝。

5. 维护设置的义务

地役权人既然享有为必要的附随行为并设置工作物的权利，则对于因行使权利而建造的设置，自然有维持的义务，以防止供役地因此而受到损害。例如，对因行使通行地役权而修筑的道路，应积极维护、保养。

（二）供役地人的权利和义务

1. 费用请求权

在有偿的地役权中，地役权人负有支付费用的义务，供役地人则享有请求费用的权利。

2. 使用设置的权利与分担维持设置费用的义务

对地役权人于供役地上所为的设置，供役地人在不妨害地役权行使的范围内，有权使用。但在供役地人使用地役权人所为的设置时，应按其受益程度分担维持设置的费用，以求公平。

3. 供役地使用场所及方法的变更请求权

设立地役权时虽然约定了地役权的行使场所或方法，但如果变更该场所及方法对地役权人并无不利，而对于供役地人有利益，则供役地人对于地役权人有请求变更地役权行使场所或方法的权利。

4. 容忍及不作为义务

地役权是以供役地供需役地便宜之用为目的的，因此，供役地人在地役权的目的范围内，负有容忍及不作为的义务。在积极地役权中，供役地人应容忍地役权人于供役地为一定行为；在消极地役权中，供役地人则负有不为导致地役权行使不便的行为的义务，但供役地人不负有为积极行为的义务。《民法典》第 375 条规定：“供役地权利人应当按照合同约定，允许地役权人利用其不动产，不得妨害地役权人行使权利。”

四、地役权的消灭

（一）因法定事由而解除地役权合同

依据《民法典》第 384 条规定，地役权人有下列情形之一的，供役地权利人有权解除地役权合同,地役权消灭:(1) 违反法律规定或者合同约定,滥用地役权;(2) 有偿利用供役地,约定的付款期限届满后在合理期限内经两次催告未支付费用。

(二) 土地灭失

地役权以供役地和需役地的同时存在为其成立与存续要件。因此,地役权不但会因供役地的灭失而消灭,也会因需役地灭失而消灭。

(三) 目的不能

设立地役权的目的事实上不能实现,即供役地事实上不能再供需役地便利时,地役权消灭。例如,引水地役权因水源枯竭而消灭。

(四) 存续期限届满与约定事由发生

地役权约定有存续期限的,当约定期限届满时,地役权消灭。而当事人约定以特定事由发生作为地役权消灭原因的,则该事由一旦发生,地役权即归于消灭。例如,约定供役地上一旦建成建筑物,通行地役权即归消灭。

(五) 混同

当需役地与供役地同归属一人时,地役权则因混同而消灭,但如果需役地或供役地为第三人权利的客体,其存续对于所有权人或第三人有法律上的利益时,地役权不消灭。此外,基于地役权的不可分性,当需役地或供役地为共有时,若仅其中一人有混同现象,则地役权不因混同而消灭。

(六) 抛弃

地役权人能否抛弃地役权,因地役权的有偿与否而不同。无偿的地役权,无论是否有期限,地役权人可以随时抛弃地役权。有偿的地役权,通说认为,如果地役权定有期限,地役权人须支付剩余期间的对价后,才能抛弃。①

《民法典》第 385 条规定:“已经登记的地役权变更、转让或者消灭的,应当及时办理变更登记或者注销登记。”

自测习题　　案例分析　　案例分析参考答案

---

① 参见谢在全:《民法物权论》(中册),中国政法大学出版社 2011 年版,第 537 页;梁慧星、陈华彬:《物权法》(第七版),法律出版社 2020 年版,第 312 页。

第十四章　担保物权

■【导语】

在现实生活中,“抵押买房”“抵押买车”已经成为人们改善生活方式的重要手段;企业向银行贷款,银行也往往要求提供担保。这些场合,都会发生担保物权的问题。担保物权不仅离我们的生活很近,与交易的顺利进行和市场经济的健康发展也密切相关。本章就担保物权的基本问题以及抵押权、质权、留置权进行阐述。

第一节　担保物权概述

一、担保物权的概念和特点

《民法典》第386条规定:“担保物权人在债务人不履行到期债务或者发生当事人约定的实现担保物权的情形,依法享有就担保财产优先受偿的权利,但是法律另有规定的除外。”可见,担保物权是以确保特定债权的实现为目的、以支配和取得特定财产的交换价值为内容的定限物权。担保物权因具有物权性而区别于债权;因担保财产的特定性、权利的公示性及实现上的优先性而区别于保证担保;因具有在他人财产上设立的特点和内容的定限性而区别于所有权;因具有担保性和价值权性而区别于用益物权。

关于担保物权的特点,可以概括为如下几个方面。

(一)价值权性

担保物权的价值权性又称为变价性或换价性,是指担保物权以支配和取得担保财产的变价价值(交换价值)为内容。担保物权的支配性不是体现在支配标的物的实体及其使用价值,而是体现在对标的物的处分及其变价价值的支配方面,最为典型的情形是抵押权人并不占有抵押物,却仍得支配物之处分及其所得价款。在债务人届期不履行债务时,担保物权人无论是以拍卖、变卖担保财产的价款取偿,还是与担保人协议以担保财产折价受偿,均是以担保财产的交换价值受偿债权的。

(二)从属性

《民法典》第387条第1款规定:“债权人在借贷、买卖等民事活动中,为保障实现其债权,需要担保的,可以依照本法和其他法律的规定设立担保物权。”可见,担保物权是为确保债权实现而设立的,与所担保的债权形成主从关系,被担保的债权为主权利,担保物权为从权利。担保物权的从属性,可以从设立、转移、效力及消灭四个方面来认识:

第一,设立上的从属性。担保物权的设立或成立,应以债权的存在为前提,担保物权不能脱离债权关系而单独设立。对此从属性,不能仅从其与债权成立的时序上来看,而主要应从其与债权的主从关系上来理解。担保物权中的留置权因其发生条件的固有限制,只能对既存债权成立担保;抵押权与质权,则既可以担保既存的债权,也可针对将来的债权或附条件的债权而设立,如最高额抵押权、最高额质权。但是,在担保物权实行之际,必有确定债权的存在。

第二,转移上的从属性。转移上的从属性又称处分上的从属性或附随性、随伴性,是指担保物权原则上因所担保的债权的转移而转移。担保物权虽得因特约而脱离所担保的债权单独归于消灭,却不得脱离债权而单独转移(《民法典》第 407 条)。

第三,效力上的从属性。效力上的从属性是指担保物权的效力决定于所担保的债权,被担保的债权无效的,担保物权原则上也无效(《民法典》第 388 条)。依据《最高人民法院关于适用〈中华人民共和国民法典〉有关担保制度的解释》(法释〔2020〕28 号,以下简称《担保制度解释》)第 2 条第 1 款规定,当事人在担保合同中约定担保合同的效力独立于主合同,或者约定担保人对主合同无效的法律后果承担担保责任,该有关担保独立性的约定无效。主合同有效的,有关担保独立性的约定无效不影响担保合同的效力;主合同无效的,担保合同无效,但是法律另有规定的除外。此外,担保物权的效力范围也决定于被担保的债权,担保物权人无权就担保财产的变价价值获得大于其债权范围的清偿。

第四,消灭上的从属性。消灭上的从属性是指担保物权因所担保的债权的消灭而消灭(《民法典》第 393 条)。唯在发生债权人与债务人混同等特殊情况下,法律承认抵押权得为所有权人的利益而存在(即成立所有人抵押权),不附随债权的消灭而当然消灭。

(三)不可分性

担保物权的不可分性是指担保物权人于其全部债权受偿之前,得就担保财产之全部行使其权利,担保财产的价值变化及债权的变化不影响担保物权的整体性。依据《担保制度解释》规定,担保物权的不可分性表现在:(1)主债权未受全部清偿,担保物权人有权就担保财产的全部行使担保物权,但是留置权人行使留置权的,应当依照《民法典》第 450 条规定处理。(2)担保财产被分割或者部分转让,担保物权人有权就分割或者转让后的担保财产行使担保物权,但是法律或者司法解释另有规定的除外。(3)主债权被分割或者部分转让,各债权人有权就其享有的债权份额行使担保物权,但是法律另有规定或者当事人另有约定的除外。(4)主债务被分割或者部分转移,债务人自己提供物的担保,债权人有权请求以该担保财产担保全部债务履行;第三人提供物的担保,有权主张对未经其书面同意转移的债务不再承担担保责任。①

(四)特定性与公示性

担保物权的特定性是指担保财产及其所担保的债权必须是特定的。担保财产无论是动

---

① 参见《担保制度解释》第 38、39 条。

产、不动产还是财产权利，在担保物权成立时都必须是明确而特定的，应与担保人的其他财产区别开来。担保财产的特定性原则上要求在担保物权设立时即已特定，但在浮动担保等情况下，担保财产亦得于担保物权实行时确定。担保物权所担保的债权也须是特定的，不能笼统地担保债务人的一切债务。在最高额抵押中，所担保的债权的具体数额虽在将来方可确定，但其种类、范围及最高限额仍须在担保物权设立时予以明确。

担保物权的公示性是指担保物权的成立须以适当的方式公示出来，为社会公众所知晓，否则，不能成立或不能对抗善意第三人。

（五）追及性与物上代位性

担保物权为物权的一种，亦具有物权的追及性，即当债务人不履行债务或担保财产被他人占有时，担保物权人得追及物之所在，以保全并实现其权利（《民法典》第 406 条第 1 款）。不过，在现代法上，为维护交易的顺畅与安全，对动产担保物权的追及性有一定的限制，对正常经营活动中已支付合理价款而取得担保财产的买受人，担保物权人原则上不能行使追及权（《民法典》第 404 条）。

担保物权的物上代位性是指当担保财产灭失、毁损或者被征收而获有保险金、赔偿金或补偿金时，担保物权的效力及于该担保财产的替代财产，担保物权人得就该替代财产行使其权利。这是因为，担保物权以支配担保财产的交换价值为内容，以取得该价值而受偿债权为目的，在担保财产的实体形态改变而其价值仍然存在时，担保物权人就其变化了的价值形态取偿，仍可达到同样目的。《民法典》第 390 条规定："担保期间，担保财产毁损、灭失或者被征收等，担保物权人可以就获得的保险金、赔偿金或者补偿金等优先受偿。被担保债权的履行期限未届满的，也可以提存该保险金、赔偿金或者补偿金等。"此外，担保人依法或经担保物权人同意而转让担保财产所得之价款，亦同为原担保财产的替代财产，担保物权人同样有物上代位权（《民法典》第 406、443～445 条）。

（六）优先受偿性

担保物权的优先受偿性是指当债务人不履行债务或发生当事人约定的情形时，担保物权人得就担保财产之价值优先于其他债权人而受偿。正是由于担保物权人得就担保财产的价值优先受偿，这种担保才成为比人的担保（保证）更可靠、更优越的担保方式。

二、担保物权的种类

根据物权法定原则，担保物权的种类与内容，须以法律的规定为准。由于法律传统及各国国情的不同，各国法上对担保物权的种类规定有所不同。其中，抵押权、质权是各国立法上公认的担保物权。留置权在各国法律上的地位有所不同，有的国家规定的留置权为债权性留置权（但往往另外辅之以优先权的规定），而有些国家将留置权直接规定为担保物权。至于优先权或称先取特权，有的国家认其为担保物权的一种，也有的国家将其视为担保物权之外的一种特殊权利。另外，关于让与担保与买卖关系中的所有权保留等，立法上通常并不将其作为担保物权加以规定，理论上及实务上通常认其为非典型物的担保。我国《民法典》上明确规定的典型担保物权有抵押权、质权与留置权三种。[①] 此外,其他法律中也有许多关于优先权的具体规定。除上述典型担保外,《民法典》及《担保制度解释》还规定了非典型担保。依据《民法典》第 388 条规定,担保合同除抵押合同、质押合同外,还包括其他具有担保功能的合同,如保留所有权买卖合同、融资租赁合同、保理合同等;依据《担保制度解释》规定,让与担保、保证金也属于非典型担保。[②]

根据不同的标准,在理论上可以对担保物权作如下分类。

(一)法定担保物权与约定担保物权

根据担保物权的发生原因或成立方式,可将其分为法定担保物权与约定担保物权。留置权为典型的法定担保物权,抵押权与质权为约定担保物权。约定担保物权较之法定担保物权在适用上更为广泛和普遍。

(二)动产担保物权、不动产担保物权与权利担保物权

根据担保物权的标的不同,可将其分为动产担保物权、不动产担保物权与权利担保物权。依我国法律规定,动产之上既得设立质权或成立留置权,也得设立抵押权;不动产及不动产用益物权仅得为抵押权的标的;其他可转让的财产权利之上得设立权利质权。

(三)留置性担保物权与优先受偿性担保物权

根据担保物权的主要效力,可将其分为留置性担保物权与优先受偿性担保物权。留置性担保物权又称为占有性担保物权,是指以债权人占有、留置担保财产而迫使债务人履行义务为主要效力的担保物权。留置权、动产质权和某些由债权人占有权利凭证的权利质权属之。优先受偿性担保物权又称为非占有性担保物权,是指以支配担保财产的交换价值并从中优先受偿为主要效力的担保物权。抵押权及不占有权利凭证的权利质权属之。留置性担保物权虽更为可靠,但有损物之使用价值,故其适用范围有一定的限制;优先受偿性担保物权能使担保财产之使用价值与交换价值各得其所,因而更受推崇。

(四)保全性担保物权与融资性担保物权

根据担保物权的担保财产与其所担保的债权之间有无牵连关系,可将其分为保全性担保物权与融资性担保物权。保全性担保物权是指担保财产与所担保的债权之间有牵连关系并以保全该债权为主要功能的担保物权。留置权为保全性担保物权的典型,某些优先权也具有保全特定债权的属性。融资性担保物权是指担保财产与其所担保的债权之间无须有牵连关系而纯为融资或保障因其他情形发生的债权之实现而设立的担保物权。抵押权、质权均属此类。一般来说,法定担保物权多具有保全性特点,而约定担保物权均具有融资性特点;保全性担保物权只能为担保既存债权而成立,融资性担保物权则得为将来的债权而设立。

---

① 依据《民法典》第 388 条第 1 款"担保合同包括抵押合同、质押合同和其他具有担保功能的合同"之规定,融资租赁、保理、所有权保留以及让与担保等非典型担保合同的担保功能亦得到确认,辅之以动产和权利担保统一登记制度,此类合同中具有担保功能的权利(即所谓的非典型担保物权)亦纳入担保法律体系,并受统一规则的调整。

② 参见《担保制度解释》第 68~70 条。

（五）登记担保物权与非登记担保物权

根据担保物权的成立是否须经登记，可将其分为登记担保物权与非登记担保物权。依我国法律规定，在不动产上设立的抵押权，非经登记不能成立，故其只能是登记担保物权；动产之上设立抵押权，采登记对抗主义，故其可以是登记担保物权或者是非登记担保物权；在权利质权中，除占有权利凭证的质权之外，其他权利质权也须以登记为成立要件，故也属登记担保物权；动产质权、占有权利凭证的权利质权和留置权属非登记担保物权。

第二节　抵　押　权

一、抵押权的概念和特点

《民法典》第394条第1款规定："为担保债务的履行，债务人或者第三人不转移财产的占有，将该财产抵押给债权人的，债务人不履行到期债务或者发生当事人约定的实现抵押权的情形，债权人有权就该财产优先受偿。"据此，抵押权是指债权人对于债务人或者第三人不转移占有而供作债务履行担保的财产，在债务人不履行债务或当事人约定的情形发生时，予以变价并就其价款优先受偿的权利。在抵押权中，提供抵押财产的债务人或者第三人为抵押人，债权人为抵押权人，提供担保的财产为抵押财产或抵押物。

抵押权具有以下特点：

第一，抵押权为担保物权的一种。抵押权是对抵押财产的价值支配权而非实体支配权，抵押权以担保债权的实现为目的而非以对抵押财产的使用收益为目的，因此，抵押权属于担保物权。担保物权的从属性、不可分性、价值权性和物上代位性等在抵押权中均有典型和明确的体现。

第二，抵押权是在债务人或第三人提供的财产上设立的物权。在抵押权关系中，提供抵押财产的抵押人，既可以是债务人，也可以是债务人之外的第三人。尽管有的国家（如德国）法律上规定所有权人也可以在自己的财产上设立抵押权，但绝大多数国家法律上不承认原始的所有人抵押权，仅于特定情况下承认后来发生的所有人抵押权。因此，抵押权非为在自己的物上设立的权利，而是在他人的财产上设立的物权，属于他物权。

第三，抵押权是不转移抵押财产占有的物权。抵押权之成立与存续，不以转移抵押财产的占有为必要，这是抵押权与其他担保物权的重要不同。就抵押人而言，除得因担保的提供而获得资金的贷与外，并得对于供作抵押的财产为继续占有、使用、收益；就债权人而言，不仅无占有、保管抵押财产之烦累，且能通过登记获得效力强大的担保物权，通过折价或者拍卖、变卖等变价方式，以特定的抵押财产之价值确保债务的优先清偿。因此，抵押权实为一项优良的担保制度，甚至被称为"担保之王"。

第四，抵押权是得就抵押财产卖得价金优先受偿的权利。担保物权为债权人就抵押财产的变价价值优先受偿的价值权。所谓优先受偿，包括三层意义：一是有抵押权担保的债权，债权人得就抵押财产卖得的价金，优先于普通债权人而受清偿；二是债务人受破产宣告时，抵押权成立在前的，不受破产宣告之影响，抵押权人就特定的抵押财产有"别除权"，仍得就其卖得的价金优先受偿;三是如果同一抵押财产上设立有两个以上的抵押权,先次序抵押权人优先于后次序抵押权人而受清偿。

二、抵押权的取得

(一) 抵押权的设立

1. 抵押权设立的当事人

设立抵押权的当事人包括抵押人和抵押权人。抵押权人也就是被担保债权的债权人。抵押人又称设抵人或出抵人,是指以自己所有的或享有处分权的财产为他人的债权设立抵押担保的人。抵押人可以是债务人,也可以是债务人以外的第三人(学理上又称"物上保证人");可以是法人,也可以是自然人、非法人组织。但自然人作为抵押人,必须是具有完全民事行为能力的人。另外,抵押人须对抵押物享有处分权,否则,其所设立的抵押权原则上应为无效。

2. 抵押权的客体

抵押权的客体,是指抵押人用以设立抵押权的财产,即抵押财产。抵押权的客体应符合下列条件:第一,具有特定性;第二,具有交换价值和可让与性;第三,须为非消耗物,不因抵押人继续占有、使用该物而灭失或损毁;第四,须为依法未被禁止抵押的财产。

依据《民法典》第 395 条规定,债务人或者第三人有权处分的下列财产可以抵押:(1) 建筑物和其他土地附着物;①(2) 建设用地使用权;②(3) 海域使用权;(4) 生产设备、原材料、半成品、产品;(5) 正在建造的建筑物、船舶、航空器;(6) 交通运输工具;(7) 法律、行政法规未禁止抵押的其他财产。③ 抵押人可以将上列财产一并抵押。同时,以建筑物抵押的,该建筑物占用范围内的建设用地使用权一并抵押;以建设用地使用权抵押的,该土地上的建筑物一并抵押。抵押人未依照规定将上述财产一并抵押的,未抵押的财产视为一并抵押(《民法典》第 397 条)。④ 依据《民法典》第 398 条规定,乡镇、村企业的建设用地使用权不得单独抵押。以乡镇、

---

① 依据《担保制度解释》第 50 条第 1 款规定,抵押人以划拨建设用地上的建筑物抵押,当事人以该建设用地使用权不能抵押或者未办理批准手续为由主张抵押合同无效或者不生效的,法院不予支持。抵押权依法实现时,拍卖、变卖建筑物所得的价款,应当优先用于补缴建设用地使用权出让金。

② 依据《担保制度解释》第 50 条第 2 款规定,当事人以划拨方式取得的建设用地使用权抵押,抵押人以未办理批准手续为由主张抵押合同无效或者不生效的,法院不予支持。已经依法办理抵押登记,抵押权人主张行使抵押权的,法院应予支持。抵押权依法实现时所得的价款,应当优先用于补缴建设用地使用权出让金。

③ 此外,《农村土地承包法》第 47 条规定:"承包方可以用承包地的土地经营权向金融机构融资担保,并向发包方备案。受让方通过流转取得的土地经营权,经承包方书面同意并向发包方备案,可以向金融机构融资担保。担保物权自融资担保合同生效时设立。当事人可以向登记机构申请登记;未经登记,不得对抗善意第三人。实现担保物权时,担保物权人有权就土地经营权优先受偿。土地经营权融资担保办法由国务院有关部门规定。"通说认为,该规定中的"土地经营权融资担保"属于土地经营权抵押担保。

④ 依据《担保制度解释》第 51 条规定,当事人仅以建设用地使用权抵押,债权人主张抵押权的效力及于土地上已有的建筑物以及正在建造的建筑物已完成部分的,法院应予支持;债权人主张抵押权的效力及于正在建造的建筑物的续建部分以及新增建筑物的,法院不予支持(第 1 款)。当事人以正在建造的建筑物抵押,抵押权的效力范围限于已办理抵押登记的部分。当事人按照担保合同的约定,主张抵押权的效力及于续建部分、新增建筑物以及规划中尚未建造的建筑物的,法院不予支持(第 2 款)。抵押人将建设用地使用权、土地上的建筑物或者正在建造的建筑物分别抵押给不同债权人的,法院应当根据抵押登记的时间先后确定清偿顺序(第 3 款)。

村企业的厂房等建筑物抵押的，其占用范围内的建设用地使用权一并抵押。

依据《民法典》第 399 条规定，下列财产不得抵押：(1) 土地所有权；(2) 宅基地、自留地、自留山等集体所有土地的使用权，但是法律规定可以抵押的除外；(3) 学校、幼儿园、医疗机构等为公益目的成立的非营利法人的教育设施、医疗卫生设施和其他公益设施；①(4) 所有权、使用权不明或者有争议的财产；②(5) 依法被查封、扣押、监管的财产；③(6) 法律、行政法规规定不得抵押的其他财产。④

3. 抵押合同

设立抵押权，当事人应当采用书面形式订立抵押合同。抵押合同一般包括下列条款：(1) 被担保债权的种类和数额；(2) 债务人履行债务的期限；(3) 抵押财产的名称、数量等情况；(4) 担保的范围(《民法典》第 400 条)。

4. 抵押登记

抵押登记又称抵押权登记，是指经当事人申请，登记机构依法在登记簿上就抵押财产上的抵押权状态予以登录记载的行为，这是抵押权设立的公示要求。准确地说，抵押登记属于权利登记，而不属于财产登记。在抵押登记的效力上，《民法典》兼采登记要件主义和登记对抗主义。以建筑物和其他土地附着物、建设用地使用权、海域使用权、正在建造的建筑物抵押的，应当办理抵押登记；抵押权自登记时设立(第 402 条)；以动产抵押的，抵押权自抵押合同生效时设立；未经登记，不得对抗善意第三人(第 403 条)。

关于抵押登记问题，《担保制度解释》作了如下规定：(1) 不动产抵押合同生效后未办理抵押登记手续，债权人有权请求抵押人办理抵押登记手续；抵押财产因不可归责于抵押人自身的原因灭失或者被征收等导致不能办理抵押登记，债权人无权请求抵押人在约定的担保范围内承担责任，但是抵押人已经获得保险金、赔偿金或者补偿金等，债权人有权请求抵押人在其所获金额范围内承担赔偿责任；因抵押人转让抵押财产或者其他可归责于抵押人自身的原因导致不能办理抵押登记，债权人有权请求抵押人在约定的担保范围内承担责任，但是不得超过抵押权能够设立时抵押人应当承担的责任范围(第 46 条)。(2) 不动产登记簿就抵押财产、被担保的债权范围等所作的记载与抵押合同约定不一致的，应当根据登记簿的记载确定抵押财产、被担保的债权范围等事项(第 47 条)。(3) 当事人申请办理抵押登记手续时，因登记机构的过错致使其不能办理抵押登记，当事人有权请求登记机构承担赔偿责任(第 48 条)。(4) 当事人办理抵押预告登记后，经审查存在尚未办理建筑物所有权首次登记、预告登记的财产与办理建筑物所有权首次登记时的财产不一致、抵押预告登记已经失效等情形，导致不具备办理抵

---

① 依据《担保制度解释》第 6 条规定，以公益为目的的非营利性学校、幼儿园、医疗机构、养老机构等提供担保的，应当认定担保合同无效，但是以教育设施、医疗卫生设施、养老服务设施和其他公益设施以外的不动产、动产或者财产权利设立的担保物权有效。

② 依据《担保制度解释》第 37 条第 1 款规定，当事人以所有权、使用权不明或者有争议的财产抵押，经审查构成无权处分的，应当依照《民法典》第 311 条关于善意取得的规定处理。

③ 《担保制度解释》第 37 条第 2、3 款规定："当事人以依法被查封或者扣押的财产抵押，抵押权人请求行使抵押权，经审查查封或者扣押措施已经解除的，人民法院应予支持。抵押人以抵押权设立时财产被查封或者扣押为由主张抵押合同无效的，人民法院不予支持。以依法被监管的财产抵押的，适用前款规定。"

④ 依据《担保制度解释》第 49 条规定，以违法的建筑物抵押的，抵押合同无效，但是一审法庭辩论终结前已经办理合法手续的除外；当事人以建设用地使用权依法设立抵押，抵押人不得以土地上存在违法的建筑物为由主张抵押合同无效。

押登记条件的，预告登记权利人无权请求就抵押财产优先受偿；经审查已经办理建筑物所有权首次登记，且不存在预告登记失效等情形的，预告登记权利人有权请求就抵押财产优先受偿，并应当认定抵押权自预告登记之日起设立（第52条）。

（二）抵押权的转让与继承

基于抵押权的物权性和财产权性，抵押权可以转让，也可以因继承而取得。

基于抵押权的从属性，抵押权不能单独转让而只能和其所担保的债权一同转让。《民法典》第407条规定："抵押权不得与债权分离而单独转让或者作为其他债权的担保。债权转让的，担保该债权的抵押权一并转让，但是法律另有规定或者当事人另有约定的除外。"[①]在被继承人死亡时，被继承人的抵押权也应连同债权一并由继承人继承，且不经变更登记即可取得。

三、抵押权的效力

（一）抵押权及于标的物的范围

抵押权的效力所及的标的物，首先是当事人设立抵押的财产。除此之外，学说和立法一般认为抵押权的效力还及于抵押财产的从物、从权利、添附物、孳息和代位物。

1. 抵押财产的从物和从权利

依照从物随主物处分的原则，抵押权的效力应当及于抵押财产的从物。依据《担保制度解释》第40条规定，从物产生于抵押权依法设立前的，抵押权的效力及于从物，但是当事人另有约定的除外；从物产生于抵押权依法设立后的，抵押权的效力不及于从物，但是在抵押权实现时可以一并处分。

从权利与主权利的关系，如同从物与主物的关系。例如，以需役地使用权设立抵押时，从属于需役地之地役权，应为抵押权效力之所及（《民法典》第381条）。另外，虽非本质上的从权利，但该权利如为抵押财产存在所不可或缺时，为保全抵押财产的经济效用，也可扩充解释为属于从权利。

2. 抵押财产的添附物

添附包括附合、混合与加工，因添附而形成的新物称为添附物。通说认为，添附物为抵押权效力所及。依据《担保制度解释》第41条规定，抵押权依法设立后，抵押财产被添附，添附物归第三人所有的，抵押权效力及于补偿金；抵押权依法设立后，抵押财产被添附，抵押人对添附物享有所有权的，抵押权的效力及于添附物，但是添附导致抵押财产价值增加的，抵押权的效力不及于增加的价值部分；抵押权依法设立后，抵押人与第三人因添附成为添附物的共有人的，抵押权的效力及于抵押人对共有物享有的份额。

3. 抵押财产的孳息

依据《民法典》第412条规定，债务人不履行到期债务或者发生当事人约定的实现抵押权

---

① 《民法典》第547条规定了从权利附随债权人转让一并变动的规则，且明确规定"受让人取得从权利不因该从权利未办理转移登记手续或者未转移占有而受到影响"。

的情形，致使抵押财产被法院依法扣押的，自扣押之日起抵押权人有权收取该抵押财产的天然孳息或者法定孳息，但是抵押权人未通知应当清偿法定孳息义务人的除外。作为一般规则，所收取的孳息，应当先充抵收取孳息的费用，次充抵主债权的利息，最后才是清偿主债权。

4. 抵押财产的代位物

依据《民法典》第390条规定，在抵押期间抵押财产毁损、灭失或者被征收等，抵押权人可以就获得的保险金、赔偿金或者补偿金等优先受偿。被担保债权的履行期限未届满的，也可以提存该保险金、赔偿金或者补偿金等。在抵押财产存在代位物的情况下，抵押权人有权请求按照原抵押权的顺位就保险金、赔偿金或者补偿金等优先受偿。如果给付义务人已经向抵押人给付了保险金、赔偿金或者补偿金，抵押权人无权请求给付义务人向其给付保险金、赔偿金或者补偿金，但是给付义务人接到抵押权人要求向其给付的通知后仍然向抵押人给付的除外。[①] 此外，抵押财产转让所得价款，也可以认定为抵押财产的代位物。依据《民法典》第406条第2款规定，在抵押期间，抵押人转让抵押财产的，应当及时通知抵押权人。抵押权人能够证明抵押财产转让可能损害抵押权的，可以请求抵押人将转让所得的价款向抵押权人提前清偿债务或者提存。

（二）抵押权所担保债权的范围

抵押权所担保债权的范围即抵押权对所担保的债权的效力，是指抵押权人实行抵押权时，能够优先受清偿的债权的范围。依据《民法典》第389条规定，抵押权担保的范围包括主债权及其利息、违约金、损害赔偿金和实现抵押权的费用。抵押合同另有约定的，按照其约定。

1. 主债权

主债权又称原债权，是抵押权设立时约定予以担保的原本债权。该原本债权应在抵押权设立时予以登记，以使其确定和明确。

2. 利息

利息是指由原本债权所生之孳息。在通常情形下，无论法定利息或约定利息、期内利息或迟延利息，均属抵押权担保的范围。利息原则上应依法定利率计算，当事人约定的利率应受最高法定利率限制，超过部分不受法律保护。另外，对于约定的高于法定利率标准的利息，一般认为也须在抵押权设立时予以登记，否则不能对抗第三人。

3. 违约金与损害赔偿金

违约金是债务人不履行债务时依法律规定或合同约定应当向债权人一方支付的一定数额的款项；损害赔偿金是债务人不履行债务或为加害给付时应向受到损害的债权人支付的赔偿款项。此两种款项在抵押权担保的债权范围之内，是否以办理登记为必要，各国立法例有所不同，我国法律对此未作明确规定。本书认为，除法定的违约金与损害赔偿金不以登记为要件外，约定的违约金应当登记，否则不得对抗第三人。

4. 实现抵押权的费用

这是指抵押权人因保全和实行抵押权而支出的费用，如保全费用、申请强制执行的费用、评估费用、拍卖费用等。由于此项费用完全因债务人之不履行债务而生，理应在抵押权所担保

---

① 参见《担保制度解释》第42条。

债权的范围内,且无须当事人事先约定,也无须登记。

(三)抵押权的次序

抵押权的次序又称抵押权的顺序、位序或顺位,是指同一抵押财产上设立数个抵押权时,各抵押权人就抵押财产变价受偿的先后顺序。

依据《民法典》第414条第1款规定,同一财产向两个以上债权人抵押的,拍卖、变卖抵押财产所得的价款依照下列规定清偿:(1)抵押权已经登记的,按照登记的时间先后确定清偿顺序;(2)抵押权已经登记的先于未登记的受偿;(3)抵押权未登记的,按照债权比例清偿。可见,在抵押权的次序上,法律遵循的是"先登记规则"(即抵押权的顺序依登记的先后定之,先登记的优先于后登记的)、"登记在先规则"(即登记的抵押权优先于未登记的抵押权);未登记的抵押权则适用"位序同等原则",即在实行登记对抗主义的动产抵押中,如一物上的数个抵押权均未登记,基于"非登记不得对抗第三人"之本旨,自应使其处于相同地位,由各抵押权人按照债权比例受偿。上述"登记在先规则"属于一般情形,特殊情形下并不适用。依据《民法典》第416条规定,动产抵押担保的主债权是抵押物的价款,标的物交付后10日内办理抵押登记的,该抵押权人优先于抵押物买受人的其他担保物权人受偿,但是留置权人除外。该条规定的抵押权是购买价款抵押权,具有超级优先效力,处于超级优先顺位,属于"登记在先规则"的例外。依据《担保制度解释》第57条规定,担保人在设立动产浮动抵押并办理抵押登记后又购入或者以融资租赁方式承租新的动产,下列权利人为担保价款债权或者租金的实现而订立担保合同,并在该动产交付后10日内办理登记,有权主张其权利优先于在先设立的浮动抵押权:① 在该动产上设立抵押权或者保留所有权的出卖人;② 为价款支付提供融资而在该动产上设立抵押权的债权人;③ 以融资租赁方式出租该动产的出租人。买受人取得动产但未付清价款或者承租人以融资租赁方式占有租赁物但是未付清全部租金,又以标的物为他人设立担保物权,上述权利人为担保价款债权或者租金的实现而订立担保合同,并在该动产交付后10日内办理登记,有权主张其权利优先于买受人为他人设立的担保物权。同一动产上存在多个价款优先权的,应当按照登记的时间先后确定清偿顺序。

应当指出,依据《民法典》第414条第2款规定,其他可以登记的担保物权,清偿顺序参照抵押权次序的规定。这里的担保物权主要是指登记设立的权利质权。此外,融资租赁、保留所有权买卖中的所有权登记以及保理中的应收账款转让登记等,也可以参照适用这一规则。

在抵押权的次序依法确定后,还可能发生先次序的抵押权因实行以外的原因消灭时,后次序的抵押权能否依次升进位序的问题。一般认为,同一财产向两个以上债权人抵押的,顺序在先的抵押权与该财产的所有权归属一人时,该财产的所有权人可以以其抵押权对抗顺序在后的抵押权。可见,在发生混同的情况下,先顺序的抵押权不因混同而当然消灭,而是可以发生所有权人的抵押权,以对抗后顺序的抵押权人超越原本可能的优先受偿范围的主张。

(四)抵押权人的权利

1. 抵押权的保全权

《民法典》第408条规定:"抵押人的行为足以使抵押财产价值减少的,抵押权人有权请求抵押人停止其行为;抵押财产价值减少的,抵押权人有权请求恢复抵押财产的价值,或者提供与减少的价值相应的担保。抵押人不恢复抵押财产的价值,也不提供担保的,抵押权人有权请求债务人提前清偿债务。”依该规定,抵押权人的保全权可分为以下几项:(1) 抵押财产价值减少防止权或称停止侵害请求权。(2) 恢复原状请求权及增加担保请求权。(3) 提前偿债请求权及期前行使抵押权的权利。抵押财产价值减少后,抵押人不能满足或拒绝抵押权人恢复抵押财产原状或另行提供担保的请求时,债务人丧失期限利益,应立即偿还债务,抵押权人也得立即实行抵押权。(4) 损害赔偿请求权。在抵押财产或抵押权受到损害时,抵押权人依物权基本原理,对侵害人(不论是抵押人还是第三人)可直接行使损害赔偿请求权。

2. 抵押权的处分权

抵押权人有权将其抵押权转让或另行供作担保。但因抵押权具有从属性,所以抵押权不得与其所担保的债权相分离而单独转让,也不得与债权分离单独作为其他债权的担保(《民法典》第 407 条)。抵押权人还有权抛弃其抵押权,即放弃就抵押物优先受偿的权利。

3. 抵押权的次序权

同一抵押财产上存在数个抵押权时,按抵押权设立次序受偿,先次序的抵押权人有较后次序的抵押权人优先受偿的权利,这在理论上称为抵押权人的次序权。[①] 对于次序权,抵押权人也可以抛弃、变更。《民法典》第 409 条规定:“抵押权人可以放弃抵押权或者抵押权的顺位。抵押权人与抵押人可以协议变更抵押权顺位以及被担保的债权数额等内容。但是,抵押权的变更未经其他抵押权人书面同意的,不得对其他抵押权人产生不利影响。债务人以自己的财产设定抵押,抵押权人放弃该抵押权、抵押权顺位或者变更抵押权的,其他担保人在抵押权人丧失优先受偿权益的范围内免除担保责任,但是其他担保人承诺仍然提供担保的除外。”

4. 抵押权的追及权

抵押权的追及权即抵押权所具有的追及效力,是指在抵押期间,抵押人将抵押财产转让给第三人的情况下,抵押权不受影响,抵押权人可以追及抵押财产之所在而行使和实现其权利。

《民法典》第 406 条规定:“抵押期间,抵押人可以转让抵押财产。当事人另有约定的,按照其约定。抵押财产转让的,抵押权不受影响。抵押人转让抵押财产的,应当及时通知抵押权人。抵押权人能够证明抵押财产转让可能损害抵押权的,可以请求抵押人将转让所得的价款向抵押权人提前清偿债务或者提存。转让的价款超过债权数额的部分归抵押人所有,不足部分由债务人清偿。”关于该规定的适用,应当注意以下几个问题:(1) 该规定属于抵押权具有追及效力的一般规定。依此规定的精神,抵押财产依法被继承或者赠与的,抵押权亦不受影响。(2) 动产抵押权统一采用登记对抗主义的规则(《民法典》第 403 条)。因此,在抵押人转让抵押的动产,且第三人善意的情况下,未登记的动产抵押权自然不具有追及效力。依据《担保制度解释》第 54 条第 1 项规定,动产抵押合同订立后未办理抵押登记,抵押人转让抵押财产,受让人占有抵押财产后,抵押权人无权向受让人请求行使抵押权,但是抵押权人能够举证证明受让人知道或者应当知道已经订立抵押合同的除外。(3) 即使是登记的动产抵押权,其追及效力也有一定的限制。依据《民法典》第 404 条规定,以动产抵押的,不得对抗正常经营

---

① 参见谢在全:《民法物权论》(中册),中国政法大学出版社 2011 年版,第 704 页以下。

活动中已经支付合理价款并取得抵押财产的买受人。① 依据《担保制度解释》第56条规定,买受人在出卖人正常经营活动中通过支付合理对价取得已被设立担保物权的动产,担保物权人无权请求就该动产优先受偿,但是有下列情形之一的除外:① 购买商品的数量明显超过一般买受人;② 购买出卖人的生产设备;③ 订立买卖合同的目的在于担保出卖人或者第三人履行债务;④ 买受人与出卖人存在直接或者间接的控制关系;⑤ 买受人应当查询抵押登记而未查询的其他情形。这里所称的"出卖人正常经营活动",是指出卖人的经营活动属于其营业执照明确记载的经营范围,且出卖人持续销售同类商品;所称的"担保物权人",是指已经办理登记的抵押权人、所有权保留买卖的出卖人、融资租赁合同的出租人。(4) 当事人约定禁止或者限制转让抵押财产但是未将约定登记,抵押人违反约定转让抵押财产的,不影响转让合同的效力;抵押财产已经交付或者登记的,不影响发生物权效力,但是抵押权人有证据证明受让人知道的除外。在此情况下,抵押权人有权请求抵押人承担违约责任。当事人约定禁止或者限制转让抵押财产且已经将约定登记,抵押人违反约定转让抵押财产的,不影响转让合同的效力;抵押财产已经交付或者登记的,转让不发生物权效力,但是因受让人代替债务人清偿债务导致抵押权消灭的除外。②

5. 优先受偿权

抵押权人的优先受偿权主要体现在:(1) 在一般情况下,抵押权人优先于普通债权人受偿;在债务人破产时,抵押财产不列入破产财产,抵押权人对抵押财产有别除权并得就其变价优先于普通债权人受偿。但是,动产抵押合同订立后未办理抵押登记,抵押人破产的,抵押权人无权对抵押财产优先受偿(《担保制度解释》第54条第4项)。(2) 已经设立抵押的财产被其他债权人申请采取查封、扣押等财产保全或者执行措施的,不影响抵押权人的优先受偿。但是,动产抵押合同订立后未办理抵押登记,抵押人的其他债权人申请保全或者执行抵押财产,法院已经作出财产保全裁定或者采取执行措施,抵押权人无权主张对抵押财产优先受偿(《担保制度解释》第54条第3项)。(3) 顺序在先的抵押权优先于顺序在后的抵押权,后顺序的抵押权人只能就先顺序的抵押权人受偿后的余额受偿。

应当指出,依据《担保制度解释》第4条规定,当事人将担保物权登记在他人名下,如为债券持有人提供的担保物权登记在债券受托管理人名下、为委托贷款人提供的担保物权登记在受托人名下、担保人知道债权人与他人之间存在委托关系等情形,债务人不履行到期债务或者发生当事人约定的实现担保物权的情形,债权人或者其受托人有权主张就该财产优先受偿。

(五) 抵押人的权利

抵押权设立后,抵押人就抵押财产除享有通常的占有权、使用权和收益权外,其享有的其他权利及其限制主要为下列几个方面:

---

① 应当说明的是,本条只是对动产抵押权追及效力予以限制的特别规定,不能将其理解为"动产抵押无追及效力";结合第406条关于抵押权追及效力的一般规定,对于不符合本条适用条件而擅自转让动产抵押物的,动产抵押权亦有追及效力。

② 参见《担保制度解释》第43条。

1. 抵押财产的处分权

抵押人对抵押财产的处分包括事实上的处分和法律上的处分。因为事实上的处分可能会导致抵押财产的灭失或价值贬损，从而侵害抵押权人对抵押财产的优先受偿权，所以，在抵押权存续期间内，抵押人对抵押财产原则上不得为事实上的处分。

在抵押权设立后，抵押人并未丧失对抵押财产的所有权或使用权，其仍有法律上的处分权特别是让与权。这一方面是为了保护抵押人应有的权利和利益，另一方面是由于抵押权的追及性，即抵押财产转让后，抵押权的效力仍及于转让后的抵押财产，抵押权并不受影响（《民法典》第 406 条）。

2. 用益物权及租赁权的设立权

抵押人就抵押财产设立抵押权后，原则上仍得就同一财产再设立用益物权（如居住权）或租赁权等。《民法典》第 405 条规定："抵押权设立前，抵押财产已经出租并转移占有的，原租赁关系不受该抵押权的影响。"但是如果是在抵押权设立后，抵押人又将抵押财产出租的，该租赁关系则不得对抗已登记的在先设立的抵押权。依据《担保制度解释》第 54 条第 2 项规定，动产抵押合同订立后未办理抵押登记，抵押人将抵押财产出租给他人并移转占有，抵押权人行使抵押权的，租赁关系不受影响，但是抵押权人能够举证证明承租人知道或者应当知道已经订立抵押合同的除外。住宅上发生居住权与抵押权的冲突时，亦应依其登记设立的先后而确定其效力关系。

3. 担保物权的再设立权

为使抵押财产尽量发挥其担保价值，以利于资金融通，法律允许抵押人得就同一抵押财产设立数个抵押权。数个抵押权的受偿次序，原则上依登记的先后次序确定（《民法典》第 414 条）。在动产之上，还可能出现抵押权与质权并存的情况，对此，也应以设立的先后确定受偿顺序。对此，《民法典》第 415 条规定："同一财产既设立抵押权又设立质权的，拍卖、变卖该财产所得的价款按照登记、交付的时间先后确定清偿顺序。"

4. 物上保证人的反担保请求权、追偿权

依据《民法典》规定，第三人为债务人向债权人提供抵押担保的，可以要求债务人提供反担保（第 387 条第 2 款）。同时，为债务人提供抵押担保的第三人在抵押权人实现抵押权后，有权向债务人追偿（第 392 条）。依据《担保制度解释》规定，担保人承担的责任超出债务人应当承担的责任范围，担保人向债务人追偿，债务人仅在其应当承担的责任范围内承担责任，担保人有权请求债权人返还超出部分（第 3 条第 2 款）；同一债权既有债务人自己提供的物的担保，又有第三人提供的担保，承担了担保责任或者赔偿责任的第三人，有权主张行使债权人对债务人享有的担保物权（第 18 条第 2 款）。

依据《担保制度解释》规定，同一债务有两个以上第三人提供担保，担保人之间约定相互追偿及分担份额，承担了担保责任的担保人有权请求其他担保人按照约定分担份额；担保人之间约定承担连带共同担保，或者约定相互追偿但是未约定分担份额的，各担保人按照比例分担向债务人不能追偿的部分。同一债务有两个以上第三人提供担保，担保人之间未对相互追偿作出约定且未约定承担连带共同担保，但是各担保人在同一份合同书上签字、盖章或者按指印，承担了担保责任的担保人有权请求其他担保人按照比例分担向债务人不能追偿的部分（第 13 条）。同一债务有两个以上第三人提供担保，担保人受让债权的，应当认定该行为系承担担保责任。受让债权的担保人作为债权人无权请求其他担保人承担担保责任;该担保人请求其他担保人分担相应份额的,依照《担保制度解释》第 13 条规定处理(第 14 条)。

四、抵押权的实行和消灭

(一) 抵押权的实行

1. 抵押权实行的概念与条件

抵押权的实行是指在法律规定的情形下,抵押权人处分抵押财产并以其变价价值优先受偿其债权的行为。抵押权的实行通常又称为抵押权的实现,但严格地说,抵押权的实行与实现是有区别的:前者是一种行为,侧重于权利行使的过程;后者是一种法律状态,侧重于权利行使而使债权受偿的结果。

依据《民法典》第 410 条规定,抵押权的实行条件包括两个:一是债务人不履行到期债务。在债务履行期届满时,债务人应当履行债务。若债务人不履行到期债务,则抵押权人有权实行抵押权。二是发生当事人约定的实现抵押权的情形。除债务人不履行到期债务为抵押权的实行条件外,当事人也可以在抵押合同约定实行抵押权的情形。如有此约定,在该情形出现时,抵押权人有权实行抵押权。

2. 抵押权实行的方式

依据《民法典》第 410 条规定,抵押权人可以与抵押人协议以抵押财产折价或者以拍卖、变卖该抵押财产所得的价款优先受偿(第 1 款)。如果抵押权人与抵押人未就抵押权实现方式达成协议的,抵押权人可以请求法院拍卖、变卖抵押财产(第 2 款)。抵押财产折价或者拍卖、变卖后,其价款超过债权数额的部分归抵押人所有,不足部分由债务人清偿(《民法典》第 413 条)。依据《担保制度解释》第 45 条第 1 款规定,当事人约定当债务人不履行到期债务或者发生当事人约定的实现担保物权的情形,担保物权人有权将担保财产自行拍卖、变卖并就所得的价款优先受偿的,该约定有效。因担保人的原因导致担保物权人无法自行对担保财产进行拍卖、变卖,担保物权人有权请求担保人承担因此增加的费用。可见,抵押权的实行方式有:

(1) 以抵押财产折价。即抵押权人与抵押人协商以转移抵押财产的所有权或使用权归抵押权人的方式抵偿债务。这种方法的优点是程序简便、省时省钱,但因这种方法的公开性不足,可能有失公平而损害到抵押人或其他债权人的利益,故立法多有限制,主要涉及两个方面:

第一,以抵押财产折价的协议须在债务清偿期届满后订立。此前订立的协议属于"流质契约"(又称流押契约、流抵契约或期前抵押物抵偿约款),即物的担保当事人于设立抵押权或质权的合同中或于债务履行期届满之前,约定债权届期未获清偿时担保财产即归债权人所有的条款。由于这种流担保约定极易损害担保人的利益和他人正当权益,自罗马法以来,各国法律上大都明文禁止。在我国,法律长期否定"流质契约"的效力,但《民法典》第 401 条规定:"抵押权人在债务履行期限届满前,与抵押人约定债务人不履行到期债务时抵押财产归债权人所有的,只能依法就抵押财产优先受偿。"第 428 条对动产质权也有相同内容的规定。可见,这一规定并没有否定流担保条款的效力,但当事人须对抵押财产进行清算,属于清算型的流押条款。

第二,协议以抵押财产折价的,作价应当公平,不能损害其他债权人的利益。依据《民法典》第 410 条第 3 款规定,抵押财产折价或者变卖的,均应参照市场价格,公平作价。否则,在损害顺序在后的抵押权人或者其他债权人的利益时,其他权利人得主张撤销该折价协议。

(2) 拍卖抵押财产。拍卖因可使抵押财产的变价公开、公平,既最大限度地保障了债权的实现,又保护了抵押人的利益,所以各国立法都把拍卖作为实现抵押权的重要方式。拍卖分任意性拍卖和强制拍卖。前者由当事人自愿委托拍卖人拍卖,后者是抵押权人申请法院拍卖。有关拍卖的程序和效果等,应适用《拍卖法》的有关规定。

(3) 变卖抵押财产或以其他方式处分抵押财产。变卖是指以公开拍卖之外的方式将抵押财产卖给第三人,并以变卖所得价金优先偿还抵押权人的债权。此种方式在法律上的限制与抵押财产折价类似。此外,抵押权的实现在实践中还存在“强制管理”的方式,即在抵押财产因市场行情等原因不便折价或拍卖、变卖的情况下,可以由抵押权人接管抵押财产并以持续性的管理收益使债权受偿。

需要注意的是,依据《民法典》第 418 条规定,以集体所有土地的使用权依法抵押的,实现抵押权后,未经法定程序,不得改变土地所有权的性质和土地用途。

(二) 抵押权的消灭

依据《民法典》第 393 条及其他相关规定,抵押权作为物权的一种,除有物权的一些共同消灭原因(如混同、抛弃、征收等)之外,还有以下消灭原因:

1. 主债权消灭

抵押权为担保债权而存在,主债权因履行、抵销、免除等原因消灭,抵押权也随之消灭。但依法理,若债务系由第三人清偿时,则抵押权转移于该第三人,第三人为其追偿权的实现,得代位行使原债权人的抵押权。

2. 抵押权实现

抵押权人实行抵押权并就抵押财产的变价价值受偿债权后,无论其债权是否全部得到清偿,抵押权均消灭。债权未全部受偿的,应由债务人另行清偿。

3. 债权人放弃抵押权

依据《民法典》第 409 条规定,抵押权人可以放弃抵押权。但是在有多项担保的情况下,抵押权人放弃债务人以自己的财产设定的抵押权的,其他担保人在抵押权人丧失优先受偿权益的范围内免除担保责任,除非其他担保人承诺仍然提供担保。

4. 抵押财产灭失

抵押权为物权,自然也会因抵押财产的灭失而消灭。但是抵押财产灭失后有残值或有赔偿金、保险金、补偿金的,抵押权可基于其不可分性、物上代位性而继续存在。

5. 抵押权行使的期间届满

《民法典》第 419 条规定:“抵押权人应当在主债权诉讼时效期间行使抵押权;未行使的,人民法院不予保护。”依此规定,抵押权的行使期间依随于主债权的诉讼时效期间,抵押权人未在该期间内行使抵押权的,将导致抵押权消灭的后果,且在期间届满后,抵押人有权请求涂销抵押登记。①

6. 债权人擅自许可债务人转移债务

依据《民法典》第391条规定，第三人提供抵押担保，未经其书面同意，债权人允许债务人转移全部或者部分债务的，抵押人不再承担相应的担保责任。抵押人不再承担相应的担保责任，也就意味着抵押权在相应范围内消灭。

五、特殊抵押权

（一）最高额抵押权

1. 最高额抵押权的概念和特点

《民法典》第420条第1款规定："为担保债务的履行，债务人或者第三人对一定期间内将要连续发生的债权提供担保财产的，债务人不履行到期债务或者发生当事人约定的实现抵押权的情形，抵押权人有权在最高债权额限度内就该担保财产优先受偿。"可见，最高额抵押权（又称最高限额抵押权），是指在预定的最高限额内，为担保将来一定期间内连续性交易所生债权的清偿而设立的抵押权。最高额抵押权主要适用于连续交易关系、劳务提供关系及连续借款关系场合，是应近现代经济发展需要而产生的一项新的抵押制度。

与普通抵押权相比，最高额抵押权具有以下特点：

（1）最高额抵押权系为担保将来不特定债权的清偿而设立的抵押权。最高额抵押权所担保的债权通常不是已经发生的特定债权，而是基于当事人间的连续交易关系将来可能发生的不特定债权。不过，考虑到担保交易的实际需要，《民法典》第420条第2款规定："最高额抵押权设立前已经存在的债权，经当事人同意，可以转入最高额抵押担保的债权范围。"

（2）最高额抵押权适用于对一定期限内连续发生的债权的担保。其目的在于避免连续交易中每笔债权均须单独设立抵押担保的烦琐。

（3）最高额抵押权设立时，其所担保的债权的具体数额具有不确定性。最高额抵押权所担保的债权不仅为将来发生的债权，而且债权之数额也未确定。

（4）最高额抵押权对所担保的债权预定有最高限额，并附有实际发生的债权数额的决算期。所谓最高限额，是指抵押权人有权优先受偿的最高债权数额限度，其并非指最高额抵押担保中实际发生的债权额，而只是指决算时所剩余的债权额不得超过的最高担保限额。

除最高额抵押权外，最高额担保还有最高额保证（《民法典》第690条）、最高额质权。最高

---

① 关于主债权诉讼时效期间届满对担保物权的相关效力，《担保制度解释》第44条规定："主债权诉讼时效期间届满后，抵押权人主张行使抵押权的，人民法院不予支持；抵押人以主债权诉讼时效期间届满为由，主张不承担担保责任的，人民法院应予支持。主债权诉讼时效期间届满前，债权人仅对债务人提起诉讼，经人民法院判决或者调解后未在民事诉讼法规定的申请执行时效期间内对债务人申请强制执行，其向抵押人主张行使抵押权的，人民法院不予支持。""主债权诉讼时效期间届满后，财产被留置的债务人或者对留置财产享有所有权的第三人请求债权人返还留置财产的，人民法院不予支持；债务人或者第三人请求拍卖、变卖留置财产并以所得价款清偿债务的，人民法院应予支持。""主债权诉讼时效期间届满的法律后果，以登记作为公示方式的权利质权，参照适用第一款的规定；动产质权、以交付权利凭证作为公示方式的权利质权，参照适用第二款的规定。"

额质权除适用质权的有关规定外，参照适用最高额抵押权的有关规定(《民法典》第439条)。

2. 最高额抵押权的设立

最高额抵押合同除应具备一般抵押合同的内容外，应特别订明下列两项内容：其一，抵押权所担保的债权的最高债权额。依据《担保制度解释》第15条规定，最高债权额是指包括主债权及其利息、违约金、损害赔偿金、保管担保财产的费用、实现债权或者实现担保物权的费用等在内的全部债权，但是当事人另有约定的除外。登记的最高债权额与当事人约定的最高债权额不一致的，应当依据登记的最高债权额确定债权人优先受偿的范围。其二，确定计算抵押权所担保的债权实际数额的日期，即决算期。依据《民法典》第423条规定，最高额抵押中有下列情形之一的，抵押权人的债权确定：(1) 约定的债权确定期间届满；(2) 没有约定债权确定期间或者约定不明确，抵押权人或者抵押人自最高额抵押权设立之日起满2年后请求确定债权；(3) 新的债权不可能发生；(4) 抵押权人知道或者应当知道抵押财产被查封、扣押；(5) 债务人、抵押人被宣告破产或者解散；(6) 法律规定债权确定的其他情形。

3. 最高额抵押权的效力

依据《民法典》第424条规定，最高额抵押权除适用法律的特别规定外，适用一般抵押权的规定。因此，最高额抵押权具有一般抵押权的效力，关于其特殊效力，应注意以下几点：

(1) 由最高额抵押权的性质所决定，最高额抵押权所担保的债权，仅得于最高限额范围内，决定其实际额。最高额抵押担保的债权于决算期届至前，得随时增减，纵因清偿或其他事由致债权额于决算期届至前减少或消灭，最高额抵押权也不因此而消灭，学说称此为抵押权消灭上从属性之例外。

(2) 最高额抵押担保的债权确定前，部分债权转让的，最高额抵押权不得转让，但是当事人另有约定的除外(《民法典》第421条)。

(3) 最高额抵押担保的债权确定前，抵押权人与抵押人可以通过协议变更债权确定的期间、债权范围以及最高债权额。但是，变更的内容不得对其他抵押权人产生不利影响(《民法典》第422条)。

(4) 当事人约定或法律规定的决算期届至，最高额抵押所担保的债权额方得以确定。抵押权人实现最高额抵押权时，如果实际发生的债权余额高于预定的最高限额的，超过部分不具有优先受偿效力；如果实际发生的债权余额低于最高限额的，以实际发生的债权余额为限对抵押财产优先受偿。

(5) 当事人在抵押合同中约定的最高限额是否限于主债权原本，应以当事人的约定为准；未明确约定担保的债权范围的，一般认为应当包括主债权原本、利息以及违约金、损害赔偿金等。但是，实行抵押权之费用通常不得算入最高限额，应于抵押物拍卖价金中扣除。

(二) 共同抵押权

1. 共同抵押权的意义

共同抵押权又称总括抵押权、聚合抵押权，是指为担保同一债权而于数个不同财产上设立抵押权的情形。

共同抵押权的特殊性在于，抵押财产不是一项，而是数项。共同抵押的构成须具备两个要件：其一，抵押财产为两项以上，至于该数项抵押财产的性质如何，在所不问；其二，数项抵押财产所担保的为同一项债权，因而共同抵押中的债权人即抵押权人须是同一个人。构成共同抵押的数项财产是同一个抵押人的财产，还是不同抵押人的财产，不影响共同抵押的成立。共同抵押权可以就数个抵押财产一并设立，也可以先后分别设立。

2. 共同抵押权的效力

由于共同抵押权是为担保同一债权而于数项抵押财产上成立的一个或数个抵押权，故抵押权人如何就数项抵押财产受偿债权，成为重要问题。依多数国家的立法及实务，通常分以下情形作不同处理：

（1）如当事人就数项抵押财产负担的金额以特约作了明确限定，则应依各抵押财产应负担的金额，各自承担其担保责任。此种情况，类似于按份共同保证，唯其为物上按份而已。

（2）如当事人未限定各项抵押财产负担的金额，则抵押权人有权就各项抵押财产卖得的价金，受偿债权的全部或一部。换言之，于此场合，每一抵押财产之价值均担保着全部债权。抵押权人为使其债权得以清偿，既有权同时实行数个抵押权，同时变卖数项抵押财产；也可选择行使其中一项抵押权，变卖其中一个抵押财产。此种情形，发生物上连带关系，类似于连带共同保证。

由此可见，在共同抵押权中，如不限定各抵押财产的负担金额，对于抵押权人最为有利。但是，如果构成共同抵押的数项财产分属于不同的抵押人，且两个以上的抵押人一为债务人本人，一为物上保证人的，抵押权人应当先就债务人本人提供的抵押财产变价求偿。两个以上的抵押人如均为债务人以外的人，且各个抵押财产或某一抵押财产上又存在后次序抵押权时，则共同抵押中的抵押权如何实现，还会发生影响其他抵押权人利益的问题。因为在这种情况下，如果抵押权人任意选择某一抵押人提供的抵押财产受偿，该财产上的后次序抵押权人就可能丧失受偿机会。① 为解决后次序抵押权人的利益保护问题，法律不得不就共同抵押权人的受偿问题设立特别规定，选择采用“分担主义”或者“代位求偿主义”规则。②

3.《民法典》中关于共同担保的规定

共同担保有多种形态，除共同保证外，还有物的共同担保，而物的共同担保又包括共同抵押、共同质押以及混合共同担保（如由质押、抵押构成的共同担保），共同抵押只是物的共同担保的典型形态之一。此外，还存在由保证担保和物的担保构成的混合共同担保。关于共同担保，《民法典》第 392 条规定：“被担保的债权既有物的担保又有人的担保的，债务人不履行到期债务或者发生当事人约定的实现担保物权的情形，债权人应当按照约定实现债权；没有约定或者约定不明确，债务人自己提供物的担保的，债权人应当先就该物的担保实现债权；第三人提供物的担保的，债权人可以就物的担保实现债权，也可以请求保证人承担保证责任。提供担保的第三人承担担保责任后，有权向债务人追偿。”

---

① 参见梁慧星、陈华彬：《物权法》（第七版），法律出版社 2020 年版，第 355 页。

② 分担主义又称分别主义、同时分配的分割主义，即将抵押权人的债权分割，由数个抵押财产分担的规则。依此主义，抵押权人如同时就各抵押财产卖得价金受偿，应按各抵押财产的价值分担其债权额。也就是说，各个抵押财产应按其份额比例分别负担其债权。代位求偿主义又称异时分配主义或异时分配的求偿主义。依此主义，抵押权人若仅就共同抵押中的某一抵押财产卖得价金受全部清偿，该财产上的后次序抵押权人得代抵押权人之地位，就抵押权人于其他抵押财产上得优先受偿的金额，行使其抵押权。

（三）浮动抵押权

浮动抵押权是指以企业的并不固定的全部财产或部分财产为标的的抵押权。浮动抵押权不同于财团抵押权，后者是以企业固定的全部或部分财产所构成的财团为标的物而设立的抵押权。财团抵押权中的“财团”，是指由企业的“有形资产”（如土地、建筑物、机器设备）以及“无形资产”（如专利权、商标权、著作权等）相结合而形成的集合财产。

《民法典》第 396 条对浮动抵押权作了规定：“企业、个体工商户、农业生产经营者可以将现有的以及将有的生产设备、原材料、半成品、产品抵押，债务人不履行到期债务或者发生当事人约定的实现抵押权的情形，债权人有权就抵押财产确定时的动产优先受偿。”浮动抵押权属于动产抵押权，采取登记对抗主义，自抵押合同生效时设立；未经登记，不得对抗善意第三人。同时，动产抵押权的追及效力受到一定限制，即动产抵押权不得对抗正常经营活动中已支付合理价款并取得抵押财产的买受人（《民法典》第 404 条）。依据《民法典》第 411 条规定，浮动抵押的抵押财产自下列情形之一发生时确定：（1）债务履行期限届满，债权未实现；（2）抵押人被宣告破产或者解散；（3）当事人约定的实现抵押权的情形；（4）严重影响债权实现的其他情形。

第三节 质 权

一、质权概述

（一）质权的概念和特点

质权是指债权人于债务人不履行到期债务或发生当事人约定的情形时，得就债务人或第三人转移占有或经登记而供作担保的动产或权利之变价优先受偿的权利。在质权中，债务人或者第三人为出质人，债权人为质权人，交付的动产或权利为质押财产或质物。

质权作为担保物权的一种，亦具有物权性、担保性、从属性、不可分性及优先受偿性等特点。但作为一种独立的担保物权类型，质权又具有自己的特点，其特点主要通过与抵押权之间的比较表现出来。

第一，成立要件不同。抵押权的成立一般须经登记，但无须将抵押财产交付债权人占有；质权的成立，则以出质人将质押财产转移于债权人占有为必要。质押财产的占有转移，既是质权的公示方法，也是其成立要件。例外的是，某些权利质权的成立，也以办理出质登记为必要。

第二，担保标的不尽相同。抵押权的标的为不动产、不动产用益物权及动产；质权的标的则为动产和不动产用益物权以外的其他财产权利。抵押财产与质押财产的范围，于动产上存在交叉。因此，在动产上成立的担保物权究竟为抵押权还是质权，依合同的约定及债权人是否占有标的物而区别。

第三，担保的机能不同。抵押权为非占有性担保物权，以优先受偿效力来发挥担保作用。而质权除有优先受偿效力外，尚具有对标的物或其权利凭证的占有、留置效力，由质权人直接控制标的物，对出质人造成心理压迫，以促使债务如期清偿。这种留置效力，为抵押权所不具有。

第四，实行方式有所不同。抵押权人实行其抵押权，在达不成协议时通常须经过司法程序，通过申请法院拍卖、变卖抵押财产并就其价款受偿，而不能强行夺取抵押财产并为拍卖、变卖。而质权人因其已占有标的物，故于债权届期未受清偿或约定事由发生时，可不必经司法程序而得径直拍卖或者参照市场价格变卖质押财产并就其变价价值受偿。出质人如认为变价不公，可另行通过诉讼解决。

（二）质权的分类

1. 动产质权与权利质权

根据质权的标的，可将其分为动产质权与权利质权。以动产为标的设立的质权为动产质权；以权利为标的设立的质权为权利质权。权利质权是从动产质权中派生出来的一种现代质权形式，在成立方式、效力范围和实现方法等方面均有其自身特点，其地位也日渐重要。各国立法上均规定权利质权除适用其特别规定外，准用动产质权的一般规定。

2. 民事质权、商事质权与营业质权

根据质权所适用的法律规范的属性，可将其分为民事质权、商事质权与营业质权。在采取"民商分立"的国家，有民事质权与商事质权之分，前者是指适用民法的质权，后者是指适用商法的质权，但二者并无实质区别。在实行"民商合一"的国家，则无此区分。我国实行"民商合一"，故不存在民事质权与商事质权之分，《民法典》所规定的质权，是一种具有普遍适用效力的担保物权。

营业质权是指以质押借贷为营业而适用当铺业管理规则的特殊质权。从事质押营业者一般称为当铺、典当行、典当公司等。而所谓营业质权，有的称为质当、押当或典当，是指债务人以一定财物（当物或质物）交付于债权人（当铺等）作担保，向债权人为金钱借贷，在一定期限（回赎期限）内，债务人清偿债务后可取回担保物；期限届满而不能清偿的，担保物即归债权人所有，或者由债权人以其价值优先受偿。①

3. 占有质权、收益质权与归属质权

根据质权的内容，可将其分为占有质权、收益质权与归属质权。占有质权是指质权人对质物原则上只能占有而不得使用、收益的质权。通常所谓的动产质权大都属于占有质权。收益质权是指质权人不仅可占有质物，而且得对质物为使用、收益的质权。收益质权又有利息质权与销偿质权之分：利息质权是指质权人以质物的收益充抵债权的利息的质权；销偿质权是指以质物的收益抵销债权原本的质权。归属质权是指以质物代偿债务的质权，即质权人于债务人届期不清偿债务时有权以质物所有权抵偿债务的质权。

二、动产质权

（一）动产质权的概念

《民法典》第 425 条第 1 款规定："为担保债务的履行，债务人或者第三人将其动产出质给

---

① 我国目前调整营业质权和规范典当业经营活动的法律规范是商务部、公安部 2005 年颁行的《典当管理办法》。

债权人占有的，债务人不履行到期债务或者发生当事人约定的实现质权的情形，债权人有权就该动产优先受偿。”据此，动产质权是指债权人占有债务人或第三人为担保债权而交付的动产，于债务人不履行到期债务或发生当事人约定的情形时，得就其变价优先受偿的权利。

（二）动产质权的取得

1. 基于民事法律行为而取得

质权的取得多因合同而发生，依据《民法典》第427条规定，设立质权，当事人应当以书面形式订立质押合同。质押合同一般包括下列条款：(1) 被担保债权的种类和数额；(2) 债务人履行债务的期限；(3) 质押财产的名称、数量等情况；(4) 担保的范围；(5) 质押财产交付的时间、方式。

《民法典》第429条规定：“质权自出质人交付质押财产时设立。”质权设立中动产占有的转移，一般指现实交付，也可以是简易交付与指示交付，但不得以占有改定的方式设立质权。[①]不过，在流动质押中，质权人委托第三方监管质物的，即使质物仍存放于出质人的库房等处，也不同于占有改定，不影响质权的有效设立。[②]

动产质权也可随同债权的让与而由受让人取得。同抵押权的让与一样，动产质权不得与其所担保的主债权分离而单独地转让，其只能随主债权一同移转。

2. 基于民事法律行为以外的事实而取得

基于与动产所有权的善意取得相同的理由，多数国家法律也承认动产质权可以善意取得，即无处分权人将其占有的他人之物为债权人设立质权，如债权人为善意，可就该动产取得质权。依据《民法典》第311条规定，动产质权亦适用善意取得制度。

动产质权为财产权，质权人死亡时，得由其继承人在继承债权的同时取得质权。

（三）动产质权的效力

1. 动产质权所担保的债权范围

依据《民法典》第389条规定，质押担保的范围包括主债权及其利息、违约金、损害赔偿金、质物保管费用和实现质权的费用；质押合同另有约定的，按照其约定。

2. 动产质权及于标的物的范围

动产质权当然及于标的物本身[③]，如果质权合同中对质押的财产约定不明，或者约定的出

---

① 《民法典》第226、227条关于简易交付、指示交付的规定均适用于“动产物权设立和转让”的情形，而第228条关于占有改定的规定则仅适用于“动产物权转让”的情形，故占有改定不能适用于动产质权的设立。

② 依据《担保制度解释》第55条规定，债权人、出质人与监管人订立三方协议，出质人以通过一定数量、品种等概括描述能够确定范围的货物为债务的履行提供担保，当事人有证据证明监管人系受债权人的委托监管并实际控制该货物的，质权于监管人实际控制货物之日起设立。监管人违反约定向出质人或者其他人放货、因保管不善导致货物毁损灭失的，债权人有权请求监管人承担违约责任。当事人有证据证明监管人系受出质人委托监管该货物，或者虽然受债权人委托但是未实际履行监管职责，导致货物仍由出质人实际控制的，应当认定质权未设立。债权人可以基于质押合同的约定请求出质人承担违约责任，但是不得超过质权有效设立时出质人应当承担的责任范围。监管人未履行监管职责的，债权人有权请求监管人承担责任。

③ 动产质押中的标的物，虽以有形的动产为常见，但以特定化的金钱作为质押物的，也无不可。例如，债务人或者第三人将其金钱以特户、封金、保证金等形式特定化后，移交债权人占有作为债权的担保，债务人不履行债务时，债权人可以以该金钱优先受偿。

质财产与实际移交的财产不一致的,应以实际交付占有的财产为准。除此之外,动产质权所及标的物的范围,与抵押权大致相同,即同样及于从物、孳息、代位物和添附物等。①

3. 动产质权对于质权人的效力

动产质权设立后,质权人所享有的权利主要有:

(1) 留置质押财产的权利。质权人于其债务受清偿前,得留置质押财产,即使质押财产已转让他人,质权人在其债权受偿前,对于债务人或第三人返还质押财产的请求也有权拒绝。

(2) 质押财产孳息的收取权。除合同另有约定的外,质权人有权收取质押财产所生的孳息。质权人收取孳息,应尽善良管理人的注意,并依通常的方法为之;所收取的孳息应先充抵收取孳息的费用,其次充抵原债的利息,最后充抵原债权(《民法典》第 430 条)。

(3) 经许可使用质押财产的权利。依据《民法典》第 431 条规定,质权人在质权存续期间,未经出质人同意,擅自使用、处分质押财产,造成出质人损害的,应当承担赔偿责任。依反面解释,经出质人同意,质权人可以使用、出租乃至处分质押财产。这对于克服质押担保的固有缺陷、发挥质押财产的效用,具有积极意义。

(4) 质押财产的转质权。所谓转质,是指质权人为给自己的债务作担保,将质押财产移交于自己的债权人而设立新质权的行为。质权人得以质押财产转质的权利,即为转质权。因转质而取得质权的人,称为转质权人。转质不限于动产质权,权利质权亦有转质的适用。从各国立法与实务看,转质有两种情况:

其一,承诺转质,又称同意转质,是指质权人经出质人同意,为供自己债务的担保而将质押财产转移占有于其债权人,就质押财产再设立新质权的行为。由于承诺转质中,原出质人同意以自己的财产为原质权人的债务作履行担保,将质押财产的处分权授予原质权人,因此,法律应当承认其效力。

其二,责任转质,即质权人在质权存续期间,未经出质人同意而以自己的责任将质押财产转质于其债权人,为其设立新质权。由于这种转质未经出质人同意,法律上通常对转质人的责任规定的较为严格,在转质期间对质押财产发生的一切损害,即使是由不可抗力造成的,只要是不转质就不会发生的,转质人都应负赔偿责任。由此可见,责任转质在发生条件及效力等方面与承诺转质均有重大差异。由于责任转质实际上已超出了质权的担保目的范围,构成对质押财产的一种处分,因而对其应否承认,理论及立法上的态度并不一致。《民法典》第 434 条规定:"质权人在质权存续期间,未经出质人同意转质,造成质押财产毁损、灭失的,应当承担赔偿责任。"此规定应系肯定了责任转质,唯规定了较为严格的赔偿责任而已。

(5) 质押财产变价权,又称预行拍卖权。依据《民法典》第 433 条规定,因不可归责于质权人的事由可能使质押财产毁损或者价值明显减少,足以危害质权人权利的,质权人有权请求出质人提供相应的担保;出质人不提供的,质权人可以拍卖、变卖质押财产,并与出质人协议将拍卖、变卖所得的价款提前清偿债务或者提存。

(6) 质权的实行权与优先受偿权。依据《民法典》第 436 条第 2 款规定,债务人不履行到期债务或者发生当事人约定的实现质权的情形,质权人可以与出质人协议以质押财产折价,也可以就拍卖、变卖质押财产所得的价款优先受偿。关于质权的实行方式及流质契约问题,与抵

① 动产质权效力所及的从物,应以该从物随同质押财产移交质权人占有为条件,否则,质权的效力不及于从物。

押权基本相同,此不赘述。

关于质权人的优先受偿权,主要包含两个方面的内容:第一,质权人得较一般债权人优先受偿,此与抵押权相同;第二,质权人得较后顺序担保物权人优先受偿。在转质的情况下,转质权人的质权优先于原质权人的质权;同一动产上发生质权与抵押权竞存的情况时,应以权利设立的先后定其位序。如果因交付而先行设立质权的,则质权优先于抵押权(《民法典》第 415 条)。

质权人在享有权利的同时,也应承担一定的义务。质权人的义务主要有三项:(1) 妥善保管质押财产的义务。因保管不善致使质押财产毁损、灭失的,应当承担赔偿责任。质权人的行为可能使质押财产毁损、灭失的,出质人可以请求质权人将质押财产提存,或者请求提前清偿债务并返还质押财产(《民法典》第 432 条)。(2) 及时行使质权的义务。债务履行期届满而债务未获清偿的,质权人既有实行质权的权利,也有及时行使的义务。依据《民法典》第 437 条规定,出质人可以请求质权人在债务履行期限届满后及时行使质权;质权人不行使的,出质人可以请求法院拍卖、变卖质押财产。出质人请求质权人及时行使质权,因质权人怠于行使权利造成出质人损害的,由质权人承担赔偿责任。(3) 返还质物或多余款项的义务。依据《民法典》第 436、438 条规定,债务人履行债务或者出质人提前清偿所担保的债权的,质权人应当返还质押财产。质押财产折价或者拍卖、变卖后,其价款超过债权数额的部分归出质人所有,不足部分由债务人清偿。

4. 动产质权对于出质人的效力

质权设立后,出质人仍享有一定的权利,主要包括:

(1) 质押财产孳息的收取权。在合同有约定的情况下,质押财产虽已由质权人占有,但出质人仍可保留自己对于质押财产所生孳息的收取权。

(2) 质押财产的处分权。出质人虽将质押财产的占有转移于质权人,但并不因此丧失对于质押财产的所有权,出质人可以简易交付或指示交付方式,将质押财产予以让与或再设立动产抵押权。此时,原有的质权并不因此而受影响。当质押财产应当适时出卖以取得较高卖价时,出质人也可以请求质权人及时出卖而将价款提前清偿债务或者提存。

(3) 物上保证人的反担保请求权、追偿权。依据《民法典》第 387 条第 2 款及第 392 条规定,第三人为债务人向债权人提供质押担保的,可以要求债务人提供反担保;该第三人因质权的实行致丧失质押财产的损失,对债务人有追偿权,亦可依据约定向其他担保人主张分担担保责任。

(四) 动产质权的消灭

除物权的一般消灭原因外,在动产质权的消灭原因上还应注意以下几种情况:

第一,因主债权的消灭而消灭(《民法典》第 393 条第 1 项)。

第二,因实行而消灭。质权实行后,无论其所担保的债权是否受完全清偿,质权均归消灭。

第三,因质押财产的返还而消灭。质权的成立与存续,以质权人占有质押财产为必要,因此,如质权人任意将质押财产返还出质人,则不问返还原因为何,质权均归于消灭或者不得对抗第三人。

第四,因质权人丧失质押财产的占有且不能回复而消灭。所谓丧失占有,是指因质押财产遗失、被盗、被侵夺或其他情形,质权人已失去事实上的管领力,如不能请求返还,动产质权自应消灭。但是,质权人虽已丧失占有,但如能依物权请求权请求返还,则质权仍不消灭。

第五,因抛弃而消灭。质权人可以放弃其质权。债务人以自己的财产出质,质权人放弃该质权的,其他担保人在质权人丧失优先受偿权益的范围内免除担保责任,但其他担保人承诺仍然提供担保的除外(《民法典》第435条)。

第六,因质押财产的灭失而消灭。但如果质押财产因灭失而受有赔偿金、保险金等代替物,质权人仍得就其取偿。

三、权利质权

(一)权利质权的概念和特点

权利质权是指以所有权、用益物权以外的可让与的财产权利为标的而设立的质权。权利质权有如下特点:

第一,权利质权以可让与的财产权利为标的。权利质权之标的为权利,而非有体物。但并非任何权利均可充任权利质权的标的,充任质权标的的权利应具备以下条件:(1)须为财产权;(2)须为可让与的财产权,不可让与的财产权如扶养费请求权、继承权、损害赔偿请求权等均不得为质权标的;(3)须为适于设质的权利,质权设立之目的在于质权人就标的之交换价值受清偿,可让与的财产权若不能进行交换或不适宜设立质权,不得充任质权之标的。另外,依权利的分类,以不动产用益物权设立担保的,不属于权利质权而应归入权利抵押权。

第二,权利质权以交付权利凭证或登记为其公示方法。由于权利质权标的的特殊性,其公示方法与动产质权有所不同。以具有权利凭证的财产权利设立质权的,应将该权利凭证交付于质权人占有;以无权利凭证的权利设立质权的,则只能同抵押权一样,采用登记的方式设立(《民法典》第441、443~445条)。

第三,权利质权是一种特殊的质权。在传统民法上,一向把动产质权视为质权的一般形式,而权利质权则为质权的特殊形式。这一方面是由于权利质权的标的与动产质权不同;另一方面是由此又带来了公示方式、标的的价值评估、权利的保全及实现方式等诸多方面的差异。依登记等方式设立的权利质权,与权利抵押权并无本质不同,只是由于人们在观念上一般将不动产权利以外的其他财产权利视为动产的特殊形态,故而传统民法上将其划归质权标的的范围。在现代法上,可以质押的权利范围日益拓展,其在经济生活中的作用也与早期社会不可同日而语,故此,立法上通常将权利质权与动产质权一并作出规定,使其成为质权的两大类型。但鉴于权利质权仍有诸多不同于动产质权的特点,立法上须对此作出特别规定;至于权利质权与动产质权的共性,则不再重复规定,而是准用动产质权的一般规定(《民法典》第446条)。

(二)权利质权的设立

依据《民法典》第440条规定,债务人或者第三人有权处分的下列权利可以出质:(1)汇票、本票、支票;(2)债券、存款单;(3)仓单、提单;(4)可以转让的基金份额、股权;(5)可以转让的注册商标专用权、专利权、著作权等知识产权中的财产权;(6)现有的以及将有的应收账款;(7) 法律、行政法规规定可以出质的其他财产权利。根据质权客体类别的差异,可以将权利质权分为证券债权质权、基金份额与股权质权、知识产权质权、应收账款质权等。出质的权利不同,其设立的要求也有不同。

1. 证券债权质权的设立

《民法典》第 441 条规定:“以汇票、本票、支票、债券、存款单、仓单、提单出质的,质权自权利凭证交付质权人时设立;没有权利凭证的,质权自办理出质登记时设立。法律另有规定的,依照其规定。”证券种类不同,其质权成立的具体要求也不尽相同。以无记名证券出质的,质权自该证券交由质权人占有时成立;以记名证券出质的,质权虽自证券交付时起成立,但当事人同时应将质押的事实背书于证券上或者记载于证券存根簿及债券上,否则,该质权不得对抗第三人(包括第三债务人);以指示证券出质的,也应以背书记载“质押”字样为对抗要件。依据《担保制度解释》规定,以汇票出质,当事人以背书记载“质押”字样并在汇票上签章,汇票已经交付质权人的,质权自汇票交付质权人时设立(第 58 条)。存货人或者仓单持有人在仓单上以背书记载“质押”字样,并经保管人签章,仓单已经交付质权人的,质权自仓单交付质权人时设立。没有权利凭证的仓单,依法可以办理出质登记的,仓单质权自办理出质登记时设立。出质人既以仓单出质,又以仓储物设立担保,按照公示的先后确定清偿顺序;难以确定先后的,按照债权比例清偿。保管人为同一货物签发多份仓单,出质人在多份仓单上设立多个质权,按照公示的先后确定清偿顺序;难以确定先后的,按照债权比例受偿(第 59 条)。

2. 基金份额、股权质权的设立

依据《民法典》第 443 条第 1 款规定,以基金份额、股权出质的,质权自办理出质登记时设立。

3. 知识产权质权的设立

依据《民法典》第 444 条第 1 款规定,以注册商标专用权、专利权、著作权等知识产权中的财产权出质的,质权自办理出质登记时设立。

4. 应收账款质权的设立

应收账款是指权利人因提供一定的货物、服务或设施而获得的要求义务人付款的权利以及依法享有的其他付款请求权,包括现有的以及将有的金钱债权,但不包括因票据或其他有价证券而产生的付款请求权,以及法律、行政法规禁止转让的付款请求权(《动产和权利担保统一登记办法》第 3 条)。依据《民法典》第 445 条第 1 款规定,以应收账款出质的,质权自办理出质登记时设立。

(三) 权利质权的效力

关于权利质权所担保的债权范围、所及于标的之范围以及质权人、出质人的权利义务和质权的消灭原因等内容,大多准用动产质权的有关规定。这里仅将几项特殊规定说明如下:

1. 证券债权质权的效力

依据《民法典》第 442 条规定,汇票、本票、支票、债券、存款单、仓单、提单的兑现日期或者提货日期先于主债权到期的,质权人可以兑现或者提货,并与出质人协议将兑现的价款或者提取的货物提前清偿债务或者提存。依据《担保制度解释》第 60 条规定,在跟单信用证交易中,开证行与开证申请人之间约定以提单作为担保的，应当依照质权的有关规定处理。在跟单信用证交易中，开证行依据其与开证申请人之间的约定或者跟单信用证的惯例持有提单，开证申请人未按照约定付款赎单，开证行有权主张对提单项下货物优先受偿，但开证行无权主张对提单项下货物享有所有权。在跟单信用证交易中，开证行依据其与开证申请人之间的约定或者跟单信用证的惯例，通过转让提单或者提单项下货物取得价款，开证申请人有权请求返还超出债权的部分。

2. 基金份额、股权质权的效力

依据《民法典》第 443 条第 2 款规定，基金份额、股权出质后，不得转让，但是出质人与质权人协商同意的除外。出质人转让基金份额、股权所得的价款，应当向质权人提前清偿债务或者提存。

3. 知识产权质权的效力

依据《民法典》第 444 条第 2 款规定，知识产权中的财产权出质后，出质人不得转让或者许可他人使用，但是出质人与质权人协商同意的除外。出质人转让或者许可他人使用出质的知识产权中的财产权所得的价款，应当向质权人提前清偿债务或者提存。

4. 应收账款质权的效力

依据《民法典》第 445 条第 2 款规定，应收账款出质后，不得转让，但是出质人与质权人协商同意的除外。出质人转让应收账款所得的价款，应当向质权人提前清偿债务或者提存。依据《担保制度解释》第 61 条规定，以现有的应收账款出质，应收账款债务人向质权人确认应收账款的真实性后，无权又以应收账款不存在或者已经消灭为由主张不承担责任（第 1 款）。以现有的应收账款出质，应收账款债务人未确认应收账款的真实性，质权人以应收账款债务人为被告，能够举证证明办理出质登记时应收账款真实存在的，有权请求就应收账款优先受偿；质权人不能举证证明办理出质登记时应收账款真实存在，仅以已经办理出质登记为由，无权请求就应收账款优先受偿（第 2 款）。以现有的应收账款出质，应收账款债务人已经向应收账款债权人履行了债务，质权人无权请求应收账款债务人履行债务，但是应收账款债务人接到质权人要求向其履行的通知后，仍然向应收账款债权人履行的除外（第 3 款）。以基础设施和公用事业项目收益权、提供服务或者劳务产生的债权以及其他将有的应收账款出质，当事人为应收账款设立特定账户，发生法定或者约定的质权实现事由时，质权人有权请求就该特定账户内的款项优先受偿；特定账户内的款项不足以清偿债务或者未设立特定账户，质权人有权请求折价或者拍卖、变卖项目收益权等将有的应收账款，并以所得的价款优先受偿（第 4 款）。

第四节 留 置 权

一、留置权的概念和特点

《民法典》第 447 条第 1 款规定："债务人不履行到期债务，债权人可以留置已经合法占有的债务人的动产，并有权就该动产优先受偿。"据此，留置权是指债务人不履行到期债务时，债权人对其已经合法占有的债务人的动产予以留置并就其变价优先受偿的权利。在留置权中，债权人称为留置权人，占有的动产为留置财产或留置物。

留置权具有以下特点：

第一，留置权是动产担保物权和占有性担保物权。首先，留置权是动产担保物权，其标的物仅为动产，其在标的物范围限定上与抵押权、质权均有不同。其次，留置权是占有性担保物权，只有在留置权人已经合法占有债务人的动产的前提下，留置权才能成立。

第二，留置权是具有二次效力的担保物权。留置权作为担保物权，同样具有从属性、不可分性、物上代位性、价值权性、优先受偿性等担保物权的共性。但与其他担保物权不同的是，留置权具有二次效力性。留置权的第一次效力为留置效力，即债权人在债务人清偿债务前，有权就留置财产继续占有，并得对抗债务人对标的物的返还请求权。债务人欲使留置权人返还其物，须首先清偿债务或者另行提供为债权人所接受的担保，故此留置效力也具有同时履行抗辩权的性质。留置权的第二次效力是优先受偿效力，即当债务人不履行到期债务，经催告后仍不履行的，留置权人有权拍卖、变卖留置财产，或以留置财产折价以使自己与留置财产有牵连关系的债权优先得到清偿。

第三，留置权是法定担保物权。当符合一定条件时，依法律规定当然发生债权人的留置权，而无须有合同的事先约定。这是留置权与抵押权、质权的重要区别。应注意的是，留置权虽为法定权利，但当事人可以在基础合同中事先约定排除。

二、留置权的成立

留置权是法定担保物权，其产生不以当事人协商一致为条件，不存在依民事法律行为而设立的问题。因此，当符合法定条件时留置权当然产生，除非当事人约定排除。依据《民法典》的规定，留置权的成立须具备以下要件：

第一，债权人已经合法占有债务人的动产。留置权系为担保债权而成立，故留置权人自然须为债权人。但并非任何债权人都可以享有留置权，只有债权人以合法的原因已经先行占有债务人的动产时，才有可能发生留置权。应当注意的是：(1) 这里的占有，是指对物的实际控制，单纯的持有不能成立留置权。例如，雇员占有商店的财物的情况，性质上为持有，不得以此迫使店主支付工资。(2) 须有合法原因，通常为基于特定合同关系而占有他人的财产。例如，因保管、运输、承揽、行纪等合同，债权人自然应占有他人的保管物、托运物、定作人提供的材料、委托物等。(3) 标的物须为动产。关于留置财产是否限于动产，各国立法规定不尽一致，我国法律上将留置财产明确限定于动产。(4) 债权人占有的动产一般限于债务人本人所有的或有处分权的动产。

第二，债权与债权人所占有的动产之间存在牵连关系。留置权是为担保特定债权的实现而依法产生的担保物权，其适用范围应有必要的限制。否则，若允许债权人任意留置债务人的与债权无关的任何财产，则必将导致法律关系和法律秩序的混乱。因此，各国立法一般都以留置财产与所担保之债权间存在一定的牵连关系为留置权成立的必要条件。我国多数学者认为债权与动产的牵连关系包括三种情形：一是债权系由占有的动产本身而生（包括对标的物支出费用所生的费用偿还请求权、因标的物所生的损害赔偿请求权两类）；二是债权与该动产的返还义务系基于同一法律关系而生；三是债权与该动产的返还义务系基于同一事实关系而生。①《民法典》第448条规定："债权人留置的动产，应当与债权属于同一法律关系，但是企业之间留置的除外。"该条中的"同一法律关系"，实质上等同于牵连关系；"企业之间留置的除外"，是指企业之间的商事留置权的成立，不受"同一法律关系"的限定。依据《担保制度解释》第62条规定，债务人不履行到期债务，债权人因同一法律关系留置合法占有的第三人的动产，有权主张就该留置财产优先受偿，第三人无权以该留置财产并非债务人的财产为由请求返还。企业之间留置的动产与债权并非同一法律关系，债务人有权以该债权不属于企业持续经营中发生的债权为由请求债权人返还留置财产；企业之间留置的动产与债权并非同一法律关系，债权人留置第三人的财产，第三人有权请求债权人返还留置财产。

第三，债权已届清偿期。留置权系基于公平观念，于债务人未清偿其债务前，债权人得留置债务人之动产而拒绝返还的权利。如债权未届清偿期，债权人无请求债务人清偿其债务的权利，此时就允许债权人留置债务人的动产，则显失公允。因此，债权已届清偿期，为留置权之发生要件。但作为例外，债务人无支付能力，尤其是已受破产宣告时，债权人的债权即使未届清偿期，债权人也有留置权，但债权人须证明债务人无支付能力。

第四，不存在留置权成立的法定或约定障碍。这些障碍一般称为留置权成立的消极要件，主要有以下情形：

（1）行使留置权违反公序良俗。例如，对支援灾区的救援物资，其保管人、运输人、加工人不得主张费用未付而留置该物资。又如尸体之运送人，不得以运费未付而对尸体主张留置权。另外，如留置的财产足以造成债务人公法上障碍，或留置维持债务人生活上或职业上所必要的财产，也应认为违反公序良俗。前者如扣留债务人之身份证、户口簿等；后者如留置债务人必需的炊饭器具、技工之谋生工具等。

（2）合同约定排除留置权。留置权虽为法定担保物权，其发生无须约定，但法律上允许当事人在有关合同中约定不得留置的财产或排除留置权的适用（《民法典》第449条）。

（3）行使留置权与债权人所承担的义务或合同的特殊约定相抵触。例如，承运人负有将承运的货物运送到目的地的义务，承运人不得以托运人不支付运费为由而留置货物不予运送。又如，承揽合同约定承揽人须先交付工作成果并经定作人验收合格后方才支付剩余款项，则因承揽人应依约先行交付标的物而导致留置权不能发生。

三、留置权的效力

（一）留置权所担保债权的范围

依据《民法典》第389条规定，留置权的担保范围包括主债权及其利息、违约金、损害赔偿金、留置物保管费用和实现留置权的费用。

---

① 参见梁慧星、陈华彬：《物权法》（第七版），法律出版社2020年版，第393页。

（二）留置权标的物的范围

留置财产并不限于动产本身，还应包括该动产的从物、孳息及其代位物。留置财产为可分物的，留置财产的价值应当相当于债务的金额（《民法典》第450条）。当然，留置财产为不可分物的，留置权人在债权未受全部清偿前，可以就留置财产的全部行使留置权。

（三）留置权人的权利和义务

1. 留置权人的权利

（1）留置占有的动产的权利。留置权本身即为占有性担保物权，留置权人于债权未受清偿前，自有扣留标的物、拒绝予以返还的权利。

（2）收取留置财产所生孳息的权利。依据《民法典》第452条规定，留置权人有权收取留置财产的孳息。该孳息应当先充抵收取孳息的费用。

（3）为保管之目的而使用留置财产的权利。留置财产在留置权人占有期间，留置权人负有谨慎保管的义务，并不享有留置财产的使用权，只有在为有效地保管留置财产的限度内方可使用。例如，为防生锈而使用机械、电器。

（4）实行留置权并优先受偿的权利。当法定条件成就时，留置权人享有就留置财产折价或以其变价优先受偿债权的权利。需要说明的是，债权已届清偿期只是留置权的成立条件，而非留置权的实行条件。留置权人要实际变价或者以留置财产折价使自己的债权得到清偿，尚须以债务人经催告仍不履行债务超过一定期限为必要。对此，《民法典》第453条规定："留置权人与债务人应当约定留置财产后的债务履行期限；没有约定或者约定不明确的，留置权人应当给债务人六十日以上履行债务的期限，但是鲜活易腐等不易保管的动产除外。债务人逾期未履行的，留置权人可以与债务人协议以留置财产折价，也可以就拍卖、变卖留置财产所得的价款优先受偿。留置财产折价或者变卖的，应当参照市场价格。"第455条规定："留置财产折价或者拍卖、变卖后，其价款超过债权数额的部分归债务人所有，不足部分由债务人清偿。"

留置权人的优先受偿权的内容，与抵押权、质权大致相同，但应注意的是，留置权的效力优先于抵押权、质权，即"同一动产上已经设立抵押权或者质权，该动产又被留置的，留置权人优先受偿"（《民法典》第456条）。

2. 留置权人的义务

（1）妥善保管留置财产的义务。依据《民法典》第451条，留置权人负有妥善保管留置财产的义务；因保管不善致使留置财产毁损、灭失的，应当承担赔偿责任。

（2）不得擅自使用、出租或处分留置财产。留置权人擅自为此行为给留置财产所有权人造成损失的，应当承担赔偿责任。

（3）返还留置财产的义务。当留置权担保的债权因清偿而消灭，或者留置权人接受债务人另外提供担保而导致留置权消灭时，留置权人负有返还留置财产的义务（《民法典》第457条）。

（四）留置财产所有权人的权利

1. 损害赔偿请求权与留置财产返还请求权

在留置权法律关系中，留置权人负有妥善保管留置财产与债权受偿后返还留置财产的义务，当留置权人违反此项义务时，留置财产所有权人也就相应地享有留置财产损害赔偿请求权与返还请求权。

2. 留置财产的处分权

留置权成立后，留置财产的所有权人并不丧失所有权，有权对留置财产为法律上处分，但该项处分不得影响留置权的效力。

3. 请求留置权人及时行使留置权的权利

依据《民法典》第 454 条规定，债务人可以请求留置权人在债务履行期限届满后行使留置权；留置权人不行使的，债务人可以请求法院拍卖、变卖留置财产。

四、留置权的消灭

留置权的消灭原因，除主债权受偿、留置权的实行等之外，还有下列三种。

（一）担保的另行提出

留置权的作用在于担保债权受偿，若债务人为债务的履行另行提供了有效的担保，留置权即无存续的必要。因此，《民法典》第 457 条规定，债务人另行提供担保并被债权人接受的，留置权消灭。

（二）留置财产占有的丧失

留置权以债权人对留置财产的占有为其成立与存续要件，因此，留置权因留置财产的占有之丧失而消灭。占有丧失的原因可分为两种：一是出于留置权人自己的意思，而将留置财产返还给债务人。此种情况实际上等同于抛弃留置权，自然将导致留置权消灭。二是非出于留置权人自己的意思而丧失占有，如占有的留置财产被侵夺等。在这种情况下，留置权人如能依占有保护的规定请求返还留置财产，则仅属暂时而非确定的丧失占有，故在返还请求权的行使期限届满前，留置权不消灭。

（三）债权清偿期的延缓

留置权的实行，以债权已届清偿期而未受清偿为前提，因此，债权人若嗣后同意延缓债权的清偿期，则不能再认为债务已届期而未履行，因而也就欠缺了留置权的成立要件，原已发生的留置权应归于消灭。但其后债务人于延缓期届满时仍未履行其义务的，若符合留置权发生的其他条件，则可再行成立留置权。

自测习题　　案例分析　　案例分析参考答案

第十五章　占有

■【导语】

在现实生活中，人们会遇到这样的事例：某人违章建筑一小屋而被他人强占，法律是否给予保护？有人将你的东西拿走，你会生气地说："快把拿我的东西还给我！"而那人却辩称："凭什么说那是你的东西？"在你无确切的证据证明那是你的东西时，你又该怎么办？这是本章所述占有制度要解决的问题。

第一节　占有概述

一、占有的概念和特点

通说认为，占有是指占有人对于物有控制与支配的管领力的事实状态。在占有法律关系中，主体为管领物之人，即占有人；客体为被管领之物，即占有物。

占有具有如下特点：

第一，占有关系以物为客体。作为一种事实状态的占有，反映的是一种人对物的管领关系，其客体为有体的动产和不动产。不过作为占有客体的物，并不以独立物为限，物的一部分或构成部分亦可成为占有的客体，如将他人的墙壁用于做广告。

第二，占有人须对标的物有事实上的管领力。占有的成立须占有人对物有事实上的管领力。所谓事实上的管领力，是指对物的事实上的控制与支配。所谓控制，是指物处于占有人的管理或影响之下；所谓支配，是指占有人能够对物加以一定的利用。通常对于动产的占有表现为控制，而对不动产的占有表现为利用。某人的控制与支配力能否及于某物，应依社会一般观念，并结合空间关系、时间关系以及法律关系确定。空间关系是指人与物在空间上有一定的、足以使他人认识的结合关系。占有不以对物有物理上的直接控制与支配为必要，依社会一般观念，只要某物并未脱离某人的控制与支配力，就可认为该人与该物有事实上的结合关系。时间关系是指人与物的关系在时间上须有相当的继续性，使他人能足以认为该物为该人事实上所控制与支配。短暂的控制因不能建立确定的支配关系，不能成立占有。法律关系是指当人与物有某种法律关系存在时，即使没有空间或时间上的结合关系，仍可有占有的成立。

第三，占有是一种为法律所保护的事实。罗马法认为，占有是一种受法律保护的事实，不管占有人是真正的权利人还是盗贼等非法占有人，法律出于维护社会的和平与秩序等目的皆对其予以保护。而日耳曼法上则因占有为权利的外衣而认为其是一种物权。现代民法对此也有争论，有的认为占有是一种权利（占有权），理由是从法理上讲，权利就是利益加法力，占有本身无疑是存在利益的，而这种利益又得到了法律的承认与保护。但更多的人则认为，占有是一种事实。法律上确立占有制度，旨在保护对物的事实支配状态，而不问是否具有法律上的正当权利。从另一方面讲，将占有定为一种事实而非权利，也有助于对占有人的保护。因为占有人不必为其具有权利而举证证明，仅基于其占有的事实即可要求保护。我国通说认为，占有是一种受法律保护的对物为控制管领的事实，《民法典》也是从事实状态的角度规定占有制度的。

二、占有的分类[①]

（一）自主占有与他主占有

根据占有的占有人是否以所有的意思进行占有，可将其分为自主占有与他主占有。自主占有是指占有人以自己所有的意思对物进行的占有；他主占有是指占有人非以所有的意思对物进行的占有。基于占有媒介关系（如租赁、保管、运输）占有他人之物的，皆属他主占有。自主占有不以对物有所有权为必要，误认他人之物为自己所有而进行占有、盗贼对盗窃物的占有，皆可构成自主占有。另外，他主占有可经过向权利人明示自己所有的意思而变更为自主占有。

区分二者的意义在于，时效取得及先占取得所有权等，均须以自主占有为要件。

（二）有权占有与无权占有

根据占有是否有真正的权利基础，可将其分为有权占有与无权占有。有权占有又称有权原的占有、有本权的占有，是指有法律上的根据或原因的占有，如保管人、承租人、质权人对标的物的占有。无权占有又称无权原的占有、无本权的占有，是指没有法律上的根据或原因的占有，如对赃物、遗失物的占有。

区分二者的意义在于，两者受法律保护的程度不同。有权占有人可以基于其占有权对抗任何人，而无权占有人则不能对抗权利人返还原物的主张。例如，承租人可在租赁期内对抗出租人返还租赁物的主张；遗失物的拾得人在所有权人请求返还时，则应予以返还。

（三）善意占有与恶意占有

根据占有的无权占有人的主观状态，可将其分为善意占有与恶意占有。善意占有是指占有人不知道或不应知道自己无占有的权利而为的占有；恶意占有是指占有人明知无占有的权利或对有无占有的权利有所怀疑而仍然进行的占有。在善意占有中，根据占有人有无过失，可

---

① 由于《民法典》未规定取得时效、先占制度，所以对于占有类型等事项的规定也颇为简略。

以再分为过失占有与无过失占有。严格地说,只有不知自己无占有的权利且无重大过失者,方构成善意占有。

区别二者的意义在于:第一,在时效取得中,时效期间不同(如不少立法例上规定,动产时效取得的期间一般为10年,但占有之始为善意的,期间则为5年);第二,善意取得以善意占有为要件;第三,占有人对于回复请求权人的权利义务因其占有为善意或恶意而有所不同。

(四)直接占有与间接占有

根据占有的占有人是否直接占有标的物,可将其分为直接占有与间接占有。直接占有标的物的,为直接占有;不直接占有标的物,但对于物的直接占有人有返还请求权因而间接对该物有管领力的,称为间接占有。例如,质权人、承租人、保管人等,皆为直接占有人;出质人、出租人、寄托人等,则为间接占有人。

区分二者的意义在于,间接占有不能独立存在,间接占有人与直接占有人之间必须存在一定的法律关系。严格地说,间接占有并非真正的占有,所以占有的保护有时仅限于直接占有人。

(五)自己占有与辅助占有

根据占有的占有人是否亲自对标的物进行占有,可将其分为自己占有与辅助占有。自己占有是指占有人亲自对标的物进行的占有;辅助占有是指基于特定的从属关系,受他人指示而对标的物为事实上的管领,如营业员对店内货物的占有。

区分二者的意义在于,辅助占有不能独立存在,交易时应认清真正的占有人。

(六)单独占有与共同占有

根据占有的人数,可将其分为单独占有与共同占有。单独占有是指占有人为一人的占有,共同占有是指二人以上对物的占有。

区分二者的意义在于,在共同占有时,各占有人就物的使用不得互相请求占有的保护,共有的一些规则准用于共同占有。

(七)和平占有与强暴占有

根据占有的手段不同,可将其分为和平占有与强暴占有。以强暴手段而为的占有,为强暴占有(如抢夺或抢劫他人财物而为的占有)。反之,则为和平占有。

区分二者的意义在于,时效取得之成立须以对物的和平占有为必要。

(八)继续占有与不继续占有

根据占有的时间是否间断,可将其分为继续占有与不继续占有。时间上继续无间断的占有为继续占有,反之为不继续占有。

区分二者的意义在于,时效取得一般以继续占有为条件。

（九）公然占有与隐秘占有

根据占有的方法，可将其分为公然占有与隐秘占有。公然占有是指不以隐藏方法避免他人发现而为的占有，反之则为隐秘占有。

区分二者的意义在于，时效取得的成立以对物的公然占有为必要条件。

第二节 占有的取得和消灭

一、占有的取得

占有的取得也称占有的发生，是指占有人依照某种事实或原因对物产生了事实上的支配与控制。与所有权的取得类似，占有的取得也分为原始取得和继受取得。

（一）占有的原始取得

占有的原始取得是指不以他人既存的占有为根据而取得的占有。例如，无主物的先占、遗失物的拾得、抢夺物的占有。占有的原始取得不以占有人的意思表示为要素，因此是事实行为而非民事法律行为，并不要求占有人取得占有时具有民事行为能力，但占有人须有占有的意思。占有原始取得的标的物既可以是动产，也可以是不动产；占有取得人可亲自占有，也可由其辅助人占有。作为一种事实状态的占有，与所有权的取得并无必然联系，是否能取得标的物的所有权，应依法律的规定而确定。

（二）占有的继受取得

占有的继受取得是指基于他人的占有而取得的占有。占有虽然是一种事实，但现代各国民法均承认占有具有转移性，可以继受的方式取得。占有的继受取得，主要有以下两种原因。

1. 占有的让与

占有的让与是指占有人以民事法律行为将其占有物交付于他人，受让人因此而取得占有。占有的让与须具备两个条件：第一，占有人须有让与占有的意思表示。非依占有人的意思发生的占有转移，如物之窃取，可能发生占有的原始取得而不能发生继受取得。第二，须交付占有物。只有物的交付才能使受让人得以对标的物形成事实上的管领，这是让与占有成立的必要条件。与所有权的转移不同的是，对于不动产的让与占有，也须有交付才能成立。

2. 占有的继承

占有虽只是一种事实，但其有法律上的利益且不具人身专属性，故可以继承。对于占有转移至继承人的时间，通说认为，占有从继承开始时即发生效力，不要求继承人知悉继承事实的发生，也不要求继承人事实上已管领其物或存在交付行为。可见，占有的继承完全系出于法律之拟制，与占有的让与中须受让人对于物具有事实上的管领力显有不同。①

① 参见谢在全：《民法物权论》（下册），中国政法大学出版社 2011 年版，第 1169 页。

占有继受取得的效力是占有的受让人或继承人可以主张将自己的占有期间与前占有人的占有期间合并计算，以享受取得时效期间计算上的利益。但占有人如主张合并计算的，应当在享有前占有人期间利益的同时承继前占有人的占有状态，前占有人的占有存在瑕疵的，后一占有人应一并承受。如果继承人或受让人单独主张自己的新占有，则无须承受前占有的瑕疵。是否主张占有的合并计算，继承人或受让人有选择的权利。

二、占有的消灭

如果占有人对标的物事实上的支配力与控制力不复存在，占有便归于消灭。对于占有物的管领力丧失之确定，须就具体事实并依法律规定及一般社会观念予以认定。至于导致占有人丧失管领力的原因是民事法律行为还是事实行为抑或自然力，是否基于占有人的意思等，均非所问。但需注意的是，占有人对占有物的管领力的丧失，须为确定的、持续的丧失。如果仅是一时不能实行管领，或非出于自己意思丧失管领但仍能够依法诉请追回的，则占有并不消灭。

当占有人丧失对物的支配力而致其占有消灭时，如果客体尚存，则不妨碍他人再行取得占有。

第三节　占有的效力

占有的效力是指占有所具有的法律上的证明力和强制力，也就是指法律为了平衡占有关系中各主体的权益而对其权利义务所作的强制性配置。占有的效力主要体现了对占有人的保护，同时也兼顾了真正权利人和社会整体的利益。占有的效力主要有状态推定效力、权利推定效力、时效取得的效力、善意取得的效力、占有人的权利义务等。这里只对占有的状态推定效力、权利推定效力和占有人的权利义务作一说明。

一、占有的状态推定效力

占有的状态推定效力是指在无相反证据证明的情况下，法律推定占有人的占有为自主、善意、和平、公开的占有，以及在能证明前后两端为占有时推定为无间断的继续占有。换言之，法律上直接推定占有人的占有为无瑕疵的占有，但有相反证据证明的除外。

占有状态的推定，当然可以反证推翻，否定占有状态推定效力者应负举证责任。

二、占有的权利推定效力

占有的权利推定效力是指基于占有之背后真实权利存在的盖然性，法律所作的占有人基于其占有而产生的各种权利外像具有真实的权利基础的推定。占有的权利推定，是占有的最主要的效力。

关于占有的权利推定效力，应说明如下几点：第一，占有人在占有物上行使的权利，推定其合法有此权利。占有人在占有物上行使的权利可为依占有所表现的一切权利,不限于物权,也包括债权。例如,占有人于占有物上行使所有权或质权时,就推定其有所有权或质权;于占有物上行使租赁权或借用权时,也推定其有该权利。但是,不以占有为内容的权利,如抵押权等,不在推定之列。第二,受权利推定的占有人不承担有权占有的举证责任。但当他人提出反证证明其无占有的权利时,占有人负有推翻反证的举证责任。第三,权利的推定效力,不仅占有人可以主张,第三人也可以主张。例如,债权人对于债务人占有的动产,得主张该动产为债务人所有。第四,受权利推定的人,包括一切占有人,无论占有人的占有是否存在瑕疵。第五,权利的推定,既可以是为占有人的利益而为推定,也可以是为占有人的不利益而为推定。例如,推定占有人为所有权人,则物上的负担也应由占有人承受。第六,权利的推定仅具有消极的效力,占有人不得利用此项推定作为享有权利的证明。例如,占有人不得利用权利的推定而申请权利登记。

三、占有人的权利和义务

占有人的权利与义务,包括有权占有人的权利义务和无权占有人的权利义务。有权占有人可依其权利而不必借助占有进行自我保护,所以这里只重点阐述无权占有人的权利义务。该权利义务主要发生在两个方面:一是无权占有人基于占有物而发生的权利义务;二是无权占有人对于真正权利人的权利义务。概括而言,主要有如下几项。

(一)善意占有人的使用、收益权

善意占有人按权利推定规则,有权对占有物进行使用、收益,但善意占有人对占有物的使用、收益,应以其权利推定的范围为限。并且,只有当所推定的善意占有人的权利中有使用、收益的内容时,才可在其推定的权利范围内为使用、收益。如果被推定的权利本身就没有使用、收益的内容,如质权、留置权等,占有人则不能享有此项权益。

(二)费用求偿权

费用求偿权是在权利人请求返还原物时,占有人享有的请求其偿还有关费用的权利。有关费用一般分为必要费用与有益费用两种。必要费用是指为保持占有物的效用和价值,避免占有物的毁损灭失而支出的费用,如占有物的维修费、饲养费等;有益费用是指能使占有物增值的费用,如对占有物进行加工、对房屋改建所支出的费用等。

依据法理和各国法律的通行规定,善意占有人对占有物所支出的必要费用和有益费用,都有权要求权利人偿还。但有两点需要注意:一是如占有人在占有期间已就占有物取得孳息,则不再享有必要费用的求偿权,因为依一般观念,取得收益者亦应负担其必需费用;二是对有益费用的求偿以原物返还当时仍然存在的增加价值为限,如增加的价值于占有物返还时已不再存在,则物的权利人即不再负有偿还该费用的义务。

关于占有人的费用求偿权,《民法典》第 460 条规定:“不动产或者动产被占有人占有的,权利人可以请求返还原物及其孳息;但是,应当支付善意占有人因维护该不动产或者动产支出的必要费用。”其中只肯定了善意占有人的必要费用偿还请求权,对占有人的保护水平相对较低。

（三）返还占有物的义务

无论是善意占有人还是恶意占有人,对于真正权利人皆有返还占有物的义务。但对于占有期间收取的孳息,立法例上则通常区分占有为善意或恶意而有不同的处理。善意占有人对占有物有使用权、收益权,所以对权利人并无返还孳息的义务;恶意占有人所收取的孳息则应当返还给权利人,如孳息已因其过错而毁损灭失,则应偿还孳息的价金。但依据《民法典》第460条规定,无论恶意占有人还是善意占有人,均有返还原物及其孳息的义务。

（四）赔偿损失的义务

当占有物因可归责于占有人的原因而毁损灭失时,占有人负有向权利人赔偿损失的责任。但这种赔偿责任也因占有的善意、恶意而有不同:善意占有人因为对于占有物行使的权利被推定为合法,所以其对占有物的毁损灭失负有较轻的赔偿责任,适用不当得利的返还规则,善意占有人仅在其因占有物的毁损灭失所得到的利益范围内负赔偿责任;恶意占有人的占有既无法律上的根据,又缺乏道德上的正当性,在法律上没有保护的必要,因此,各国法律对于恶意占有人均规定了较重的责任。对于可归责于恶意占有人的占有物的毁损灭失,按侵权行为处理,占有人应负赔偿全部损失的责任。

关于占有人赔偿损失的义务,依据《民法典》规定,占有人因使用占有的不动产或者动产,致使该不动产或者动产受到损害的,恶意占有人应当承担赔偿责任(第459条)。占有的不动产或者动产毁损、灭失,该不动产或者动产的权利人请求赔偿的,占有人应当将因毁损、灭失取得的保险金、赔偿金或者补偿金等返还给权利人;权利人的损害未得到足够弥补的,恶意占有人还应当赔偿损失(第461条)。

第四节　占有的保护

一、物权法上的保护

（一）占有人的自力救济权

自力救济又称私力救济,是指当权利受到侵害或妨害时,权利人以自我保护力排除妨害,确保其权利得以实现的行为。占有虽不是权利,但也得适用自力救济的规则。占有被侵害时的自力救济权包括两种。

1. 自力防御权

自力防御权又称为占有防御权,是指占有人对侵夺或妨害其占有物的行为,得以自己的力量防卫的权利。自力防御权的行使,应当具备三个条件:一是只有直接占有人或辅助占有人才能行使此项权利。间接占有人既无对标的物的事实上管领,自然也无自力防御的问题。二是必须针对现存的侵夺或妨害行为而行使,对已过去的侵夺或妨害行为不得行使。三是恶意占有人及其他有瑕疵占有的占有人，如其占有为侵夺原占有人的占有而来，则其对于原占有人的就地追索或追踪取回，无自力防御权可言。

2. 自力取回权

自力取回权又称占有物取回权，是指占有人在占有物被侵夺后，有权立即以自力取回占有物而恢复占有的权利。通常情况下，被侵夺的占有物如为不动产，占有人应在被侵夺后即时排除；被侵夺之物如为动产，占有人可就地或追踪向加害人取回。但以暴力夺回，通常仍为法所不许。

（二）占有保护请求权

占有保护请求权又称占有人的物上请求权，是指占有人在其占有物被侵夺或妨害时，请求侵害人返还原物，或者请求防止及除去妨害的权利。占有保护请求权包括三种：占有物返还请求权（又称回复占有请求权）、占有妨害除去请求权（又称占有妨害排除请求权）和占有妨害防止请求权（又称占有妨害预防请求权）。其适用的情形与条件，与物权请求权的相应情形大致相同。

关于占有保护请求权，《民法典》第462条规定："占有的不动产或者动产被侵占的，占有人有权请求返还原物；对妨害占有的行为，占有人有权请求排除妨害或者消除危险；因侵占或者妨害造成损害的，占有人有权依法请求损害赔偿。占有人返还原物的请求权，自侵占发生之日起一年内未行使的，该请求权消灭。"

占有保护请求权与物权人的物权请求权作为对不同权益予以保护的两种制度，既有严格的区别，又可以协同发挥权益保护的效力。对于欲保护自己占有权益的人，可以根据条件而选择行使。就举证责任而言，主张占有保护请求权较为有利；如想获得终局、确定性的保护或者免受占有保护请求权的短期时效期间的限制，则应选择主张物权人的物权请求权。

二、债权法上的保护

（一）不当得利返还请求权

占有虽然只是一种事实状态，但因其具有法律上的利益而可以成为不当得利的客体。因占有产生的不当得利包括两种：一是因侵害他人占有而获得利益；二是因给付目的未达到而发生的不当得利。当合法占有人的占有被不法侵害后，可选择行使物权法上的请求权或者债权法上的请求权，于一定条件下亦可二者并用。

（二）侵权损害赔偿请求权

占有能否作为侵权行为的对象或客体，学理上有两种观点。否定说认为，占有仅为一种事实状态而非一种权利，与侵权责任法保护的对象不符，故不应成为侵权行为的客体。肯定说又有两种观点：一种观点认为，一旦法律承认了占有这一事实状态具有法律上的利益并对其予以保护，占有也就形成了一种权利，当然能成为侵权行为的客体；另一种观点认为，无论占有是否可以解释为权利，占有人在占有物上行使事实上的权利，可推定占有人享有一种利益或法益。

所以,占有可以成为侵权行为的客体,任何侵害合法占有者,皆应承担侵害占有的侵权责任。比较而言,肯定说中的后一种观点较为合理。

自测习题　　案例分析　　案例分析参考答案

第三编　合同总论

第十六章　债与合同概述

■【导语】

提到债，人们常会想到情债、孽债、欠债，这与民法中的债是否相同？买卖关系中的出卖人与买受人之间的关系是否属于债？合同是债产生的最重要原因，是双方当事人在市场交易中安排自己利益关系的“合意”。人们通过合同自产生到消灭的完整过程，在市场交易中实现了自己的自由，也实现了对他人自由的尊重。本章是对债和合同一般理论的阐述。

第一节　债的概述

一、债的概念和特点

债是按照合同约定或法律规定，在当事人之间产生的特定的权利义务关系。在债的关系中，享有权利的一方当事人称债权人，负有义务的一方当事人称债务人。

债具有如下特点：

第一，债是特定当事人之间的民事法律关系。债是平等主体之间有关财产流转的民事权利义务关系，与物权等民事法律关系相比，债的当事人即债权人和债务人都是特定的。如果债权人或者债务人不特定，那么“还债”或者“要债”都是不可能的。

第二，债是以债权债务为内容的民事法律关系。债的内容为债权债务，债权是债权人享有的权利，债务是债务人负担的义务。债权人有权请求债务人履行义务，但不能直接支配债务人的财产或人身。因此，债不以直接支配债务人的财产（有形或无形）或人身利益为内容。作为债的内容的债权与债务，都能用货币来衡量评价，所以，债是一种财产法律关系。

第三，债是以特定行为（给付）为客体的民事法律关系。债的客体是债权债务共同指向的对象，其实就是债务人的履行行为。债的内容是特定的，债务人的履行行为也是具体的、特定的，包括作为与不作为。

第四，债的发生原因具有多样性。债反映财产流转关系，这种财产流转关系既可由当事人约定，也可由法律直接规定；既可因合法行为发生，如因无因管理发生的债，也可因不法行为或事件发生，如因侵权行为或不当得利发生的债。

二、债的要素

（一）债的主体

债的主体又称债的当事人，是指在债的关系中享有债权的债权人和负担债务的债务人。债权人与债务人为债的双方主体，任何一方都既可为一人也可为两人以上。债的主体的最大特点是特定性，也就是说，不仅权利主体（债权人）是特定的，义务主体（债务人）也是特定的。在一些债中，一方仅享有权利，另一方仅负担义务；在多数债的关系中，当事人双方互为债权人与债务人。

（二）债的客体

债的客体又称债的标的，是指债权债务共同指向的对象。

传统大陆法系民法将债的标的称作“给付”，也就是债权人要求债务人所为的特定行为。就形式而言，给付与履行几乎相同，只是观察的角度不同而已。作为债的标的，给付必须符合三个条件：一是合法，即不违反法律的强制性规定和公序良俗；二是可能，即有实现的可能；三是确定，即自债成立之时起就具体明确。法律只能对给付作上述抽象规定，在不同种类的债中，给付的形态也不相同。

（三）债的内容

债的内容是债的主体双方之间的权利义务，也就是债权人享有的债权和债务人承担的债务。

1. 债权

债权是债权人享有的请求特定债务人为一定行为或者不为一定行为的权利（《民法典》第118条）。可见，债权具有如下特点：

（1）债权为请求权。债权人取得其利益，只能通过请求债务人给付来完成。因而，债权为请求权，而不属于支配权。债权人既不能直接支配债务人应给付的特定物，也不能直接支配债务人的给付行为，更不能直接支配债务人的人身。

（2）债权为相对权。债权债务仅存在于特定人之间，因而债权人只能向特定的债务人主张权利，即请求特定债务人为给付。正是就此意义上说，债权为相对权。对于债务人以外的第三人，因其与债权人间并不存在债权债务，债权人不能向其主张权利。

（3）债权的设立通常具有任意性。债依其发生的原因有意定之债与法定之债之分。意定之债是由当事人的意思决定的，当事人得自由地任意设定债权，法律并不加限制。《民法典》虽然也规定了一些典型合同，但是一方面当事人对于《民法典》中关于典型合同的任意性规范可以排除其适用，另一方面当事人也可以自行设定法律中没有明确规定的合同关系。法律不会因当事人自行设定的债权关系在法律上没有明确规定而不承认其效力。

（4）债权具有平等性。债权的平等性，是指数个债权人对于同一债务人先后发生数个债权时，各个债权具有同等的效力，并不因债权的发生先后而效力不同。例如，甲先后欠下乙、丙的货款,若丙先请求甲偿还了货款,其后,纵使甲的财产不足以清偿对乙的债务,乙也不能主张因自己的债权发生在前而先受清偿。

(5)债权无排他性。因为债权为请求权,而非支配权,债权人只能请求债务人为特定行为,而不能直接支配债务人的行为与标的物,因此,债权并无排他性。也就是说,就同一客体可以成立多个内容完全相同的债权。例如,甲将其电视机卖与乙,其后又将该电视机卖与丙,这两个买卖关系均可有效成立。

2. 债务

债务是债务人负担的应向债权人为特定行为即给付的义务。债务人应为的特定行为包括作为与不作为。在绝大多数情况下,债务人应为的行为是作为即积极行为,但在特殊场合也可以是不作为即消极行为,如竞业禁止义务。

债务有给付义务和附随义务之分,而给付义务又分为主给付义务与从给付义务。

主给付义务是指债的关系所固有的、必备的,并以之决定债的类型的基本义务。例如,出卖人交付标的物并转移其所有权的义务,买受人支付价金的义务,就是买卖关系的主给付义务。在双务合同中,此类给付义务,构成所谓的对待给付义务。从给付义务是指债务人负担的主给付义务以外的给付义务。从给付义务虽不能决定债的类型,却是完全满足债权人利益需要所必需的,债权人可以独立诉请债务人履行的义务,如买卖中出卖人交付产权证书或发票的义务。

附随义务是指给付义务以外的,随债的关系发展依诚信原则而产生的义务。附随义务的种类很多,大致包括注意义务、告知义务、照顾义务、说明义务、保密义务、忠实义务等。就其功能而言,附随义务可分为两类:一为有辅助功能的,即促进实现主给付义务,使债权人的给付利益获得最大可能的满足。例如,出卖人应对出卖的物品为相应的包装,以便于买受人安全携带。二为有保护功能的,即维护对方当事人人身或财产上的利益。例如,出卖车辆的,出卖人有告知车辆不良状况的义务。

三、债的发生原因

债的发生原因又称债的发生根据,是指产生债的法律事实。凡是能够引起债的关系发生的法律事实,都是债的发生原因。依据《民法典》第118条规定,债的发生原因主要有合同、侵权行为、无因管理、不当得利以及法律的其他规定。

(一)合同

依据《民法典》第119条规定,依法成立的合同,对当事人具有法律约束力。这种法律约束力就体现为在当事人之间产生债权债务关系。因合同而发生的债,称为合同之债。当事人不仅可以通过合同确立债的关系,而且可以通过合同变更或终止债的关系。

(二)侵权行为

依据《民法典》第120条规定,民事权益受到侵害的,被侵权人有权请求侵权人承担侵权责任。侵权行为是法律所禁止的行为,因实施侵权行为给他人造成损害的,依法应当承担侵权责任。侵权责任通常也是通过债的方式实现的,因此,侵权行为也是债的发生原因。

（三）无因管理

依据《民法典》第121条规定,没有法定的或者约定的义务,为避免他人利益受损失而进行管理的人,有权请求受益人偿还由此支出的必要费用。无因管理成立后,在管理人与本人(受益人)之间即发生债权债务关系,管理人有权请求本人偿还其管理事务而付出的必要费用,本人有义务偿还。

（四）不当得利

依据《民法典》第122条规定,因他人没有法律根据,取得不当利益,受损失的人有权请求其返还不当利益。因不当得利的出现,取得不当利益的一方应当将其得到的利益返还给另一方,另一方有请求其返还的权利。因此,不当得利也是债的发生原因。

（五）法律的其他规定

除合同、侵权行为、无因管理、不当得利之外,法律规定的其他原因也可以导致债的发生,如缔约过失、悬赏广告等。

四、债的分类

（一）单一之债与多数人之债

根据债的主体上的特点,可将其分为单一之债与多数人之债。

单一之债是指债权主体一方和债务主体一方都仅为一人的债;多数人之债是指债权主体和债务主体至少有一方为二人以上的债。

区分单一之债与多数人之债的意义在于,这两类债的复杂程度不同。在单一之债中,债权主体和债务主体双方都仅为一人,当事人之间的权利义务关系简单明了。而在多数人之债中,因为至少有一方主体为二人以上,所以当事人之间不仅有债权主体与债务主体双方之间的债权债务关系,而且在多数一方当事人之间还有相互间的权利义务关系,当事人之间的关系比较复杂。对于多数人之债,只有正确地确定多数人一方当事人之间的关系的性质,才能正确地确定当事人之间的权利义务和责任。

（二）按份之债与连带之债

在多数人之债中,根据多数人的一方当事人享有权利和承担义务的情况,可将其分为按份之债与连带之债。

按份之债是指债的多数当事人一方各自按照确定的份额分享权利或者分担义务的债。依据《民法典》第517条规定,债权人为二人以上,标的可分,按照份额各自享有债权的,为按份债权;债务人为二人以上,标的可分,按照份额各自负担债务的,为按份债务。如果按份债权人或者按份债务人的份额难以确定的,则视为份额相同。在按份之债中,各债权人的债权或各债务人的债务各自独立，相互之间没有连带关系，对某一债权人或某一债务人发生效力的事项，对其他债权人或债务人不发生影响。

连带之债是指多数债权人中的任何一人都有权请求对方履行全部债务，或者多数债务人中的任何一人都有义务向债权人履行全部债务的债。依据《民法典》第 518 条规定，连带之债包括连带债权和连带债务，均须由法律规定或者当事人约定。债权人为二人以上，部分或者全部债权人均可以请求债务人履行债务的，为连带债权；债务人为二人以上，债权人可以请求部分或者全部债务人履行全部债务的，为连带债务。连带之债既发生当事人之间的内部效力，也发生当事人之间的外部效力。就连带债务的内部效力而言，连带债务人之间的债务有份额之分，连带债务人之间的份额难以确定的，视为份额相同。因此，实际承担债务超过自己份额的连带债务人，有权就超出部分在其他连带债务人未履行的份额范围内向其追偿，并相应地享有债权人的权利，但是不得损害债权人的利益；其他连带债务人对债权人的抗辩，可以向该债务人主张；被追偿的连带债务人不能履行其应分担份额的，其他连带债务人应当在相应范围内按比例分担（《民法典》第 519 条）。就连带债务的外部效力而言，依据《民法典》第 520 条规定，主要包括如下几个方面：（1）部分连带债务人履行、抵销债务或者提存标的物的，其他债务人对债权人的债务在相应范围内消灭；（2）部分连带债务人的债务被债权人免除的，在该连带债务人应当承担的份额范围内，其他债务人对债权人的债务消灭；（3）部分连带债务人的债务与债权人的债权同归于一人的，在扣除该债务人应当承担的份额后，债权人对其他债务人的债权继续存在；（4）债权人对部分连带债务人的给付受领迟延的，对其他连带债务人发生效力；（5）对于连带债务人中的一人发生诉讼时效中断效力的事由，应当认定对其他连带债务人也发生诉讼时效中断的效力（《诉讼时效规定》第 15 条第 2 款）。关于连带债权的效力，《民法典》第 521 条规定："连带债权人之间的份额难以确定的，视为份额相同。实际受领债权的连带债权人，应当按比例向其他连带债权人返还。连带债权参照适用本章连带债务的有关规定。"例如，对于连带债权人中的一人发生诉讼时效中断效力的事由，应当认定对其他连带债权人也发生诉讼时效中断的效力（《诉讼时效规定》第 15 条第 1 款）。

区分按份之债与连带之债的主要意义在于：二者所发生的效力不同。按份之债的各债权人的债权或各债务人的债务都是各自独立的，相互之间没有连带关系，对某一债权人或某一债务人发生效力的事项，对其他债权人或债务人不发生效力。按份债权人只能就自己享有的债权份额请求债务人履行，按份债务人只就自己分担的债务份额负清偿责任，因此，按份之债只发生对外效力，一般不发生对内效力。但连带之债既发生对外效力，也发生对内效力：连带之债的各债权人的债权或各债务人的债务并不是各自独立的，而存在连带关系，对某一债权人或某一债务人发生效力的事项，对其他债权人或债务人同样发生效力。

（三）种类物之债与特定物之债

根据债的标的物的性质，可将其分为种类物之债与特定物之债。

种类物之债是指以种类物为标的物的债。种类物之债的标的物应有确定或可以确定的数量，这是种类物之债的成立条件。如果以种类物的全部为给付标的物，则不构成种类物之债。种类物之债除所指示的种类物的数量须确定外，给付的标的物的品质也应确定。

特定物之债是指以特定物为标的物的债。这种特定物可以是独一无二的物，如某幅古字画;也可以是由当事人指定的物,如某一台电视机。在特定物之债中,债务人负有交付特定标的物的义务,债权人也只能要求债务人交付特定的标的物。

区分种类物之债与特定物之债的主要意义在于:第一,在种类物之债中,债务人可以给付同种类的物来履行债务;在特定物之债中,债务人只能以给付特定的标的物来履行债务,债权人也只能请求债务人给付特定物。第二,种类物之债的标的物发生灭失时,通常不发生履行不能,只有当该种类物全部灭失而不存在或者即使没有全部灭失但履行成本过高时,才会发生履行不能;特定物之债的标的物发生灭失时,发生债的履行不能。如标的物的灭失是因不可归责于债务人的事由发生的,债务人可以免责。

(四)简单之债与选择之债

根据债的履行是否可以选择,可将其分为简单之债与选择之债。

简单之债又称单纯之债、不可选择之债,是指债的履行标的只有一种,当事人只能按照该种标的履行的债。当事人不仅不能选择其他的标的履行,而且在履行时间、方式、地点等方面都无可选择的余地。

选择之债是指债的履行标的有多项,当事人须从中选择一种来履行的债。在选择之债中,选择权的归属对当事人的履行利益有重要影响。对此,《民法典》第 515 条规定:“标的有多项而债务人只需履行其中一项的,债务人享有选择权;但是,法律另有规定、当事人另有约定或者另有交易习惯的除外。享有选择权的当事人在约定期限内或者履行期限届满未作选择,经催告后在合理期限内仍未选择的,选择权转移至对方。”可见,选择之债的选择权原则上归属于债务人。同时,基于选择权对合同履行可能发生的影响,选择权的行使应当通知对方。对此,《民法典》第 516 条规定:“当事人行使选择权应当及时通知对方,通知到达对方时,标的确定。标的确定后不得变更,但是经对方同意的除外。可选择的标的发生不能履行情形的,享有选择权的当事人不得选择不能履行的标的,但是该不能履行的情形是由对方造成的除外。”可见,选择权人确定标的后,原则上不得变更,应按照确定的标的履行。

(五)金钱之债与非金钱之债

根据债的债务人履行债务的内容,可将其分为金钱之债与非金钱之债。

金钱之债是指债务人以支付一定金钱为内容的债;非金钱之债是指债务人非以支付金钱为内容的债,具体又可分为货物之债与服务之债。货物之债是指债务人须交付一定货物的债,服务之债是指债务人须提供一定服务的债。

区分金钱之债与非金钱之债的主要意义在于:金钱之债的标的物为金钱,而基于金钱的可替代性,金钱之债完全可以由第三人代替履行。当债务人不履行债务时,可以适用继续履行责任。例如,依据《民法典》第 579 条规定,当事人一方未支付价款、报酬、租金、利息,或者不履行其他金钱债务的,对方可以请求其支付。对于非金钱之债,如为货物之债,则原则上可以由第三人代替,也可以适用继续履行责任;如为服务之债,则原则上不能由第三人代替履行,也不适用继续履行责任。

第二节　合同概述

一、合同的概念和特点

（一）合同的概念

合同又称契约，是市场主体之间的交易关系在法律上的反映，是推动实现资源优化配置的法律形式，也是实现特定社会公共政策的中介。《民法典》第 464 条规定："合同是民事主体之间设立、变更、终止民事法律关系的协议。婚姻、收养、监护等有关身份关系的协议，适用有关该身份关系的法律规定；没有规定的，可以根据其性质参照适用本编规定。"可见，《民法典》规定的合同是广义的合同，包括财产合同与身份合同。同时，依对《民法典》第 215 条的体系解释和目的解释，财产合同又包括物权合同与债权合同。物权合同为能够产生物权的合同，而债权合同为仅产生债权的合同。狭义的合同仅指债权合同。身份合同即《民法典》第 464 条第 2 款规定的有关婚姻、收养、监护等身份关系的协议。

合同是意思表示一致的结果，是最典型的民事法律行为，合同关系也是最基本的债权债务关系。依据《民法典》第 468 条规定，非因合同产生的债权债务关系，适用相关法律规定；没有规定的，适用《民法典》合同编通则的有关规定，但是根据其性质不能适用的除外。例如，侵权之债适用《民法典》侵权责任编的规定，无因管理之债与不当得利之债适用合同编准合同的规定，而侵权之债、无因管理之债、不当得利之债的履行、保全、终止等适用《民法典》合同编通则的有关规定。

（二）合同的特点

从上述概念可知，合同具有以下特点：

第一，合同是平等主体的自然人、法人或非法人组织所实施的一种民事法律行为。合同是平等主体的自然人、法人或非法人组织之间为实现一定的民事目的而实施的行为，即民事法律行为。合同作为民事法律行为，意味着其以意思表示为核心要素。同时，《民法典》总则编关于民事法律行为的一般规定，在《民法典》合同编未作特别规定时，对合同均可适用。

第二，合同是两方以上当事人意思表示一致的民事法律行为。合同的成立须有两方以上的当事人参加，且须有各方的意思表示一致。只有一方的意思表示，或各方的意思表示不一致，都不能成立合同。因此，合同是一种双方或多方民事法律行为。

第三，合同以设立、变更或终止民事权利义务关系为内容。合同以发生一定的民事法律后果为目的，这种民事法律后果就是设立、变更或终止民事权利义务关系。可见，合同不仅可导致民事法律关系的产生，而且可以成为民事法律关系变更和终止的原因。

第四，合同关系具有相对性。以合同设立的民事法律关系（即合同关系）具有相对性，这是其不同于其他民事法律关系（尤其是物权法律关系）的重要特点。所谓合同关系的相对性，主要是指合同关系只能发生在特定的合同当事人之间，只有合同当事人一方能够向另一方基于合同提出请求或提起诉讼;与合同当事人没有发生合同上的权利义务关系的第三人不能依据合同向合同当事人提出请求或提起诉讼,也不应承担合同上的义务和责任。关于合同关系的相对性,《民法典》第465条第2款规定:“依法成立的合同,仅对当事人具有法律约束力,但是法律另有规定的除外。”

二、合同的分类

合同规则建立在对合同进行类型划分的基础上,因此,对合同的分类应有妥当的把握。一般来说,合同可以作出如下分类。

(一)有名合同与无名合同

根据法律是否对合同专设规范并赋予特定的名称,可以将其分为有名合同与无名合同。

有名合同又称典型合同,是指法律对其专门设有规范,并赋予名称的合同。有名合同的特点在于,法律对其确定了特定的名称和规则,为当事人订立和履行合同提供了便利。但法律对有名合同的规定,主要是规范合同的内容,而并非代替当事人订立合同。法律所规定的有名合同是相当多的,如《民法典》所规定的买卖合同等19类典型合同、《保险法》所规定的保险合同等。

无名合同又称非典型合同,是指法律尚未对其专设规范,也未赋予名称的合同。例如,在现实生活中存在的住宿合同、餐饮服务合同等都属于无名合同。无名合同又可分为三种:一是纯无名合同,即以法律全无规定的事项为内容的合同;二是混合合同,即在一个有名合同中规定其他有名合同事项的合同;三是准混合合同,即在一个有名合同中规定其他无名合同事项的合同。

区分有名合同与无名合同的法律意义在于:借助这种区分可以辨析二者在法律适用上的差别。关于无名合同的法律适用,《民法典》第467条第1款规定:“本法或者其他法律没有明文规定的合同,适用本编通则的规定,并可以参照适用本编或者其他法律最相类似合同的规定。”

(二)一方负担合同与双方负担合同

根据合同的当事人是仅一方负担给付义务还是双方都负担给付义务,可以将其分为一方负担合同与双方负担合同。

一方负担合同就是所谓的单务合同,是指合同当事人仅有一方负担给付义务的合同,如赠与合同、保证合同等。

双方负担合同又可区分为完全双务合同和不完全双务合同。完全双务合同是指当事人双方互负对待给付义务的合同,如买卖合同、租赁合同等;不完全双务合同是指双方都负担给付义务,但双方负担的给付义务并非对待给付,如没有特别约定支付报酬或不存在支付报酬交易习惯的委托合同等。在这类委托合同中,受托人负担处理委托事务的义务,委托人负担预付或事后补偿费用的义务,尽管委托人和受托人都负担给付义务,但并非对待给付。

区分一方负担合同与双方负担合同的法律意义在于:

第一，是否适用合同履行的抗辩权制度不同。在双方负担合同中，一般存在合同履行抗辩权制度的适用问题，如同时履行抗辩权、先履行抗辩权、不安抗辩权等；一方负担合同则不适用合同履行抗辩权制度。

第二，适用风险负担规则的法律效果不同。就双方负担合同中的完全双务合同而言，双方的权利义务互相依存、互为条件，如果因不可抗力导致一方当事人不能履行合同义务，依据《民法典》第 563 条第 1 款第 1 项的规定，合同当事人有权解除合同，不能履行合同义务的一方不再负担给付义务，同时也不得向对方主张对待给付。对方已经履行的，得主张恢复原状。而在一方负担合同中，如果负担给付义务的一方因不可抗力导致不能履行义务，在合同解除后，仅发生该方当事人不再负担给付义务的法律效果。

第三，当事人违约的法律效果不同。就双方负担合同中的完全双务合同而言，当事人一方违约，须承担违约责任；若对方已履行给付义务，可以请求强制责任人实际履行或承担其他违约责任。当事人一方违约符合合同解除条件的，在合同解除后，对方有权请求违约方返还受领的给付。而在一方负担合同中，当事人一方违约时，不会发生上述类似的法律效果。

（三）有偿合同与无偿合同

根据合同的当事人负担给付义务是否存在对价，可将其分为有偿合同与无偿合同。

有偿合同是指一方当事人负担给付义务，对方当事人需支付相应对价的合同。买卖合同、供用电（水、气、热力）合同、租赁合同、融资租赁合同等均为有偿合同。

无偿合同是指一方当事人负担给付义务，对方当事人无须支付对价的合同。赠与合同、保证合同为典型的无偿合同。

区分有偿合同与无偿合同的法律意义在于：

第一，合同的稳定性不同。在通常情形下，有偿合同的稳定性较无偿合同的稳定性强。例如，在赠与合同中，赠与合同的赠与人在赠与物的权利转移以前，得享有任意撤销权（《民法典》第 658 条第 1 款）。

第二，是否得适用买卖合同的有关规定不同。买卖合同以外的有偿合同得适用与买卖合同有偿性有关的规定（《民法典》第 646 条），而无偿合同不能适用与买卖合同有关的规定。

第三，当事人注意义务的程度有区别。在有偿合同中，负担给付义务的当事人注意义务的程度一般较无偿合同中负担给付义务的当事人注意义务程度要高（《民法典》第 660 条第 2 款、第 897 条）。

第四，对合同主体的要求不同。订立有偿合同的当事人，原则上应具备完全民事行为能力。限制民事行为能力人只能订立与其年龄、智力、精神健康状况相适应的有偿合同，但限制民事行为能力人以及无民事行为能力人可以成为无偿合同中的纯粹受益人。

第五，债权人行使撤销权的条件不同。如果债务人将其财产无偿转让给第三人，债权人在其他条件满足时，得行使撤销权撤销该无偿转让财产的行为；如果债务人将财产有偿转让给第三人，债权人只有在该第三人为恶意，并满足其他条件时，才可行使撤销权撤销债务人与第三人转让财产的行为（《民法典》第 538、539 条）。

第六，是否适用善意取得制度不同。如果无权处分人与善意第三人之间的交易行为为有偿，满足其他条件，发生善意取得制度的适用；如果无权处分人与善意第三人之间的交易行为为无偿,则不发生善意取得制度的适用。

(四) 诺成合同与实践合同

根据合同的成立是否以交付标的物或完成其他给付为要件,可将其分为诺成合同与实践合同。

诺成合同是指当事人各方意思表示一致即可成立的合同。诺成合同是合同的典型形态,大多数合同都是从当事人意思表示一致时成立的。《民法典》规定的买卖合同、供用电(水、气、热力)合同、赠与合同、借款合同(自然人之间的借款合同除外)、保证合同、租赁合同、融资租赁合同、保理合同、承揽合同、建设工程合同、运输合同、技术合同、仓储合同、委托合同、物业服务合同、行纪合同、中介合同、合伙合同都属于诺成合同。

实践合同又称要物合同,是指除当事人各方意思表示一致以外尚须交付标的物或完成其他给付才能成立的合同。例如,自然人之间的借款合同、保管合同等都属于实践合同。实践合同须由法律特别规定,相对于诺成合同,实践合同是特殊合同。

区分诺成合同与实践合同的法律意义在于:合同的成立时间不同。诺成合同自当事人意思表示一致时,合同即告成立;实践合同的当事人意思表示一致,合同并不成立,只有一方当事人交付标的物或完成其他给付后,合同才能成立。例如,《民法典》第 890 条规定:“保管合同自保管物交付时成立,但是当事人另有约定的除外。”

(五) 要式合同与不要式合同

根据合同是否应当依照法律、行政法规规定或者当事人约定采取特定的形式,可将其分为要式合同与不要式合同。

要式合同是指根据法律、行政法规规定或者当事人约定应当采取特定形式的合同。一般来说,法律所要求的特定形式为书面形式。但应当指出,并非采取书面形式的合同都是要式合同。合同是否属于要式合同,应当取决于法律、行政法规规定或者当事人约定。《民法典》第 135 条规定:“民事法律行为可以采用书面形式、口头形式或者其他形式;法律、行政法规规定或者当事人约定采用特定形式的,应当采用特定形式。”合同是民事法律行为的主要表现形式,因此,法律、行政法规规定或者当事人约定合同应当采取特定形式的,该合同即为要式合同。

不要式合同是指法律、行政法规或者当事人未对其形式作特别要求的合同。不要式合同的特点在于,当事人可以根据合同自由原则,约定合同的形式,不受法律、行政法规规定的限制。

区分要式合同与不要式合同的法律意义在于:对于要式合同,若当事人未采用法律、行政法规规定或者当事人约定的形式,则合同不能成立、生效。

(六) 主合同与从合同

根据合同相互间的主从关系,可将其分为主合同与从合同。

主合同是指不需要其他合同的存在即可独立存在的合同,如买卖合同。主合同的特点在于它能够独立存在,不以其他合同的存在为存在前提。

从合同是以其他合同的存在为存在前提的合同,如保证合同。从合同的主要特点在于其附属性,通常情况下,主合同消灭,从合同亦归于消灭。

区分主合同与从合同的法律意义在于:从合同的命运取决于主合同。主合同不存在,从合同也就不能存在;主合同转让,从合同也不能单独存在;主合同终止,从合同也随之终止。但是,从合同的存在与否以及是否有效,一般并不影响主合同的存在及效力。

(七) 一时性合同与继续性合同

根据合同的给付形态的不同,可将其分为一时性合同与继续性合同。

一时性合同是指因一次给付,义务即可履行完毕,合同关系即归于消灭的合同,如买卖合同、赠与合同等。

继续性合同是指合同的内容非一次给付即可完结,而是需持续进行给付行为,义务方才可履行完毕的合同。继续性合同的特点在于,时间因素在合同债务的履行上居于重要地位,总给付的内容系于应为给付时间的长度。继续性合同又可区分为固有的继续性合同和继续性供给合同。① 租赁合同、合伙合同属典型的固有的继续性合同;供用电(水、气、热力)合同属典型的继续性供给合同。

区分一时性合同与继续性合同的法律意义在于:第一,一时性合同的解除得具有溯及效力,而继续性合同的解除一般无溯及效力。第二,在合同当事人已经按照合同的约定履行义务的情况下,合同被确认不成立、无效、被撤销或确定不发生效力的,一时性合同应恢复原状;继续性合同则无法恢复原状,故应限制此时合同被确认不成立、无效、被撤销或确定不发生效力的溯及效力。

(八) 为订约人自己订立的合同与为第三人利益订立的合同

根据合同的订约人是为自己的利益还是为第三人利益订立合同,可将其分为为订约人自己订立的合同与为第三人利益订立的合同。

为订约人自己订立的合同又称利己合同,是指合同当事人为自己约定并享受利益的合同。为订约人自己订立的合同的特点在于,合同仅在订约当事人之间发生效力,完全体现了合同的相对性规则。

为第三人利益订立的合同又称利他合同,是指当事人为第三人设定了合同权利,由第三人取得利益的合同。在为第三人利益订立的合同中,第三人不是合同的订立人,也不是通过代理人订立合同。合同生效后,第三人有权决定是否接受该合同的权利。关于为第三人利益订立的合同,《民法典》第 522 条第 2 款规定:“法律规定或者当事人约定第三人可以直接请求债务人向其履行债务,第三人未在合理期限内明确拒绝,债务人未向第三人履行债务或者履行债务不符合约定的,第三人可以请求债务人承担违约责任;债务人对债权人的抗辩,可以向第三人主张。”

区分为订约人自己订立的合同与为第三人利益订立的合同的法律意义在于:第一,合同的订立目的不同。为订约人自己订立的合同的订约目的是为订约人自己取得一定利益,而为第

---

① 参见王泽鉴:《债法原理》(第二版,2022 年重排版),北京大学出版社 2013 年版,第 129 页。

三人利益订立的合同的订约目的是为第三人取得一定的利益。第二,合同的效力不同。在为第三人利益订立的合同中,第三人虽不是合同的订立人,但依合同直接取得了请求债务人履行义务的权利,义务人应直接向该第三人履行义务。

（九）预约合同与本约合同

根据当事人订立合同是否有事先约定关系,可以将合同分为预约合同与本约合同。

预约合同是指约定将来订立特定合同的合同;本约合同是指履行预约合同而订立的特定合同。关于预约合同,《民法典》第 495 条第 1 款规定:“当事人约定在将来一定期限内订立合同的认购书、订购书、预订书等,构成预约合同”。依据《合同通则解释》第 6 条规定,当事人以认购书、订购书、预订书等形式约定在将来一定期限内订立合同,或者为担保在将来一定期限内订立合同交付了定金,能够确定将来所要订立合同的主体、标的等内容的,应当认定预约合同成立。当事人通过签订意向书或者备忘录等方式,仅表达交易的意向,未约定在将来一定期限内订立合同,或者虽然有约定但是难以确定将来所要订立合同的主体、标的等内容,预约合同不成立。当事人订立的认购书、订购书、预订书等已就合同标的、数量、价款或者报酬等主要内容达成合意,符合合同成立条件,未明确约定在将来一定期限内另行订立合同,或者虽然有约定但是当事人一方已实施履行行为且对方接受的,应当认定本约合同成立。

区分预约合同与本约合同的法律意义在于:二者的性质和效力存在区别。一方当事人不依预约合同订立本约合同时,对方当事人只能请求其履行订立本约合同的义务,尚不得依约定的本约合同内容请求赔偿损害。但是,当事人一方不履行预约合同约定的订立合同义务的,对方可以请求其承担预约合同的违约责任(《民法典》第 495 条第 2 款)。依据《合同通则解释》第 7 条规定,预约合同生效后,当事人一方拒绝订立本约合同或者在磋商订立本约合同时违背诚信原则导致未能订立本约合同的,应当认定该当事人不履行预约合同约定的义务。认定当事人一方在磋商订立本约合同时是否违背诚信原则,应当综合考虑该当事人在磋商时提出的条件是否明显背离预约合同约定的内容以及是否已尽合理努力进行协商等因素。预约合同生效后,当事人一方不履行订立本约合同的义务,对方有权请求其赔偿因此造成的损失。这里的损失赔偿,当事人有约定的,按照约定;没有约定的,应当综合考虑预约合同在内容上的完备程度以及订立本约合同的条件的成就程度等因素酌定(《合同通则解释》第 8 条)。

自测习题　　案例分析　　案例分析参考答案

第十七章　合同的订立与效力

■【导语】

合同是人们从事市场交易的基本方式，如何订立合同是人们十分关心的问题。订立合同是交易的开始，也决定着交易的实际效果，讨价还价涉及双方的利益，也有明确的法律意义。本章阐述合同的形式和内容、合同订立的一般程序、合同成立的时间和地点、缔约过失责任、合同的效力等基本问题。

第一节　合同的形式和内容

一、合同的形式

合同的形式是指订立合同的当事人双方达成协议的表现形式，是合同内容的外观和载体。依据《民法典》第469条规定，当事人订立合同，可以采用书面形式、口头形式或者其他形式。书面形式是合同书、信件、电报、电传、传真等可以有形地表现所载内容的形式。以电子数据交换、电子邮件等方式能够有形地表现所载内容，并可以随时调取查用的数据电文，视为书面形式。

二、合同的内容

从实质意义上看，合同的内容是指合同当事人的权利、义务；从形式意义上看，合同的内容是指合同的条款。

（一）合同的提示条款

依据《民法典》第470条规定，合同的内容由当事人约定，一般包括下列条款：(1) 当事人的姓名或者名称和住所；(2) 标的；(3) 数量；(4) 质量；(5) 价款或者报酬；(6) 履行期限、地点和方式；(7) 违约责任；(8) 解决争议的方法。当事人可以参照各类合同的示范文本订立合同。

（二）合同的必要条款与非必要条款

合同的必要条款又称主要条款，是指合同成立必须具备的条款。合同若欠缺必要条款，则不能成立。当事人只有就必要条款达成一致,合同才能成立。合同的必要条款决定着合同的类型,一般无法依照法律的规定进行补充确定。确定合同必要条款的根据有三:一是法律的规定。凡法律规定某些合同必须具备的条款,则为合同的必要条款。依据《合同通则解释》第3条第1款规定,当事人对合同是否成立存在争议,能够确定当事人姓名或者名称、标的和数量的,一般应当认定合同成立,但是法律另有规定或者当事人另有约定的除外。可见,合同的当事人、合同标的和数量通常为合同的必备条款。二是合同的类型和性质。凡合同的类型和性质决定的合同必须具备的条款,为必要条款。三是当事人的要求。除法律规定和根据合同性质所确定的必要条款以外,凡当事人要求合同必须具备的条款,也属于合同的必要条款。

合同的非必要条款又称普通条款,是指合同必要条款以外的条款。非必要条款对于明确当事人的权利义务,具有与必要条款同样的意义,只是不影响合同的成立。合同的非必要条款包括以下类型:(1)法律未直接规定,也不是合同的类型和性质要求必须具备的,当事人无意使之成为主要条款的合同条款。例如,关于包装物返还的约定等。(2)当事人未写入合同中,甚至未协商过,但基于当事人的行为,或基于合同的明示条款,而理应存在的合同条款。(3)特意待定条款。即由当事人有意将其留待以后谈判商定,或由第三人确定,或根据具体情况加以确定的合同条款。

（三）合同的格式条款

依据《民法典》第496条第1款规定,格式条款是当事人为了重复使用而预先拟定,并在订立合同时未与对方协商的条款。关于格式条款的认定,《合同通则解释》第9条规定,合同条款符合《民法典》第496条第1款规定的情形,当事人不得仅以合同系依据合同示范文本制作或者双方已经明确约定合同条款不属于格式条款为由主张该条款不是格式条款;从事经营活动的当事人一方不得仅以未实际重复使用为由主张其预先拟定且未与对方协商的合同条款不是格式条款,但是有证据证明该条款不是为了重复使用而预先拟定的除外。

格式条件的优点是节省缔约时间、降低交易成本;而弊端也是显而易见的:因格式条款未经双方磋商,提供合同条款一方可能利用其优越的经济地位,制定不利于交易对方的内容。为保证格式条款的公平,《民法典》从程序和实体两个方面对格式条款进行了控制。在程序控制上,通过格式条款的说明和提示义务,确保当事人对格式条款有充分的了解。对此,《民法典》第496条第2款规定:“采用格式条款订立合同的,提供格式条款的一方应当遵循公平原则确定当事人之间的权利和义务,并采取合理的方式提示对方注意免除或者减轻其责任等与对方有重大利害关系的条款,按照对方的要求,对该条款予以说明。提供格式条款的一方未履行提示或者说明义务,致使对方没有注意或者理解与其有重大利害关系的条款的,对方可以主张该条款不成为合同的内容。”关于提示义务与说明义务的认定,《合同通则解释》第10条规定,提供格式条款的一方在合同订立时采用通常足以引起对方注意的文字、符号、字体等明显标识,提示对方注意免除或者减轻其责任、排除或者限制对方权利等与对方有重大利害关系的异常条款的,可以认定其已经履行《民法典》第496条第2款规定的提示义务。提供格式条款的一方按照对方的要求,就与对方有重大利害关系的异常条款的概念、内容及其法律后果以书面或者口头形式向对方作出通常能够理解的解释说明的,可以认定其已经履行《民法典》第496条第2款规定的说明义务。提供格式条款的一方对其已经尽到提示义务或者说明义务应当承担举证责任。对于通过互联网等信息网络订立的电子合同，提供格式条款的一方不得仅以采取了设置勾选、弹窗等方式为由主张其已经履行提示义务或者说明义务，但是其举证符合《合同通则解释》第10条第1、2款规定的除外。在实体控制上，通过对格式条款的效力进行控制，避免无效条款影响当事人的权利义务关系。依据《民法典》第497条规定，有下列情形之一的，该格式条款无效：(1) 具有民事法律行为的无效情形和免责条款的无效情形（包括造成对方人身损害、因故意或者重大过失造成对方财产损失的免责条款）；(2) 提供格式条款一方不合理地免除或者减轻其责任、加重对方责任、限制对方主要权利；(3) 提供格式条款一方排除对方主要权利。

（四）合同条款的解释

合同条款的解释是指当事人对合同条款的理解不一致以及各合同文本所使用的词句不一致或者相矛盾时，对该条款及词句的真实意思或者通常意思所作的理解和说明。依据《民法典》第466条第1款规定，当事人对合同条款的理解有争议的，应当依据《民法典》第142条第1款规定，确定争议条款的含义。合同文本采用两种以上文字订立并约定具有同等效力的，对各文本使用的词句推定具有相同含义；各文本使用的词句不一致的，应当根据合同的相关条款、性质、目的以及诚信原则等予以解释。依据《合同通则解释》第1条规定，解释合同条款时，应当以词句的通常含义为基础，结合相关条款、合同的性质和目的、习惯以及诚信原则，参考缔约背景、磋商过程、履行行为等因素确定争议条款的含义。有证据证明当事人之间对合同条款有不同于词句的通常含义的其他共同理解，不能按照词句的通常含义理解合同条款。对合同条款有两种以上解释，可能影响该条款效力的，应当选择有利于该条款有效的解释；属于无偿合同的，应当选择对债务人负担较轻的解释。

因格式条款的特殊性，法律对格式条款通常实行特殊解释规则。依据《民法典》第498条规定，格式条款的解释应遵循如下规则：对格式条款的理解发生争议的，应当按照通常理解予以解释；对格式条款有两种以上解释的，应当作出不利于提供格式条款一方的解释；格式条款和非格式条款不一致的，应当采用非格式条款。

第二节　合同订立的一般程序

合同的订立是指两个以上的民事主体就合同的内容达成一致的过程。民事主体订立合同的方式有多种，但主要是要约、承诺方式。

一、要约

（一）要约的概念和要件

《民法典》第472条规定："要约是希望与他人订立合同的意思表示，该意思表示应当符合下列条件：（一）内容具体确定；（二）表明经受要约人承诺，要约人即受该意思表示约束。"可见，要约是一方当事人以缔结合同为目的，向对方当事人所作的意思表示。由于要约尚不具备得以发生当事人所追求的法律效果的事实要件,因此要约并非民事法律行为。在要约中,发出要约的人为要约人,接受要约的人为受要约人。

要约成立必须具备特定的要件,这些要件主要包括:(1) 具有订立合同的意图。要约是以订立合同为目的的意思表示,要约中必须表明要约经受要约人承诺,要约人即受该意思表示的拘束。(2) 内容具体确定。依据《民法典》第 472 条规定,要约的内容必须具体确定。所谓"具体",是指要约的内容必须包含足以使合同成立的必要条款;所谓"确定",是指要约的内容必须明确,不能含糊不清,使受要约人不能理解要约人的真实意思。(3) 向特定当事人发出,仅在例外情形时可向不特定当事人发出,如设置自动售货机等。

(二) 要约与要约邀请、悬赏广告

首先,要约不同于要约邀请。依据《民法典》第 473 条规定,要约邀请又称要约引诱,是指希望他人向自己发出要约的表示。要约邀请并非意思表示,不产生意思表示的法律后果。要约邀请是当事人订立合同的预备行为,并非订立合同的必经阶段。根据我国司法实践和理论,可以从如下几方面来区分要约和要约邀请:第一,依法律规定作出区分。法律如果明确规定了某种行为为要约或要约邀请,即应按照法律的规定认定该行为为要约或要约邀请。例如,《民法典》第 473 条规定,拍卖公告、招标公告、招股说明书、债券募集办法、基金招募说明书、商业广告和宣传、寄送的价目表等为要约邀请;商业广告和宣传的内容符合要约条件的,构成要约。又如,依据《最高人民法院关于审理商品房买卖合同纠纷案件适用法律若干问题的解释》(以下简称《商品房买卖解释》)第 3 条规定,商品房的销售广告和宣传资料为要约邀请,但是出卖人就商品房开发规划范围内的房屋及相关设施所作的说明和允诺具体确定,并对商品房买卖合同的订立以及房屋价格的确定有重大影响的,构成要约。该说明和允诺即使未载入商品房买卖合同,亦应当为合同内容。第二,根据当事人的意愿来作出区分。即根据当事人已经表达出来的意思来确定当事人对其实施的行为主观上认为是要约还是要约邀请。第三,根据订约提议的内容是否包含了合同的必要条款来确定该提议是要约还是要约邀请。第四,根据交易的习惯来区分。

其次,要约不同于悬赏广告。悬赏广告是指以广告的方式公开表示对于完成一定行为的人给予报酬的意思表示。《民法典》第 499 条规定:"悬赏人以公开方式声明对完成特定行为的人支付报酬的,完成该行为的人可以请求其支付。"关于悬赏广告的性质,理论上有单方行为说与合同说之争。依据《民法典》第 499 条规定,在悬赏广告中,只要行为人依悬赏广告的内容完成了特定行为,该行为人即有权请求支付报酬。依此,《民法典》在悬赏广告的性质上采纳了单方行为说。

(三) 要约的生效、撤回和撤销

要约的法律效力又称要约的法律拘束力,主要涉及以下内容。

1. 要约生效的时间

《民法典》第 474 条规定:"要约生效的时间适用本法第一百三十七条的规定。"依据《民法典》第 137 条规定,要约以对话方式作出的,受要约人知道其内容时生效;以非对话方式作出的,到达受要约人时生效。要约以数据电文形式作出,受要约人指定特定系统接收数据电文

的，该数据电文进入该特定系统时生效；未指定特定系统的，受要约人知道或应当知道该数据电文进入其系统时生效。当事人对采用数据电文形式的意思表示的生效时间另有约定的，按照其约定。

2. 要约的法律效力

要约的法律效力主要包括以下两方面：首先，要约对要约人的拘束力。此种拘束力又称要约的形式拘束力或要约的不可撤销性，是指要约一经生效，要约人即受到要约的拘束，不得随意撤销或变更。其次，要约对受要约人的拘束力。此种拘束力又称要约的实质拘束力，也称要约的承诺能力或承诺适格，即受要约人在要约生效后即取得依其承诺导致合同关系成立的法律地位。

3. 要约的撤回和撤销

所谓要约的撤回，是指要约人在发出要约以后，要约生效之前，取消要约。依据《民法典》第 475 条规定，要约可以撤回。要约的撤回适用《民法典》第 141 条关于意思表示撤回的规定，即撤回要约的通知应当在要约到达受要约人之前或者与要约同时到达受要约人。所谓要约的撤销，是指要约人在要约生效以后，将该项要约取消，从而使要约的效力归于消灭。

撤销与撤回都旨在取消要约，但两者存在一定的区别：撤回发生在要约生效之前，而撤销则发生在要约生效以后、受要约人尚未作出承诺的期限内。由于撤销要约时要约已经生效，因此对要约的撤销必须有严格的限定。依据《民法典》第 476 条规定，如果要约中规定了承诺期限或者以其他形式明确规定要约是不可撤销的，或者尽管没有明示要约不可撤销，但受要约人有理由信赖要约是不可撤销的，并且已经为履行合同做了合理准备工作，则不可撤销要约。《民法典》第 477 条规定："撤销要约的意思表示以对话方式作出的，该意思表示的内容应当在受要约人作出承诺之前为受要约人所知道；撤销要约的意思表示以非对话方式作出的，应当在受要约人作出承诺之前到达受要约人。"

（四）要约失效

所谓要约失效，是指要约丧失了法律拘束力。依据《民法典》第 478 条规定，要约失效的原因主要有以下几种：(1) 要约被拒绝；(2) 要约被依法撤销；(3) 承诺期限届满，受要约人未作出承诺；(4) 受要约人对要约的内容作出实质性变更。

二、承诺

（一）承诺的概念和要件

依据《民法典》第 479 条规定，承诺是指受要约人同意要约的意思表示。换言之，承诺是指受要约人同意接受要约的条件以缔结合同的意思表示。承诺与要约结合，才能产生当事人所追求的法律效果，因此，承诺本身也非民事法律行为。

承诺一旦生效，将导致合同的成立，因此，承诺必须符合一定的要件。在法律上，承诺必须具备一定要件，才能产生法律效力。

1. 承诺须由受要约人向要约人作出

由于要约原则上是向特定人发出的，因此只有接受要约的特定人即受要约人才有权作出承诺，第三人因不是受要约人，当然无资格向要约人作出承诺。

2. 承诺须在规定的期限内到达要约人

依据《民法典》第481条规定，承诺应当在要约确定的期限内到达要约人。要约没有确定承诺期限的，承诺应当依照下列规定到达：(1) 要约以对话方式作出的，应当即时作出承诺；(2) 要约以非对话方式作出的，承诺应当在合理期限内到达。关于承诺的期限，《民法典》第482条规定："要约以信件或者电报作出的，承诺期限自信件载明的日期或者电报交发之日开始计算。信件未载明日期的，自投寄该信件的邮戳日期开始计算。要约以电话、传真、电子邮件等快速通讯方式作出的，承诺期限自要约到达受要约人时开始计算。"

3. 承诺的内容应当与要约的内容一致

《民法典》第488条规定，承诺的内容应当与要约的内容一致。这就是说，在承诺中，受要约人通常必须表明其愿意按照要约的全部内容与要约人订立合同。为贯彻鼓励交易的立法宗旨，尽可能促成合同关系的成立，《民法典》第489条规定，承诺对要约的内容作出非实质性变更的，除要约人及时表示反对或者要约表明承诺不得对要约的内容作出任何变更外，该承诺有效，合同的内容以承诺的内容为准。这里所谓非实质性变更，应按照《民法典》第488条规定加以判断。有关合同的标的、数量、质量、价款或者报酬、履行期限、履行地点和方式、违约责任和解决争议的方法等条款属于实质性内容，如果承诺对要约中包含的上述条款作出了改变，就意味着变更了要约的实质性内容，属于实质性变更。除此之外对要约内容的变更，为非实质性变更。

4. 承诺方式符合要约的要求

依据《民法典》第480条规定，承诺应当以通知的方式作出；但是，根据交易习惯或者要约表明可以通过行为作出承诺的除外。以行为作出承诺又称意思实现，其与默示的意思表示不同。默示的意思表示仍属意思表示，当事人须有目的意思、效果意思及表示行为，合同在默示的意思表示到达对方当事人时，合同才成立。意思实现则仅以客观事实的存在为要件，当事人主观上是否有承诺的意思，在所不问，合同于事实存在之时，同时成立，无须等待通知。

（二）承诺生效的时间

《民法典》第484条规定："以通知方式作出的承诺，生效的时间适用本法第一百三十七条的规定。承诺不需要通知的，根据交易习惯或者要约的要求作出承诺的行为时生效。"依据《合同通则解释》第2条规定，在不违反法律、行政法规的强制性规定且不违背公序良俗的情况下，下列情形可以认定为交易习惯：(1) 当事人之间在交易活动中的惯常做法；(2) 在交易行为当地或者某一领域、某一行业通常采用并为交易对方订立合同时所知道或者应当知道的做法。当然，对于交易习惯，由提出主张的当事人一方承担举证责任。依据《民法典》第137条规定，承诺以对话方式作出的，要约人知道其内容时生效。承诺以非对话方式作出的，到达要约人时生效。以数据电文形式承诺的，承诺生效时间依当事人约定，没有约定的，数据电文进入要约人指定的系统时生效；未指定系统的，要约人知道或者应当知道该数据电文进入其系统时生效。但在意思实现的情形下，只要受要约人根据交易习惯或者要约的要求作出承诺的行为，承诺即生效。

（三）承诺迟延和承诺撤回

1. 承诺迟延

所谓承诺迟延，是指受要约人的承诺未在承诺期限内到达要约人。对此，《民法典》规定，受要约人超过承诺期限发出承诺的，或者在承诺期限内发出承诺，按照通常情形不能及时到达要约人的，除要约人及时通知受要约人该承诺有效的以外，为新要约（第486条）；受要约人在承诺期限内发出承诺，按照通常情形能够及时到达要约人，但是因其他原因致使承诺到达要约人时超过承诺期限的，除要约人及时通知受要约人因承诺超过期限不接受该承诺外，该承诺有效（第487条）。

2. 承诺撤回

所谓承诺撤回，是指受要约人在发出承诺通知以后，在承诺生效之前取消其承诺。依据《民法典》第485条规定，承诺可以撤回。承诺的撤回适用《民法典》第141条规定，即撤回承诺的通知应当在承诺通知到达要约人之前或者与承诺通知同时到达要约人。因此，撤回的通知必须在承诺生效之前到达要约人，或与承诺通知同时到达要约人，撤回才能生效。如果承诺通知已经生效，合同已经成立，则受要约人不能再撤回承诺。

三、强制缔约

根据民法的意思自治原则引申的契约自由，表现为要约自由与承诺自由，但在特殊情况下，当事人有要约义务或者承诺义务，此种情况在理论上称之为强制缔约。关于强制缔约，《民法典》第494条规定，国家根据抢险救灾、疫情防控或者其他需要下达国家订货任务、指令性任务的，有关民事主体之间应当依照有关法律、行政法规规定的权利和义务订立合同。依照法律、行政法规的规定负有发出要约义务的当事人，应当及时发出合理的要约。依照法律、行政法规的规定负有作出承诺义务的当事人，不得拒绝对方合理的订立合同要求。此外，《民法典》在典型合同中对强制缔约也有具体规定。例如，在供用电合同中，向社会公众供电的供电人，不得拒绝用电人合理的订立合同要求（第648条第2款）；在运输合同中，从事公共运输的承运人不得拒绝旅客、托运人通常、合理的运输要求，此为承运人之承诺义务（第810条）。

第三节 合同成立的时间和地点

一、合同成立的时间

依据《民法典》第483条规定，承诺生效时合同成立，但是法律另有规定或者当事人另有约定的除外。可见，合同成立的时间一般是由承诺生效的时间决定的。由于我国民法就承诺的生效采取到达主义，因此承诺生效的时间以承诺到达要约人的时间为准，即承诺何时到达要

约人,便在何时生效。确定承诺生效时间,有如下几点情况值得注意:

第一,依据《民法典》第 484 条规定,承诺以通知方式作出的,其生效时间适用《民法典》第 137 条规定,即通知到达相对人时生效。采用数据电文形式订立合同,要约人指定了特定系统接收数据电文的,则受要约人承诺的数据电文进入该特定系统的时间,视为到达时间;未指定特定接收系统的,要约人知道或应当知道该数据电文进入要约人的任何系统的时间,视为到达时间。当事人另有约定的,按照其约定。承诺不需要通知的,根据交易习惯或者要约的要求作出承诺的行为时生效。

第二,依据《民法典》第 487 条规定,受要约人在承诺期限内发出承诺,按照通常情形能够及时到达要约人,但因其他原因致使承诺到达要约人时超过承诺期限(承诺到达迟延)的,除要约人及时通知受要约人因承诺超过期限不接受该承诺的以外,该承诺有效,合同成立。

第三,依据《民法典》第 490 条规定,当事人采用合同书形式订立合同的,自双方当事人签名、盖章或者按指印时合同成立。在签名、盖章或者按指印之前,当事人一方已经履行主要义务,对方接受时,该合同成立。法律、行政法规规定或者当事人约定应当采用书面形式订立,当事人未采用书面形式,但是一方已经履行主要义务,对方接受时,该合同成立。

第四,依据《民法典》第 491 条规定,当事人采用信件、数据电文等形式订立合同的,可以在合同成立之前要求签订确认书,签订确认书时合同成立。当事人一方通过互联网等信息网络发布的商品或者服务信息符合要约条件的,对方选择该商品或者服务并提交订单成功时合同成立,但是当事人另有约定的除外。

第五,交叉要约。交叉要约是指当事人各方相互发出要约,要约的内容相一致。在交叉要约的情形下,最后到达对方当事人的要约生效的时间,就是合同成立的时间。

第六,以竞价方式订立合同的,合同成立时间按如下情形认定:(1) 采取招标方式订立合同,合同自中标通知书到达中标人时成立。合同成立后,当事人拒绝签订书面合同的,应当依据招标文件、投标文件和中标通知书等确定合同内容。(2) 采取现场拍卖、网络拍卖等公开竞价方式订立合同,合同自拍卖师落槌、电子交易系统确认成交时成立。合同成立后,当事人拒绝签订成交确认书的,应当依据拍卖公告、竞买人的报价等确定合同内容。(3) 产权交易所等机构主持拍卖、挂牌交易,其公布的拍卖公告、交易规则等文件公开确定了合同成立需要具备的条件,合同自该条件具备时成立(《合同通则解释》第 4 条)。

二、合同成立的地点

依据《民法典》第 492 条规定,承诺生效的地点为合同成立的地点。采用数据电文形式订立合同的,除当事人另有约定外,收件人的主营业地为合同成立的地点;没有主营业地的,其住所地为合同成立的地点。

依据《民法典》第 493 条规定,当事人采用合同书形式订立合同的,双方当事人签名、盖章或者按指印的地点为合同成立的地点,但是当事人另有约定的除外。如果双方签名、盖章或者按指印不在同一地点的,以最后签名、盖章或按指印的地点为合同成立的地点。

第四节　缔约过失责任

一、缔约过失责任的概念和构成要件

缔约过失责任是指在合同订立过程中，一方因违背其依据诚信原则所负担的先合同义务致另一方遭受损失时所应承担的赔偿责任。

依据《民法典》规定，缔约过失责任的成立须具备如下条件：

第一，缔约上的过失发生在合同订立过程中。缔约过失责任是一种过错责任，因此，缔约一方须有过失。但是，缔约上的过失只有发生在合同订立过程中，缔约过失责任才能成立。

第二，一方违背其依诚信原则所应负的先合同义务。根据诚信原则的要求，在订立合同的过程中，当事人负有依诚信原则而产生的忠实、协助、保密等义务。这些义务是先合同义务，属于法定义务。先合同义务属于附随义务，其目的是推动合同的成立，并保护处于缔约过程中的当事人的财产利益。因此，缔约一方违反先合同义务，是产生缔约过失责任的条件之一。

第三，造成他人损失。损害事实的发生是缔约过失责任的构成要件之一。缔约过失行为在大多数情形下直接破坏了缔约关系，因此所引起的损害主要是指他人因信赖合同的成立和有效而实际上合同不成立和无效所蒙受的不利益，此种不利益即为信赖利益的损失。信赖利益的损失既包括因他方的缔约过失行为而致信赖人的直接财产的减少（如支付各种费用等），也包括信赖人的财产应增加而未增加的利益（如信赖合同有效而失去其他订约的机会）。

此外，当事人违反先合同义务，虽未影响缔约关系，未影响合同的成立或生效，却也会给对方当事人造成损害，如违反保密义务给对方造成的经济损失。

二、缔约过失责任的类型

依据《民法典》第 500 条规定，缔约过失责任主要有如下几种类型：

其一，假借订立合同，恶意进行磋商。所谓“假借订立合同”，就是根本没有与对方订立合同的目的，与对方进行谈判只是个借口，目的是损害对方或者他人利益。所谓“恶意进行磋商”，是指假借磋商、谈判，而故意给对方造成损害。恶意必须包括两个方面内容：一是行为人主观上并没有谈判意图，二是行为人主观上具有给对方造成损害的目的和动机。

其二，故意隐瞒与订立合同有关的重要事实或者提供虚假情况。故意隐瞒与订立合同有关的重要事实或者提供虚假情况，属于缔约过程中的欺诈行为。实践中，欺诈行为大都表现为故意陈述虚伪事实或故意隐瞒真实情况使他人陷入错误认识的行为。在构成欺诈的情况下，受欺诈方须因欺诈陷入了错误的认识。受欺诈方未陷入错误认识或者所发生的错误内容并不是欺诈造成的，则不构成欺诈。

其三，其他违背诚信原则的行为。除上述行为外，其他违背诚信原则的行为，如当事人应提供保护而未予以保护、应予以协助而未予协助、应办理有关手续而未予以办理等，亦构成缔约过失。

此外,《民法典》第 501 条规定:“当事人在订立合同过程中知悉的商业秘密或者其他应当保密的信息,无论合同是否成立,不得泄露或者不正当地使用;泄露、不正当地使用该商业秘密或者信息,造成对方损失的,应当承担赔偿责任。”可见,泄露或不正当地使用商业秘密或信息的,亦产生缔约过失责任。

三、缔约过失责任的赔偿范围

在缔约过失责任中,由于当事人违反先合同义务导致合同关系未成立或未生效,应当以信赖利益损失作为赔偿的基本范围,具体包括:(1) 为订立合同所支出的费用,即缔约费用,如因信赖对方有效的要约而与对方联系、赴实地考察以及检查标的物等所支出的各种合理费用;(2) 准备履行合同所支出的费用;(3) 支出上述各种费用所遭受的利息损失。应当指出,前述各种费用的支出必须是合理的。此外,对于当事人遭受的丧失订约机会的损失,也得请求赔偿。当事人违反先合同义务未影响合同的成立或生效的,其赔偿范围以实际损失为限。

第五节　合同的效力

合同是典型的民事法律行为,有关民事法律行为效力的规定完全适用于合同。《民法典》第 508 条规定,合同编对合同的效力没有规定的,适用有关民事法律行为效力的有关规定。因此,关于合同效力,本节仅就其特殊问题作一阐述。

一、未生效合同

未生效合同是指已经成立,但尚未发生法律效力的合同。一般地说,依法成立的合同,自成立时生效,但是法律另有规定或者当事人另有约定的除外(《民法典》第 502 条第 1 款)。可见,在法律另有规定或当事人另有约定的情况下,合同即使成立也不能生效。例如,附生效条件或生效期限的合同,在条件未成就或期限未届至时,合同未生效。

依据《民法典》第 502 条第 2 款规定,法律、行政法规规定应当办理批准等手续生效的,根据其规定。当事人未办理批准等手续的,将会影响合同的生效。这意味着,即使当事人已经订立了合同,如果法律或者行政法规规定只有办理批准等手续才能生效的,则在没有办理批准等手续之前,合同处于未生效的状态。

未生效合同,其效力主要体现在以下两个方面:其一,整个合同未生效。在没有办理批准等手续之前,合同处于未生效的状态。未生效的意思是,当事人不能按照合同条款要求行使合同权利或者承担合同义务。其二,部分合同条款依然有效力。这里有效的部分合同条款,主要包括报批义务条款以及相关条款。未办理批准等手续影响合同生效的,不影响合同中履行报批等义务条款以及相关条款的效力。因此,应当办理申请批准等手续的当事人未履行义务的,对方可以请求其承担违反该义务的责任。依据《合同通则解释》第 12 条规定,合同依法成立后,负有报批义务的当事人不履行报批义务或者履行报批义务不符合合同的约定或者法律、行政法规的规定,对方有权请求其继续履行报批义务,亦有权解除合同并请求其承担违反报批义务的赔偿责任。在法院判决当事人一方履行报批义务后，其仍不履行的，对方有权解除合同并参照违反合同的违约责任请求其承担赔偿责任。负有报批义务的当事人已经办理申请批准等手续或者已经履行生效判决确定的报批义务，批准机关决定不予批准的，对方无权请求其承担赔偿责任。但是，因迟延履行报批义务等可归责于当事人的原因导致合同未获批准的，对方有权依据《民法典》第 157 条规定请求赔偿因此受到的损失。应当指出，如果合同存在无效或者可撤销的情形，当事人不得以该合同已在有关行政管理部门办理备案、已经批准机关批准或者已依据该合同办理财产权利的变更登记、移转登记等为由主张合同有效（《合同通则解释》第 13 条）。

二、经被代理人追认的无权代理合同

依据《民法典》第 171 条规定，无权代理人实施代理行为，未经被代理人追认的，对被代理人不发生效力。也即，如果被代理人追认了无权代理人的代理行为，则被代理人应当承担代理行为的后果。被代理人的追认可以通过书面或口头表示，也可以通过行为表示。对后者，《民法典》第 503 条作了规定："无权代理人以被代理人的名义订立合同，被代理人已经开始履行合同义务或者接受相对人履行的，视为对合同的追认。"在无权代理制度中，无权代理人以被代理人名义签订的合同属于效力待定合同。然而，基于代理关系的特殊性以及对交易关系和交易秩序的考量，往往需要一些特殊的制度设计，以平衡所涉当事人的利益，追认就是其中的重要制度。

追认的法律效果体现在：其一，合同自始有效。被代理人已经开始履行合同义务或者接受相对人履行的事实一经出现，合同即溯及合同成立时生效。其二，既然合同自始有效，则第三人和被代理人就成为合同的当事人，双方可以主张合同权利、承担合同义务。

三、法定代表人或者负责人超越职权订立的合同

法人的法定代表人或者非法人组织的负责人是代表法人或者非法人组织从事活动的，他们的行为就是法人或者非法人组织的行为。因此，即使他们超越权限订立了合同，该合同对法人或者非法人组织仍然发生效力。对此，《民法典》第 504 条规定："法人的法定代表人或者非法人组织的负责人超越权限订立的合同，除相对人知道或者应当知道其超越权限外，该代表行为有效，订立的合同对法人或者非法人组织发生效力。"可见，其一，法人的法定代表人或者非法人组织的负责人超越权限订立的合同，该代表行为有效，订立的合同对法人或者非法人组织发生效力。至于该合同是否有效，应依民事法律行为的有效条件进行判断。其二，相对人知道或者应当知道其超越权限的，该代表行为无效，订立的合同对法人或非法人组织不发生效力。这意味着，只有在相对人知道或者应当知道法定代表人或者负责人超越权限而订立合同，该合同才对法人或者非法人组织不发生效力。同时，当事人超越经营范围订立的合同，应当依照民事法律行为的有效条件进行判断，不得仅以超越经营范围确认合同无效（《民法典》第 505 条）。

在实践中，法人的法定代表人或者非法人组织的负责人超越权限订立合同的情况十分复杂，应当根据具体情况认定合同效力。依据《合同通则解释》第 20 条规定，法律、行政法规为

限制法人的法定代表人或者非法人组织的负责人的代表权，规定合同所涉事项应当由法人、非法人组织的权力机构或者决策机构决议，或者应当由法人、非法人组织的执行机构决定，法定代表人、负责人未取得授权而以法人、非法人组织的名义订立合同，未尽到合理审查义务的相对人无权主张该合同对法人、非法人组织发生效力并由其承担违约责任，但是法人、非法人组织有过错的，可以参照《民法典》第 157 条承担相应的赔偿责任。相对人已尽到合理审查义务，构成表见代表的，应当依据《民法典》第 504 条的规定处理。合同所涉事项未超越法律、行政法规规定的法定代表人或者负责人的代表权限，但是超越法人、非法人组织的章程或者权力机构等对代表权的限制的，相对人有权主张该合同对法人、非法人组织发生效力并由其承担违约责任，但是法人、非法人组织举证证明相对人知道或者应当知道该限制的除外。法人、非法人组织承担民事责任后，有权向有过错的法定代表人、负责人追偿因越权代表行为造成的损失，但是法律、司法解释对法定代表人、负责人的民事责任另有规定的，依照其规定。

此外，《合同通则解释》还对法人、非法人组织的法定代表人、负责人或者工作人员订立合同的效力作了规定。

首先，依据《合同通则解释》第 21 条规定，法人、非法人组织的工作人员就超越其职权范围的事项以法人、非法人组织的名义订立合同，相对人无权主张该合同对法人、非法人组织发生效力并由其承担违约责任。但是，法人、非法人组织有过错的，可以参照《民法典》第 157 条规定承担相应的赔偿责任。构成表见代理的，应当依据《民法典》第 172 条的规定处理。合同所涉事项有下列情形之一的，应当认定法人、非法人组织的工作人员在订立合同时超越其职权范围：(1) 依法应当由法人、非法人组织的权力机构或者决策机构决议的事项；(2) 依法应当由法人、非法人组织的执行机构决定的事项；(3) 依法应当由法定代表人、负责人代表法人、非法人组织实施的事项；(4) 不属于通常情形下依其职权可以处理的事项。合同所涉事项未超越依据前述情形确定的职权范围，但是超越法人、非法人组织对工作人员职权范围的限制的，相对人有权主张该合同对法人、非法人组织发生效力并由其承担违约责任，但是法人、非法人组织举证证明相对人知道或者应当知道该限制的除外。法人、非法人组织承担民事责任后，有权向故意或者有重大过失的工作人员追偿。

其次，依据《合同通则解释》第 22 条规定，法定代表人、负责人或者工作人员以法人、非法人组织的名义订立合同且未超越权限，法人、非法人组织不得仅以合同加盖的印章不是备案印章或者系伪造的印章为由主张该合同对其不发生效力。合同系以法人、非法人组织的名义订立，但是仅有法定代表人、负责人或者工作人员签名或者按指印而未加盖法人、非法人组织的印章，相对人能够证明法定代表人、负责人或者工作人员在订立合同时未超越权限的，该合同对法人、非法人组织发生效力，但是当事人约定以加盖印章作为合同成立条件的除外。合同仅加盖法人、非法人组织的印章而无人员签名或者按指印，相对人能够证明合同系法定代表人、负责人或者工作人员在其权限范围内订立的，该合同对法人、非法人组织发生效力。在上述情形下，法定代表人、负责人或者工作人员在订立合同时虽然超越代表或者代理权限，但是依据《民法典》第 504 条的规定构成表见代表，或者依据《民法典》第 172 条的规定构成表见代理的，该合同对法人、非法人组织发生效力。

最后，依据《合同通则解释》第 23 条规定，在法定代表人、负责人或者代理人与相对人恶意串通，以法人、非法人组织的名义订立合同，损害法人、非法人组织的合法权益的情形下，法人、非法人组织不承担民事责任，同时有权请求法定代表人、负责人或者代理人与相对人对因此受到的损失承担连带赔偿责任。根据法人、非法人组织的举证，综合考虑当事人之间的交易习惯、合同在订立时是否显失公平、相关人员是否获取了不正当利益、合同的履行情况等因素，能够认定法定代表人、负责人或者代理人与相对人存在恶意串通的高度可能性的，可以要求前述人员就合同订立、履行的过程等相关事实作出陈述或者提供相应的证据。其无正当理由拒绝作出陈述，或者所作陈述不具合理性又不能提供相应证据的，可以认定恶意串通的事实成立。

四、免责条款和程序条款的效力

基于合同自由原则，当事人可以约定免责条款，以限制或免除一方的违约责任。但是，法律对于免责条款应当给予严格管制。对此，《民法典》第 506 条规定，合同中的下列免责条款无效：(1) 造成对方人身损害的；(2) 因故意或者重大过失造成对方财产损失的。

在合同中，当事人除约定实体条款外，还可以约定程序条款。程序条款是当事人为解决合同纠纷而设置的条款，又称解决争议方法的条款，如仲裁条款、选择管辖法院的条款等。由于程序条款并不涉及当事人实体上的权利义务，故合同不生效、无效、被撤销或者终止的，不影响合同中有关解决争议方法的条款的效力(《民法典》第 507 条)。

自测习题　　案例分析　　案例分析参考答案

第十八章　合同的履行

■【导语】

俗语云："欠债还钱，天经地义。"然而，如何"还钱"才算符合要求？这涉及合同履行问题。合同履行是合同制度的核心内容，也是合同的基本效力。本章重点阐述合同的履行原则、合同的适当履行、双务合同的履行抗辩权等问题。

第一节　合同的履行原则

合同的履行是指债务人依照合同的约定或者法律的规定，全面、适当地履行自己所负担的义务。所谓合同的履行原则，是指当事人在履行债务时应遵循的基本准则。依据《民法典》第509条规定，合同的履行包括全面履行原则、诚信原则、协作履行原则、经济合理原则、绿色原则。

一、全面履行原则

依据《民法典》第509条第1款规定，当事人应当按照约定全面履行自己的义务。该规定确立了合同的全面履行原则。所谓全面履行原则，是指债务人应严格按照合同的既定内容履行义务而不得擅自变更。全面履行原则要求债务人应当按照合同约定或者法律规定的内容如标的、数量、质量、价款、酬金、履行时间、履行地点和履行方式等履行其全部义务，既不能不履行，也不能部分履行、部分不履行。如果债务人不履行债务或者只履行部分债务的，债权人的债权就不能实现或难以得到完全的保障。依据《民法典》第531条规定，债权人可以拒绝债务人部分履行债务，但是部分履行不损害债权人利益的除外。债务人部分履行债务给债权人增加的费用，由债务人负担。

合同的全面履行原则与实际履行原则既有联系又有区别。其联系在于，实际履行原则为全面履行原则的内容。实际履行原则表现在两个方面：一是要求当事人自觉地按照约定的或者规定的标的履行，不得任意以其他标的代替，这是由合同的内容的特定性决定的；二是当事人一方不能自觉履行时，首先应承担实际履行的责任，他方得要求其实际履行，这是由合同的约束力决定的。二者的区别在于，全面履行原则还应包括履行主体、履行期限、履行方式、履行地点等方面的适当履行。

二、诚信原则

诚信原则是民法的一项基本原则,合同的履行当然也应遵循这一原则。诚信原则不仅适用于债务人,即债务人应按诚信原则履行自己的全部给付义务及依诚信原则所发生的附随义务,也适用于债权人。例如,债务人给付的标的物虽数量有所不足,但对于债权人并无明显损害时,基于诚信原则,债权人不得拒绝受领或拒绝付款。

按照诚信原则,在合同履行过程中,如果发生了情势变更,则应当允许当事人变更或解除合同。所谓情势变更,是指在合同履行中出现意外情况使当初订立合同的基础条件发生重大变化,若继续履行显失公平,法官可以根据诚信原则变更或者解除合同。这里的合同基础条件发生重大变化,是指合同成立后,因政策调整或者市场供求关系异常变动等导致价格发生当事人在订立合同时无法预见的、不属于商业风险的涨跌,继续履行合同对于当事人一方明显不公平的现象。但是,合同涉及市场属性活跃、长期以来价格波动较大的大宗商品以及股票、期货等风险投资型金融产品的除外(《合同通则解释》第 32 条第 1 款)。依据《民法典》第 533 条规定,合同成立后,合同的基础条件发生了当事人在订立合同时无法预见的、不属于商业风险的重大变化,继续履行合同对于当事人一方明显不公平的,受不利影响的当事人可以与对方重新协商;在合理期限内协商不成的,当事人可以请求法院或者仲裁机构变更或者解除合同。对此,法院或者仲裁机构应当结合案件的实际情况,根据公平原则变更或者解除合同。可见,在情势变更的情况下,发生两个方面的效力:其一,受不利影响的当事人可以与对方就合同的内容进行重新协商;其二,变更或解除合同。在协商不成的情况下,当事人可以请求法院或者仲裁机构变更或解除合同。当事人请求变更合同的,法院或者仲裁机构不得解除合同;当事人一方请求变更合同,对方请求解除合同的,或者当事人一方请求解除合同,对方请求变更合同的,法院或者仲裁机构应当结合案件的实际情况,根据公平原则裁决变更或者解除合同(《合同通则解释》第 32 条第 2 款)。法院或者仲裁机构裁决变更或者解除合同的,应当综合考虑合同基础条件发生重大变化的时间、当事人重新协商的情况以及因合同变更或者解除给当事人造成的损失等因素,在判项中明确合同变更或者解除的时间(《合同通则解释》第 32 条第 3 款)。应当指出,当事人事先约定排除情势变更适用的,该约定无效(《合同通则解释》第 32 条第 4 款)。

三、协作履行原则

协作履行原则是指合同的双方当事人不仅应履行自己的义务,而且还应当协助对方履行义务。合同的履行虽然是债务人履行义务的行为,但因债权与债务是相互对应的,债务人在履行义务时,需要债权人予以协助。如果只有债务人履行债务,而没有债权人的接受履行,则合同的履行目的就难以实现。协作履行原则贯穿于合同的整个履行过程中,为此,合同的双方当事人应当团结互助、相互协作。

协作履行原则是合同履行的保障,符合合同双方当事人的利益要求。协作履行原则主要表现在:(1) 合同的双方当事人都应当按照合同的约定或法律的规定,履行自己所应承担的义务。这是适用协作履行原则的基本前提,也是贯彻全面履行原则的基本要求。(2) 合同的双方当事人应当相互关照，互通有无。在合同的履行过程中，双方当事人之间要及时通报情况，发现问题及时解决，以便于合同的履行。例如，债务人由于客观原因不能履行债务或不能按时履行债务的，应当将有关情况及时通知对方，并采取适当的措施加以处理。(3) 债权人应当以适当的方法接受履行，并为债务人的履行创造必要的条件。例如，债务人供货的，债权人应当安排好接货的时间、地点等；债权人的住所变更的，应当及时通知债务人，以便债务人履行债务。

四、经济合理原则

经济合理原则是指在合同的履行过程中，双方当事人应讲求经济效益，维护对方的利益。经济合理原则是协作履行原则的具体化，它要求合同的双方当事人在履行债务中相互协作，既要考虑自己一方的利益，同时也要考虑他人的利益和国家、社会的利益。

一般而言，合同的内容本身就已经充分地考虑到了各方的利益。因此，当事人按照合同约定履行了合同，也就体现了经济合理原则。但是，在有些情况下，由于客观情况的变化或者当事人约定的不详，合同的履行也会有不尽符合经济合理原则之处。在这种情况下，就要求合同的当事人应遵循经济合理原则履行合同，最大限度地维护对方的利益。

五、绿色原则

依据《民法典》第509条第3款规定，在合同履行中，应当避免浪费资源、污染环境和破坏生态。合同履行的绿色原则也是《民法典》第9条规定的延续。实践中，合同的履行仍存在违反生态资源保护原则的行为。例如，企业在履行合同中过度利用地下水，以及在生产作业时超标排放烟尘、污水造成环境污染而导致人身或财产损害的问题。因此，合同履行贯彻绿色原则具有重要意义。

第二节 合同的适当履行

一、合同适当履行的要求

合同的适当履行，是指适当的履行主体以适当的标的，在适当的期限、地点依适当的方式履行合同。当事人是否适当履行合同，是决定当事人是否承担违约责任的界限。合同的适当履行包括以下六个方面的内容。

(一) 履行主体

合同的履行主体是指履行债务和接受债务履行的人。在一般情况下，合同是由债务人通过实施特定的行为向债权人履行的。因此，债权人和债务人是债的履行主体。应当指出，合同生效后，当事人不得因姓名、名称的变更或者法定代表人、负责人、承办人的变动而不履行合同义务(《民法典》第 532 条)。这是因为,尽管当事人的姓名、名称发生了变更或者法定代表人、负责人、承办人发生了变动,但是当事人的主体资格并没有发生变化,因此,合同履行的主体并不受影响。

在某些情况下,合同也可以由第三人代替履行,包括第三人代替债务人履行和第三人代替债权人接受履行。只要不违反法律的规定或当事人的约定,或者符合债的性质,第三人代替履行,也为履行主体适当。但应当指出的是,在第三人代替履行时,第三人只是履行主体,而不是债的当事人。因此,合同的当事人应对第三人的履行后果负责。关于第三人代替债权人接受履行,《民法典》第 522 条第 1 款规定:“当事人约定由债务人向第三人履行债务,债务人未向第三人履行债务或者履行债务不符合约定的,应当向债权人承担违约责任。”应当指出,《民法典》第 522 条第 2 款是关于为第三人利益订立合同的规定,因此,第三人既是合同当事人,也是履行主体。依据《合同通则解释》第 29 条规定,《民法典》第 522 条第 2 款规定的第三人有权请求债务人向自己履行债务,但是无权请求行使撤销权、解除权等民事权利,除非法律另有规定。合同依法被撤销或者被解除,债务人有权请求债权人返还财产。债务人按照约定向第三人履行债务,第三人拒绝受领,债权人有权请求债务人向自己履行债务,但是债务人已经采取提存等方式消灭债务的除外。第三人拒绝受领或者受领迟延,债务人有权请求债权人赔偿因此造成的损失。关于第三人代替债务人履行,《民法典》第 523 条规定:“当事人约定由第三人向债权人履行债务,第三人不履行债务或者履行债务不符合约定的,债务人应当向债权人承担违约责任。”

在合同的履行中,第三人也可以代为履行。《民法典》第 524 条规定:“债务人不履行债务,第三人对履行该债务具有合法利益的,第三人有权向债权人代为履行;但是,根据债务性质、按照当事人约定或者依照法律规定只能由债务人履行的除外。债权人接受第三人履行后,其对债务人的债权转让给第三人,但是债务人和第三人另有约定的除外。”依据《合同通则解释》第 30 条规定,下列民事主体,可以认定为《民法典》第 524 条条第 1 款规定的对履行债务具有合法利益的第三人:(1) 保证人或者提供物的担保的第三人;(2) 担保财产的受让人、用益物权人、合法占有人;(3) 担保财产上的后顺位担保权人;(4) 对债务人的财产享有合法权益且该权益将因财产被强制执行而丧失的第三人;(5) 债务人为法人或者非法人组织的,其出资人或者设立人;(6) 债务人为自然人的,其近亲属;(7) 其他对履行债务具有合法利益的第三人。第三人在其已经代为履行的范围内取得对债务人的债权,但是不得损害债权人的利益。担保人代为履行债务取得债权后,向其他担保人主张担保权利的,依据《担保制度解释》第 13 条、第 14 条、第 18 条第 2 款等规定处理。

（二）履行标的

合同履行标的即给付标的,如货物、劳务等。当事人按照法律规定或者当事人约定的标的履行,即债务人给付债权人的对象符合法律的规定或当事人的约定,则为履行标的适当。由于债务的性质不同,对履行标的的适当性要求也有所不同。例如,履行标的为货物的,债务人交付的标的物应当符合约定的或规定的要求;履行标的为货币的,应当按照约定的币种和数额履行。在对外贸易中,就涉及履行的币种问题,如《民法典》第 514 条规定:“以支付金钱为内容的债,除法律另有规定或者当事人另有约定外,债权人可以请求债务人以实际履行地的法定货币履行。”

对于履行标的，债务人原则上应全部履行，而不应部分履行。但在不损害债权人利益的情况下，也允许部分履行。《民法典》第 531 条规定：“债权人可以拒绝债务人部分履行债务，但是部分履行不损害债权人利益的除外。债务人部分履行债务给债权人增加的费用，由债务人负担。”

对合同的履行标的，当事人可以约定以物抵债。以物抵债应区分两种情形处理：（1）债务履行期限届满后达成的以物抵债协议。依据《合同通则解释》第 27 条规定，债务人或者第三人与债权人在债务履行期限届满后达成以物抵债协议，不存在影响合同效力情形的，该协议自当事人意思表示一致时生效。债务人或者第三人履行以物抵债协议后，相应的原债务同时消灭；债务人或者第三人未按照约定履行以物抵债协议，经催告后在合理期限内仍不履行的，债权人有权选择请求履行原债务或者以物抵债协议，但是法律另有规定或者当事人另有约定的除外。前述以物抵债协议经法院确认或者法院根据当事人达成的以物抵债协议制作成调解书的，债权人无权主张财产权利自确认书、调解书生效时发生变动或者具有对抗善意第三人效力。（2）债务履行期限届满前达成的以物抵债协议。依据《合同通则解释》第 28 条规定，债务人或者第三人与债权人在债务履行期限届满前达成以物抵债协议的，应当在明确债权债务关系的基础上认定该协议的效力。当事人约定债务人到期没有清偿债务，债权人可以对抵债财产拍卖、变卖、折价以实现债权的，该约定有效。当事人约定债务人到期没有清偿债务，抵债财产归债权人所有的，该约定无效，但是不影响其他部分的效力；债权人有权请求对抵债财产拍卖、变卖、折价以实现债权。当事人订立前述的以物抵债协议后，债务人或者第三人未将财产权利转移至债权人名下，债权人无权主张优先受偿；债务人或者第三人已将财产权利转移至债权人名下的，可以依据《担保制度解释》第 68 条的规定处理。

（三）履行期限

合同的履行期限是债务人履行债务和债权人接受履行的时间。合同的履行期限应根据法律的规定和当事人的约定确定，债务人应当按照约定的履行期限履行合同。依据《民法典》第 530 条规定，债权人可以拒绝债务人提前履行债务，但是提前履行不损害债权人利益的除外。债务人提前履行债务给债权人增加的费用，由债务人负担。

针对电子合同的履行时间问题，《民法典》第 512 条规定：“通过互联网等信息网络订立的电子合同的标的为交付商品并采用快递物流方式交付的，收货人的签收时间为交付时间。电子合同的标的为提供服务的，生成的电子凭证或者实物凭证中载明的时间为提供服务时间；前述凭证没有载明时间或者载明时间与实际提供服务时间不一致的，以实际提供服务的时间为准。电子合同的标的物为采用在线传输方式交付的，合同标的物进入对方当事人指定的特定系统且能够检索识别的时间为交付时间。电子合同当事人对交付商品或者提供服务的方式、时间另有约定的，按照其约定。”

（四）履行地点

合同的履行地点是债务人履行债务和债权人接受履行的地点。履行地点应依据当事人的约定确定，当事人没有约定或者约定不明确的，依照法律的规定确定。履行地点一旦确定，债务人就应当在履行地点作出履行,债权人也应当在履行地点接受给付。应当指出,债权人分立、合并或者变更住所没有通知债务人,致使履行债务发生困难的,债务人可以中止履行或者将标的物提存(《民法典》第529条)。

（五）履行方式

债的履行方式是指债务人履行义务的方法。履行方式有明确要求的,当事人应当按照要求的方式履行合同。例如,凡要求一次性履行的债务,债务人不得分批履行;反之,凡要求分期分批履行的债务,债务人也不得一次性履行。

（六）履行费用

履行费用是指债务人履行义务所必要的费用。履行费用包括运输费、包装费、邮费、装卸费等。履行费用,应当由约定的当事人负担;当事人没有约定的,由债务人负担。

二、合同适当履行的补充性规则

在合同的履行中,如果当事人对合同标的的质量、价款或报酬、履行期限、履行地点、履行方式、履行费用等有明确约定的,则应依据当事人的约定履行债务。如果当事人没有约定或者约定不明确的,依据《民法典》第510条规定,当事人可以协议补充,不能达成补充协议的,按照合同相关条款或者交易习惯确定。依据《民法典》第511条规定,当事人就有关合同内容约定不明确,按照《民法典》第510条规定仍不能确定的,适用下列规定:

第一,质量要求不明确的,按照强制性国家标准履行;没有强制性国家标准的,按照推荐性国家标准履行;没有推荐性国家标准的,按照行业标准履行;没有国家标准、行业标准的,按照通常标准或者符合合同目的的特定标准履行。

第二,价款或报酬不明确的,按照合同订立时履行地的市场价格履行;依法应当执行政府定价或者政府指导价的,按照规定履行。依据《民法典》第513条规定,执行政府定价或者政府指导价的,在合同约定的交付期限内政府价格调整时,按照交付时的价格计价。逾期交付标的物的,遇价格上涨时,按照原价格执行;价格下降时,按照新价格执行。逾期提取标的物或者逾期付款的,遇价格上涨时,按照新价格执行;价格下降时,按照原价格执行。

第三,履行地点不明确,给付货币的,在接受货币一方所在地履行;交付不动产的,在不动产所在地履行;其他标的,在履行义务一方所在地履行。

第四,履行期限不明确的,债务人可以随时履行,债权人也可以随时请求履行,但是应当给对方必要的准备时间。

第五,履行方式不明确的,按照有利于实现合同目的的方式履行。

第六,履行费用的负担不明确的,由履行义务一方负担;因债权人原因增加的履行费用,由债权人负担。

第三节 双务合同的履行抗辩权

一、双务合同履行抗辩权概述

双务合同的履行抗辩权,是指在符合法定条件时,当事人一方对抗对方当事人的履行请求权,暂时拒绝履行其给付义务的权利。在我国民法上,这种抗辩权有同时履行抗辩权、先履行抗辩权和不安抗辩权三种类型。

双务合同履行抗辩权制度的确认,使双务合同关系中一方当事人债权的实现和对方当事人债权的实现密切联系起来,提供了合同当事人履行自身合同义务的内在动力,归根结底服务于鼓励交易立法宗旨的实现,其法律逻辑上的依据是双务合同的牵连性。

双务合同履行抗辩权是合同效力的体现,其行使并不否认对方当事人的请求权,而仅是暂时中止自己给付义务的履行。一旦产生抗辩权的原因消灭,当事人仍须履行自己的给付义务。因此,双务合同履行抗辩权为一时的抗辩权、延缓的抗辩权。

二、同时履行抗辩权

(一)同时履行抗辩权的概念和特点

《民法典》第525条规定:“当事人互负债务,没有先后履行顺序的,应当同时履行。一方在对方履行之前有权拒绝其履行请求。一方在对方履行债务不符合约定时,有权拒绝其相应的履行请求。”可见,同时履行抗辩权是指双务合同的当事人在无先后履行顺序时,一方在他方为对待给付以前或他方的对待给付不符合约定时,享有的拒绝履行自己负担的相应给付义务的权利。同时履行抗辩权具有如下特点:

第一,同时履行抗辩权适用于双务合同。在单务合同中,当事人之间并不互负债务,因而不能适用同时履行抗辩权。

第二,同时履行抗辩权适用于双务合同中没有规定先后履行顺序的情况。这里包括两种情况:一是当事人在合同中明确约定应同时进行合同义务的履行;二是当事人在合同中未约定合同义务的履行期限,此时当事人也应当同时进行合同义务的履行。

第三,同时履行抗辩权只具有延期抗辩的性质,而无否定相对人请求权的效力。

(二)同时履行抗辩权的成立条件

第一,须基于同一双务合同互负债务。由同一双务合同互负债务包含以下几层含义:(1)须由同一双务合同产生债务,即双方当事人之间的债务是根据同一个合同产生的。如果双方的债务基于两个以上合同产生,即使双方在事实上具有密切联系,也不产生同时履行抗辩权。(2)须双方当事人互负有牵连关系的债务。这里的债务主要是指主给付义务,但在从给付义务直接影响合同目的的实现时,该从给付义务与对方当事人所负担的主给付义务之间亦具有牵连性。(3) 双方所负的债务之间具有相应性,即双方的债务之间具有对价关系。

第二,须互负的债务均已届清偿期。同时履行抗辩权制度的适用,旨在通过要求各方当事人同时履行合同义务,以同时实现各方享有的债权。因此,只有在双方互负的债务均已届清偿期时,才能行使同时履行抗辩权。

第三,须对方未履行或未完全履行债务。一方当事人向对方当事人请求履行债务时,若其所负担的给付义务尚未履行或未完全履行,则另一方当事人方可主张同时履行抗辩权,拒绝履行其对待给付义务。应当指出,一方不得以对方没有履行非主要债务为由拒绝履行自己的主要债务,但是对方不履行非主要债务致使不能实现合同目的或者当事人另有约定的除外(《合同通则解释》第 31 条第 1 款)。

第四,须对方的对待给付是可能的。同时履行抗辩权是以能够履行为前提的。因此,如果一方不能履行其所负的债务,则只能适用债务不履行的规定请求补救,而不发生同时履行抗辩权的适用。

(三) 行使同时履行抗辩权的效力

同时履行抗辩权属于延期的抗辩权,不具有消灭对方请求权的效力,而仅产生使对方请求权延期的效力,即在对方当事人未履行或未完全履行给付义务之前,有权拒绝自己相应的给付义务的履行。并且,同时履行抗辩权的行使不影响向违约方主张违约责任的承担。

依据《合同通则解释》第 31 条第 2 款规定,当事人一方起诉请求对方履行债务,被告主张双方同时履行的抗辩且抗辩成立,被告未提起反诉的,法院应当判决被告在原告履行债务的同时履行自己的债务,并在判项中明确原告申请强制执行的,法院应当在原告履行自己的债务后对被告采取执行行为;被告提起反诉的,法院应当判决双方同时履行自己的债务,并在判项中明确任何一方申请强制执行的,法院应当在该当事人履行自己的债务后对对方采取执行行为。

三、先履行抗辩权

(一) 先履行抗辩权的概念

《民法典》第 526 条规定:“当事人互负债务,有先后履行顺序,应当先履行债务一方未履行的,后履行一方有权拒绝其履行请求。先履行一方履行债务不符合约定的,后履行一方有权拒绝其相应的履行请求。”可见,先履行抗辩权是指在双务合同中应当先履行的一方当事人没有履行合同义务或合同义务履行不符合约定时,后履行一方当事人拒绝履行自己相应的合同义务的权利。

先履行抗辩权不同于同时履行抗辩权和不安抗辩权。同时履行抗辩权是在双方当事人的债务没有先后履行顺序的情况下适用的,而先履行抗辩权则是在双方当事人的债务有先后履行顺序的情况下适用的;不安抗辩权与先履行抗辩权都是在双方当事人的债务有先后履行顺序的情况下适用的,但不安抗辩权是先履行一方所享有的权利,而先履行抗辩权是后履行一方所享有的权利。

（二）先履行抗辩权的成立条件

第一，须由同一双务合同互负债务。与同时履行抗辩权适用的条件相同，先履行抗辩权也是因双务合同履行上的牵连性而发生的，其适用的前提是由同一双务合同互负债务。所谓由同一双务合同互负债务，一方面是指必须由同一双务合同产生债务，另一方面是指双方当事人必须互负债务。

第二，须由一方当事人负担先为履行的义务。义务的履行是否具有先后顺序，是先履行抗辩权与同时履行抗辩权的根本区别。履行的顺序，应当由当事人双方特别约定。如果当事人在合同中未规定履行顺序，可以依交易习惯来确定，否则应推定当事人应同时进行义务的履行。

第三，先履行的一方不履行或不完全履行合同债务。先履行抗辩权是针对先履行一方不履行债务或其履行不符合合同规定而设定的。先履行一方未履行的，后履行一方有权拒绝其履行要求。先履行一方履行债务不符合约定的，后履行一方亦有权拒绝其相应的履行要求。应当指出，一方以对方没有履行非主要债务为由拒绝履行自己的主要债务的，法院不予支持，但是对方不履行非主要债务致使不能实现合同目的或者当事人另有约定的除外（《合同通则解释》第 31 条第 1 款）

（三）行使先履行抗辩权的效力

先履行抗辩权是一种独立的抗辩权，具有独立的适用范围。先履行抗辩权的行使将暂时阻止对方当事人请求权的行使，而不是导致对方请求权的消灭，从这个意义上说，先履行抗辩权属于延期的抗辩权。因而在对方当事人完全履行了合同义务以后，抗辩权行使条件已不存在，后履行的一方应当履行自己的义务。

在先履行抗辩权中，权利的行使不影响后履行的一方向违约方主张违约责任的承担。

依据《合同通则解释》第 31 条第 3 款规定，当事人一方起诉请求对方履行债务，被告主张原告应先履行的抗辩且抗辩成立的，法院应当驳回原告的诉讼请求，但是不影响原告履行债务后另行提起诉讼。

四、不安抗辩权

（一）不安抗辩权的概念和适用条件

依据《民法典》第 527 条第 1 款规定，不安抗辩权是指应当先履行债务的当事人，在有确切证据证明对方有经营状况严重恶化、转移财产或抽逃资金以逃避债务、丧失商业信誉，以及有丧失或者可能丧失履行债务能力的其他情形时，享有的中止履行自己义务的权利。

不安抗辩权的适用应具备如下条件：

第一，须因双务合同互负债务。只有在双务合同中，才有可能使当事人之间的债务履行具有先后顺序之分。因此，不安抗辩权只能在双务合同中发生，在单务合同中是不能适用的。

第二，须当事人约定一方应先履行债务。在双务合同中，如果履行在同一时间内发生，则只发生同时履行抗辩权。不安抗辩权是因异时履行发生的，即当事人一方有义务向他方先作出履行，这种异时履行必须由当事人特别约定。

第三，先履行一方有确切的证据证明对方履行能力明显降低的情形。《民法典》第 527 条第 1 款具体列举了对方履行能力降低的情形，即经营状况严重恶化；转移财产、抽逃资金，以逃避债务；丧失商业信誉；有丧失或者可能丧失履行债务能力的其他情形。先履行一方在有确切证据证明对方出现上述事实后，有权行使不安抗辩权。

（二）不安抗辩权的行使

为了防止先履行一方滥用不安抗辩权，依据《民法典》第 527、528 条规定，先履行一方行使不安抗辩权时必须负有两项义务：一是举证的义务。先履行一方必须有确切的证据证明对方具有法律规定的不能或不会对待履行的情况，而不能凭空推测或根据臆想而断定对方不能或不会对待履行。没有确切证据而中止合同履行，只能表明先履行一方无正当理由不履行自己的义务。当事人没有确切证据中止履行的，应当承担违约责任。二是通知的义务。由于先履行一方在行使不安抗辩权时无须征得对方的同意，而不安抗辩权的行使又会导致先履行的一方暂时中止合同的履行，如果在中止合同履行以后，不及时通知对方，对方有可能会蒙受各种损失。因此，当事人在中止履行后，应当及时通知对方。如果没有及时通知甚至根本未通知对方当事人，则先履行一方并没有正当行使抗辩权，将有可能构成违约。

（三）行使不安抗辩权的效力

先履行一方行使不安抗辩权后，将发生以下效力：

第一，中止履行。依据《民法典》第 527 条规定，先履行一方有确切证据证明对方具有法律规定的不能或不会对待履行的事由以后，可以行使不安抗辩权，暂时中止合同的履行。可见，暂时中止合同的履行是不安抗辩权行使的主要效果。所谓暂时中止合同履行，是指暂停履行合同，它既不同于终止合同，也不同于解除合同。因为在暂时中止合同履行的情况下，合同并没有发生终止或解除，它对当事人仍然是有效的，只是合同债务暂时得不到履行。一旦另一方提供了适当的担保或恢复履行能力，合同应当继续履行。

第二，解除合同。依据《民法典》第 528 条规定，应当先履行合同义务的一方中止履行后，对方在合理期限内未恢复履行能力并且未根据要求提供适当担保的，视为以自己的行为表明不履行主要债务，中止履行的一方有权解除合同并可以请求对方承担违约责任。

自测习题　　案例分析　　案例分析参考答案

第十九章　合同的保全

【导语】

在现代社会，信用是相当重要的。在合同关系中，债务人履行债务的基础是其财产。只有债务人有相当的财产，才能满足债权人的清偿要求。如果债务人通过一些不正当的行为，使自己的财产减少，就会影响债的履行。法律为保护债权人的利益，赋予债权人以一定的权利，即代位权和撤销权。这就是合同的保全制度，为本章阐述的主要内容。

第一节　合同的保全概述

一、合同保全的概念

合同保全又称债的保全，是债权人为确保其债权的实现，而防止债务人财产不当减少的一种手段。

在合同关系中，债务人以自己的全部财产清偿债务，以使债权得以实现。为保障债权的实现，法律赋予债权人保全的权利，以防止债务人的责任财产减少进而影响债权人债权的实现。这种保全的权利，包括债权人的代位权与撤销权。合同的保全是合同对第三人发生的效力，这是合同相对性的一种例外。

二、合同保全的意义

在合同关系中，债权的实现主要依靠债务人的适当履行，故债务人财产的多少对于债权的实现举足轻重；即使不以财产交付为标的的合同，也需要以债务人的财产作为债务履行的最后保障。因此，合同关系成立后，债务人的财产就成为债的一般担保，被称为“责任财产”。债务不履行时，这种责任财产就会成为强制执行的标的。在一般情况下，债务人不履行债务时的责任为无限责任，因而除不得强制执行的维持债务人生活所必需的财产外，债务人的一切财产都包括在责任财产的范围之内。

在建立合同关系时，当事人的财产状况往往对其信用发生影响，进而影响对方当事人的意思。合同关系成立后，责任财产的增加或者减少，对债权能否实现关系重大。因此，责任财产如果因债务人的行为而发生不当减少,影响到债权实现时,为了维持债务人的责任财产并确保债权人的利益,在法律上应当建立相应的救济制度。

对于债权实现的保障,有两种制度可以运用:一是在合同关系成立时,设定从属于主债权的保证和担保物权,这是事先确定的债权的积极保障;二是在债务人不履行债务时,债权人可以诉请法院强制执行或者令债务人承担损害赔偿责任,这是事后确定的债权的消极保障。但是,设定担保须履行特殊手续(如办理抵押登记),有时尚取决于第三人的意思(如第三人担保),而法定担保(如留置权)仅适用于特定的债务。通过法院强制执行或者请求损害赔偿,债权人须付出相当的诉讼成本,而且只能针对债务人的现有财产,债务人应增加而未增加的财产或者不当减少的财产,不能成为强制执行的标的。

正是为了保护一般债权人的利益,弥补特殊担保与强制执行的不足,法律设立了合同保全制度。

第二节　债权人代位权

一、债权人代位权的概念

《民法典》第 535 条第 1 款规定:“因债务人怠于行使其债权或者与该债权有关的从权利,影响债权人的到期债权实现的,债权人可以向人民法院请求以自己的名义代位行使债务人对相对人的权利,但是该权利专属于债务人自身的除外。”根据这一规定,债权人代位权是指债权人为了保全其债权,于债务人怠于行使自己的权利而影响债权人债权实现时,得以自己的名义代位行使属于债务人权利的权利。

关于债权人代位权,可以从如下几个方面理解:

第一,债权人代位权是债权人行使属于债务人权利的权利。由于债务人的权利是对于第三人的权利,因此,债权人行使代位权必涉及第三人,从而也就表现为对第三人行使权利。

第二,债权人代位权是债务人怠于行使其权利而影响债权实现时,债权人得行使的权利。因此,若债务人自己积极行使了其权利,则债权人不得行使代位权;即使债务人怠于行使其权利,只要没有影响到债权实现,债权人便不得行使代位权。

第三,债权人代位权是债权人以自己的名义而不是以债务人的名义行使的权利。因此,债权人行使代位权尽管是对第三人行使属于债务人的权利,但却是以自己的名义而不是作为债务人的代理人行使债务人的权利。

二、债权人代位权的成立要件

债权人代位权须具备一定的条件才能成立,这些条件包括:

(一) 债务人对第三人享有权利并怠于行使其权利

债权人代位权是以保障债务人的责任财产的增加而保全债权的,因而其标的须为已存在的债务人对第三人享有的财产权,债务人的非财产权以及将来存在的财产权不能为代位权的标的。这里的财产权包括债权以及与该债权有关的从权利,但是,依据《民法典》第 535 条第 1 款规定,对于专属于债务人自身的权利不得行使代位权。一般来说,下列权利为专属于债务人自身的权利:(1) 抚养费、赡养费或者扶养费请求权;(2) 人身损害赔偿请求权;(3) 劳动报酬请求权,但是超过债务人及其所扶养家属的生活必需费用的部分除外;(4) 请求支付基本养老保险金、失业保险金、最低生活保障金等保障当事人基本生活的权利;(5) 其他专属于债务人自身的权利(《合同通则解释》第 34 条)。

债务人虽对第三人享有财产权利,但其积极行使权利的,债权人的代位权不能成立。只有在债务人有权利能行使却怠于行使时,债权人的代位权才能成立。所谓能行使,是指债务人客观上可以对第三人行使权利。若债务人客观上不能行使,则债权人也不得代位行使。例如,债务人已受破产宣告,其对第三人的权利由清算人行使,债权人不得代位行使,也就不成立债权人的代位权。所谓债务人怠于行使,是指债务人应行使权利而不行使。至于债务人不行使权利是否有过错,有无其他原因,是否经债权人催告,均在所不问。依据《合同通则解释》第 33 条规定,债务人不履行其对债权人的到期债务,又不以诉讼或者仲裁方式向相对人主张其享有的债权或者与该债权有关的从权利,致使债权人的到期债权未能实现的,可以认定为《民法典》第 535 条规定的"债务人怠于行使其债权或者与该债权有关的从权利,影响债权人的到期债权实现"。

(二) 债务人履行债务迟延

所谓债务人履行迟延,是指债务人于履行债务的期限届满而未履行债务。若债务人的债务履行期未届至,或者虽到履行期但履行期限未届满,则债务人是否能履行债务尚不确定,债权人的债权是否有不受清偿的可能尚不清楚,于此情况下,债权人自不能代位行使债务人的权利。但是,若债权人的代位权是专为保全债务人权利的保存行为,其目的在于防止债务人权利的变更或消灭的,虽债务人的债务清偿期未届至,债权人也得行使代位权。这种权利通常称为代位保存权。对此,《民法典》第 536 条规定:"债权人的债权到期前,债务人的债权或者与该债权有关的从权利存在诉讼时效期间即将届满或者未及时申报破产债权等情形,影响债权人的债权实现的,债权人可以代位向债务人的相对人请求其向债务人履行、向破产管理人申报或者作出其他必要的行为。"

(三) 债权人有保全债权的必要

所谓有保全债权的必要,是指债务人怠于行使权利影响债权,使债权人的债权有不能实现的危险。因为代位权是以保全债权为目的的,若无保全债权的必要,也就无成立代位权的必要。例如,若债务人虽怠于行使对第三人的权利,但债务人仍有足够的财产清偿债务,债务人不为清偿时,债权人请求法院强制执行,自可保障其债权的实现,于此情形下,债权人自无保全债权的必要,也就不成立债权人代位权。

三、债权人代位权的行使

凡债务人的债权人只要符合债权人代位权的成立条件，均可行使代位权。依据《民法典》第 535 条规定，债权人须通过法院行使其代位权。在债权人代位权诉讼中，债权人以债务人的相对人为被告提起代位权诉讼，未将债务人列为第三人的，法院应当追加债务人为第三人。两个以上债权人以债务人的同一相对人为被告提起代位权诉讼的，法院可以合并审理。债务人对相对人享有的债权不足以清偿其对两个以上债权人负担的债务的，应当按照债权人享有的债权比例确定相对人的履行份额，但是法律另有规定的除外（《合同通则解释》第 37 条）。依据《诉讼时效规定》第 16 条规定，债权人提起代位权诉讼的，应当认定对债权人的债权和债务人的债权均发生诉讼时效中断的效力。

《民法典》第 535 条第 2 款规定："代位权的行使范围以债权人的到期债权为限。债权人行使代位权的必要费用，由债务人负担。"因此，债务人享有数项权利时，债权人若就某一项权利行使代位权已可满足清偿其债权的需要，则不得再对债务人的其他权利行使代位权。

四、债权人代位权行使的效力

（一）对债务人的效力

债权人代位权行使的效果归属于债务人，即代位权行使所取得的财产应归属于债务人。但尽管如此，债务人的相对人应向债权人履行义务。依据《民法典》第 537 条规定，债务人的相对人向债权人履行义务后，债务人与相对人之间相应的权利义务终止。如果债务人对相对人的债权或者与该债权有关的从权利被采取保全、执行措施，或者债务人破产的，应当依照相关法律的规定处理。应当指出，债权人行使代位权后，对于被代位行使的权利，债务人的处分权能应受到限制。依据《合同通则解释》第 41 条规定，债权人提起代位权诉讼后，债务人无正当理由减免相对人的债务或者延长相对人的履行期限的，相对人无权以此向债权人抗辩。

（二）对相对人的效力

债权人代位权的行使系其代债务人行使对相对人的权利，于此情形下相对人的地位不能较债务人自己行使权利时不利。因此，相对人对于债务人所有于代位权行使前发生的抗辩，均可以向债权人主张（《民法典》第 535 条第 3 款）。例如，相对人对债务人的合同不成立、无效、撤销、超过诉讼时效、同时履行抗辩权、不安抗辩权等抗辩，均可以向债权人主张。

（三）对债权人的效力

依据《民法典》第 537 条规定，在债权人代位权中，行使权利的债权人享有优先受偿权，债权人接受履行后，债权人与债务人之间相应的权利义务终止。

第三节 债权人撤销权

一、债权人撤销权的概念

《民法典》第538条规定:"债务人以放弃其债权、放弃债权担保、无偿转让财产等方式无偿处分财产权益,或者恶意延长其到期债权的履行期限,影响债权人的债权实现的,债权人可以请求人民法院撤销债务人的行为。"第539条规定:"债务人以明显不合理的低价转让财产、以明显不合理的高价受让他人财产或者为他人的债务提供担保,影响债权人的债权实现,债务人的相对人知道或者应当知道该情形的,债权人可以请求人民法院撤销债务人的行为。"根据这两条规定,债权人撤销权是指债权人对于债务人所为的影响债权实现的行为,得请求法院予以撤销的权利。

关于债权人撤销权,可以从如下几个方面理解:

第一,债权人撤销权行使的对象是债务人与相对人的行为。因债权人撤销权的行使是撤销债务人与相对人之间的行为,从而使债务人与相对人之间业已成立的法律关系消灭,撤销权当然地涉及相对人。因此,债权人的撤销权是合同关系对相对人效力的表现之一。

第二,债权人撤销权是在债务人与相对人之间的行为影响债权人的债权实现时所行使的权利。债务人与相对人之间的行为对债权人的债权实现没有影响时,基于合同的相对性,债权人无权请求撤销。

第三,债权人撤销权是通过诉讼方式行使的权利。在债务人实施了影响债权实现的行为时,债权人只能通过诉讼方式行使撤销权。应当指出的是,债权人撤销权虽须通过诉讼方式而行使,但该权利为实体法上的权利而非诉讼法上的权利。

二、债权人撤销权的成立条件

债权人撤销权的成立要件可分为客观要件与主观要件两个方面。

(一)客观要件

债权人撤销权成立的客观要件为债务人有影响债权实现的行为。

首先,债务人须于债权成立后曾为一定行为。债务人的行为是双方行为还是单方行为,是有偿行为还是无偿行为,在所不问。但事实行为与无效民事法律行为,不在此列。因为事实行为无从撤销,无效民事法律行为无须撤销。

其次,债务人的行为须为使其财产减少的财产行为。债务人所为的不以财产为标的的行为,或者虽以财产为标的,但不为使其财产减少的行为(如放弃受遗赠),不得撤销。一般来说,下列行为不得撤销:(1)非以财产为标的的行为,如结婚、离婚、收养子女等;(2)以劳务为标的的行为,如为他人加工定作物等;(3)财产上的拒绝行为。从《民法典》第538、539条规定来看,债务人实施的使其财产减少的行为包括五种:一是放弃债权;二是放弃债权担保;三是无偿转让财产；四是恶意延长到期债权的履行期限；五是以明显不合理的低价转让财产或者以明显不合理的高价收购财产。此外，债务人以明显不合理的价格，实施互易财产、以物抵债、出租或者承租财产、知识产权许可使用等行为，影响债权人的债权实现，债务人的相对人知道或者应当知道该情形的，债权人有权请求撤销债务人的行为（《合同通则解释》第 43 条）。对于“明显不合理”的低价或者高价，应当依交易当地一般经营者的判断，并参考交易时交易地的市场交易价或者物价部门指导价予以认定。转让价格达不到交易时交易地的市场交易价或者指导价 70%的，一般可以认定为“明显不合理的低价”；受让价格高于交易时交易地的市场交易价或者指导价 30%的，一般可以认定为“明显不合理的高价”。债务人与相对人存在亲属关系、关联关系的，不受前述的 70%、30%的限制（《合同通则解释》第 42 条）。

再次，债务人的行为须影响债权的实现。若债务人的行为虽使其财产减少，但不影响其对债权的清偿，则债权人自不能干涉债务人的行为。债务人的行为是否影响债权实现，应从两方面考察：一方面，债务人因其行为而使其无资力清偿债权。一般来说，于债务人为行为时，债务人的其他资产不足以满足一般债权人的要求，即为无资力。债务人有无资力应以客观上是否存在不能履行的事实为标准，而不能以债权人的主观认识为标准。另一方面，债权人的债权因债务人的行为不能受完全清偿。但债权人的债权附有担保物权的，债权人只能于担保物的价值不足清偿的债权数额限度内行使撤销权。若担保物的价值足以担保债权的受偿，债务人的行为不害及债权，则债权人不能行使撤销权。

（二）主观要件

债权人撤销权成立的主观要件为债务人与债务人的相对人主观上有恶意。对于撤销权的主观要件，依债务人所为的行为是否有偿而有所不同。

债务人的行为若为无偿行为，则不以债务人和债务人的相对人的恶意为要件。也就是说，只要债务人放弃其债权、放弃债权担保、无偿转让财产或者恶意延长其到期债权的履行期限，影响债权人的债权实现的，无论债务人和债务人的相对人的主观状态如何，债权人都可以请求法院撤销债务人的行为。这是因为，债务人无资力而为无偿行为，其影响债权实现至为明显，况且无偿行为的撤销仅使债务人的相对人失去无偿所得的利益，并未受其他损害，法律理应先考虑保护债权实现受影响的债权人利益。

债务人的行为若为有偿行为，则债务人及其相对人（受益人）须为恶意。债务人有无恶意，一般应实行推定原则，即只要债务人实施有偿行为而使其无资力，就推定为有恶意。债务人的相对人的恶意是指其知道或者应当知道债务人的有偿行为会影响债权人的债权实现。对于债务人的相对人的恶意，应由债权人证明。当然，债务人的相对人的恶意仅以其知道或者应当知道债务人所为的有偿行为会影响债权实现为准，而无须其与债务人在影响债权实现上的恶意串通。

三、债权人撤销权的行使

债权人撤销权的行使对于相对人有重大利害关系，因此，债权人的撤销权须由债权人以自己的名义以诉讼形式为之。债权人提起撤销权诉讼的，应当以债务人和债务人的相对人为共同被告。两个以上债权人就债务人的同一行为提起撤销权诉讼的，可以合并审理（《合同通则解释》第 44 条）。

依据《民法典》第 540 条规定，债权人行使撤销权的范围应以债权人的债权为限；债权人行使撤销权的必要费用，由债务人负担。依据《合同通则解释》第 45 条规定，在债权人撤销权诉讼中，被撤销行为的标的可分，当事人有权主张在受影响的债权范围内撤销债务人的行为；被撤销行为的标的不可分，债权人有权主张将债务人的行为全部撤销。债权人行使撤销权所支付的合理的律师代理费、差旅费等费用，可以认定为“必要费用”。

债权人应于法律规定的期间内行使撤销权，该权利行使期间为除斥期间。债权人撤销权的除斥期间届满后，债权人的撤销权即消灭。关于债权人撤销权的行使期限，《民法典》第 541 条规定：“撤销权自债权人知道或者应当知道撤销事由之日起一年内行使。自债务人的行为发生之日起五年内没有行使撤销权的，该撤销权消灭。”

四、债权人撤销权行使的效力

债权人撤销权的行使，依撤销判决而发生效力，其效力及于债务人、债务人的相对人及债权人。

对于债务人而言，债务人影响债权人债权实现的行为被撤销的，自始没有法律约束力（《民法典》第 542 条），即视为自始无效。例如，为财产赠与的，视为未赠与；为债务免除的，视为未免除。

对于债务人的相对人而言，债务人的行为被撤销后，该相对人已受领债务人的财产的，应当返还。原物不能返还的，应当折价返还其利益。相对人已向债务人支付对价的，得向债务人主张返还不当得利。

对于债权人而言，行使撤销权的债权人除有权请求撤销债务人与债务人的相对人之间的行为外，还有权同时请求债务人的相对人向债务人承担返还财产、折价补偿、履行到期债务等法律后果（《合同通则解释》第 46 条第 1 款）。债权人依据其与债务人的诉讼、撤销权诉讼产生的生效法律文书申请强制执行的，法院可以就债务人对相对人享有的权利采取强制执行措施以实现债权人的债权。债权人在撤销权诉讼中，有权申请对相对人的财产采取保全措施（《合同通则解释》第 46 条第 3 款）。

自测习题　　案例分析　　案例分析参考答案

第二十章　合同的变更和转让

【导语】

合同成立后，若客观情况发生变化，当事人可否变更合同？可否将合同转让？例如，甲公司与乙公司签订一项农产品收购协议，但甲公司的能力有限，无法完成全部收购任务，于是将协议中的部分收购任务转让给了丙公司，这种转让是否成立？将会产生什么样的法律效力？这就涉及合同的转让问题。本章主要阐述合同的变更和转让的基本内容。

第一节　合同的变更

一、合同变更的概念和条件

合同变更有广义和狭义之分。广义的合同变更是指合同的内容和主体发生变化；狭义的合同变更仅指合同内容的变化。依据《民法典》第543条规定，当事人协商一致，可以变更合同。这里仅限于狭义的合同变更，而且仅限于当事人协议变更合同。

当事人协议变更合同，一般须满足以下条件：

第一，原已存在着合同关系。合同的变更是在原合同的基础上，通过当事人双方的协商，改变原合同关系的内容。因此，不存在原合同关系，就不可能发生变更问题。应当指出，当事人之间就同一交易订立的多份合同均系当事人真实意思表示，且不存在其他影响合同效力情形的，应当在查明各合同成立先后顺序和实际履行情况的基础上认定合同内容是否发生变更（《合同通则解释》第14条第3款）。

第二，合同的变更须经过当事人协商。合同是当事人双方协商一致的产物，合同的变更也必须经过双方的协商，任何一方未经协商不得单方变更合同内容。变更合同本身须订立变更合同的合同，即也须经过要约和承诺阶段，并应符合民事法律行为的有效要件。依据《民法典》第544条规定，当事人对合同变更的内容约定不明确的，推定为未变更。在合同变更中，依照法律、行政法规规定应当办理批准等手续的，应当依照规定办理相关手续（《民法典》第502条第3款）。法律、行政法规禁止合同内容变更的，当事人对合同的相应变更无效（《合同通则解释》第14条第3款）。

第三，须使合同内容发生变化。合同变更是在保持合同同一性的前提下，对合同内容的部分改变，如标的物、价款、履行方式、违约责任等的改变。但变更后与变更前的合同应属于同一合同，不得改变合同的性质。

二、合同变更的效力

因合同变更属于协议变更，故对当事人均有约束力。为使合同已履行部分不因合同变更而失效，合同变更一般仅对未履行部分发生效力，对已经履行的部分没有溯及力，但法律另有规定或者当事人另有约定的除外。

合同的变更不影响当事人要求赔偿损失的权利。只要合同变更协议或者法律规定没有明确免除之前因违约而产生的违约责任，当事人要求承担损害赔偿的权利就不受影响。

第二节　债权让与

一、债权让与的概念和方式

债权让与是债权主体的变更，有广义与狭义之分。广义的债权让与是指债权人的债权由第三人承受，即第三人参与债的关系而成为债权人的法律现象。这种意义上的债权让与，既包括因法律规定或裁判而发生的债权转移，也包括因当事人间的合意而发生的债权转移。狭义的债权让与是指基于民事法律行为而发生的债权转移，而不包括依法律的直接规定而发生的债权转移。基于民事法律行为而发生的债权让与多依合同的方式为之，因而，狭义的债权让与一般是指债权人通过与第三人的协议将其债权转让给第三人。让与债权的一方当事人为让与人，受让债权的一方当事人为受让人。

依据《民法典》第545条规定，债权让与可分为全部让与和部分让与。债权的全部让与是指将债权人的债权全部转让给第三人，于转让生效后，原债权人退出债的关系，受让人成为债权人。债权的部分让与是指将债权人的债权的一部分转让给第三人，于转让生效后，原债权人并不退出债的关系，而是与受让第三人共同成为债权人。如果让与合同中规定了转让的债权份额，则原债权人与受让第三人按照份额享有债权，成立按份债权；若没有规定让与的债权份额，则原债权人与受让第三人连带享有债权，成立连带债权。

债权让与无论是全部让与还是部分让与，依据《民法典》第502条第3款规定，合同的转让应当办理批准等手续的，应当办理批准等手续，否则转让合同不能生效。

二、债权让与合同的条件

（一）债权让与合同的概念和特点

债权让与合同是债权人与第三人订立的将债权转让给第三人的合同，具有如下主要特点：

第一,债权让与合同为债权让与的让与人与受让人间的合同。债权让与属于双方行为,因此,债权让与合同须有转让债权的让与人与受让债权的受让人双方当事人,并且须经双方当事人的意思表示一致才能成立。

第二,债权让与合同为债权人将特定债权转让于受让人的合同。债权让与合同以将债权转让给受让人享有为目的,因此,债权让与合同有效成立后,受让人即成为债权人。受让人不同于代债权人接受债务人给付的第三人。若第三人与债权人订立合同,双方约定债权人委托第三人接受债务人的给付,则该合同不为债权让与合同,该第三人也不能成为债权人,而仅能为债的履行主体。

第三,债权让与合同为债权人处分其债权的合同。债权让与既然为债权人将其债权转移归受让人享有,债权让与当然为债权人处分其债权的行为。债权人既然为处分行为,让与人对其所让与的债权就须有处分权限。让与人无处分权限时,受让人自不能取得受让的债权。在无权处分他人债权的情况下,当事人或者真正权利人不能仅以让与人在订立合同时不享有债权或者没有处分权而主张合同无效。若认定转让合同有效,因让与人未取得真正权利人事后同意或者让与人事后未取得处分权导致不能履行的,受让人有权主张解除合同并请求让与人承担违约责任(《合同通则解释》第 19 条第 1 款)。依据《合同通则解释》第 49 条第 2 款规定,受让人基于债务人对债权真实存在的确认受让债权后,债务人不得又以该债权不存在为由拒绝向受让人履行,但是受让人知道或者应当知道该债权不存在的除外。

(二)债权让与合同的有效条件

债权让与合同自让与人与受让人之间关于转让债权的意思表示一致时起成立,但须具备以下条件方能发生效力:

1. 须意思表示真实

债权让与合同为民事法律行为,应适用关于民事法律行为有效条件的规定。如有合同为无效的情形时,让与合同不能生效。让与合同有可撤销的事由的,当事人也得请求撤销让与合同。

2. 须有有效债权的存在

债权让与合同的目的是转让债权,因而必须有有效债权存在。债权是否有效,应以让与时的债权效力为准。例如,以可撤销的债权为让与的,在所让与的债权未被撤销前,该债权为有效,因此,在其未被撤销前让与的,该让与合同为有效;以将来发生的债权为让与的,让与合同成立时该债权尚不存在,但并非将来不能有效存在,若当事人约定于债权人取得债权时将债权转移于受让人,该让与合同应为有效;让与诉讼时效完成后的债权的,虽债权人丧失请求法院保护的权利,但并非债权不存在,债权人仍有受领权,因此,债权人仍得将其权利让与他人。

3. 须所让与的债权具有可让与性

债权为财产权,一般具有可让与性,债权人得将其债权让与他人。但是,并非所有的债权都具有可让与性。对于不具有可让与性的债权,债权人不得转让,以此为让与标的的,让与合同不能生效。依据《民法典》第 545 条规定,不具有可让与性的债权有以下几类:

(1) 根据债权性质不得转让的债权。这类债权主要有以下几种:其一,以特定身份为基础的债权,如亲属间的扶养请求权、抚恤金请求权等。其二,以特定债权人为基础的债权,如离退休金债权、以向特定人为对象提供劳务的债权。其三,基于当事人间特别信任关系的债权,原则上不得让与。例如,雇以佣、委托、借用、租赁关系中的债权,非经对方同意不得让与。其四,属于从权利的债权,不得单独让与。

(2) 按照当事人约定不得转让的债权。当事人关于不得让与债权的意思表示,可以于债权成立时为之,也可以在债权成立后为之,但须于债权让与前作出。当事人可以约定禁止向任何人转让债权,也可以约定禁止向特定人或特定范围的人转让债权。应当指出,对于当事人之间禁止债权转让的约定对第三人的效力,《民法典》第 545 条第 2 款区分了两种情形:一是当事人约定非金钱债权不得转让的,不得对抗善意第三人;二是当事人约定金钱债权不得转让的,不得对抗第三人。

(3) 依照法律不得转让的债权。法律规定不得转让的债权,不得转让。此外,依据《民法典》第 502 条第 3 款规定,如果合同债权的转让应当办理批准等手续的,应当办理批准等手续,否则让与合同不能生效。

三、债权让与的效力

债权让与的效力是指债权让与所发生的法律效果,可分为对内效力与对外效力两个方面。

(一) 债权让与的对内效力

债权让与的对内效力是债权让与在让与人与受让人间发生的法律效果,主要包括以下方面。

1. 债权及其从权利转让于受让人

债权让与的基本效力是受让人取得受让的债权,即债权从让与人转移于受让人享有。除法律另有规定或者当事人另有约定外,自让与合同生效之时起发生债权的转移,受让人即成为新的债权人。债权转让的,债权的从权利也随之转让给受让人,但该从权利专属于债权人自身的除外。《民法典》第 547 条规定:"债权人转让债权的,受让人取得与债权有关的从权利,但是该从权利专属于债权人自身的除外。受让人取得从权利不因该从权利未办理转移登记手续或者未转移占有而受到影响。"按照这一规定,担保权、利息债权等随主债权转移于受让人,但撤销权、解除权等形成权因专属于债权人,不因债权的转让而转移于受让人。应当指出,如果债权的从权利是以登记或交付为变动要件的权利,该从权利未办理转移登记手续或者未转移占有的,不影响受让人取得之。例如,在不动产抵押权随债权一同转让时,抵押权即使没有办理转移登记,亦发生转让的后果;在动产质权随债权一同转让时,质押财产即使没有转移占有,亦发生转让的后果。

2. 让与人应使受让人能够完全行使债权

债权的让与人负有使受让人能够完全行使债权的义务,因此,让与人应将所有足以证明债权的文件,如债权证书、票据等交付受让人;应告知有关主张债权所必要的情形,如债务人的住所、债务的履行方式等。

3. 让与人对让与的债权负瑕疵担保责任

让与人对其所让与的债权应负瑕疵担保责任，不使受让人因债务人主张得对抗让与人的事由使受让人的利益受损害。但是，除让与合同另有约定外，让与人对债务人的履行能力没有担保责任。受让人于让与合同成立时知道债权有瑕疵而受让的，让与人不负瑕疵担保责任。

（二）债权让与的对外效力

债权让与的对外效力是指债权让与对债务人及第三人发生的法律效果。债权让与虽自当事人双方的意思表示一致时成立，但只有在向债务人为债权让与的通知时，才能对债务人发生效力。同时，诉讼时效从债权转让通知到达债务人之日起中断（《诉讼时效规定》第 17 条第 1 款）。如果债务人未受债权让与通知，则该让与对债务人不发生效力，债务人向原债权人为清偿的，其清偿为有效。对此，《民法典》第 546 条规定："债权人转让债权，未通知债务人的，该转让对债务人不发生效力。债权转让的通知不得撤销，但是经受让人同意的除外。"债权让与的通知可以是各种方式，如口头的、书面的，均无不可。但是，债权让与的通知不得撤销，除非受让人同意。债务人受债权让与的通知后，有异议的，得向对方提出；债务人未提出异议的，债权让与对其即发生效力。依据《合同通则解释》第 48 条规定，债务人在接到债权转让通知前已经向让与人履行的，受让人无权请求债务人履行的；债务人接到债权转让通知后仍向让与人履行的，受让人有权请求债务人履行。让与人未通知债务人，受让人直接起诉债务人请求履行债务的，债权转让自起诉状副本送达时对债务人发生效力。债务人有权主张因未通知而给其增加的费用或者造成的损失从认定的债权数额中扣除。债务人接到债权转让通知后，让与人不得以债权转让合同不成立、无效、被撤销或者确定不发生效力为由请求债务人向其履行，但是该债权转让通知被依法撤销的除外（《合同通则解释》第 49 条第 1 款）。

债权转让的对外效力，主要体现为如下方面。

1. 债务人应向受让人履行债务

债权让与对债务人生效后，债务人应向受让人清偿债务，而不得再向让与人清偿债务。债务人仍向让与人清偿的，除构成向第三人履行外，其清偿无效，不能对抗受让人，而只能依不当得利向受清偿的让与人要求返还。

2. 债务人对原债权人的抗辩权得向受让人为之

受让人受让债权，其地位不能优于让与人，其权利不能大于让与人原有的权利，因此，凡债务人得以对抗原债权人的抗辩权，同样得用以对抗受让人。对此，《民法典》第 548 条规定："债务人接到债权转让通知后，债务人对让与人的抗辩，可以向受让人主张。"同理，因债权转让增加的履行费用，也应由让与人负担（《民法典》第 550 条）。

3. 债务人得主张以其债权与让与的债权抵销

依据《民法典》第 549 条规定，有下列情形之一的，债务人可以向受让人主张抵销：（1）债务人接到债权转让通知时，债务人对让与人享有债权，且债务人的债权先于转让的债权到期或者同时到期；（2）债务人的债权与转让的债权是基于同一合同产生。

4. 债权双重转让的效力

债权双重转让的，债权转让均为有效。依据《合同通则解释》第 50 条规定，让与人将同一债权转让给两个以上受让人，债务人有权以已经向最先通知的受让人履行为由不再履行债务。债务人明知接受履行的受让人不是最先通知的受让人的，最先通知的受让人有权请求债务人继续履行债务或者依据债权转让协议请求让与人承担违约责任；最先通知的受让人无权请求接受履行的受让人返还其接受的财产，但是接受履行的受让人明知该债权在其受让前已经转让给其他受让人的除外。这里所称最先通知的受让人，是指最先到达债务人的转让通知中载明的受让人。当事人之间对通知到达时间有争议的，应当结合通知的方式等因素综合判断，而不能仅根据债务人认可的通知时间或者通知记载的时间予以认定。当事人采用邮寄、通讯电子系统等方式发出通知的，应当以邮戳时间或者通讯电子系统记载的时间等作为认定通知到达时间的依据。

第三节　债务承担

一、债务承担的概念和方式

债务承担即债务转移，是指在维持债的内容的同一性的前提下，原债务人的债务转让于新债务人承担。

如同债权让与一样，债务承担可因法律的直接规定而发生，也可因民事法律行为而发生。依当事人之间的合意而发生的债务承担最为常见。因此，一般所说的债务承担，仅是指依当事人间的合意将债务人的债务转让于承担人即新债务人承担。当事人间关于转移债务的合意，即为债务承担合同。

债务承担包括免责的债务承担与并存的债务承担。前者是指由第三人即承担人承担原债务人的全部债务或部分债务，后者是指第三人加入债的关系与债务人共同承担债务。

无论是免责的债务承担还是并存的债务承担，依据《民法典》第 502 条第 3 款规定，债务转移应当办理批准等手续的，应当办理批准等手续，否则债务承担合同不能生效。

二、免责的债务承担

（一）免责的债务承担的成立条件

免责的债务承担通常依当事人之间的合意而发生。因此，免责的债务承担应当具备以下条件：

第一，须有以债务承担为目的的有效合同。债务承担合同可由债权人与第三人订立，也可由债务人与第三人订立，但两种情况下的合同生效条件不同。（1）由债务人与第三人订立债务承担合同。债务人与第三人订立合同，约定由第三人承担债务的，因债务的转让对债权人的利益有直接影响，因此，合同须经债权人同意方能有效。对此，《民法典》第 551 条规定："债务人将债务的全部或者部分转移给第三人的，应当经债权人同意。债务人或者第三人可以催告债权人在合理期限内予以同意，债权人未作表示的，视为不同意。”（2）由债权人与第三人订立债务承担合同。债权人与第三人订立合同，约定由第三人承担债务的，一般自合同成立时起，第三人即成为新债务人。因为此种债务承担的协议并不会给债务人带来不利，因此不必通知债务人。

第二，须有有效债务的存在。债务承担合同所转移的是有效债务，若债务并不存在或无效或已消灭，则债务承担合同不能生效。转移的债务为将来发生的债务的，债务承担合同自债务有效成立时，方能生效。依据《诉讼时效规定》第 17 条第 2 款规定，在债务承担情形下，构成原债务人对债务承认的，从债务承担意思表示到达债权人之日起诉讼时效中断。

第三，须转让的债务具有可转移性。在性质上不能转移的债务，不得转移于他人承担；债权人与债务人约定不得转移的债务，不得由第三人承担；法律规定不能转移的债务，也不具有可转移性。因此，凡以转移不具有可转移性的债务为目的的债务承担合同，不能发生债务转移的效力。

（二）免责的债务承担的效力

免责的债务承担生效后，发生以下三个方面的法律效力：

第一，承担人取代原债务人的地位而成为新债务人。如果是全部债务转移，则原债务人脱离债的关系，而不再负担债务；如果是部分债务转移，则原债务人在转移债务的范围内不再承担债务，就未转移的债务仍承担清偿义务。

第二，新债务人取得原债务人基于债权债务关系所有的抗辩权。《民法典》第 553 条规定：“债务人转移债务的，新债务人可以主张原债务人对债权人的抗辩；原债务人对债权人享有债权的，新债务人不得向债权人主张抵销。”

第三，从属于主债务的从债务一并转移于承担人承担，但专属于原债务人自身的债务除外（《民法典》第 554 条）。例如，附随于主债务的利息债务等除当事人另有特别约定外，也一并由新债务人承担。但是，担保债务并不能随主债务的转移而转移，第三人为原债务人提供担保的，在债务承担时除担保人同意继续担保外，担保随之消灭。

三、并存的债务承担

并存的债务承担又称为债务的加入，是指第三人加入债的关系，与原债务人一并共同承担债务。依据《民法典》第 552 条规定，第三人与债务人约定加入债务并通知债权人，或者第三人向债权人表示愿意加入债务，债权人未在合理期限内明确拒绝的，债权人可以请求第三人在其愿意承担的债务范围内和债务人承担连带债务。可见，并存的债务承担将在原债务人与新债务人之间产生连带债务关系。

并存的债务承担可由债务人与第三人订立债务承担合同，也可以由债权人与第三人订立债务承担合同。因并存的债务承担由第三人与债务人一同向债权人负连带责任，这种债务承担不会对债权人造成任何不利，而只能是更加有利于保障债权人的利益，因此，此种债务承担合同无须经债权人同意。并存的债务承担合同所转移的债务，也须为有效存在的债务和具有可转移性的债务。

并存的债务承担合同生效后,除当事人另有约定外,第三人即与债务人一并成为连带债务人。对加入承担债务的第三人、债务人、债权人的关系,应适用连带之债的规定。第三人所负担的债务不能超出债务人原承担的债务的范围和限度,债务人所有的抗辩事由,第三人原则上也得以之对抗债权人,但第三人不得以基于债务承担合同而享有的对抗债务人的事由对抗债权人。依据《合同通则解释》第51条规定,第三人加入债务并与债务人约定了追偿权,其在履行债务后有权向债务人追偿;没有约定追偿权,第三人依照《民法典》关于不当得利等的规定,有权在其已经向债权人履行债务的范围内请求债务人向其履行,但是第三人知道或者应当知道加入债务会损害债务人利益的除外。债务人就其对债权人享有的抗辩,有权向加入债务的第三人主张。

第四节　合同的概括承受

一、合同的概括承受的概念

合同的概括承受又称债的概括承受,是指合同的一方主体将其债权债务一并转移给第三人。

合同的概括承受,可以是全部债权债务的转移,也可以是部分债权债务的转移。合同的概括承受可以基于当事人之间的合同而产生,称为意定的概括承受。例如,《民法典》第555条规定:"当事人一方经对方同意,可以将自己在合同中的权利和义务一并转让给第三人。"合同的概括承受也可以基于法律的直接规定而产生,称为法定的概括承受。例如,《民法典》第725条规定:"租赁物在承租人按照租赁合同占有期限内发生所有权变动的,不影响租赁合同的效力。"可见,当买卖租赁物时,基于"买卖不破租赁"的规则,买受人除可取得租赁物的所有权外,还承受该租赁物上原已存在的租赁合同关系中出租人的权利义务。这种合同权利义务的概括转移并非基于当事人的意志,而是基于法律的直接规定,因而属于法定转移。

二、合同概括承受的效力

合同概括承受既转让合同权利又转移合同义务,因而发生合同概括承受的合同只能是双务合同。单务合同只能发生特定承受,要么债权转让,要么债务转移,不能产生概括承受。

依据《民法典》第555条规定,合同承受必须经对方当事人同意才能生效。因为合同承受不仅包括合同权利的转移还包括合同义务的转移,所以合同一方通过合同将其权利义务进行概括转移时,必须取得对方同意。在取得对方当事人同意后,合同承受才能生效,从而使承受人取代转让人的法律地位,成为合同关系的当事人,在全部承受的情况下,转让人脱离合同关系。此外,依据《民法典》第502条第3款规定,合同概括承受应当办理批准等手续的,应当办理批准等手续，否则合同概括承受随合同不能生效。

合同的概括承受因包括了合同权利的转让和合同义务的转移，因此，依据《民法典》第556条规定，合同的权利和义务一并转让的，适用债权转让、债务转移的有关规定。

自测习题

案例分析

案例分析参考答案

第二十一章　合同的权利义务终止

■【导语】

正如人由出生到死亡的必经过程，合同关系也存在着从产生到消灭的过程。从合同订立的目的来看，订立合同就是为了合同之债的消灭，因为合同之债的消灭往往意味着合同目的的实现。当然，生活中也会存在一些无法满足合同目的而使合同之债消灭的情况。合同之债的消灭必基于一定的原因，如清偿、解除、抵销、提存、免除、混同等，这是本章所要阐述的问题。

第一节　债的终止概述

一、债的终止的概念

债的终止又称债的消灭，是指债的当事人双方间的权利义务于客观上已不复存在。债的终止有以下含义：

第一，债的终止是指债的关系不再存在。债的关系终止，也就无所谓债的效力。因此，债的终止与债的效力的停止或减弱不同。债的效力停止，是因债务人行使抗辩权而拒绝债权人的履行请求，从而使债权的效力受阻；债的效力减弱，是指债权人不能行使给付请求权而仅能受领债务人的给付。例如，诉讼时效完成后的债权。但不论债权的效力是停止还是减弱，债的关系仍存在。而债的终止则是债的关系消灭，再也谈不上债的效力。

第二，债的终止是指债客观上不复存在。因此，债的终止与债的变更不同。债的变更广义上包括主体变更、内容变更和客体变更。债的主体变更为债的转移，债的关系并未消灭，仅是存在于新的主体之间而已。尽管从原主体的角度说，可为债的丧失，但从客观上说，债仍未失其同一性而存在于变更后的主体之间。债的内容或客体变更，仅是债的内容或客体变动，债权债务关系仍然存在，并未消灭。

二、债的终止原因

债的终止须基于一定的法律事实，该法律事实即为债的终止原因。概括地说，债的终止原因可分为以下几类：

第一，基于债的目的达到而终止。例如，清偿、混同都是使债的目的达到的原因。

第二，基于债的目的不能达到而终止。例如，在给付不能时债的目的就不能达到，债应终止。

第三，基于当事人的意思而终止。例如，债务免除、抵销、协商解除等都是基于当事人一方或双方的意思表示而使债终止。

第四，基于法律的直接规定而终止。

三、债的终止的一般效力

债的终止，除当事人间的权利义务消灭外，还发生以下效力：

第一，债权的担保及其他从属的权利随债的终止而消灭。例如，担保物权、保证债权等，于债的关系终止时，应归于消灭。《民法典》第 559 条规定："债权债务终止时，债权的从权利同时消灭，但是法律另有规定或者当事人另有约定的除外。"

第二，附属文件的返还。债的产生需要很多相关文件，因此，债的终止也意味着作为证据的这些附属文件也应当一并返还，以有效进行文件管理和避免再生纠纷。在实践中，附属文件最重要的是负债字据。债全部终止的，债务人得请求债权人返还或销毁负债的字据；债部分终止的，或者负债字据上载有债权人其他权利的，债务人得请求债权人将债消灭的事由记入负债字据。债权人主张不能返还或不能记入的，债务人得请求债权人出具债消灭的证书。

第三，债终止后，当事人应当遵循诚信原则，根据交易习惯履行通知、协助、保密、旧物回收等义务（《民法典》第 558 条）。

第四，债终止后，不影响合同中结算和清理条款的效力（《民法典》第 567 条）。合同中的结算和清理条款之所以效力独立，是因为该条款的意思具有独立性，不从属于非结算和清理条款的效力。

第二节　清　　偿

一、清偿的概念

清偿是指债务人按照法律的规定或者当事人的约定向债权人履行义务。依据《民法典》第 557 条规定，债务已经履行的，债权债务终止。这里的"债务已经履行"指的就是清偿。

当事人设定债的目的，是通过债的关系获得某种利益，而这种利益一般是通过债的清偿才获得满足。只有清偿了债务，债权人的权利才能实现，债的目的才能达到，债也就归于终止。因此，清偿是债的终止的最正常、最常见的原因。

二、清偿的基本规则

（一）清偿的主体

清偿的主体即清偿当事人，包括清偿人与清偿受领人。

清偿人是清偿债务的人，包括债务人、债务人的代理人以及清偿第三人。因此，债务人（包括连带债务人、保证债务人）的清偿、代理人代理债务人的清偿、其他可由第三人给付的清偿，均为有效的清偿。但在第三人为清偿时，在第三人与债务人间会发生代位求偿权。

清偿受领人是指受领债务人给付的人。债务的清偿应由清偿人向有受领权的人为之，债权人是当然的受领权人。但是，在下列情形下，债权人不得受领：(1) 债权已出质。债权已作为质权的标的出质于他人时，非经质权人同意，债权人不得受领。(2) 债权人已被宣告破产。债权人被宣告破产时，自不能为有效的受领，其债权应由破产管理人受领。(3) 在债务人的履行行为属于民事法律行为并须债权人为必要的协助时，债权的受领人应具有完全民事行为能力，若债权人无完全民事行为能力，则不能为受领人。(4) 按《民事诉讼法》规定，法院对债权人的债权采取强制执行措施时，债权人不得自行受领。

除债权人外，债权人的代理人、债权人的破产管理人、债权质权的质权人、持有合法债权凭证的人、代位权人、债权人与债务人约定的受领第三人等，都可成为有权受领清偿的人。

债务人向无受领权人清偿的，其清偿为无效。但其后受领人的受领经债权人承认或者其取得债权人的债权的，债务人的清偿有效。

（二）清偿的标的

清偿的标的，亦即履行标的、给付的内容。债权人应当按法律规定或者当事人约定的标的履行，完全清偿自己的债务，而不得为部分清偿。但在某些情形下，债务人也可为部分清偿和代物清偿。

1. 部分清偿

部分清偿，又称一部清偿。《民法典》第 531 条规定：“债权人可以拒绝债务人部分履行债务，但是部分履行不损害债权人利益的除外。债务人部分履行债务给债权人增加的费用，由债务人负担。”可见，在下列两种情况下，债务人可部分清偿：一是在双方当事人同意的情况下，债务人得为部分清偿；二是在部分履行不损害债权人利益的情况下，债务人得为部分清偿。此外，法院得斟酌债务人的履行能力，裁决由债务人分期、分部分清偿。

2. 代物清偿

代物清偿是指以他种给付代替原定给付，债权人受领该给付而使债的关系终止。

代物清偿须具备以下要件：(1) 须有债权债务存在。(2) 须以他种给付代替原定给付，如以提供财物代替提供劳务。同为给付财物的，如以给付电视机代替给付冰箱的，也为代物清偿。(3) 代物清偿须经双方当事人同意。因此，代物清偿为一种合同关系，为诺成合同。(4) 清偿受领人须现实受领他种给付。若受领权人未受领债务人的给付，也不能发生代物清偿。

代物清偿一经完成,即发生债的关系终止的效力。由于代物清偿不要求原定给付与他种给付在价值上完全相同,所以当事人在达成代物清偿的合意时,得就其价值差额的处理作出约定。

(三)清偿期、清偿地和清偿费用

债务清偿人清偿债务,应于约定的期限、地点进行。当事人没有约定的,应按照法律规定的补充规则进行清偿。关于清偿费用,应依法律的规定或者当事人的约定处理;法律没有规定,当事人又没有约定的,由债务人负担。但因债权人原因增加的费用,应由债权人负担。

三、清偿抵充

(一)清偿抵充的概念与条件

《民法典》第 560 条第 1 款规定:"债务人对同一债权人负担的数项债务种类相同,债务人的给付不足以清偿全部债务的,除当事人另有约定外,由债务人在清偿时指定其履行的债务。"可见,清偿抵充是指对于同一债权人负担数宗种类相同的债务,而清偿人所提出的给付又不足以清偿全部债务时,决定其清偿抵充何项债务的行为。

一般地说,清偿抵充的构成须具备以下三个要件:

第一,债务人须对同一债权人负担数项债务。如果债务人对债权人仅负担一项债务,即使其给付不能为全部清偿,也属于一部清偿,而不发生清偿抵充问题。至于债务人对同一债权人负担的数项债务,是自始发生在债务人与债权人之间,还是嗣后从他人处承担而来,均非所问。

第二,债务人负担的数项债务的种类相同。如果债务人负担的数项债务给付的种类不同,债务人自应以给付的种类来确定清偿的为何项债务,不能发生清偿抵充问题。若就某项债务的给付,清偿人提出的给付超出规定的数额,当事人双方又同意以此多余的给付代他项债务清偿的,属于代物清偿,也不为清偿抵充。

第三,清偿人所提出的给付不足清偿全部债权。债务人虽负有数项同种类给付的债务,但如清偿人提出的给付足以清偿全部债权,如数项借款共 20 万元,清偿人给付 20 万元,则不发生清偿抵充。只有在债务人所提出的给付不足以清偿全部债权时,如有数项债务共 20 万元,而清偿人只给付 10 万元,才能产生清偿抵充的问题。

(二)清偿抵充的确定方法

一般地说,清偿抵充方法应区分原本债务和利息债务及费用而分别确定。

就原本债务来说,其清偿抵充方法首先应由当事人自行约定;若当事人没有约定时,一般依以下两种方式确定:(1)指定抵充。指定抵充是指由当事人一方以其意思指定清偿人的清偿应抵充的债务。该指定应于清偿时为之,并且一经指定不得撤回。依据《民法典》第 560 条第 1 款规定,在指定抵充中,除当事人另有约定外,债务人享有指定权。(2)法定抵充。法定抵充是指在当事人未指定时,依法律规定决定清偿人的清偿应抵充的债务。依据《民法典》第 560 条第 2 款规定,债务人未作指定的,应当优先履行已经到期的债务;数项债务均到期的,优先履行对债权人缺乏担保或者担保最少的债务；均无担保或者担保相等的，优先履行债务人负担较重的债务；负担相同的，按照债务到期的先后顺序履行；到期时间相同的，按债务比例履行。

就原债务与利息债务、有关费用而言，依据《民法典》第 561 条规定，债务人在履行主债务外还应当支付利息和实现债权的有关费用，其给付不足以清偿全部债务的，除当事人另有约定外，应当按照下列顺序履行：(1) 实现债权的有关费用；(2) 利息；(3) 主债务。

第三节　合同解除

一、合同解除的概念和特点

合同解除是指合同生效以后，因当事人双方的意思表示或当事人一方行使解除权或裁判机关根据一方当事人的请求作出裁决而使合同关系自始消灭或向将来消灭的制度。由于合同的解除将导致合同的终止，因此，解除可以成为合同终止的一项原因。同时，合同解除也是违约补救的一种方式。

合同解除具有以下特点：

第一，合同解除以当事人之间存在有效合同为前提。当事人之间自始就不存在合同关系的，不存在合同的解除问题；当事人之间原来存在合同关系，但合同关系已经消灭的，也不发生合同的解除。只有当事人之间的合同为有效合同，才存在合同的解除问题。

第二，合同解除须具有解除条件。合同成立后即具有法律约束力，因此，合同依法成立后，任何一方不得擅自解除合同。由于合同解除的效果比较严重，因此，只有在具备了解除条件时，法律才允许当事人解除合同。合同解除的条件，既可以是法律规定的，也可以是当事人约定的。

第三，合同解除须实施解除行为。即使在具备合同解除的条件时，合同也并不必然解除，还需实施一定的解除行为。只有合同解除行为，才能让当事人均知悉合同解除并进行后续的交易安排或者诉讼设计。解除行为包括两种：一是当事人双方协商同意，此种协商过程和结果即是解除行为；二是享有解除权一方的单方意思表示，此种解除行为通常发生于法定解除的场合。当然，法律、行政法规规定解除合同应当办理批准、登记等手续的，当事人应当办理批准等手续(《民法典》第 502 条第 3 款)。

第四，合同解除的效果是使合同关系归于消灭。合同解除后，当事人之间的合同关系即归于消灭，双方之间不再享有合同权利，也不再承担合同义务。当然，合同解除并不意味着当事人之间没有任何法律关系，如合同解除并不影响违约责任的承担。

二、合同解除的分类

合同解除可以分为协议解除、约定解除、法定解除和裁决解除。所谓协议解除，是指合同成立以后，当事人双方通过协商解除合同，使合同效力消灭的行为。对此，《民法典》第 562 条第1款规定,当事人协商一致,可以解除合同。所谓约定解除,是指当事人双方在合同中约定解除权的产生条件,在该条件具备时,当事人得行使解除权解除合同。对此,《民法典》第562条第2款规定,当事人可以约定一方解除合同的事由。解除合同的事由发生时,解除权人可以解除合同。所谓法定解除,是指在法律规定的解除权产生条件具备时,解除权人行使解除权解除合同的制度。关于法定解除的条件,《民法典》第563条第1款作了明确规定。所谓裁决解除,是指在满足情势变更制度的适用条件时,裁判机关得依当事人的请求裁决解除合同。例如,依据《民法典》第533条规定,在发生情势变更的情形下,当事人可以请求法院或仲裁机构解除合同。

三、法定解除权的产生条件

依据《民法典》第563条第1款规定,在下列情况下,当事人享有法定的解除权,并可通过行使解除权而解除合同:

第一,因不可抗力致使不能实现合同目的。不可抗力是指不能预见、不能避免并不能克服的客观情况。不可抗力不能一概作为产生法定解除权的原因。只有在因不可抗力致使不能实现合同目的时,才能产生法定解除权。所谓"不能实现合同目的",是指当事人订立合同所追求的目标不能实现。

第二,在履行期限届满前,当事人一方明确表示或者以自己的行为表明不履行主要债务。在履行期限届满前,当事人一方明确表示或者以自己的行为表明不履行主要债务的,称为预期违约。当事人一方明确表示不履行主要债务的,属于明示毁约;当事人一方以自己的行为表明不履行主要债务的,属于默示毁约。在预期违约的情况下,合同目的确定不能实现的,非违约方可以解除合同。

第三,当事人一方延迟履行主要债务,经催告后在合理期限内仍未履行。债务人在履行期限到来时,能够履行而没有按期履行主要债务,就构成履行迟延。在债权人催告所确定的合理宽限期内仍未履行的,对方当事人取得法定解除权。依据《商品房买卖解释》第11条规定,出卖人迟延交付房屋或者买受人迟延支付购房款,经催告后在3个月的合理期限内仍未履行,解除权人有权请求解除合同,但当事人另有约定的除外。法律没有规定或者当事人没有约定,经对方当事人催告后,解除权行使的合理期限为3个月。对方当事人没有催告的,解除权人自知道或者应当知道解除事由之日起1年内行使。逾期不行使的,解除权消灭。

第四,当事人一方延迟履行债务或者有其他违约行为致使不能实现合同目的。当事人一方在履行期限届至后未履行影响到合同目的实现的,不需要经过催告程序,非违约方便可以取得法定解除权。判断履行期限届至后未履行是否导致合同目的不能实现时,应考虑履行期限对合同的重要性。当事人一方有其他违约行为致使不能实现合同目的的,非违约方也有权解除合同。可见,违约行为发生以后,非违约方能否行使解除合同的权利,关键要看违约方的行为是否构成根本违约。只有在根本违约的情况下,非违约方才能行使法定解除权。

第五,法律规定的其他情形。除上述情形外,存在法律规定的其他解除合同的情形的,当事人也可以解除合同。例如,《民法典》第528条规定的不安抗辩权中的法定解除权,第711条规定的出租人的法定解除权。

此外，以持续履行的债务为内容的不定期合同，当事人可以随时解除，但是应当在合理期限之前通知对方。(《民法典》第 563 条第 2 款)

四、合同解除的程序

合同解除的程序有三种，即协议解除的程序、行使解除权的程序和裁判机关裁决的程序。

（一）协议解除的程序

协议解除的程序是当事人双方经过协商，将合同解除的程序。由于协议解除程序采取的是合同的方式，所以要使合同解除有效成立，也须有要约和承诺。这里的要约，是解除合同的要约，其内容是要消灭既存的合同关系，甚至包括已经履行的部分是否返还、责任如何分担等问题。它必须是向既存合同的对方当事人发出，并且要在既存合同消灭之前提出。这里的承诺，是解除合同的承诺，是完全同意上述要约的意思表示。依据《合同通则解释》第 52 条规定，当事人就解除合同协商一致时未对合同解除后的违约责任、结算和清理等问题作出处理，应当认定合同已经解除，但是当事人另有约定的除外。

采取协议解除程序，何时发生解除的效力，应依具体情况而定。合同解除应当按照法律、行政法规规定办理批准等手续的，批准日期即为合同解除的日期。合同解除不需要办理批准等手续的，双方当事人协商一致之时就是合同解除生效之时，或者由双方当事人商定解除生效的日期。

（二）行使解除权的程序

行使解除权的程序必须以当事人享有解除权为前提。所谓解除权，是合同当事人可以将合同解除的权利。解除权的行使，发生合同解除的法律效果，因而解除权是一种形成权。依据《民法典》第 565 条规定，解除权人主张解除合同的，应当通知对方，合同自通知到达对方时解除；通知载明债务人在一定期限内不履行债务则合同自动解除，债务人在该期限内未履行债务的，合同自通知载明的期限届满时解除。对方对解除合同有异议的，任何一方当事人均可以请求法院或者仲裁机构确认解除行为的效力。如果当事人未采用通知的方式解除合同，而直接以提起诉讼或者申请仲裁的方式依法主张解除合同，法院或者仲裁机构确认该主张的，合同自起诉状副本或者仲裁申请书副本送达对方时解除。依据《合同通则解释》第 53 条规定，当事人一方以通知方式解除合同，并以对方未在约定的异议期限或者其他合理期限内提出异议为由主张合同已经解除的，法院应当对其是否享有法律规定或者合同约定的解除权进行审查。经审查，享有解除权的，合同自通知到达对方时解除；不享有解除权的，不发生合同解除的效力。当事人一方未通知对方，直接以提起诉讼的方式主张解除合同，撤诉后再次起诉主张解除合同，法院经审理支持该主张的，合同自再次起诉的起诉状副本送达对方当事人时解除，但是当事人一方撤诉后又通知对方解除合同且该通知已经到达对方的除外(《合同通则解释》第 54 条)。当事人一方主张行使法律规定或者合同约定的解除权，法院经审理认为不符合解除权行使条件但是对方同意解除，或者双方当事人均不符合解除权行使条件但是均主张解除合同的，可以认定合同解除(《合同通则解释》第 52 条第 2 款)。在此情况下，有关违约责任、结算和清理等问题,应当依据《民法典》第 566 条、第 567 条和有关违约责任的规定处理(《合同通则解释》第 52 条第 3 款)。

行使解除权的程序适用于法定解除和约定解除的场合。在不可抗力致使合同不能履行的场合,解除权由各方当事人享有,任何一方都可行使。在当事人一方违约的情况下,解除权归守约方享有。在约定解除的情况下,解除权归合同指定的当事人享有,既可以是一方当事人享有,也可以是各方当事人享有。

解除权虽是形成权,其行使也有一定的限制。法律规定或者当事人约定解除权行使期限,期限届满当事人不行使的,该权利消灭。法律没有规定或者当事人没有约定解除权行使期限,自解除权人知道或者应当知道解除事由之日起 1 年内不行使,或者经对方催告后在合理期限内不行使的,该权利消灭(《民法典》第 564 条)。

(三)裁判机关裁决的程序

这里所说的裁判机关裁决的程序,不是指在协议解除的程序和行使解除权的程序中当事人诉请或申请裁判机关来解除合同,而是指在适用情势变更制度解除合同时,由裁判机关裁决合同解除的程序。由于适用情势变更制度解除合同,当事人无解除行为,只是由裁判机关根据案件的具体情况和情势变更制度的法律要件加以裁决。因此,对这种类型的合同解除只能适用裁判机关裁决的程序。

五、合同解除的效力

依据《民法典》第 566 条规定,合同解除发生如下效力:

第一,合同解除后,合同尚未履行的,终止履行;已经履行的,根据履行的情况和合同性质,当事人可以请求恢复原状或者采取其他补救措施。这里涉及合同解除是否具有溯及力问题。合同解除有溯及力的,合同关系溯及既往地消灭,合同如同自始未成立;合同解除无溯及力的,仅使合同关系向将来消灭,解除之前的合同关系仍然有效。一般来说,合同协议解除有无溯及力,原则上应取决于当事人的约定。合同的约定解除有无溯及力,也应依当事人的约定,无约定时视具体情况而定。在合同法定解除的情况下,因不可抗力造成合同目的不能实现而解除合同,原则上无溯及力;其他原因导致合同解除有无溯及力,应根据合同履行的情况和合同性质具体分析。一般来说,非继续性合同的解除原则上有溯及力,而继续性合同的解除原则上无溯及力。

第二,合同解除后,当事人有权请求赔偿损失。例如,在协议解除合同时,如果一方因解除合同而受到损失,则有权要求对方赔偿损失。因为协议解除是当事人一方从有利于自己的角度出发而提议或同意解除合同,既然该当事人因协议解除而获得了利益,那么依据获得利益者承担风险的理论,其就应当负赔偿责任。

第三,合同因违约解除的,解除权人可以请求违约方承担违约责任,但是当事人另有约定的除外。这里的违约责任包括支付违约金、赔偿损失等。例如,当事人一方在履行期限届至后未履行债务,然后发生不可抗力,造成合同目的不能实现,非违约方可以要求解除合同,并可以要求违约方承担违约责任。

第四，主合同解除后，担保人对债务人应当承担的民事责任仍应当承担担保责任，但是担保合同另有约定的除外。主合同解除后，作为从权利的担保权也随之消灭。但是，如果主合同解除后，债务人应当承担民事责任的，担保人对该民事责任仍应当承担担保责任，除非担保合同另有约定。

第四节 抵销

一、抵销的概念和种类

抵销是指当事人双方相互负有同种类的给付，将两项债务相互冲抵，使其相互在对等额内消灭。在抵销中，主张抵销的债权为动方债权或主动债权、能动债权；被抵销的债权为受方债权或被动债权、反对债权。

抵销有民法上的抵销与破产法上的抵销之分。破产法上的抵销是在债权人对破产人负有债务时，于破产清算前所进行的抵销。这种抵销没有清偿期是否届满、给付种类是否相同的限制，与民法上的抵销不同。民法上的抵销又有法定抵销与合意抵销之分。法定抵销是指在具备法律所规定的条件时，依当事人一方的意思表示所为的抵销。《民法典》第 568 条第 1 款规定："当事人互负债务，该债务的标的物种类、品质相同的，任何一方可以将自己的债务与对方的到期债务抵销；但是，根据债务性质、按照当事人约定或者依照法律规定不得抵销的除外。"这是关于法定抵销的规定。合意抵销又称为契约上抵销，是指依当事人双方的合意所为的抵销。合意抵销是由当事人自由约定的，其效力也决定于当事人的约定。《民法典》第 569 条规定："当事人互负债务，标的物种类、品质不相同的，经协商一致，也可以抵销。"

二、法定抵销

（一）法定抵销的条件

第一，须双方互负有债务，互享有债权。抵销是通过冲抵债务，使双方的债权在同等数额内消灭，因此，抵销必以当事人双方相互享有对立的债权、负有对立的债务为前提。若当事人一方对另一方仅有债权而不负债务，或者仅负债务而不享有债权，当然也就不可能发生抵销。在抵销中，抵销人供抵销的债权应为受法律保护的有效债权。若抵销人的债权为诉讼时效完成后的债权，则不得以之抵销，但对方同意抵销的除外。依据《合同通则解释》第 58 条规定，当事人互负债务，一方以其诉讼时效期间已经届满的债权通知对方抵销，对方有权提出诉讼时效抗辩。一方的债权诉讼时效期间已经届满，对方有权主张抵销。

第二，须双方债务的给付为同一种类。所谓给付为同一种类，即债务的标的物种类、品质相同。因为只有给付的种类相同时，当事人双方的经济目的才一致，通过抵销才可满足当事人双方的利益需要。两项债务为不同种类的给付，若当事人以抵销代替给付，则难以满足当事人的经济需要。因此，抵销的债务一般为金钱债务和种类物之债。

第三，主动债权已届清偿期。从《民法典》第 568 条中“任何一方可以将自己的债务与对方的到期债务抵销”的规定来看，抵销并不要求双方的债权均已届清偿期，只要求主动债权已届清偿期即可。这是因为，在主动债权已届清偿期的情况下，若被动债权未届清偿期的，主动债权的债权人主张抵销的，相当于其放弃了期限利益，法律自无不允之理。在主动债权未定清偿期的情况下，只要债权人给债务人以一定的宽限期，该宽限期届满即允许抵销。

第四，须双方的债务均为可抵销的债务。对于根据债务性质、按照当事人约定或依照法律规定不得抵销的债务，不得抵销。例如，相互提供劳务的债务，与人身不可分离的债务（如抚恤金、退休金等债务），依其性质不能抵销；当事人双方约定不得抵销的债务，不得抵销；法律规定不得抵销的债务包括因侵害自然人人身权益，或者因故意、重大过失侵害他人财产权益产生的损害赔偿债务（《合同通则解释》第 57 条）。

（二）法定抵销的方法和效力

《民法典》第 568 条第 2 款规定：“当事人主张抵销的，应当通知对方。通知自到达对方时生效。抵销不得附条件或者附期限。”可见，法定抵销应当采取通知的方式。至于通知的形式，可以采取口头形式、书面形式或其他形式。

法定抵销的效力主要表现在以下方面：

第一，双方的债权债务于抵销数额内消灭。双方债务数额相等的，双方的债权债务全部消灭；双方的债务数额不等的，数额少的一方的债务全部消灭，另一方的债务在与对方债务相等的数额内消灭，其余额部分仍然存在。抵销为双方债务的绝对消灭，因此，除法律另有规定外，任何人不得主张撤回抵销。已抵销的债务再为清偿的，发生不当得利。

第二，抵销自抵销通知到达对方时发生效力。依据《合同通则解释》第 55 条规定，当事人一方依据《民法典》第 568 条规定主张抵销，抵销权成立的，自通知到达对方时双方互负的主债务、利息、违约金或者损害赔偿金等债务在同等数额内消灭。

第三，抵销不得附条件或附期限。依据《民法典》第 568 条第 2 款规定，抵销不得附条件或附期限。这是因为，如果抵销附条件或附期限会使抵销的效力变得不确定，既有违抵销的本意，也有害于他人的利益。

第四，抵销的抵充。行使抵销权的一方负担的数项债务种类相同，但是享有的债权不足以抵销全部债务，当事人因抵销的顺序发生争议的，可以参照《民法典》第 560 条关于清偿抵充的规定处理。行使抵销权的一方享有的债权不足以抵销其负担的包括主债务、利息、实现债权的有关费用在内的全部债务，当事人因抵销的顺序发生争议的，可以参照《民法典》第 561 条有关债务清偿顺序的规定处理（《合同通则解释》第 56 条）。

三、合意抵销

合意抵销与法定抵销在效力上基本相同，都产生消灭当事人之间同等数额的债权债务关系的后果，但合意抵销与法定抵销相比，具有如下特点：

第一，合意抵销的根据是当事人双方订立的抵销合同，只有基于抵销合同，当事人才能主张合意抵销。

第二，在合意抵销中，当事人双方互负的债务在种类、品质上并不要求相同。

第三，合意抵销不受债务是否已届履行期的限制，只要双方当事人协商一致，即使债务未届履行期，也可以抵销。

第五节 提 存

一、提存的概念

提存是指债务人于债务已届履行期时，将无法给付的标的物交提存部门，以消灭债务的行为。

在债的履行中，债务的履行需要债权人协助，如债权人不协助债务人的履行，对债务人的履行拒不接受，或者债务人无法向债权人履行，债务人就不能清偿债务。在这种情形下，债务人将因债权人不受领而继续承担着清偿责任，这对债务人是不公平的。因此，为使债务人不因债权人的原因而继续承担清偿责任，法律设立了提存制度。通过提存，债务人得将其无法向债权人给付的标的物交给提存部门保存，以代替向债权人的给付，从而免除自己的清偿责任。债务人提存后，债务人的债务即消灭，因而，提存亦为债的终止原因。

二、提存的要件

根据我国有关法律的规定，提存须具备以下条件。

（一）须有可以提存的合法原因

提存的前提是债务人无法向债权人清偿，债务人只有在无法向债权人给付时才可以用提存的方法消灭债务。因此，凡因债权人一方的原因致使债务人无法清偿的事实，均应为提存的合法原因。依据《民法典》第 570 条第 1 款规定，有下列情形之一，难以履行债务的，债务人可以将标的物提存：(1) 债权人无正当理由拒绝受领；(2) 债权人下落不明，如债权人地址不清、失踪等；(3) 债权人死亡未确定继承人、遗产管理人，或者丧失民事行为能力未确定监护人；(4) 法律规定的其他情形。

（二）须经法定程序

提存应经以下程序：首先，由提存人提出申请，申请书中应载明提存的原因、提存的标的物、标的物的受领人（不知受领人的，应说明不知受领人的理由）。其次，经提存部门同意。提存部门受理提存申请后应予以审查，以决定是否同意提存。最后，由提存部门做成提存证书并给提存人。提存证书具有与受领证书同等的法律效力。

（三）提存的主体与客体适当

提存的主体为提存人与提存部门。一般情形下，提存人为债务人，但不以债务人为限，凡债务的清偿人均可为提存人。提存部门是法律规定的有权接受提存物并为保管的部门。我国没有专门的提存部门,公安机关、公证机关、法院等均可作为提存部门。

提存的客体是提存人交付提存部门保管的物。提存标的物原则上是债务人应给付的标的物,并且须是适于提存的物。不动产不适于提存,不能为提存物。依据《民法典》第 570 条第 2 款规定,标的物不适于提存或者提存所需费用过高的,债务人依法可以拍卖或者变卖标的物,提存所得的价款。例如,标的物有毁损灭失危险或者易腐易烂的,债务人可以拍卖或变卖标的物,并将所得价款提存。

三、提存的效力

提存涉及债务人、债权人和提存部门。因此,提存在这三方当事人之间均发生一定的效力。

(一)在债务人与债权人间的效力

债因提存而当然消灭,债务人不再负清偿责任。《民法典》第 571 条规定:“债务人将标的物或者将标的物依法拍卖、变卖所得价款交付提存部门时,提存成立。提存成立的,视为债务人在其提存范围内已经交付标的物。”提存后,提存物的所有权如同债务人给付后一样转移于债权人,标的物的风险也一并转移于债权人。《民法典》第 573 条规定:“标的物提存后,毁损、灭失的风险由债权人承担。提存期间,标的物的孳息归债权人所有。提存费用由债权人负担。”为了使债权人能及时得知提存的事实,提存人应将提存的事实及时通知债权人。当然,这种通知义务以有可能通知为限,提存人不可能为通知的,不负通知义务。《民法典》第 572 条规定:“标的物提存后,债务人应当及时通知债权人或者债权人的继承人、遗产管理人、监护人、财产代管人。”

(二)在提存人与提存部门间的效力

提存成立后,提存部门有保管提存物的义务。提存部门应当采取适当的方法妥善保管提存物,以防毁损、变质;对不宜保存的、债权人到期不领取或超过保管期限的提存物,提存部门可以拍卖,保存其价款。

提存人在发现提存错误或提存原因消灭时,得撤销提存行为,并取回提存物。例如,提存人可以凭裁判机关的裁决或者提存之债已经清偿的公证证明,取回提存物。提存人取回提存物的,视为未提存,因此而产生的费用由提存人承担。

(三)在提存部门与债权人间的效力

提存成立后,债权人有受领提存物的权利,有权请求提存部门交付提存物。债权人领取提存物时,应支付提存物的保管费用。《民法典》第 574 条第 1 款规定:“债权人可以随时领取提存物。但是,债权人对债务人负有到期债务的,在债权人未履行债务或者提供担保之前,提存部门根据债务人的要求应当拒绝其领取提存物。”

债权人领取提存物的权利应于法律规定的期限内行使。债权人超过法律规定或者提存部门公告的领取时间而不领取提存物的，除法律另有规定外，其权利即丧失，提存物归国家所有。《民法典》第574条第2款规定："债权人领取提存物的权利，自提存之日起五年内不行使而消灭，提存物扣除提存费用后归国家所有。但是，债权人未履行对债务人的到期债务，或者债权人向提存部门书面表示放弃领取提存物权利的，债务人负担提存费用后有权取回提存物。"

第六节　免除和混同

一、免除

免除即债务免除，是指债权人免除债务人的债务而使债务消灭的意思表示。免除成立后，债务人不再负担被免除的债务，债权人的债权也就不复存在，因此，免除是债的终止原因。免除因当事人一方的意思表示发生效力，故免除是一种单方行为。

免除是债权人处分债权的行为，因而债权人应当具有处分能力。无民事行为能力人与限制民事行为能力人不得为免除行为，应由其法定代理人代为免除或者征得其同意。免除应由债权人向债务人为意思表示，向第三人为免除的意思表示一般不发生免除效力。免除的意思表示属于民事法律行为，所以免除也适用有关民事法律行为的规定，可以附条件和附期限。①

免除债务虽然是债权人的权利，但该权利的行使不得损害第三人的合法权益。例如，债权人被宣告破产、债权已被质押、债权人的债权人行使代位权时，债权人的处分权受到限制，不得免除债务人的债务，即使免除也不能对抗第三人。

免除的效力是使债终止。《民法典》第575条规定："债权人免除债务人部分或者全部债务的，债权债务部分或者全部终止，但是债务人在合理期限内拒绝的除外。"债务全部免除的，债即全部终止；债务部分免除的，债即于免除的范围内终止。主债因免除而终止的，从债也随之终止。

二、混同

混同是指债权与债务同归于一人，而使债的关系终止的事实。混同以债权与债务归于一人而成立，与人的意志无关，因而属于事件。

一般来说，发生混同的原因可分为两种：其一，概括承受。概括承受即债的关系的一方当事人概括承受他人的权利与义务。例如，债务人继承被继承人对其享有的债权或者债权人继承被继承人对其负担的债务的，债权人与债务人合并为一法人的，都发生混同。概括承受是发生混同的最主要原因。其二，特定承受。特定承受是指因债权让与或债务承担而承受权利义务。例如，债务人自债权人处受让债权，债权人承担债务人的债务，此时也发生混同。

混同的效力是导致债的关系绝对终止，因主债终止的，从债也随之终止。但是，在例外的情形下，虽发生混同，债也不终止。《民法典》第576条规定："债权和债务同归于一人的，债权

① 参见魏振瀛主编：《民法》（第八版），北京大学出版社、高等教育出版社2021年版，第423页。

债务终止，但是损害第三人利益的除外。”例如，甲以其对乙的债权出质于丙，甲乙之间即使发生混同，出质的债权也不因混同而终止；票据的债权人与债务人混同时，债也不当然终止。

自测习题　　案例分析　　案例分析参考答案

第二十二章　违约责任

■【导语】

合同目的顺利实现是交易渠道畅通的表现，社会财富因此得以积累，而违反合同义务势必阻碍合同目的的实现，对此需要法律的救济，违约责任即是合同的救济方式。本章介绍违约责任的概念、违约形态、违约责任的形式与免责事由。

第一节　违约责任的概念和归责原则

一、违约责任的概念和特点

违约责任又称违反合同的民事责任，是指合同当事人因违反合同义务所承担的责任。《民法典》第577条规定："当事人一方不履行合同义务或者履行合同义务不符合约定的，应当承担继续履行、采取补救措施或者赔偿损失等违约责任。"可见，违约责任具有如下特点：

第一，违约责任的产生以合同当事人不履行合同义务或履行合同义务不符合约定为条件。违约责任是以合同的有效存在为前提的，与合同债务有密切联系。这表现在：一方面，债务是责任发生的前提，债务是因，责任是果，无债务则无责任，责任是债务不履行的后果。因此，只有在债务合法存在的情况下才能发生债务不履行的责任。另一方面，违约责任是在债务人不履行债务时，法律强制债务人履行债务和承担法律责任的表现。

第二，违约责任主要具有补偿性。违约责任的补偿性，是指违约责任旨在弥补或补偿因违约行为造成的损害后果。赔偿损失作为违约责任的主要形式，应当主要用于补偿受害人因违约所遭受的损失，而不能将赔偿损失变成一种惩罚，受害人也不能因违约方承担责任而获得额外的利益。

第三，违约责任可以由当事人约定。当事人可以在法律规定的范围内，对一方的违约责任作出事先的安排。依据《民法典》第585条规定，当事人可以约定一方违约时应当根据违约情况向对方支付一定数额的违约金，也可以约定因违约产生的损失赔偿数额的计算方法。此外，当事人还可以设定免责条款以限制和免除其在将来可能发生的责任。对违约责任的事先约定，从根本上说是由合同自由原则决定的。

二、违约责任的归责原则

违约责任的归责原则是指基于一定的归责事由而确定违约责任成立的法律原则。在违约责任归责原则问题上,有过错责任原则与严格责任原则(无过错责任)之分。过错责任是指当事人不履行合同义务或者履行合同义务不符合合同约定时,应当以过错作为确定违约责任的要件;严格责任是指当事人不履行合同义务或者履行合同义务不符合合同约定,不论其主观上是否有过错,只要不存在法定的免责事由,都应承担违约责任。

依据《民法典》第577条规定,违约方承担违约责任的前提是不履行合同义务或者履行合同义务不符合约定。至于当事人主观上的过错,并非确定违约责任的要件。因此,我国民法上的违约责任采取的是严格责任原则,而不是过错责任原则。但是,在特殊情形下,法律也规定了违约责任的过错责任原则。例如,在赠与合同中,对于经过公证的赠与合同或其他具有公益或道德义务性质的赠与合同,应当交付的赠与财产因赠与人故意或者重大过失而毁损、灭失的,赠与人应当承担赔偿责任(《民法典》第660条第2款)。在委托合同中,委托合同若为有偿合同,因受托人的过错给委托人造成损失的,委托人可以请求赔偿损失;委托合同若为无偿合同,因受托人的故意或者重大过失给委托人造成损失的,委托人可以请求赔偿损失(《民法典》第929条第1款)。从整体上看,我国民法在违约责任归责原则上采取了以严格责任原则为主、以过错责任原则为补充的双重归责原则体系。

第二节 违约责任的一般构成要件

违约责任的构成要件是指违约当事人应具备何种条件才应承担违约责任。违约责任的构成要件可分为一般构成要件和特殊构成要件。所谓一般构成要件,是指违约当事人承担任何违约责任形式都必须具备的要件;所谓特殊构成要件,是指各种具体的违约责任形式所要求的构成要件。同时,由于违约责任的归责原则采取了严格责任原则和过错责任原则双轨制,因此,在不同的归责原则下,违约责任的构成要件并不相同。例如,按照过错责任原则,过错应当是违约责任的构成要件;按照严格责任原则,过错并不是违约责任的构成要件。从《民法典》规定来看,严格责任的违约责任为一般情况,而过错责任的违约责任为特殊情况。因此,关于违约责任的一般构成要件,指的就是作为严格责任的违约责任的构成要件。依据《民法典》第577条规定,只要当事人存在违约行为,就应承担违约责任。可见,违约责任的一般构成要件仅有违约行为即可。

一、违约行为的概念和特点

违约行为是指当事人一方不履行合同义务或履行合同义务不符合约定条件的行为。违约行为具有以下特点:

第一,违约行为的主体是合同当事人。根据合同相对性理论,违反合同的行为只能是合同当事人的行为。因此,即使违约行为的产生是因为第三人的原因而导致的,也不影响当事人违约责任的成立。

第二,违约行为的性质是违反了合同义务。合同的主要内容是当事人之间的权利和义务,而合同的权利和义务是由当事人通过协商或依据法律规定而确定的。因此,违约行为的认定,应当以当事人的行为在客观上与当事人的约定义务或法定义务相违背为标准。

第三,违约行为侵害的客体是当事人的债权。合同成立生效后,就在当事人之间创设了合同权利义务,这种权利义务体现为债权债务。当事人一方违反债务,就是对另一方当事人债权的侵害,因此,违约行为侵害的客体应当是当事人的债权。

二、违约行为的分类

依据不同的标准,违约行为可以有不同的分类。

(一)单方违约、双方违约与第三方导致的违约

单方违约是指由一方当事人所造成的违约行为。在单方违约中,违约责任应由违约一方来承担。

双方违约是指由双方当事人所造成的违约行为。依据《民法典》第 592 条第 1 款规定,当事人都违反合同的,应当各自承担相应的责任。双方违约与合同履行抗辩权的行使不同,双方违约中违约的双方当事人都无正当理由。如果是一方行使同时履行抗辩权、先履行抗辩权或不安抗辩权,则不能认为是双方违约。

第三方导致的违约是指合同当事人之外的第三方的行为导致当事人一方违约。《民法典》第 593 条规定:“当事人一方因第三人的原因造成违约的,应当依法向对方承担违约责任。当事人一方和第三人之间的纠纷,依照法律规定或者按照约定处理。”可见,在因第三人的行为造成债务人违约的情况下,债务人仍然应当向债权人承担违约责任,债权人也只能要求债务人承担违约责任。当然,债务人在承担违约责任以后,有权向第三人追偿。

(二)根本违约与非根本违约

根本违约是指一方当事人的行为致使另一方当事人的合同目的不能实现的违约行为。在发生根本违约时,非违约方可以解除合同。对于是否构成根本违约,当事人可以约定具体的内容或标准。

非根本违约是指一方当事人的行为并不影响另一方当事人的合同目的实现的违约行为。在发生非根本违约时,非违约方无权主张解除合同。

(三)预期违约与现实违约

预期违约是指在合同履行期届满前一方明确表示或以自己的行为表明在履行期到来后将不履行合同的违约行为。

现实违约又称实际违约,是指在合同履行期届满时因一方不履行合同或履行合同不符合约定而产生的违约行为,即实际发生的违约。

三、违约行为的具体形态

（一）预期违约

1. 预期违约的特点

依据《民法典》第 578 条规定，当事人一方明确表示或者以自己的行为表明不履行合同义务的，对方可以在履行期限届满前请求其承担违约责任。从这一规定看，预期违约包括明示毁约和默示毁约两种形态。但无论何种预期违约，都具有如下特点：第一，预期违约是在履行期到来之前的违约。由于履行期尚未到来，当事人还不必实际履行其义务，此时一方的违约只是表现为未来将不履行义务，而不是表现为现实的违反义务。第二，预期违约侵害的是债权的期待权而非作为既得权的债权。由于合同规定了履行期限，在履行期限到来之前，债权人不得违反此条件而请求债务人提前履行债务，以提前实现自己的债权，所以在履行期限届至以前，债权人享有的债权只是期待权而不是现实的债权。可见，预期违约所侵害的是债权的期待权。

2. 明示毁约

所谓明示毁约，是指一方当事人无正当理由，明确肯定地向另一方当事人表示其将在履行期限到来时不履行合同。一般地说，明示毁约须具备如下条件：(1) 须是一方明确肯定地向对方作出毁约的表示。换言之，一方表示的毁约意图是十分明确、不附有任何条件的，如明确表示其不愿意付款或交货等。(2) 表示不履行合同义务无正当理由。如果一方表示不履行合同义务具有正当理由，则不构成明示毁约。

在一方明示毁约的情况下，另一方有权拒绝对方的明示毁约。就是说，另一方可以根本不考虑一方所作出的毁约表示，而单方面坚持合同的效力，等到履行期限到来以后要求毁约方继续履行合同或承担其他违约责任。例如，在某些情况下，另一方认为在履行期到来以后请求违约方承担赔偿责任，比在履行期到来前请求其承担此种责任对己方更为有利，就可以等待履行期到来后提出请求。再如，另一方相信毁约方可能会在履行期到来之前撤回其毁约的表示，从而消除毁约的状态，也可以等待履行期到来后提出请求。如果另一方认为等待履行期到来再提出请求，将使其蒙受更大的损失，或者认为毁约方不可能撤回其毁约的表示，则可以依据《民法典》第 578 条规定，立即提出请求，要求对方在履行期到来前承担违约责任。

3. 默示毁约

所谓默示毁约，是指一方当事人无正当理由，以自己的行为表明不履行合同义务。默示毁约须具备如下条件：(1) 一方当事人须具有表明不履行合同义务的行为。一般说来，当事人有如下情形，则表明其不履行合同：经营状况严重恶化；转移财产、抽逃资金，以逃避债务；丧失商业信誉；有丧失或者可能丧失履行债务能力的其他情形。无论出现何种情况，默示毁约方都没有明确地表示他将毁约或拒绝履行合同义务，否则构成明示毁约。尽管没有明确表示毁约，但根据其行为和能力等情况表明他将不会或不能履约，从而将会辜负对方的合理期望，使对方的期待债权不能实现，所以，亦可构成违约。(2) 另一方具有确凿的证据证明对方具有上述情形。如果另一方只是预见到或推测一方在履行期到来以后将不履行合同，不能构成确切的证据。所谓“确切证据”，就是要求预见的一方必须举证证明对方届时确实不能或不会履约。至于所举证据是否确切，应由裁判机关予以确定。

（二）现实违约

在履行期限到来以后，当事人不履行或不完全履行合同义务的，将构成现实违约。依据《民法典》第577条规定，现实违约包括不履行合同义务和履行合同义务不符合约定。履行合同义务不符合约定即不完全履行合同，如迟延履行、不适当履行等。

1. 不履行

不履行是指在合同期限到来以后，一方当事人无正当理由没有履行合同规定的全部义务。《民法典》第577条所提及的"一方不履行合同义务"就是指不履行的行为。不履行作为违约行为的一种，可能由于两种原因导致：一是能够履行而不履行，即所谓的拒绝履行。一般来说，拒绝履行须具备以下条件：(1) 债务人负有到期债务，能够履行而不履行。(2) 债务人有不履行的意思表示。至于债务人不履行的意思表示为明示还是默示，则在所不问。(3) 债务人的不履行属于违法行为。如果债务人对于债务的履行有权拒绝，则其不履行的意思表示为合法的，不能构成拒绝履行。二是客观上没有履行能力而无法履行，即所谓的履行不能。履行不能依其情况可分自始不能与嗣后不能、事实不能与法律不能、客观不能与主观不能、全部不能与部分不能、永久不能与暂时不能等不同的形态。在履行不能的情况下，债务人虽然不再承担继续履行责任，但应当根据具体情况承担赔偿损失等其他违约责任。

2. 迟延履行

迟延履行是指合同当事人的履行违反了履行期限的规定。依据《民法典》规定，凡是违反履行期限的履行都可以称为迟延履行。迟延履行包括债务人的给付迟延和债权人的受领迟延。所谓给付迟延，是指债务人对于已届履行期的债务能够履行而未履行。给付迟延须具备以下条件：(1) 债务人有有效债务存在；(2) 债务的履行期限届满；(3) 债务人能够履行债务，如果债务不能履行，则发生履行不能而不发生迟延履行；(4) 须因可归责于债务人的事由而未履行。所谓受领迟延，是指债权人在债务人作出履行时，没有正当理由而未及时接受债务人的履行。依据《民法典》第589条规定，债务人按照约定履行债务，债权人无正当理由拒绝受领的，债务人可以请求债权人赔偿增加的费用。在债权人受领迟延期间，债务人无须支付利息。

3. 不适当履行

不适当履行是指当事人虽然履行了债务，但其履行不符合合同的约定。例如，当事人履行的债务在质量、数量、方式、地点等方面不符合合同约定。质量上的不适当履行主要是指交付的标的物或提供的服务不符合合同规定的质量要求，也就是说履行具有瑕疵，又称为瑕疵履行。数量上的不适当履行主要是交付的标的物不足，有时也可以包括数量增多。如果是标的物的数量不足，则该履行为部分履行。方式和地点的不适当履行主要是履行方式、履行地点不符合合同约定。不适当履行不同于迟延履行，是一种独立的违约行为。违约当事人应当承担违约责任，非违约方可以选择各种违约的补救方式维护其权利。依据《民法典》第582条规定，履行不符合约定的，应当按照当事人的约定承担违约责任。对违约责任没有约定或者约定不明确，依据《民法典》第510条的规定仍不能确定的，受损害方根据标的的性质以及损失的大小，可以合理选择请求对方承担修理、重作、更换、退货、减少价款或者报酬等违约责任。

第三节　违约责任的承担形式

一、继续履行

依据《民法典》第 577 条规定，当事人一方不履行合同义务或者履行合同义务不符合约定的，应当承担继续履行等违约责任。可见，继续履行是指在一方违反合同义务时，另一方有权要求其依据合同的约定继续履行合同义务。

继续履行具有如下特点：(1) 继续履行是一种违约责任的承担方式。换言之，是否请求继续履行是非违约方的一项权利。(2) 继续履行的基本内容是要求违约方继续依据合同约定作出履行。(3) 继续履行可以与违约金、赔偿损失并用，但不能与解除合同的方式并用。

继续履行责任的适用，因债务性质的不同而存在区别。例如，对于金钱债务，法律允许当事人采取继续履行的责任，并不存在限制的条件。依据《民法典》第 579 条规定，当事人一方不支付价款、报酬、租金、利息或者不履行其他金钱债务的，对方可以请求其支付。而对于非金钱债务，非违约方请求继续履行，在法律上有一定的限制。依据《民法典》第 580 条第 1 款规定，当事人一方不履行非金钱债务或者履行非金钱债务不符合约定的，对方可以要求履行，但法律另有规定的除外。也就是说，具有下列情形之一的，非违约方不得主张违约方承担继续履行的违约责任，只能要求违约方承担其他形式的违约责任：(1) 法律上或者事实上不能。所谓法律上履行不能，主要是指在法律上不可能继续履行，如由于法律的规定，房屋不能进行产权过户手续等；所谓事实上履行不能，是指因标的物已经灭失或者毁损而不能履行。(2) 债务的标的不适于强制履行或者履行费用过高。所谓债务标的不适于强制履行，主要是指由于涉及人身等因素而不能强制履行；所谓履行费用过高，主要是指履行所导致的成本与履行所取得的收益相比严重不成比例，也即继续履行的费用过分高于非违约方通过继续履行所获得的收益。(3) 债权人未在合理的期限内要求违约方继续履行。继续履行责任的承担以非违约方的请求为条件，因此，债权人在合理期限内未请求继续履行的，即意味着其放弃了此种权利，而且合理期限内未请求履行也已经使对方产生了不请求继续履行的合理信赖。

在继续履行的承担上，有两个问题需注意：一是合同不能履行情况下的终止请求权。依据《民法典》第 580 条第 2 款规定，如果具备不能履行的情形之一，且致使不能实现合同目的的，法院或者仲裁机构可以根据当事人的请求终止合同权利义务关系，但是不影响违约责任的承担。这一规定表明，在合同不能履行而导致不能实现合同目的时，违约方可以通过司法途径请求终止合同，但不影响其违约责任的承担。这一规定有助于在守约方不解除合同的情况下，通过违约方请求终止合同打破合同僵局。应当指出的是，违约方只享有请求裁判终止合同的权利，而不享单方解除合同的权利。依据《合同通则解释》第 59 条规定，当事人一方依据《民法典》第 580 条第 2 款的规定请求终止合同权利义务关系的，一般应当以起诉状副本送达对方的时间作为合同权利义务关系终止的时间。根据案件的具体情况，以其他时间作为合同权利义务关系终止的时间更加符合公平原则和诚信原则的，法院可以以该时间作为合同权利义务关系终止的时间，但是应当在裁判文书中充分说明理由。二是第三人替代履行的费用负担。依据《民法典》第 581 条规定,当事人一方不履行债务或者履行债务不符合约定,根据债务的性质不得强制履行的,对方可以请求其负担由第三人替代履行的费用。

二、赔偿损失

(一)赔偿损失的概念和特点

违约的赔偿损失是指违约方因不履行或不完全履行合同义务给对方造成损失所应承担的赔偿对方损失的责任形式。赔偿损失具有如下特点:

第一,赔偿损失是因债务人不履行或不完全履行合同义务所产生的责任。它与缔约过失责任中的赔偿损失不同之处在于,其只能基于有效的合同提出请求,也就是说,合同关系的有效存在,是违约赔偿损失存在的前提。

第二,赔偿损失原则上仅具有补偿性而不具有惩罚性。也就是说,赔偿损失的主要目的在于弥补债权人因违约行为所遭受的损失,而不在于惩罚违约的当事人。当然,如果法律规定有惩罚性损害赔偿的,应当依照规定处理。例如,经营者向消费者提供商品或服务有欺诈行为的,消费者有权依据《消费者权益保护法》第 55 条规定,要求经营者承担惩罚性损害赔偿责任。但是,惩罚性损害赔偿只是赔偿损失的例外,而并非赔偿损失的一般原则。

第三,赔偿损失具有一定程度的任意性。当事人在订立合同时,可以预先约定一方当事人在违约时应向对方当事人支付一定的金钱。这种约定方式既可以用具体金钱数额表示,也可采用某种损害赔偿的计算方法来确定。同时,当事人也可以事先约定免责的条款从而免除其未来的违约责任包括损害赔偿责任。

第四,赔偿损失以赔偿当事人实际遭受的全部损失为原则。对于当事人所遭受的积极损失和可得利益损失,违约方都应赔偿。

第五,赔偿损失可以与其他违约责任形式并用。依据《民法典》第 583 条规定,当事人一方不履行合同义务或者履行合同义务不符合约定的,在履行义务或者采取补救措施后,对方还有其他损失的,应当赔偿损失。

(二)完全赔偿原则

完全赔偿就是要通过赔偿受害人的积极损失和可得利益的损失,从而弥补受害人遭受的全部损失,使受害人的利益恢复到合同能够得到全面履行情况下的状态。

所谓积极损失,是指现有财产的减损灭失和费用的支出所造成的损失;所谓可得利益损失,是指合同在履行以后可以实现和取得的利益,由于违约未能实现和取得。可得利益是一种未来须通过合同的实际履行才能实现的利益,是当事人订立合同时能够合理预见到的利益,因此,尽管它没有为当事人所实际享有,但只要合同如约得到履行就会由当事人所获得。即如果没有违约行为的发生,当事人是可以获得可得利益的。《民法典》第 584 条规定,当事人一方不履行合同义务或者履行合同义务不符合约定,造成对方损失的,损失赔偿额应当相当于因违约所造成的损失,包括合同履行后可以获得的利益。

关于可得利益损失的计算,应当区分不同情形分别确定:

第一，在确定合同履行后可以获得的利益时，可以在扣除非违约方为订立、履行合同支出的费用等合理成本后，按照非违约方能够获得的生产利润、经营利润或者转售利润等计算。非违约方依法行使合同解除权并实施了替代交易的，有权主张按照替代交易价格与合同价格的差额确定合同履行后可以获得的利益；替代交易价格明显偏离替代交易发生时当地的市场价格时，违约方有权主张按照市场价格与合同价格的差额确定合同履行后可以获得的利益。非违约方依法行使合同解除权但是未实施替代交易，有权主张按照违约行为发生后合理期间内合同履行地的市场价格与合同价格的差额确定合同履行后可以获得的利益（《合同通则解释》第 60 条）。

第二，在以持续履行的债务为内容的定期合同中，一方不履行支付价款、租金等金钱债务，对方请求解除合同，合同应当依法解除的，可以根据当事人的主张，参考合同主体、交易类型、市场价格变化、剩余履行期限等因素确定非违约方寻找替代交易的合理期限，并按照该期限对应的价款、租金等扣除非违约方应当支付的相应履约成本确定合同履行后可以获得的利益。非违约方有权主张按照合同解除后剩余履行期限相应的价款、租金等扣除履约成本确定合同履行后可以获得的利益，但是剩余履行期限少于寻找替代交易的合理期限的除外（《合同通则解释》第 61 条）。

第三，依据上述规则难以确定非违约方在合同履行后可以获得的利益的，可以综合考虑违约方因违约获得的利益、违约方的过错程度、其他违约情节等因素，遵循公平原则和诚信原则确定（《合同通则解释》第 62 条）。

（三）赔偿损失的限制

在违约责任中，赔偿损失虽然实行完全赔偿原则，但也受如下规则的限制：

1. 可预见性规则

依据《民法典》第 584 条规定，损失赔偿额“不得超过违约一方订立合同时预见到或者应当预见到的因违约可能造成的损失”。根据这一规定，只有当违约所造成的损害是违约方在订约时可以预见的情况下，才能认为损害结果与违约之间具有因果关系，违约方才应当对这些损害负赔偿损失的责任。如果损害不可预见，则违约方不应赔偿。依据《合同通则解释》第 63 条规定，在认定“违约一方订立合同时预见到或者应当预见到的因违约可能造成的损失”时，应当根据当事人订立合同的目的，综合考虑合同主体、合同内容、交易类型、交易习惯、磋商过程等因素，按照与违约方处于相同或者类似情况的民事主体在订立合同时预见到或者应当预见到的损失予以确定（第 1 款）。除合同履行后可以获得的利益以外，非违约方主张还有其向第三人承担违约责任应当支出的额外费用等其他因违约所造成的损失，若该损失系违约一方订立合同时预见到或者应当预见到的，非违约方有权请求违约方赔偿（第 2 款）。

2. 减轻损失规则

依据《民法典》第 591 条第 1 款规定，当事人一方违约后，对方应当采取适当措施防止损失的扩大；没有采取适当措施致使损失扩大的，不得就扩大的损失请求赔偿。这就是减轻损失规则，其具有以下几个特点：第一，一方的违约导致了损害的发生。第二，非违约方未采取合理措施致使损失扩大。如何确定受害人采取的措施是合理的，主要应考虑受害人主观上是否按照诚信原则，努力采取一切措施以避免损失的扩大。受害人采取的措施不仅要在经济上合理，而且要及时。第三，造成了损失的扩大。这就是说，受害人未能防止损失的进一步扩大。依据《合同通则解释》第 63 条第 3 款规定，非违约方未采取适当措施导致的扩大损失，违约方有权主张在违约损失赔偿额中扣除。受害人在采取措施减轻损失的过程中，也要支付一定的费用。依据《民法典》第 591 条第 2 款规定，当事人因防止损失扩大而支出的合理费用，由违约方负担。

3. 与有过失规则

与有过失也称过失相抵，通常是指就损失的发生或者扩大，赔偿权利人有过失时，可以减少损失赔偿额。依据《民法典》第 592 条第 2 款规定，当事人一方违约造成对方损失，对方对损失的发生有过错的，可以减少相应的损失赔偿额。过失相抵规则符合公平原则的要求，也是因果关系的具体体现。依据《合同通则解释》第 63 条第 3 款规定，在确定违约损失赔偿额时，违约方有权主张扣除非违约方也有过错造成的相应损失。

4. 损益相抵规则

损益相抵规则又称损益同销规则，是指受害人基于损失发生的同一原因获得利益时，在其应得的损失赔偿额中须扣除其获得的利益。损益相抵规则的前提是受害人因违约行为的发生获得了一定的利益。一般认为，只要损失和利益是基于同一违约行为产生的，即可适用损益相抵，至于是否基于同一损失发生事实，则在所不问。关于损益相抵规则，《合同通则解释》第 63 条第 3 款规定，在确定违约损失赔偿额时，违约方有权主张扣除非违约方因违约获得的额外利益或者减少的必要支出。例如，依据《最高人民法院关于审理买卖合同纠纷案件适用法律问题的解释》（法释〔2020〕17 号，以下简称《买卖合同解释》）第 23 条规定，买卖合同当事人一方因对方违约而获有利益，违约方有权主张从损失赔偿额中扣除该部分利益。

（四）赔偿损失的计算方法

赔偿损失的计算方法有具体计算方法与抽象计算方法之分。

具体计算方法又称主观计算方法，是根据受害方具体遭受的损失、支出的费用来确定赔偿额。具体计算方法旨在恢复权利人实际遭受的全部损失，着眼于具体的实际情况，也就是以合同未被违反情况下非违约方所应得到的全部利益为损失额，即替代交易的价格与合同价格之间的差额。依据《合同通则解释》第 60 条第 2 款规定，非违约方依法行使合同解除权并实施了替代交易的，可以按照替代交易价格与合同价格的差额确定合同履行后可以获得的利益。这种计算方法就是具体计算方法，即按照实施替代交易的实际价格与合同价格之间的差额计算损失额。

抽象计算方法又称客观计算方法，是按照交易的一般情况确定赔偿额。抽象计算方法并不注重非违约方的特殊情况，而仅根据交易的一般情况确定赔偿额，即市场价格和合同价格之间的差额。依据《合同通则解释》第 60 条第 3 款规定，非违约方依法行使合同解除权但未实施替代交易的，可以主张按照违约行为发生后合理期间内合同履行地的市场价格与合同价格的差额确定合同履行后可以获得的利益。这种计算方法就是抽象计算方法，即直接通过市场价格与合同价格的差额计算损失额。

三、支付违约金

违约金是指由当事人通过协商预先确定的，在违约发生后作出的独立于履行行为以外的给付。《民法典》第 585 条第 1 款规定："当事人可以约定一方违约时应当根据违约情况向对方支付一定数额的违约金，也可以约定因违约产生的损失赔偿额的计算方法。"违约方承担支付违约金的责任，须合同中或法律中有关于违约金的规定，同时违约方的违约行为属于应支付违约金的情形。

如何处理支付违约金与其他违约责任形式的关系，对于非违约方的利益有直接的影响。

（一）支付违约金与赔偿损失

支付违约金作为一种违约的补救方式，具有赔偿损失所不具有的特点。与赔偿损失相比，违约金的支付避免了赔偿损失方式在适用中经常遇到的计算损失范围和举证的困难。违约方支付违约金不足以弥补非违约方遭受的损失的，非违约方仍得向违约方主张赔偿损失责任的承担。需要注意的是，依据《民法典》第 585 条第 2 款规定，约定的违约金低于造成的损失的，当事人可以请求法院或者仲裁机构予以增加；约定的违约金过分高于造成的损失的，当事人可以请求法院或者仲裁机构予以适当减少。依据《合同通则解释》第 64 条规定，违约金调整可以由当事人直接提出请求，也可以通过反诉或者抗辩的方式请求。违约方主张约定的违约金过分高于违约造成的损失，请求予以适当减少的，应当承担举证责任。非违约方主张约定的违约金合理的，也应当提供相应的证据。当事人仅以合同约定不得对违约金进行调整为由主张不予调整违约金的，不影响违约金数额的调整。当事人主张约定的违约金过分高于造成的损失，请求予以适当减少的，法院应当以《民法典》第 584 条规定的损失为基础，兼顾合同主体、交易类型、合同的履行情况、当事人的过错程度、履约背景等因素，遵循公平原则和诚信原则进行衡量，并作出裁判。约定的违约金超过造成损失的 30% 的，一般可以认定为过分高于造成的损失。违约金数额的减少，不适用于恶意违约的当事人（《合同通则解释》第 65 条）。

（二）支付违约金与继续履行

违约金的支付并没有使非违约方获得其基于订立合同所预期的利益，因此债务人不得以支付违约金完全代替实际履行。依据《民法典》第 585 条第 3 款规定，当事人就迟延履行约定违约金的，违约方支付违约金后，还应当履行债务。这就表明，违约金的支付与继续履行可以并存。

（三）支付违约金与解除合同

依据《民法典》第 566 条第 2 款规定，合同因违约解除的，解除权人可以请求违约方承担违约责任，但是当事人另有约定的除外。可见，合同因违约解除的，并不影响到当事人请求违约方承担违约责任，这里的违约责任包括支付违约金的责任。因此，支付违约金和解除合同是可以并用的。当然，如果当事人另有约定的，应当依照约定。

四、支付违约定金

《民法典》第 586 条对定金担保作了规定，但仅涉及违约定金，对于其他形式的定金并没有规定。为方便对定金的理解，这里将定金制度一并加以阐述。

（一）定金的概念和特点

定金是指合同当事人约定的，为确保合同的履行，由一方当事人预先支付给另一方的一定款项。定金作为债权担保的一种方式，具有如下特点：

第一，从属性。定金是合同当事人为担保合同的履行而设定的，因此，定金以主合同的存在为前提，具有从属性。定金随主合同的存在而存在，随主合同的消灭而消灭。

第二，实践性。定金是由合同当事人约定的，但若只有当事人关于定金的约定，而无定金的实际交付，定金担保并不能成立。只有合同当事人将定金实际交付给对方，定金担保才能成立。因此，定金具有实践性。

第三，预先支付性。定金是为担保合同的履行而设定的，因此，只有在合同未履行前交付，才能起到担保的作用。如果债务人已经履行了债务，则债权人的债权得到了实现，当事人无须支付定金；如果债务人未履行债务，则债务人应承担民事责任，也无交付定金的必要。

第四，双边担保性。定金担保与其他担保方式的不同之处在于，其担保合同双方的债权，具有双边担保性，即交付定金的一方不履行债务的，丧失定金；收受定金的一方不履行债务的，则应双倍返还定金。

（二）定金的种类

关于定金的种类，除《民法典》规定的违约定金外，司法实践中还存在着立约定金、成约定金、解除定金。

1. 立约定金

立约定金是指为保证正式订立合同而交付的定金。当事人约定以交付定金作为订立主合同担保，给付定金的一方拒绝订立主合同的，无权要求返还定金；收受定金的一方拒绝订立合同的，应当双倍返还定金（《合同通则解释》第 67 条第 2 款）。

2. 成约定金

成约定金是以指其交付为合同成立要件的定金。当事人约定以交付定金作为合同成立或者生效条件，应当交付定金的一方未交付定金，但是合同主要义务已经履行完毕并为对方所接受的，应当认定合同在对方接受履行时已经成立或者生效（《合同通则解释》第 67 条第 3 款）。

3. 解约定金

解约定金是指作为当事人一方保留合同解除权条件的定金。定金交付后，交付定金的一方可以按照合同的约定以丧失定金为代价而解除主合同，收受定金的一方可以以双倍返还定金为代价而解除主合同（《合同通则解释》第 67 条第 4 款）。

4. 违约定金

违约定金是指以定金作为违约赔偿的定金。依据《民法典》第 587 条规定，交付定金的一方如不履行合同,无权要求返还定金;收受定金的一方不履行合同时,应当双倍返还定金。依据《合同通则解释》第67条第1款规定,当事人交付留置金、担保金、保证金、订约金、押金或者订金等,但是没有约定定金性质的,不能适用定金罚则;当事人约定了定金性质,未约定定金类型或者约定不明,一方主张为违约定金的,应当认定为违约定金。

(三) 定金的成立条件

定金应当由当事人双方约定,双方约定定金的协议为定金合同。定金合同除应当具备合同有效成立的一般条件外,还须具备以下条件:

第一,一方须向对方交付定金。定金合同为实践合同,从实际交付定金时成立(《民法典》第586条第1款)。因此,当事人虽有定金的约定,但未实际交付的,定金担保尚不能成立。从交付定金来说,当事人应当按照约定的时间、数额交付。如果当事人实际交付的定金数额多于或者少于约定数额的,视为变更定金合同。

第二,须主合同有效。定金合同是从合同,定金所担保的合同为主合同。因此,在主合同无效或者被撤销时,定金合同也就不能发生效力,即使一方已交付定金,定金担保也不成立。

第三,定金数额须在法定的数额以内。定金的数额应由当事人自由约定,但当事人对于定金的约定不能超过法律规定的最高限额。依据《民法典》第586条第2款规定,“定金的数额由当事人约定;但是,不得超过主合同标的额的百分之二十,超过部分不产生定金的效力”。

(四) 定金的效力

一般认为,定金具有如下三个方面的效力。

1. 证约的效力

定金是为担保主合同而设立的。因此,交付和收受定金的事实,是当事人之间合同关系存在的有力证据。特别是对于口头合同,当事人之间就是否存在合同发生争议时,交付定金的事实就可以证明合同的存在。

2. 预付和抵销的效力

定金于合同履行后,应当返还或者抵作价款。定金并不是合同的给付内容,因此在合同履行后应当返还,但定金也可以抵作价款。从抵作价款的效力上说,定金具有预先给付的效力和抵销的效力。

3. 担保的效力

担保效力是定金的主要效力和基本效力。《民法典》第587条规定:“债务人履行债务的,定金应当抵作价款或者收回。给付定金的一方不履行债务或者履行债务不符合约定,致使不能实现合同目的的,无权请求返还定金;收受定金的一方不履行债务或者履行债务不符合约定,致使不能实现合同目的的,应当双倍返还定金。”可见,定金的担保效力表现在,当事人一方不履行约定的合同债务时,另一方得以保留定金的方式来确保自己的利益。这也就是所说的定金罚则:交付定金的一方不履行合同时,丧失定金;收受定金的一方不履行合同时,应当双倍返还定金。应当指出的是,定金罚则的适用应以违约导致不能实现合同目的为条件。也就是说,只有在根本违约的情况下,定金罚则才能适用。依据《合同通则解释》第68条规定,双方当事人均具有致使不能实现合同目的的违约行为,任何一方均无权请求适用定金罚则。当事人一方仅有轻微违约,对方具有致使不能实现合同目的的违约行为,轻微违约方有权主张适用定金罚则。当事人一方已经部分履行合同,接受履行的一方有权主张按照未履行部分所占比例适用定金罚则,但是无权主张按照合同整体适用定金罚则,除非部分未履行致使不能实现合同目的。因不可抗力致使合同不能履行,非违约方无权主张适用定金罚则。

(五) 违约金与违约定金并存时的处理

在当事人于同一份合同中既约定违约金又约定违约定金时,如何处理两者的关系对双方的利益都有重要影响。对此,《民法典》第 588 条规定,当事人既约定违约金,又约定定金的,一方违约时,对方可以选择适用违约金或者定金条款。这意味着,当事人不能同时请求适用违约金和定金条款,而只能择一选择适用。但是,约定的定金不足以弥补一方违约造成的损失的,对方可以请求赔偿超过定金数额的损失。

五、其他补救措施

其他补救措施是指矫正合同履行不符合约定,使履行缺陷得以消除的具体措施。依据《民法典》第 582 条规定,债务人履行不符合约定的,应当按照当事人的约定承担违约责任。若对违约责任没有约定或者约定不明确,依照《民法典》第 510 条规定仍不能确定,受损害方根据标的的性质以及损失的大小,可以合理选择请求对方承担修理、重作、更换、退货、减少价款或者报酬等违约责任。这里的修理、重作、更换、退货、减少价款或者报酬等都属于补偿措施。同时,在合同履行的数量、地点、方式等不符合约定时,违约方采取适当的措施予以补偿,也属于补偿措施。

第四节　免 责 事 由

免责事由是指部分或全部免除违约责任的事由。违约责任的免责事由既包括法定的责任事由,如不可抗力;也包括当事人约定的免责事由,即免责条款中确定的事由。

一、法定免责事由

法定免责事由是指法律明文规定的当事人对其违约行为不承担违约责任的条件。法定免责事由包括一般法定免责事由和特别法定免责事由。一般法定免责事由是指法律规定的在所有的合同类型中都可发挥免除违约方责任承担的事由,如不可抗力;特别法定免责事由是指法律规定的仅在特定合同类型中可以免除违约方责任承担的事由,如客运合同中受害人自身的健康原因、受害人的故意或重大过失(《民法典》第 823 条第 1 款)等。

依据《民法典》第 180 条第 2 款规定,不可抗力是指"不能预见、不能避免且不能克服的客观情况"。不可抗力主要有如下几种:第一,自然灾害,如地震、台风、洪水、海啸等;第二,政府行为,主要是指当事人在订立合同以后,政府当局颁布新政策、法律和行政措施而导致合同不能依约履行;第三,社会异常现象,主要是指一些偶发的事件阻碍合同的履行,如罢工、骚乱等。

不可抗力虽为合同的免责事由,但有关不可抗力的具体事由很难由法律作出具体列举式的规定。按照合同自由原则,当事人也可以在订立不可抗力条款时,具体列举各种不可抗力的事由(如将罢工作为不可抗力),一旦出现这些情况,便可以使当事人免责。

依据《民法典》第 590 条规定,因不可抗力不能履行合同的,发生如下效力:(1) 根据不可抗力的影响,部分或者全部免除责任,但法律另有规定的除外;(2) 因不可抗力不能履行合同的,应当及时通知对方,以减轻可能给对方造成的损失,并应当在合理期限内提供证明;(3) 当事人迟延履行后发生不可抗力的,不免除其违约责任。

二、约定免责事由

约定免责事由又称免责条款,是指当事人事先约定一定的事由或条件,当违约行为符合所约定的事由或条件时,可限制或免除当事人的违约责任。约定免责事由排除或限制了一方当事人的违约责任,因此,为了平衡当事人的利益,防止一方当事人利用优越的谈判能力损害另一方当事人的利益,法律往往对约定免责事由设定严格的限制,其具体的规制方式就是规定特定的免责条款无效。例如,依据《民法典》第 506 条规定,合同中的下列免责条款应为无效:(1) 造成对方人身损害的;(2) 因故意或重大过失造成对方财产损失的。

自测习题　　案例分析　　案例分析参考答案

第四编 合同分论

第二十三章　典型合同

■【导语】

心理学家马斯洛的“需要层次”理论，道出了人们的五种基本需要，它们由低到高依次排列成一定的层次，即生理的需要、安全的需要、归属和爱的需要、尊重的需要、自我实现的需要。无论是最低层次的需要即生理的需要，还是最高层次的需要即自我实现的需要，都离不开与他人的社会交往。例如，人们需要从市场上购买生活用品，作果腹蔽体之用；需要租赁、购买或借用房屋，作遮蔽风雨之用；需要欣赏天边的风景，静听天籁之音；还需要在信任的基础上，委托他人为自己处理事务，而摆脱事必躬亲的束缚等。这所有的一切都是通过各种合同来进行的。本章主要阐述《民法典》合同编第二分编“典型合同”所规定的19类有名合同所涉及的问题，这些合同是社会生活中常见的合同类型。

第一节　买卖合同

一、买卖合同的概念和特点

买卖合同是指出卖人转移标的物的所有权于买受人，买受人支付价款的合同（《民法典》第595条）。在买卖合同中，依约定应交付标的物并转移标的物所有权的一方为出卖人，应支付价款的一方为买受人。

买卖合同具有以下特点：

第一，买卖合同是一方当事人转移标的物的所有权而另一方当事人支付价款的合同。买卖合同的出卖人负有交付标的物并转移其所有权于买受人的义务，买受人负有向出卖人支付价款的义务，两项义务互为对价，同属买卖合同当事人所负担的主合同义务。这两项主合同义务使买卖合同区别于其他移转财产所有权的合同如赠与合同、互易合同，以及移转财产使用权的合同如租赁合同。

第二，买卖合同是双务合同。买卖合同的双方当事人在享有合同权利的同时，都负担相应的合同义务，因此，买卖合同是典型的双务合同。

第三，买卖合同是有偿合同。在买卖合同中，出卖人所负担的交付标的物并转移其所有权于买受人的义务，与买受人所负担的支付价款的义务，互为对价，因此，买卖合同是典型的有偿合同。作为典型的有偿合同,《民法典》就买卖合同的有偿性所确立的原则,在其他类型的有偿合同未作特别规定或未有特别的交易习惯时,可参考适用于其他有偿合同(第 646 条)。

第四,买卖合同是诺成合同。除法律另有规定或当事人另有约定外,买卖合同自双方当事人意思表示一致时即成立,并不以一方当事人标的物的交付或完成一定行为为成立要件,因此,买卖合同为诺成合同。

第五,买卖合同是不要式合同。法律和行政法规并未要求当事人须采用书面形式订立买卖合同,因此,买卖合同为不要式合同。

二、买卖合同的当事人、标的物

(一)买卖合同的当事人

买卖合同的当事人包括买受人和出卖人。

依据《民法典》规定,买受人须具备相应的民事行为能力。除此以外,并无特别要求。但实际上,依据民法的基本原则、其他法律的规定以及特定买卖合同的性质,某些具有特别身份的人不得成为特定买卖合同中的买受人。如监护人负有保护被监护人、维护被监护人合法利益的责任。如果监护人购买被监护人的财产,就很难确保被监护人的利益。因此,监护人不得成为被监护人财产的买受人。再如,受托人一般不得自行购买委托人委托其出售的财产;拍卖公司及其职员不得购买委托其拍卖的财产(《拍卖法》第 22 条)。

出卖人除须具备相应的民事行为能力外,还应当是买卖合同标的物的所有权人或其他有处分权人。但是,出卖人既非标的物的所有权人,又非标的物的有处分权人的,其与买受人之间的合同也为有效合同。依据《民法典》第 597 条第 1 款规定,因出卖人未取得处分权致使标的物所有权不能转移的,买受人可以解除合同并请求出卖人承担违约责任。依据《合同通则解释》第 19 条规定,以转让或者设定财产权利为目的订立的合同,当事人或者真正权利人不得仅以让与人在订立合同时对标的物没有所有权或者处分权为由主张合同无效;因未取得真正权利人事后同意或者让与人事后未取得处分权导致合同不能履行,受让人有权主张解除合同并请求让与人承担违反合同的赔偿责任。合同被认定有效,且让与人已经将财产交付或者移转登记至受让人,真正权利人有权请求认定财产权利未发生变动或者请求返还财产,但受让人依据《民法典》第 311 条等规定善意取得财产权利的除外。

如果出卖人就同一标的物订立数个买卖合同,数个买卖合同都可以成为生效的合同。在数个买受人中,只有一个买受人能够取得标的物的所有权。未取得标的物所有权的买受人,得请求出卖人承担违约责任。

(二)买卖合同的标的物

依据《民法典》第 595 条规定,买卖合同的标的物应为实物。至于财产权利的转让,不属于买卖合同问题,而规定在诸如技术转让合同,建设用地使用权出让、转让合同等其他的合同类型之中。在买卖合同中,标的物可以是现实存在的物,也可以是将来产生的物;可以是特定物,也可以是不特定物。如果买卖合同的标的物是禁止流通物,该买卖合同应认定为无效合同

(《民法典》第153条第1款第1句);如果买卖合同的标的物是限制流通物,该买卖合同属于办理批准等手续才能生效的合同(《民法典》第502条第2款)。

三、买卖合同的内容

依据《民法典》第596条等规定,买卖合同一般包括如下主要内容:

(一)标的物的名称

标的物是买卖合同权利义务指向的对象。买卖合同不规定标的物,就会失去目的,因此,标的物是买卖合同的必要条款。对于标的物,买卖合同须清楚地写明标的物的名称。

(二)标的物的数量

标的物的数量是确定买卖合同标的物的具体条件之一。标的物的数量要确切,应选择双方共同接受的计量单位,一般应采用通用的计量单位,也可以采用行业或者交易习惯认可的计量单位。标的物的数量属于买卖合同成立应当具备的必要条款。

(三)标的物的质量

标的物的质量是确定买卖合同标的物的具体条件之一。标的物的质量一般包括两个方面的要求:一是标的物的品种和规格,通常指标的物的型号、批号、尺码、级别等;二是标的物的内在品质,通常指标的物应达到其应有的功效。在买卖合同中,标的物的质量应当规定得详细具体,但合同中没有质量条款的,不影响买卖合同的成立。

(四)履行期限、地点和方式

履行期限直接关系到买卖合同义务完成的时间,涉及当事人的期限利益,也是确定违约与否的因素之一,因而履行期限十分重要,应在合同中写明。履行地点是确定验收地点的依据,是确定运输费用由谁负担、风险由谁承受的依据,有时也是确定标的物所有权是否转移、何时转移的依据。履行方式,如是一次交付还是分批交付,是交付实物还是交付提取标的物的单证等,同样事关当事人的利益,应在合同中写明。买卖合同中没有约定履行期限、地点、方式的,不影响合同的成立。

(五)价款

价款是买受人取得标的物所应支付的代价,买卖合同应当对价款的数额作出明确的约定,同时对价款的币种、不同币种之间的汇率作出约定。买卖合同中未明确价款的,不影响买卖合同的成立。

(六)违约责任

违约责任是促使当事人履行债务,使非违约方免受或少受损失的法律措施,对当事人的利益关系影响重大,合同对此应予明确规定。当然,违约责任是法律责任,即使买卖合同中没有违约责任条款,只要未依法或依约免除,违约方就应承担责任。

（七）包装方式

标的物的包装有两层含义:一是盛标的物的容器,通常称为包装用品或者包装物;二是包装标的物的操作过程。因此,包装方式既可以指包装物的材料,又可以指包装的操作方式。包装对标的物起保护和装饰作用,在某些情况下,包装还能反映标的物的质量。因此,买卖合同中应明确约定包装的方式,包括包装材料、装潢,包装物的交付,包装费用承担等内容,但合同未约定包装条款的,不影响合同的成立。

（八）检验标准、检验期限和方法

合同应对检验标准、检验期限、凭封单检验还是凭现状检验以及对标的物质量和数量提出异议和答复的期限作出明确规定。

（九）结算方式

结算方式是指出卖人向买受人交付标的物后,买受人向出卖人支付标的物价款、运杂费和其他费用的方式。为便于结算,合同中应注明双方当事人的开户银行、账户名称、账号和结算单位。

（十）合同使用的文字及其效力

合同使用的文字及其效力,是涉外买卖合同及跨民族买卖合同的重要条款。在此类合同中,双方当事人应就合同所使用的文字作出明确约定,当事人应当使用约定的文字订立合同。

四、买卖合同的效力

（一）出卖人的合同义务

1. 交付标的物并转移标的物的所有权于买受人

依据《民法典》第 598 条规定,出卖人应当履行向买受人交付标的物并转移标的物所有权的义务。

（1）交付标的物。在买卖合同中,出卖人应将标的物交付给买受人。交付标的物可以是现实交付和简易交付,还可以是拟制交付。所谓拟制交付,是指交付提取标的物的单证以代替标的物的现实交付的交付方式,如交付仓单、提单以及可转让的多式联运单据等。

出卖人交付标的物,在标的物有从物时,若当事人无另外的约定,应当随同交付从物(《民法典》第 320 条)。

依据《买卖合同解释》第 2 条规定,标的物为无需以有形载体交付的电子信息产品,当事人对交付方式约定不明确,且依照《民法典》第 510 条规定仍不能确定的,买受人收到约定的电子信息产品或者权利凭证即为交付。

出卖人应当按照约定的时间交付标的物。约定交付期限的,出卖人可以在该交付期限内的任何时间交付(《民法典》第 601 条)。出卖人提前交付标的物的,应取得买受人的同意,否则买受人有权拒收,但出卖人的提前交付不损害买受人利益的除外。出卖人提前交付给买受人增加的费用,由出卖人负担。当事人未约定标的物的交付期限或者约定不明确的,适用《民法典》第 510 条、第 511 条第 4 项的规定(《民法典》第 602 条)。

出卖人应当按照约定的地点交付标的物。当事人没有约定交付地点或者约定不明确,依据《民法典》第 510 条规定仍不能确定的,适用下列规定:第一,标的物需要运输的,出卖人应当将标的物交付给第一承运人以运交给买受人。第二,标的物不需要运输,出卖人和买受人订立合同时知道标的物在某一地点的,出卖人应当在该地点交付标的物;不知道标的物在某一地点的,应当在出卖人订立合同时的营业地交付标的物(《民法典》第 603 条)。所谓“标的物需要运输的”,是指标的物由出卖人负责办理托运,承运人系独立于买卖合同当事人之外的运输业者的情形(《买卖合同解释》第 8 条)。

出卖人应当按照约定的数量交付标的物。出卖人多交标的物的,买受人可以接收或者拒绝接收多交的部分;买受人拒绝接收多交部分的,应当及时通知出卖人(《民法典》第 629 条)。买受人接收多交部分的,按照约定的价格支付价款;出卖人少交标的物的,除不损害买受人利益的以外,买受人可以拒绝接收。买受人拒绝接收标的物的,应当及时通知出卖人。买受人怠于通知的,应当承担因此产生的赔偿责任。但是,出卖人交付的标的物数量在合理的磅差或尾差之内的,应视为交付的数量符合约定的标准。合同中约定分批交付的,出卖人应按照约定的批量分批交付。出卖人未按照约定的时间和数量交付的,应就每一次的不适当交付承担违约责任。

出卖人应当按照约定的包装方式交付标的物。对包装方式没有约定或者约定不明确,依据《民法典》第 510 条规定仍不能确定的,应当按照通用的方式包装;没有通用方式的,应当采取足以保护标的物且有利于节约资源、保护生态环境的包装方式(《民法典》第 619 条)。

(2) 转移标的物的所有权于买受人。取得标的物的所有权是买受人的主要交易目的,因此,将标的物的所有权转移给买受人,是出卖人的一项主要义务。移转标的物的所有权,是在交付标的物的基础上,实现标的物所有权的转移,使买受人获得标的物所有权。依据《民法典》第 224 条规定,动产物权的转让,自交付时发生效力,但是法律另有规定的除外。这表明,标的物所有权的转移方法,可以有所不同。

就动产而言,除法律有特别规定的以外,所有权依交付而移转。在动产买卖合同中,因可能发生多重买卖问题,故由哪一个买受人取得标的物所有权是实践中必须面对的问题。对此,《买卖合同解释》对普通动产和特殊动产分别作了规定。出卖人就同一普通动产订立多重买卖合同,在买卖合同均有效的情况下,买受人均要求实际履行合同的,应当按照以下情形分别处理:① 先行受领交付的买受人有权请求确认所有权已经转移;② 均未受领交付,先行支付价款的买受人有权请求出卖人履行交付标的物等合同义务;③ 均未受领交付,也未支付价款,依法成立在先合同的买受人有权请求出卖人履行交付标的物等合同义务(第 6 条)。出卖人就同一船舶、航空器、机动车等特殊动产订立多重买卖合同,在买卖合同均有效的情况下,买受人均要求实际履行合同的,应当按照以下情形分别处理:① 先行受领交付的买受人有权请求出卖人履行办理所有权转移登记手续等合同义务;② 均未受领交付,先行办理所有权转移登记手续的买受人有权请求出卖人履行交付标的物等合同义务;③ 均未受领交付,也未办理所有权转移登记手续，依法成立在先合同的买受人有权请求出卖人履行交付标的物和办理所有权转移登记手续等合同义务；④ 出卖人将标的物交付给买受人之一，又为其他买受人办理所有权转移登记，已受领交付的买受人有权请求将标的物所有权登记在自己名下（第 7 条）。

依据《民法典》第 209 条第 1 款以及第 214 条规定，不动产所有权的转移须依法办理所有权的转移登记。未办理登记的，尽管买卖合同已经生效，但标的物的所有权不发生转移（《民法典》第 215 条）。

依据《民法典》第 600 条规定，出卖具有知识产权的标的物的，除法律另有规定或当事人另有约定的以外，该标的物的知识产权不属于买受人。也即标的物的知识产权并不随同标的物的所有权一并移转于买受人。其原因在于，知识产权是一种独立的无形财产权。知识产权虽然必须通过一定的物质载体才能表现出来，但知识产权的客体并不是它的物质载体。知识产权与标的物的所有权是可以分离的，两者是并行于标的物之上的独立权利。在买卖合同中，出卖人转让的仅仅是标的物的所有权，而不包括知识产权。

2. 物的瑕疵担保义务

依据《民法典》第 615 条规定，出卖人应当按照约定的质量要求交付标的物。出卖人提供有关标的物质量说明的，交付的标的物应当符合该说明的质量要求。这一义务被称为物的瑕疵担保义务。

出卖人负担物的瑕疵担保义务，是由买卖合同的有偿性决定的。在我国民法上，物的瑕疵担保义务被表述为质量担保义务，即出卖人应当担保其交付给买受人的标的物符合合同约定的或者法律确定的质量标准。因此，确定标的物的质量标准，是判断出卖人是否全面履行该项义务的前提。在买卖合同中，当事人对标的物的质量要求没有约定或约定不明确的，依据《民法典》第 510 条规定仍不能确定的，适用《民法典》第 511 条第 1 项规定（《民法典》第 616 条）。

出卖人交付的标的物不符合质量标准的，属于对物的瑕疵担保义务的违反，在传统民法上会发生物的瑕疵担保责任的承担。但在我国民法上，因就违约责任的归责原则，一般（尤其是商事合同）采取严格责任原则，这使得传统民法上违约责任与物的瑕疵担保责任的区别丧失了依据。因此，买受人可以依据《民法典》第 582～584 条规定请求出卖人承担违约责任。

买受人要求出卖人承担违反物的瑕疵担保义务的违约责任，除非法律另有规定，以买受人及时向出卖人通知标的物质量不合格为条件（《民法典》第 621 条第 1、2 款）。买受人在订立买卖合同时知道或者应当知道标的物质量存在瑕疵的，不得向出卖人主张违反物的瑕疵担保义务的违约责任，但买受人在缔约时不知道该瑕疵会导致标的物的基本效用显著降低的除外（《买卖合同解释》第 24 条）。商事买卖合同的当事人可以通过免责条款的方式，预先免除出卖人违反物的瑕疵担保义务的违约责任。当事人约定减轻或者免除出卖人对标的物瑕疵承担的责任，因出卖人故意或者重大过失不告知买受人标的物瑕疵的，出卖人无权主张减轻或者免除责任（《民法典》第 618 条）。

3. 权利的瑕疵担保义务

依据《民法典》第 612 条规定，出卖人就交付的标的物，除非法律另有规定，负有保证第三人对该标的物不享有任何权利的义务。这一义务称为出卖人的权利瑕疵担保义务。违反权利的瑕疵担保义务，在传统民法上发生权利瑕疵担保责任的承担。在我国民法上，由于违约责任和权利瑕疵担保责任的区分丧失了依据，因此，出卖人应对买受人承担违约责任。

在我国民法上，出卖人违反权利瑕疵担保义务，应承担违约责任的情形还包括：共有人出卖全部共有财产或者出卖共有财产中的他人份额；出卖人向买受人出售第三人享有优先购买权或法定优先权的财产；出卖人出售给买受人的财产上存在第三人的居住权或者租赁权；对于出卖人出售给买受人的财产，第三人得根据专利权或其他知识产权主张权利或要求。

依据《民法典》第 613 条规定，在买卖合同订立时，买受人知道或者应当知道第三人对买卖的标的物享有权利的，出卖人不负担该项义务。另外，买受人能够依据保护交易安全的规定，善意取得标的物所有权的，出卖人无须承担违反权利瑕疵担保义务的违约责任。

买受人有确切证据证明第三人对标的物享有权利的，可以行使合同履行的抗辩权，中止支付相应的价款，但是出卖人提供适当担保的除外（《民法典》第 614 条）。

4. 交付有关单证和资料

出卖人应当按照约定或者交易习惯向买受人交付提取标的物单证以外的有关单证和资料（《民法典》第 599 条）。该项义务是出卖人在买卖合同中所负担的从合同义务，该项义务辅助主合同义务，实现买受人的交易目的。在交易实践中，与买卖合同标的物相关的其他单证和资料主要包括：保险单、保修单、普通发票、增值税专用发票、产品合格证、质量保证书、质量鉴定书、品质检验证书、产品进出口检疫书、原产地证明书、使用说明书、装箱单等（《买卖合同解释》第 4 条）。应当指出，当事人一方未根据法律规定或者合同约定履行开具发票、提供证明文件等非主要债务的，对方有权请求继续履行该债务并赔偿因怠于履行该债务造成的损失，而无权请求解除合同，但是不履行该债务致使不能实现合同目的或者当事人另有约定的除外（《合同通则解释》第 26 条）。

除负担前述主合同义务和从合同义务外，出卖人还应遵循诚信原则，根据合同的性质、目的和交易习惯负担通知、协助、保密等附随义务（《民法典》第 509 条第 2 款）。依照法律、行政法规的规定或者按照当事人的约定，标的物在有效使用年限届满后应予回收的，出卖人负有自行或者委托第三人对标的物予以回收的义务（《民法典》第 625 条）。这也属于出卖人负担的附随义务。

（二）买受人的义务

1. 支付价款

支付价款是买受人的主要义务。买受人支付价款应按照合同约定的数额、地点、时间为之。

（1）价款数额的确定。价款数额一般由单价与总价构成，总价为单价乘以标的物的数量。当事人在合同中约定的单价与总价不一致，而当事人又不能证明总价为折扣价的，原则上应按单价来计算总价。当事人对价款的确定，须遵守国家的物价法规，否则其约定无效。

买受人应当按照约定的数额支付价款。对价款的数额没有约定或约定不明确的，适用《民法典》第 510 条、第 511 条第 2 项和第 5 项的规定。

（2）价款的支付地点。买受人应当按照约定的地点支付价款。对支付地点没有约定或者约定不明确，依据《民法典》第 510 条规定仍不能确定的，买受人应当在出卖人的营业地支付；但是，约定支付价款以交付标的物或者交付提取标的物的单证为条件的，则在交付标的物或者提取标的物单证的所在地支付(《民法典》第 627 条)。

(3) 价款的支付时间。买受人应当按照约定的时间支付价款。对支付时间没有约定或者约定不明确,依据《民法典》第 510 条规定仍不能确定的,买受人应当在收到标的物或者提取标的物单证的同时支付(《民法典》第 628 条)。价款支付迟延时,买受人不但有义务继续支付价款,还有责任支付迟延利息。

买受人在出卖人违约的情况下,有拒绝支付价款、请求减少价款、请求返还价款的权利。如出卖人交付的标的物有重大瑕疵以致难以使用时,买受人有权拒绝接受交付,并有权拒绝支付价款。如出卖人交付的标的物虽有瑕疵但买受人同意接受时,买受人可以请求减少价款。标的物在交付后部分或全部被第三人追索,买受人不仅有权解除合同、请求损害赔偿,也有权要求返还全部或部分价款。

(4) 价款的支付方式。价款的支付方式可由当事人约定,但当事人关于支付方式的约定,不得违反国家关于现金管理的规定。

2. 受领标的物

买受人有依照合同约定或者交易惯例受领标的物的义务。若出卖人不按合同约定的条件交付标的物,如多交付、提前交付、交付的标的物有瑕疵等,买受人有权拒绝接受。

3. 及时检验出卖人交付的标的物

买受人收到标的物时,有及时检验的义务。当事人约定检验期间的,买受人应当在约定期间内进行检验;没有约定检验期间的,买受人应当及时检验(《民法典》第 620 条)。对该项义务属买受人所负担的不真正义务。对该项义务的违反不发生违约责任的承担,但由此造成的损失由买受人自己负担。

依据《民法典》第 621 条规定,买受人检验标的物应按下列规则进行:(1) 当事人约定检验期间的,买受人应当在检验期限内将标的物数量或质量不符合约定的情形通知出卖人。买受人怠于通知的,视为标的物的数量或质量符合约定。(2) 当事人没有约定检验期限的,买受人应当在发现或者应当发现标的物的数量或者质量不符合约定的合理期间内通知出卖人。① 买受人在合理期限内未通知出卖人或者自收到标的物的交付之日起 2 年内未通知出卖人的,视为标的物的数量或质量符合约定;但是,如果标的物有质量保证期的,应适用质量保证期,不适用 2 年的规定。(3) 出卖人知道或应当知道提供的标的物不符合约定的,买受人得随时通知出卖人标的物的数量或质量不符合约定,不受上述通知期限的限制。

买卖合同当事人约定的检验期限过短,根据标的物的性质和交易习惯,买受人在检验期限内难以完成全面检验的,该期限仅视为买受人对标的物的外观瑕疵提出异议的期限。约定的检验期限或者质量保证期短于法律、行政法规规定期限的,应当以法律、行政法规规定的期限为准。当事人对检验期限未作约定,买受人签收的送货单、确认单等载明标的物数量、型号、规格的,推定买受人已经对数量和外观瑕疵进行检验,但是有相关证据足以推翻的除外。出卖人依照买受人的指示向第三人交付标的物,出卖人和买受人约定的检验标准与买受人和第三人

---

① 依据《买卖合同解释》第 12 条规定,合理期限应当综合当事人之间的交易性质、交易目的、交易方式、交易习惯、标的物的种类、数量、性质、安装和使用情况、瑕疵的性质、买受人应尽的合理注意义务、检验方法和难易程度、买受人或者检验人所处的具体环境、自身技能以及其他合理因素,依据诚信原则进行判断。

约定的检验标准不一致的,以出卖人和买受人约定的检验标准为准。①

4. 暂时保管及应急处置拒绝受领的标的物

在特定情况下,买受人对于出卖人所交付的标的物,虽可作出拒绝接收的意思表示,但有暂时保管并应急处置标的物的义务。该项义务属买受人所应负担的附随义务。依据《买卖合同解释》第 3 条规定,买受人拒绝接收多交部分标的物的,可以代为保管,并有权请求出卖人负担代为保管期间的合理费用,也有权请求出卖人承担代为保管期间非因买受人故意或者重大过失造成的损失。

买受人拒绝接收时的保管义务是有条件的:(1) 必须是异地交付,货物到达交付地点时,买受人发现标的物的品质瑕疵而作出拒绝接收的意思表示;(2) 出卖人在标的物接收交付的地点没有代理人,即标的物在法律上已处于无人管理的状态;(3) 一般物品由买受人暂时保管,但出卖人接到买受人的拒绝接收通知时应立即以自己的费用将标的物提回或作其他处置,并支付买受人的保管费用;(4) 对于不易保管的易变质物品如水果、蔬菜等,买受人可以紧急变卖,但变卖所得在扣除变卖费用后须退回出卖人。买受人在拒绝接收交付时为出卖人保管及紧急变卖标的物的行为必须是基于善良的动机,不得扩大出卖人的损失。出卖人也不能因买受人上述情况下的保管或紧急变卖行为而免除责任。

五、买卖合同中标的物的风险负担与利益承受

(一) 买卖合同中标的物的风险负担

买卖合同中标的物的风险是指买卖合同的标的物因不可归责于买卖合同双方当事人的事由毁损、灭失所造成的损失。风险负担,就是该损失应由谁来承担。

《民法典》第 604 条规定:"标的物毁损、灭失的风险,在标的物交付之前由出卖人承担,交付之后由买受人承担,但是法律另有规定或者当事人另有约定的除外。"可见,当买卖合同的标的物为动产时,在法律没有另外规定或者当事人没有特别约定的情况下,动产标的物毁损灭失的风险负担的移转,既与标的物的交付相一致,又与标的物所有权的移转相一致。其中,这里的"法律另有规定或当事人另有约定"主要包括两种情况:一是在交付前标的物风险即由买受人负担;二是交付后的一段时间内标的物的风险仍由出卖人负担。当买卖合同的标的物为不动产时,因单纯的不动产占有的移转并不能发生不动产所有权的移转,登记才是不动产所有权移转的成立要件,这就使标的物毁损灭失的风险负担的转移与标的物所有权的移转不尽一致,即作为买卖合同标的物的不动产毁损灭失的风险负担,仍于不动产交付时移转。对此,《商品房买卖解释》第 8 条规定,对房屋的转移占有,视为房屋的交付使用,但当事人另有约定的除外。房屋毁损、灭失的风险,在交付使用前由出卖人承担,交付使用后由买受人承担;买受人接到出卖人的书面交房通知,无正当理由拒绝接收的,房屋毁损、灭失的风险自书面交房通知确定的交付使用之日起由买受人承担,但法律另有规定或者当事人另有约定的除外。

风险负担的交付主义规则在具体应用时,应注意以下问题:

---

① 参见《民法典》第 622~624 条。

第一,因买受人的原因致使标的物未按照约定的期限交付的,买受人应当自违反约定之日起承担标的物毁损、灭失的风险(《民法典》第 605 条)。所谓因买受人的原因,主要包括两种情形:一为买受人违约,如买受人因可归责于自身的原因陷于不履行或不完全履行,出卖人由于合同履行抗辩权的行使,在合同约定的履行期中止义务履行的;或者是买受人迟延受领或无正当理由拒绝受领的。二为买受人对出卖人准备交付的标的物实施侵权行为,致使出卖人无法按照约定的期限交付标的物,双方又未补充约定变更合同履行期限的。在这两种情况下,即使出卖人没有完成标的物的交付,买受人仍应自约定的交付期限起,承担标的物毁损、灭失的损失。

第二,出卖人出卖交由承运人运输的在途标的物,除当事人另有约定外,毁损、灭失的风险自合同成立时起由买受人承担(《民法典》第 606 条)。这就是关于所谓路货买卖中标的物风险负担的规定。在一般情况下,路货买卖自合同成立时起转移标的物的风险负担是合理的。但在实践中,以合同成立时为标准来划分路货买卖的风险负担有时是比较困难的。因为在买卖合同成立时,货物已经装在运输工具上处于运输的途中。在无确切证据的情况下,买卖双方都难以确定风险到底是发生在运输途中的哪一段(发生在合同成立之前还是合同成立之后)。所以,出卖人出卖交由承运人运输的在途标的物,在合同成立时知道或者应当知道标的物已经毁损、灭失却未告知买受人的,买受人有权主张出卖人负担标的物毁损、灭失的风险(《买卖合同解释》第 10 条)。

第三,出卖人按照约定将标的物运送至买受人指定地点并交付给承运人后,标的物毁损、灭失的风险由买受人承担。当事人没有约定交付地点或者约定不明确,依据《民法典》第 603 条第 2 款第 1 项规定标的物需要运输的,出卖人将标的物交付给第一承运人后,标的物毁损、灭失的风险由买受人承担(《民法典》第 607 条)。

第四,出卖人按照约定或者法律的规定将标的物置于交付地点,买受人违反约定没有收取的,标的物毁损、灭失的风险自违反约定时起由买受人承担(《民法典》第 608 条)。

第五,出卖人未按照约定交付有关标的物的单证和资料的,不影响标的物毁损、灭失风险的转移(《民法典》第 609 条)。这表明在约定保留所有权场合,即使出卖人未向买受人交付提取标的物的单证和资料,标的物毁损、灭失的风险仍自标的物交付时起转移。

第六,因标的物质量不符合要求,致使不能实现合同目的的,买受人可以拒绝接受标的物或者解除合同。买受人拒绝接受标的物或者解除合同的,标的物毁损、灭失的风险由出卖人承担(《民法典》第 610 条)。

应当指出,标的物毁损、灭失的风险由买受人承担的,不影响因出卖人履行债务不符合约定,买受人要求其承担违约责任的权利(《民法典》第 611 条)。之所以如此,主要是考虑到违约责任的承担与风险负担同属合同法上对损失进行分配的途径,前者解决可归责于一方或双方的事由所带来的损失的分配问题;后者解决不可归责于双方当事人的事由所带来的损失的分配问题。在交易实践中,两种类型的损失有可能同时发生,此时既不能用违约责任的承担代替风险负担,也不能用风险负担代替违约责任的承担,而应当让两个制度同时发挥作用,分别进行损失的分配。

（二）买卖合同中的利益承受

利益承受是指标的物于买卖合同订立后所生孳息的归属。标的物于合同订立后所生孳息的归属与风险的负担是密切相连的，二者遵循同一原则。因此，在利益承受上，标的物在交付前产生的孳息，归出卖人所有；标的物交付后产生的孳息，归买受人所有。如果合同另有约定的，依其约定（《民法典》第 630 条）。

六、买卖合同的终止

买卖合同得基于合同终止的一般规则而终止，但也有特殊性。例如，因标的物的主物不符合约定而解除合同的，解除合同的效力及于从物。因标的物的从物不符合约定而被解除的，解除的效力不及于主物（《民法典》第 631 条）。标的物为数物，其中一物不符合约定的，买受人可以就该物解除合同。但是，该物与他物分离使标的物的价值显受损害的，买受人可以就数物解除合同（《民法典》第 632 条）。出卖人分批交付标的物的，出卖人对其中一批标的物不交付或交付不符合约定，致使不能实现合同目的的，买受人可以就该批标的物解除。出卖人不交付其中一批标的物或交付不符合约定，致使今后其他各批标的物的交付不能实现合同目的的，买受人可以就该批以及之后其他各批标的物解除。买受人已经就其中一批标的物解除，该批标的物与其他各批标的物相互依存的，买受人可以就已经交付和未交付的各批标的物解除（《民法典》第 633 条）。

七、特种买卖合同

特种买卖合同包括分期付款买卖、样品买卖、试用买卖、所有权保留买卖、招标投标买卖和拍卖等。

（一）分期付款买卖

分期付款买卖是买受人将其应付的总价款按照一定期限分批向出卖人支付的买卖。所谓“分期付款”，系指买受人将应付的总价款在一定期间内至少分三次向出卖人支付。① 分期付款买卖在我国常用于房屋及高档消费品的买卖。由于买受人的分期支付影响了出卖人的资金周转，故分期付款的总价款可略高于一次性付款的价款。在分期付款买卖中，为保护买受人的利益，只有当买受人未支付到期价款的金额达到全部价款 1/5，经催告后在合理期限内仍未支付到期价款的，出卖人方可请求买受人支付全部价款或者解除合同。出卖人解除合同的，可以向买受人请求支付该标的物的使用费（《民法典》第 634 条）。

同时，因为分期付款买卖中，出卖人须先交付标的物，买受人于受领标的物后分若干次付款，出卖人有收不到价款的风险。因此，在交易实践中，当事人双方就分期付款买卖常有以下特别约定：

---

① 参见《买卖合同解释》第 27 条第 1 款。

其一，所有权保留，即在分期付款买卖中，买受人虽先占有、使用标的物，但在双方当事人约定的特定条件（通常是价款的一部或全部清偿）成就之前，出卖人仍保留标的物的所有权，待条件成就后，再将所有权转移给买受人。这种特约，仅适用于动产的买卖，不适用于不动产的买卖（《买卖合同解释》第 25 条）。

其二，解除合同的损害赔偿金，即双方当事人约定，解除合同时一方应向另一方支付赔偿金。解除合同时，双方当事人应将其从对方处取得的财产返还给对方，同时有过错的一方应赔偿对方损失。分期付款买卖在因买受人一方的原因而由出卖人解除合同时，标的物已经交付买受人，因此，买受人在占有标的物期间的利益也是出卖人的一种损失。为保护出卖人的利益，在分期付款买卖中当事人经常有关于出卖人于解除合同时得扣留其已受领的价款或请求买受人支付一定金额的约定。为了维系公平和保护买受人的利益，分期付款买卖约定出卖人在解除合同时可以扣留已受领价金，出卖人扣留的金额超过标的物使用费以及标的物受损赔偿额的，买受人有权请求返还超过部分。当事人对标的物的使用费没有约定的，可以参照当地同类标的物的租金标准确定（《买卖合同解释》第 28 条）。

（二）样品买卖

样品买卖又称货样买卖，是指双方当事人约定一定的样品，出卖人交付的标的物应与样品具有相同品质的买卖。所谓样品，又称货样，是指当事人选定的用以决定标的物品质的货物。样品通常是从一批货物中抽取出来的或由生产、使用部门加工、设计出来的，用以反映和代表整批商品品质的少量实物。

由于样品买卖是在普通买卖关系中附加了出卖人的一项“须按样品的品质标准交付标的物”的担保，因此，样品买卖除适用普通买卖的规定外，还产生下列效力：第一，当事人应当封存样品，并且可以对样品质量予以说明。出卖人交付的标的物应当与样品及其说明的质量相同（《民法典》第 635 条）。在判断交付的标的物是否与样品及其说明的质量相同时，应当依据合同的性质以及交易习惯确定。第二，样品买卖的买受人不知道样品有隐蔽瑕疵的，即使交付的标的物与样品相同，出卖人交付的标的物的质量仍然应当符合同种物的通常标准（《民法典》第 636 条）。其中，所谓隐蔽瑕疵，是指一般、通常的检查不易发现的品质瑕疵。

（三）试用买卖

试用买卖是指当事人双方约定，于合同成立时，出卖人将标的物交付买受人试验或检验，并以买受人在约定期限内对标的物的认可为生效要件的买卖合同。这种买卖常见于某些新产品的销售。试用买卖作为一种特种买卖，与一般买卖合同相比，具有以下特点：第一，试用买卖约定由买受人试验或检验标的物；第二，试用买卖以买受人对标的物的认可为生效条件。依据《买卖合同解释》第 30 条规定，买卖合同存在下列约定内容之一的，不属于试用买卖：（1）约定标的物经过试用或者检验符合一定要求时，买受人应当购买标的物；（2）约定第三人经试验对标的物认可时，买受人应当购买标的物；（3）约定买受人在一定期限内可以调换标的物；（4）约定买受人在一定期限内可以退还标的物。

试用买卖的当事人可以约定标的物的试用期间。对试用期间没有约定或约定不明确，依据《民法典》第510条规定仍不能确定的，由出卖人确定（《民法典》第637条）。试用人在试用期内可以购买标的物，也可以拒绝购买。试用期间届满，试用人对是否购买标的物未作表示的，视为同意购买。试用人全部或部分支付价款，或者就标的物实施出卖、出租、设定担保物权等行为的，视为同意购买（《民法典》第638条）。

在试用期间内，试用人作出不认可的意思表示，或未作出认可的意思表示，也没有前述情形的，为试用人不认可，该买卖合同不生效力，试用人负返还标的物的义务。因可归责于试用人的事由，造成标的物毁损、灭失时，试用人负赔偿责任；因不可归责于出卖人和试用人的事由导致标的物毁损、灭失的，风险由出卖人承担。

试用买卖的当事人对标的物使用费没有约定或者约定不明确的，出卖人无权请求买受人支付（《民法典》第639条）。

（四）所有权保留买卖

所有权保留买卖是指买卖合同的当事人在合同中约定，买受人未履行支付价款或者其他义务的，标的物的所有权属于出卖人的买卖。在买卖合同中，出卖人负有转移标的物所有权的义务。但是，法律也允许当事人约定出卖人先行交付标的物，在买受人未履行支付价款或者其他义务时，标的物的所有权仍归出卖人所有（《民法典》第641条第1款）。因此，所有权保留买卖属于一种特种买卖。应当指出，在所有类型的买卖合同中，当事人都可以约定所有权保留条款，而不限于分期付款买卖。

出卖人在买卖合同中保留标的物的所有权，是对其价款等债权的一种担保。在所有权保留的买卖中，买受人在条件成就前，享有标的物所有权的期待权，该项权利为物权化的债权或效力扩张的债权。但是，出卖人对标的物保留的所有权，未经登记，不得对抗善意第三人（《民法典》第641条第2款）。同时，出卖人基于其所保留的所有权享有取回权。依据《民法典》第642条规定，在标的物所有权转移前，买受人有下列情形之一，造成出卖人损害的，除当事人另有约定外，出卖人有权取回标的物：(1) 未按照约定支付价款，经催告后在合理期限内仍未支付；(2) 未按照约定完成特定条件；(3) 将标的物出卖、出质或者作出其他不当处分。但是，在下列两种情形下，出卖人无权取回标的物：(1) 买受人已经支付标的物总价款的75%以上；(2) 第三人已经善意取得标的物所有权或者其他物权（《买卖合同解释》第26条）。出卖人可以与买受人协商取回标的物；协商不成的，可以参照适用担保物权的实现程序，拍卖、变卖标的物。出卖人依据《民法典》第642条规定取回标的物后，买受人在双方约定或者出卖人指定的合理回赎期限内，消除出卖人取回标的物的事由的，可以请求回赎标的物。买受人在回赎期限内没有回赎标的物，出卖人可以以合理的价格将标的物出卖给第三人，出卖所得价款扣除买受人未支付的价款以及必要费用后仍有剩余的，应当返还买受人；不足部分由买受人清偿（《民法典》第643条）。

（五）招标投标买卖

招标投标买卖是指由招标人向数人或公众发出招标通知或招标公告，在诸多投标人中选择自己最满意的投标人并与之订立买卖合同。

招标投标买卖一般分为以下阶段：(1) 招标。招标是指招标人采取招标通知或招标公告的形式，向不特定的数人或公众发出的投标邀请。在法律性质上，招标为要约邀请。但是，如果招标人在招标公告中已明确表示将与报价最优者订立合同，这一招标行为则已具有要约的性质。(2) 投标。投标是指投标人(出标人)按照招标文件的要求，在规定的期限内向招标人提出报价的行为。投标的法律性质为要约，在投标人投标以后必须有招标人的承诺，合同才能成立。(3) 开标、验标。开标是指招标人在召开的投标人会议上，当众启封标书，公开标书内容的行为；验标是验证标书的效力，对不具备投标资格的标书、不符合招标文件规定的标书以及超过截止日期送达的标书，招标人可宣布其无效。(4) 评标、定标。招标人对有效标书进行评审，选择自己满意的投标人，决定其中标。该定标若是对投标的完全接受，就是承诺。(5) 签订合同。中标人在接到中标通知后，在指定的期间、地点同招标人签订合同书。

（六）拍卖

拍卖是指对物品的拍卖，即以公开竞价的方法，将标的物的所有权转移给最高应价者的买卖方式。

拍卖一般须经如下程序：(1) 拍卖的表示。拍卖的表示，是指拍卖人发出的对标的物进行拍卖的意思表示，包括拍卖公告和拍卖师在拍卖开始时所作的拍卖表示。在一般情况下，拍卖的表示属于要约邀请。(2) 应买的表示。应买的表示是指参加竞买的竞买人发出的购买的意思表示。在拍卖时，参加购买的应买人竞争，由出价最高者购买。参加竞争的应买人为竞买人，其提出的价格即为应价。在一般情况下，竞买人的应价为要约，竞买人应受其约束，但在其他人有更高应价时，其应价即丧失效力。(3) 卖定的表示。拍卖以拍卖人拍板或依其他惯用的方法，为卖定的表示。拍卖人作出卖定的表示，则买卖成交，竞争买卖结束。拍卖人关于卖定的表示应属于承诺，但须以规定的方式公开表示。经拍卖人确认的最高应价的竞买人即为买受人。拍卖经拍板成交后，买受人和拍卖人应当签署成交确认书。

八、互易合同的法律适用

互易合同是指当事人约定易货交易，转移标的物的所有权的合同。互易合同是早期商品交换的合同形态，货币产生后，买卖合同渐居主导地位，互易合同的重要性下降，但当今社会仍有互易合同的存在余地。依据《民法典》第 647 条规定，互易合同参照适用买卖合同的有关规定。由此可见，互易合同的当事人主要应相互负担以下义务：第一，相互交付标的物并且移转标的物的所有权于对方的义务；第二，就交付的标的物相互负担瑕疵担保义务；第三，如果互易附有补足价金条款的，负担补足价金义务的一方应当按照约定履行补足价金的义务。

第二节 供用电、水、气、热力合同

一、供用电、水、气、热力合同概述

供用电、水、气、热力合同是指一方提供电、水、气、热力供另一方利用,另一方利用这些资源并支付报酬的合同。供用电、水、气、热力合同属转移财产所有权合同的一种,实质上是特种商品的买卖合同。买卖合同中的相关规定,对于该合同同样有参照适用的效力。

供用电、水、气、热力合同具有以下特点:

第一,公用性。所谓公用性,是指供应人提供的电、水、气、热力的消费对象不是社会中的某些特殊阶层,而是一般的社会公众。

第二,公益性。所谓公益性,是指这类合同不只是为了供应人从中得到利益,更主要的是为了满足人民生活的需要,提高人民生活质量。依据《民法典》第 648 条第 2 款规定,向社会公众供电的供电人,不得拒绝用电人合理的订立合同要求。这是关于供电人强制缔约义务的规定,意在保护作为用电人的社会公众的利益。

第三,继续性。在供用电、水、气、热力合同中,利用人合同目的的实现需要供应人持续不断地履行合同义务。因此,与经由义务人的一次交付行为即可完成合同履行的合同不同,供用电、水、气、热力合同为继续性合同。在供用电、水、气、热力合同因各种原因终止之时,其效力仅能向将来发生,而不能溯及过去。

二、供用电合同

(一) 供用电合同的概念和特点

供用电合同是供电人向用电人供电,用电人支付电费的合同(《民法典》第 648 条第 1 款)。

供用电合同具有以下特点:

第一,合同的主体是供电人和用电人。供电人是指供电企业或者依法取得供电营业资格的非法人组织,其他任何单位和个人都不得作为供电人。受供电人委托供电的营业网点、营业所不具有民事权利能力,不能以自己的名义签订合同,因而不是供电人。用电人的范围非常广泛,自然人、法人、非法人组织等,都有资格作为供用电合同的用电人,订立供用电合同。

第二,合同的标的物是一种无体物——电力。电力属于能源,具有一经生产使用即为消耗的特点。因此,供用电合同中不存在买卖合同中的“退货”问题。

第三,供用电合同属于持续供给合同。由于电力的供应与使用是连续的,因此,合同的履行方式处于一种持续状态。供电人在发电、供电系统正常的情况下,应当连续向用电人供电,不得中断;用电人在合同约定的时间内,享有连续用电的权利。

第四,供用电合同一般按照格式条款订立。供电人为了与不特定的多个用电人订立合同而预先拟定格式条款,双方当事人按照格式条款订立合同。用电人对该格式条款仅有同意或不同意的权利,而不能更改其内容。对供用电方式有特殊要求的用电人,可采用非格式条款订立合同。

第五,电力的价格实行统一定价原则。《电力法》第 35 条第 2 款规定:"电价实行统一政策,统一定价原则,分级管理。"电价的确定,一般是由电网经营企业提出方案,报国家有关物价行政主管部门核准。供电人应当按照国家核准的电价和用电计量装置的记录,向用电人收取电费。供电人不得擅自变更电价。

第六,供用电合同为诺成、双务、有偿合同。供用电合同自双方当事人意思表示一致时成立。合同成立后,当事人双方相互负有义务,且任何一方取得权利,均须支付相应的对价。因此,供用电合同为诺成、双务、有偿合同。

(二) 供用电合同的内容

依据《民法典》第 649 条规定,供用电合同一般包括如下内容:(1) 供电方式,即供电人以何种方式向用电人供电,包括主供电源、备用电源、保安电源的供电方式以及委托转供电等内容;(2) 供电质量,即供电频率、电压和供电可靠性三项指标;(3) 供电时间,即用电人有权使用电力的起止时间;(4) 用电容量,即供电人认定的用电人受电设备的总容量;(5) 用电地址,即用电人使用电力的地址;(6) 用电性质,即用电人的行业分类和用电分类;(7) 计量方式,即供电人如何计算用电人使用的电量;(8) 电价、电费的结算方式,电价是指供电企业向用电人供应电力的价格,电费是电力资源实现商品交换的货币形式。

(三) 供用电合同的效力

1. 供电人的义务

(1) 及时、安全、合格供电。用户提出申请的,供电人应尽快确定供电方案,并在一定期限内正式书面通知用户。供电人应当按照国家规定的供电质量标准安全供电。用电人对供电质量有特殊要求的,供电人应当根据其必要性和电网的可能,依约提供相应的电力。供电人未按照国家规定的供电质量标准和约定安全供电,造成用电人损失的,应当承担赔偿责任(《民法典》第 651 条)。

依据《民法典》第 650 条规定,供用电合同的履行地点,按照当事人约定;当事人没有约定或者约定不明确的,供电设施的产权分界处为履行地点。供电设施的产权分界处是供电设施所有权归属的分界点,分界点电源侧的供电设施归供电人所有,分界点负荷侧的供电设施归用电人所有。

(2) 因限电、检修等停电的通知义务。供电人因供电设施计划检修、临时检修、依法限电或者用电人违法用电等原因,需要中断供电时,应当按照国家有关规定事先通知用电人。未事先通知用电人即中断供电,造成用电人损失的,应当承担赔偿责任(《民法典》第 652 条)。

(3) 对事故断电的抢修义务。事故断电,是指因为自然灾害造成供电设施毁坏,以致电力无法继续正常供应的情况。此时,供电人应当按照国家有关规定及时抢修。供电人未及时抢修,造成用电人损失的,应当承担赔偿责任(《民法典》第 653 条)。

此外,供电人还负有因限电或停电造成用电人用电未达标时,补充供给一定量电力的义务;在用电人交纳电费时,向用电人开具用电数量详细情况凭证或记录的义务等。

2. 用电人的义务

（1）支付电费。供用电合同是双务、有偿合同，用电人应当按照国家有关规定和当事人的约定及时支付电费。用电人拖欠电费的，应当按照约定支付违约金。经催告，用电人在合理期限内仍不交付电费和违约金的，供电人可以按照国家规定的程序中止供电，但供电人应当事先通知用电人（《民法典》第 654 条）。供电人在用电人补交电费及迟延利息、支付违约金后应重新供电。

（2）保持用电设施安全的义务。保持用电设施处于安全状态，是保证用电安全的前提条件。因此，对于已经安全装设的用电线路和保险装置，用电人不应随意拆换，以防发生危险或留下隐患。同时，用电人也不应在已经检修合格的用电设施中再随意拉线，连接用电设施。对于用电设施出现故障需要修理的，一般要请专业人士修理，不应自己随意接拉电线或修理。否则，因此造成损失或发生危险的，供电人对此不负责任。

（3）对供电人正当检修、停电、限电的忍受义务。供电属于高度危险作业，因各种意外事故而需要对用电设施进行检修，或是因此而停电、限电，都是较为常见的现象，也是防止危险发生的必要措施。对此，用电人应当忍受。如果由于特定时期供电总量有限，需要限制用电人的用电量的，用电人也应负必要的忍受义务。同时，供电人检修供电设施时需要用电人协助的，用电人负有协助义务。

（4）依照约定用电。用电人应当按照国家有关规定和当事人的约定安全、节约和计划用电。用电人未按照国家有关规定和当事人的约定用电，造成供电人损失的，应当承担赔偿责任（《民法典》第 655 条）。

三、供用水、供用气、供用热力合同的法律适用

供用水、供用气、供用热力合同与供用电合同属于同类合同，因此，《民法典》第 656 条规定，供用水、供用气、供用热力合同，参照适用供用电合同的有关规定。

第三节 赠与合同

一、赠与合同的概念和特点

赠与合同是指赠与人将自己的财产无偿给予受赠人，受赠人表示接受赠与的合同（《民法典》第 657 条）。在赠与合同中，给予财产的一方为赠与人，接受财产的一方为受赠人。

赠与合同具有以下特点：

第一，在赠与合同中，必须存在给予行为，在赠与人财产减少的同时，受赠人的财产因赠与而有所增加。

第二，赠与合同为诺成合同。在赠与合同中，只要双方当事人意思表示一致，合同即成立。依法成立的赠与合同，自成立时起生效，不以赠与人交付赠与物作为合同的成立要件。因此，赠与合同为诺成合同。

第三，赠与合同为单务、无偿合同。在赠与合同中，受赠人并无对待给付义务，仅赠与人负有给付赠与财产的义务，故赠与合同为单务、无偿合同。

二、赠与合同的效力

赠与合同为单务合同，仅赠与人负担约定的合同义务。赠与合同的效力主要是指赠与合同中赠与人所负担的义务，主要有如下两项。

（一）转移赠与标的物的权利

赠与合同以使赠与财产的权利归于受赠人为直接目的，赠与人的主要义务是依照合同约定的期限、地点、方式、标准将标的物转移给受赠人。考虑到赠与合同为单务、无偿合同，当赠与人不履行转移赠与财产的义务时，其责任也应当有所限制，不应像一般双务合同那样，在履行给付义务的同时还要支付迟延利息或者赔偿其他损失。

经过公证的赠与合同或者依法不得撤销的具有救灾、扶贫、助残等公益、道德义务性质的赠与合同，赠与人不交付赠与的财产的，受赠人可以请求交付（《民法典》第 660 条第 1 款），但不得主张赔偿其他损失。

赠与的财产依法需要办理登记或者其他手续的，应当办理有关手续（《民法典》第 659 条）。未办理有关手续的，除非法律另有规定，赠与合同为生效合同，但赠与财产的权利在办理登记等手续前不发生转移。

赠与合同系无偿合同，因此，赠与人只在因故意或者重大过失致使赠与的财产毁损、灭失时，才承担赔偿责任（《民法典》第 660 条第 2 款）。

（二）瑕疵担保义务

在赠与合同中，一般不要求赠与人承担瑕疵担保义务，但有如下两种例外（《民法典》第 662 条）：

其一，附义务赠与。赠与附义务的，受赠人应当按照约定履行义务（《民法典》第 661 条）。在附义务赠与中，赠与的财产有瑕疵的，赠与人在附义务的限度内承担与出卖人相同的瑕疵担保义务。

其二，赠与人故意不告知赠与财产的瑕疵或保证赠与的财产无瑕疵，造成受赠人损失的，应当承担赔偿责任。这里所谓造成赠与人损失，是指受赠人因相信赠与物无瑕疵所产生的损失，解释上认为属于信赖利益的损失，不包括赠与物完全无瑕疵时应得利益的损失。

三、赠与合同的终止

（一）赠与合同的任意撤销

赠与合同的任意撤销是指在赠与财产的权利转移之前，得由赠与人依其意思任意撤销赠与合同。但是，经过公证的赠与合同或者依法不得撤销的具有救灾、扶贫、助残等公益、道德义务性质的赠与合同，赠与人不得任意撤销(《民法典》第 658 条)。

(二) 赠与合同的法定撤销

在赠与合同中，赠与财产的权利转移之后，赠与人即丧失了任意撤销赠与合同的权利，但受赠人有下列情形之一时，赠与人仍可享有撤销赠与合同的法定权利：(1) 受赠人严重侵害赠与人或者赠与人近亲属的合法权益；(2) 受赠人对赠与人有扶养义务而不履行；(3) 受赠人不履行赠与合同约定的义务(《民法典》第 663 条第 1 款)。

赠与人的撤销权，自知道或者应当知道撤销原因之日起 1 年内行使(《民法典》第 663 条第 2 款)。该期间为除斥期间，超过这一期间，赠与人不得再行使撤销权。

因受赠人的违法行为致使赠与人死亡或者丧失民事行为能力的，其继承人或其法定代理人可以撤销赠与。赠与人的继承人或者法定代理人的撤销权，自知道或者应当知道撤销事由之日起 6 个月内行使(《民法典》第 664 条)。这一期间同样也是除斥期间。

撤销权人撤销赠与的，可以向受赠人请求返还赠与的财产(《民法典》第 665 条)。

(三) 赠与合同的法定解除

赠与人的经济状况显著恶化，严重影响其生产经营或者家庭生活的，可以解除赠与合同，不再履行赠与义务(《民法典》第 666 条)。该合同解除不发生溯及既往的效力，赠与人就原已履行的赠与，无权要求受赠人返还。

第四节　借款合同

一、借款合同概述

借款合同是借款人向贷款人借款，到期返还借款并支付利息的合同(《民法典》第 667 条)。在借款合同中，向对方借款的一方为借款人，出借钱款的一方为贷款人。

借款合同依据贷款人的不同可以区分为金融机构借款合同和民间借款合同。借款合同的主要特点为：借款合同的标的物为金钱。金钱既是可消耗物，又是特殊的种类物，金钱占有的移转，在双方当事人没有特别约定时，即发生金钱所有权的转移，因此，借款合同系属转移财产所有权的合同。买卖合同中关于财产所有权转移的相关规定，借款合同可以参照适用。在借款合同中，在合同约定或法律规定的还款期限届至时，借款人无须返还原物，仅需返还同样数量的金钱即可。

二、金融机构借款合同

(一) 金融机构借款合同的概念和特点

金融机构借款合同是指办理贷款业务的金融机构作为贷款人一方，向借款人提供贷款，借款人到期返还借款并支付利息的合同。

金融机构借款合同具有如下特点：

一是有偿性。金融机构发放贷款，意在获取相应的营业利润，因此，借款人在获得金融机构所提供的贷款的同时，不仅负担按期返还本金的义务，还要按照约定向贷款人支付利息，利息支付义务系借款人使用金融机构贷款的对价，所以金融机构借款合同为有偿合同。

二是要式性。金融机构借款合同应当采用书面形式，没有采取书面形式，当事人双方就该合同关系的存在产生争议的，推定合同关系不成立。如果一方当事人已经履行了主要义务，对方接受的，则合同成立。

三是诺成性。金融机构借款合同，在合同双方当事人协商一致时，合同关系即可成立，合同依法成立的，自成立时起生效。合同的成立在双方当事人没有特别约定时，不需以贷款人贷款的交付作为要件，所以金融机构借款合同为诺成合同。

（二）金融机构借款合同的内容与订立

1. 金融机构借款合同的内容

金融机构借款合同主要包括以下内容：(1) 种类。金融机构作为贷款人时，针对不同种类的贷款常实行不同的政策。因此，在合同中应当对贷款的种类作出明确的约定。(2) 币种。合同中应明确约定借款合同的标的物是人民币还是外币。(3) 用途。根据我国现行的金融政策，从金融机构获得的贷款应当专款专用，以保证贷款能够在金融机构的监督下及时收回。因此，合同应对贷款的用途作出明确约定。(4) 数额。合同应明确约定贷款数量的多少，包括贷款的总金额以及在分批支付贷款时，每一次支付的金额。(5) 利率。合同应明确约定应收利息的数额与贷款数额的比率。(6) 期限。合同应明确约定借款人能够使用借款的期限。当事人一般根据借款人的生产经营周期、还款能力和贷款人的资金供给能力等，约定借款期限。(7) 还款方式。合同应明确约定以何种结算方式偿还借款给贷款人。

2. 金融机构借款合同的订立

金融机构借款合同的订立，除应遵循合同订立的一般规则外，还应注意：

(1) 金融机构不得向关系人发放信用贷款，向关系人发放担保贷款应受法律限制。依据《商业银行法》第 40 条规定，商业银行不得向关系人发放信用贷款，向关系人发放担保贷款的条件不得优于其他借款人同类贷款的条件。所谓关系人包括商业银行的董事、监事、管理人员、信贷业务人员及其近亲属以及这些人员投资或者担任高级管理职务的公司、企业和其他经济组织。

(2) 借款人应在订立合同时履行如实申报义务。订立借款合同，借款人应当按照贷款人的要求提供与借款有关的业务活动和财务状况的真实情况(《民法典》第 669 条)。这主要包括两个方面的内容：一是与借款人资格有关的基本情况；二是借款人财务状况的真实情况。借款人应当按照贷款人的要求，如实提供所有的开户行、账号及存贷款余额情况以及财政部门或会计师事务所核准的上年度财务报告等。贷款人对其了解的借款人的上述情况，承担保密义务。

(3) 贷款人应当对借款人的借款用途、偿还能力、还款方式等情况进行严格审查；应当实行审贷分离、分级审批的制度(《商业银行法》第 35 条)。

（4）借款人在订立合同时应依约提供担保。商业银行贷款，借款人应当提供担保（《商业银行法》第 36 条第 1 款）。在借款合同中，贷款人可以要求借款人提供保证、抵押、质押等担保。在典型担保方式之外，实践中又出现了让与担保等新型的担保方式，其在金融机构借款合同中发挥着越来越重要的作用。贷款人应当对保证人的偿还能力，抵押物、质物的权属和价值以及实现抵押权、质权的可行性进行严格审查（《商业银行法》第 36 条第 1 款）。经贷款人审查、评估，确认借款人资信良好，确能偿还贷款的，可以不要求提供担保（《商业银行法》第 36 条第 2 款）。

（三）金融机构借款合同的效力

1. 贷款人的义务

（1）按期、足额提供贷款，这是贷款人的主合同义务。贷款人应当按照约定的日期提供借款，未按照约定的日期提供借款，造成借款人损失的，应当赔偿损失（《民法典》第 671 条第 1 款）。贷款人还应当按照合同约定的数额足额提供借款，依据《民法典》第 670 条规定，借款的利息不得预先在本金中扣除。利息预先在本金中扣除的，借款人有权按照实际借款数额返还借款并计算利息。贷款人未足额提供借款，给借款人造成损失的，应赔偿损失。

（2）保密，这是贷款人的附随义务。作为贷款人一方的金融机构，对于其在合同订立和履行阶段所掌握的借款人的各项商业秘密、个人信息，有保密义务，不得泄密或进行不正当使用。

2. 借款人的义务

（1）按照约定的日期和数额收取借款。贷款人应当履行按期、足额提供贷款的义务，借款人则应当按照约定的日期和数额收取借款。借款人未按照约定的期限和数额收取借款的，仍需按照合同约定的借款日期和数额向贷款人支付利息（《民法典》第 671 条第 2 款）。

（2）按照约定用途使用借款。借款用途与借款人能否按期偿还贷款、依约支付利息有着很直接的关系。因此，借款人未按照约定的借款用途使用借款的，贷款人可以停止发放借款、提前收回借款或者解除合同（《民法典》第 673 条）。

（3）按期支付利息。金融机构借款合同作为有偿合同，借款人有义务按照约定的期限支付利息。当事人对支付利息的期限没有约定或者约定不明确，依据《民法典》第 510 条规定仍不能确定，借款期间不满 1 年的，应当在返还借款时一并支付；借款期间在 1 年以上的，应当在每届满 1 年时支付，剩余期间不满 1 年的，应当在返还借款时一并支付（《民法典》第 674 条）。利息数额的确定，应当按照中国人民银行规定的贷款利率的上下限确定（《商业银行法》第 38 条）。

（4）按期返还借款。借款人应当按照约定的期限返还借款。当事人对借款期限没有约定或者约定不明确，依据《民法典》第 510 条规定仍不能确定的，借款人可以随时返还；贷款人可以催告借款人在合理期限内返还（《民法典》第 675 条）。借款人未按照约定的期限返还借款的，应当按照约定或者国家有关规定支付逾期利息（《民法典》第 676 条）。但是，借款人在还款期限届满之前向贷款人申请展期，贷款人同意的，可依照新确定的期限返还借款（《民法典》第 678 条）。借款人提前偿还借款的，除非当事人另有约定，应当按照实际借款的期间计算利息（《民法典》第 677 条）。

（5）容忍义务。在贷款人按照约定检查、监督借款的使用情况时，借款人应当定期向贷款人提供有关财务会计报表或者其他资料（《民法典》第 672 条）。该项义务基于约定产生，未作约定的，借款人有权拒绝贷款人对借款使用状况进行检查、监督的请求。

三、民间借款合同

民间借款合同即民间借贷合同，是指自然人、法人和非法人组织之间进行资金融通所订立的合同。

民间借款合同具有如下特点：

第一，民间借款合同的当事人是自然人、法人和非法人组织，不包括金融机构，具体可以是自然人之间的借款合同，也可以是非自然人之间的借款合同。

第二，在民间借款合同中，自然人之间的借款合同为实践合同，自贷款人提供借款时成立（《民法典》第 679 条）。非自然人之间的借款合同为诺成合同，但当事人另有约定或者法律、行政法规另有规定的除外。依据《最高人民法院关于审理民间借贷案件适用法律若干问题的规定》（以下简称《民间借贷规定》）第 9 条规定，自然人之间的借款合同具有下列情形之一的，可以视为合同成立：(1) 以现金支付的，自借款人收到借款时；(2) 以银行转账、网上电子汇款等形式支付的，自资金到达借款人账户时；(3) 以票据交付的，自借款人依法取得票据权利时；(4) 出借人将特定资金账户支配权授权给借款人的，自借款人取得对该账户实际支配权时；(5) 出借人以与借款人约定的其他方式提供借款并实际履行完成时。

第三，民间借款合同可以是有息的，也可以是无息的。借款合同对支付利息没有约定的，视为没有利息（《民法典》第 680 条第 2 款）。借款合同对支付利息约定不明确，当事人不能达成补充协议的，按照当地或者当事人的交易方式、交易习惯、市场利率等因素确定利息；自然人之间借款的，视为没有利息（《民法典》第 680 条第 3 款）。民间借款合同的利率不得违反国家有关规定，禁止高利放贷（《民法典》第 680 条第 1 款）。依据《民间借贷规定》第 25 条规定，民间借款合同约定的利率不得超过合同成立时一年期贷款市场报价利率的四倍。

第五节　保 证 合 同

一、保证合同的概念和特点

保证合同是为保障债权的实现，保证人和债权人约定，当债务人不履行到期债务或者发生当事人约定的情形时，保证人履行债务或者承担责任的合同（《民法典》第 681 条）。

保证合同具有如下特点：

第一，保证合同具有从属性。保证合同的从属性主要表现在如下几个方面：(1) 保证合同是主债权债务合同的从合同。保证合同是为担保主债务的履行而订立的，只有主债权债务合同存在时，保证合同的存在才有意义。因此，保证合同的成立以主债权债务合同的存在为前提。主债权债务合同无效，保证合同无效，但是法律另有规定的除外。保证合同被确认无效后，债务人、保证人、债权人各自有过错的，应当根据其过错各自承担相应的民事责任（《民法典》第 682 条）。依据《担保制度解释》第 17 条规定，主合同有效而第三人提供的担保合同无效的，人民法院应当区分不同情形确定担保人的赔偿责任：① 债权人与担保人均有过错的，担保人承担的赔偿责任不应超过债务人不能清偿部分的 1/2；② 担保人有过错而债权人无过错的，担保人对债务人不能清偿的部分承担赔偿责任；③ 债权人有过错而担保人无过错的，担保人不承担赔偿责任。主合同无效导致第三人提供的担保合同无效，担保人无过错的，不承担赔偿责任；担保人有过错的，其承担的赔偿责任不应超过债务人不能清偿部分的 1/3。（2）保证合同系担保主债权债务合同而设立，由此决定，保证债务的范围和强度从属于主债务。（3）在保证合同中，主债权债务合同权利、义务的转移，原则上应导致保证合同所生权利、义务的转移，但保证债务不能与主债权相分离而单独转让或者作为其他债权的担保。（4）保证债务以担保主债务为唯一目的，主债务如因清偿、提存、抵销、免除等原因而全部消灭的，保证债务随之消灭。

第二，保证合同具有相对独立性。保证合同的相对独立性主要表现在以下方面：（1）保证合同约定的债务范围可以与主债务的范围不同；（2）保证人享有独立的抗辩权，如一般保证中的先诉抗辩权；（3）主债务人与债权人之间的诉讼判决的效力不当然及于保证人；（4）保证合同无效，不影响主债权债务合同的效力。保证合同被确认无效后，债务人、保证人、债权人有过错的，应当根据其过错各自承担相应的民事责任（《民法典》第 682 条第 2 款）。

第三，保证人具有资格限定性。保证人应当具有保证能力，即具有代为清偿债务的能力。依据《民法典》第 683 条规定，下列组织不具有保证能力，不得为保证人：一是机关法人，但是经国务院批准为使用外国政府或者国际经济组织贷款进行转贷的除外；二是以公益为目的的非营利法人、非法人组织。

第四，保证合同具有无偿性、单务性。在保证合同中，保证人的保证债务不以从债权人处取得一定财产权利为条件，债权人也无须支付任何代价而对保证人享有保证债权。在保证当事人双方之间，只有保证人一方负担义务而不享有权利，债权人一方只享有权利而不负担任何义务。因此，保证合同具有无偿性、单务性。

二、保证合同的内容和保证方式

（一）保证合同的内容

保证合同的内容一般包括被保证的主债权的种类、数额，债务人履行债务的期限，保证的方式、范围和期间等（《民法典》第 684 条）。保证合同可以是单独订立的书面合同，也可以是主债权债务合同中的保证条款。第三人单方以书面形式向债权人作出保证，债权人接收且未提出异议的，保证合同成立（《民法典》第 685 条）。

应当指出，如果第三人向债权人提供差额补足、流动性支持等类似承诺文件作为增信措施，具有提供担保的意思表示，可以认定成立保证合同，债权人有权请求第三人承担保证责任。第三人向债权人提供的承诺文件，具有加入债务或者与债务人共同承担债务等意思表示的，应当认定为债务加入。第三人提供的承诺文件难以确定是保证还是债务加入的，应当将其认定为保证（《担保制度解释》第 36 条）。

（二）保证的方式

保证的方式包括一般保证和连带责任保证。当事人在保证合同中对保证方式没有约定或者约定不明确的，按照一般保证承担保证责任（《民法典》第686条）。

在保证合同中，当事人约定，债务人不能履行债务时，由保证人承担保证责任的，为一般保证（《民法典》第687条第1款）。在保证合同中，当事人约定了保证人在债务人不能履行债务或者无力偿还债务时才承担保证责任等类似内容，具有债务人应当先承担责任的意思表示的，应当将其认定为一般保证（《担保制度解释》第25条第1款）。在一般保证中，保证人享有先诉抗辩权，即在主合同纠纷经审判或者仲裁，并就债务人财产依法强制执行仍不能履行债务前，有权拒绝向债权人承担保证责任，但是有下列情形之一的除外：（1）债务人下落不明，且无财产可供执行；（2）人民法院已经受理债务人破产案件；（3）债权人有证据证明债务人的财产不足以履行全部债务或者丧失履行债务能力；（4）保证人书面表示放弃先诉抗辩权（《民法典》第687条第2款）。

依据《民法典》第688条规定，当事人在保证合同中约定保证人和债务人对债务承担连带责任的，为连带责任保证。在保证合同中，当事人约定了保证人在债务人不履行债务或者未偿还债务时即承担保证责任、无条件承担保证责任等类似内容，不具有债务人应当先承担责任的意思表示的，应当将其认定为连带责任保证（《担保制度解释》第25条第2款）。连带责任保证的债务人不履行到期债务或者发生当事人约定的情形时，债权人可以请求债务人履行债务，也可以请求保证人在其保证范围内承担保证责任。可见，连带责任保证人并不享有先诉抗辩权，只要有主债务人不履行到期债务或者发生当事人约定情形的事实，债权人即可要求保证人承担保证责任。债权人请求连带责任保证人承担保证责任的，只需证明主债务人不履行到期债务或者发生当事人约定情形的事实即可，而不论债权人是否就主债务人的财产已强制执行，保证人均应依保证合同的约定承担保证责任。

三、保证合同的效力

（一）保证的范围

保证的范围又称保证责任的范围、保证担保的范围、保证债务的范围，是指保证人在主债务人不履行债务或者发生当事人约定的情形时，向债权人履行保证债务的限度。依据《民法典》第691条规定，保证的范围包括主债权及其利息、违约金、损害赔偿金和实现债权的费用。当事人另有约定的，按照其约定。依据《民法典》第684、691条规定，当事人在订立保证合同时，应当明确约定保证的范围；如无约定，应直接依法律规定确定保证的范围。

（二）保证人与债权人之间的关系

1. 债权人的权利

保证合同为单务合同，债权人对保证人仅享有权利而不负给付义务。在主债务人不履行债务时，债权人有权请求保证人承担保证责任。当然，债权人请求权的行使因保证方式的不同而不同：在一般保证中，保证人享有先诉抗辩权，因此，债权人仅在强制执行债务人的财产仍不足以清偿债权时，始可行使该请求权；在连带责任保证中，只要债务人届期不履行债务，债权人即可行使该请求权。

2. 保证人的权利

保证合同为单务合同，保证人对债权人不享有请求给付的权利，只享有防御性的权利，主要包括以下几项：

（1）主债务人享有的抗辩权。依据《民法典》第701条规定，保证人可以主张债务人对债权人的抗辩。债务人放弃抗辩的，保证人仍有权向债权人主张抗辩。保证债务具有从属于主债务的属性，主债务人对于债权人所享有的任何抗辩，保证人均可以主张以对抗债权人的履行请求。尽管保证人主张的是主债务人的抗辩，但保证人是以自己的名义而非以主债务人或主债务人的代理人的名义主张该项抗辩，因此，保证人的抗辩属于其依法享有的抗辩，独立于主债务人的抗辩而发生效力。

（2）基于一般债务人的地位而享有的权利。在保证合同中，保证人为债务人，因而，一般债务人应享有的权利，保证人也应享有。例如，保证合同不成立、无效或可撤销，保证债务履行期未到，保证债务已消灭等抗辩权，保证人均可行使。

（3）保证人专属的抗辩权。保证人专属的抗辩权是一般保证的保证人所享有的先诉抗辩权，连带责任保证的保证人不享有这种权利。

（4）保证人拒绝承担保证责任的权利。依据《民法典》第702条规定，债务人对债权人享有抵销权或者撤销权的，保证人可以在相应范围内拒绝承担保证责任。在主债务人对债权人享有抵销权的情形下，若主债务人自己行使抵销权，则主债务消灭，保证人亦可援用并据以拒绝清偿。主债务人自己未主张抵销时，保证人即可依主债务人的抵销权在相应范围内拒绝承担保证责任。值得注意的是，保证人在此时并无直接行使主债务人对债权人的抵销权的权利。从保护当事人利益出发，抵销权是否行使取决于债权人与主债务人之间的意思。但是为保护保证人利益，在主债务人对债权人享有抵销权的情形，保证人在相应范围内应享有拒绝履行保证债务的抗辩权。

在主债务人基于法定事由对债权人享有撤销权的情形下，若主债务人发出撤销的意思表示，则主债权债务合同即自始无效，保证合同亦随之失效。此时保证人亦可援用并据以拒绝履行保证债务。主债务人自己并未行使撤销权的，保证人即可依主债务人的撤销权在相应范围内拒绝承担保证责任。值得注意的是，保证人在此时并无直接行使主债务人对债权人的撤销权的权利。撤销权的规定，系为保护当事人之利益而设，在保证合同上，即系为保护主债务人之利益而设，保证人无权积极行使债务人的撤销权，尽管合同具有可撤销的理由，但是否行使撤销权是债务人的意思自治范畴，债务人可以放弃撤销权。但为具体周延地保护保证人利益，在主债务人对债权人享有撤销权的情形中，保证人得以主债务人撤销权的存在为由，在相应范围内享有拒绝履行保证债务的抗辩权。保证人可得主张的主债务人对债权人的撤销抗辩权，在性质上属于暂时性抗辩权，故主债务撤销权因除斥期间经过而告失权的，保证人即不得再拒绝履行保证债务。

（三）保证人与债务人之间的关系

依据《民法典》第700条规定，保证人承担保证责任后，除当事人另有约定外，有权在其承担保证责任的范围内向债务人追偿,享有债权人对债务人的权利,但是不得损害债权人的利益。可见,在保证人与债务人之间,存在保证人的求偿权与清偿代位的效力。

保证人的求偿权又称保证人的追偿权,是指保证人履行保证债务后,可以向主债务人请求返还的权利。应当指出的是,如果保证人知道或者应当知道主债权诉讼时效期间届满仍然提供保证或者承担保证责任的,可以认定保证合同成立,保证人不得以诉讼时效期间届满为由拒绝承担保证责任或者请求返还财产。同时,保证人承担保证责任后无权向债务人追偿,但债务人放弃诉讼时效抗辩的除外(《担保制度解释》第 35 条)。

保证人的清偿代位是指保证人承担保证责任之后,在其承担保证责任的范围内承受债权人对于主债务人的债权,而对主债务人行使原债权人之权利的权利。保证人清偿代位的成立仅以"保证人承担保证责任"为要件。在解释上,"保证人承担保证责任"包括保证人自行清偿保证债务、经强制执行或破产清算而清偿保证债务在内。此外,依"保证人承担保证责任"之目的——在相应范围内消灭债权人与主债务人之间的债权债务关系而言,保证人以代物清偿、提存、抵销等其他方式足以消灭主债务的,也应包括在内。

四、保证责任的免除和消灭

(一)保证期间届满

保证期间是确定保证人承担保证责任的期间,不发生中止、中断和延长。债权人与保证人可以约定保证期间,但是约定的保证期间早于主债务履行期限或者与主债务履行期限同时届满的,视为没有约定;没有约定或者约定不明确的,保证期间为主债务履行期限届满之日起 6 个月。债权人与债务人对主债务履行期限没有约定或者约定不明确的,保证期间自债权人请求债务人履行债务的宽限期届满之日起计算(《民法典》第 692 条)。保证合同约定保证人承担保证责任直至主债务本息还清时为止等类似内容的,视为约定不明,保证期间为主债务履行期限届满之日起 6 个月(《担保制度解释》第 32 条)。

在一般保证中,债权人未在保证期间对债务人提起诉讼或者申请仲裁的,保证人不再承担保证责任;在连带责任保证中,债权人未在保证期间请求保证人承担保证责任的,保证人不再承担保证责任(《民法典》第 693 条)。一般保证的债权人在保证期间届满前对债务人提起诉讼或者申请仲裁的,从保证人拒绝承担保证责任的权利消灭之日起,开始计算保证债务的诉讼时效。[①] 连带责任保证的债权人在保证期间届满前请求保证人承担保证责任的,从债权人请求保证人承担保证责任之日起,开始计算保证债务的诉讼时效(《民法典》第 694 条)。在一般保证的情形,债权人依主合同提起诉讼或申请仲裁请求主债务人履行债务,此时保证期间因未

---

① 依据《担保制度解释》第 28 条规定,在一般保证中,债权人依据生效法律文书对债务人的财产依法申请强制执行,保证债务诉讼时效的起算时间按照下列规则确定:(1) 法院作出终结本次执行程序裁定,或者依照《民事诉讼法》第 268 条第 3 项、第 5 项的规定作出终结执行裁定的,自裁定送达债权人之日起开始计算;(2) 法院自收到申请执行书之日起 1 年内未作出前项裁定的,自法院收到申请执行书满 1 年之日起开始计算,但是保证人有证据证明债务人仍有财产可供执行的除外。一般保证的债权人在保证期间届满前对债务人提起诉讼或者申请仲裁,债权人举证证明存在《民法典》第 687 条第 2 款但书规定情形的,保证债务的诉讼时效自债权人知道或者应当知道该情形之日起开始计算。

完成而失去意义。如在保证期间内,债权人不向主债务人以提起诉讼或者申请仲裁的方式主张债权,保证人不再承担保证责任,无保证债务诉讼时效之适用。在连带责任保证的情形,在保证期间内,债权人向保证人主张保证债权不以对主债务人提起诉讼或申请仲裁为必要,保证期间因未完成而失去意义。[①] 如在保证期间内,债权人不请求保证人承担保证责任的,保证人不再承担保证责任,无保证债务诉讼时效之适用。

应当指出的是,依据《担保制度解释》第 34 条第 2 款规定,在保证责任因保证期间届满而消灭后,债权人书面通知保证人要求承担保证责任,保证人在通知书上签字、盖章或者按指印的,除债权人有证据证明成立了新的保证合同外,保证人不承担保证责任。

(二)未经保证人书面同意的合同内容变更

依据《民法典》第 695 条规定,债权人和债务人未经保证人书面同意,协商变更主债权债务合同内容,减轻债务的,保证人仍对变更后的债务承担保证责任;加重债务的,保证人对加重的部分不承担保证责任。债权人和债务人变更主债权债务合同的履行期限,未经保证人书面同意的,保证期间不受影响。

所谓合同内容变更,是指有效成立的合同在尚未履行或未履行完毕之前,由于一定法律事实的出现而使合同内容发生改变。主合同内容的变更改变了主债权人和主债务人之间的权利义务的内容,从属于主合同的保证合同必将会因主合同的变更发生影响。在当事人变更主合同,并增加主债权的数额或强度时,如未经保证人同意,对超过原债权额或强度的部分,径直要求保证人承担保证责任,一方面会使债权人获得保证人允诺范围以外的利益,另一方面当然也就使保证人蒙受其允诺外的不测损害,对保证人不公平。

保证期间从主合同履行期限届满之日起计算,因此,主债务履行期限与保证期间的关系尤为密切。在主合同双方当事人协商延长主合同履行期限,没有经过保证人的同意,并且延长后的主合同履行期限届满日接近或者超过保证期间的情况下,如果从延长后的主合同履行期限届满后开始计算保证期间,无异于同时延长了保证期间,从而加重了保证人的保证责任。因此,主合同当事人协商延长主合同履行期限,不应当对保证责任产生期间影响,保证期间的计算,仍然应当以原合同约定的或者法律规定的期间为准。

(三)债权人违反债权禁止转让的约定或专属保证而转让债权

债权人转让全部或者部分债权,未通知保证人的,该转让对保证人不发生效力。保证人与债权人约定禁止债权转让,债权人未经保证人书面同意转让债权的,保证人对受让人不再承担保证责任(《民法典》第 696 条)。

在保证中,主债权转让仅涉及债权人的变化,对主债务人的履约能力不发生影响,一般不会增加担保人的风险和负担,因此,担保权利随同主债权一并转移,就成了一般规则。

---

① 依据《担保制度解释》第 31 条规定,一般保证的债权人在保证期间内对债务人提起诉讼或者申请仲裁后,又撤回起诉或者仲裁申请,债权人在保证期间届满前未再行提起诉讼或者申请仲裁,保证人有权主张不再承担保证责任;连带责任保证的债权人在保证期间内对保证人提起诉讼或者申请仲裁后,又撤回起诉或者仲裁申请,起诉状副本或者仲裁申请书副本已经送达保证人的,应当认定债权人已经在保证期间内向保证人行使了权利。

《民法典》第 547 条第 1 款规定："债权人转让债权的，受让人取得与债权有关的从权利，但是该从权利专属于债权人自身的除外。"保证债权属于从权利，应为该条款文义所涵盖。就保证债权而言，其实现依赖于保证人的履行行为，是否通知保证人也就成了此时的考量因素。主债权转让之时债权人通知保证人的，保证人对受让人承担相应的保证责任：全部转让时，受让人成为保证债权人，保证法律关系在受让人和保证人之间得以存续；部分转让时，债权人和受让人均为保证债权人。主债权转让之时未通知保证人的，该转让对保证人不发生效力。

如果保证人与债权人约定禁止债权转让的，则属于专属保证，即保证人仅对特定的债权人承担保证责任。因此，债权人未经保证人书面同意转让债权的，保证人对受让人不再承担保证责任。

（四）债务人未经保证人书面同意转移主债务

债权人未经保证人书面同意，允许债务人转移全部或者部分债务，保证人对未经其同意转移的债务不再承担保证责任，但是债权人和保证人另有约定的除外。第三人加入债务的，保证人的保证责任不受影响(《民法典》第 697 条)。

主债务的转移涉及履行主债务的义务人的变化，担保人基于原债务人的履约能力为主债务的履行提供担保，承担人是否如原债务人一样具有相应的履约能力，非保证人在提供担保时所能预估。如此，主债务的转移关涉保证人利益，未经保证人同意的主债务转移虽可在当事人之间发生效力，但不得对保证人主张，保证人在转移的主债务范围内免除保证责任。第三人加入债务，债务人的整体偿债能力只会增加而不会减损，对保证人的权益不发生不利影响，只会更有利于保证人，因此不需要保证人书面同意，保证人按照原来的约定继续承担保证责任。

（五）债权人放弃或者怠于行使权利致使主债务人的财产不能被执行

一般保证的保证人在主债务履行期限届满后，向债权人提供债务人可供执行财产的真实情况，债权人放弃或者怠于行使权利致使该财产不能被执行的，保证人在其提供可供执行财产的价值范围内不再承担保证责任(《民法典》第 698 条)。

在一般保证情形下，债权人应先就主债务人财产依法强制执行以使其债权受偿，保证人具有先诉抗辩权，仅就债权人未能获偿的部分承担保证责任。但先诉抗辩权仅具延期履行的效力，其行使并不能使债权债务关系消灭。因此，保证人在一定条件下要考虑以适当的方法进行自救。在主合同履行期限届满之后，保证人发现主债务人存在可供执行的财产，并向债权人提供了真实情况。此际，如债权人积极主张权利，通过诉讼或者仲裁的方式控制主债务人的该项财产，不仅可以使债权人的债权在相应范围内得以实现，而且在相应范围内减轻了保证人的保证责任。但是，如债权人放弃或者怠于行使权利，致使相应财产流失而不能用以强制执行，势必加重保证人的保证责任。因此，因债权人自己的原因导致对债务人财产执行不能时，保证人可以在相应范围内免责。

五、特殊保证合同

（一）最高额保证合同

最高额保证合同是指保证人与债权人约定，就债权人与主债务人之间在一定期间内连续发生的债权预定最高限额，由保证人承担保证责任的合同。依据《民法典》第 690 条规定，保证人与债权人可以协商订立最高额保证的合同，约定在最高债权额限度内就一定期间连续发生的债权提供保证。最高额保证合同除适用保证合同规定外，参照适用《民法典》物权编最高额抵押权的有关规定。依据《担保制度解释》第 30 条规定，最高额保证合同对保证期间的计算方式、起算时间等有约定的，按照其约定。最高额保证合同对保证期间的计算方式、起算时间等没有约定或者约定不明，被担保债权的履行期限均已届满的，保证期间自债权确定之日起开始计算；被担保债权的履行期限尚未届满的，保证期间自最后到期债权的履行期限届满之日起开始计算。

保证债务为从债务，须以主债务的存在为其前提。因此，主债务应于保证成立前发生，但并不以现实发生为必要，只要已有发生基础且将来可能发生即为已足；将来债务的数额也无须具体确定，只要明定最高限额即可。只是最高额保证所从属者，并非一个确定的主债务，而是债权人与主债务人之间在一定期间内连续发生的债务，且该连续发生的债务还受约定的最高额的限制。最高额保证所担保的债权是一定期间内连续发生的债权，即债权是在最高额保证合同所担保的主合同约定的一定期间内连续发生的。该期间又称债权发生期，该期间届满之日又称决算期。

（二）共同保证合同

共同保证合同是指两个以上的保证人为担保同一债务而订立的保证合同。依据《民法典》第 699 条规定，同一债务有两个以上保证人的，保证人应当按照保证合同约定的保证份额，承担保证责任；没有约定保证份额的，债权人可以请求任何一个保证人在其保证范围内承担保证责任。

在共同保证中，共同保证人所担保的对象须为同一债务。如果两个以上的保证人对同一债务人的不同债务提供保证，则不能产生共同保证。共同保证有按份共同保证与连带共同保证之分。按份共同保证是保证人与债权人约定按照份额对主债务承担保证责任的共同保证；连带共同保证是各保证人约定均对全部主债务承担连带保证责任或保证人与债权人之间没有约定所承担保证份额的共同保证。共同保证人承担按份责任只限于保证人对保证份额有明确约定的情形。同一债务有两个以上保证人，没有约定保证份额的，债权人可以请求任何一个保证人在其保证范围内承担保证责任。依据《担保制度解释》第 29 条第 2 款规定，同一债务有两个以上保证人，保证人之间相互有追偿权，债权人未在保证期间内依法向部分保证人行使权利，导致其他保证人在承担保证责任后丧失追偿权，其他保证人有权主张在其不能追偿的范围内免除保证责任。

第六节 租 赁 合 同

一、租赁合同的概念和特点

租赁合同是出租人将租赁物交付承租人使用、收益,承租人支付租金的合同(《民法典》第703条)。在租赁合同中,交付租赁物供对方使用、收益的一方为出租人,使用租赁物并支付租金的一方为承租人。

租赁合同具有以下特点:

第一,租赁合同是转让财产使用权的合同。租赁合同以承租人使用、收益租赁物为直接目的,承租人所取得的仅是对租赁物的使用、收益权,而非租赁物的所有权。由于租赁合同转移的仅是租赁物的使用权,因而承租人并不享有对租赁物的处分权。

第二,租赁合同为有偿合同。在租赁合同中,出租人所负担的交付租赁物供承租人使用、收益的义务与承租人所负担的交付租金的义务互为对价,因此,租赁合同为有偿合同。

第三,租赁合同为诺成合同。在租赁合同中,出租人与承租人双方意思表示达成一致,合同即成立,因此,租赁合同为诺成合同。

第四,租赁合同具有临时性。租赁合同具有临时性的特点,不适用于财产的永久性使用。依据《民法典》第705条规定,租赁期限不得超过20年,超过20年的,超过部分无效。租赁期限届满,当事人可以续订租赁合同;但是,约定的租赁期限自续订之日起不得超过20年。

第五,租赁合同为继续性合同。在租赁合同中,承租人合同目的的实现,有赖于出租人在租赁期间内持续不间断地履行合同义务,因此,租赁合同为继续性合同。

二、租赁合同的内容和标的物

租赁合同的内容一般包括租赁物的名称、数量、用途、租赁期限、租金及其支付期限和方式、租赁物维修等条款(《民法典》第704条)。

租赁合同的标的物是租赁合同的重要构成要素,是指出租人于合同生效后应交付承租人使用收益的物。该物既可以为动产,也可以为不动产。如其为动产,则租赁合同的性质决定了该动产应为不可代替的非消耗物。以可代替物为标的物的,只能是用于特定目的,如用于展览,否则,以可代替物为标的物的合同不能为租赁合同。不动产作为租赁合同的标的物,目前在我国仅限于房屋或其他建筑物、工作物的租赁,土地尚未包括在内,这一点与其他国家和地区的立法多有不同。我国仅认可土地使用权为租赁合同的标的物。

租赁合同的标的物应具有合法性。出租法律禁止流通物的,租赁合同应为无效。例如,依据《最高人民法院关于审理城镇房屋租赁合同纠纷案件具体应用法律若干问题的解释》(以下简称《城镇房屋租赁解释》)规定,出租人就未取得建设工程规划许可证或者未按照建设工程规划许可证的规定建设的房屋,与承租人订立的租赁合同无效(第2条)。出租人就未经批准或者未按照批准内容建设的临时建筑，与承租人订立的租赁合同无效；租赁期限超过临时建筑的使用期限，超过部分无效（第3条）。以限制流通物作为租赁合同标的物的，该租赁合同属于办理批准等手续才能生效的合同。当事人有义务办理批准等手续，促成租赁合同的生效。当事人不履行报批等义务，致使租赁合同未能生效的，对方可以请求其承担违反该义务的责任（《民法典》第502条第2款）。

租赁合同的标的物一般为现存的物，但不以现存的物为必要。当事人就将来之物成立租赁关系的，租赁合同也应为有效。

三、租赁合同的分类

（一）动产租赁与不动产租赁

以租赁合同的标的物为标准，可将租赁合同分为动产租赁合同与不动产租赁合同。以动产为标的物的租赁合同，为动产租赁合同；以不动产为标的物的租赁合同，为不动产租赁合同。动产租赁包括一般的动产租赁、动物租赁、船舶租赁、汽车租赁等；不动产租赁在我国主要指房屋租赁，另外建设用地使用权租赁、土地经营权租赁等也视为不动产租赁。

这种区分的意义在于，法律一般对不动产租赁有特殊的要求，如登记备案等；而动产租赁一般没有这些要求。需要注意的是，当事人未依照法律、行政法规规定办理租赁合同登记备案手续的，不影响合同的效力（《民法典》第706条）。

（二）定期租赁与不定期租赁

以租赁合同是否有固定期限为标准，可将租赁合同分为定期租赁合同与不定期租赁合同。定期租赁合同是指合同约定有明确期限的租赁。不定期租赁合同的产生有三种情形：第一，当事人在租赁合同中未约定租赁期限；第二，当事人在租赁合同中将租赁期限约定为6个月以上，但未采取书面形式，又无法确定租赁期限的，租赁合同视为不定期租赁合同（《民法典》第707条）；第三，租赁期限届满，承租人继续使用租赁物，出租人没有提出异议的，原租赁合同继续有效，但租赁期限为不定期（《民法典》第734条第1款）。

这种区分的意义在于，在不定期租赁中，双方当事人均可随时解除合同，但是应当在合理期限之前通知对方（《民法典》第730条）。

四、租赁合同的效力

（一）出租人的义务

1. 交付租赁物并在租赁期间保持租赁物符合约定的用途

所谓交付租赁物，是指转移租赁物的占有于承租人，包括现实交付、指示交付和简易交付。承租人不仅应使交付的租赁物处于约定的使用、收益状态，而且于租赁关系存续期间也应保持租赁物的这种适合于约定使用、收益的状态（《民法典》第708条）。

2. 维修租赁物

除合同另有约定外，出租人对租赁物有维修的义务（《民法典》第 712 条）。出租人的该项义务实际上是出租人保持租赁物处于适合于约定使用、收益状态义务的延伸。在租赁物需要维修时，承租人可以要求出租人在合理期间内维修。出租人未履行维修义务的，承租人可以自行维修，维修费用由出租人负担。出租人因维修租赁物影响承租人使用的，应当相应减少租金或者延长租期。但是，因承租人的过错致使租赁物需要维修的，出租人不承担维修义务（《民法典》第 713 条）。

3. 租赁物的瑕疵担保义务

出租人应担保所交付的租赁物能够为承租人依约正常使用、收益。如果租赁物有使承租人不能正常使用、收益的瑕疵，出租人即应承担违约责任，承租人得解除合同或者请求减少租金。双方当事人在订立合同时，承租人知道租赁物存在瑕疵的，其后不得解除合同。如果租赁物危及承租人的安全或者健康的，即使承租人订立合同时明知该租赁物质量不合格，承租人仍然可以随时解除合同（《民法典》第 731 条）。

4. 权利的瑕疵担保义务

出租人应担保不因第三人对租赁物主张权利而使承租人不能依约对租赁物使用、收益。如因第三人主张权利，致使承租人不能对租赁物使用、收益的，承租人可以请求减少租金或者不支付租金。第三人主张权利的，承租人应当及时通知出租人（《民法典》第 723 条）。

如果出租人没有将租赁物供承租人使用、收益的权限，如未经租赁物的所有权人或者处分权人许可即出租他人之物，或者租赁物因受其他用益物权的限制，致使承租人事实上不能使用、收益租赁物的，即发生出租人因违反权利的瑕疵担保义务而承担违约责任问题。

（二）承租人的义务

1. 依约定方法或租赁物的性质使用租赁物

承租人在占有租赁物后，应当依照约定的方法使用租赁物，对使用租赁物的方法没有约定或者约定不明确，依据《民法典》第 510 条规定仍不能确定的，应当根据租赁物的性质使用（《民法典》第 709 条）。承租人按照约定的方法或者根据租赁物的性质使用租赁物，致使租赁物受到损耗的，不承担赔偿责任（《民法典》第 710 条）。承租人如果未依照约定的方法或者未根据租赁物的性质使用租赁物，致使租赁物受到损失的，出租人可以解除合同并要求赔偿损失（《民法典》第 711 条）。从鼓励交易的立法宗旨考虑，出租人该项法定解除权的行使，一般应以租赁物遭受严重损失或虽未遭受严重损失，但承租人在出租人提出异议后，仍不修正使用方法作为前提。

2. 妥善保管租赁物

承租人作为租赁物的占有人，应当妥善保管租赁物。承租人未尽妥善保管义务，造成租赁物毁损、灭失的，应当承担赔偿责任（《民法典》第 714 条）。承租人应以善良管理人的注意去保管租赁物。租赁物有收益能力的，应保持其收益能力。承租人违背妥善保管租赁物的义务，致使租赁物毁损、灭失的，应对出租人承担赔偿责任。

3. 不作为义务

在租赁合同中，承租人的不作为义务主要包括以下内容：

(1) 不得随意对租赁物进行改善或在租赁物上增设他物。承租人基于租赁合同,对于租赁物所享有的租赁权属于债权,因此,承租人只有在经过出租人同意的前提下,方可对租赁物进行改善或者增设他物。承租人未经出租人同意,对租赁物进行改善或者增设他物的,出租人可以要求承租人恢复原状或者赔偿损失(《民法典》第 715 条)。

(2) 不得随意转租。所谓转租,是指承租人不退出租赁合同关系,而将租赁物出租给次承租人使用、收益。根据承租人的转租是否经出租人的同意,可以将转租区分为合法转租与不合法转租。合法转租是指经出租人同意的转租,不合法转租是指未经出租人允许所进行的转租。在合法转租中,就出租人和承租人而言,两者的租赁合同继续有效,承租人并应就因次承租人应负责的事由所产生的损害向出租人负赔偿责任(《民法典》第 716 条第 1 款)。在不合法转租中,出租人可以解除合同(《民法典》第 716 条第 2 款)。如果承租人经出租人同意将租赁物转租给第三人,转租期限超过承租人剩余租赁期限的,超过部分的约定对出租人不具有法律约束力,但是出租人与承租人另有约定的除外(《民法典》第 717 条)。出租人知道或者应当知道承租人转租,但是在 6 个月内未提出异议的,视为出租人同意转租(《民法典》第 718 条)。承租人拖欠租金的,次承租人可以代承租人支付其欠付的租金和违约金,但是转租合同对出租人不具有法律约束力的除外。次承租人代为支付的租金和违约金,可以充抵次承租人应当向承租人支付的租金;超出其应付的租金数额的,可以向承租人追偿(《民法典》第 719 条)。

4. 支付租金

承租人应当依照约定的期限支付租金。当事人对支付期限没有约定或者约定不明确,依据《民法典》第 510 条规定仍不能确定,租赁期间不满 1 年的,应当在租赁期间届满时支付;租赁期间在 1 年以上的,应当在每届满 1 年时支付,剩余期间不满 1 年的,应当在租赁期间届满时支付(《民法典》第 721 条)。承租人无正当理由未支付或者迟延支付租金的,出租人可以要求承租人在合理期限内支付。此期间为宽限期,承租人逾期不支付的,出租人可以解除合同(《民法典》第 722 条)。

5. 返还租赁物

租赁期限届满,租赁物仍然存在的,承租人应当返还租赁物。返还的租赁物应当符合按照约定或者根据租赁物性质使用后的状态(《民法典》第 733 条)。承租人在租赁期间未经出租人同意,对租赁物进行改建、改装或者增加附着物的,在返还租赁物时,出租人有权要求予以拆除,恢复租赁物的原状或者赔偿损失(《民法典》第 715 条第 2 款)。承租人的上述行为经出租人同意的,可不恢复租赁物的原状,并就因此而使租赁物价值增加的部分,转而请求有益费用的返还。承租人在返还租赁物时,就其对租赁物所支出的必要费用,也可以主张返还。所谓必要费用,是指为维护租赁物所不可缺少的费用,如租赁物的保管费、机器的养护费、动物的饲养费等。

(三) 租赁合同的特别效力

1. 承租人获取租赁物收益的权利

在租赁期限内因占有、使用租赁物获得的收益,归承租人所有,但是当事人另有约定的除外(《民法典》第 720 条)。

2. 租赁权的物权化

《民法典》第 725 条规定:“租赁物在承租人按照租赁合同占有期限内发生所有权变动的,

不影响租赁合同的效力。"依据该条规定,租赁物在承租人按照租赁合同占有期限内发生所有权变动的,承租人的租赁权可以对抗租赁物的新所有权人,承租人与出租人原来在租赁合同中所作的其他约定,租赁物的新所有权人也应一并遵循。这就是"买卖不破租赁"规则。但是,租赁房屋具有下列情形或者当事人另有约定的,不适用"买卖不破租赁"规则:(1) 房屋在出租前已设立抵押权,因抵押权人实现抵押权发生所有权变动;(2) 房屋在出租前已被法院依法查封(《城镇房屋租赁解释》第 14 条)。

3. 房屋承租人的优先购买权

房屋承租人的优先购买权是指当出租人出卖房屋时,承租人在同等条件下,依法享有优先于其他人购买房屋的权利。[①] 出租人出卖租赁房屋的,应当在出卖之前的合理期限内通知承租人,承租人享有以同等条件优先购买的权利,但房屋按份共有人行使优先购买权或者出租人将房屋出卖给近亲属的除外。出租人履行通知义务后,承租人在 15 日内未明确表示购买的,视为承租人放弃优先购买权(《民法典》第 726 条)。出租人委托拍卖人拍卖租赁房屋的,应当在拍卖 5 日前通知承租人。出租人委托拍卖人拍卖租赁房屋的,应当在拍卖 5 日前通知承租人。承租人未参加拍卖的,视为放弃优先购买权(《民法典》第 727 条)。

优先购买权的权利属性为形成权,其实质是对出租人选择合同对方当事人自由的限制。就承租人的优先购买权,须注意承租人仅在同等条件下得享有优先购买权。此处的同等条件,主要是指出价条件,包括价格、交付房价期限、方式等。

出租人在转让房屋所有权时,未通知承租人或者有其他妨害承租人行使优先购买权情形的,承租人可以请求出租人承担赔偿责任。但是,出租人与第三人订立的房屋买卖合同的效力不受影响(《民法典》第 728 条)。

4. 承租人的优先承租权

租赁期限届满,房屋承租人享有以同等条件优先承租的权利(《民法典》第 734 条第 2 款)。

5. 共同居住人或者共同经营权人的继续租赁权

在房屋租赁合同中,承租人在房屋租赁期限内死亡的,与其生前共同居住的人或者共同经营人可以按照原租赁合同租赁该房屋(《民法典》第 732 条)。

五、租赁合同中的风险负担

当因不可归责于租赁合同双方当事人的事由,致使租赁物部分或全部毁损、灭失时,就产生了租赁合同中的风险负担问题。租赁合同中的风险负担问题,主要可以分解为两个问题。

其一,租赁物的风险负担问题,即当因不可归责于承租人和出租人双方当事人的事由,致使租赁物部分或全部毁损、灭失的,租赁物部分或全部毁损、灭失的损失应由谁负担。就此问题,除非法律有特别规定或者当事人之间有特别约定,自罗马法以来,就形成了由物的所有人负担风险,即天灾归物权人负担的法律思想。此为标的物风险负担的一般原则。因而,租赁物的所有权人应负担此种情形下标的物毁损、灭失的风险。

---

① 依据《城镇房屋租赁解释》第 15 条规定,出租人与抵押权人协议折价、变卖租赁房屋偿还债务的,承租人亦享有优先购买权。

其二,因不可归责于双方当事人的事由致使租赁物部分或全部毁损、灭失,从而引致租赁合同部分或全部履行不能时,租金风险应由谁负担的问题。与租赁物的风险负担不同,此处的风险负担主要解决双务合同对待给付义务的履行问题,尤其是承租人支付租金义务的履行问题。《民法典》第 729 条规定:“因不可归责于承租人的事由,致使租赁物部分或者全部毁损、灭失的,承租人可以请求减少租金或者不支付租金;因租赁物部分或者全部毁损、灭失,致使不能实现合同目的的,承租人可以解除合同。”该条即包含对租赁合同中的风险负担的规定。故当因不可归责于双方当事人的事由致使合同部分或全部履行不能时,承租人即可相应地减少履行或不履行其对待给付义务——请求减少租金或者不支付租金。

六、租赁合同的终止

租赁合同主要因下列事由而终止:第一,期限届满;第二,当事人解除合同。租赁合同期限虽未届满,但出现法定或约定情形,当事人双方或一方解除合同的,租赁合同也消灭。在租赁合同中,法定解除的情形主要包括:

第一,承租人未按照约定的方法或者未根据租赁物的性质使用租赁物,致使租赁物受到损失的,出租人可以解除合同并请求赔偿损失(《民法典》第 711 条)。

第二,承租人未经出租人同意转租的,出租人可以解除合同(《民法典》第 716 条第 2 款)。

第三,承租人无正当理由未支付或者迟延支付租金的,出租人可以请求承租人在合理期限内支付。承租人逾期不支付的,出租人可以解除合同(《民法典》第 722 条)。

第四,租赁物被司法机关或者行政机关依法查封、扣押,或者租赁物权属有争议,或者租赁物具有违反法律、行政法规关于使用条件的强制性规定情形,非因承租人原因致使租赁物无法使用的,承租人可以解除合同(《民法典》第 724 条)。

第五,因不可归责于承租人的事由,致使租赁物部分或全部毁损、灭失,并致使不能实现合同目的的,承租人可以解除合同(《民法典》第 729 条)。承租人所享有的解除合同的权利,在租赁物的毁损、灭失是因可归责于出租人的事由所致时,系违约的救济手段;在租赁物的毁损、灭失是因不可归责于双方当事人的事由所致时,系不可抗力制度作为合同法定解除事由的运用,意在对租赁合同中租金的风险进行分配。

第六,当事人对租赁期限没有约定或者约定不明确,依据《民法典》第 510 条规定仍不能确定的,视为不定期租赁。当事人可以随时解除合同,但出租人解除合同时应当在合理期限之前通知承租人(《民法典》第 730 条)。

第七,租赁物危及承租人的安全或者健康的,即使承租人订立合同时明知该租赁物质量不合格,承租人仍然可以随时解除合同(《民法典》第 731 条)。

七、租赁合同的更新

租赁合同的双方当事人在租赁合同规定的租赁期限届满时,可以续订合同。所谓续订,是指在原租赁合同其他内容不变的情形下,延长合同的期限。所以,续订租赁合同又被称为期限更新或租赁合同的更新。租赁合同的更新不同于租赁合同的期限变更,后者是指在租赁合同双方当事人约定的租赁期限内,协议更改租赁期限。

租赁合同的双方当事人更新期限续订合同有两种方式:约定更新和法定更新。其中约定更新,又称明示更新,是指当事人于租赁合同期限届满后,另订一合同,约定延长租赁期限。当事人另订租赁合同的,租赁的期限也不得超过法律规定的最高期限。所谓租赁合同默示的更新,又称租赁合同的法定更新,是指租赁期限届满后,承租人仍为租赁物的使用收益,而出租人不表示反对的,视为不定期限继续租赁。《民法典》第 734 条第 1 款规定:"租赁期间届满,承租人继续使用租赁物,出租人没有提出异议的,原租赁合同继续有效,但是租赁期限为不定期。"该条即关于租赁合同默示更新的规定。

第七节　融资租赁合同

一、融资租赁合同的概念和特点

融资租赁合同是出租人根据承租人对出卖人、租赁物的选择,向出卖人购买租赁物,提供给承租人使用,承租人支付租金的合同(《民法典》第 735 条)。

融资租赁合同具有以下特点:

第一,融资租赁合同是由两个合同——买卖合同和融资性租赁合同,三方当事人——出卖人、出租人(买受人)、承租人结合在一起有机构成的独立合同。这是融资租赁合同的形式特征。融资租赁合同是融资租赁交易的产物,融资租赁合同的主要特点是由融资租赁交易的特殊性决定的。融资租赁交易主要是由两个合同、三方当事人所构成的交易。这两个合同是由融资租赁公司与承租人所签订的融资性租赁合同以及由融资租赁公司与供应商所签订的买卖合同,两个合同在效力上相互交错。例如,融资租赁合同因买卖合同解除、被确认无效或者被撤销而解除,出卖人、租赁物系由承租人选择的,出租人有权请求承租人赔偿相应损失,因出租人原因致使买卖合同解除、被确认无效或者被撤销的除外。出租人的损失已经在买卖合同解除、被确认无效或者被撤销时获得赔偿的,承租人不再承担相应的赔偿责任(《民法典》第 755 条)。应当指出的是,依据《最高人民法院关于审理融资租赁合同纠纷案件适用法律问题的解释》(以下简称《融资租赁解释》)规定,是否构成融资租赁法律关系,应结合标的物的性质、价值、租金的构成以及当事人的合同权利和义务作出认定;对名为融资租赁合同,但实际不构成融资租赁法律关系的,应按照其实际构成的法律关系处理(第 1 条)。承租人将其自有物出卖给出租人,再通过融资租赁合同将租赁物从出租人处租回的,不应仅因承租人和出卖人系同一人而否定构成融资租赁法律关系(第 2 条)。

第二,融资租赁合同是以融资为目的、融物为手段的合同。这是融资租赁合同的实质特点,也是融资租赁合同不同于传统租赁合同的重要特点,亦为融资租赁合同与买卖、借款等合同的区别之一。

第三,融资租赁合同中的出租人为专营融资租赁业务的租赁公司。融资租赁合同的出租人,只能是专营融资租赁业务的租赁公司,而不能是一般的自然人、法人或者非法人组织。这是融资租赁合同主体上的特点。在我国,考虑到融资租赁交易具有融资性,只有经金融管理部门批准许可经营的公司,才有从事融资租赁交易、订立融资租赁合同的资格。但是,依照法律、行政法规的规定,对于租赁物的经营使用应当取得行政许可的,出租人未取得行政许可并不影响融资租赁合同的效力(《民法典》第738条)。

第四,融资租赁合同为诺成、双务、有偿、要式合同。融资租赁合同自当事人意思表示一致时成立,不以租赁物的交付为成立条件。融资租赁合同成立后,出租人、承租人、出卖人都享有一定权利,也负有一定义务,且权利义务互为对价。因此,融资租赁合同为诺成、双务、有偿合同。依据《民法典》第736条第2款规定,融资租赁合同应当采用书面形式。可见,融资租赁合同为要式合同。

二、融资租赁合同的内容和无效

融资租赁合同的内容一般包括租赁物的名称、数量、规格、技术性能、检验方法,租赁期限,租金构成及其支付期限和方式、币种,租赁期限届满租赁物的归属等条款(《民法典》第736条第1款)。

融资租赁合同具备法律规定的民事法律行为无效情形的,将产生无效的后果。同时,《民法典》第737条特别规定,当事人以虚构租赁物方式订立的融资租赁合同无效。

三、融资租赁合同的效力

考虑到融资租赁合同是由两个合同、三方当事人结合在一起的合同,因此,对于融资租赁合同效力的考察将结合这一特点展开。

(一)出卖人与出租人之间所订立的买卖合同

一般情况下,该买卖合同应遵循民法典对买卖合同所确立的交易规则。但在以下几个方面,由于融资租赁交易的自身特性使然,与通常买卖合同有所不同:

第一,出卖人负有按照约定向承租人(而非作为买受人的出租人)直接交付标的物的义务。依据《民法典》第739条规定,出租人根据承租人对出卖人、租赁物的选择订立的买卖合同,出卖人应当按照约定向承租人交付标的物,承租人享有与受领标的物有关的买受人的权利。出卖人违反向承租人交付标的物的义务,有下列情形之一的,承租人可以拒绝受领出卖人向其交付的标的物:(1)标的物严重不符合约定;(2)未按照约定交付标的物,经承租人或者出租人催告后在合理期限内仍未交付。承租人拒绝受领标的物的,应当及时通知出租人(《民法典》第740条)。承租人拒绝受领租赁物,未及时通知出租人,或者无正当理由拒绝受领租赁物,造成出租人损失,出租人有权向承租人主张损害赔偿(《融资租赁解释》第3条)。

第二,当出卖人不履行买卖合同义务时,根据出租人、出卖人、承租人之间的约定,由承租人行使索赔的权利。承租人行使索赔权利的,出租人应当协助(《民法典》第741条)。承租人对出卖人行使索赔权利,不影响其履行支付租金的义务。但是,承租人依赖出租人的技能确定租赁物或者出租人干预选择租赁物的,承租人可以请求减免相应租金(《民法典》第742条)。出租人有下列情形之一,致使承租人对出卖人行使索赔权利失败的,承租人有权请求出租人承担相应的责任:(1) 明知租赁物有质量瑕疵而不告知承租人;(2) 承租人行使索赔权利时,未及时提供必要协助。出租人怠于行使只能由其对出卖人行使的索赔权利,造成承租人损失的,承租人有权请求出租人承担赔偿责任(《民法典》第 743 条)。

第三,就出租人根据承租人对出卖人、租赁物的选择订立的买卖合同,未经承租人同意,出租人不得变更与承租人有关的合同内容(《民法典》第 744 条)。

第四,由于根据约定,出租人得享有与受领标的物有关的买受人的权利,因而,本应由作为买卖合同买受人的出租人所负担的及时检验义务,以及对于拒绝受领标的物的妥善保管义务,也转由承租人负担。

(二) 出租人与承租人之间所订立的融资性租赁合同

融资性租赁合同是融资性租赁交易的核心,也正是在这一意义上,融资租赁合同与租赁合同都可归为转移财产使用权的合同。从本质上讲,融资性租赁合同是一种特殊形式的租赁合同,因而一方面,在《民法典》对该合同未设特别的规定,或该合同未有特殊的交易习惯时,应遵循《民法典》关于租赁合同所作的一般规定;另一方面,该合同与普通租赁合同也有以下不同之处:

第一,出租人享有以下特殊的法律利益:(1) 租赁物不符合约定或者不符合使用目的的,出租人不承担违反物的瑕疵担保义务所应该负担的违约责任。但是,承租人依赖出租人的技能确定租赁物或者出租人干预选择租赁物的除外(《民法典》第 747 条)。依据《融资租赁解释》第 8 条规定,租赁物不符合融资租赁合同的约定且出租人实施了下列行为之一的,承租人有权要求出租人承担相应责任:① 出租人在承租人选择出卖人、租赁物时,对租赁物的选定起决定作用的;② 出租人干预或者要求承租人按照出租人意愿选择出卖人或者租赁物的;③ 出租人擅自变更承租人已经选定的出卖人或者租赁物的。当然,承租人主张其系依赖出租人的技能确定租赁物或者出租人干预选择租赁物的,对上述事实应当承担举证责任。(2) 在承租人占有租赁物期间,租赁物造成第三人的人身损害或者财产损失的,作为租赁物所有权人的出租人不承担责任(《民法典》第 749 条)。(3) 在承租人占有租赁物期间,承租人应当妥善保管、使用租赁物,承租人应当履行占有租赁物期间的维修义务(《民法典》第 750 条)。可见,出租人无须负担维修租赁物的义务。

第二,尽管融资性租赁合同的出租人仍应负担向承租人交付租赁物的义务,但该项义务是由出卖人作为履行交付租赁物义务的履行辅助人来完成的。在出卖人直接向承租人交付标的物时,承租人一方面是在受领租赁物的交付,另一方面也是作为出租人的受领辅助人,辅助完成标的物的使用权从出卖人向出租人的移转。因此,出租人应当保证承租人对租赁物的占有使用。出租人有下列情形之一的,承租人有权请求其赔偿损失:(1) 无正当理由收回租赁物;(2) 无正当理由妨碍、干扰承租人对租赁物的占有和使用;(3) 因出租人的原因致使第三人对租赁物主张权利;(4) 不当影响承租人对租赁物占有和使用的其他情形(《民法典》第 748 条)。如果因出租人的原因致使承租人无法占有、使用租赁物的,承租人有权解除融资租赁合同(《融资租赁解释》第 6 条)。

第三,承租人支付租金的义务有特殊性。如同在租赁合同中一样,融资租赁合同中的承租人所负担的最主要义务是支付租金。融资租赁合同中出租人所收取的租金,既不同于一般租赁合同的租金,又不同于买卖合同中标的物的价金。出租人一方面应收回其为购买租赁物所支出的全部或部分费用,另一方面要获取一定的营业利润(《民法典》第 746 条)。在实践中,租金的第一项构成主要根据出租人和承租人在租赁合同中约定租赁期限届满时租赁物的归属而定的。如果双方当事人约定,租赁期限届满时,租赁物的所有权即转归承租人所有,那么出租人所收取的租金应包括购买租赁物的全部费用;如果双方当事人约定,在租赁期限届满时,出租人有权收回租赁物或者承租人再支付一部分价金即可取得租赁物的所有权时,出租人应收取的租金的构成就只应包括购买租赁物的部分价金。当然,该项规定为任意性规范,当事人得经由特约予以变更。

出租人收取租金的另一项构成,即利润。该利润应在合理的限度内,如果约定得过高,承租人得依法主张显失公平,以维护自己的利益。

在租赁期间,承租人应按照约定向出租人支付租金,这是承租人的基本义务。承租人支付租金的义务,以承租人通知出租人收到标的物的通知为生效条件,而不以承租人实际使用租赁物为条件。

由于租金并非融物的对价而为融资的对价,所以,承租人支付租金的义务有以下主要特点:第一,在租赁标的物存有瑕疵时,承租人不得拒付租金。融资租赁的出租人一般不负标的物的瑕疵担保义务,在标的物存有瑕疵时,承租人得向出卖人请求其承担违约责任,但即使因标的物有瑕疵致使承租人不能为使用、收益,也不影响承租人支付租金的义务,承租人仍应按照约定支付租金。第二,在租赁期间,承租人承担租金的风险。承租人占有租赁物期间,租赁物毁损、灭失的,出租人有权请求承租人继续支付租金,但是法律另有规定或者当事人另有约定的除外(《民法典》第 751 条)。第三,因承租人违约而由出租人收回标的物时,承租人不能以标的物的收回为由而拒绝履行支付租金的义务。

承租人不按照约定支付租金时,出租人得定合理期限要求承租人支付。经出租人催告,承租人在规定的期限内仍不支付租金的,出租人可采取以下两种救济措施:第一,请求承租人支付到期和未到期的全部租金。承租人依约定按期交付租金,对于未到期的租金,出租人无权请求承租人支付,这是承租人享有的一种期限利益。但是,在承租人不依约定按时交付租金,并且经催告仍逾期交付时,承租人的期限利益丧失,出租人不仅有权请求承租人支付已到期的租金,而且得请求承租人交付未到期的全部租金。依据《担保制度解释》第 65 条规定,承租人未按照约定支付租金,经催告后在合理期限内仍不支付,出租人有权请求承租人支付全部剩余租金,并以拍卖、变卖租赁物所得的价款受偿。第二,解除合同,收回租赁物。① 出租人不选择请求承租人支付全部租金的,得解除合同,收回租赁物,因为出租人对于租赁物享有所有权,出租人的所有权具有担保其租金债权的功能,所以在因承租人一方违约,出租人解除合同时,出租人得收回租赁物(《民法典》第 752 条)。如果当事人已约定租赁期限届满租赁物归承租人所有,承租人已经支付大部分租金,但无力支付剩余租金,出租人因此解除合同收回租赁物的,收

---

① 依据《融资租赁解释》第 5 条规定,有下列情形之一的,出租人有权解除融资租赁合同:(1) 承租人未按照合同约定的期限和数额支付租金,符合合同约定的解除条件,经出租人催告后在合理期限内仍不支付的;(2) 合同对于欠付租金解除合同的情形没有明确约定,但承租人欠付租金达到两期以上,或者数额达到全部租金 15%以上,经出租人催告后在合理期限内仍不支付的;(3) 承租人违反合同约定,致使合同目的不能实现的其他情形。

回的租赁物的价值超过承租人欠付的租金以及其他费用的,承租人可以请求相应返还(《民法典》第758条第1款)。当事人约定租赁期限届满租赁物归出租人所有,因租赁物毁损、灭失或者附合、混合于他物致使承租人不能返还的,出租人有权请求承租人予以合理补偿(《民法典》第758条第2款)。当事人约定租赁期限届满,承租人仅需向出租人支付象征性价款的,视为约定的租金义务履行完毕后租赁物的所有权归承租人(《民法典》第759条)。

在融资租赁交易实践中,在承租人违约不按期支付租金时,出租人在解除合同、收回租赁物的同时,还有权主张损害赔偿金的支付。因为融资性租赁具有金融的性质,其租金为投资资金之对价,而非物件使用、收益的对价,且租赁物件往往不具通用性,为保障出租人收回投资资金,在承租人违约解除合同之后亦应以损害赔偿金名义收取租金金额。依据《融资租赁解释》第11条规定,出租人请求解除融资租赁合同的,有权同时请求收回租赁物并赔偿损失。其损失赔偿范围为承租人全部未付租金及其他费用与收回租赁物价值的差额。合同约定租赁期间届满后租赁物归出租人所有的,损失赔偿范围还应包括融资租赁合同到期后租赁物的残值。

第四,承租人在占有租赁物期间承担维修租赁物的义务。与租赁合同不同,融资租赁合同具有较强的融资性,因此在融资租赁合同中,系由承租人而不是由出租人履行占有租赁物期间的维修义务。

四、融资租赁合同的终止

与租赁合同一样,融资租赁合同也得基于租赁期限的届满、合同的解除等原因而终止。例如,承租人未经出租人同意,将租赁物转让、抵押、质押、投资入股或者以其他方式处分的,出租人可以解除融资租赁合同(《民法典》第753条)。依据《民法典》第754条规定,有下列情形之一的,出租人或者承租人可以解除融资租赁合同:(1)出租人与出卖人订立的买卖合同解除、被确认无效或者被撤销,且未能重新订立买卖合同。(2)租赁物因不可归责于当事人的原因毁损、灭失,且不能修复或者确定替代物。在这种情况下,出租人可以请求承租人按照租赁物折旧情况给予补偿(《民法典》第756条)。(3)因出卖人的原因致使融资租赁合同的目的不能实现。

在融资租赁期间,出租人对租赁物享有所有权。出租人对租赁物享有的所有权,未经登记,不得对抗善意第三人(《民法典》第745条)。但在租赁期限届满时,依据《民法典》第757条规定,出租人和承租人可以约定租赁期限届满租赁物的归属。对租赁物的归属没有约定或者约定不明确,依据《民法典》第510条规定仍不能确定的,租赁物的所有权归出租人享有。

融资租赁合同无效,当事人就该情形下租赁物的归属有约定的,按照其约定;没有约定或者约定不明确的,租赁物应当返还出租人。但是,因承租人原因致使合同无效,出租人不请求返还或者返还后会显著降低租赁物效用的,租赁物的所有权归承租人,由承租人给予出租人合理补偿(《民法典》第760条)。

第八节　保理合同

一、保理合同的概念和特点

保理合同是应收账款债权人将现有的或者将有的应收账款转让给保理人，保理人提供资金融通、应收账款管理或者催收、应收账款债务人付款担保等服务的合同（《民法典》第 761 条）。保理合同的内容一般包括业务类型、服务范围、服务期限、基础交易合同情况、应收账款信息、保理融资款或者服务报酬及其支付方式等条款（《民法典》第 762 条）。

保理合同具有以下特点：

第一，保理合同以债权人转让应收账款债权为前提。保理合同必须具备的内容是应收账款债权的转让，没有应收账款债权的转让就不能构成保理合同。所谓应收账款债权，是指应收账款债权人因提供一定的货物、服务或设施而获得的要求应收账款债务人付款的权利以及依法享有的其他付款请求权，包括现有的以及将有的金钱债权，但不包括因票据或其他有价证券而产生的付款请求权，以及法律、行政法规禁止转让的付款请求权（《动产和权利担保统一登记办法》第 3 条）。

应收账款债权人与债务人虚构应收账款作为转让标的，与保理人订立保理合同的，应收账款债务人不得以应收账款不存在为由对抗保理人，但是保理人明知虚构的除外（《民法典》第 763 条）。

第二，保理人负担的主合同义务包括提供资金融通、应收账款管理或者催收、应收账款债务人付款担保等服务。资金融通，是指保理人应债权人的申请，在债权人将应收账款转让给保理人后，为债权人提供的贷款和应收账款转让预付款。应收账款催收，是指保理人根据应收账款账期，主动或应债权人要求，对债务人进行催收。应收账款管理又称销售分户账管理，是指保理人根据债权人的要求，定期或不定期向其提供关于应收账款的回收情况、逾期账款情况、对账单等财务和统计报表，协助其进行应收账款管理。付款担保，是指保理人与债权人签订保理合同后，为债务人核定信用额度，并在核准额度内，对债权人无商业纠纷的应收账款提供约定的付款担保。除了这些服务之外，保理合同中，保理人提供的服务通常还包括资信调查与评估、信用风险控制等其他可认定为保理性质的金融服务。

第三，保理合同为要式合同。保理合同应当采用书面形式（《民法典》第 762 条第 2 款），因此，保理合同为要式合同。

二、保理人的通知义务

保理合同的核心是应收账款债权转让，对此应当适用民法典关于债权转让的一般规则。为保护债务人利益，依据《民法典》第 546 条第 1 款规定，债权人转让债权，未通知债务人的，该转让对债务人不发生效力。因此，应收账款债权转让未通知债务人的，该转让对债务人不发生效力，即使保理人取得了债权，债务人也有权拒绝保理人的履行请求；债务人向债权人履行债务的,债权消灭。如果应收账款债权转让通知了债务人,则债权转让对债务人发生效力,此时债务人对保理人负有履行义务,并且有权以此拒绝债权人的履行请求;如果债务人仍然向债权人履行,则不发生债权消灭的效力。因此,只有通知了债务人,才可以在最大程度上保护保理人的利益。关于转让通知的发出主体,在一般债权转让中,原则上应当仅限于让与人。保理合同实践中的大多数情形都是保理人发出通知,因为发出通知对保理人具有重大利益,即能够避免债务人在转让发生后仍向债权人履行债务,故保理人更有动力主动发出通知。

保理人向应收账款债务人发出应收账款转让通知的,应当表明保理人身份并附有必要凭证(《民法典》第764条)。保理人向债务人发出转让通知的,如果表明了保理人的身份并且附有经过公证的债权转让合同、保理合同或者转让通知等必要凭证,可以认为具有同债权人发出转让通知同等的效力。

应收账款债务人接到应收账款转让通知后,应收账款债权人与债务人无正当理由协商变更或者终止基础交易合同,对保理人产生不利影响的,对保理人不发生效力(《民法典》第765条)。应收账款债权人和债务人协商一致变更或者终止基础交易合同的情形主要包括延期、和解、协议抵销、协议解除等,也包括债权人免除债务人的债务而债务人未在合理期限内拒绝的情形;不应当包括基于法律规定以及债务人单方行使基于法律规定享有的法定解除权等使得基础交易合同发生变更或者终止的情形。债权人和债务人通过协商使得应收账款债权的价值落空或者减损,对保理人产生不利影响,如债权人和债务人协商一致变更基础交易合同而减少了债权数额,或者协商一致解除基础交易合同而对保理人产生了不利影响,对保理人不发生效力。

三、有追索权保理

有追索权保理又称回购型保理,是指保理人不承担为债务人核定信用额度和提供坏账担保的义务,仅提供包括融资在内的其他金融服务。有追索权保理在应收账款到期无法从债务人处收回时,保理人可以向债权人反转让应收账款,或要求债权人回购应收账款或返还融资款本息。基于我国当前的保理实践,当事人一般都会在保理合同中就有无追索权作出约定,《民法典》同时规定有追索权保理和无追索权保理,供当事人自己选择。

依据《民法典》第766条规定,在有追索权保理中,在当事人无特别约定或者约定不明确时,保理人有权选择向应收账款债权人主张返还保理融资款本息或者回购应收账款债权,或者向应收账款债务人主张应收账款债权。保理人也可以同时向应收账款债权人和债务人主张权利,但保理人不能从债权人和债务人处获得重复清偿。依据《担保制度解释》第66条第3款规定,应收账款债权人向保理人返还保理融资款本息或者回购应收账款债权后,有权请求应收账款债务人向其履行应收账款债务。同时,在有追索权保理中,保理人向应收账款债务人主张应收账款债权的,在获得债务人的履行后,首先应当扣除保理融资款本息和相关费用,具体包括:保理融资款本息、保理商未受清偿的应收账款融资额度承诺费、保理手续费、保理首付款使用费以及其他债权人到期未付款等。在扣除后仍有剩余的这部分保理余款的归属,首先由保理人和债权人在保理合同中约定。保理合同对此无约定或者约定不明确时,保理余款应当返还给应收账款债权人,此时,保理人负有清算义务。

四、无追索权保理

无追索权保理又称买断型保理，是指保理人根据债权人提供的债务人核准信用额度，在信用额度内承购债权人对债务人的应收账款并提供坏账担保责任，债务人因发生信用风险未按基础合同约定按时足额支付应收账款时，保理人不能向债权人追索。无追索权保理在性质上属于应收账款债权买卖，保理人受让债权并享有债权的全部清偿利益、负担债权不能受偿的风险，作为债权转让对价的融资款实际上是通过买卖取得债权的价款。

依据《民法典》第 767 条规定，当事人约定无追索权保理的，保理人应当向应收账款债务人主张应收账款债权，保理人取得超过保理融资款本息和相关费用的部分，无需向应收账款债权人返还。可见，当事人约定无追索权保理的，保理人应当向应收账款债务人主张应收账款债权，而不能向应收账款债权人主张返还保理融资款本息或者回购应收账款债权。保理人不再向债权人追索应收账款是具有一定前提的，即债务人未及时全额付款系源于其自身信用风险，而非其他原因。如果债务人因不可抗力而无法支付，或者债务人依法主张基础交易合同所产生的抗辩、抵销权或者依法解除基础交易合同而拒绝付款，则保理人仍有权对债权人追索，向应收账款债权人主张返还保理融资款本息或者回购应收账款债权。基于无追索权保理在性质上属于应收账款债权买卖，因此，保理余款应当归属于保理人，无需向应收账款债权人返还。

五、保理合同竞存

在实践中，经常会出现应收账款债权人就同一应收账款订立多个保理合同，致使多个保理人主张应收账款债权的情形。应收账款债权人就同一应收账款订立多个保理合同，致使多个保理人主张权利的，已经登记的先于未登记的取得应收账款；均已经登记的，按照登记时间的先后顺序取得应收账款；均未登记的，由最先到达应收账款债务人的转让通知中载明的保理人取得应收账款；既未登记也未通知的，按照保理融资款或者服务报酬的比例取得应收账款（《民法典》第 768 条）。依据《担保制度解释》第 66 条第 1 款规定，同一应收账款同时存在保理、应收账款质押和债权转让的，当事人有权主张参照《民法典》第 768 条规定确定优先顺序。

六、保理合同的法律适用

《民法典》第 769 条规定："本章没有规定的，适用本编第六章债权转让的有关规定。"保理合同必须具备的要素是应收账款债权的转让，没有应收账款的转让就不能构成保理合同，而应收账款是债权的一种，应收账款债权转让属于债权转让，应收账款债权人就是债权转让中的让与人，保理人就是债权转让中的受让人，应收账款债务人就是债权转让中的债务人。因此，在保理合同章没有特别规定的情形，应当适用《民法典》合同编第六章关于债权转让的一般规定。

第九节 承揽合同

一、承揽合同的概念和特点

承揽合同是承揽人按照定作人的要求完成工作,交付工作成果,定作人给付报酬的合同(《民法典》770 条第 1 款)。在承揽合同中,完成工作并交付工作成果的一方称承揽人,接受工作成果并给付报酬的一方称定作人。承揽合同的内容主要包括承揽的标的、数量、质量、报酬,承揽方式,材料的提供、履行期限、验收标准和方法等(《民法典》第 771 条)。

承揽合同具有以下特点:

第一,承揽合同以完成一定工作为目的。在承揽合同中,承揽人应当按照与定作人约定的标准和要求完成工作,定作人的主要目的是取得承揽人完成的工作成果。承揽合同的这一特点决定了其标的只能是作为义务,否则定作人将无法实现其合同目的。

第二,承揽人完成工作的独立性。定作人与承揽人之间订立承揽合同,一般是建立在对承揽人的能力、条件等信任的基础上。只有承揽人自己完成工作才符合定作人的要求。定作人如将其主要义务交由其他人来完成,属于债务不履行,应负违约责任。

第三,定作物的特定性。承揽合同多属个别商定的合同,定作物往往具有一定的特定性。定作物的最终成果无论以何种形式体现,都必须符合定作人提出的特别要求,否则交付的工作成果就不合格。

第四,承揽合同为诺成、有偿、不要式合同。双方当事人意思表示一致,承揽合同即可成立,无须交付定作物或加工物,因此,承揽合同为诺成合同。承揽人要付出自己的劳动,将定作物按照定作人的要求进行加工;定作人取得承揽人完成的工作成果,要向承揽人支付约定的报酬。因此,承揽合同为有偿合同。对于承揽合同的形式,法律并无特殊要求,故承揽合同为不要式合同。

二、承揽合同的种类

按照承揽具体内容的不同,承揽合同可以分为如下种类。

(一)加工合同

加工合同是指定作人向承揽人提供原材料,承揽人以自己的技能、设备和工作,为定作人进行加工,将原材料加工成符合定作人要求的成品并交付给定作人,定作人接受该成品并向承揽人支付报酬的合同。在加工合同中,材料必须由定作人提供,而不能由承揽人自备。

(二)定作合同

定作合同是指依合同约定,由承揽人自己准备原料,并以自己的技术、设备和工作对该原料进行加工,按照定作人的要求制成特定产品,将该产品交付给定作人,定作人接受该产品并向承揽人支付报酬的合同。定作合同与加工合同的区别在于材料提供人的不同。

（三）修理合同

修理合同是指定作人将损坏的物品交给承揽人，由承揽人负责将损坏物品以自己的技术、工作修理好后归还给定作人，定作人接受该工作成果并向承揽人支付报酬的合同。

（四）复制合同

复制合同是指承揽人依定作人的要求，按照定作人提供的样品，制作成若干份复制品，定作人接受该复制品并向承揽人支付报酬的合同。承揽人依照定作人的不同要求可以采取不同的方式进行复制，如对文稿的复印、对画稿的临摹、对雕像的模仿塑造等。

（五）测试合同

测试合同是指承揽人依定作人的要求，以自己的技术、仪器设备以及工作，对定作人指定的项目进行测试，并将测试结果交付给定作人，定作人接受其成果并向承揽人支付报酬的合同。

（六）检验合同

检验合同是指承揽人按照定作人的要求，对定作人提出的需要检验的内容，以自己的设备、仪器、技术等进行检验，并向定作人提供关于该检验内容相关问题的结论，定作人接受这一结论并向承揽人支付报酬的合同。

三、承揽合同的效力

（一）承揽人的义务

1. 完成承揽的工作

承揽人的主要义务是按照合同的约定，以自己的技术、设备完成所承揽的工作。这一义务包括如下内容：

（1）承揽人应在约定的期限内完成工作。承揽合同成立后，承揽人一般即应着手工作，不得拖延。在承揽人着手工作前，发现定作人提供的图纸或技术要求不合理并通知定作人修改，为此造成承揽人延期着手工作的，不应按承揽人违约处理。承揽人未按时着手工作的，定作人可以请求其立即着手工作。

（2）承揽人应以自己的工作依定作人要求完成工作。承揽合同的订立是建立在定作人对承揽人完成工作的条件和能力的信任基础之上的，因此，承揽人应当以自己的设备、技术和劳力，完成主要工作，但当事人另有约定的除外。所谓主要工作，首先是指对工作成果的质量起决定性作用的部分，如果其质量在承揽工作中不起决定性作用，工作成果属于一般人均可完成的工作，则主要工作指数量上的大部分。依据《民法典》第 772 条第 1 款规定，在经过定作人许可的情况下，承揽人可以将其承揽的主要工作交由第三人完成。在未经定作人许可的情况下，也可以将辅助工作交由第三人完成（《民法典》第773条）。此时，发生次承揽法律关系。根据合同的相对性原则，承揽合同的承揽人应就次承揽人的工作向定作人负责。对此，《民法典》第772条第2款规定，“承揽人将其承揽的主要工作交由第三人完成的，应当就该第三人完成的工作成果向定作人负责”；第773条规定：“承揽人可以将其承揽的辅助工作交由第三人完成。承揽人将其承揽的辅助工作交由第三人完成的，应当就该第三人完成的工作成果向定作人负责。”承揽人未经定作人同意，将其承揽的主要工作交由第三人完成的，定作人有权解除承揽合同（《民法典》第772条第2款）。

2. 接受定作人提供材料或依约提供材料

在承揽合同中，依当事人双方的约定，可以由定作人提供材料（即加工合同），也可以由承揽人自己准备材料（即定作合同），并由承揽人对此材料加工，以完成合同约定工作。

定作人提供材料的，承揽人应当及时接收定作人交付的材料。为保证定作人提供的原材料符合合同约定，承揽人在定作人交付材料后，要及时对材料进行检验，如发现定作人提供的材料不符合约定的，应及时通知定作人更换、补齐或者采取其他补救措施（《民法典》第775条第1款），否则造成合同履行迟延的，承揽人要承担责任。在检验定作人提供的材料后，未发现不符合合同约定情况的，承揽人应接收并着手工作。承揽人对于定作人提供的材料负有妥善保管的义务，因保管不善造成毁损、灭失的，应当承担赔偿责任（《民法典》第784条）。承揽人不得擅自更换定作人提供的材料，不得更换不需要修理的零部件（《民法典》第775条第2款）。承揽人对定作人提供的材料必须合理使用。因承揽人的行为，导致定作人提供的材料浪费的，承揽人也要负赔偿责任。

承揽人自己提供材料的，材料要符合合同约定的质量标准。合同中没有约定材料的质量标准的，可以依据《民法典》第510条以及第511条第1款的规定补充确定。定作人有权检验承揽人提供的材料是否符合合同约定的要求。承揽人对自己提供的材料应负担与买卖合同中的出卖人相同的瑕疵担保义务（《民法典》第646条）。如果依定作物的性质应当由定作人对承揽人提供的材料进行检验，而定作人未在合理期限内进行检验的，则视为定作人不对材料的质量提出异议（《民法典》第621～623条）。

3. 交付工作成果

承揽人不仅应按照合同约定完成工作，还要将完成的工作成果交付给定作人，并应当提交必要的技术资料和有关质量证明（《民法典》第780条）。同时，承揽人对工作成果负有妥善保管的义务，因保管不善造成工作成果毁损、灭失的，应当承担赔偿责任（《民法典》第784条）。工作成果经定作人验收合格，承揽人才算完成合同的主要义务。承揽人交付工作成果应当按照合同约定的方式和地点为之。交付可以采取承揽人送交、定作人自提以及运输部门或邮政部门代交等各种方式。工作成果的交付地点可以参照适用《民法典》关于买卖合同的相关规定（《民法典》第603条）。但按照合同约定的承揽工作的性质不需要特别交付的，如维修房屋、粉刷墙壁等，则承揽人完成工作之日即为交付之日。

在一般情形下，定作人订立承揽合同的目的是取得工作成果的所有权，当工作成果为动产时，就承揽合同中工作成果所有权的归属和移转，应注意：(1) 在定作人提供材料时，经承揽人工作所完成的工作成果的所有权归定作人，当事人之间无须进行所有权的移转。在不规则承揽中，当事人经常约定，材料虽然由定作人提供，但承揽人可以以自己的同种类材料代替。此时，定作人仍可当然取得工作成果的所有权，承揽人无须为特别的财产移转行为。如果定作人与承揽人约定，材料的所有权移转归承揽人取得，则工作成果的所有权归承揽人，当事人之间须进行财产的移转行为。（2）在承揽人提供材料时，承揽人完成的工作成果归承揽人所有，当事人之间须进行财产所有权的移转。（3）由双方提供材料时，应依据何方提供的材料形成工作成果的主要部分进行判断。如果定作人提供的材料形成工作成果的主要部分，则定作人取得工作成果的所有权，当事人之间不须进行财产所有权的移转；如果承揽人提供的材料形成工作成果的主要部分，则承揽人取得工作成果的所有权，当事人之间须进行财产所有权的移转；如果定作人与承揽人提供的材料对于工作成果的形成作用相当，则承揽人取得工作成果的所有权，当事人之间须进行财产所有权的移转。（4）在材料由第三人提供时，需要首先根据承揽人与第三人之间的约定或者添附规则，在承揽人与第三人之间确定工作成果所有权的归属。在定作人与承揽人之间须进行财产所有权的移转行为。工作成果为不动产时，无论材料由何方提供，均由定作人取得工作成果的所有权。承揽合同不仅以有形物作为工作成果，也可以无形的结果作为工作成果。

4. 工作物的瑕疵担保义务

瑕疵担保义务包括权利的瑕疵担保义务与物的瑕疵担保义务，但承揽合同中不会发生权利瑕疵的情形。因此，这里仅介绍承揽人所负担的物的瑕疵担保义务。承揽人所完成的工作成果如果不符合合同中约定的质量标准和要求，或使工作成果的价值减少或不符合通常效用的，承揽人应承担违反瑕疵担保义务的违约责任。为确定工作成果是否有瑕疵，定作人应当按照合同的约定或者法律的规定及时进行验收。如果定作人发现工作成果有瑕疵，应当及时通知承揽人，此时可以适用《民法典》关于买卖合同的相关规定（第 620~623 条）。

依据《民法典》第 781 条规定，承揽人交付的工作成果有瑕疵的，定作人可以要求承揽人承担下列类型的违约责任：第一，修理。定作人得享有瑕疵修补请求权，请求承揽人对工作成果的瑕疵进行修理，承揽人也可以要求定作人同意其对工作成果的瑕疵进行修理。第二，重作。定作人有权请求承揽人对有瑕疵的工作成果重新制作，但如果存在《民法典》第 580 条所规定的情况，则定作人不得主张承揽人承担重作的违约责任。第三，减少报酬。定作人对于有瑕疵的工作成果有请求减少报酬的权利。第四，赔偿损失。承揽人完成的工作成果存在瑕疵，给定作人造成损害的，定作人得主张承揽人赔偿损失。除了修理、重作、减少报酬、赔偿损失这几种责任承担方式外，承揽人违反瑕疵担保义务，符合合同法定解除权产生条件的，定作人有权解除合同。定作人行使法定解除权解除承揽合同的，不得主张修理、重作或者减少报酬，但可以主张赔偿损失。

5. 容忍义务

承揽人完成工作期间，定作人可以对承揽人的工作进行必要的监督检验，承揽人不得拒绝其检验和监督，但是定作人不得因监督检验妨碍承揽人的正常工作（《民法典》第 779 条）。

6. 保密义务和通知义务

依据诚信原则，承揽人应对定作人负担相应的保密义务，未经定作人许可，不得留存复制品或者技术资料（《民法典》第 785 条）。承揽人违反此义务给定作人造成损失的，定作人还可以向其请求赔偿损失。

承揽人对定作人提供的材料，应当及时检验，发现不符合约定时，应当及时通知定作人更换、补齐或者采取其他补救措施(《民法典》第775条第1款)。承揽人发现定作人提供的图纸或者技术要求不合理的,也应当及时通知定作人。因定作人怠于答复等原因造成承揽人损失的,应当赔偿损失(《民法典》第776条)。

(二)定作人的义务

1. 支付报酬

定作人获得承揽人的工作成果,应当按照约定的期限支付报酬。当事人对支付报酬的期限没有约定或者约定不明确,依据《民法典》第510条规定仍不能确定的,定作人应当在承揽人交付工作成果时支付;工作成果部分交付的,定作人应当支付相应报酬(《民法典》第782条)。

定作人迟延交付报酬的,应向承揽人支付迟延期间的利息。定作人未向承揽人支付报酬或者材料费等价款的,承揽人对完成的工作成果享有留置权或者有权拒绝交付,但是当事人另有约定的除外(《民法典》第783条)。

2. 协助义务

合同的顺利履行往往是当事人双方互相协助的结果,承揽工作需要定作人协助的,定作人有协助的义务。按照承揽合同的特点,需要定作人负协助义务的主要有如下几种情况:(1)依合同约定应由定作人提供材料的,定作人应当按照约定提供(《民法典》第775条)。如标的物为不动产的,定作人则应使该不动产处于可供工作的状态。(2)定作人自己提供设计图纸、技术要求或技术资料的,或者定作人提供样品的,定作人均应及时、合理提供。(3)依承揽人的通知,定作人应履行的某些协助义务,如及时更换、补齐有瑕疵的材料或技术资料、图表设计等。此外,如需定作人为承揽人提供生活条件、工作环境的,定作人均应依诚信原则协力相助。定作人不履行协助义务致使承揽工作不能完成的,承揽人可以催告定作人在合理期限内履行义务,并可以顺延履行期限;定作人逾期不履行的,承揽人可以解除合同(《民法典》第778条)。

3. 受领工作成果

承揽人有交付工作成果的义务,定作人则有受领承揽人所完成的工作成果的义务。定作人在受领工作成果的同时,有义务对工作成果进行验收(《民法典》第780条)。但是,验收本身并不能作为承揽人免除责任的理由。如工作成果依其性质在短期内难以发现瑕疵,或者是工作成果存在隐蔽瑕疵的,定作人仍可于验收后的相当期限内请求承揽人承担责任。定作人如无正当理由受领迟延的,承揽人可请求其受领并支付相应的报酬和费用,包括违约金、保管费用等,同时,定作人应承担因其受领迟延而发生的工作成果的风险。

(三)定作人的中途变更权

定作人有权中途变更承揽工作的要求,但是造成承揽人损失的,应当赔偿损失(《民法典》第777条)。

(四)共同承揽人的连带责任

共同承揽人是指对定作人均负直接完成承揽工作义务的多数承揽人,不包括再承揽关系中的承揽人与次承揽人。共同承揽人对定作人承担连带责任,但是当事人另有约定的除外(《民法典》第786条)。

四、承揽合同中的风险负担

承揽合同中的风险负担是一个需要在利益衡量的基础上,作出价值判断的问题。

（一）材料的风险负担

材料的风险负担是指定作人或者承揽人(也可能是第三人)所提供的材料一旦由于不可归责于双方当事人的事由毁损、灭失所造成的损失由谁来承担。在承揽合同中,材料毁损、灭失的风险应由所有权人承担。

（二）工作成果的风险负担

工作成果的风险负担是指承揽人业已完成的工作成果一旦由于不可归责于双方当事人的事由毁损、灭失,工作成果本身所遭受的损失由谁来承受。对此问题,应首先区分承揽合同的类型。

如果定作人自始即可取得工作成果的所有权,则在当事人之间无需进行财产所有权的移转,由于不存在物权变动问题,因此,应由定作人负担工作成果毁损、灭失的风险,但是当事人另有约定的除外。

如果承揽人首先取得工作成果的所有权,则在当事人之间须进行财产所有权的移转,因存在物权变动问题,应参照适用买卖合同标的物毁损、灭失风险负担的有关规定,工作成果的风险在交付以前由承揽人承担,在交付以后由定作人承担,但是当事人另有约定或者法律另有规定的除外。

（三）报酬的风险负担

报酬的风险负担实际上就是传统民法上所谓债务履行不能的风险负担,主要是指承揽人业已完成的工作成果一旦由于不可归责于双方当事人的事由毁损、灭失,致使承揽人无法交付工作成果或者无法移转工作成果的所有权于定作人,定作人应否向承揽人支付约定的报酬。对此问题,应区别而论:

在承揽人完成工作成果即由定作人自始取得工作成果所有权的,此时在承揽人业已完成的工作成果因不可归责于双方当事人的事由毁损、灭失的情况下,承揽人不能够履行的是交付工作成果的债务,考虑到毁损、灭失的工作成果中,一般既包括定作人提供材料所形成的价值,也包括承揽人提供劳务所形成的价值,报酬的风险应依据这两部分价值之间的比例关系,由定作人和承揽人合理负担,承揽人只能依照定作人承担风险的比例主张报酬的支付。

在承揽人完成工作成果由承揽人首先取得工作成果所有权的,承揽人业已完成的工作成果由于不可归责于双方当事人的事由毁损、灭失的情况下,承揽人不能履行的是交付工作成果并移转工作成果的所有权于定作人的债务,报酬的风险负担应适用《民法典》第 563 条第 1 款第 1 项规定确定,由承揽人负担报酬的风险,承揽人不得向定作人主张报酬的支付。当事人另有约定的,依照其约定。

五、承揽合同的终止

承揽合同的终止原因很多,如一些国家和地区的民法将定作人或承揽人的破产、承揽人的死亡或丧失完成工作的能力等事由认可为得以导致承揽合同终止的事由。这里简单介绍承揽合同因当事人行使合同解除权而终止的两种情况。

(一)定作人的任意解除权

定作人在承揽人完成工作前可以随时解除承揽合同,造成承揽人损失的,应当赔偿损失(《民法典》第 787 条)。定作人任意解除权的行使,应当在承揽人完成工作成果之前。

(二)承揽合同因当事人一方严重违约而解除

这种情况主要包括:(1)承揽人未经定作人同意将承揽合同的主要工作转由第三人完成;(2)定作人未尽到协助义务,经承揽人通知仍不履行。此外,符合《民法典》第 563 条有关合同法定解除权产生条件的规定时,当事人也可行使合同解除权,有损害存在的可同时请求损害赔偿。

第十节 建设工程合同

一、建设工程合同的概念和特点

建设工程合同是指建设工程的发包人为完成工程建设任务,与承包人签订的关于承包人按照发包人的要求完成工作,交付建设工程,并由发包人支付价款的合同。建设工程合同包括工程勘察、设计、施工合同(《民法典》第 788 条)。

建设工程合同实际上是承揽合同的一种,因此,《民法典》第 808 条规定:"本章没有规定的,适用承揽合同的有关规定。"但与一般承揽合同相比较,建设工程合同仍有特殊之处,表现在:

第一,合同的标的物一般仅限于建设工程。所谓建设工程,是指土木工程、建筑工程、线路管道和设备安装工程及装修工程。

第二,合同的主体应具备相应的条件。建设工程具有投资大、周期长、质量要求高、技术力量要求全面等特点,一般的民事主体不易完成。因此,建设工程合同的双方当事人的主体资格是有限制的,发包人一般是经过批准建设工程的法人,承包人只能是具有从事勘察、设计、建筑、安装资格的民事主体。依据《最高人民法院关于审理建设工程施工合同纠纷案件适用法律问题的解释(一)》(法释〔2020〕25 号,以下简称《施工合同解释(一)》)规定,承包人未取得建筑施工企业资质或者超越资质等级的,或者没有资质的实际施工人借用有资质的建筑施工企业名义的,建设工程施工合同无效(第 1 条);发包人未取得建设工程规划许可证等规划审批手续的,建设工程施工合同无效,但发包人在起诉前取得上述手续的除外(第 3 条)。

第三，建设工程合同具有较强的国家管理性。建设工程的标的物为不动产，工程质量对国家和社会生活有较大影响，因此，国家对建设工程合同的订立和履行进行较为严格的管理。

第四，建设工程合同的要式性。依据《民法典》第789条规定，建设工程合同应当采用书面形式，因此，建设工程合同为要式合同。

二、建设工程合同的订立

建设工程合同的订立，应当采用招标、投标形式进行。建设工程必须进行招标而未招标或者中标无效的，建设工程施工合同无效（《施工合同解释（一）》第1条）。

建设工程合同主要采取两种形式：一是发包人与承包人就整个建设工程从勘察、设计到施工签订总承包协议，由承包人对整个建设工程负责；二是由发包人分别与勘察人、设计人、施工人签订勘察、设计、施工合同，实行平行发包。各承包人分别对建设工程的勘察、设计、建筑、安装阶段的质量、工期、工程造价等与发包方产生债权债务关系。

国家重大建设工程合同，应当按照国家规定的程序和国家批准的投资计划、可行性研究报告等文件订立（《民法典》第792条）。

三、建设工程分包合同的订立

（一）建设工程的分包与转包

建设工程的分包和转包是两个既有密切联系，又有明显区别的概念。建设工程分包，是指工程的承包人（含勘察人、设计人、施工人）经发包人同意后，依法将其承包的部分工程交给第三人完成的行为。建设工程转包是指施工单位以营利为目的，将承包的工程转给其他的施工单位，不对工程承担任何技术、质量、法律责任的行为。法律严格禁止转包，承包人非法转包建设工程的行为无效。承包人将建设工程转包或者违法分包的，发包人可以解除合同（《民法典》第806条第1款）。

（二）分包的法律适用

依据《民法典》第791条规定，建设工程合同的总承包人或者勘察、设计、施工承包人与第三人签订分包合同，必须具备以下条件：第一，工程分包须经过发包人的同意，承包人将自己承包的部分工作交由第三人完成，第三人就其完成的工作成果与总承包人或者勘察、设计、施工承包人向发包人承担连带责任。第二，建设工程主体结构的施工必须由承包人自行完成。禁止承包人将其承包的全部建筑工程转包给他人，禁止承包人将其承包的全部工程肢解以后以分包的名义分别转包给他人。第三，分包人须具备相应建设资质条件，且只能分包一次。

四、建设工程合同的一般效力

（一）承包人的义务

1. 容忍义务

在建设工程合同中，工程的进度、质量对发包人的利益影响较大，故承包人有义务接受发包人对工程进度和工程质量必要的检查；对发包人的检查，承包人应予以支持和协助。依据《民法典》第 797 条规定，发包人在不妨碍承包人正常作业的情况下，可以随时对作业进度、质量进行检查。如果发包人的检查影响到工程的正常作业，承包人有权在说明理由的基础上予以拒绝。发包人检查的内容主要包括对工程进度的检查以及对工程质量的检查。

2. 通知义务

在一个整体的建设工程中，有许多中间工程，特别是有一些需要及时隐蔽的工程，如为一项整体工程而铺设的自来水、煤气等地下管线工程。对这些隐蔽工程的检查验收一般要先于主体工程，如果在覆盖隐蔽后再与主体工程一道检查验收，则需要重新开挖，揭去隐蔽工程上的泥土等覆盖物，这必然增加不必要的费用。在平衡发包人和承包人利益的基础上，《民法典》第 798 条规定了承包人的通知义务。即在隐蔽工程隐蔽前，承包人应及时通知发包人进行检查，以确定工程质量是否符合合同约定和法律法规规定的要求。承包人怠于通知或未及时通知造成的损失，由承包人承担赔偿责任。

发包人没有及时对隐蔽工程进行检查，承包人也不能自行检查后将工程隐蔽。同时，法律赋予承包人顺延工程日期，并可以请求赔偿停工、窝工损失的权利来对承包人予以救济（《民法典》第 798 条）。

（二）发包人的义务

1. 协助义务

发包人的协助义务是建设工程合同得以顺利履行的重要保证。发包人应当按照合同的约定提供相关材料、设备、场地、资金、技术资料等。

在建筑工程合同中，对材料和设备的供应方式往往有明确规定。除法律、法规规定必须由发包人供应的外，均可由双方自行约定物资供应方式，承包人对建筑工程采取包工不包料或者包工半包料的方式，则发包人应负责材料和设备的全部或者部分供应。如果发包人未按约定的时间和要求提供原材料、设备的，即构成违约。

所谓发包人提供场地，是指发包人负责办理的正式工程和临时设施所需土地的征收及房屋搬迁、施工用地和障碍物拆除等许可证。发包人应按期完成这些工作，为承包人提供符合合同要求的施工场地，否则，构成违约。

发包人需按照合同的约定，在开工前或者施工过程中提供建设资金，如果不按照约定时间和支付方式提供工程价款的，应承担相应责任。

技术资料是建设工程顺利进行的技术保障。发包人应当按照合同的要求，及时全面地提供相关的技术资料，不得无故拖延或者隐匿，否则，应承担违约责任。

在发包人有上述违约行为的情况下，发包人应当承担如下责任：(1) 顺延工程日期的责任，并赔偿停工、窝工等损失(《民法典》第 803 条)；(2) 因发包人的原因致使工程停建、缓建的，发包人应当采取措施弥补或者减少损失，赔偿承包人因此造成的停工、窝工、倒运、机械设备调迁、材料和构件积压等损失和实际费用(《民法典》第 804 条)。

依据《民法典》第 806 条规定，发包人提供的主要建筑材料、建筑构配件和设备不符合强制性标准或者发包人不履行合同约定的协助义务，致使承包人无法施工，经催告后在合理期限内仍未履行相应义务的，承包人可以解除合同(第 2 款)；合同解除后，已经完成的建设工程质量合格的，发包人应当按照约定支付相应的工程价款，已经完成的建设工程不合格的，参照《民法典》第 793 条规定处理(第 3 款)。依据《施工合同解释(一)》第 13 条规定，发包人具有下列情形之一，造成建设工程质量缺陷的，应当承担过错责任：(1) 提供的设计有缺陷；(2) 提供或者指定购买的建筑材料、建筑构配件、设备不符合强制性标准；(3) 直接指定分包人分包专业工程。承包人有过错的，也应当承担相应的过错责任。

2. 工程的验收义务

建设工程完工后，发包人应及时对工程进行验收，验收所应遵循的依据包括：(1) 施工图纸及说明书；(2) 国家颁发的施工验收规范；(3) 国家颁发的建设工程质量检验标准(《民法典》第 799 条第 1 款)。工程的验收是发包人对承包人所承建工程的质量符合合同约定和法律规定的标准的确认。建设工程必须经过验收合格后，方可投入使用。建设工程未经验收或者验收不合格的，不得交付使用(《民法典》第 799 条第 2 款)。建设工程未经竣工验收，发包人擅自使用的，无权以使用部分质量不符合约定为由主张权利。当然，对这类工程在使用过程中出现的质量问题，承包人并不能当然免责，承包人应当在建设工程的合理使用寿命内对地基基础工程和主体结构质量承担责任(《施工合同解释(一)》第 14 条)。

3. 支付价款并接收建设工程

发包人在对建设工程验收合格后，应按合同的约定，扣除一定的保证金后，将剩余的工程价款按约定方式支付给承包人。同时，发包人应与承包人办理移交手续，正式接收该项建设工程，发包人可按自己的意图使用此建筑物，承包合同的主要条款即告履行完毕。该工程的诸多风险自接收之日起，即由承包人移转到发包人。

给付工程价款是发包人应承担的主要义务。依据《民法典》第 793 条规定，建设工程施工合同无效，但是建设工程经竣工验收合格的，可以参照合同关于工程价款的约定折价补偿承包人。建设工程施工合同无效，且建设工程经竣工验收不合格的，按照以下情形分别处理：(1) 修复后的建设工程经竣工验收合格的，发包人可以请求承包人承担修复费用；(2) 修复后的建设工程经竣工验收不合格的，承包人无权请求参照合同关于工程价款的约定折价补偿。发包人对因建设工程不合格造成的损失有过错的，应当承担相应的责任。

当事人对建设工程的计价标准或者计价方法有约定的，按照约定结算工程价款。因设计变更导致建设工程的工程量或者质量标准发生变化，当事人对该部分工程价款不能协商一致的，可以参照签订建设工程施工合同时当地建设行政主管部门发布的计价方法或者计价标准结算工程价款。

在发包人不向承包人支付价款时，《民法典》第 807 条赋予承包人建设工程价款优先受偿权，这是承包人所享有的法定优先权。依据《民法典》第 807 条及《施工合同解释(一)》第 36~

42 条规定，建设工程价款优先受偿权包括如下内容：(1) 建设工程价款优先受偿权优于抵押权和其他债权。(2) 装饰装修工程具备折价或者拍卖条件，装饰装修工程的承包人有权请求就该装饰装修工程折价或者拍卖的价款优先受偿。(3) 建设工程质量合格的，承包人有权请求就工程折价或者拍卖的价款优先受偿。(4) 未竣工的建设工程质量合格的，承包人有权请求就其承建工程部分折价或者拍卖的价款优先受偿。(5) 建设工程价款优先受偿的范围依照国务院有关行政主管部门关于建设工程价款范围的规定确定，但不包括逾期支付建设工程价款的利息、违约金、损害赔偿金等。(6) 承包人应当在合理期限内行使建设工程价款优先受偿权，但最长不得超过 18 个月，自发包人应当给付建设工程价款之日起算。(7) 发包人与承包人约定放弃或者限制建设工程价款优先受偿权，损害建筑工人利益的，发包人无权根据该约定主张承包人不享有建设工程价款优先受偿权。(8) 建设工程价款优先受偿权的实现包括两种方式：一是通过发包人与承包人之间的协议，对建设工程进行折价，承包人在支付折价款与工程价款的差额后，取得该项建设工程的所有权，使工程价款债权得到实现；二是对建设工程进行拍卖，拍卖须在人民法院的主持下进行，承包人就拍卖所得价款优先受偿。此外，建设工程价款优先受偿权不是基于民事法律行为取得的，而是基于法定条件的满足直接取得。因此，承包人就该项权利的取得不需要办理相应的登记手续。

（三）承包人的赔偿责任

因承包人的原因致使建设工程在合理使用期限内造成人身损害和财产损失的，承包人应当承担赔偿责任（《民法典》第 802 条）。

五、勘察、设计合同

（一）勘察、设计合同的概念和内容

勘察、设计合同是勘察合同和设计合同的统称，是指工程的发包人或承包人与勘察人、设计人之间订立的，由勘察人、设计人完成一定的勘察设计工作，发包人或承包人支付相应价款的合同。

勘察、设计合同的内容一般包括提交有关基础资料和概预算等文件的期限、质量要求、费用以及其他协作条件等条款（《民法典》第 794 条）。

（二）合同双方当事人责任的承担

1. 发包人的责任

发包人将一项工程的勘察、设计委托给勘察人、设计人后，勘察人、设计人即按合同约定开展勘察、设计工作。发包人则应严守合同的规定，不得随意更改勘察、设计内容，并应按合同约定，全面、准确、及时提供勘察、设计所需的资料、工作条件等。如果发包人违反合同约定，单方更改合同条款，或不尽协助履行义务，都会导致相同的损害后果，即会使勘察人、设计人支出额外的工作量，从而使得勘察、设计费用不合理增加。由于该部分增加的工作量和相关费用是由发包人的违约行为引起的，故《民法典》第 805 条将发包人的此种违约责任的承担方式规定

为，发包人应按照勘察人、设计人实际消耗的工作量增付费用，即按照勘察人、设计人所受到的实际损失承担赔偿责任。

2. 勘察人、设计人的责任

勘察人、设计人有下述两种行为，给发包人造成损失的，应对发包人承担违约责任：一是勘察、设计的质量不符合要求，包括勘察、设计的质量没有达到合同的要求或者勘察、设计的质量不符合法律、法规的强行性标准；二是勘察人、设计人未按照合同约定的期限提交勘察、设计文件，致使工期拖延的。

依据《民法典》第 800 条规定，勘察人、设计人违约责任的承担方式为：其一，由勘察人、设计人实际履行，继续完成勘察、设计；其二，赔偿损失。勘察人、设计人进行赔偿损失的方式主要有：一是通过减收或者免收应得的勘察、设计费，补偿相对人的损失；二是勘察、设计费不足以赔偿的，勘察人、设计人还需赔偿对方的该部分损失，使发包人因勘察人、设计人违约遭受的实际损失完全得到赔偿。

六、施工合同

（一）施工合同的概念和内容

施工合同是指发包人（建设单位）和承包人（施工人）为完成商定的施工工程，明确相互权利、义务的协议。依照施工合同，承包人应完成发包人交给的施工任务，发包人应按照规定提供必要条件并支付工程价款。

施工合同的内容一般包括工程范围、建设工期、中间交工工程的开工和竣工时间、工程质量、工程造价、技术资料交付时间、材料和设备的供应责任、拨款和结算、竣工验收、质量保修范围和质量保证期、相互协作等条款（《民法典》第 795 条）。

（二）施工人的责任

因施工人的原因致使建设工程质量不符合约定的，依据《民法典》第 801 条规定，施工人应承担以下责任：

第一，无偿修理或者返工、改建。这是违约责任中的继续履行责任。承包人根据不合格工程的具体情况，或修理或返工或改建，使之达到合同约定的质量要求。承包人修理、返工、改建所支出的费用，均由其自行承担。依据《施工合同解释（一）》第 12 条规定，因承包人的原因造成建设工程质量不符合约定，承包人拒绝修理、返工或者改建，发包人有权请求减少支付工程价款。

第二，逾期违约责任。因承包人的原因使工程质量不合格的，虽经承包人修理、返工、改建后，达到了合同约定的质量标准，但因修理、返工、改建导致工程逾期交付的，与一般的履行迟延相同，承包人应当承担迟延履行的违约责任，赔偿发包人因此而遭受的损失。

七、建设监理合同

建设监理合同,是指发包人与取得了监理资质证书的监理公司、监理事务所等监理单位签订的,为发包人承担监理业务而明确双方权利义务关系的协议。

依据《民法典》第796条规定,建设工程实行监理的,发包人应当与监理人采用书面形式订立委托监理合同。可见,建设监理合同在性质上属于委托合同,且属于要式合同。有关监理合同的当事人的权利和义务以及法律责任,应当依照委托合同以及其他有关法律、行政法规的规定。

第十一节 运输合同

一、运输合同概述

(一)运输合同的概念和特点

运输合同又称运送合同,是指承运人将旅客或者货物从起运地点运输到约定地点,旅客、托运人或者收货人支付票款或者运输费用的合同(《民法典》第809条)。

运输合同具有以下特点:

第一,运输合同为双务、有偿合同。在运输合同中,承运人负有将旅客或者货物运送到约定地点的义务,旅客或者托运人负有按照约定支付票款或运费的义务,两种义务互为对价关系。因此,运输合同为双务、有偿合同。

第二,运输合同多为格式合同。在运输合同中,承运人一般都提供了为重复使用而预先拟定的格式条款,在订立合同时旅客或者托运人只有同意或者不同意的权利。客票、货运单、提单等均依照专门法规统一印制,运费一般也是执行统一的规定。当然,运输合同一般为格式合同,这并不排除有的运输合同不采用格式合同的形式,而由双方协商订立。

第三,运输合同的标的是运送行为。在运输合同中,承运人以将旅客或者货物运送到约定地点为目的。因此,运输合同的标的并不是旅客,也不是货物本身,而是承运人的运送行为。

(二)运输合同的分类

运输合同范围广泛,种类繁多,采用不同的标准可以对运输合同作不同的分类:

第一,以运输的对象为标准,运输合同可分为旅客运输合同和货物运输合同。

第二,以运输工具为标准,运输合同可分为铁路运输合同、公路运输合同、航空运输合同、水上运输合同、海上运输合同及管道运输合同等。

第三,以承运人的多少为标准,运输合同可分为单一运输合同和联合运输合同。

（三）承运人在合同订立中的强制性承诺义务

一般情况下，合同的订立遵循自由原则，但为了平衡作为弱者的社会公众与往往处于垄断经营地位的公用事业单位的利益，法律通常会对这类合同的自由订立进行干预。依据《民法典》第810条规定，从事公共运输的承运人不得拒绝旅客、托运人通常、合理的运输要求。这表明，我国法律限制了承运人可以自由承诺或者不承诺的选择权利，为从事公共运输的承运人设定了强制性承诺义务。

二、运输合同的一般效力

（一）承运人的义务

第一，承运人应当在约定期限或者合理期限内将旅客、货物安全运到约定地点（《民法典》第811条）。运输期间是指将旅客或者货物运送到目的地所需的时间。承运人在运输期间的适当履行，表现为其按照运输合同约定期限或者在合理期限内履行运送义务。承运人不能在约定期限或者合理期限履行运送义务的，应承担相应的违约责任。承运人还负有将旅客货物安全运输到目的地的义务。如果非因法定的免责原因而造成旅客货物损害的，承运人应承担相应责任。

按照约定地点履行，是指承运人应当将旅客、货物安全运输到约定地点。约定地点是运输合同中明确规定的、托运人指定的、承运人认可的运输目的地。在旅客所持有的各种票证或承运人填发的运输单据、提货单据上，均载明了旅客货物的到达地点。承运人应将旅客、货物运送到约定地点，否则，旅客、托运人或者收货人的运输目的就无法实现。承运人不履行按约定地点运送旅客或者货物的义务，造成损害的，应负担违约责任。同时，承运人将货物运送到约定地点后，还负有将货物交付给合同载明或指示交付的收货人的义务。如果承运人交付对象错误，托运人的运输目的就会落空，对此造成的损失，承运人需承担相应责任。

第二，承运人应当按照约定的或者通常路线运送旅客、货物（《民法典》第812条）。运输路线是承运人承担运输业务所需经过的路线。在作为旅客运输的票证以及货物运输的运输单据上，一般对运输路线没有明确约定。但是，在铁路、公路、航空、水运等领域，为了运输安全、便利和快捷，运输主管部门和运输企业对运输路线往往都有统筹的计划和安排。运输路线的选择，影响着旅客、货物的运输时间，故承运人负有按约定的或者通常的运输路线将旅客、货物运输到约定地点的义务。

（二）旅客、托运人或者收货人的义务

旅客、托运人或者收货人应当支付票款或者运费（《民法典》第813条）。对于运输合同的票款和运费本身，国家在较长时期内均定有稳定的价格，承运人对各种客票的价款应予公告，运输合同应当执行统一规定的票价和运费。承运人不得违反国家的规定收取票款或者运费。另外，运输中的杂费也属于旅客、托运人或者收货人应付款范围。以铁路旅客及行李包裹运输为例，铁路在旅客及行李包裹运输的全过程中，向旅客及托运人、收货人提供辅助作业付出劳

务,以及在运输合同外占用铁路设备用具等所发生的费用或者因旅客、托运人、收货人违章所加收的款额,均属运输杂费。

承运人未按照约定的或者通常路线运输增加票款或者运费的,旅客、托运人或者收货人可以拒绝支付增加部分的票款或者运费(《民法典》第 813 条)。同样,承运人未按规定而多收的杂费,旅客、托运人、收货人也有权拒付。

三、客运合同

（一）客运合同的概念和特点

客运合同即旅客运输合同,是承运人与旅客关于承运人将旅客及其行李安全运输到目的地,旅客为此支付运费的协议。

客运合同为运输合同的一种,具有如下特点:

第一,客运合同为实践合同。客运合同自承运人向旅客出具客票时成立,但当事人另有约定或者另有交易习惯的除外(《民法典》第 814 条)。

第二,客运合同采用客票作为运送凭证。客运合同属于格式合同,采用客票如铁路客运的火车票、航空客运的飞机票、水路和海上客运的船票等作为运送凭证。客票既是旅客要求承运人运送的凭证,也是一种有价证券。

第三,客运合同包括旅客行李运送的内容。客运合同的运送对象不限于旅客,通常情况下还包括旅客的行李。但是,旅客的行李运送并不构成独立的运输合同,而是附属于旅客运送的一个组成部分。

（二）客运合同的效力

1. 旅客的义务

（1）持有效客票乘运。客票是旅客乘运的唯一凭证,因此,旅客应当按照有效客票记载的时间、班次和座位号乘坐。旅客无票乘坐、超程乘坐、越级乘坐或者持不符合减价条件的优惠客票乘坐的,应当补交票款,承运人可以按照规定加收票款;旅客不支付票款的,承运人可以拒绝运输(《民法典》第 815 条第 1 款)。

（2）限量携带行李。旅客随身携带行李应当符合约定的限量和品类要求;超过限量或者违反品类要求携带行李的,应当办理托运手续(《民法典》第 817 条)。

（3）不得随身携带或者在行李中夹带违禁物品。旅客不得随身携带或者在行李中夹带易燃、易爆、有毒、有腐蚀性、有放射性以及有可能危及运输工具上人身和财产安全的危险物品或者其他违禁物品。旅客违反规定的,承运人可以将危险物品或者违禁物品卸下、销毁或者送交有关部门。旅客坚持携带或者夹带危险物品或者违禁物品的,承运人应当拒绝运输(《民法典》第 818 条)。

（4）协助义务。旅客对承运人为安全运输所作的合理安排应当协助和配合(《民法典》第 819 条)。

2. 承运人的义务

(1) 告知义务。承运人应当向旅客及时告知安全运输应当注意的事项(《民法典》第 819 条);发生迟延运输或者有其他不能正常运输情形的,承运人应当及时告知和提醒旅客,并采取必要的安置措施(《民法典》第 820 条)。

(2) 按照客票载明的时间和班次运输旅客。客票上所载明的时间、班次经承运人和旅客双方意思表示一致,业已成为客运合同的内容,双方均应按约定履行。对于承运人未按客票载明的时间和班次进行运输的,旅客有权要求安排改乘其他班次或者退票。由此造成旅客损失的,承运人应当承担赔偿责任,但是不可归责于承运人的除外(《民法典》820 条)。实名制客运合同的旅客丢失客票的,请求承运人挂失补办时,承运人不得再次收取票款和其他不合理费用(《民法典》第 815 条第 2 款)。

(3) 运输过程中的救助义务。承运人在运输过程中,应当尽力救助患有急病、分娩、遇险的旅客(《民法典》第 822 条)。如果承运人对患有急病、分娩、遇险的旅客不予救助,因其不作为应当承担民事责任。

(4) 安全运送旅客及其行李。运输合同生效后,承运人负有将旅客安全送达目的地的义务,即在运输中承运人应保证旅客的人身安全。对旅客在运输过程中的伤亡,承运人应承担赔偿责任,但是伤亡是旅客自身健康原因造成的或者承运人证明伤亡是旅客故意、重大过失造成的除外(《民法典》第 823 条第 1 款)。这种免责事由的规定,说明承运人应对旅客的人身伤亡承担无过错责任。承运人对旅客伤亡的赔偿责任及其免责事由的适用,不限于正常购票乘车的旅客,上述条款也适用于按照规定免票、持优待票或者经承运人许可搭乘的无票旅客(《民法典》第 823 条第 2 款)。除上述旅客外,对于无票乘车又未经承运人许可的人员的伤亡,因没有合法有效的合同关系存在,承运人不承担赔偿责任。此外,承运人负有安全运输旅客自带物品的义务。在运输过程中旅客自带物品毁损、灭失,承运人有过错的,应当承担赔偿责任。旅客托运的行李毁损、灭失的,适用货物运输的有关规定(《民法典》第 824 条)。

(三) 客运合同的变更和解除

1. 因旅客自身原因导致的变更或者解除

客运合同成立后,在合同履行之前,旅客一方因自己的原因不能按照客票记载的时间乘坐的,可以在法定或者约定的时间内变更或者解除合同,即变更客票记载或者办理退票手续。此种变更或者解除被称为自愿变更或解除。旅客因自己的原因不能按照客票记载的时间乘坐的,应当在约定的时间内办理退票或者变更手续;逾期办理的,承运人可以不退票款,并不再承担运输义务(《民法典》第 816 条)。

2. 因承运人的原因导致的变更或者解除

因承运人的原因导致的客运合同的变更或者解除,称为非自愿的变更或者解除,主要包括两种情况:一是因承运人的迟延运输导致的变更或者解除。承运人应当按照客票载明的时间和班次运输旅客。承运人迟延运输的,应当根据旅客的要求安排改乘其他班次、变更运输路线以到达目的地或者退票。二是承运人擅自变更运输工具引起的合同变更。在客运合同订立后,承运人单方变更运输工具的,应视为一种违约行为,旅客可以变更或者解除合同。在运送过程中,承运人擅自降低服务标准的,应当根据旅客的请求退票或者减收票款;提高服务标准的，不得加收票款（《民法典》第 821 条）。

四、货运合同

（一）货运合同的概念和特点

货运合同是指承运人将托运人交付运输的货物运送到约定地点，托运人或收货人支付运费的合同。

货运合同除运输合同的一般特点外，还具有如下特点：

第一，货运合同往往涉及第三人。货运合同由托运人与承运人双方订立，托运人与承运人为合同的当事人，但托运人既可以为自己的利益托运货物，也可以为第三人的利益托运货物。因此，收货人既可以是托运人自己，也可以是第三人。在第三人为收货人的情况下，收货人虽不是订立合同的当事人，但却是合同的利害关系人。在此情况下，货运合同即属于为第三人利益订立的合同。

第二，货运合同以将货物交付给收货人为履行完毕。货运合同与客运合同一样，均以承运人的运输行为为标的。但是，客运合同中承运人将旅客运输到目的地义务即履行完毕；而货运合同中，承运人将货物运输到目的地，其义务并不能完结，只有将货物交付给收货人后，其义务才履行完毕。

第三，货运合同为诺成合同。在货运合同中，当事人的意思表示一致即告成立，不以交付运输的货物为条件。因此，货运合同为诺成合同。

（二）货运合同的效力

1. 托运人的义务

（1）如实申报货物的有关情况。托运人办理货物运输时，应当向承运人准确表明收货人的姓名、名称或者凭指示的收货人，货物的名称、性质、重量、数量，收货地点等有关货物运输的必要情况。因托运人申报不实或者遗漏重要情况，造成承运人损失的，托运人应当承担赔偿责任（《民法典》第 825 条）。

（2）按规定向承运人提交审批、检验等文件。在货物运输中，根据运输货物的种类、性质及国家的计划安排等，有的货物的运输需要得到有关部门的批准，有的货物的运输需要先经过有关机关的检验方可进行。托运人对需要办理审批、检验手续的货物运输，应将办理完有关手续的文件提交承运人（《民法典》第 826 条）。

（3）按照要求进行包装。合同中对包装方式有约定的，托运人应当按照约定方式包装货物。合同中对包装方式没有约定或者约定不明确时，适用《民法典》第 619 条有关包装的规定。托运人违反约定或者未采用通用的包装方式，或者未采用足以保护运输货物的包装方式而交付运输的，承运人有权拒绝运输（《民法典》第 827）。

（4）按照规定托运危险物品。托运人托运易燃、易爆、有毒、有腐蚀性、有放射性等危险物品的，应当按照国家有关危险物品运输的规定对危险物品妥善包装，作出危险物标志和标签，并将有关危险物品的名称、性质和防范措施的书面材料提交承运人。托运人违反规定的，承运人可以拒绝运输，也可以采取相应措施以避免损失的发生，因此产生的费用由托运人承担

(《民法典》第 828 条)。

(5) 支付运费、保管费以及其他运输费用。在承运人全部、正确履行运输义务的情况下,托运人或者收货人应当按照规定支付运费、保管费以及其他运输费用。托运人不支付运费、保管费以及其他费用的,承运人对相应的运输货物享有留置权,但是当事人另有约定的除外(《民法典》第 836 条)。货物在运输过程中因不可抗力灭失,未收取运费的,承运人不得请求支付运费;已收取运费的,托运人可以请求返还。法律另有规定的,依照其规定(《民法典》第 835 条)。

2. 承运人的义务

(1) 安全运送货物。承运人应当按照合同约定,将托运人交付的货物安全运输至约定地点。运输过程中,货物毁损、灭失的,承运人应承担赔偿责任。货物的毁损、灭失的赔偿额,当事人有约定的,按照其约定。没有约定或者约定不明确,依据《民法典》第 510 条规定仍不能确定的,按照交付或者应当交付时货物到达地的市场价格计算。法律、行政法规对赔偿额的计算方法和赔偿限额另有规定的,依照其规定(《民法典》第 833 条)。如果承运人能证明货物的毁损、灭失是因不可抗力、货物本身的自然性质或者合理损耗以及托运人、收货人的过错造成的,则不承担赔偿责任(《民法典》第 832 条)。

(2) 通知义务。货物运输到达目的地后,承运人负有及时通知收货人的义务(《民法典》第 830 条)。当然,承运人只有在知道或者应当知道收货人的通信地址或联系方法的情况下,方负有上述通知义务。如果因为托运人或者收货人的原因,如托运人在运单上填写的收货人名称、地址不准确,或者收货人更换了填写地址或联系方式而未告知承运人的,承运人免除上述通知义务。

3. 收货人的义务

(1) 及时提货。收货人虽然没有直接参与货物运输合同的签订,但受承运人、托运人双方签订的货运合同的约束,收货人应当及时提货,收货人逾期提货的,应当向承包人支付保管费等费用(《民法典》第 830 条)。收货人不及时提货的,承运人有提存货物的权利。依据《民法典》第 837 条规定,在货运合同履行的过程中,承运人提存货物的法定事由有两项。一是收货人不明。这主要包括无人主张自己是收货人,通过现有证据(主要是货运合同)也无法确认谁是收货人,以及虽有人主张自己是收货人,但根据现有证据(包括货物运输合同及主张人提供的证据),无法认定其是收货人等情形。二是收货人无正当理由拒绝受领货物。承运人提存运输的货物后,运输合同关系即告消灭,该货物毁损、灭失的风险由收货人承担。提存期间,货物的孳息归收货人所有,提存所生费用也由收货人承担。

(2) 支付托运人未付或者少付的运费以及其他费用。一般情况下,运费由托运人在发货站向承运人支付,但如果合同约定由收货人在到货站支付或者托运人未支付的,收货人应支付。在运输中发生的其他费用,应由收货人支付的,收货人也必须支付。

(3) 检验货物。货物运交收货人后,收货人负有对货物及时进行验收的义务。收货人应当按照约定的期限检验货物。对检验货物的期限没有约定或者约定不明确,依据《民法典》第 510 条规定仍不能确定的,应当在合理期限内检验货物。收货人在约定的期限或者合理期限内对货物的数量、毁损等未提出异议的,视为承运人已经按照运输单证的记载交付的初步证据(《民法典》第 831 条)。

（三）货运合同的变更或者解除

托运人或货物凭证持有人可以请求货运合同中如下具体内容的变更或者解除：一是要求解除合同，由承运人中止运输、返还货物；二是要求承运人变更到达地；三是要求承运人将货物交给其他收货人，即变更收货人。

托运人并非可随时要求变更或者解除合同，其请求变更或者解除合同的时间应在承运人将货物交付收货人之前。如果承运人已将货物交付收货人，则货运合同已履行完毕，失去了变更或者解除的必要和可能。对承运人因托运人变更和解除合同所遭受的损失，托运人负有赔偿责任（《民法典》第 829 条）。

五、联运合同

联运合同是指当事人约定由两个以上的承运人衔接运送，用同一凭证将货物运送到指定地点，托运人支付运输费用的协议。

根据运输方式是否为同一运输方式，联运合同可分为单式联运合同和多式联运合同。

（一）单式联运合同

单式联运合同是指当事人约定由两个以上承运人以同一种运输方式将货物运至约定地点，托运人支付运费的货运合同。两个以上承运人以同一运输方式联运的，与托运人订立合同的承运人应当对全程运输承担责任。损失发生在某一运输区段的，与托运人订立合同的承运人和该区段的承运人承担连带责任（《民法典》第 834 条）。

（二）多式联运合同

多式联运合同是指多式联运经营人与托运人订立的，约定以两种以上的不同运输方式，采用同一运输凭证将货物运输至约定地点的货运合同。多式联运实行“一次托运、一次收费、一票到底、一次保险、全程负责”的“一条龙”服务的综合性运输，多式联运合同是该种交易形式的法律体现。

1. 多式联运单据

多式联运的托运人在办理多式联运手续时，于交付货物、支付运费的同时，应填写相关联运单据。多式联运单据是确认当事人权利、义务的重要依据，也是确定当事人联运合同关系的凭证，并且对于多式联运的全程运输具有指示作用。多式联运单据可以是可转让单据，也可以是不可转让单据（《民法典》第 840 条）。对于单据是否可转让，托运人享有选择权。因托运人托运货物时的过错造成多式联运的经营人损失的，即使托运人已经转让多式联运单据，托运人仍然应当承担赔偿责任（《民法典》第 841 条）。

2. 责任承担

多式联运经营人负责履行或者组织履行多式联运合同，对全程运输享有承运人的权利，承担承运人的义务（《民法典》第 838 条）。因此，经营人享有全程运输的全部权利，包括收取运输费用，在托运人违约时请求赔偿等；同时，经营人需向托运人履行全部义务和承担全部责任。

各实际承运人在运送中构成迟延或者造成货物损害的，由经营人负责赔偿。

多式联运经营人可以与参加多式联运的各区段承运人就多式联运合同的各区段运输约定相互之间的责任，但该约定不影响多式联运的经营人对全程运输承担的义务（《民法典》第 839 条）。货物的毁损、灭失发生于多式联运的某一运输区段的，多式联运的经营人的赔偿责任和责任限额，适用调整该区段运输方式的有关法律规定；货物毁损、灭失发生的运输区段不能确定的，依照货运合同的相关规定承担赔偿责任（《民法典》第 842 条）。

第十二节　技术合同

一、技术合同概述

（一）技术合同的概念和特点

技术合同是指当事人之间就技术开发、技术转让、技术许可、技术咨询或者服务所订立的确立相互之间权利和义务的合同（《民法典》第 843 条）。

技术合同包括技术开发合同、技术转让合同、技术许可合同、技术咨询合同和技术服务合同等。概括地说，技术合同具有以下特点：

第一，技术合同的标的物是技术成果。技术成果是一种特殊的商品，是凝聚着人类智慧的创造性劳动成果。依据《最高人民法院关于审理技术合同纠纷案件适用法律若干问题的解释》（以下简称《技术合同解释》）第 1 条第 1 款规定，所谓技术成果，是指利用科学技术知识、信息和经验作出的涉及产品、工艺、材料及其改进等的技术方案，包括专利、专利申请、技术秘密、计算机软件、集成电路布图设计、植物新品种等。

第二，技术合同的法律调整具有多样性。对技术合同的调整，涉及民法典中的合同部分以及知识产权法等多部法律。

第三，技术合同是双务、有偿合同。在技术合同中，当事人双方都承担相应的义务，故为双务合同。技术合同当事人一方从对方取得利益的，须向对方支付相应的对价，因此，技术合同为有偿合同。

第四，技术合同的主体一方具有特定性。技术合同当事人，至少一方是能够利用自己的技术力量从事技术开发、技术转让、技术服务或咨询的法人、非法人组织或自然人。因此，技术合同的主体一方具有特定性。

（二）技术合同的内容

订立技术合同应当有利于知识产权的保护和科学技术的进步，促进科学技术成果的研发、转化、应用和推广（《民法典》第 844 条）。依据《民法典》第 845 条规定，技术合同一般应包括以下内容：项目的名称，标的的内容、范围和要求，履行的计划、地点和方式，技术信息和资料的保密，技术成果的归属和收益的分配办法，验收标准和方法，名词和术语的解释等。在当事人有明确约定的情况下，与履行合同有关的技术背景资料、可行性论证和技术评价报告、项目任务书和计划书、技术标准、技术规范、原始设计和工艺文件以及其他技术文档如图纸、表格、数据和照片等,可以作为合同的组成部分。技术合同涉及专利权的,应当注明发明创造的名称、专利申请人和专利权人、申请日期、申请号、专利号以及专利权的有效期限。

(三) 技术合同中价款、报酬和使用费的支付

依据《民法典》第 846 条第 1 款规定,技术合同价款、报酬或者使用费的支付方式由当事人约定,可以采取一次总算、一次总付或者一次总算、分期支付,也可以采取提成支付或者提成支付附加预付入门费的方式。依据《技术合同解释》第 14 条规定,对技术合同的价款、报酬和使用费,当事人没有约定或者约定不明确的,可以按照以下原则处理:对于技术开发合同和技术转让合同,根据有关技术成果的研究开发成本、先进性、实施转化和应用的程度,当事人享有的权益和承担的责任,以及技术成果的经济效益等合理确定;对于技术咨询合同和技术服务合同,根据有关咨询服务工作的技术含量、质量和数量,以及已经产生和预期产生的经济效益等合理确定。技术合同的价款、报酬、使用费中包含非技术性款项的,应当分项计算。

技术合同价款、报酬和使用费的支付方式多样,得由当事人自由约定。《民法典》第 846 条明确认可了技术合同的当事人经常采用的两种支付方式。一是定额支付。定额支付也称一次总算、一次总付或者一次总算、分期支付。当事人在签订合同时,将所有合同价款一次算清,在合同中明确规定总的金额。该合同价款中除了技术商品自身的价格外,通常还包含技术指导、人员培训等技术服务报酬。一次总算,并不意味着一次总付,在实践中,定额支付可以分为一次总付或者分期支付。二是提成支付。所谓提成支付,是指将技术实施以后所产生的经济效益按一定的比例和期限支付给让与人,作为对让与人转让技术的经济补偿。提成支付可以分为单纯提成和"入门费加提成"两种支付方式。当事人约定采用提成支付的,其提成的具体数额可以按照产品价格、实施专利和使用技术秘密后新增加产值、利润或者产品销售额的一定比例提成。当事人另有约定的,从其约定。无论采取何种提成方法,就提成支付的比例,当事人可以约定采取固定比例、逐年递增比例或者逐年递减比例。

(四) 技术成果相关权利的归属

技术成果分为两类:一是执行法人或者非法人组织的任务,或者主要是利用法人或者非法人组织的物质技术条件所完成的职务技术成果;二是职务技术成果以外的其他技术成果,可称之为非职务技术成果。

1. 职务技术成果的归属

依据《民法典》第 847 条第 2 款规定,职务技术成果主要包括两类:

(1) 执行法人或者非法人组织的工作任务所完成的技术成果。"执行法人或者非法人组织的工作任务",既包括工作人员从事其本职工作,也包括履行法人或者非法人组织交付的本职工作以外的任务。依据《技术合同解释》第 2 条规定,执行法人或者非法人组织的工作任务主要包括:履行法人或者非法人组织的岗位职责或者承担其交付的其他技术开发任务;离职后一年内继续从事与其原所在法人或者非法人组织的岗位职责或者交付的任务有关的技术开发工作,但法律、行政法规另有规定的除外。当然,法人或者非法人组织与其职工就职工在职期间或者离职以后所完成的技术成果的权益有约定的,人民法院应当依约定确认。

（2）主要是利用法人或者非法人组织的物质技术条件完成的技术成果。所谓主要利用法人或者非法人组织的物质技术条件，包括职工在技术成果的研究开发过程中，全部或者大部分利用了法人或者非法人组织的资金、设备、器材或者原材料等物质条件，并且这些物质条件对形成该技术成果具有实质性的影响；还包括该技术成果的实质性内容是在法人或者非法人组织尚未公开的技术成果、阶段性技术成果基础上完成的情形。但下列情况除外：对利用法人或者非法人组织提供的物质技术条件，约定返还资金或者交纳使用费的；在技术成果完成后利用法人或者非法人组织的物质技术条件对技术方案进行验证、测试的。① 对于个人完成的技术成果，属于执行原所在法人或者非法人组织的工作任务，又主要利用了现所在法人或者非法人组织的物质技术条件的，应当按照该自然人原所在和现所在法人或者非法人组织达成的协议确认权益。不能达成协议的，根据对完成该项技术成果的贡献大小由双方合理分享。②

为了合理兼顾职务技术成果所涉及的法人或者非法人组织以及完成成果人的利益，鼓励科技发明和技术创新，调动各方的积极性，《民法典》一方面确认职务技术成果的使用权、转让权属于法人或者非法人组织，法人或者非法人组织可以就该项职务技术成果订立技术合同，还确认了职务技术成果的完成人享有优先受让权，即当法人或者非法人组织订立技术合同转让职务技术成果时，职务技术成果的完成人享有优先受让的权利。当然，职务技术成果的完成人只有在同等条件下，方可享有并行使该项优先受让权（《民法典》第 847 条第 1 款）。

2. 非职务技术成果的权利归属

职务技术成果以外的技术成果，都属非职务技术成果。非职务技术成果的使用权和转让权自然属于技术成果的完成人，该完成人可以就该项非职务技术成果订立相应的技术合同。

（五）完成技术成果人的署名权和取得荣誉权

完成技术成果的个人享有在有关技术成果文件上写明自己是技术成果完成者的权利和取得荣誉证书、奖励的权利（《民法典》第 849 条）。完成技术成果的民事主体，享有相应的人身权利。法律对完成技术成果人的人身权利的确认，其根本目的是鼓励创新。

（六）技术合同无效的特别规定

依据《民法典》第 850 条规定，非法垄断技术或者侵害他人技术成果的技术合同无效。依据《技术合同解释》第 10 条规定，下列情形构成非法垄断技术：（1）限制当事人一方在合同标的技术基础上进行新的研究开发或者限制其使用所改进的技术，或者双方交换改进技术的条件不对等，包括要求一方将其自行改进的技术无偿提供给对方、非互惠性转让给对方、无偿独占或者共享该改进技术的知识产权；（2）限制当事人一方从其他来源获得与技术提供方类似技术或者与其竞争的技术；（3）阻碍当事人一方根据市场需求，按照合理方式充分实施合同标的技术，包括明显不合理地限制技术接受方实施合同标的技术生产产品或者提供服务的数量、品种、价格、销售渠道和出口市场；（4）要求技术接受方接受并非实施技术必不可少的附带条

---

① 参见《技术合同解释》第 4 条。

② 参见《技术合同解释》第 5 条。

件，包括购买非必需的技术、原材料、产品、设备、服务以及接收非必需的人员等；(5) 不合理地限制技术接受方购买原材料、零部件、产品或者设备等的渠道或者来源；(6) 禁止技术接受方对合同标的技术知识产权的有效性提出异议或者对提出异议附加条件。

二、技术开发合同

（一）技术开发合同的概念和特点

技术开发合同是指当事人之间就新技术、新产品、新工艺、新品种或者新材料及其系统的研究开发所订立的合同(《民法典》第851条第1款)。

技术开发合同包括委托开发合同与合作开发合同。当事人之间就具有实用价值的科技成果实施转化订立的合同，参照技术开发合同的规定(《民法典》第851条第4款)。所谓"当事人之间就具有实用价值的科技成果实施转化订立的"技术转化合同，是指当事人之间就具有实用价值但尚未实现工业化应用的科技成果包括阶段性技术成果，以实现该科技成果工业化应用为目标，约定后续试验、开发和应用等内容的合同(《技术合同解释》第18条)。

技术开发合同具有如下特点：

第一，技术开发合同的标的物是具有创造性的技术成果。此处的创造性技术成果，即新技术、新产品、新工艺、新材料及其系统。所谓新技术、新产品、新工艺、新品种、新材料及其系统，包括当事人在订立技术合同时尚未掌握的产品、工艺、材料及其系统等技术方案，但在技术上没有创新的现有产品的改型、工艺变更、材料配方调整以及对技术成果的验证、测试和使用除外。

第二，技术开发合同是双务、有偿、诺成、要式合同。技术开发合同当事人双方均负有一定义务，每一方从他方取得利益都须支付相应对价，因此，技术开发合同为双务、有偿合同。技术开发合同自双方当事人意思表示一致时起即可成立，并不以一方当事人的实际履行为合同的成立要件，故为诺成合同。因为技术开发合同事关技术成果的研究开发，履行时间长，当事人之间的权利义务关系较复杂，《民法典》第851条第3款规定其应当采用书面形式，故技术开发合同是要式合同。

第三，技术开发合同的当事人须共担风险。技术开发合同中的风险是指在履行技术开发合同过程中，遭遇人类目前尚无法克服的技术难关，导致开发工作的全部或部分失败的状态。由于技术开发合同的成果是创造性的新成果，这种成果的取得本身就具有相当的难度，蕴藏着开发不出的危险。因此，如果开发研究方尽了自己的最大努力，仍因技术上的难度大而未能取得合同约定的预期成果时，当事人应当合理分担风险。

（二）委托开发合同的效力

委托开发合同是指当事人一方(即委托人)委托另一方(即研究开发人)进行技术研究开发的合同。

1. 委托人的义务

依据《民法典》第852条规定，委托人的义务主要包括如下几项：

（1）按照合同约定支付研究开发费用和报酬。研究开发费用是指完成研究开发工作所必需的成本。除合同另有约定外，委托人应当提供全部研究开发费用。研究开发报酬是指研究开发成果的使用费和研究开发人员的科研补贴。委托人应按合同约定按时支付报酬。委托人迟延支付研究开发经费，造成研究工作停滞、延误的，研究开发人不承担迟延责任。委托人逾期且经催告于合理期限内仍不支付研究开发费用或者报酬的，研究开发人有权解除合同，请求委托人返还技术资料、补交应付的报酬、赔偿由此所造成的损失。

（2）按照约定提供技术资料，提出研究开发要求，完成协作事项。委托人应按照合同的约定，向研究开发人提供研究开发所需要的技术资料，提出研究开发要求，并完成其他协作事项。在研究开发中，应研究开发人的要求，委托人应补充必要的背景材料和数据，但只以研究开发人为履行合同所必需的范围为限。委托人未按照合同的约定及时提供技术资料，完成协作事项或者所提供的技术资料或协作事项有重大缺陷，导致研究开发工作停滞、延误、失败的，委托人应当承担责任；委托人逾期且经催告于合理的期限内仍不提供技术资料和完成协作事项的，研究开发人有权解除合同，并请求损害赔偿。

（3）接受研究开发成果。委托人应当按期接受研究开发人完成的研究开发成果。委托人不及时接受研究开发人交付的已完成的成果时，应承担违约责任并支付保管费用。经研究开发人催告并经过合理期间委托人仍拒绝接受的，研究开发人有权处分研究开发成果，从所得收益中扣除约定的报酬、违约金和保管费；如所得收益不足以抵偿上述款项，研究开发人有权请求委托人赔偿损失。

2. 研究开发人的义务

依据《民法典》第 853 条规定，研究开发人的义务主要包括如下几项：

（1）依约制订和实施研究开发计划。计划的制订是开展研究开发工作的前提。合同订立并生效后，研究开发人应尽快制订研究开发计划。委托开发合同的标的物是具有创造性的技术成果，这决定了研究开发人具有主体上的限定性，亦即研究开发人必须有相当的研究开发能力。委托人之所以与特定的研究开发人签订委托开发合同，也正是着眼于研究开发人的研究开发能力。如果研究开发人未经委托人同意，擅自将技术研究开发工作的全部或主要部分交由第三人完成，则违背了委托人的信赖；而且也很可能因第三人的科研实力有限而影响研究开发工作的完成及质量。所以，研究开发人应当按照合同的约定亲自履行研究开发的合同义务，制订和实施研究开发计划。研究开发人不亲自履行研究开发义务的，委托人有权解除合同，并请求返还研究开发经费和赔偿损失。当然，在研究开发中对于研究开发工作的辅助部分，有的技术难度较小，或者其本身属于已被普遍掌握的技术，即使未经委托人同意，研究开发人也可以将其交由第三人完成。于此种情形下，研究开发人应对该第三人完成的工作负责。

（2）合理使用研究开发费用。研究开发人在完成研究开发工作中应当按照合同的约定合理使用研究开发费用。研究开发人将研究开发费用用于履行合同以外的目的的，委托人有权制止并要求其退还，以用于研究开发工作。由此而造成研究开发工作停滞、延误或失败的，研究开发人应支付违约金或赔偿损失；经委托人催告并经合理期间，研究开发人仍不退还费用以用于研究开发工作的，委托人有权解除合同，并请求损害赔偿。

（3）按期完成研究开发工作并交付成果。研究开发人应当按照合同约定的条件按期完成研究开发工作，及时组织验收并将工作成果交付委托人。研究开发人在完成研究开发工作中不得擅自变更标的的内容、形式和要求。由于研究开发人的过错，致使研究开发成果不符合合同约定条件的，研究开发人应当支付违约金或者赔偿损失；致使研究开发工作失败的，应当返还部分或全部研究开发费用，支付违约金或赔偿损失。

（4）研究开发人的后续义务。研究开发人按照合同约定完成研究开发工作并交付工作成果时，还应当提供有关的技术资料，并给予必要的技术指导，对委托人的相关人员进行技术培训，帮助委托人掌握该项技术成果。研究开发人不得向第三人泄露技术开发成果的技术秘密，不得向第三人提供该项技术成果，但当事人另有约定或法律另有规定的除外。

（三）合作开发合同的效力

合作开发合同是指当事人各方就共同进行技术研究开发所达成的合同。合作开发合同的双方当事人应负担以下义务：

首先，合作各方应当依照合同约定投资。合作开发合同当事人各方应按照合同的约定投资。所谓投资，是指当事人以资金、设备、材料、场地、试验条件、技术情报资料、专利权、非专利技术成果等方式对研究开发项目所作的投入。以资金以外的形式投资的，应当折算成相应的金额，明确当事人在投资中所占的比例。

其次，合作各方应按照合同约定的分工参与研究开发工作并相互协作配合。在合作开发合同中，合作各方有共同进行研究开发工作的权利和义务。合作各方可以派出代表组成指导机构，对研究开发工作中的重大问题进行决策，协调和组织研究开发工作。合作开发合同的当事人必须参与研究开发工作，各方均应按照合同中约定的分工参与研究开发工作，并在工作中相互协作、相互配合。若一方当事人仅提供资金、设备、材料等物质条件，或者承担辅助协作事项，另一方进行研究开发工作的，属于委托开发合同（《技术合同解释》第 19 条）。

最后，合作开发合同的当事人各方应保守技术信息、资料和技术成果的秘密。

在合作开发合同中，任何一方违反合同，造成研究开发工作停滞、延误或者失败的，应当承担违约责任（《民法典》第 856 条）。合作开发合同当事人的违约行为主要表现为：不按照合同约定进行投资（包括以技术进行投资）；不按照合同约定的分工参与研究开发工作；不按照合同约定与其他各方完成协作配合任务。

合作开发合同当事人在约定的期限内不履行义务的，另一方或其他各方有权解除合同。当事人一方应当支付违约金，或者赔偿因违约而给另一方或其他各方所造成的损失。

（四）技术开发合同中风险的负担

技术开发合同中的风险是指当事人一方的义务因不可归责于双方当事人的事由而不能履行时，由此所产生的损害状态。风险负担，即指上述风险应由哪一方当事人负担。

依据《民法典》第 858 条规定，在技术开发合同履行过程中，因出现无法克服的技术困难，致使研究开发失败或者部分失败的，该风险责任由当事人约定。当事人没有约定或者约定不明确，依据《民法典》第 510 条规定仍不能确定的，风险由当事人合理分担。一方当事人发现技术开发合同履行过程中，因出现无法克服的技术困难，可能导致研究开发失败或者部分失败的情形时，应当及时通知另一方并采取适当措施减少损失，如向委托人提供咨询报告和意见，建议改变研究开发内容或者全部放弃研究开发工作等。与此同时，研究开发人亦有权主动停止研究开发工作。如果当事人一方没有及时通知另一方并采取适当措施，致使损失扩大的，应当就扩大的损失承担责任。

（五）技术开发合同中技术成果权益的归属

技术开发合同中技术成果权益的归属，应遵循以下规则：

第一，委托开发所完成的发明创造，除法律另有规定或者当事人另有约定外，申请专利的权利属于研究开发人。研究开发人取得专利权的，委托人可以依法实施该专利。研究开发人转让专利申请权的，委托人享有以同等条件优先受让的权利（《民法典》第 859 条）。

第二，合作开发所完成的发明创造，申请专利的权利属于合作开发的当事人共有；当事人一方转让其共有的专利申请权的，其他各方享有以同等条件优先受让的权利。但是，当事人另有约定的除外。合作开发的当事人一方声明放弃其共有的专利申请权的，除当事人另有约定外，可以由另一方单独申请或者由其他各方共同申请。申请人取得专利权的，放弃专利申请权的一方可以免费实施该专利。合作开发的当事人一方不同意申请专利的，另一方或者其他各方不得申请专利（《民法典》第 860 条）。

第三，委托开发或者合作开发完成的技术秘密成果的使用权、转让权以及收益的分配办法，由当事人约定；没有约定或者约定不明确，依据《民法典》第 510 条规定仍不能确定的，在没有相同技术方案被授予专利前，当事人均有使用和转让的权利。但是，委托开发的研究开发人不得在向委托人交付研究开发成果前，将研究开发成果转让给第三人（《民法典》第 861 条）。对于技术秘密，“当事人均有使用和转让的权利”，包括当事人均有不经对方同意而自己使用或者以普通使用许可的方式许可他人使用技术秘密，并独占由此所获利益的权利。当事人一方将技术秘密成果的转让权让与他人，或者以独占或者排他使用许可的方式许可他人使用技术秘密，未经对方当事人同意或者追认的，应当认定该让与或者许可行为无效（《技术合同解释》第 20 条）。

（六）技术开发合同终止的特别事由

作为技术开发合同标的物的技术已经由他人公开，致使技术开发合同的履行没有意义的，当事人可以解除合同（《民法典》第 857 条）。

三、技术转让合同和技术许可合同

（一）技术转让合同和技术许可合同的概念和特点

技术转让合同是指合法拥有技术的权利人将现有特定的专利、专利申请、技术秘密的相关权利让与他人所订立的合同（《民法典》第 862 条第 1 款）。技术转让合同包括专利权转让、专利申请权转让、技术秘密转让等合同（《民法典》第 863 条第 1 款）。

技术许可合同是指合法拥有技术的权利人，将现有特定的专利、技术秘密的相关权利许可他人实施、使用所订立的合同（《民法典》第 862 条第 2 款）。技术许可合同包括专利实施许可、技术秘密使用许可等合同（《民法典》第 863 条第 2 款）。

技术转让合同和技术许可合同中关于提供实施技术的专用设备、原材料或者提供有关的技术咨询、技术服务的约定，属于合同的组成部分（《民法典》第 862 条第 3 款）。

技术转让合同和技术许可合同具有以下特点：

第一，合同的标的物是现有的技术成果，这是其与技术开发合同的区别所在。作为技术转让合同和技术许可合同标的物的技术成果必须是现有的、能够为某人独占或者不具有公开性，能够在生产经营中产生经济效益的技术。尚待研究开发的技术成果或者不涉及专利或者非专利技术成果权属的知识、技术、经验和信息等，不能成为技术转让合同和技术许可合同标的中的技术成果。①

第二，技术转让合同和技术许可合同为双务、有偿、诺成、要式合同。在技术转让合同和技术许可合同中，让与人或许可人须转让或许可他人使用其技术成果、技术成果的使用权或专利申请权，受让人或被许可人须向让与人或许可人支付价金或使用费，故其为双务合同。合同当事人任何一方取得利益均须支付相应对价，故为有偿合同。技术转让合同和技术许可合同并不以技术成果的实际交付为成立要件，而是自当事人意思表示一致时起即成立，故为诺成合同。技术转让合同和技术许可合同应当采用书面形式（《民法典》第 863 条第 3 款），故为要式合同。

（二）技术转让合同和技术许可合同中的“使用范围”条款

《民法典》第 864 条规定，技术转让合同和技术许可合同可以约定让与人和受让人实施专利或者使用技术秘密的范围，但是不得限制技术竞争和技术发展。这就是关于技术转让合同和技术许可合同中所谓“使用范围”条款的规定。此处所称的“范围”，包括实施专利或者使用技术秘密的期限、地域、方式以及接触技术秘密的人员等。当事人对实施专利或者使用技术秘密的期限没有约定或者约定不明确的，受让人、被许可人实施专利或者使用技术秘密不受期限限制（《技术合同解释》第 28 条）。在专利实施许可或专有技术转让的情况下，合同首先应当明确，受让人取得的是普通使用权、排他使用权，还是独占使用权。

除了确定技术许可合同的性质外，合同中还可以规定让与人对受让人实施专利技术和使用专有技术的若干限制。这类限制主要包括：(1) 期间范围，当事人对实施专利或者使用技术秘密的期限没有约定或者约定不明确的，受让人实施专利或者使用技术秘密不受期限限制；(2) 使用地区的范围；(3) 实施方式的范围等。

（三）涉及专利权的技术转让合同的特别规定

专利权的一个主要特点就是期限性。一旦超过专利权的有效期限，该专利便进入公有领域，任何单位和个人都可以自由、无偿地使用。此时，当事人自然不得就此项专利再行订立专利实施许可合同。

专利权在一定情况下还可能被宣告无效。依据《专利法》规定，宣告无效的专利权视为自始不存在。当事人自然也不得就宣告无效的专利权与他人订立专利实施许可合同（《民法典》第 865 条）。

---

① 参见《技术合同解释》第 22 条第 1 款。

（四）技术转让合同和技术许可合同的一般效力

1. 让与人、许可人的义务

让与人、许可人应当保证自己是所提供技术的合法拥有者，并且保证所提供的技术完整、无误、有效，能够达到约定的目标（《民法典》第 870 条）。这是技术转让合同和技术许可合同中让与人、许可人的权利瑕疵担保义务和物的瑕疵担保义务的具体体现。

让与人未按照约定转让技术的，或者许可人未按照约定许可技术的，应当返还部分或者全部使用费，并且应当承担违约责任；实施专利或者使用技术秘密超越约定范围的，违反约定擅自许可第三人实施该项专利或者使用该项技术秘密的，应当停止违约行为，承担违约责任；违反约定的保密义务的，应当承担违约责任（《民法典》第 872 条）。

受让人或者被许可人按照约定实施专利、使用技术秘密侵害他人合法权益的，由让与人或者许可人承担责任，当事人另有约定的除外（《民法典》第 874 条）。

2. 受让人、被许可人的义务

受让人、被许可人应当按照约定的范围和期限，对让与人、许可人提供的技术中尚未公开的秘密部分，承担保密义务（《民法典》第 871 条）。

受让人、被许可人应当依约支付使用费，未按照约定支付使用费的，应当补交使用费并按照约定支付违约金；不补交使用费或者支付违约金的，应当停止实施专利或使用技术秘密、交还技术资料、承担违约责任；实施专利或者使用技术秘密超越约定范围的，未经让与人、许可人同意擅自许可第三人实施该专利或者使用该技术秘密的，应当停止违约行为，承担违约责任；违反约定的保密义务的，应当承担违约责任（《民法典》第 873 条）。

3. 后续改进技术成果的权益分配

所谓后续改进，是指在技术转让合同和技术许可合同的有效期内，一方或双方对作为合同标的物的专利或技术秘密所作的革新和改良。对于这种超出原有转让技术的新的改进和发展如何分享，当事人可以在合同中明确约定。没有约定或者约定不明确，依据《民法典》第 510 条规定仍不能确定的，一方后续改进的技术成果，其他各方无权分享（《民法典》第 875 条）。

（五）技术转让合同和技术许可合同的特别效力

1. 专利实施许可合同的效力

专利实施许可包括以下方式：第一，独占实施许可，是指许可人在约定许可实施专利的范围内，将该专利仅许可一个被许可人实施，许可人依约定不得实施该专利；第二，排他实施许可，是指许可人在约定许可实施专利的范围内，将该专利仅许可一个被许可人实施，但许可人依约定可以自行实施该专利；第三，普通实施许可，是指许可人在约定许可实施专利的范围内许可他人实施该专利，并且可以自行实施该专利。当事人对专利实施许可方式没有约定或者约定不明确的，应认定为普通实施许可。专利实施许可合同约定被许可人可以再许可他人实施专利的，应认定该再许可为普通实施许可，但当事人另有约定的除外。①

在专利实施许可合同中，双方当事人分别承担以下义务：

---

① 参见《技术合同解释》第 25 条。

许可人应当按照合同约定许可被许可人在约定的范围、期限内实施专利技术。许可人应当保证其对专利技术享有许可他人使用的权利，并保证被许可人依合同约定使用其技术不会损害第三人权利。若合同中约定专利实施许可为排他实施许可，则许可人不得在已经许可被许可人实施专利的范围内，就同一专利与第三人订立专利实施许可合同；若合同中约定专利实施许可为独占实施许可的，许可人和任何第三人都不得在已经许可被许可人实施专利的范围内实施该专利。许可人还负有在合同有效期内维持其权利的义务，包括依法缴纳专利年费和积极应对他人提出宣告专利权无效的请求，并交付实施技术有关的资料，提供必要的技术指导（《民法典》第 866 条）。

被许可人应当按照合同约定的范围、方式使用技术，未经许可人同意，不得允许第三人使用技术（《民法典》第 867 条）。支付使用费是被许可人的主要义务，使用费可以理解为被许可人对专利权人转让其专利使用权的报酬。

2. 技术秘密转让合同的效力

技术秘密转让合同又称非专利技术转让合同或专有技术许可合同，是指双方当事人约定让与人将其拥有的技术秘密（非专利技术或专有技术）提供给受让人，明确相互之间对技术秘密的使用权、转让权，受让人支付约定使用费的合同。所谓技术秘密，是指不为公众所知悉、具有商业价值并经权利人采取保密措施的技术信息（《技术合同解释》第 1 条第 2 款）。

在技术秘密转让合同中，双方当事人分别应负担以下义务：

就让与人而言，应当按照合同约定提供技术资料、进行技术指导，保证技术的实用性和可靠性，承担合同约定的保密义务（《民法典》第 868 条第 1 款）。让与人未按照合同约定转让技术的，如让与人不按合同约定向受让人提供技术资料，或不按照合同约定向受让人提供技术指导的，除返还部分或全部使用费外，应当支付违约金或者赔偿损失。让与人逾期未提供合同约定的非专利技术成果的，受让人有权解除合同，让与人应当返还使用费、支付违约金或者赔偿损失。违反合同约定的保密义务，泄露技术秘密，使受让人遭受损失的，受让人有权解除合同，让与人应当支付违约金或者赔偿损失。

就受让人而言，应履行以下义务：在合同约定的范围内使用技术；按照合同约定支付使用费；承担合同约定的保密义务。但该保密义务不限制许可人申请专利，当事人另有约定的除外（《民法典》第 868 条第 2 款）。

四、技术咨询合同和技术服务合同

（一）技术咨询合同

1. 技术咨询合同的概念和特点

技术咨询合同是当事人一方以技术知识为对方就特定技术项目提供可行性论证、技术预测、专题技术调查、分析评价报告等所订立的合同（《民法典》第 878 条第 1 款）。

技术咨询合同具有如下特点：

（1）技术咨询合同在技术领域内具有自己特定的调整对象，即合同当事人在完成特定的技术项目的可行性论证、技术预测、专题技术调查等软科学研究活动中产生的民事关系。所谓特定技术项目,包括有关科学技术与经济社会协调发展的软科学研究项目,促进科技进步和管理现代化、提高经济效益和社会效益等运用科学知识和技术手段进行调查、分析、论证、评价、预测的专业性技术项目。

(2) 履行技术咨询合同的目的在于,受托人为委托人进行科学研究、技术开发、成果推广、技术改造、工程建设、科技管理等项目提出建议、意见和方案,供委托人在决策时参考,从而使科学技术的决策和选择真正建立在民主化和科学化的基础之上。因此,技术咨询合同的履行结果并不是某些立竿见影的科技成果,而是供委托人选择的咨询报告。

(3) 技术咨询合同为不要式合同。《民法典》并没有要求技术咨询合同应当采取书面形式,故技术服务合同为不要式合同。

2. 技术咨询合同的效力

(1) 委托人的义务。依据《民法典》第 879 条规定,委托人的义务主要是:按照合同约定阐明咨询的问题,提供技术背景资料及有关技术材料,接受受托人的工作成果。必要时,还应当依合同约定为受托人实施现场调查、测试、分析等工作提供方便。委托人未按照约定提供必要的资料,影响工作进度和质量,不接受或者逾期接受工作成果的,支付的报酬不得追回,未支付的报酬应当支付(《民法典》第 881 条第 1 款)。

(2) 受托人的义务。依据《民法典》第 880 条规定,受托人的主要义务是:按照约定的期限完成咨询报告或者解答问题,提出的咨询报告应当达到约定的要求。受托人未按期提出咨询报告或者所提出的咨询报告不符合约定的,应当承担减收或者免收报酬等违约责任(《民法典》第 881 条第 2 款)。技术咨询合同对受托人正常开展工作所需费用的负担没有约定或者约定不明确的,由受托人负担(《民法典》第 886 条)。

(3) 实施风险的负担。当技术咨询合同的委托人采纳和实施受托人作出的符合合同约定的咨询报告和意见后,如果出现一些不良后果,这种风险责任应当由谁承担? 对此应当遵循的原则是:除合同另有规定外,委托人按照受托人符合约定要求的咨询报告和意见作出决策所造成的损失,应当由委托人承担(《民法典》第 881 条第 3 款)。

(二) 技术服务合同的概念和特点

1. 技术服务合同的概念和特点

技术服务合同是指当事人一方以技术知识为对方解决特定技术问题所订立的合同,不包括承揽合同和建设工程合同(《民法典》第 878 条第 2 款)。

技术服务合同具有如下特点:

(1) 技术服务合同的目的是受托人为委托人解决特定技术问题。所谓特定技术问题,包括需要运用专业技术知识、经验和信息解决的有关改进产品结构、改良工艺流程、提高产品质量、降低产品成本、节约资源能耗、保护资源环境、实现安全操作、提高经济效益和社会效益等专业技术问题(《技术合同解释》第 33 条)。

(2) 技术服务合同为不要式合同。《民法典》并没有要求技术服务合同应当采取书面形式,故技术服务合同为不要式合同。

(3) 技术服务合同的表现形式多样,如技术中介合同、技术培训合同等。技术中介合同是指当事人一方以知识、技术、经验和信息为另一方与第三人订立技术合同进行联系、介绍以及对履行合同提供专门服务所订立的合同(《技术合同解释》第38条);技术培训合同是指当事人一方委托另一方对指定的学员进行特定项目的专业技术训练和技术指导所订立的合同,不包括职业培训、文化学习和按照行业、法人或者非法人组织的计划进行的职工业余教育(《技术合同解释》第36条)。依据《民法典》第887条规定,法律、行政法规对技术中介合同、技术培训合同另有规定的,依照其规定。

2. 技术服务合同的效力

(1) 委托人的义务。依据《民法典》第882条规定,委托人的义务主要包括如下几项:其一,按照约定提供工作条件,完成配合事项。其二,按照合同的约定按期接受受托人的工作成果。在验收工作成果时,如发现工作成果不符合合同规定的技术指标和要求,应当在约定的期限内及时通知对方返工或改进。其三,按照约定给付报酬。委托人不履行合同义务或者履行合同不符合约定,影响工作进度和质量,不接受或者逾期接受工作成果的,支付的报酬不得追回,未支付的报酬应当支付。

(2) 受托人的义务。依据《民法典》第883条规定,受托人应当按照约定完成服务项目,解决技术问题,保证工作质量,并传授解决技术问题的知识。委托人未按照合同约定完成服务工作的,应当承担免收报酬等违约责任。合同对受托人正常开展工作所需费用的负担没有约定或者约定不明确的,由受托人负担(《合同法》第886条)。依据《技术合同解释》第35条规定,受托人发现委托人提供的资料、数据、样品、材料、场地等工作条件不符合约定,未在合理期限内通知委托人的,视为其对委托人提供的工作条件予以认可。委托人在接到受托人的补正通知后未在合理期限内答复并予补正的,发生的损失由委托人承担。

(三) 新技术成果权益的归属

在履行技术咨询合同、技术服务合同的过程中,受托人利用委托人提供的技术资料和工作条件所完成的新的技术成果,除合同另有约定外,属于受托人;委托人利用受托人的工作成果所完成的新的技术成果,除合同另有约定外,属于委托人(《民法典》第885条)。

第十三节 保管合同

一、保管合同的概念和特点

保管合同又称寄托合同、寄存合同,是指保管人保管寄存人交付的保管物,并返还该物的合同(《民法典》第888条第1款)。在保管合同中,保管物品的一方为保管人,交付物品保管的一方为寄存人。寄存人到保管人处从事购物、就餐、住宿等活动,将物品存放在指定场所的,视为保管,但是当事人另有约定或者另有交易习惯的除外(《民法典》第888条第2款)。

保管合同具有以下特点:

第一,保管合同一般为实践合同。除非当事人另有约定,寄存人交付保管物是保管合同的成立要件,因此,保管合同一般为实践合同(《民法典》第890条)。

第二,保管合同一般为无偿合同。保管合同是社会成员相互提供帮助或者服务部门为他人提供服务的一种形式，故保管合同以无偿为原则。但当事人也可以约定为保管而给付报酬。此时，保管合同为有偿合同。

第三，保管合同为双务、不要式合同。在有偿保管合同中，寄存人须支付保管费。即使是在无偿保管合同中，寄存人仍须负担支付保管人为保管所支出的必要费用和有益费用的义务，故保管合同为双务合同。另外，《民法典》并未要求保管合同应当采取特定形式，故保管合同为不要式合同。

第四，保管合同以物品的保管为目的。保管合同订立的直接目的是由保管人保管物品，而非以保管人获得保管物品的所有权或使用权为目的。因此，保管合同的标的是保管人的保管行为，即保管人为保管物品而提供的劳务。

第五，保管合同须移转标的物的占有。保管合同原则上为实践合同，以标的物的交付为成立条件。因此，保管合同须转移保管物的占有，保管人应直接控制、占有保管物。但是，这种控制、占有只是对物的保存行为，而不是管理行为，保管不是管理。因此，保管人未经寄存人允许或依照有关规定，不得对保管物行使使用、收益和处分的权利。也就是说，保管合同只是转移保管物的占有，而并不转移保管物的所有权或使用权。

二、保管合同的效力

（一）保管人的义务

1. 给付保管凭证

除另有交易习惯外，寄存人向保管人交付保管物的，保管人应当给付保管凭证（《民法典》第 891 条）。保管凭证的给付，并非保管合同的成立要件，也非保管合同的书面形式，仅是证明保管合同存在的凭证。

2. 保管保管物

（1）妥善保管保管物。在保管合同中，保管保管物是保管人依保管合同应负的主要义务，保管人对保管物的保管应尽相当的注意义务。一般来说，在无偿的保管合同中，保管人有故意或者重大过失时，应对保管物的毁损、灭失负赔偿责任；在保管合同为有偿时，保管人保管不善造成保管物毁损、灭失的，应当承担赔偿责任（《民法典》第 897 条）。

作为保管人妥善保管保管物义务的体现，对保管人保管物的方法和场所，当事人有约定的，应从其约定；无约定的，应依保管物的性质、合同的目的以及诚信原则确定。除紧急情况或者为维护寄存人的利益外，保管人不得擅自改变保管场所或者方法（《民法典》第 892 条）。

保管人违反保管合同中的妥善保管义务，致保管物毁损、灭失的，保管人应承担违约责任。当保管物的毁损、灭失是由于保管人自身的侵权行为所致时，还发生侵权责任与违约责任的竞合。

（2）亲自保管保管物。保管人须亲自为保管行为，除当事人另有约定外，不得将保管义务转托给他人履行（《民法典》第 894 条第 1 款）。所谓亲自保管，包括保管人自己保管，也包括使用履行辅助人辅助保管。保管人擅自让第三人代为保管的，为违法的转保管，对于保管物因此而发生的损害，保管人应负赔偿责任（《民法典》第 894 条第 2 款）。例如，保管人将保管物擅自转由第三人保管时，即使保管物系因意外而毁损、灭失，保管人也应负赔偿责任。但若保管人能够证明即使不让第三人代为保管仍不能避免损害发生的，保管人可不承担责任。

当事人另有约定，保管人使第三人代为保管的，保管人应就对第三人选任和指示的过失承担责任。于此情况下，若保管人在对第三人的选任和指示上没有过错，则不承担责任，但是保管人应对其选任和指示没有过错负举证责任。

3. 不得使用或许可他人使用保管物

保管人有权占有保管物，但不得使用保管物，也不得许可第三人使用，但是经寄存人同意除外（《民法典》第 895 条）。如果保管人未经寄存人同意，其使用也不为保管物的性质所必要，擅自使用保管物或者许可第三人使用保管物的，无论保管人主观上有无过错，均应向寄存人支付相当的报酬，以资补偿。报酬的数额可比照租金标准计算，保管物为金钱的，保管人应自使用之日起支付利息。

4. 危险通知义务

危险通知，是指在出现寄存人寄存的保管物因第三人或自然原因可能会失去的危险情形时，应通知当事人。如第三人对保管人提起诉讼或者对保管物申请扣押的，保管人应当及时通知寄存人（《民法典》第 896 条第 2 款）。保管人的危险通知义务是与其返还义务相关的，因为危险发生会导致保管人不能返还保管物。依据诚信原则，在保管物受到意外毁损、灭失或者保管物的危险程度增大时，保管人也应及时将有关情况通知寄存人。

5. 返还保管物

在保管合同期限届满或者寄存人提前领取保管物时，保管人应及时返还保管物及其孳息（《民法典》第 900 条）。合同没有规定返还期限的，保管人可以随时返还，寄存人也可以随时要求返还。如果保管合同规定有返还期限，则保管人非因不得已的事由不得请求寄存人提前领取保管物（《民法典》第 899 条）。寄存人可以在期限届满前随时要求返还，因此给保管人造成损失的，寄存人应予以补偿。

保管人返还的物品应为原物，原物生有孳息的，保管人还应返还保管期间的原物孳息。但是，在消费保管合同中，因保管物为货币或者其他可替代物，保管人得取得保管物的所有权（或处分权），故保管人仅负以种类、品质、数量相同的物返还寄存人的义务（《民法典》第 901 条）。

返还地点一般应为保管地，保管人并无送交的义务，当事人另有约定的除外。

基于合同的相对性原理，保管人返还保管物义务的履行应向寄存人为之。在第三人对保管物主张权利时，除非有关机关已经对保管物采取了保全或者执行措施，保管人应向寄存人履行返还保管物的义务（《民法典》第 896 条第 1 款）。

（二）寄存人的义务

1. 支付保管费和偿还必要费用

寄存人应当按照约定向保管人支付保管费。当事人对保管费没有约定或者约定不明确，依据《民法典》第 510 条规定仍不能确定的，视为无偿保管（《民法典》第 889 条）。在无偿保管中，对于保管人因保管保管物所支出的必要费用，寄托人应予以偿还。当事人另有约定的，依其约定。

对于保管费的支付义务以及必要费用的偿还义务，寄存人应及时履行，否则保管人得就其寄存的物品行使留置权，但是当事人另有约定的除外（《民法典》第 903 条）。就保管费的支付期限，当事人有约定的，按照约定；当事人没有约定或者约定不明确的，依据《民法典》第 510 条规定仍不能确定的，寄存人应当在领取保管物的同时支付（《民法典》第 902 条）。

2. 告知义务

寄存人交付的保管物有瑕疵或者按照保管物的性质需要采取特殊保管措施的，寄存人应当将有关情况告知保管人。寄存人未告知，致使保管物受损失的，保管人不承担赔偿责任。保管人因此受到损失的，除保管人知道或者应当知道且未采取补偿措施外，寄存人应当承担赔偿责任（《民法典》第 893 条）。所谓保管物本身的瑕疵，是指保管物自身存有破坏性缺陷的情形；所谓保管物本身的性质，是指保管物为易燃、易爆、有毒、有放射性等危险物品或易腐物品的情形。在保管人于合同成立时知道或者应当知道保管物有发生危险的性质或瑕疵的情况下，寄存人得免除赔偿责任；保管人因过失而不知上述情形时，寄存人仍不能免责，于此情况下，应适用过失相抵原则。寄存人以保管人于合同成立时知道或应当知道保管物有发生危险的性质或瑕疵而主张免责的，应负举证责任。因保管物的性质或瑕疵给第三人造成损害的，寄存人也应负赔偿责任。

3. 声明义务

当寄存人寄存的物品为货币、有价证券或者其他贵重物品时，寄存人应向保管人履行声明义务，并经由保管人验收或封存。寄存人未尽声明义务的，保管人可以按照一般物品的价值予以赔偿（《民法典》第 898 条）。

第十四节　仓储合同

一、仓储合同的概念和特点

仓储合同又称仓储保管合同，是指当事人双方约定由保管人为存货人保管储存的货物，存货人为此支付报酬的合同（《民法典》第 904 条）。在仓储合同中，保管货物的一方为保管人或仓储人，交付货物保管的一方为存货人，保管的货物为仓储物。

仓储合同具有以下特点：

第一，保管人须为有仓储设备并专事仓储保管业务的主体。在仓储合同中，保管人只能是从事仓储保管业务的人，即仓库营业人。仓库营业人必须具有仓储设备和从事仓储业务的资格。所谓仓储设备，是指能够满足储藏和保管仓储物的设施，这是保管人从事仓储经营活动的基本物质条件；所谓从事仓储业务的资格，是指保管人应取得专营或兼营仓储保管业务的营业许可，办理了仓储营业登记。

第二，仓储合同的保管对象为动产。在仓储合同中，保管人利用自己的仓库为存货人保管仓储物，存货人须按照合同约定将仓储物交付保管人，由保管人进行储藏和保管。因此，仓储物只能是动产，不动产不能成为仓储物。

第三，仓储合同为诺成合同。依据《民法典》第 905 条规定，仓储合同自保管人和存货人意思表示一致时成立，故其为诺成合同。这是由仓储合同为商事合同的特性决定的。

第四，仓储合同为双务、有偿、不要式合同。仓储合同的当事人双方于合同成立后互负给付义务：保管人须提供仓储服务，存货人须给付报酬和其他费用，双方的义务具有对应性和对价性；法律对仓储合同的形式并未作特别规定，所以，仓储合同为双务、有偿、不要式合同。

二、仓储合同的效力

（一）保管人的义务

1. 给付仓单义务

存货人交付仓储物的，保管人应当出具仓单、入库单等凭证（《民法典》第 908 条）。

仓单是保管人应存货人的请求而签发的一种有价证券，应记载下列事项：（1）存货人的姓名或者名称和住所；（2）仓储物的品种、数量、质量、包装、件数和标记；（3）仓储物的损耗标准；（4）储存场所；（5）储存期限；（6）仓储费；（7）仓储物已经办理保险的，应记载其保险金额、期间以及保险人的名称；（8）填发人、填发地以及填发日期（《民法典》第 909 条）。

仓单上所载明的权利与仓单是不可分离的，因此，仓单具有以下两方面的效力：其一，受领仓储物的效力。保管人一经填发仓单，持单人对于仓储物的受领，不仅应提示仓单，而且还应缴回仓单。因此，仓单是提取仓储物的凭证。其二，移转仓储物的效力。存货人或者仓单持有人在仓单上背书并经保管人签名或者盖章的，可以转让提取仓储物的权利（《民法典》第 910 条），即发生所有权转移的效力。

仓单持有人可以请求保管人将仓储物分割为数部分，分别填发仓单，同时持有人须交还原仓单。这在学说上称为仓单的分割，其目的是便于存货人处分保管物。分割仓单所支出的费用，由存货人支付或偿还。

2. 接收、验收义务

保管人应按照合同的约定，接受存货人交付储存的仓储物。保管人不能按合同约定的时间、品名（品类）、数量接受仓储物入库的，应承担违约责任。

依据《民法典》第 907 条规定，保管人在接受存货人交存仓储物入库时，应当按照合同的约定对入库仓储物进行验收。保管人验收时发现入库仓储物与约定不符合的，应当及时通知存货人。保管人验收后，发现仓储物的品种、数量、质量不符合约定的，保管人应当承担赔偿责任。仓储物的验收包括实物验查和样本验查。保管物有包装的，验收时应以外包装或仓储物标记为准；无标记的，以存货人提供的验收资料为准。保管人未按规定的项目、方法、期限验收或验收不准确的，应承担由此造成的实际损失。在双方交接仓储物时发现问题的，保管人应妥善暂存，并在有效验收期间内通知存货人处理，暂存期间所发生的一切损失和费用由存货人负担。仓储物验收时保管人未提出异议的，视为存货人交付的仓储物符合合同约定的条件。

3. 通知义务

在储存的仓储物出现危险时，保管人有义务及时通知存货人或者仓单持有人（《民法典》第 912 条）。所谓仓储物出现危险，主要包括仓储物变质或有其他损坏。例如，发现仓储物出现异状，仓储物发生数量减少或价值减少的变化，保管人应及时通知存货人或者仓单持有人；

对于外包装或仓储物标记上标明或者合同中申明了有效期的仓储物,保管人应当提前通知失效期。遇有第三人对保管人提起诉讼或者对保管物申请扣押时,保管人也应及时通知存货人或者仓单持有人。

保管人发现入库仓储物变质或者有其他损坏,危及其他仓储物的安全和正常保管的,应当催告存货人或者仓单持有人作出必要的处置。因情况紧急,保管人可以作出必要的处置;但是,事后应当将该情况及时通知存货人或仓单持有人(《民法典》第 913 条)。

4. 妥善保管义务

保管人应当按照合同约定的储存条件和保管要求,妥善保管保管物。保管人储存易燃、易爆、有毒、有腐蚀性、有放射性等危险物品的,应当具备相应的保管条件,应当按照国家或合同规定的要求操作和储存;在储存保管过程中不得损坏货物的包装物。如因保管或操作不当使包装发生毁损的,保管人应当负责修复或按价赔偿。

因保管人保管不善而非因不可抗力、自然因素或货物(包括包装)本身的性质而发生储存的货物灭失、短少、变质、损坏、污染的,保管人均应承担赔偿责任。因仓储物本身的自然性质、包装不符合约定或者超过有效仓储期造成仓储物变质、损坏的,保管人不承担赔偿责任(《民法典》第 917 条)。

5. 容忍义务

保管人根据存货人或仓单持有人的要求,应当同意其检查仓储物或者提取样品(《民法典》第 911 条),这就是保管人的容忍义务。在存货人或仓单持有人请求对仓储物为一定的保存行为时,除非有正当理由,保管人应予允许。

(二)存货人的义务

1. 说明义务

依据《民法典》第 906 条规定,储存易燃、易爆、有毒、有腐蚀性、有放射性等危险物品或者易变质物品的,存货人应当向保管人说明货物的性质,提供有关资料。存货人违反该义务的,保管人有权拒收该货物,也可以采取相应措施以避免损失的发生,因此产生的费用由存货人负担。

2. 提取仓储物

储存期限届满,存货人或者仓单持有人应当凭仓单、入库单等取得仓储物。存货人或者仓单持有人逾期提取的,应当加收仓储费;提前提取的,不减收仓储费(《民法典》第 915 条)。

当事人对储存期限没有约定或者约定不明确的,存货人或者仓单持有人可以随时提取仓储物,保管人也可以随时要求存货人或仓单持有人提取仓储物,但应当给予必要的准备时间(《民法典》第 914 条)。储存期限届满,存货人或者仓单持有人不提取仓储物的,保管人可以催告其在合理期限内提取;逾期不提取的,保管人可以提存仓储物(《民法典》第 916 条)。

存货人或仓单持有人对于临近失效期或有异状的货物,应当及时提取或予以处理。于合同约定的储存期限届满,或者在未约定储存期限而收到保管人合理的货物出库通知时,存货人或仓单持有人应及时办理货物的提取。存货人或仓单持有人提取货物时须提示仓单并缴回仓单。由于存货人或仓单持有人的原因货物不能如期出库造成压库时,存货人或仓单持有人应负违约责任。

三、仓储合同的法律适用

仓储合同由一般的保管合同发展、演变而来,在法律对仓储合同有特别规定时,应适用法律的特别规定,没有特别规定的,应适用法律关于保管合同的规定(《民法典》第 918 条)。可见,法律关于一般保管合同的规定与法律关于仓储合同的规定,系一般法与特别法的关系。

第十五节 委托合同

一、委托合同的概念和特点

委托合同又称委任合同,是委托人和受托人约定,由受托人处理委托人事务的合同(《民法典》第 919 条)。在委托合同中,委托他方处理事务的一方为委托人,允诺为他方处理事务的一方为受托人。

委托合同有特别委托与概括委托之分。前者是委托人特别委托受托人处理一项或者数项事务,后者是委托人概括委托受托人处理一切事务(《民法典》第 920 条)。无论是特别委托还是概括委托,委托合同具有以下特点:

第一,委托合同是以为他人处理事务为目的的合同。委托合同是一种典型的提供劳务的合同。无论是民事法律行为还是事实行为,只要委托人委托的事项不违背法律、法规的强行性规定,不是与委托人人身密不可分的事务,都可借助委托合同委托他人代为处理。

第二,委托合同的订立以委托人和受托人之间的相互信任为前提。委托合同建立在委托人和受托人相互信任的基础上,因此,在委托合同生效后,如果一方对另一方产生了不信任,都可随时终止委托合同。

第三,委托合同是诺成合同、不要式合同。委托合同自双方达成一致协议时即告成立,不以物的交付或当事人实际履行行为作为合同成立的要件。因此,委托合同为诺成合同。委托合同为不要式合同,合同采用何种形式,由当事人双方自行约定。

第四,委托合同一般为无偿合同。委托合同以无偿为原则,除非当事人约定支付报酬。虽然委托合同为无偿合同,但是委托人对于受托人处理委托事务的费用仍负担支付义务,但该义务与受托人负担的处理委托事务的义务不具有对价性。

二、委托合同的效力

(一) 受托人的义务

1. 按照委托人的指示处理委托事务

在委托合同中,受托人的基本义务是按照委托人的指示处理委托事务(《民法典》第 922 条)。受托人按照委托人指示处理委托事务有以下含义:首先,委托人有指示时,应尽可能地遵守委托人的指示处理委托事务；其次，受托人需要变更委托人指示的，应当经委托人同意；再次，受托人在情势紧急时得变更委托人的指示，妥善处理委托事务；最后，受托人在变更指示后，负有报告义务。在变更委托人的指示时，受托人无法与委托人取得联系的，应在变更后及时报告委托人。如果因受托人的怠于报告而给委托人造成损失的，受托人应负赔偿责任。

在有偿的委托合同中，受托人应尽善良管理人的注意义务，若欠缺此注意，即为有过错。依据《民法典》第 929 条规定，对于委托人因此所受的损害，应负赔偿责任。在无偿的委托合同中，受托人仅就故意或重大过失而给委托人带来的损失负赔偿责任。受托人在处理委托事务时，有一定的权限范围。当受托人超越该权限处理事务时，若给委托人造成损失，则不论有无过错，均应对委托人负损害赔偿责任。

在委托合同关系中，受托人有时不止一个，委托人委托两个以上的受托人共同处理委托事务，若其中一个受托人或数个受托人违反了受托人的义务给委托人造成损失的，委托人可以向所有受托人或其中任何一个要求赔偿，即受托人为数个时，相互之间负连带责任（《民法典》第 932 条）。但是，如果其中的一人或数人未与其他受托人协商而实施的行为，损害了委托人利益的，无过错的受托人可以在承担连带责任后向实施行为的受托人行使追偿权。负连带责任的受托人必须是委托人所委托的共同处理委托事务的人，若委托人分别委托不同受托人处理不同事务，则各受托人就各自处理事务向委托人负责，并不发生连带责任的问题。

2. 亲自处理委托事务

依据《民法典》第 923 条规定，受托人应亲自处理委托事务。要求受托人亲自处理委托事务意在防止出现受托人有负委托人信任致委托人利益受损的情形。委托人同意转委托的，法律当然无禁止的必要。若有紧急情况发生，难以和委托人取得联系的，受托人于不得已事由之下，也可以转委托。

转委托又称复委托，是指受托人将委托人委托的部分或全部事务转由第三人处理，在委托人与第三人之间直接发生委托合同关系的行为，其中由受托人负责选定第三人。在转委托关系中，该被委托的第三人为次受托人。转委托的内容，得依原委托的内容。转委托包括以下两种情况：

（1）转委托经委托人同意或者追认的。对于由受托人所进行的转委托，委托人同意或追认的，受托人可以就委托事务直接指示转委托的次受托人，由次受托人直接就委托事务向委托人负责，委托关系所生的权利义务也自然在委托人和转委托的第三人之间产生。委托人应向该次受托人支付报酬、发布指示、预付费用、赔偿损失；该次受托人也应对委托人本着诚信原则，尽力勤勉地履行义务。同时，受托人可以向次受托人发布指示。因为次受托人的选任及其对次受托人的指示已经委托人同意，因而受托人仅对次受托人的选任及其对次受托人的指示承担责任。因受托人选人不慎或指示有误而给委托人造成损失的，受托人应当承担赔偿责任。

（2）转委托未经委托人同意或者追认的。受托人所为的转委托未报知委托人或虽报知但委托人未同意的，该转委托的第三人应视为受托人的履行辅助人。转委托的第三人处理事务的行为，应视为受托人自己的行为。因而，未经同意的转委托，第三人处理事务的行为给委托人造成损失的，应视为受托人的行为所造成的损失，受托人应对未经同意或者追认的转委托的第三人的行为承担责任。

在紧急情况下,受托人为了委托人的利益而进行的转委托,应当被视为委托人同意的转委托,受托人仅就其对次受托人的选任和指示承担责任。

3. 及时报告事务处理情况

受托人应当按照委托人的要求,报告受托事务的处理情况(《民法典》第924条)。受托事务终了或者委托合同终止时,受托人应当将处理委托事务的始末经过和处理结果报告给委托人,并提交必要的证明文件,如各种账目、收支计算情况等。

4. 及时转交财产

受托人因处理委托事务所取得的财产,应当转交给委托人(《民法典》第927条)。这些财产,包括金钱、物品及其孳息、权利等,不论是以委托人名义取得的,还是受托人以自己名义取得的,也不管是由次委托人取得的,还是由受托人自己在处理事务时直接取得的,受托人均应将其交还给委托人。

(二)委托人的义务

1. 支付费用

不论委托合同是否有偿,委托人都有支付费用的义务。委托人履行支付费用的义务有两种方式:一是预付费用;二是偿还费用。

依据《民法典》第921条规定,委托人应当向受托人预付处理委托事务的费用。委托人应预付费用的多少以及预付的时间、地点、方式等,应依据委托事务的性质和处理的具体情况而定。预付费用是为了委托人的利益,与委托事务的处理并不成立对价关系,因此,二者之间不存在适用同时履行抗辩权的问题。非经约定,受托人并无垫付费用的义务。因此,如果经受托人请求,委托人不预付费用的,即使受托人因此不履行处理受托事务的义务,受托人也不负履行迟延或拒绝履行的责任。同时,正因为预付费用是为了委托人的利益,因而,受托人并无申请法院强制委托人预付费用的权利。但在委托合同为有偿合同的场合,因委托人拒付费用以致影响受托人基于该合同的收益或给受托人造成损失时,受托人有权请求赔偿。

受托人无为委托人垫付费用的义务,一旦垫付,即有请求委托人偿还的权利,与此相应,委托人也就负有偿还费用的义务。依据《民法典》第921条规定,委托人偿还的费用一般应限于受托人为处理事务所支出的必要费用及其利息。所谓必要费用,是指处理受托事务不可缺少的费用,如交通费、住宿费、手续费等。当事人就必要费用的范围发生争议时,委托人应对其认为不必要的部分举证,以免使提前垫付费用的受托人处于不利地位,这样也可维系委托人和受托人之间利益的均衡。在确定必要费用的范围时,应充分考虑委托事务的性质、受托人的注意义务及支出费用的具体情况,实事求是地确定。在支付当时为必要的,即使其后已无必要,也应认定为必要费用;相反,在支付当时为不必要的,即使其后为必要,也不是必要费用。委托人偿还费用时,应加付利息。利息从垫付之日起计算。双方关于利息有约定的从其约定,没有约定的应以当时的法定存款利率计算。

对于受托人在处理受托事务时所支出的有益费用,双方当事人没有约定或者约定不明确的,应根据无因管理或不当得利的规定,向委托人请求偿还。

2. 支付报酬

委托合同约定为有偿的，委托人负有支付报酬的义务。即使当事人之间没有约定报酬或约定不明确，但是依习惯或者委托的性质应当由委托人支付报酬的，委托人也应支付报酬，受托人享有给付报酬请求权。

对于因不可归责于受托人的事由，致委托合同解除或委托事务不能完成的，系属委托合同中的风险负担问题。对于此种风险，《民法典》第928条规定，委托人应当向受托人支付相应的报酬，即由双方当事人合理负担。对于因可归责于受托人的事由而致委托合同终止或委托事务不能完成时，受托人无报酬请求权。若报酬是分期给付的，对于受托人债务不履行前已支付的报酬，受托人无须返还。报酬的数额，由双方当事人自行约定。约定不明确的，依据《民法典》第510、511条的相关规定确定。报酬的标的不限于金钱，也可包括有价证券或其他给付，但当事人无约定时，应给付金钱报酬。

对于支付报酬的时间，各国民法大都采"后付主义"，即除当事人另有约定事先支付报酬的外，非于委托关系终止及受托人明确报告始末后，受托人不得请求给付。依据《民法典》第928条规定，受托人完成委托事务的，委托人应当按照约定支付报酬。因此，受托人不得以委托人未付报酬为由，就受托事务的处理行使同时履行抗辩权。一般情况下，委托人支付报酬并不以受托人成功地处理受委托事务为要件，但若有特别约定时，应从其约定。

3. 赔偿受托人的损失

在下列情况下，委托人对受托人的损失负赔偿责任：(1) 委托人对于受托人在处理委托事务时因不可归责于受托人的事由所造成的损失应负赔偿义务(《民法典》第930条)；(2) 委托人经受托人同意，可以在受托人之外委托第三人处理事务，因此造成受托人损失的，受托人可以向委托人请求赔偿损失(《民法典》第931条)。

(三) 受托人以自己名义与第三人订立合同的效力

1. 受托人公开代理关系订立合同的效力

《民法典》第925条规定："受托人以自己的名义，在委托人的授权范围内与第三人订立的合同，第三人在订立合同时知道受托人与委托人之间的代理关系的，该合同直接约束委托人和第三人；但是，有确切证据证明该合同只约束受托人和第三人的除外。"可见，在委托合同中，如果受托人以自己的名义，在委托人的授权范围内与第三人订立合同，而第三人在订立合同时知道受托人与委托人之间的代理关系的，这一合同将直接约束委托人和第三人。但是，如果有确切证据证明该合同只约束受托人和第三人的，则该合同对委托人没有约束力。

2. 受托人不公开代理关系订立合同的效力

《合同法》第926条规定："受托人以自己的名义与第三人订立合同时，第三人不知道受托人与委托人之间的代理关系的，受托人因第三人的原因对委托人不履行义务，受托人应当向委托人披露第三人，委托人因此可以行使受托人对第三人的权利。但是，第三人与受托人订立合同时如果知道该委托人就不会订立合同的除外。受托人因委托人的原因对第三人不履行义务，受托人应当向第三人披露委托人，第三人因此可以选择受托人或者委托人作为相对人主张其权利，但是第三人不得变更选定的相对人。委托人行使受托人对第三人的权利的，第三人可以向委托人主张其对受托人的抗辩。第三人选定委托人作为其相对人的，委托人可以向第三人主张其对受托人的抗辩以及受托人对第三人的抗辩。”依据这一规定，在受托人不公开代理关系而以自己的名义订立合同时，委托人享有介入权，第三人享有选择权。

委托人的介入权须具备四个条件：一是受托人以自己的名义与第三人订立了合同。二是第三人不知道受托人与委托人之间的代理关系，即受托人未披露委托人的代理。如果第三人知道受托人与委托人之间的代理关系，则不产生委托人的介入权。三是受托人因第三人的原因对委托人没有履行义务。四是受托人应当向委托人披露第三人。具备上述四个条件，委托人就可以行使受托人对第三人的权利。委托人行使受托人对第三人的权利的，第三人可以向委托人主张其对受托人的抗辩。

第三人行使选择权须具备四个条件：一是受托人以自己的名义与第三人订立了合同；二是第三人不知道受托人与委托人之间的代理关系，即受托人未披露委托人的代理；三是受托人因委托人的原因对第三人不履行义务；四是受托人应当向第三人披露委托人。具备上述条件的，第三人就可以选择受托人或委托人作为相对人主张其权利。第三人选定之后，即不得变更选定的相对人。第三人选定委托人作为其相对人的，委托人可以向第三人主张其对受托人的抗辩以及受托人对第三人的抗辩。

三、委托合同的终止

（一）委托合同终止的原因

委托合同终止的原因包括一般原因和特殊原因。委托合同终止的一般原因是指一般合同共同适用的终止原因。委托合同终止的特殊原因是指导致委托合同终止特有的原因，主要包括以下两种情况：

第一，当事人一方任意解除合同。在委托合同中，合同的当事人双方均享有任意解除权，可以任意解除合同。无论是有偿委托合同还是无偿委托合同，无论是定有期限的委托合同还是未确定期限的委托合同，也无论委托事务的处理进行到何种程度，当事人均有权终止委托合同。但是，因解除合同造成对方损失的，除不可归责于该当事人的事由外，无偿委托合同的解除方应当赔偿因解除时间不当造成的直接损失，有偿委托合同的解除方应当赔偿对方的直接损失和合同履行后可以获得的利益（《民法典》第 933 条）。

第二，当事人一方死亡、丧失民事行为能力或破产，致使委托合同终止。当事人一方死亡、丧失行为能力或破产时，委托合同当然终止。但是，双方当事人另有约定或者根据委托事务的性质不宜终止的除外（《民法典》第 934 条）。受托人死亡、丧失民事行为能力或者破产、解散，致使委托合同终止的，受托人的继承人、遗产管理人或者清算人应当及时通知委托人。

（二）委托合同例外不终止时的法律后果

第一，受托人有继续处理事务的义务。因委托人死亡或者被宣告破产、解散，致使委托合同终止将损害委托人利益的，在委托人的继承人、遗产管理人或者清算人承受委托事务之前，受托人应当继续处理受托事务（《民法典》第 935 条）。

第二，受托人的继承人、遗产管理人、法定代理人或者清算人在委托合同终止时有采取必要措施的义务。受托人死亡、丧失民事行为能力或者被宣告破产、解散，致使委托合同终止，将损害委托人利益的，在委托人作出善后处理之前，受托人的继承人、遗产管理人、法定代理人或者清算人应当采取必要措施（《民法典》第936条）。所谓“必要措施”应作广义理解，既包括消极的保存行为，也包括对委托事务的积极处理。

第十六节　物业服务合同

一、物业服务合同的概念和特点

物业服务合同是物业服务人在物业服务区域内，为业主提供建筑物及其附属设施的维修养护、环境卫生和相关秩序的管理维护等物业服务，业主支付物业费的合同（《民法典》第937条）。在物业服务合同中，物业服务人包括物业服务企业和其他物业管理人。

物业服务合同具有以下特点：

第一，物业服务合同属于提供服务的合同。物业服务人提供的服务具有综合性或者复合性，既涉及建筑物及其附属设施的维修养护，也涉及环境卫生和相关秩序的管理维护；既涉及对物的管理，也涉及对人的管理。因此，物业服务合同涉及委托、承揽、劳务等多种因素，但并非这些合同类型的简单组合，而是兼具委托、承揽、劳务等诸多合同类型中的部分给付的性质。①

第二，物业服务合同属于长期继续性合同。继续性合同即以持续债务为内容的合同。就物业服务合同而言，物业服务并不是一次性完成的，而需要持续一定的时间，物业服务人应当在服务期间内不间断地提供物业服务，其给付的范围单纯由时间决定，属于固有的继续性合同。由于继续性合同在终止时没有溯及既往的效力，因此，在物业服务合同终止时，其效力向将来发生，对于物业服务人已经提供的服务，业主仍应当按照合同约定支付相应的报酬。

第三，物业服务合同属于集体合同。《民法典》第939条规定，建设单位依法与物业服务人订立的前期物业服务合同，以及业主委员会与业主大会依法选聘的物业服务人订立的物业服务合同，对业主都具有法律约束力。此时，就出现了合同的订立主体和合同的约束主体不同的现象。其主要原因在于，由于还没有业主或者全体业主人数众多，难以由业主或者全体业主直接参与合同订立过程，因此，法定的主体依据法定的程序和要求订立的物业服务合同，对全体业主都具有法律约束力。这充分体现了物业服务合同的集体合同特点。

既然物业服务合同是集体合同，业主作为业主团体的一员，享有接受物业服务人提供的物业服务的权利，但是单个业主的权利也要因此受到一定的限制。例如，《民法典》第944条第1款规定，物业服务人已经按照约定和有关规定提供服务的，业主不得以未接受或者无需接受相关物业服务为由拒绝支付物业费；第946条第1款规定，解除物业服务合同的，业主必须依照法定程序共同决定解聘物业服务人，单个业主无权解除合同。

第四，物业服务合同属于双务、有偿、诺成、要式合同。依据《民法典》第937条规定，物业

---

① 王利明：《合同法研究》（第四卷）（第二版），中国人民大学出版社2017年版，第131～132页。

服务人提供物业服务，业主应当支付物业费，因此，物业服务合同是双务、有偿合同。物业服务合同只要双方当事人意思表示达成一致即告成立，为诺成合同。物业服务合同应当采用书面形式（《民法典》第938条第3款），属于要式合同。

二、物业服务合同的内容

依据《民法典》第938条第1款规定，物业服务合同的内容一般包括以下几项：(1) 服务事项，即物业服务人按照约定应当提供的具体服务类型。(2) 服务质量，即物业服务人提供的物业服务的质量。(3) 服务费用的标准和收取办法。服务费用是指物业服务人按照物业服务合同的约定提供物业服务向业主所收取的费用。关于服务费用的标准，需要秉承合理、公开以及费用与服务水平相适应的原则，区分不同物业的性质和特点分别实行政府指导价和市场调节价。(4) 维修资金的使用。维修资金应当存入相关主管部门或者业主大会委托的住宅专项维修资金专户管理银行的住宅专项维修资金专户，但是维修资金的使用则由物业服务人或者相关业主提出使用建议或者使用方案，并组织实施使用方案。(5) 服务用房的管理和使用。物业服务用房是满足物业服务人的物业服务设施设备、办公及值班等需求所使用的房屋。物业服务用房的所有权依法属于全体业主。物业服务用房的用途是特定的，只能用于物业服务，未经业主大会同意，物业服务人不得改变服务用房的用途。(6) 服务期限，即物业服务合同双方当事人约定的合同存续期限。(7) 服务交接。物业服务合同涉及的服务事项较多，一般服务期限较长，物业服务人不仅长期占有物业服务用房，而且还掌握了小区内相关设施、物业服务的很多相关资料，依据《民法典》第949条第1款规定，在物业合同终止时，这些物业服务用房及相关资料等应当交还给业主委员会、决定自行管理的业主或者其指定的人，原物业服务人还应当配合新物业服务人做好交接工作，如实告知物业的使用和管理情况。

此外，依据《民法典》第938条第2款规定，物业服务人公开作出的有利于业主的服务承诺，为物业服务合同的组成部分。

三、前期物业服务合同

前期物业服务合同是指由建设单位与其委托的物业服务人依法签订的物业服务合同。建设单位依法与物业服务人订立的前期物业服务合同，对业主具有法律约束力（《民法典》第939条）。这种法律约束力，来源于业主通过购买体现出的意思表示或者通过业主共同管理体现出的意思表示，因此仍植根于业主的意思表示。实践中，在成立业主委员会之前，还存在由居民委员会与物业服务人订立物业服务合同的类型，基于同样的原理，该物业服务合同同样对业主具有约束力。前期物业服务合同对业主具有法律约束力，意味着业主享有物业服务合同中的权利，承担物业服务合同中的义务，业主无权以其并非合同当事人或者未参与订立合同为由提出抗辩。

依据《民法典》第940条规定，建设单位依法与物业服务人订立的前期物业服务合同约定的服务期限届满前，业主委员会或者业主与新物业服务人订立的物业服务合同生效的，前期物业服务合同终止。

四、物业服务合同的效力

（一）物业服务人的义务

1. 亲自提供物业服务

物业服务人应当亲自履行提供物业服务的义务。物业服务人将物业服务区域内的部分专项服务事项委托给专业性服务组织或者其他第三人的，应当就该部分专项服务事项向业主负责。物业服务人不得将其应当提供的全部物业服务转委托给第三人，或者将全部物业服务支解后分别转委托给第三人（《民法典》第 941 条）。

物业服务涉及卫生、环保、消防、特种设备维修、道路养护等诸多方面，其中许多方面具有一定的专业性。随着社会分工的进一步发展，应当允许物业服务人结合自己的人员配备情况，将部分服务事项转委托给更为专业的机构或者人员来完成。例如，另外寻找保安公司、保洁公司等，将其所承担的小区保安、保洁、电梯服务等工作分别进行转委托。这既能够保证物业服务质量，也有利于降低物业管理成本，提高资源配置效率。因此，物业服务人有权将物业服务区域内的部分专项服务事项委托给专业性服务组织或者其他第三人，无需经过业主同意。当该部分专业服务事项不符合约定时，业主有权依法请求物业服务人承担违约责任，而无权请求次受托人承担违约责任。

2. 妥善提供物业服务

物业服务人应当按照约定和物业的使用性质，妥善维修、养护、清洁、绿化和经营管理物业服务区域内的业主共有部分，维护物业服务区域内的基本秩序，采取合理措施保护业主的人身、财产安全。对物业服务区域内违反有关治安、环保等法律法规的行为，物业服务人应当及时采取合理措施制止、向有关行政主管部门报告并协助处理（《民法典》第 942 条）。

3. 公开和报告义务

物业服务人应当定期将服务的事项、负责人员、质量要求、收费项目、收费标准、履行情况，以及维修资金使用情况、业主共有部分的经营与收益情况等以合理方式向业主公开并向业主大会、业主委员会报告（《民法典》第 943 条）。物业服务人的公开和报告义务，有助于防止物业服务人利用信息优势损害业主合法权益，有助于保障业主的知情权，便利业主行使监督权，维护自身权益，对物业服务作出正确评判，推进物业服务领域的市场竞争。

（二）业主的义务

1. 支付物业费

业主应当按照约定向物业服务人支付物业费。物业服务人已经按照约定和有关规定提供服务的，业主不得以未接受或者无需接受相关物业服务为由拒绝支付物业费。业主违反约定逾期不支付物业费的，物业服务人可以催告其在合理期限内支付；合理期限届满仍不支付的，物业服务人可以提起诉讼或者申请仲裁。但是，物业服务人不得采取停止供电、供水、供热、供燃气等方式催交物业费（《民法典》第 944 条）。

2. 告知和协助义务

业主装饰装修房屋的，应当事先告知物业服务人，遵守物业服务人提示的合理注意事项，并配合其进行必要的现场检查。业主转让、出租物业专有部分，设立居住权或者依法改变共有部分用途的，应当及时将相关情况告知物业服务人（《民法典》第945条）。

物业的装饰装修是业主行使专有部分所有权的一种方式，但是，装饰装修对其他业主的利益会产生直接影响，不适当的装饰装修会危及建筑物的安全，妨碍物业服务人妥善提供物业服务，危害其他业主的利益。因此，物业服务人对业主装饰装修活动应当进行适度的管理、指导、监督，防止损害业主团体和其他业主的合法权益。这是物业服务人履行物业服务合同，实现对“物”有效管理、维护的必然要求。业主进行装饰装修活动的，应当及时将相关情况告知物业服务人，以便物业服务人采取适当措施。业主要遵守物业服务人提示的合理注意事项。为了确保建筑物的安全，物业服务人有权对装饰装修活动进行必要的现场监督、检查，以便及时发现和制止不当行为。在此过程中，业主应当积极协助、配合物业服务人履行职责。

业主转让、出租物业专有部分以及设立居住权，均属于业主依据专有权所享有的权利。但是，这些行为都涉及物业服务相对人的变化，业主负有告知物业服务人的义务，能够最大限度促使物业服务人了解情况，知悉相关物业真实使用情况，确定物业服务享有之主体、物业服务人救济权利主张的对象，为物业服务及时提供与物业服务区域有效维护创造前提。业主依法改变共有部分用途的，应当在依法办理有关手续后告知物业服务人。

五、物业服务合同的终止

（一）业主共同决定解除物业服务合同

业主依照法定程序共同决定解聘物业服务人的，可以解除物业服务合同。决定解聘的，应当提前60日书面通知物业服务人，但是合同对通知期限另有约定的除外。解除合同造成物业服务人损失的，除不可归责于业主的事由外，业主应当赔偿损失（《民法典》第946条）。

物业服务合同是一种集体合同，业主的共同管理权应当由业主大会依照法定程序共同决定。物业服务合同属于服务合同的一种，服务合同的履行需要当事人双方的特别信任和配合，在履行过程中会出现服务受领人方面的信息不充分或者情况变化，因此，服务受领人对解除合同具有合法利益。

业主依照法定程序共同决定解聘物业服务人的，如果物业服务合同对通知期限有明确约定，按照其约定。如果没有约定或者约定不明确，应当提前60日通知，并且应当采取书面形式。未提前通知的，只有在期限届满之后，解除才发生效力，而非解除无效。这也是基于特殊的政策考量，给物业服务人一定的准备期，以此减少业主的赔偿责任，避免业主承担过重的赔偿责任而产生的社会问题和执行难题。

解除合同造成物业服务人损失的，除不可归责于业主的事由外，业主应当赔偿损失。在合同是因不可归责于业主的事由而被解除的情况下，业主不承担赔偿责任。例如，物业服务人的商业信誉严重受损，导致业主无法相信物业服务人时，即使物业服务人不存在违约行为，业主此时也可以解除合同而无需赔偿；或者物业服务人存在非根本的违约行为，如物业服务人制作虚假财务报表,致使业主无法相信物业服务人时,也可以被认为属于不可归责于业主的事由。在不存在不可归责于业主的事由时,业主应当赔偿因解除物业服务合同给物业服务人造成的损失。

（二）续聘物业服务人

物业服务期限届满前,业主依法共同决定续聘的,应当与原物业服务人在合同期限届满前续订物业服务合同。物业服务期限届满前,物业服务人不同意续聘的,应当在合同期限届满前90日书面通知业主或者业主委员会,但是合同对通知期限另有约定的除外(《民法典》第947条)。

无论是前期物业服务合同还是普通物业服务合同,在物业服务合同期限届满前,依据《民法典》第278条规定,业主有权共同决定续聘或者解聘物业服务人。在业主共同决定后,由业主委员会,或者未设立业主委员会情况下由全体业主,按照业主的共同决定与物业服务人续聘或者解聘。同样,如果业主委员会未经业主大会同意,擅自续聘或者解聘,业主大会不予追认的,业主委员会的行为对全体业主不具有法律约束力,由此产生的后果由业主委员会中负有责任的个人承担。

无论是前期物业服务合同还是普通物业服务合同,物业服务期限届满后,物业服务人不负有订立新物业服务合同的义务,无论业主是否共同决定续聘,物业服务人都可以不同意续聘。物业服务人不同意续聘的,除非合同对通知期限另有约定,物业服务人应当在合同期限届满前90日书面通知业主委员会,未成立业主委员会的,应当书面通知业主。

（三）不定期物业服务合同

依据《民法典》第948条规定,在物业服务期限届满后,业主没有依法作出续聘或者另聘物业服务人的决定,但是物业服务人继续提供物业服务的,业主与物业服务人之间形成事实上的物业服务合同关系,但是服务期限为不定期。不定期物业服务合同的内容应当与原物业服务合同相同,因此,物业服务人应当依据原物业服务合同的约定提供物业服务,业主也应当按照原物业服务合同的约定支付物业费。当事人可以随时解除不定期物业服务合同,但是应当提前60日书面通知对方。

（四）物业服务人的交接义务

依据《民法典》第949条规定,物业服务合同终止后,原物业服务人应当在约定期限或者合理期限内退出物业服务区域,将物业服务用房、相关设施、物业服务所必需的相关资料等交还给业主委员会、决定自行管理的业主或者其指定的人,配合新物业服务人做好交接工作,并如实告知物业的使用和管理状况。原物业服务人违反前述规定的,不得请求业主支付物业服务合同终止后的物业费;造成业主损失的,应当赔偿损失。

物业服务人在合同终止后的交接义务是物业服务人最为重要的后合同义务之一。交接义务的具体内容包括:退出物业服务区域,交还物业服务用房、相关设施、物业服务所必需的相关资料等,配合新物业服务人完成交接工作,并如实告知物业的使用和管理状况。物业服务人违反交接义务,构成了对后合同义务的违反,应当依据《民法典》第577条规定,承担继续履行、采取补救措施或者赔偿损失等违约责任。

（五）原物业服务人继续处理物业服务事项

物业服务合同终止后，在业主或者业主大会选聘的新物业服务人或者决定自行管理的业主接管之前，原物业服务人应当继续处理物业服务事项，并可以请求业主支付该期间的物业费（《民法典》第950条）。

第十七节 行纪合同

一、行纪合同的概念和特点

行纪合同是指行纪人以自己的名义为委托人从事贸易活动，委托人支付报酬的合同（《民法典》第951条）。在行纪合同中，以自己名义为他方办理业务的一方为行纪人，由行纪人为之办理业务并支付报酬的一方为委托人。

行纪合同具有如下特点：

第一，行纪人具有主体的限定性。所谓行纪，是指以自己的名义，为他人利益从事交易活动而受报酬的营业。从事行纪营业的人，就是行纪人。行纪营业属于特殊行业，行纪人的设立须经过批准或许可。未经批准或许可的人，不得从事行纪营业。因此，在行纪合同中，行纪人具有主体的限定性，应当是经过批准可以从事行纪业务的自然人、法人和非法人组织。

第二，行纪人以自己的名义为委托人办理业务。在行纪合同中，行纪人是以自己的名义为委托人处理委托事务的。就是说，在行纪人与第三人实施民事法律行为时，自己为权利义务主体，委托人并不直接成为权利义务主体，第三人无须知道委托人为何人。因此，《民法典》第958条规定："行纪人与第三人订立合同的，行纪人对该合同直接享有权利、承担义务。第三人不履行义务致使委托人受到损害的，行纪人应当承担赔偿责任，但是行纪人与委托人另有约定的除外。"

第三，行纪人为委托人的利益办理业务。行纪人虽以自己的名义与第三人直接发生法律关系，但他是为委托人的利益与第三人发生关系的，因该关系所生的权利义务最终应归属于委托人。因此，行纪人在与第三人实施民事法律行为时，应当考虑委托人的利益，并将其结果归属于委托人。

第四，行纪合同的标的是行纪人为委托人进行的一定民事法律行为。行纪合同与委托合同一样，都属于提供劳务类合同，其标的也是劳务，即处理委托事务。这种处理委托事务体现为行纪人为委托人从事贸易活动。由于行纪人为委托人从事的贸易活动是与第三人之间发生的，因此，行纪合同的标的只能限于民事法律行为，事实行为不能成为行纪合同的标的。

第五，行纪合同为诺成、双务、有偿、不要式合同。行纪合同自当事人双方意思表示一致即可成立，无须标的物的实际交付，故行纪合同是诺成合同；行纪人负有为委托人处理委托事务的义务，而委托人负有给付报酬的义务，双方的义务是相对应的，故行纪合同是双务合同；行纪人为委托人处理委托事务须收取报酬，是有偿而非无偿的，因此，行纪合同是有偿合同；行纪合同的成立无须履行特别的方式，当事人可以约定采取口头、书面或其他方式，因此，行纪合同为不要式合同。

二、行纪合同的效力

（一）行纪人的义务

1. 负担行纪费用

行纪费用，是指行纪人在处理委托事务时所支出的费用。《民法典》第 952 条规定："行纪人处理委托事务支出的费用，由行纪人负担，但是当事人另有约定的除外。"可见，在我国，行纪费用以行纪人负担为原则，但当事人另有约定的除外。

2. 妥善保管委托物

行纪人占有委托物的，应当妥善保管委托物（《民法典》第 953 条）。行纪合同为有偿合同，因而行纪人对物的保管应尽善良管理人的注意。

3. 合理处分委托物

委托物交付给行纪人时有瑕疵或者容易腐烂、变质的，经委托人同意，行纪人可以处分该物；不能与委托人及时取得联系的，行纪人可以合理处分（《民法典》第 954 条）。行纪人违反对委托物的合理处分义务的，应承担违约责任，并赔偿给委托人造成的损害。

4. 依委托人的指示处理事务

在行纪合同中，对于委托人所指定的卖出或者买入委托物的价格，行纪人有遵从指示的义务。该项义务可分解为以下两种情况来具体考察：(1) 行纪人低于指定价格卖出或者高于指定价格买进。依据《民法典》第 955 条第 1 款规定，行纪人低于委托人指定的价格卖出或者高于委托人指定的价格买入的，应当经委托人同意，未经委托人同意，行纪人补偿其差额的，该买卖对委托人发生效力。(2) 行纪人高于指定价格卖出或低于指定价格买进委托物。依据《民法典》第 955 条第 2 款规定，行纪人高于委托人指定的价格卖出或者低于委托人指定的价格买入的，可以按照约定增加报酬。没有约定或者约定不明确，依据《民法典》第 510 条规定仍不能确定的，该利益属于委托人。

当然，委托人对价格有特别指示的，行纪人不得违背该指示卖出或者买入（《民法典》第 955 条第 3 款）。

（二）委托人的义务

1. 支付报酬

行纪人完成或者部分完成委托事务的，委托人应当向其支付报酬（《民法典》第 959 条）。所谓报酬，系行纪人为行纪行为的对价，其数额应由双方当事人约定，无约定的，依习惯确定。行纪人的报酬，习惯上多以其所为交易的价额依一定比例提取，这在证券交易中尤为常见。

行纪人全部完成或部分完成委托事务，委托人应当支付报酬却逾期不支付的，行纪人有权留置委托物，但是当事人另有约定的除外。

2. 受领或取回标的物

依据《民法典》第 957 条规定，行纪人按照行纪合同的约定为委托人买回委托物的，委托人应当及时受领。经行纪人催告,委托人无正当理由拒绝受领的,行纪人可以提存委托物。委托物不能卖出或者委托人撤回出卖时,委托人应当将委托出卖物取回或处分。若经行纪人催告后仍不取回或处分的,行纪人有权提存该委托出卖物。

（三）行纪人的介入权

行纪人的介入权是指行纪人接受委托买卖具有市场定价的商品时,除委托人有相反的意思表示外,行纪人可以自己作为出卖人或买受人(《民法典》第 956 条第 1 款)。

行纪人的介入使委托人和行纪人之间产生了买卖合同,民法上关于买卖合同的规定,均可适用。行纪人行使介入权之后,仍有报酬请求权(《民法典》第 956 条第 2 款)。委托人应按合同约定付给行纪人报酬。当然,报酬的给付时间应在买卖实行之后,即由行纪人介入的买卖的实行是委托人给付报酬的前提,但因委托人方面的原因使买卖合同不能履行的除外。

三、行纪合同的法律适用

行纪合同在性质上与委托合同最为接近。因此,《民法典》第 960 条规定:“本章没有规定的,参照适用委托合同的有关规定。”

第十八节　中 介 合 同

一、中介合同的概念和特点

中介合同是指中介人向委托人报告订立合同的机会或者提供订立合同的媒介服务,委托人支付报酬的合同(《民法典》第 961 条)。在中介合同中,报告订约机会或提供交易媒介的一方为中介人,给付报酬的一方为委托人。

中介合同有如下特点:

第一,中介合同是一方当事人为他方报告订约机会或为订约媒介的合同。报告订约机会的中介为报告中介,提供订立合同媒介服务的中介为媒介中介。

第二,中介合同为双务、有偿合同。在中介合同中,中介人为委托人报告订约机会或提供订约媒介服务,委托人支付报酬,两者互为对价。因此,中介合同为双务、有偿合同。

第三,中介合同为诺成、不要式合同。中介合同自当事人双方意思表示一致成立,不以当事人的现实交付为成立条件,因此,中介合同为诺成合同。当事人可以采取口头、书面或其他形式订立中介合同,因此,中介合同为不要式合同。

第四,委托人给付义务的履行有不确定性。在中介合同中,中介人实现中介目的时,委托人才会履行支付报酬的义务。而中介人能否实现中介目的具有不确定性,因此,委托人给付义务的履行也具有不确定性。

二、中介合同的效力

（一）中介人的义务

1. 报告订约机会或媒介订约

这项义务是中介人的主要义务，中介人应忠实尽力地履行此项义务。在报告中介中，中介人对于订约事项应将其所知据实地报告给委托人。在媒介中介中，中介人应将有关订约的事项据实报告给各方当事人。无论中介人是同时接受双方委托，还是仅接受一方委托的，中介人都负有向委托人报告的义务（《民法典》第 962 条第 1 款）。

2. 忠实和尽力的义务

中介人就自己所为的中介活动有忠实义务。中介人的忠实义务包括以下几方面的要求：（1）中介人应当就有关订立合同的事项向委托人如实报告。中介人故意隐瞒与订立合同有关的重要事实或者提供虚假情况，损害委托人利益的，不得要求支付报酬并应当承担赔偿责任（《民法典》第 962 条第 2 款）。（2）不得对订立合同实施不利影响，不得影响合同的订立或者损害到委托人的利益。（3）中介人对于所提供的信息、成交机会以及后来的订约情况，负有向其他人保密的义务。

中介人在负有忠实义务的同时，还负有尽力义务。判断中介人是否有尽力义务及其范围如何，应依照诚信原则来解释。报告中介人的任务在于报告订约机会给委托人，媒介中介人的任务除向委托人报告订约信息外，应尽力促进将来可能订约的当事人双方达成合意，排除双方所持的不同意见，并依照约定准备合同，对于相对人与委托人之间所存障碍，加以说合和克服。

3. 负担中介活动费用

中介人促成合同成立的，中介活动的费用由中介人负担。中介人作为中介合同的一方主体，若欲为委托人了解相关的订约信息、商业信息及有关人的资信状况、信誉度、知名度等情况，必定会有一定的费用支出。如果中介人促成合同成立的，中介活动的费用，应由中介人负担（《民法典》第 963 条第 2 款）。这是因为，在一般情形下，中介人支出的中介活动的费用都已计算在中介报酬内。

（二）委托人的义务

1. 支付报酬

在中介合同中，委托人的主要义务是支付报酬。就报酬的支付方式，我国采约定报酬制。依据《民法典》第 963 条第 1 款规定，中介人促成合同成立的，委托人应当按照约定支付报酬。对中介人的报酬没有约定或者约定不明确，依据《民法典》第 510 条规定仍不能确定的，根据中介人的劳务合理确定。因中介人提供订立合同的媒介服务而促成合同成立的，由该合同的当事人平均负担中介人的报酬。

委托人在接受中介人的服务后，利用中介人提供的交易机会或者媒介服务，绕开中介人直接订立合同的，应当向中介人支付报酬（《民法典》第 965 条）。可见，即使委托人“跳单”的，仍须支付报酬。

2. 支付必要的中介费用

中介人进行中介活动所支出的费用,为中介费用。中介人已尽了报告或媒介义务,但仍不能使合同成立,中介人不得请求支付报酬,但是可以按照约定请求委托人支付从事中介活动支出的必要费用(《民法典》第964条)。

第十九节 合伙合同

一、合伙合同的概念和特点

合伙合同是两个以上合伙人为了共同的事业目的,订立的共享利益、共担风险的协议(《民法典》第967条)。

从《民法典》有关合伙的规范来看,合伙区分为组织型合伙与协议型合伙,从而形成了合伙规范的双轨格局。组织型合伙体现为合伙企业,规范重点为作为民事主体的非法人组织;协议型合伙体现为合伙合同,规范重点是合伙人在合同中的权利义务。

合伙合同具有如下特点:

第一,合伙人为两个以上的人。合伙合同的当事人须为两人以上,可以是自然人,也可以是法人或者非法人组织。至于合伙人的人数上限,法律不作限制,由当事人自行选择。

第二,合伙人具有共同的事业目的。合伙合同与其他典型合同最大的区别,在于"共同的事业目的"。事业目的可以是任何合法的目的,不限于经营目的,无论该事业是经济、科学还是艺术,无论指向的是公益、共同利益还是私益,无论是持续性的还是暂时性的,无论是为合伙人利益的还是为他人利益的,均无不可。而所谓"共同",即合伙人共同追求该事业目的,但允许合伙人的动机不同。

第三,合伙人共享利益、共担风险。基于共同的事业目的,合伙人应当共享利益,但此处的"利益"不限于"利润",也可以是其他非经济利益。基于共同的事业目的,合伙人之间须共担风险。

第四,合伙合同为不要式合同。《民法典》并未要求合伙合同应当采用书面形式,故合伙合同为不要式合同。

二、合伙合同的效力

在合伙合同中,合伙人均享有相应的权利并应承担相应的义务。

(一) 出资义务

依据《民法典》第968条规定,合伙人应当按照约定的出资方式、数额和缴付期限,履行出资义务。在合伙合同中,所有合伙人都负有按照合同约定的方式促进共同事业目的实现的义务,而出资是合伙人实现共同事业目的的经济手段,故合伙人都负有出资义务。出资方式由合伙人自行约定,由于合伙人对合伙债务承担连带责任,因此对出资方式的限制较小。出资的数额由各合伙人自由约定,不必均等分配;出资的缴付期限由各合伙人自由约定,不必一致。除了货币出资之外,对其他方式的出资应当进行评估。

（二）合伙财产的归属

合伙人的出资、因合伙事务依法取得的收益和其他财产,属于合伙财产。合伙合同终止前,合伙人不得请求分割合伙财产(《民法典》第 969 条)。

合伙财产仅包括积极财产,而不包括消极财产。除获得的收益之外,因合伙事业而取得的其他财产包括:用合伙财产所购入的新财产,合伙财产所生的孳息,以及因合伙财产毁损、灭失等原因而获得的保险金、赔偿金或者补偿金等。合伙财产属于全体合伙人共有,共有的基础就是合伙合同,合伙合同终止前,合伙人不得请求分割合伙财产。

（三）合伙事务的决定和执行

依据《民法典》第 970 条第 1 款规定,合伙人就合伙事务作出决定的,除合伙合同另有约定外,应当经全体合伙人一致同意。合伙事务不仅包括具体的合伙事务,也包括涉及合伙自身基础或者合伙人相互关系的行为,如订立、修改、补充、终止合伙合同,接受他人入伙或者同意退伙等,原则上应当由全体合伙人一致同意。

对于合伙事务的执行,通常有三种方法:一是全体合伙人共同执行,二是委托一个或者数个合伙人执行,三是合伙人分别执行。按照合伙合同的约定或者全体合伙人的决定,可以委托一个或者数个合伙人执行合伙事务,其他合伙人不再执行合伙事务,但是有权监督执行情况(《民法典》第 970 条第 2 款)。合伙人分别执行合伙事务的,执行事务合伙人可以对其他合伙人执行的事务提出异议;提出异议后,其他合伙人应当暂停该项事务的执行(《民法典》第 970 条第 3 款)。

为实现合伙合同追求的共同事业目的,需要作出包括民事法律行为和非民事法律行为在内的各项行为,上述行动统称为合伙事务执行。合伙事务的执行不同于合伙事务的决定。在全体合伙人一致同意就合伙事务作出决定后,可以将决定后的合伙事务的具体执行委托给部分合伙人。同样,经全体合伙人一致决定,也可以直接将合伙事务委托给部分合伙人执行,执行事务合伙人可以就委托的合伙事项作出决定而无需取得全体合伙人的一致同意。

合伙事务的执行区分为内部关系和外部关系。在合伙人的内部关系中,事务执行涉及合伙人共同意思的形成、职权、责任等问题;在与第三人之间的外部关系中,涉及行为效果是否归属于全体合伙人。

（四）执行事务合伙人的报酬

执行合伙事务虽然是为全体合伙人的利益,但也是合伙人按照合同应尽的义务,况且实践中不乏以劳务的方式出资的合伙人,以无偿为原则最符合合伙的本旨。因此,《民法典》第 971 条规定,合伙人不得因执行合伙事务而请求支付报酬,但是合伙合同另有约定的除外。

（五）合伙的利润分配与亏损分担

依据《民法典》第 972 条规定,合伙的利润分配和亏损分担,按照合伙合同的约定办理;合伙合同没有约定或者约定不明确的,由合伙人协商决定;协商不成的,由合伙人按照实缴出资比例分配、分担;无法确定出资比例的,由合伙人平均分配、分担。

所谓利润分配,是指在扣除必要支出后合伙所获利润在各合伙人之间的分配。关于利润分配的时间和方法,应由合伙人在合伙合同中约定;合同未约定的,由全体合伙人依据《民法典》第 970 条第 1 款予以决定;仍无法决定的,可以依据《民法典》第 510 条规定,依据交易习惯和该合伙的具体情况予以确定。所谓亏损分担,是指合伙在一定时期内各种收入减去各项费用之后出现负差额,亦即发生了亏损时,就此亏损在各合伙人之间分担。

合伙合同的利润分配与亏损分担的具体比例,遵循意定优先、法定补充的规则适用顺序,其目的是在保障当事人意思自治的前提下,确保合伙的损益分配有所依据。基于意思自治,合伙人完全可以就利润分配与亏损分担确定不同的比例。但是,如果合伙人仅确定了利润分配比例或者亏损分担比例,推定该比例同时适用于利润分配和亏损分担。如果当事人无法就利润分配与亏损分担达成意定方案,则须诉诸法定方式。在法定方式中,优先按照各合伙人的实缴出资比例分配利润与分担亏损,如无法确定实缴出资比例,则由各合伙人平均分配利润与分担亏损。

（六）合伙合同的债务承担

合伙人对合伙债务承担连带责任。清偿合伙债务超过自己应当承担份额的合伙人,有权向其他合伙人追偿(《民法典》第 973 条)。

合伙人对外的连带责任使得合伙债务更容易获得清偿,有助于保护债权人利益。由于合伙人对合伙债务承担连带责任,合伙人完全可能在自己应承担的份额之外清偿了合伙债务,此时即有追偿的必要。具体的构成要件和法律效果,应当适用《民法典》第 519 条规定予以确定。关于合伙人内部对合伙债务承担份额的确定,适用《民法典》第 972 条关于利润分配和亏损分担份额的规定。

（七）合伙财产份额的转让

依据《民法典》第 974 条规定,除合伙合同另有约定外,合伙人向合伙人以外的人转让其全部或者部分财产份额的,须经其他合伙人一致同意。

合伙份额外部转让以其他合伙人一致同意为原则,这实际上是维护合伙高度人合性的必然要求。合伙人对外转让合伙份额,既可以部分转让,也可以全部转让,后者使得转让人实际上脱离了合伙,构成了退伙。转让合伙份额的多少属于当事人意思自治的范畴,由当事人约定。

合伙份额对外转让,如果经过全体合伙人的一致同意,必然会发生受让人的入伙,也可能会发生转让人的退伙。

（八）合伙人债权人代位权的限制

《民法典》第 975 条规定:“合伙人的债权人不得代位行使合伙人依照本章规定和合伙合同享有的权利,但是合伙人享有的利益分配请求权除外。”

所谓合伙人的债权人,是指合伙人个人债务的债权人。合伙人的个人债务是合伙人以自己的名义发生的债务，该债务可能与合伙事务有关，也可能与合伙事务无关。但是，即使是与合伙有关的债务，只要是以合伙人个人名义发生的，对外也仍然是个人债务，但在合伙人内部可以依照约定共同分担。《民法典》第 535 条规定了债权人的代位权，但是，合伙人对合伙所享有的权利，大多基于合伙人之间的特别信赖产生，自不应允许合伙人的债权人代位行使，否则即发生第三人介入合伙关系的结果。

三、合伙合同的终止

关于合伙合同的终止原因，主要有如下几项：

第一，不定期合伙合同的解除。依据《民法典》第 976 条规定，合伙人对合伙期限没有约定或者约定不明确，依据《民法典》第 510 条规定仍不能确定的，视为不定期合伙。合伙期限届满，合伙人继续执行合伙事务，其他合伙人没有提出异议的，原合伙合同继续有效，但是合伙期限为不定期。合伙人可以随时解除不定期合伙合同，但是应当在合理期限之前通知其他合伙人。

第二，合伙人死亡、丧失民事行为能力或终止。合伙人死亡、丧失民事行为能力或者终止的，合伙合同终止，但是合伙合同另有约定或者根据合伙事务的性质不宜终止的除外（《民法典》第 977 条）。立足于合伙合同中的“合伙人相互牵连原则”，当合伙人死亡、丧失民事行为能力或者终止时，合伙合同即告终止。然而，如果合伙合同另有约定或者根据合伙事务的性质不宜终止的，则不应发生合同终止的后果。这一方面为当事人留出了自治空间，另一方面考虑到根据合伙事务的性质不宜终止的特殊情况，避免过于僵化的处理结果。

第三，其他原因。例如，合伙目的已经实现或无法实现，合伙人可以终止合伙合同；全体合伙人可以决定终止合伙合同。

在合伙合同终止后，对合伙的财产关系应予以结算清理。清算追求的目的是让合伙财产从共同共有的联结中脱离出来，以便让属于各合伙人的财产能够供其自由支配。合伙合同终止后，合伙财产在支付因终止而产生的费用以及清偿合伙债务后有剩余的，应当依据《民法典》第 972 条规定进行分配（《民法典》第 978 条）。

自测习题　　案例分析　　案例分析参考答案

第二十四章 准合同

■【导语】

在现实生活中，人们会遇到如下情形：为防止他人房屋倒塌而自愿帮助维修、用出租车将突发疾病的行人送往医院抢救。此时，行为人支出的费用应如何处理？再如，购物时售货员多交付了商品、在银行窗口取款时职员多支付了100元人民币，若行为人拒不返还多付的商品或货币，法律应当如何应对？上述这些情形，虽然与合同关系很相似，但不能通过合同制度加以解决。为此，《民法典》确立了准合同制度，明确了无因管理与不当得利制度。上述情形就可以分别依照无因管理与不当得利的相关法律制度加以解决。

第一节 无因管理

一、无因管理的概念和性质

无因管理是指没有法定的或约定的义务，为避免他人利益受损失，自愿管理他人事务或为他人提供服务的行为。管理他人事务的人为管理人，事务被管理的人为受益人或本人。无因管理发生后，管理人与受益人之间便发生债权债务关系，这就是无因管理之债。其主要内容是，管理人享有请求受益人偿还因管理事务而支出的必要费用的债权，受益人负有偿还该项费用的债务（《民法典》第121条）。

无因管理制度起源于罗马法，后被各个国家和地区的立法所继受。无因管理制度作为债的一种发生原因，使管理人和受益人之间产生了债权债务关系，较好地平衡了以下两个冲突的生活准则：一是要求对于个人事务，他人不得随意干涉；二是社会共同生活要求人们互相帮助。各个国家和地区关于无因管理制度的具体设计，对这两个生活准则各有侧重。

一般来说，在既无法定义务又无约定义务的情况下管理他人的事务，属于干预他人事务的范畴。但是，法律所承认的无因管理，是为他人利益而主动管理他人事务的行为，是符合助人为乐、危难相助、见义勇为的道德准则的行为，因而是应当得到鼓励和受到保护的行为，而不是应受制裁的侵权行为。

无因管理能引起债的发生，因此是一种法律事实。该种债权债务关系的产生，是基于法律的规定，而非当事人的约定，故非民事法律行为。同时，该种债权债务关系的发生系基于管理人的管理行为,尽管管理行为需要管理人有为他人谋利益的意思,但该意思并非以设立民事法律关系为目的,同时也无须表示出来,因而其性质为事实行为。

二、无因管理的构成要件

无因管理的构成要件有三,即:为他人管理事务;有为他人谋利益的意思;没有法定或约定义务。

(一)为他人管理事务

管理他人事务就是为他人进行管理或者服务,这是成立无因管理的首要条件。所谓“管理”,就是处理事务的行为。所谓“事务”,是指有关人们生活利益的一切事项。它可以是有关财产的事项,也可以是非财产的事项;可以是继续性的事项,也可以是一时性的事项;可以是民事法律行为,也可以是事实行为。但是,下列事项不能成为无因管理的对象:(1)违法事项;(2)不能发生债的关系的事项,如纯粹宗教的、道德的和属公益性质的事项;(3)依据法律规定必须经本人授权才能办理的事项;(4)必须由本人亲自办理的事项,如结婚登记;(5)不作为事项。

管理的事务必须是他人的事务。如将自己的事务误认为他人的事务而管理,即使目的是为他人避免损失,也不能构成无因管理。根据事务的自身性质,可以将事务分为三类:客观的他人事务;客观的自己事务;客观上无法判断是自己的事务还是他人的事务,即中性事务。客观的他人事务,得成立无因管理;中性事务中,主观的他人事务,也可成立无因管理,但管理人应负举证责任。

(二)有为他人谋利益的意思

为他人谋利益的意思,简称为管理意思,是构成无因管理的主观要件。由于管理意思是管理人的主观心理状态,所以对其判明需借助于一定的判断标准。本书认为,管理意思的判断标准,应是受益人对其事务的管理要求、事务管理的社会常识和管理人所具有的管理知识水平三种因素的有机结合体。之所以把受益人的管理要求作为判断标准的构成要素之一,是因为受益人对其事务一般有较正确的管理见解或特殊的需要,据此管理事务往往最能满足其需要。之所以把社会常识作为判断标准的构成要素之一,是因为受益人未曾表示其管理要求时,就必须按社会常识来推断受益人的管理要求。在受益人虽然表示过其管理要求,但该要求违背社会常识、会导致不利于受益人的情况下,只有以社会常识为标准来认定有无管理意思,才符合无因管理制度的目的与功能。之所以要适当考虑管理人的管理知识水平,是因为管理人的管理知识水平并非总能与社会常识相一致,并非总能与受益人的要求相适合。在管理人尚不具备足够的管理知识时,不将其管理行为视作侵权行为,而是认定为无因管理;而在管理人对某项事务具有高于社会常识的管理水平,他却仍按社会常识进行管理,因而未取得好的效果的情况下,就不应把管理行为认定为无因管理。

为他人谋利益的对立形态是专为受益人谋利益。但也允许管理人在有为受益人谋利益的意思的同时,为自己的利益实施管理或服务行为。这里的“利益”,既包括无因管理行为使受益人取得某种权益而直接受益,也包括受益人得以避免或减少损失而间接受益。

(三) 没有法定或约定义务

无因管理中所谓的“无因”,就是指“没有法定或约定义务”。没有法定或约定义务是无因管理成立的重要条件。因此,在下列情况下就不能发生无因管理:(1) 管理人负有法定义务;(2) 管理人负有约定义务。应当指出,管理人虽然有法定或约定义务,但在履行义务的过程中超出义务范围管理了他人的事务,且不属于诚信原则的当然要求,仍可构成无因管理;或者进行事务管理之初,管理人负有义务,但在管理事务的过程中,义务消灭的,其后的事务管理,若非诚信原则的当然要求,也可构成无因管理。还应指出,衡量管理人有无法定或约定义务,应当以客观的标准确定,而不以管理人的主观认识为标准。如果负有义务而管理人误认为没有义务,其管理事务不能构成无因管理;如果本无义务而管理人误认为有义务,其管理事务照样构成无因管理。

管理人管理事务未满足前述条件,但是受益人享有管理利益的,受益人应当在其获得的利益范围内向管理人偿还因管理事务而支出的必要费用,补偿因管理事务而受到的损失(《民法典》第 980 条)。

三、无因管理的效力

无因管理的效力,表现在无因管理一经成立,管理人与受益人之间即产生债权债务关系。管理人有要求受益人偿付因管理而支付的必要费用和补偿因管理而遭受的相应损失的权利(《民法典》第 979 条第 1 款)。在无因管理之债中,管理人不仅是债权人,也是债务人。

(一) 管理人的义务

1. 适当管理义务

这一义务表现在两个方面:一方面,管理人不应违背受益人的管理意思。管理人在进行事务管理时,不得违背受益人明示的或可推知的管理意思。管理事务不符合受益人真实意思的,不构成无因管理。但是,受益人的真实意思违反法律或者违背公序良俗的除外(《民法典》第 979 条第 2 款)。另一方面,管理人应依有利于受益人的方法进行管理。管理方法是否有利于受益人,应从客观上判断,以能否避免受益人利益遭受损失为标准。中断管理对受益人不利的,管理人无正当理由不得中断(《民法典》第 981 条)。

2. 通知义务

管理人应将管理事务的事实及时通知受益人,这是管理人的从属义务。管理开始时,除管理人确实无法通知受益人之外,均应及时通知受益人。通知后,管理的事务不需要紧急处理的,应听候受益人的指示(《民法典》第 982 条)。

3. 报告、计算义务

报告、计算义务主要包括以下三项内容:(1) 管理人应将管理事务的进行状态及时报告给受益人。管理关系终止时,应向受益人明确报告其始末。(2) 管理人管理事务取得的财产应当及时转交给受益人(《民法典》第 983 条)。(3) 管理人为自己的利益而使用了应交付于受益人的钱款,或者使用了应为受益人利益而使用的钱款,应自使用之日起支付利息。

管理人违反上述适当管理义务的责任,应分两种情况确定:第一,管理人开始管理事务时,并不违反受益人的管理要求和社会常识,只是在具体的管理方法、措施方面不当,给受益人造成损害的,若管理人有故意或重大过失,应负赔偿责任;若管理人有一般过失,则应免除或减轻管理人的责任。第二,管理人有管理意思,但其管理事务却违反受益人的管理要求或社会常识,使管理效果不利于受益人,管理人如有过错,则应负赔偿责任。

(二)管理人的权利

管理人管理事务对受益人有利并且不违反社会常识时,管理人对受益人享有如下权利:(1)管理人因管理事务所支出的必要费用及其利息,受益人应负责偿还;(2)管理人为受益人负担必要的债务时,受益人应清偿该债务;(3)管理人因管理事务而遭受损失时,受益人负责赔偿。

管理人管理事务违反受益人的意思,但管理事务的结果有利于受益人,则受益人应以实际所得的部分利益偿还管理人支付的必要费用,而不以管理人实际支付的费用为标准。但是,管理人所管理的事务属于为受益人尽公益的义务或为其履行法定义务时,如代缴税款、支付抚养费等,则受益人仍应负全部偿还管理费用的义务。

(三)委托合同的适用

管理人管理事务经受益人事后追认的,从管理事务开始时起,适用委托合同的有关规定,但是管理人另有意思表示的除外(《民法典》第984条)。

第二节 不当得利

一、不当得利的概念和性质

不当得利是指没有法律根据,使他人受到损失而自己获得了利益(《民法典》第122条)。正因为不当得利没有法律根据,因此虽属既成事实也不能受到法律的保护,不当利益应返还给受损失的人。这种权利义务关系就是不当得利之债。其中,取得不当利益的人为得利人,是不当得利之债的债务人,负有返还不当得利的债务;财产受损失的人为受损人,是不当得利之债的债权人,享有请求得利人返还不当利益的债权。

依照法律规定,不当得利能引起不当得利之债。所以,不当得利是一种法律事实,是债的发生根据。不当得利引起的债完全是基于法律的规定,而不是基于当事人的意思,因此它不属于民事法律行为。不当得利并非基于得利人和受损人的意思而产生,故为事件。

二、不当得利的构成要件

不当得利的构成要件有四:一方获得利益;他方受到损失;获得利益和受到损失之间有因

果关系;获得利益没有合法根据。

(一)一方获得利益

得利人没有法律根据取得不当利益是不当得利成立的要件之一(《民法典》第985条)。如果一方使他方的财产受到损害,自己并未从中获得任何利益,即使依法应负赔偿责任,也不构成不当得利。

所谓获得利益,是指因为一定事实使财产总额增加。增加分为积极的增加和消极的增加两类。财产的积极增加是指权利的增强或义务的消灭,使财产范围扩大,其具体表现形式为:财产权利的取得、占有的取得、财产权的扩张及效力的增强、财产权限制的消灭。财产消极的增加是指当事人的财产本应减少却因一定事实而没有减少,包括本应支出的费用而没有支出、本应负担的债务而未负担或少负担、本应在自己的财产上设定负担而后来不再设定等。

至于获得利益的方法,可以是民事法律行为,也可以是事实行为;可以是得利人的行为,也可以是受损人的行为,还可以是第三人的行为,甚至可以是自然事实。

(二)他方受到损失

他方受到损失是不当得利成立的另一个要件。如果一方获得利益,他方并没有因此而受到任何损失,就不构成不当得利。

损失包括两种:一是现有财产利益的减少,即直接损失或者积极损失;二是财产利益应当增加而没有增加,即间接损失或者消极损失。其中,对于损失的解释不应像侵权行为或违约行为制度那么严格,如在给付不当得利情形下,一方因他方为给付而受利益,对他方即构成损失;在非给付不当得利情形下,一方取得依权利内容应当归属于他方的利益,他方即构成损失。就间接损失而言,只要在通常情况下财产可能增加而实际没有增加即可。这是因为,不当得利制度的功能在于使得利人返还其没有法律上原因而取得的利益,而非填补损害。

(三)获得利益和受到损失之间有因果关系

获得利益和受到损失之间有因果关系,是指他方的损失是因一方获得利益造成的。这种因果关系的含义,在民法理论上有直接因果关系说与非直接因果关系说之争。前者主张,获得利益和受到损失必须基于同一原因事实,两者之间才为有因果关系。如果获得利益的原因事实与受到损失的原因事实不同,即使获得利益和受到损失之间有所牵连,也无因果关系。例如,甲向乙借钱用于修理丙的房屋,甲无力还钱时,乙不得向丙请求返还不当得利。因为乙受损失的原因与丙取得利益的原因不是同一事实。非直接因果关系说认为,获得利益的原因事实不必与受到损失的原因事实相同,只要社会观念认为获得利益和受有损失有牵连关系,就可认定两者之间有因果关系。例如,甲拾得乙的金钱而赠与丙,即可构成不当得利。

不当得利制度的作用,在于按照衡平观念对财产利益的不当变动进行调节,一方没有法律上的原因而取得利益,他方因而受到损失,应当基于衡平观念并根据社会伦理来确定有无因果关系。在利益和损失之间尽管有第三人的行为介入,如果根据社会观念系属不当,并且利益的取得没有法律上的原因,即应适用不当得利的规定,令第三人负不当得利返还义务。如采直接因果关系理论,就会不当地排除受损人向间接获利的第三人主张不当得利返还请求权的机会。

《民法典》第122条关于不当得利的规定,就是采取了非直接因果关系的观点,即只要他方的损失是由取得不当利益造成的;或者如果没有其不当利益的取得,他方就不会遭受财产的损失,均应认为获得利益与受到损失之间有因果关系,构成不当得利。

(四)获得利益没有合法根据

造成他方损失而使自己获得利益,之所以构成不当得利,是因为该项利益的获得没有合法根据。可见,没有合法根据是不当得利成立的重要要件。如果一方获得利益和他方受到损失有法律上的根据,当事人之间的关系就受到法律的认可和保护,不构成不当得利。

没有合法根据,在罗马法上称"无原因",在德国民法上称为"无法律原因",在瑞士债务关系法上称为"无适法的原因"。关于无法律原因的含义如何概括,历来有争论,大致分为统一说和非统一说。统一说认为,无法律上的原因应当具有统一的意义,对任何情形下不当得利的构成均应作统一说明,概括出无法律原因的统一含义。非统一说认为,各种不同类型的不当得利有其存在的不同基础,应当区别给付不当得利的具体情形以及其他不当得利的类型,分别说明无法律上的原因的含义,不可能概括出无法律原因的统一含义。非统一说贯彻了类型化思考方法,有助于法律的解释适用。

三、不当得利的基本类型

根据不当得利之债的发生是否基于给付行为,可以将不当得利区分为给付不当得利和非给付不当得利。这种划分不是基于历史的沿革,而是由其内在的本质特征决定的:给付不当得利调整欠缺给付目的的财产变动,非给付不当得利则与给付行为没有关系。

(一)给付不当得利的类型

1. 给付原因自始不存在的给付不当得利

这种类型的不当得利包括:(1)民事法律行为不成立、无效及被撤销所产生的不当得利。民事法律行为不成立、无效及被撤销,当事人已完成其给付行为的,由于民事法律行为并无法律效力,因此该项给付即属于自始没有给付原因的给付行为。考虑到我国现行民事立法并未承认所谓的物权行为独立性和无因性,给付行为一方在原物仍然存在时,既可主张所有物返还请求权,要求受领人返还所有物,也可放弃此项效力较强的请求权,转而主张不当得利返还请求权。如果原物已被受领人消费,或由第三人合法取得,或标的物为种类物,无法进行原物返还的,给付行为人可对受领人主张不当得利返还。(2)履行不存在的债务所引起的不当得利。这即是所谓的非债清偿。此处所谓履行不存在的债务,既包括履行根本不曾存在过的债务,如甲欠乙10元,误还给丙,或甲根本不欠乙钱,却误以为欠钱,还给乙10元;也包括履行已经消灭的债务。

2. 给付原因嗣后不存在的不当得利

向他人为给付时尚存在给付原因,但履行给付行为后法律上的原因不存在或消灭的,也会构成不当得利。这种类型的不当得利包括:(1)因合同解除产生的不当得利。合同解除有溯及力的,基于合同发生的债权债务关系溯及既往地消灭。为给付行为的一方当事人对于其此前所为给付,如果原物仍然存在的,既可主张效力较强的所有物返还请求权,也可主张不当得利返还请求权。原物已被消费,或由第三人合法取得,或为种类物,无法返还原物的,可主张不当得利返还请求权。(2)因给付目的嗣后不能实现产生的不当得利。如发生财产保险事故后,保险人依照保险合同给付保险金后,被保险人从第三人处取得赔偿而填补损害,其所受领的保险金即构成不当得利,应当予以返还。

在一般情况下,具有上述情形的,即可发生不当得利。但是在以下情况下,一方虽然没有给付义务,也不能构成不当得利:(1)为履行道德义务进行的给付;(2)债务到期之前的清偿;(3)明知无给付义务而进行的债务清偿(《民法典》第 985 条)。此外,不法原因的给付、放弃时效利益的给付也不构成不当得利。

(二)非给付不当得利的类型

非给付不当得利包括如下类型:(1)基于得利人的行为而产生的不当得利,如得利人擅自出卖、消费他人之物而取得利益;(2)基于受损人的行为而产生的不当得利,如受损人将他人的土地误以为是自己的土地而耕种;(3)基于第三人的行为而产生的不当得利,如第三人擅自使用受损人的材料为得利人制作家具;(4)基于事件而产生的不当得利,如洪水过后,受损人饲养的鱼被冲到得利人的鱼塘里。

四、不当得利的效力

不当得利一经成立,当事人之间即发生债权债务关系,受损人有权请求得利人返还不当得利,得利人负有返还不当得利的义务。具体如下:

第一,得利人为善意,即在得利人取得利益时不知道且不应当知道没有法律根据,其返还利益的范围以利益存在的部分(现存利益)为限;如利益已不存在的,则不负返还义务(《民法典》第 986 条)。现存利益不限于原物的固有形态,形态改变,财产价值仍然存在或者可以代偿的,仍然属于现存利益。

第二,得利人为恶意,即在取得利益时知道或者应当知道没有法律根据,其返还利益的范围应是得利人取得利益时的数额,即使该利益在返还之时已经减少甚至不复存在,返还义务也不能免除,并应当依法赔偿损失(《民法典》第 987 条)。之所以如此,是因为得利人明知其取得利益没有合法根据,却仍然置受损人的合法利益于不顾,法律对此没有加以特别保护的必要。

第三,得利人在取得利益时为善意,嗣后为恶意的,其返还范围应以恶意开始之时存在的利益为准。

第四,得利人已经将取得的利益无偿转让给第三人的,受损人可以请求第三人在相应范围内承担返还义务(《民法典》第 988 条)。

自测习题　　案例分析　　案例分析参考答案

第五编　人格权

第二十五章　人格权概述

■【导语】

西方法学家认为，人类的某些权利是天然的、与生俱来的，法律对此只有保护之责，而无予夺之权，这就是所谓“天赋人权”学说。我国主流法学理论并不完全赞同这一观点。但在民事权利体系中，确有一些权利是“与生俱来”的，如生命权、身体权等；还有一些权利是民事主体基于某种特定身份而享有的，如配偶权、亲属权。上述权利，在民法上统称为人身权，本章即是对此类民事权利的概括论述。

第一节　人身权的概念和分类

一、人身权的概念和特点

（一）人身权的概念

人身权是民事主体基于其人格或身份而依法享有的对其人格利益或身份利益的排他支配权。

人身权是与财产权相对应的民事权利。民法调整平等主体之间的人身关系和财产关系，集中表现为对人身权和财产权的确认和保护，故人身权和财产权是民事权利的两大类别。同财产权一样，人身权也是一个复合性概念，包含了若干种具体的权利形态，如生命权、身体权、健康权、姓名权、肖像权、名誉权、隐私权、配偶权等。正如财产权以特定的财产为基础，是民法对特定主体的财产利益加以确认和保护的结果，人身权以特定的人格或身份为基础，体现了民法对特定主体的人格利益和身份利益的确认和保护。一般认为，人身权的客体就是这种人格利益和身份利益。

（二）人身权的特点

作为与财产权相对应的民事权利，人身权除具备民事权利的一般属性外，还具有以下三个法律特点：

第一，人身权是与权利主体的人格或身份不可分离的权利。这一特点主要表现在以下两个方面:一方面,人身权只能由特定的民事主体所享有,这表明人身权(特别是人格权)是权利主体“与生俱来”的权利。另一方面,人身权与特定的民事主体不可分离。依据《民法典》第992条规定,人格权不得放弃、转让或者继承。同样,身份权也具有这种属性。人身权不得放弃,是因为人身权不但体现个人利益,而且是文明社会生活的基础,对此基础的动摇即对社会利益的侵犯,故各国立法均禁止免除人身伤害的侵权责任;人身权不得转让,是指除法律另有规定外,人身权不得以任何形式买卖、赠与;人身权不得继承,是指人身权不能作为遗产由继承人所承受。

第二,人身权具有非财产性。所谓非财产性,是指人身权是没有直接财产内容的权利。人身权的客体是民事主体的人格利益和身份利益,这种利益不像物权的客体(有体物)或知识产权的客体(知识产品)、债权的客体(给付)、继承权的客体(遗产)那样具有经济价值,可以用金钱来估算和衡量。因此,人身权是一种没有直接财产内容、不直接体现财产利益的权利。人身权所直接体现的,是权利主体基于其人格和身份而享有的精神利益(如生命、健康、姓名、名誉、隐私等)。当然,强调人身权没有直接财产内容,并不等于说人身权完全与财产利益无关或完全不包含财产利益。在各种具体的人身权中,有的可以派生财产利益或者商业化利用(如肖像权、姓名权和名称权),有的则包含财产利益内容(如配偶权)。

第三,人身权具有绝对性和支配性。人身权是绝对权,其效力及于权利主体以外的任何人,即任何人都负有不得侵害他人人身权的义务。因此,人身权具有绝对性。人身权又是支配权,权利人有权支配其人格利益和身份利益,并排除他人的干涉和侵犯。同时,人身权的行使通常可由权利人自行实现,无须借助义务人的积极行为。

二、人格权与身份权的关系

民事权利根据性质的不同可以分为财产权与人身权,人身权又包括人格权与身份权。所谓身份权,是民事主体基于亲属法上的特定身份而享有的权利的统称。依据《民法典》第1001条规定,对自然人因婚姻家庭关系等产生的身份权的保护,应适用《民法典》总则编、婚嫁家庭编和其他法律的相关规定;没有规定的,可以根据其性质参照适用人格权编人格权保护的有关规定。

人格权与身份权同属于人身权,两者既有联系,又有区别。

(一)人格权与身份权的联系

第一,两者都是专属权。人格权与身份权都与民事主体密不可分,具有专属性的特点。特定的人格利益、身份利益只有与特定民事主体结合在一起才有意义。因此,与财产权不同,人格权和身份权不得放弃、转让、继承。

第二,两者都具有绝对性。人格权与身份权的行使不同于债权需要他人协助,权利人可以凭自己的意志行使权利。两者的义务主体都是权利人以外的一切人,他人仅负有不作为即不得阻碍权利人行使权利的义务。同时,人格权、身份权通常可由权利人自行实现,无须借助义务人的积极行为。

第三,两者都是非财产性权利,以精神性利益的享有为主要内容。若人格权或者身份权受到侵害,权利人可以请求精神损害赔偿。人格与身份并非财产,不能用金钱来衡量其价值,尽管人格权、身份权的行使可能为权利人带来财产利益,但其功能并不主要是为了谋取经济利益,而是为了实现人的内在价值。

（二）人格权与身份权的区别

第一,两者的权利性质不同。人格权是民事主体固有的权利,随着人的出生而取得,随着人的死亡而消灭;身份权并非民事主体不可或缺的权利,不享有身份权,并不影响其主体资格的获得。

第二,两者的权利主体不同。人格权的主体可以是自然人,也可以是法人、非法人组织;身份权的取得须以一定的身份为基础,而身份专指自然人在特定社会关系中所处的地位,故只有自然人才能成为身份权的权利主体。

第三,两者的权利客体不同。人格权的客体是人格利益,即生命、身体、健康、姓名、名誉、隐私等人格要素所体现的利益;身份权的客体是身份利益,即基于婚姻家庭中的特定身份而享有的物质和精神利益。

第四,两者的普适性程度不同。人格权是每个民事主体都享有的权利,身份权却不像人格权那样人人平等享有,而是以特定的身份关系为存在前提,只有具备该种身份的人,才享有相应的身份权。

第二节　人格权的概念和分类

一、人格的概念

人格一词来源于罗马法中的 *persona*,专指自由人。在古罗马,生物学意义上的人若要成为法律意义上的自由人,必须获得 *caput*,类似于现代法意义上的权利能力。而是否享有 *caput* 取决于国家的授权,所以其实质上是一种身份。至近代,人格的内涵发生了重大变化,人生而平等的自然法思想被广泛传播,改变了罗马法中人格表现为人的地位与身份的观念。《法国民法典》第 8 条规定,所有法国人均享有平等的民事权利。这意味着所有自然人均拥有平等的法律人格。

法律上的人格,有以下几个方面的内涵:

第一,人格是人生而具有的法律地位。康德哲学认为,人的主体资格不得被实证法所剥夺,它是先于法律而存在的。此种意义上的人格带有较为浓厚的伦理色彩。

第二,人格与民事权利能力同义,指享有权利、承担义务的资格。凡是具有民事权利能力的人,都具有从事民事交易的资格;不享有民事权利能力,也就不能成为权利主体,不具有从事民事交易的资格。

第三,从人格权的客体角度解读,人格是一种受法律保护的利益。生命、身体、健康、姓名、名誉、隐私等作为不同的人格要素,体现了不同的人格利益。对人格利益的保护旨在维护人格尊严,从而保障人的主体地位。

二、人格权的概念和特点

人格权是民事主体享有的其人身自由、人格尊严及各人格要素不受侵害的权利。人格权除具有人身权的一般特性外,还具有如下特点:

第一,人格权是法定权利。民事主体享有哪些人格权,是由法律直接规定的,非经法律确认,不属于人格权的范围。如实践所谓的“亲吻权”“悼念权”,因未经法律确认,就不属于人格权。可见,人格权具有法定性。《民法典》总则编对民事主体享有的人格权作了宣示性规定(第110条),人格权编对各项人格权的内容作了具体规定。对人格权的种类、内容作出明确规定,有利于明确人格权的边界,防范权利滥用。当然,人格权的法定化不如物权那样严格。《民法典》第990条第2款以人身自由与人格尊严为基础,对具有开放性的“其他人格权益”予以兜底保护,以适应人格全面保护的需要。

第二,人格权以人格利益为客体。人格利益的载体是人格要素,即构成民事主体人格的基本元素。人格要素可从抽象意义和具体意义两个方面理解。抽象的人格要素是指人身自由和人格尊严,体现了一般人格利益;具体的人格要素是指生命、身体、健康、姓名、肖像、名誉、隐私等人格的具体构成元素,由此体现了具体人格利益。

第三,民事主体享有的人格权完全平等。人格权是基于民事主体资格所享有的基本权利。民事主体的法律地位平等,因此,民事主体享有的人格权也完全平等。无论民事主体是否行使人格权,也不论权利主体的民族、性别、出身、贫富、职业等如何,民事主体之间的人格权都是完全平等的。如依据《民法典》第1180条规定,因同一侵权行为造成多人死亡的,可以以相同数额确定死亡赔偿金。这就体现了生命权的平等。

三、人格权的分类

(一)具体人格权与一般人格权

根据人格权所保护的人格利益是否具体化,可以将其分为具体人格权与一般人格权。

具体人格权是指以某种具体人格利益为客体的人格权,如生命权、身体权、健康权、姓名权和名称权、肖像权、名誉权和荣誉权、隐私权等。当法律对某种人格权益有具体规定时,应当优先适用该具体规定。一般人格权是指以抽象人格利益即人身自由、人格尊严为客体的人格权。依据《民法典》第990条第2款规定,除法律规定的人格权外,自然人还享有基于人身自由、人格尊严产生的其他人格权益。

具体人格权与一般人格权同属于人格权,但存在如下区别:

第一,权利主体不同。依据《民法典》第990条第2款规定,一般人格权的主体只能是自然人。法人、非法人组织基于其团体属性,并无被限制人身自由的可能,且由于此类组织作为社会团体,其自身并无情感,即使名称权、名誉权被侵犯,也不可能如自然人那样可以主张精神损害赔偿,所以也就没有人格尊严可言。故此,法人、非法人组织不可能享有一般人格权。具体人格权的主体则既包括自然人,也包括法人、非法人组织。如《民法典》第1013、1024、1031

条就分别规定(承认)了法人、非法人组织的名称权、名誉权及荣誉权。

第二,内容不同。一般人格权作为具体人格权的渊源或母体,能够派生出各种具体人格权,但一般人格权的内容并不限于具体人格权的范围,对于具体人格权所不能保护的人格利益,一般人格权均加以保护。因此,一般人格权的内容具有不完全确定性,这正是一般人格权的价值所在。随着社会的进步,人格利益的范围不断扩张,既有具体人格权逐渐不能包含人格利益的全部内容,这就需要确立一般人格权对人格利益实行"兜底"性保护,以弥补具体人格权立法的不足。相比而言,为了防止权利泛化,法律有必要对已经形成共识的各项具体人格权加以规定,并为其设定合理的权利边界,实现权益保护与行为自由的平衡。

(二)物质性人格权与精神性人格权

根据人格权保护的人格要素所表现的形态,可以将其分为物质性人格权与精神性人格权。

物质性人格权是指自然人对其生命、身体、健康等物质性人格要素享有的人格权,包括生命权、身体权、健康权。精神性人格权是指以各种精神性人格利益为客体的人格权,包括尊严型人格权、自由型人格权与标表型人格权。尊严型人格权又称评价型人格权,是指以名誉、荣誉等对权利人的特定评价利益为客体的人格权。自由型人格权是以保护身心自由为目标的人格权,具体可分为身体自由权与精神自由权。标表型人格权是以人格标识(姓名、肖像等)利益为客体的人格权,包括姓名权、名称权、肖像权等。物质性人格权与精神性人格权的区别主要表现如下:

第一,权利主体不同。物质性人格权的权利主体只能是自然人,不可能是法人或者非法人组织,因为除自然人以外的其他民事主体,本质上皆为法律拟制的产物,不可能享有生命、身体、健康利益。精神性人格权的权利主体既可以是自然人,也可以是法人、非法人组织,因为法人、非法人组织也拥有名称权、名誉权与荣誉权。

第二,损害赔偿的计算方法不同。若物质性人格权被侵害,依据《民法典》第 1179 条规定,被侵权人可以请求赔偿医疗费、护理费、交通费、营养费、住院伙食费等直接损失,以及误工费、残疾赔偿金等间接损失。若被侵权人死亡,其近亲属可以请求侵权人向其赔付丧葬费与死亡赔偿金。若精神性人格权被侵害,依据《民法典》第 1182 条规定,被侵权人可以首先请求侵权人赔偿其受到的损失或者侵权人因此获得的利益;损失与利益都难以确定且双方当事人难以协商一致的情况下,在被侵权人向法院提起诉讼时,法院应当根据实际情况确定赔偿数额。

(三)自然人人格权与法人、非法人组织人格权

根据人格权的主体,可以将其分为自然人人格权与法人、非法人组织人格权。这两种人格权的区别主要表现如下:

第一,范围不同。自然人人格权包含的范围较广,自然人不仅基于人格尊严与人身自由可以享有一般人格权,也可以享有生命权、身体权、健康权、姓名权、名誉权、隐私权等具体人格权。法人、非法人组织并不享有一般人格权,基于其自身性质,其也不可能享有物质性人格权。

第二,救济方式不同。自然人的人格权受到侵害,自然人既可以向侵权人主张财产损害赔

偿,也可以主张精神损害赔偿。与此相对,法人、非法人组织由于仅是法律拟制的民事主体,其人格权被侵犯不会产生精神损害。因此,《民法典》第 1183 条第 1 款规定,只有自然人人身权益遭受侵害时,被侵权人才享有精神损害赔偿请求权。

第三节 人格权保护的一般规定

一、人格权请求权

《民法典》第 991 条规定:“民事主体的人格权受法律保护,任何组织或者个人不得侵害。”当人格权受到侵害时,受害人有权依法请求行为人承担民事责任。所谓人格权请求权,是指人格权的圆满状态受到侵害、妨害或者有妨害之虞时,权利人请求侵害人采取救济措施以恢复人格权圆满状态的权利。除作为侵权请求权的损害赔偿之外,权利人请求侵害人停止侵害、排除妨碍、消除危险、消除影响、恢复名誉、赔礼道歉等都属于人格权请求权。而且消除影响、恢复名誉、赔礼道歉不适用诉讼时效的规定(《民法典》第 995 条)。

在行为人因侵害人格权而承担消除影响、恢复名誉、赔礼道歉等民事责任时,责任承担应与行为的具体方式和造成的影响范围相当。行为人拒不承担前述民事责任的,法院可以采取在报刊、网络等媒体上发布公告或者公布生效裁判文书等方式执行,产生的费用由行为人负担(《民法典》第 1000 条)。由于生命权、身体权、健康权以外的人格权存在较强的主观性,因此,在认定其民事责任时,应当考虑行为人和受害人的职业、影响范围、过错程度,以及行为的目的、方式、后果等因素(《民法典》第 998 条)。

为预防损害,行使停止侵害、排除妨碍、消除危险的人格权请求权,民事主体在有证据证明行为人正在实施或者即将实施侵害其人格权的违法行为,不及时制止将使其合法权益受到难以弥补的损害时,有权依法向法院申请采取责令行为人停止有关行为的措施(《民法典》第 997 条)。

为公共利益而实施新闻报道、舆论监督等行为时,行为人可以合理使用民事主体的姓名、名称、肖像、个人信息等。但是,使用不合理侵害民事主体人格权的,应承担民事责任(《民法典》第 999 条)。

二、因违约损害人格权的精神损害赔偿

依据《民法典》第 996 条规定,因当事人一方的违约行为,损害对方人格权并造成严重精神损害,受损害方选择请求其承担违约责任的,不影响受损害方请求精神损害赔偿。这就意味着,在旅游、婚庆服务、骨灰保管等以精神利益为内容的合同中,当事人一方违约损害对方人格权并造成严重精神损害的,受损害方除可以要求违约方承担违约责任外,还可以要求精神损害赔偿。

三、死者人格利益保护

自然人从死亡时起民事权利能力终止，然而死者是否还享有人格权？是否还发生对死者人格权的保护？对此，学者中有不同的观点。一种观点认为，自然人死亡后民事权利能力虽终止，但其某些人格权仍受法律保护；另一种观点认为，自然人死亡后，其民事权利能力终止，死者既然不是民事主体，也就不享有民事权利，对死者姓名、肖像、名誉、隐私等人格利益的保护，是对死者近亲属利益的保护。《民法典》第 185 条规定："侵害英雄烈士等的姓名、肖像、名誉、荣誉，损害社会公共利益的，应当承担民事责任。"第 994 条规定："死者的姓名、肖像、名誉、荣誉、隐私、遗体等受到侵害的，其配偶、子女、父母有权依法请求行为人承担民事责任；死者没有配偶、子女且父母已经死亡的，其他近亲属有权依法请求行为人承担民事责任。"可见，死者并不享有人格权，仅存在人格利益。在死者人格利益受到侵害的情况下，死者的近亲属有权请求行为人承担民事责任。

四、人格利益的许可使用

依据《民法典》第 993 条规定，民事主体可以将自己的姓名、名称、肖像等许可他人使用，但是依照法律规定或者根据其性质不得许可的除外。在权利人将其人格利益许可他人使用的情况下，当事人应签订许可使用权合同，约定使用的范围、方式、费用等内容。

自测习题　　案例分析　　案例分析参考答案

第二十六章　物质性人格权

■【导语】

自然人从出生时起即具有了民事权利能力,成为民事主体。在人生漫长的历程中,人如何有尊严地活着,怎样维护自己的生命安全?如何看待为保护国家、社会和他人的利益而献出自己的生命?人对自己的身体如何进行支配?对自己的健康如何保护?这些问题涉及生命权、身体权、健康权的基本理论,是民法必须回答的问题。本章重点阐述上述三种权利。

第一节　生　命　权

一、生命权的概念与特点

生命权是自然人依法享有的以其生命安全与生命尊严所体现的生命利益为客体的人格权。《民法典》第1002条规定:“自然人享有生命权。自然人的生命安全和生命尊严受法律保护。任何组织或者个人不得侵害他人的生命权。”

法律意义上的生命是指自然人的生命,即自然人的人体维持其生存的基本的物质活动能力。生命是人的最高人格利益,生命权是自然人首要人格权。生命权具有如下特点:

第一,生命权的客体是自然人的生命安全与生命尊严,即维护生命的正常活动,保障生命不受非法剥夺的人格利益。

第二,生命权的基本内容是排除他人对生命的侵害,维护生命安全与生命尊严。生命权只有在生命安全受到威胁或者处于危险状态时才能行使,这就决定了生命权的内容主要在于排除生命安全所受到的危险和威胁,如请求他人消除危险、排除妨害,对所受到的正在进行的不法侵害实施正当防卫,有权采取紧急避险措施等。

第三,生命权受到侵害后的救济手段具有独特性。一旦生命权受到实际侵害,任何救济手段对于权利主体来说都是没有意义的,法律救济的功能在于使权利主体的近亲属得到财产上的补偿和精神上的抚慰。

二、生命权的内容

（一）生命安全维护权

生命是人的最高人格利益，其基本内容就是维护生命的延续，保护人的生命不受外来非法侵害。前者体现为自卫权，后者体现为请求权。自卫权是当权利人发现自己的生命面对正在进行的危害或即将发生的危险时，有权依法采取相应的措施自卫，或者采取紧急措施防范危险；请求权是当自然人的生命遭到不法侵害时，其本人或其亲属有权请求司法机关追究加害人的法律责任。

（二）有限的生命利益支配权

生命利益支配权是指自然人对自己生命予以处分即终结自己生命的权利。生命权中是否包含生命利益支配权，决定着人们是否可依自己意志处分自己的生命。传统民法理论对此持否定态度。但是，如果一概否定这种权利，实践中有些问题难以解决：第一，为了社会公共利益、他人利益而舍己救人的献身行为在道德上是高尚的，也应是法律所容许的，如果法律不承认放弃自己生命的行为合法，那么此类行为的正当性便难以得到解释。第二，一些高危险竞技运动，运动员在参加这些比赛之前，要与举办者签订协议，作出“因竞赛死亡不追究他人责任”的承诺。如果法律不承认自然人对自己生命有支配权，这些协议的合法性就值得质疑了。第三，患不治之症或其他身心遭受极度痛苦的人通过安乐死以求解脱的行为合情合理，法律上不宜一概予以禁止。本书认为，法律应当赋予自然人生命利益支配权，但应当严格限制其范围。

（三）生命尊严维护权

自然人不仅对自己的生命享有安全维护权，而且享有生命尊严维护权。《民法典》第1002条首次将生命尊严纳入法律保护的范围，具有重要意义，有利于完整地保护人格尊严，实现对人的终极关怀。例如，对于病重之人进行临终关怀，允许权利人生前立遗嘱对其遗体进行处理，都体现了对生命尊严的维护。

三、生命权的民法保护

（一）侵害生命权的违法行为

侵害生命权的违法行为包括作为和不作为。前者是指行为人积极实施的侵害他人生命权的行为，如故意或过失杀人、故意或过失伤害致人死亡；后者是指负有特殊作为义务的人没有依法履行其义务而导致他人生命权遭受侵害的行为。

（二）侵害生命权的民法救济

从广义上说，生命权的民法救济包括私力救济和公力救济。前者主要指正当防卫和紧急避险,后者则主要表现为生命权遭受侵害后依法律程序向侵害人请求损害赔偿。此外,当生命权遭受侵害或有受侵害之虞时,权利人有权请求法院向行为人颁发“行为禁令”,责令其停止有关行为(《民法典》第 997 条);当自然人的生命权受到侵害或者处于其他危难情形时,负有法定救助义务的组织或个人应当及时施救(《民法典》第 1005 条)。

生命权是一项独立的人格权,当其受到侵害致被害人死亡时,被害人因自己权利受到侵害而产生了损害赔偿请求权,而且此项损害赔偿请求权的产生与权利人死亡的事实是同时发生的。也就是说,在权利人死亡时,这种损害赔偿请求权即产生,其人格权虽随死亡事实而归于消灭,但损害赔偿请求权是一种债权而不是人格权,并不因权利人的死亡而绝对消灭。因此,被害人因生命权受侵害致死亡的损害赔偿请求权构成其遗产的一部分,可以由被害人的继承人继承。因此,《民法典》第 1181 条第 1 款规定,被侵权人死亡的,其近亲属有权请求侵权人承担民事责任。

第二节 身 体 权

一、身体权的概念

身体权是自然人维护其身体完整和行动自由并排除他人侵害的权利。《民法典》第 1003 条规定:“自然人享有身体权。自然人的身体完整和行动自由受法律保护。任何组织或者个人不得侵害他人的身体权。”

法律意义上的身体是指自然人的生理组织的整体,即躯体。身体是由头颅、肢体、器官、其他组织以及附属部分(如毛发)所构成的一个整体。一般认为,移植的器官或其他组织,如肾脏移植、心脏移植、角膜移植、输血、植皮等,如果移植以后与受移植人成为一体,即为受移植人身体的组成部分。由人工制作的残缺身体部分的代替物,如假肢、假牙、人工心脏瓣膜、助听器等,如已构成躯体不可分离的一部分,应属于身体范畴。身体的部分,如头发、牙齿、血液、器官等基于主体之意思而与身体分离,即属于物,侵害这种与身体分离的部分,构成对他人所有权的侵害。①

二、身体权的性质

身体权为一项独立的民事权利,是与生命权、健康权并存的一项人格权。《民法典》第 110 条明确规定自然人享有身体权,《民法典》人格权编对身体权作出了详细的规定。为了进一步说明身体权是独立的人格权,需将其与相近似的权利进行区分。

1. 身体权与生命权

生命权是自然人对其生命安全和生命尊严所享有的权利,其客体是自然人的生命利益。生命依附于身体而存在,身体依赖于生命的存在而存活。生命权的法律意义在于生命的延续,

---

① 参见王泽鉴:《侵权行为》(第三版),北京大学出版社 2016 年版,第 123 页。

身体权的法律意义则在于身体的完整存在与尊严。

2. 身体权与健康权

健康权是自然人以其器官乃至整体的功能利益为内容的人格权,其客体是人体器官及系统的安全运作以及功能的正常发挥所体现的健康利益。身体权与健康权的主要区别在于:(1)保护的对象不同。身体权的保护对象是自然人身体的整体,健康权的保护对象是身心健康。(2)体现的利益不同。身体权体现的利益是自然人身体组织的完全性,健康权体现的利益是自然人肌体功能的完善性。

三、身体权的内容

(一)保持身体完整权

身体权最重要的内容,是保持其身体及其附属组织(五官、四肢及发肤等)的完整性。任何破坏自然人身体完整性的行为,均构成对身体权的侵害。

(二)有限的身体组织支配权

自然人可以依法捐献自己的细胞、组织、器官以及遗体,但必须满足以下几个条件:

1. 必须是完全民事行为能力人

人体细胞、人体组织、人体器官的捐献会对人的身体健康产生重大影响,只有完全民事行为能力人才能清楚地意识到自己的行为可能导致的后果。因此,只有完全民事行为能力人才能决定是否捐献。

2. 必须出于捐献者的真实意愿

依据《民法典》第1006条第1款规定,任何组织或个人不得强迫、欺骗、利诱完全民事行为能力人捐献自己的人体细胞、人体组织、人体器官、遗体。《人体器官移植条例》第8条规定,捐献人对已经表示捐献其人体器官的意愿,有权予以撤销。另外,依据《民法典》第1006条第3款规定,自然人生前未表示不同意捐献的,该自然人死亡后,经过其配偶、父母、成年子女共同的书面同意,也可以依法捐献死者的人体细胞、人体组织、人体器官与遗体。

3. 必须采用书面或遗嘱形式

《民法典》第1006条第2款规定,决定捐献的意思表示必须以书面或者遗嘱形式作出。这主要是考虑到人体细胞、人体组织、人体器官的捐献对身体健康影响重大,而遗体的捐献涉及死后处理,要求采取书面形式或者遗嘱形式能够促使当事人谨慎从事。

4. 必须是无偿捐献

法律明文禁止人体细胞、人体组织、人体器官以及遗体的买卖。人体细胞、人体组织、人体器官以及遗体的捐献只能是出于捐献者的道德情感,由此决定人体细胞、人体组织、人体器官以及遗体的捐献只能是无偿的。因此,《民法典》第1007条明文规定,禁止以任何形式买卖人体细胞、人体组织、人体器官、遗体,人体细胞、人体组织、人体器官、遗体买卖的行为无效。

5. 不得违背公序良俗

不违背公序良俗是民事法律行为的一般有效要件,人体细胞等的捐献行为也不例外。否则,即使是以书面形式作出的同意捐献人体细胞、人体组织、人体器官的意思表示，也是无效的。

此外，为了防止有不法分子以捐献的名义从事人体器官买卖，《人体器官移植条例》第 10 条对可以接受器官移植的对象进行了限制："活体器官的接受人限于活体器官捐献人的配偶、直系血亲或者三代以内旁系血亲，或者有证据证明与活体器官捐献人存在因帮扶等形成亲情关系的人员。"

（三）行动自由权

行动自由是身体权的重要内容，任何人不得剥夺、限制他人行动自由，不得非法搜查他人身份。依据《民法典》第 1011 条规定，以非法拘禁等方式剥夺、限制他人的行动自由，或者非法搜查他人身体的，受害人有权依法请求行为人承担民事责任。

四、身体权的民法保护

（一）侵害身体权的违法行为

1. 非法侵扰他人身体

非法侵扰身体是行为人对他人身体以外力进行非法侵犯的行为。这种行为往往有威胁、恐吓的内容，但并未对身体造成实际伤害。例如，用污物袭击他人、用鸡蛋袭击公众人物等，都属于侵扰他人身体的非法行为。

2. 对身体组织的破坏

一般认为，对身体组织的破坏，只要不造成严重的痛楚，不构成对健康权的侵害，而是对身体权的侵害。这种行为一般是针对人体没有痛觉神经的身体组织而实施的，如强行剃除他人眉毛、头发等。

3. 殴打

殴打是侵害身体权、健康权最常见的行为之一。当殴打致受害人的身体组织功能不能完善发挥时，构成侵害健康权；当殴打已经完成，但尚未造成上述后果时，则构成侵害身体权。

4. 性骚扰

《民法典》第 1010 条将禁止性骚扰纳入身体权保护范围："违背他人意愿，以言语、文字、图像、肢体行为等方式对他人实施性骚扰的，受害人有权依法请求行为人承担民事责任。机关、企业、学校等单位应当采取合理的预防、受理投诉、调查处置等措施，防止和制止利用职权、从属关系等实施性骚扰。"性骚扰行为主要有以下特点：(1) 性骚扰主要是指性犯罪以外的违法行为，其手段具有"非强制性"。若以暴力、胁迫等手段违背他人的意志强行性交或者实施其他猥亵行为的，则按刑法处理，不构成此处的性骚扰。(2) 性骚扰必须是与性尊严有关的行为，其既可以是言语骚扰（说挑逗语言），也可以是行为骚扰（触摸他人的私密部位）。正是因为他人的骚扰行为，受骚扰者的性尊严受到了侵犯，因此，其可以向法院请求主张骚扰者承担相应的侵权责任。

5. 限制人身自由

《民法典》第 1011 条将对行动自由权的保护纳入对身体权的保护之中，明确规定："以非法拘禁等方式剥夺、限制他人的行动自由,或者非法搜查他人身体的,受害人有权依法请求行为人承担民事责任。"

（二）侵害身体权的民法救济

若侵害他人身体权的行为正在发生,被侵权人首先可以通过私力救济的手段(正当防卫、紧急避险)维护自己的合法权益,被侵权人也可以主张公力救济。被侵权人可以主张绝对权请求权。依据《民法典》第 1167 条规定,被侵权人可以请求侵权人承担停止侵害、排除妨碍、消除危险等侵权责任。同时,依据《民法典》第 997 条规定,被侵权人可以向法院申请"行为禁令",责令侵权人停止侵权行为。当自然人的身体权受到侵害或者处于其他危难情形时,负有法定救助义务的组织或个人应当及时施救(《民法典》第 1005 条)。如果侵害人违法取走他人可与人身相分离的部分,权利人可以要求侵权人返还,如返还剪断的头发、摘取的假牙等。当损害发生后,被侵权人可以向侵权人主张财产损害赔偿;若被侵权人受有严重精神损害的,还可以主张精神损害赔偿。

第三节　健　康　权

一、健康权的概念与特点

健康权是指自然人依法享有的,以其机体生理、心理机能正常运作和功能完善为内容的人格权。《民法典》第 1004 条规定:"自然人享有健康权。自然人的身心健康受法律保护。任何组织或者个人不得侵害他人的健康权。"

健康作为医学概念与法学概念时具有不同的内涵。医学上的健康将心理健康以及道德因素引入到健康的概念中,其内涵远比法学中的健康意义宽泛。法学意义上的健康应当包括心理健康与生理健康。这是因为,当自然人因为他人的侵权行为而出现精神失常、患上抑郁症时,若认为心理健康不被健康权的内涵所囊括,当事人只能主张精神损害赔偿,则被侵权人只能自行承担医疗费等财产损失,如此一来将会导致利益失衡。

作为自然人人格权的一种,健康权具有如下特点:

第一,健康包括两个要素:一是生理与心理机能的正常运作,二是生理与心理功能的完善发挥。这一特点将健康权与身体权区别开来。身体是肉体之构造,健康则是生理之机能。但健康一般通过身体构造的完整性来实现,如果侵害自然人的肉体构造进而影响生理机能的正常运作或功能的正常发挥,则构成对健康权的侵害;如果侵害自然人的肉体构造,但对于身体机能运作的正常性以及整体功能发挥的正常性没有明显影响,则构成对身体权的侵害。

第二,健康权以维持人体的正常生命活动为根本目的。这一特点使健康权与生命权相区别。健康是维持人体生命正常活动的基础,当健康权受到侵害时,可以经过医治而康复或好转,保持人体的生命能力;当生命权受到侵害时,生命的丧失具有不可逆转性。

二、健康权的内容

（一）健康维护权

健康权的内容首先是健康维护权，它包括两项内容：

其一，维持身心健康，即通过各种体育活动、膳食补养、心理调适，使自己的身心保持健康状态。当身体生理机能出现不正常情况时，可及时请求医治，使其达到或恢复到健康状态。自然人维持身心健康的行为不受任何人的干涉或限制。

其二，当身心健康受到不法侵害或妨害时，有权请求停止侵害或排除妨害。健康权属于绝对权，权利主体以外的任何人都属于义务主体，负有不得侵害他人健康权的法定义务。

（二）有限的健康利益支配权

一般认为，故意（放任）恶化健康状况是不文明的行为，不仅对权利人自己无益，而且危及文明社会的公序良俗，如酗酒、吸毒等行为。因此，法律原则上不承认健康利益支配权。不仅如此，法律还对吸毒者施行强制性治疗。但是，不能因此完全否定在某些特殊场合的健康利益支配权，如体育运动通常都是有利于健康的，但某些竞技活动有时是危及健康的，一些危险性很大的体育竞技活动，如登山、拳击、赛车、漂流等，甚至危及生命。从事这些项目的人员事前应作出承诺，即当主办单位、运动场馆等负责安全设施的部门依法实施了保护措施后，运动员的健康受损，不追究他人的责任。《民法典》第 1176 条对此作出了规定，这种承诺实际上就是健康利益支配权的行使。另外，出于促进医疗发展、增进社会福祉的目的，自然人可以依法从事人体试验。但依据《民法典》第 1008 条规定，相关科研机构从事人体试验必须满足以下几个条件：(1) 应当依法经相关主管部门批准并经伦理委员会审查同意；(2) 受试者或者受试者的监护人必须对试验目的、用途、风险等详细情况完全知情，并经其书面同意；(3) 不得违背法律、行政法规以及国家的有关规定，不得违背公序良俗。同时，进行临床试验的，不得向受试者收取试验费用。

三、健康权的民法保护

（一）侵害健康权的违法行为

侵害健康权的违法行为主要包括造成他人物质创伤与造成他人精神创伤的行为，前者如因美容机构的过失导致他人毁容、违章驾驶汽车致他人受伤等，后者如因非法行为导致他人精神失常、患上抑郁症等。某些情况下，受害人的生理健康与心理健康会同时受到侵害。如在因医疗机构的过错导致患者毁容时，患者倘若因此而患上精神疾病，则表明其生理健康与心理健康同时受到了侵害。

（二）侵害健康权的民法救济

若侵害他人健康权的行为正在发生，被侵权人可以通过私力救济的手段（正当防卫、紧急避险）维护自己的合法权益，也可以主张公力救济。首先，被侵权人可以主张人格权请求权。依据《民法典》第 1167 条规定，被侵权人可以请求侵权人承担停止侵害、排除妨碍、消除危险等侵权责任。依据《民法典》第 997 条规定，被侵权人可以向法院申请“行为禁令”，责令侵权人停止侵权行为。其次，损害发生后，被侵权人可以向侵权人主张损害赔偿，请求其向自己支付医疗费、护理费、误工费与残疾赔偿金。因侵权行为导致被侵权人受到严重精神损害的，依据《民法典》第 1183 条规定，被侵权人还可以主张精神损害赔偿。再次，当自然人的健康权受到侵害或者处于其他危难情形时，负有法定救助义务的组织或个人应当及时施救（《民法典》第 1005 条）。最后，在从事与人体基因、人体胚胎等有关的医学和科研活动时，行为人应当遵守法律、行政法规和国家有关规定，不得危害人体健康，不得违背伦理道德，不得损害公共利益（《民法典》第 1009 条）。

自测习题　　案例分析　　案例分析参考答案

第二十七章　精神性人格权

■【导语】

古人云:“士可杀,不可辱。”俗话说:“人活一张脸,树活一张皮。”以上说法表明了人对其名誉的重视。除名誉外,姓名、肖像、隐私、个人信息等都与人格尊严息息相关。法律为保护民事主体的上述利益,分别规定了姓名权和名称权、肖像权、名誉权、隐私权等,这些权利以保护精神性人格利益为主要内容。本章将重点阐述姓名权和名称权、肖像权、名誉权、隐私权以及个人信息保护。

第一节　姓名权和名称权

一、姓名权

(一) 姓名权的概念

姓名权是自然人决定、使用、变更或者许可他人使用自己姓名的权利。《民法典》第 1012 条规定:“自然人享有姓名权,有权依法决定、使用、变更或者许可他人使用自己的姓名,但是不得违背公序良俗。”

姓名是用以确定和代表个体自然人并与其他自然人相区别的文字符号和标记,包括姓和名两部分。“姓”是一定血缘遗传关系的符号,“名”是特定自然人区别于他人的称谓。姓名的组合,构成代表一个自然人的文字符号和标记。受法律保护的“姓名”,除了自然人在户籍机关登记的正式姓名和有关身份证件所显示的姓名外,还应包括具有一定社会知名度、被他人使用足以造成公众混淆的笔名、艺名、网名、译名、姓名的简称等(《民法典》第 1017 条)。别名、职务称呼、民间习惯称呼等,如果其能在确定地域范围内或一定领域内被特定为指称某一自然人,也应受姓名权的保护。

(二) 姓名权的内容

1. 姓名决定权

决定权是自然人决定自己姓名的权利。关于姓氏的选取,《民法典》第 1015 条规定,自然人应当随父姓或者随母姓,但是有下列情形之一的,可以在父姓和母姓之外选择姓氏:(1) 选取其他直系长辈血亲的姓氏;(2) 因由法定扶养人以外的人扶养而选取扶养人姓氏;(3) 有不违背公序良俗的其他正当理由。少数民族自然人的姓氏可以遵从本民族的文化传统和风俗习惯。相比而言,名的选取范围更广,自然人不仅可以决定自己的正式名字(即户籍登记时使用的名字),也可以决定自己的艺名、笔名、网名、别名等。

2. 姓名使用权

姓名使用权是自然人使用自己的姓名或不使用自己姓名而不受他人干涉的权利。例如,作者在发表自己的作品时,有权决定署名或不署名;可以决定署户籍登记中的姓名或署笔名。但是,权利人的这种自由受到法律的限制,如法律对使用正式姓名有特殊要求的,应遵守法律的规定。例如,在进行房屋产权登记时,必须使用自己的正式姓名;依有关规定,存款人到银行存款必须使用正式姓名。在法律规定应使用正式姓名的情况下,权利人不能使用正式姓名之外的姓名。依据《民法典》第 1023 条规定,当事人也可以将自己的姓名许可他人使用,以获取商业利益,具体规则与肖像权的许可使用相同。

3. 姓名变更权

姓名变更权是自然人依照有关规定改变自己的姓名而不受他人干涉的权利。在实际生活中,自然人最初的姓名一般是由父母或其他监护人决定的。自然人成年后,可以依自己的意愿变更姓名。依据《民法典》第 1016 条第 1 款的规定,自然人变更自己的姓名应当依法向有关机关办理登记手续,但是法律另有规定的除外。《户口登记条例》第 18 条规定,自然人变更姓名,未满 18 周岁的人应由本人或者父母、收养人向户口登记机关申请变更登记;18 周岁以上的,由本人向户口登记机关申请变更登记。应当指出的是,自然人变更姓名的,不影响其已实施的民事法律行为的效力。对此,《民法典》第 1016 条第 2 款规定,自然人变更自己的姓名的,变更前实施的民事法律行为对其有法律约束力。

(三) 侵害姓名权的行为

1. 不使用他人姓名

姓名为正当的指示手段,指明某人时,应使用其姓名;应当使用而不予使用,即为侵权。这种侵权行为的行为人只能是负有使用他人姓名义务的人。如使用他人作品时,未标明作者姓名,或者标明有误,均构成对作者姓名权的侵害。

2. 干涉他人行使姓名权

这种行为是指对权利人行使姓名权的命名权、使用权、变更权的无理干预,阻碍权利人对其姓名权的行使。例如,自然人成年后,有权依自己的意愿变更姓名,他人若无端加以阻挠,即构成侵权。

3. 盗用他人姓名

盗用他人姓名是指未经姓名权人同意而使用其姓名的行为。如未经姓名权人同意擅自将他人的姓名用在自己的产品上以达到推销商品的目的;再如张三举报李四贪污,却将姓名误写为王五等。

4. 冒用他人姓名

冒用他人姓名是指将他人的姓名当作自己的姓名。与盗用他人姓名不同的是,冒用他人姓名会导致他人对冒名者与姓名权人的身份产生混淆,构成对姓名权人同一性利益的侵害。如夫的情妇与夫同宿旅馆,情妇以妻名登记,应认为构成对妻子姓名权的侵犯。①

(四)侵害姓名权的民法救济

当他人正在实施侵害姓名权的行为或者有侵害姓名权之虞时,受害人可以主张排除妨碍、消除危险,并向法院申请"行为保全",从而达到禁止侵害人继续实施侵权行为的目的。当因他人实施的侵害姓名权的行为导致姓名权人财产损失的,权利人可以主张财产损害赔偿。除此之外,依据《民法典》第1182条规定,姓名权人也可以要求侵害人以获利为基准计算赔偿数额。在损失或者获利都难以确定,且双方当事人无法就赔偿数额达成一致的情况下,姓名权人可以向法院提起诉讼,由法院根据实际情况确定赔偿数额。若因他人侵害姓名权导致权利人产生严重精神损害的,其还可以向侵害人主张精神损害赔偿。

二、名称权

(一)名称权的概念

名称是指法人、非法人组织在社会活动中,用以确定和代表自身并区别于他人的文字符号和标记;名称权是指自然人以外的民事主体依法享有的决定、使用、改变、转让自己的名称并排除他人非法干涉的权利。《民法典》第1013条明确规定,法人、非法人组织享有名称权。

名称权属于具有财产利益的人格权,这主要表现在商业名称上。如老字号、老商号、名牌企业等,必然因其信誉高而带来巨大的经济利益,从而也使其名称具有较高的经济价值。基于此,商业名称权具有可转让性,这是其区别于其他人格权的一个显著特点,也是与姓名权的重要区别。另外,在名称具有巨大品牌效益的情形下,其简称也往往深入人心,能够起到人格标识的作用,因此,《民法典》第1017条特别规定名称的简称、字号也受法律保护。

(二)名称权的性质

虽然与姓名权一样,名称权也具有人格标识的功能,但姓名权是兼具财产属性与精神属性的人格权,名称权则仅仅具有财产属性。法律之所以保护名称权,是因为特定名称背后往往蕴含了巨大的市场价值,任何一个品牌的打造都需要花费巨大的时间与人力,若允许社会组织擅自使用其他社会组织的名称,将会扰乱市场竞争秩序,对社会经济发展产生不利影响。因此,法律有必要对法人、非法人组织的名称加以保护。

(三)名称权的内容

1. 名称设定权

法人、非法人组织有权设定自己的名称,他人不得非法干涉。关于名称设定权,需要注

① 参见王泽鉴:《侵权行为》(第三版),北京大学出版社2016年版,第149页。

意以下几点：第一，依据我国现行法的规定，企业决定自己的名称受到法律的限制；第二，与自然人可用多个“姓名”不同，法人、非法人组织只能用一个名称；第三，对于法人，法律要求必须设定名称，而且此名称必须进行登记。法人进行设立登记时，倘若没有名称将不予登记。

2. 名称使用权

名称经登记后，即产生名称权主体的独占使用效力，法律对其予以保护，在登记的地区内，其他组织不得再以相同的名称进行登记。在同一地区内，数个组织虽曾使用相同名称，但其中一方将名称登记后，其他各方不得再使用原来的名称。当然，这种独占使用不是无限制的，尤其在空间上。依据我国企业登记管理的有关规定，名称使用的范围以其登记核准的范围为限。这种独占使用，也限于同一行业，不排除不同行业的使用。

3. 名称变更权

名称权人在使用名称的过程中，可以依法变更自己的名称。变更的范围可以是部分变更，也可以是全部变更。如果正在使用的名称是经登记的，变更后的名称也须办理变更登记，否则法律不予承认和保护。

4. 名称转让权

依据《民法典》第 1016 条第 1 款规定，法人、非法人组织有权依法转让自己的名称。名称转让可以是全部转让，也可以是部分转让。前者是将自己的名称权全部转让于他人享有，原名称权人丧失名称权并不得继续使用，受让人成为该名称的完全权利人，享有专有使用权以及其他有关名称权的一切权利，并排除他人包括原权利人在内的任何干涉；后者则是名称权人仍享有名称权，并自行使用自己的名称，受让人得到的仅仅是使用他人名称的权利。

（四）名称权的民法保护

当他人侵害名称权时，权利人可以获得与姓名权人相同的救济。但如前所述，名称权作为一种人格权，仅仅有财产属性，权利人并不会因为他人侵犯名称权而遭受精神痛苦，因此无法向侵害人主张精神损害赔偿。

第二节 肖像权

一、肖像权的概念和特点

肖像是通过影像、雕塑、绘画等方式在一定载体上所反映的特定自然人可以被识别的外部形象（《民法典》第 1018 条第 2 款）。依不同标准，肖像可分为个人肖像与集体肖像、新闻肖像与其他肖像、着衣肖像与人体肖像、写实肖像与漫画肖像等。

肖像权是权利人依法制作、使用、公开或者许可他人使用自己肖像的权利，具有以下特点：

第一，肖像权的主体是特定的自然人。肖像是自然人的人格标识，反映的是自然人的外貌属性，故肖像权只能由特定自然人享有，其他民事主体不享有肖像权。

第二，肖像权的保护对象是肖像。肖像必须借助于一定的物质载体才能表现出来，但肖像权的客体并非该物质载体,而是其所反映的特定自然人的外部特征或视觉形象所体现的肖像利益,这是肖像权与肖像制品(如相片)所有权的区别所在。作为外部特征的形象应当具有可识别性,使他人能够将该外部特征与特定自然人联系起来。若画面、图片等载体所反映的外部形象不能使一般大众联想到特定人,也就不能认为构成对肖像权的侵犯,因为该外部特征并不具有可识别性,不构成法律上的“肖像”。应当指出的是,这种可识别性不限于面部,还包括身体的其他部位。

第三,肖像权的客体是肖像利益。肖像利益主要是一种精神利益,其内容包括维护肖像的完整和尊严,排斥他人非法毁损、恶意玷污等。法律保护自然人的肖像权,就是为了保护这种精神利益。同时,肖像利益包含物质利益,即通过肖像的制作、使用而获取经济利益。

二、肖像权的内容

(一)肖像制作权

肖像的制作是指通过造型艺术手段将人的外部形象表现出来,固定在某种物质载体上。肖像制作权是自然人决定是否制作、以何种手段制作自己肖像的权利。肖像权人既有权自己制作肖像,如自拍、自画、自己雕塑等,也有权委托他人制作肖像,如委托他人照相、描绘、雕塑、绣制等。未经肖像权人的同意,他人不得擅自制作其肖像。

(二)肖像使用权

肖像使用权是自然人决定是否使用及如何使用其肖像的权利。未经肖像权人同意,他人不得使用其肖像,有权使用肖像的人不得超越肖像权人的授权范围使用其肖像。《民法典》第1022条根据是否有明确的使用期限,确立了肖像许可使用合同的不同规则:

第一,肖像许可使用合同没有约定使用期限或者约定不明。在此种情形下,肖像权人或者许可使用人可以行使任意解除权。因为肖像许可使用合同没有约定使用期限或者约定不明,赋予双方当事人任意解除权一方面不会破坏对方当事人对合同履行的合理信赖,另一方面又符合继续性合同中,在双方丧失对合同继续履行的信赖时可以任意解除的基本原则。当然,行使解除权的一方必须在合理期限之前通知对方。

第二,肖像许可使用合同对使用期限有明确约定。在此情形下,法律只赋予了肖像权人基于特别事由解除合同的权利。肖像权人若要解除许可使用合同,必须有正当理由,并在合理期限内通知对方。若没有在合理期限内通知对方,则不发生解除的效力。当然,即使肖像权人基于正当理由可以解除合同,除非其解除合同是因不可归责于自己的事由,否则仍应赔偿许可使用人履行利益的损失。

另外,针对肖像权许可使用合同,法律还规定了特别的解释规则。依据《民法典》第1021条规定,当双方当事人针对肖像使用条款的理解存在争议时,应当作出有利于肖像权人的解释。这一规定体现了法律对肖像权人人格利益的优先保护。

三、肖像权的民法保护

(一)侵害肖像权的行为

依据《民法典》第1019条规定,侵害肖像权的行为主要包括:擅自制作他人肖像、擅自使用他人肖像;丑化、污损他人肖像;利用信息技术手段伪造他人肖像。其中,擅自使用他人肖像是最为常见的侵权方式(一般而言,制作肖像的目的也在于使用)。擅自使用他人肖像的行为,并非仅指商业上的利用,而是包括一切对肖像的公布、陈列、复制等使用行为。《民法典》第1019条规定,他人不得擅自制作、使用、公开他人肖像。此外,依据《民法典》第1023条第2款规定,对自然人声音的保护,参照肖像权保护的有关规定。

由于肖像是通过一定技术及艺术手段再现人物外貌特点的视觉形象,因而在一件具体的肖像作品上体现着三种不同的权利:一是肖像权人的肖像权;二是肖像作品创作人的著作权;三是肖像作品所有人的所有权。肖像作品创作人以及所有人是否有权未经肖像权人的同意而使用肖像作品呢?本书认为,肖像著作权以及肖像作品所有权的行使应服从肖像权,即未经肖像权人同意,肖像作品不得展览、复制、发表或出售。至于肖像著作权及所有权如何行使,须遵从肖像著作权人与肖像权人的约定。如肖像权人同意肖像著作权人展览、复制、发表、出售的,肖像著作权人则可以行使其对作品的著作权。此种约定应采取明示方式。如果没有此种约定,则肖像著作权人及肖像所有权人的使用行为同样构成侵害肖像权。

(二)肖像权侵权的免责事由

《民法典》第1020条规定了他人未经许可使用肖像权人肖像的免责事由(即肖像的合理使用),具体事由如下:

第一,为个人学习、艺术欣赏、课堂教学或者科学研究,在必要范围内使用肖像权人已经公开的肖像。出于教学研究等原因,有时会不可避免地使用他人肖像,此时肖像权人的权利应当让位于社会公益,当其主张他人侵犯其肖像权时,若使用人能够证明自己是出于以上原因使用他人肖像,即成立违法阻却抗辩,不再承担侵权责任。

第二,为实施新闻报道,不可避免地制作、使用、公开肖像权人的肖像。为使社会公众能够及时了解时事动态,增加新闻报道的生动性与准确性,有时会不可避免地使用他人肖像。倘若任何在新闻报道中使用他人肖像的行为都要经过肖像权人许可,将会严重地妨碍新闻自由与社会公众的知情权。因此,在利益权衡下,应当认为此时肖像权人不能向新闻报道者主张侵权责任。当然,依据《民法典》第999条规定,新闻媒体使用他人的肖像必须合理,使用不合理的仍然要依法承担侵权责任。

第三,为依法履行职责,国家机关在必要范围内制作、使用、公开肖像权人的肖像。为了维护社会公共安全或者其他维护社会公共利益的考量,国家机关有时会不可避免地使用他人肖像。如为了维系公共安全、预防犯罪,国家机关在公共场所安放摄像头,尽管也涉及肖像的制作,但不应当认定为对他人肖像权的侵犯。再如,为了抓捕罪犯而张贴带有罪犯头像的通缉令,也不应认定为对他人肖像权的侵犯。

第四,为展示特定公共环境,不可避免地制作、使用、公开肖像权人的肖像。在此种情况下,肖像仅仅是公共场所的附属物,权利人的肖像在整个社会环境中并不突出,他人拍摄照片的目的是展示特定的公共环境,而非展示特定个人的外部形象。在此种情形下应认为构成对他人肖像的合理使用,而非对他人肖像制作权的侵犯。

第五,为维护公共利益或者肖像权人合法权益,制作、使用、公开肖像权人的肖像的其他行为。该条实乃使用他人肖像法定免责事由的兜底条款,因为“其他行为”乃不确定的法律概念,需要在个案中通过利益衡量进行价值填补。例如,个人长期离家不归,毫无音讯,家属在公开场合张贴带有失踪人肖像的寻人启事,此种情况即可被包含在该兜底条款内。

（三）侵害肖像权的民法救济

当他人正在侵害肖像权人的肖像权或者有侵害之虞时,权利人可以请求行为人停止侵害、排除妨碍、消除危险。若他人的侵权行为导致肖像权人遭受财产损害,权利人可以向侵权人主张损害赔偿。当权利人因为他人的侵权行为产生巨大的精神痛苦时,其可以向侵权人主张精神损害赔偿。

第三节　名　誉　权

一、名誉的概念与特点

在日常生活中,名誉有两层含义:一是指公众对特定人的人格所给予的社会评价,即外部名誉或者客观名誉;二是指个体对其社会评价的内在感受,即内部名誉或者主观名誉,又称为名誉感。法律意义上的名誉仅指第一种意义,即名誉是对民事主体的品德、声望、才能、信用等的社会评价(《民法典》第 1024 条第 2 款)。

法律意义上的名誉具有以下特点:

第一,社会性。名誉不是个别评价,也不是自我鉴定,而是社会公众对特定人的评价。这种评价无论是在内容还是形式上,均具有社会属性。名誉作为一种积极的社会评价,对于民事主体至关重要。

第二,客观性。名誉虽然存在于社会公众的观念当中,但这并不意味着名誉属于主观范畴。相反,名誉作为一种社会评价,具有客观性,不以被评价人的意志为转移。判断某一行为是否构成侵害名誉权,考虑较多的也是其中的客观因素。

第三,特定性。名誉是对特定的民事主体的社会评价,而不是对某个地区或者群体的一般评价。当然,特定人并非仅指单个人,也可以为数人或特定的团体,但此团体的范围必须具有明确的指向。

第四,时代性。自然人的名誉作为一种社会评价,是指人的品德、声望、才能等人格价值在社会上受到的客观评价。法人、非法人组织的名誉则表现为对其信用、生产能力、经营状况等素质的社会评价。在不同的时代,随着社会观念发生变化,人们的名誉观会产生差异,名誉的内容也相应发生变化。把握名誉的时代性,有利于准确理解名誉的内涵。

二、名誉权的概念与特点

名誉权是民事主体依法享有的以其在社会生活中所获得的社会评价（即名誉）为内容的人格权。名誉权除了具有法定性、专有性以及与财产关联性等人格权的一般属性外，还具有以下特点：

第一，名誉权的主体包括各类民事主体。依据《民法典》第110条规定，自然人、法人和非法人组织均享有名誉权，这与生命权、健康权、身体权、姓名权、肖像权、隐私权的主体只能是自然人不同。当然，自然人名誉权与法人、非法人组织名誉权之间虽存在诸多共性，但也存在明显区别：(1) 名誉权的内容不同。自然人的名誉主要表现为个人道德品质和能力，而法人、非法人组织的名誉体现在信用和经营活动方面。(2) 侵害的方式不同。对自然人名誉权的侵害主要表现为侮辱、诽谤等；而对法人、非法人组织名誉权的侵害，通常表现为捏造、散布虚假事实，损害竞争对手的商业信誉、商品声誉，或者在大众传播媒介上发表的作品因内容不实或者评价失当而损害法人、非法人组织的名誉等。(3) 法人、非法人组织的名誉权与财产权的联系较为密切。对于法人、非法人组织来说，好的名誉本身就是一项无形资产，能够为法人、非法人组织带来良好的经济效益与社会效益；而自然人的名誉权与精神利益联系更加紧密。

第二，名誉权的客体是名誉利益。名誉是自然人或者法人、非法人组织就其自身的人格价值所获得的社会评价。名誉作为一种积极的社会评价，是民事主体人格的组成部分，对民事主体在社会生活中的地位与作用具有重大意义。保护名誉也就是使这种社会评价与应获得的评价相一致。因此，这里的名誉利益不包括名誉感。名誉感属于主观认识范畴，不能用客观标准予以确定，与其社会地位及社会评价也不尽一致，故不宜纳入名誉权的保护范围，但可通过一般人格权制度予以保护。

第三，名誉权的内容是保有和维护自己的社会评价。名誉权不具有肖像权、名称权那样的使用价值，权利人只能保有和维护对自己的积极社会评价，具体包括两个方面的内容：(1) 权利人有权保有其名誉，即权利人有权从社会获得相应的积极评价；(2) 权利人有权排斥对其名誉的侵害，即侵害行为发生后，权利人有权要求他人承担相应的民事责任。

三、名誉权的内容

（一）名誉维护权

名誉权人有权维护自己的名誉，即维护其社会评价不受贬损，这是名誉权的核心内容。一方面，名誉权人对于他人享有不作为请求权，有权要求他人不侵害自己的名誉；另一方面，当其名誉受到非法侵害时，权利人有权寻求司法保护，以维护自己的名誉。

（二）信用维护权

《民法典》第1029条明确规定了信用评价，并将其纳入名誉权范畴加以保护。根据该条规定，当民事主体发现自己的信用信息有误时，其有权出于维护自己信用的目的而提出异议，并请求更正、删除。在接到异议后,信用评价机构应当及时进行核对、检查,当发现确实有误后,应当及时采取更正、删除等必要措施。在相关主体没有及时更正的情况下,若对申请人造成了损失,申请人可以请求损害赔偿。

四、名誉权的民法保护

(一) 侵害名誉权的违法行为

依据《民法典》第 1024 条规定,侵害名誉权的行为主要表现为以下几种方式:(1) 侮辱。所谓侮辱,是指故意以语言、文字等方式贬低他人人格、毁损他人名誉。构成名誉侵权的侮辱行为一般指公开侮辱(如当众辱骂),非公开侮辱通常不构成名誉侵权。(2) 诽谤。所谓诽谤,是指行为人因故意或者过失散布某种虚假的事实,降低或者毁损他人名誉。诽谤可以针对自然人或者法人、非法人组织实施,其所散布的是虚假的事实,行为人主观上是故意或者过失。(3) 其他违法行为。除了侮辱、诽谤以外,新闻报道严重失实、评论严重不当、侵害知识产权同时造成名誉权损害等也属于侵害名誉权的违法行为。

侵害名誉权的行为必须造成特定人的名誉受损,若无法证明造成特定人的名誉受损,不能认为成立侵权责任。在文学、艺术作品中,有些人物形象是以现实生活中特定的真实人物或者以真实人物为原型的,若这些人物形象的塑造能使读者、观众联想到与之有关的现实生活中的真实人物,在构成诽谤、侮辱的情形下,应当认为构成对他人名誉权的侵害。依据《民法典》第 1027 条规定,行为人发表的文学、艺术作品以真人真事或者特定人为描述对象,含有侮辱、诽谤内容,侵害他人名誉权的,受害人有权依法请求该行为人承担民事责任。因此,若行为人发表的文字、艺术作品不以特定人为描述对象,仅其中的情节与该特定人的相似的,不应当认为构成对他人名誉权的侵害。究竟是否构成以"特定人"为原型,关键的区分标准是该角色形象是否会使观众、读者很容易联想到对应的真实人物。

(二) 言论自由与名誉权保护的协调

言论自由也是公民生活在法治社会中所应享有的一种基本权利。因此,对名誉权的保护经常与对言论自由的保护发生冲突:若仅仅片面地保护言论自由,认为发表意见的权利应当受到绝对的保护,民事主体的名誉权就不存在受保护的可能;若片面地强调应当优先保护名誉权,言论自由的空间将会被大大压缩,这也不利于对公民基本权利的保护。因此,当两种权利发生冲突时,应当根据发表言论的内容、言论所针对的对象、是否涉及公共利益等进行综合判断,从而确定在个案中何种权利应当得到优先保护,具体而言:

第一,应区分新闻报道中的事实陈述与意见表达。事实陈述是一种经验性的事实判断,其本身具有可证伪性,具有真与假之分。新闻报道者报道的某项事实可能是真实的,也可能是虚构的,若其报道记载的事实是故意捏造或者被歪曲的,依据《民法典》第 1025 条第 1 项规定,新闻报道者应当承担侵权责任;若报道记载的事项并非是故意捏造的,但新闻报道者对他人提供的严重失实内容未尽到合理核实义务,依据第 1025 条第 2 项规定,也应当承担侵权责任。认定行为人是否尽到了合理核实义务,应当考虑下列因素:(1) 内容来源的可信度;(2) 对明显可能引发争议的内容是否进行了必要的调查;(3)内容的时限性;(4)内容与公序良俗的关联性;(5)受害人名誉受贬损的可能性;(6)核实能力和核实成本(《民法典》第1026条)。意见表达是对某种事物表达自己主观的立场与看法,本质上是一种价值判断。例如,被告认为"原告是一个没有爱心的人",因为没有相关的事实加以佐证,仅仅是一种意见表达。意见表达乃行为人思想与价值观的体现,在当今社会,任何人都无权强求人们对待任何事物都保持相同的看法,因此,只要在法律允许的范围内,任何人都有权充分表达自己的想法。相比名誉权的保护,意见表达具有更高的价值,因为其背后承载的是价值多元的自由思想。但是,意见表达也并非没有限度,若行为人专以侵害他人名誉为主要目的,且使用了侮辱性、恐吓性的语言,对他人进行人身攻击,也应当认为构成对他人名誉权的侵犯。故此,《民法典》第1025条第3项规定,新闻报道者不得以侮辱性言辞等贬损他人的名誉。此即法律对"意见表达"的限制。

第二,应区分公众人物与非公众人物。应当认为,公众人物对新闻媒体的不实报道及其对自己的批判,负有更高的容忍义务。因为公众人物从事的社会活动往往与公共利益有关,社会大众对公益事项本就拥有知情权与表达自由,公众人物自其选择将自身曝光于公众之日起,就应对这一切做好准备。因此,公众人物相比非公众人物,应当对他人侵犯自己名誉的行为承担更高的容忍义务。

(三)侵害名誉权的民法救济

当行为人侵害他人名誉权时,名誉权人可以主张的救济方式与姓名权人、肖像权人相同。除此之外,权利人还可以向侵权人主张恢复名誉、赔礼道歉、消除影响的请求权。如果民事主体有证据证明报刊、网络等媒体报道的内容失实,侵害其名誉权的,有权请求该媒体及时采取更正或者删除等必要措施(《民法典》第1028条)。当侵权人拒不承担前述侵权责任的,人民法院可以采取在报刊、网络上发布公告的方式执行,但执行费用由侵权人承担。另依据《民法典》第1000条第1款规定,侵权人承担消除影响、恢复名誉、赔礼道歉等民事责任的,应当与行为的具体方式和造成的影响相当。

五、名誉权与荣誉权

荣誉权是指民事主体对自己的荣誉享有利益并排除他人非法侵害的权利。《民法典》第1031条单独规定了荣誉权,依据该条规定,所有的民事主体都有荣誉权。作为荣誉权保护对象的荣誉,其性质究竟为何,理论上有两种不同的观点:一种为评价说,认为荣誉是对自然人或法人、非法人组织的评价;另一种为奖励说,认为荣誉就是自然人、法人、非法人组织获得的奖励或者光荣称号。本书认为,荣誉与名誉一样,都是社会对自然人、法人或非法人组织的一种评价。但是,从法律的角度来看,荣誉是荣誉权的保护对象,名誉是名誉权的保护对象,荣誉权与名誉权是两个相互独立的民事权利。这是因为,与普通的名誉相比,荣誉确有其特殊性,这一特殊性决定了荣誉脱离名誉成为独立的保护对象。具体而言,荣誉与名誉的区别体现在以下几个方面:

第一,荣誉是由具备一定资格的国家机关或社会组织授予的评价,其来源具有特殊性;而名誉是社会大众在日常生活中形成的对某一主体的评价,其来源具有普遍性。

第二，荣誉是一种正面的、积极的评价，而名誉是社会大众对一定主体的评价，无论这个评价是好是坏，均构成该主体的名誉。因此，名誉有好与坏之分，荣誉则无好、坏之别。

第三，荣誉只是对获得者某个方面的评价，如因某科学家在其所研究的领域内取得的成果而授予其荣誉称号，这是对其科研能力的评价，而不管其他方面评价如何；而名誉是对特定主体的总体评价，涉及各个方面，具有整体性。

第四，荣誉是一定的国家机关或社会组织依照一定的程序对一定主体给予的评价，具有正式性；而名誉则是一种主观的、随意的评价。同时，荣誉有特定的表现形式，如荣誉称号、荣誉证书、奖章、奖状等；而名誉则存在于社会大众的观念中，没有具体的表现形式。

第五，荣誉可以依照一定的程序予以取消，而名誉则无法人为取消。荣誉是在一定主体的行为符合一定条件后，由特定的国家机关或社会组织授予，当被授予荣誉的主体不再符合授予荣誉的条件时，也可以由授予该荣誉的组织按照一定的程序予以取消；而名誉则只会随着人们的评价而发生改变，不可能被取消。由此可见，荣誉是由特定的国家机关、社会组织依照一定程序授予一定主体的一种积极的评价。

基于名誉与荣誉的差异，名誉权与荣誉权也存在如下区别：第一，保护对象不同。名誉权的保护对象是名誉，而荣誉权的保护对象则是某种荣誉，每个自然人或者法人、非法人组织均具有自己的名誉，但并不一定都能获得某种荣誉。第二，取得方式不同。名誉权是民事主体所固有的并依法享有的权利，它的取得不需要经过任何国家机关或社会组织的确认，也不受这些组织机构的限制或者剥夺；荣誉权的取得需要有关国家机关或者社会组织的授予，如果民事主体违背了有关规定，国家机关或者社会组织可以依法剥夺其荣誉称号。

第四节 隐 私 权

一、隐私权的概念与特点

隐私权是指自然人享有的私人生活安宁不受非法干扰，私密空间、私密活动、私密信息不被非法侵扰、披露的人格权。隐私权具有如下特点：

第一，隐私权的主体只能是自然人。隐私权的缘起是大众传媒大量刊登私人信息，并且使受害人感到侵犯个人隐私所带来的极大精神痛苦。因此，隐私权只能适用于自然人，法人和非法人组织的秘密属于商业秘密的范畴。死者也不享有隐私权，法律保护死者隐私是出于淳化社会善良风俗的需要。

第二，隐私权的保护对象具有隐秘性。作为隐私权的保护对象，隐私的内涵在于“隐”和“私”，具体包括自然人的私人生活安宁和不愿为他人知晓的私密空间、私密活动和私密信息（《民法典》第 1032 条第 2 款）。私密空间也称私人领域，如个人居所、旅客行李、学生书包、口袋以及身体的隐私部位等；私密活动是指一切个人的、与公共利益无关的活动，如日常生活、社会交往、通信、夫妻生活等；私密信息包括所有的个人情况、资料，如身高、体重、女性三围、病历、身体缺陷、健康状况、生活经历、财产状况、社会关系、家庭情况、婚恋情况等。

第三，隐私权的保护范围具有差异性。隐私权是人类文明演进的必然产物，隐私权的保护范围因不同时代、不同地域而不尽相同,并且受到文化传统和道德观念的影响。例如,在中国封建时代,奉行“父为子纲、夫为妻纲”的伦理观念,处于人格依附地位的当事人毫无隐私可言。直到当代,许多家长仍认为阅读子女的日记、信件是天经地义的事情。又如,依一般社会观念,身体隐私部位属于隐私权的保护范围,但在非洲某些地区,则不认为女性乳房为身体隐私。同时,隐私权的保护范围应当受到公共利益的限制,当隐私权与公共利益发生冲突时,应当依据公共利益的要求加以调整。根据这一原则,隐私权主体不同,其隐私权的保护范围也有所不同。一般而言,政府官员、公众人物等隐私权保护的范围应小于一般民众,“高官无隐私”“名人无隐私”就是对这种现象的形象描述。

二、隐私权的内容

（一）私人生活安宁权

私人生活安宁权是指权利主体具有不受他人非法侵扰,享受私人生活安宁的权利。若允许行为人任意打扰生活安宁,将会影响权利主体的生活质量,损害人的精神健康。

（二）私人领域保密权

私人领域是隐私的重要组成部分,包括私人空间领域与私人身体领域。非经法定程序或者得到相应许可,任何人不得非法侵入、窥视私人空间领域,也不得非法窥视、拍摄他人的隐私部位。

（三）个人行为保密权

个人行为保密权是指权利主体能够按照自己的意志支配个人行为,不受他人非法干涉、监视、跟踪与骚扰的权利。一切个人的、与公共利益无关的活动都属于个人行为。随着现代摄影技术和计算机网络技术的发展,跟踪、偷拍个人行踪变得越来越容易,个人行为秘密不受非法公开、刺探和监视,也就成为隐私权的重要内容。

（四）个人信息保密权

自然人对自己的个人信息享有排他控制权,其中信息保密权属于隐私权范畴。例如,不得偷看他人日记,未经本人同意不得披露其财产状况、社会关系和其他个人私事。刺探、调查、收集他人私密信息并予以披露的,构成对他人隐私权的侵害。

三、隐私权与其他权利的关系

（一）隐私权与名誉权

隐私权与名誉权是联系密切的两种人格权。个人隐私一旦被非法披露,不但会引起受害人内心的精神痛苦,还可能导致其社会评价的降低,从而产生名誉权的损害。因此,许多国家还存在将隐私权保护归于名誉权保护的实践。然而,隐私权作为一项独立发展起来的权利,是与名誉权不同的人格权。二者存在以下区别:

第一,主体不同。隐私权的主体仅限于自然人,法律保护隐私的宗旨,是要维护自然人个人生活与精神安宁,法人、非法人组织不享有隐私权;而名誉权的主体包括自然人和法人、非法人组织。

第二,保护对象不同。隐私权的保护对象是自然人不愿意为他人知晓或者不宜公开的秘密,是一种事实;而名誉权的保护对象是社会对特定人的评价,是一种观念。

第三,侵害方式不同。侵害隐私权的方式常见的是未经本人同意而公开个人隐秘事项,而侵害名誉权的方式主要有诽谤和侮辱。

第四,行为人主观心态和目的不同。侵害隐私权可能出于故意,也可能是过失;行为人可能出于善意的目的(批评教育),也可能出于恶意(泄愤)。而侵害名誉权一般是直接故意行为,行为人主观上是出于恶意。

第五,保护方式不同。侵害隐私权可以通过停止侵害、赔礼道歉和赔偿损害的方式加以救济;名誉权的保护方式,除前述外,还包括消除影响、恢复名誉。

(二)隐私权与姓名权、肖像权

擅自公开他人的姓名与肖像,往往也构成对他人隐私的侵犯。但是隐私的范围仍广于姓名、肖像,基本上所有尚未被公开的秘密,如未公开的个人信息,都属于隐私权的保护范畴。另外,姓名权与肖像权除了具有人格权精神属性的一面,也具有财产属性的一面,往往可以进行商业化利用;而隐私权仅强调权利人消极地不受干扰,其财产属性并不突出。

四、隐私权的民法保护

(一)侵害隐私权的行为

依据《民法典》第1033条规定,侵害隐私权的行为主要有:

第一,侵扰他人私生活的安宁。任何人或组织都不得以电话、短信、即时通信工具、电子邮件、传单等方式侵扰他人的私人生活安宁。

第二,进入、拍摄、窥视他人的住宅、宾馆房间等私密空间。《宪法》第39条规定,公民的住宅不受侵犯,禁止他人非法搜查或者非法侵入公民的住宅。《刑法》第245条也规定了非法侵入住宅罪。自然人的住宅是封闭的私密空间,是自然人家庭生活、情感生活的重要场所,若允许他人任意闯入、窥视、拍摄自然人的住宅,其生活尊严将难以得到保障,因此应当对非法进入、拍摄、窥视他人住宅的行为予以禁止。宾馆房间等私密空间在性质上与住宅相同,应当受到与住宅同等的保护。

第三,拍摄、窥视、窃听、公开他人私密活动。任何个人在法律规定的范围内都享有自主决定行为和生活的权利,并且对自己的行为活动有保密的权利,他人不得非法刺探、窃听、拍摄或者公开。

第四,拍摄、窥视他人身体私密部位。自然人的身体私密部位被非法拍摄、公开,通常会对其造成精神损害,对于此种侵犯隐私权的行为,法律应当予以禁止。

第五,处理他人的私密信息。私密信息,如个人的家庭住址、手机号码、财产状况都应当是对社会保密的,若被他人非法处理将会对其个人生活安宁带来冲击,因此,应当对此类行为加以禁止。

第六,以其他方式侵害他人的隐私权。如非法跟踪他人,擅自利用、披露他人私密信息都是对他人隐私权的侵害。

（二）侵害隐私权的免责事由

一般地说,具备下列事由的,行为人不承担侵害隐私权的民事责任:第一,出于维护公共利益的需要。为了维持公共秩序和公共安全,很多公共场所都会安放摄像头,并使用扫描仪对自然人的行李物品进行检查,此种检查行为是维护公共利益所必需的,不应当认为构成对他人隐私权的侵犯。第二,经过权利人同意。在经过权利人同意搜集其私密信息、进入其私密领域等情形下,不构成对其隐私的侵犯,因为权利人已经自愿放弃了对其隐私的保护。

第五节　个人信息保护

一、个人信息的概念和特点

个人信息是指与特定个人相关联的,以电子或者其他方式记录的,能够单独或者与其他信息结合识别特定自然人的各种信息,包括自然人的姓名、出生日期、身份证件号码、生物识别信息、住址、电话号码、电子邮箱、健康信息、行踪信息等(《民法典》第 1034 条第 2 款)。个人信息具有如下特点:

第一,人格利益性。所谓个人信息的人格利益性,是指个人信息与人格利益密切相关。在信息时代,社会中的任何个体如果想要与他人进行交往,往往都要利用个人信息使他人知道自己的身份。个人信息的识别成为许多交易的前提与基础,个人信息对人在社会中整体形象的塑造具有决定性作用。因此,法律对个人信息加以保护其实也就是对个人尊严加以保护。

第二,主体的限定性。只有自然人的个人信息才有被法律保护的必要,法律保护个人信息的主要目的是维护自然人的人格尊严。法人、非法人组织并无人格尊严可言,因此并不需要通过人格权法对其信息加以特别保护。

第三,可识别性。法律保护的个人信息指的是能够单独或者与其他信息相结合从而能够识别特定自然人的信息。可被识别的个人信息又可以分为直接的个人信息与间接的个人信息。直接的个人信息指的是能够直接识别特定人的信息,如姓名、身份证号;间接的个人信息指的是不能够直接识别特定人,需要与其他信息或者技术手段相结合才能识别特定人的信息①,如毛发中的 DNA 等。

---

① 参见王利明:《人格权法研究》(第三版),中国人民大学出版社 2018 年版,第 625 页。

二、个人信息保护与隐私权的关系

《民法典》第 111 条将个人信息单列,将其作为一种民事权益加以保护。《民法典》人格权编将个人信息与隐私权共列于一节,但没有如隐私权那样称其为“个人信息权”。本书认为,个人信息保护与隐私权之间既有联系,又有区别。有些个人信息实际上也是私密信息,未经个人信息所有人允许,不得非法披露、公开。当行为人非法获取、收集、公开他人的私密信息时,即构成对他人隐私权的侵犯。依据《民法典》第 1034 条第 3 款的规定,个人信息中的私密信息,适用隐私权保护的有关规定;没有规定的,适用有关个人信息保护的规定。但是,两者仍然存在以下区别:

第一,权益性质不同。个人信息权益是一种综合性的权益,同时包括精神利益与财产利益。当行为人非法收集他人的个人信息时,民事主体可以请求停止侵害、排除妨碍、消除危险。当因为行为人公布某些隐私信息从而对自然人造成严重精神损害时,其还可以请求行为人赔偿精神损害。除此之外,自然人还可以积极利用自己的个人信息谋取财产利益,如可以通过授权他人使用自己的个人信息以获取相应对价。隐私权作为一种具体人格权,一般被认为仅包含精神利益,是一种消极的、不受他人非法侵犯的人格权,其财产价值并不突出。

第二,权益内容不同。并不是所有的个人信息都具有秘密性,有些个人信息,如手机号码,可能就是完全在社会中被公开的,对于已经被公开的个人信息不能被认定为隐私。隐私也不仅仅指私人信息,私人生活领域、身体秘密部位以及个人生活的安宁都可以被当作隐私,私密信息仅仅是其中一部分。

第三,侵害方式不同。侵害隐私权的方式主要包括对权利人日常生活安宁的破坏以及对其私人领域、私人活动、私密信息的公开披露。侵犯个人信息的方式除了对私密信息的非法披露以外,还包括对已经公开的个人信息的非法删除与修改。依据《民法典》第 1037 条第 1 款就规定,当自然人发现个人信息有误的,其有权提出异议并请求及时采取更正等必要措施。

三、个人信息保护的内容

(一)信息利用权

个人信息具有一定的经济价值,自然人有权依法自己利用其个人信息,也可以许可他人处理其个人信息。个人信息的处理包括个人信息的收集、存储、使用、加工、传输、提供、公开、删除等(《个人信息保护法》第 4 条第 2 款)。依据《个人信息保护法》第 5~10 条规定,处理个人信息应当遵守如下原则:(1)处理个人信息应当遵循合法、正当、必要和诚信原则,不得通过误导、欺诈、胁迫等方式处理个人信息。(2)处理个人信息应当具有明确、合理的目的,并应当与处理目的直接相关,采取对个人权益影响最小的方式;收集个人信息,应当限于实现处理目的的最小范围,不得过度收集个人信息。(3)处理个人信息应当遵循公开、透明原则,公开个人信息处理规则,明示处理的目的、方式和范围。(4)处理个人信息应当保证个人信息的质量,避免因个人信息不准确、不完整对个人权益造成不利影响。(5)个人信息处理者应当对其个人信息处理活动负责,并采取必要措施保障所处理的个人信息的安全。(6) 任何组织、个人不得非法收集、使用、加工、传输他人个人信息,不得非法买卖、提供或者公开他人个人信息;不得从事危害国家安全、公共利益的个人信息处理活动。同时,处理个人信息还应当符合下列条件:(1) 征得该自然人或者其监护人同意,但是法律、行政法规另有规定的除外;(2) 公开信息处理规则;(3) 明示处理信息的目的、方式和范围;(4) 不违反法律、行政法规的规定和双方的约定(《民法典》第 1035 条)。

(二) 信息知情权

自然人有查阅和了解自己个人信息的权利。依据《民法典》第 1037 条规定,自然人可以依法向信息处理者查阅或者复制其个人信息。如前所述,个人信息与人格利益息息相关,其对个人在社会中整体形象的塑造具有重要作用,因此,自然人有权了解自己的信息状况。

(三) 信息完整权

自然人有权要求信息控制人保证自己的信息完整、准确,因为个人信息的内容直接影响到个人的人格利益和人格尊严,当其发现信息有误的,有权向信息控制人提出异议并请求采取及时更正等必要措施。

四、个人信息的民法保护

(一) 侵害个人信息权益的行为

第一,非法收集、处理他人个人信息。行为人收集、处理他人信息的,必须遵循合法、正当、必要的原则,若存在过度收集、处理的情况,并不符合比例原则的基本要求,应当认为构成对自然人个人信息的侵犯,自然人可以请求行为人承担停止侵害等侵权责任。

第二,非法泄露、篡改、利用他人个人信息。行为人即使经过自然人同意进行了信息收集、处理工作,依据《民法典》第 1038 条第 1 款规定,也不得泄露、篡改其收集、存储的个人信息,或者未经被收集者同意,擅自向他人提供其个人信息。

(二) 处理个人信息的免责事由

依据《民法典》第 1036 条规定,处理个人信息,有下列情形之一的,行为人不承担民事责任:

第一,在该自然人或者监护人同意的范围内实施的行为。若自然人或者监护人同意他人收集、处理、使用自己的个人信息,信息收集、控制人自然不成立侵权行为,但是必须在其被授权的范围内收集、处理。当双方当事人对合同中信息收集、控制人可以实际搜集、处理信息的范围存在争议,应当作不利于信息收集、控制人的解释。

第二,合理处理该自然人自行公开的或者其他已经合法公开的信息,但是该自然人明确拒绝或者处理该信息侵害其重大利益的除外。对已经公开的个人信息只要在使用方式上合法、适当,就不应当认定为侵犯了他人的个人信息。如自然人在网络上公开了自己的私密图片,互联网使用者未经本人同意就对该信息进行转载，此时不应认定为是对自然人个人信息权益的侵害。[①] 但是，如果自然人在公开个人信息时明确拒绝他人使用，或者对该个人信息的使用将严重影响自然人的合法权益的，信息收集、控制人也不能使用该公开信息。

第三，为维护公共利益或者该自然人合法权益，合理实施的其他行为。如国家机关为了制定国家政策而收集自然人信息，即使没有经过本人同意，出于维护社会公共利益、促进社会经济发展的需要，也应当将此类信息收集行为认定为是合法的。

（三）侵害个人信息权益的民法救济

依据《民法典》第 1038 条第 2 款规定，信息处理者应当采取技术措施和其他必要措施，确保其收集、存储的个人信息安全，防止信息泄露、篡改、丢失；发生或者可能发生个人信息泄露、篡改、丢失的，应当及时采取补救措施，按照规定告知自然人并向有关主管部门报告。国家机关、承担行政职能的法定机构及其工作人员对于履行职责过程中知悉的自然人的隐私和个人信息，应当予以保密，不得泄露或者向他人非法提供（《民法典》第 1039 条）。当自然人发现自己的信息有误的，有权提出异议并请求信息控制机构采取更正等必要措施。

行为人未经自然人同意，非法收集、处理其个人信息的，自然人有权请求信息控制机构删除其信息。若行为人非法泄露、篡改、利用自然人个人信息，给自然人带来损失的，自然人既可以请求损害赔偿，也可以请求信息控制人返还其所获利润。当损失难以确定且双方当事人无法达成一致的，若一方起诉至法院，由法院根据实际情况确定赔偿数额。因信息控制人的侵权行为导致自然人产生严重精神损害的，受害人可以主张精神损害赔偿。

自测习题　　案例分析　　案例分析参考答案

① 参见王利明：《人格权法研究》（第三版），中国人民大学出版社 2018 年版，第 646 页。

第六编　婚姻家庭

第二十八章　婚姻家庭制度概述

■【导语】

“家是最小国,国是千万家”,足见家与国的密切程度。婚姻家庭是社会的最基本细胞,婚姻家庭的稳定是社会稳定与和谐的基础。婚姻家庭关系既包括婚姻关系,也包括家庭关系,同时基于婚姻关系和家庭关系又产生各类亲属关系。本章重点介绍婚姻家庭的基本概念、婚姻家庭制度的基本原则、亲属的种类、亲系和亲等以及亲属关系的发生与终止等。

第一节　婚姻家庭的概念和原则

一、婚姻家庭的概念

婚姻家庭包括两个方面的关系。一是婚姻关系。所谓婚姻,是指男女双方以永久生活为目的,以夫妻的权利、义务为内容的合法结合。有关结婚的条件和程序、夫妻之间的权利和义务、配偶死亡的法律后果、离婚的条件和程序以及离婚后的子女抚养和财产债务处理等,都属于婚姻关系的范围。二是家庭关系。所谓家庭,是指共同生活的,其成员间互享法定权利、互负法定义务的亲属团体。家庭成员关系的发生和终止、家庭成员之间的权利和义务等都属于家庭关系的范围。

婚姻家庭关系既包括婚姻家庭方面的人身关系,也包括婚姻家庭方面的财产关系。从本质上说,婚姻家庭关系是一种身份关系。按照法律规定,婚姻家庭关系只能因一定的法律事实(事件或行为)而发生,如结婚、出生、收养等;亦因一定的法律事实而终止,如离婚、死亡、收养解除等。婚姻家庭方面的人身关系是以人身利益为客体,而不是出于经济目的而创设和存在的。因出生这一事实而发生的亲子关系和其他血亲关系自不必说,因结婚、收养等行为而发生的亲属关系,也不应以追求经济利益为目的。婚姻家庭方面的财产关系具有一定的经济内容,涉及有关主体的物质利益。但是,这种财产关系不能脱离婚姻家庭人身关系而独立存在,其依附、从属于婚姻家庭方面的人身关系。这种从属性,具体表现为发生上的从属性、内容上的从属性和终止时的从属性。这种财产关系又具有相对的独立性,财产法规范在不与婚姻家庭的身份法特质相抵触时,亦具有适用性。

二、婚姻家庭制度的基本原则

依据《民法典》婚姻家庭编第一章的规定，婚姻家庭制度的基本原则主要包括如下几项。

（一）婚姻自由原则

《民法典》第1041条第2款规定，我国实行婚姻自由的婚姻制度。婚姻自由是指婚姻关系当事人有权依照法律规定对个人婚姻问题行使选择权和决定权，另一方和第三人不得以任何手段加以强制。婚姻自由包括结婚自由和离婚自由两个方面的内容。结婚自由是指婚姻当事人依照法律规定的条件和程序，缔结婚姻关系的自由；离婚自由是指婚姻当事人通过法律程序解除婚姻关系的自由。结婚自由可以使当事人能够完全按照自己的意愿选择共同生活的伴侣，离婚自由则使感情确已破裂的夫妻能够通过法定程序解除婚姻关系。

为保障婚姻自由，《民法典》第1042条第1款对违反婚姻自由的行为作了禁止性规定，即禁止包办、买卖婚姻和其他干涉婚姻自由的行为，禁止借婚姻索取财物。应当指出的是，借婚姻索取财物与收受彩礼是不同的，应当将二者区分开来。依据《最高人民法院关于审理涉彩礼纠纷案件适用法律若干问题的规定》，一方以彩礼为名借婚姻索取财物的，另一方有权要求返还。对于因返还彩礼引起的纠纷，应当区分如下情形处理：(1) 双方已办理结婚登记且共同生活，离婚时一方无权请求返还按照习俗给付的彩礼。但是，如果共同生活时间较短且彩礼数额过高的，可以根据彩礼实际使用及嫁妆情况，综合考虑彩礼数额、共同生活及孕育情况、双方过错等事实，结合当地习俗，确定是否返还以及返还的具体比例。认定彩礼数额是否过高，应当综合考虑彩礼给付方所在地居民人均可支配收入、给付方家庭经济情况以及当地习俗等因素。(2) 双方未办理结婚登记但已共同生活，一方请求返还按照习俗给付的彩礼的，应当根据彩礼实际使用及嫁妆情况，综合考虑共同生活及孕育情况、双方过错等事实，结合当地习俗，确定是否返还以及返还的具体比例。关于彩礼的范围，可以根据一方给付财物的目的，综合考虑双方当地习俗、给付的时间和方式、财物价值、给付人及接收人等事实加以认定。但是下列情形中给付的财物，不属于彩礼：(1) 一方在节日、生日等有特殊纪念意义时点给付的价值不大的礼物、礼金；(2) 一方为表达或者增进感情的日常消费性支出；(3) 其他价值不大的财物。

（二）一夫一妻原则

《民法典》第1041条第2款规定，我国实行一夫一妻的婚姻制度。一夫一妻是指一男一女互为配偶的婚姻形式。在一夫一妻原则之下，婚姻只能是一夫一妻互为配偶的合法结合，任何人不得同时有两个以上的配偶；有配偶者在婚姻终止即配偶死亡（包括自然死亡和宣告死亡）或离婚前，不得再行结婚。

为保障一夫一妻原则的实施，《民法典》第1042条第2款明确规定：(1) 禁止重婚，即禁止有配偶者再与他人结婚。当事人重婚的，婚姻应为无效；(2) 禁止有配偶者与他人同居。依据《最高人民法院关于适用〈中华人民共和国民法典〉婚姻家庭编的解释（一）》（法释〔2020〕22号，以下简称《婚姻家庭解释（一）》）第2条规定，所谓有配偶者与他人同居，是指有配偶者与婚外异性，不以夫妻名义，持续、稳定地共同居住。有配偶者与他人同居的，是判决离婚的法定理由和承担离婚损害赔偿责任的过错事由。

（三）男女平等原则

《民法典》第1041条第2款规定，我国实行男女平等的婚姻制度。男女平等是指男女两性在婚姻家庭关系中，处于平等的法律地位，享有同等的权利，负担同等的义务。例如，婚姻关系的缔结与解除、夫妻之间的权利与义务以及其他家庭成员间的权利与义务等方面都实行男女平等。

（四）保护妇女、未成年人、老年人和残疾人合法权益原则

妇女、未成年人、老年人和残疾人属于社会上的弱势群体，需要法律给予特殊保护。因此，《民法典》第1041条第3款明确规定："保护妇女、未成年人、老年人、残疾人的合法权益。"同时，《民法典》第128条规定："法律对未成年人、老年人、残疾人、妇女、消费者等的民事权利保护有特别规定的，依照其规定。"《民法典》和其他法律如《妇女权益保障法》《未成年人保护法》《老年人权益保障法》《残疾人保障法》都设置了若干保护妇女、未成年人、老年人和残疾人合法权益的特殊规定。例如，《民法典》第1042条第3款规定："禁止家庭暴力。禁止家庭成员间的虐待和遗弃。"依据《婚姻家庭解释（一）》第1条规定，对于持续性、经常性的家庭暴力，可以认定为虐待。

（五）维护平等、和睦、文明的婚姻家庭关系的原则

《民法典》第1043条规定："家庭应当树立优良家风，弘扬家庭美德，重视家庭文明建设。夫妻应当互相忠实，互相尊重，互相关爱；家庭成员应当敬老爱幼，互相帮助，维护平等、和睦、文明的婚姻家庭关系。"可见，维护平等、和睦、文明的婚姻家庭关系，也是婚姻家庭制度的基本原则。这一原则对婚姻家庭关系具有重要意义。习近平指出，"家风是社会风气的重要组成部分。家庭不只是人们身体的住处，更是人们心灵的归宿。家风好，就能家道兴盛、和顺美满；家风差，难免殃及子孙、贻害社会"。[①] 应当指出的是，该原则并不能直接适用于裁判个案。依据《婚姻家庭解释（一）》第4条规定，当事人仅以《民法典》第1043条为依据提起诉讼的，法院不予受理；已经受理的，裁定驳回起诉。

第二节　亲属制度

一、亲属的概念和种类

（一）亲属的概念和特点

亲属是指人们基于婚姻、血缘和法律拟制而形成的社会关系。婚姻为亲属之源，血亲为亲

---

① 习近平：《习近平谈治国理政》（第二卷），外文出版社2017年版，第355页。

属之流，姻亲则是以婚姻为中介而发生的。

亲属关系作为社会关系的一种，与其他社会关系相比，具有以下特点：

第一，亲属关系的主体之间有固定的身份和称谓。亲属关系产生后，主体间的亲属身份和称谓是固定的，除法律规定外，当事人不得随意变更或解除。

第二，亲属关系基于特定的法律事实产生。亲属关系的发生，必基于婚姻、血缘或法律拟制三个原因之一。因婚姻而产生的亲属，包括配偶和姻亲；因血缘联系而产生的亲属，限于自然血亲；因法律拟制产生的亲属，是指基于民事法律行为或事实行为，法律确认主体之间互为亲属。

第三，亲属关系的主体间互有法律上的权利和义务。法律调整的一定范围内的亲属间，具有法律上的权利义务关系。《民法典》确认互有扶养权利义务的亲属包括夫妻、父母子女、祖孙和兄弟姐妹等。

（二）亲属的种类

基于发生原因不同，可将亲属分为配偶、血亲和姻亲。对此，《民法典》第 1045 条第 1 款规定："亲属包括配偶、血亲和姻亲。"

1. 配偶

配偶即夫妻，男女双方因合法婚姻而成为配偶。夫妻结合是亲属关系的起点，配偶是血亲和姻亲赖以发生的基础，在亲属关系中具有承上启下的作用，处于核心地位。

2. 血亲

血亲，是指有血缘联系的亲属。根据血亲间血缘来源的不同，可将血亲分为自然血亲和拟制血亲。根据血亲间血缘联系的程度不同，还可将血亲分为直系血亲和旁系血亲。

自然血亲，是指有自然血缘联系的亲属。自然血亲的亲属出自同一祖先，在血缘上具有同源关系，以血缘为纽带联结在一起。这种血缘关系基于出生的事实发生，无论婚生或非婚生，不分父系和母系，也不论是全血缘（同父同母）或半血缘（同父异母、同母异父），均属自然血亲。

拟制血亲又称"准血亲"，是指相互之间本无该种血亲应当具有的血缘关系，但法律确认其与该种血亲具有同等地位的亲属。可见，拟制血亲是依法创设的亲属。

3. 姻亲

姻亲是以婚姻为中介而形成的亲属，但配偶本身除外。一般来说，姻亲分为如下三类：（1）血亲的配偶，即己身的血亲的配偶，如儿媳、女婿。（2）配偶的血亲，即己身配偶的血亲，如公婆或者岳父母。（3）配偶血亲的配偶，即己身配偶血亲的配偶，如连襟、妯娌。

（三）亲属的范围

本书讨论的亲属的范围，是指法律意义上的亲属范围。当代各国关于亲属范围的立法例有两种：一是分别限定立法，即法律并不概括限定亲属的范围，而在具体的亲属关系或法律事项上分别规定亲属的法律效力；二是总体限定立法，即法律概括限定亲属的范围，此范围之外的亲属不受法律调整。

我国《民法典》第 1045 条第 2 款规定："配偶、父母、子女、兄弟姐妹、祖父母、外祖父母、孙子女、外孙子女为近亲属。”根据该规定，法律调整的亲属范围以近亲属为限。可见，关于亲属的范围，我国采用总体限定立法模式。

二、亲系和亲等

（一）亲系

亲系，是指亲属间的血缘联络系统。以亲系为标准，可以将亲属进行不同分类。

1. 直系亲和旁系亲

从血亲来说，亲系有直系血亲和旁系血亲之分。直系血亲是指彼此之间具有直接血缘联系的血亲，包括己身所从出和从己身所出的血亲。生育自己和自己所生育的上下各代血亲，都属于直系血亲的范围。法律拟制的直系血亲，亦属于直系血亲。旁系血亲是指彼此间具有间接血缘联系的血亲，即没有直接的血缘联系，但在血缘上同出一源的血亲。法律拟制的旁系血亲，亦属于旁系血亲。

从姻亲来说，亲系有直系姻亲和旁系姻亲之分。直系姻亲是指自己直系血亲的配偶或配偶的直系血亲；旁系姻亲是指自己旁系血亲的配偶或配偶的旁系血亲。

2. 父系亲和母系亲

父系亲是指通过父亲的血缘关系联络的亲属；母系亲是指通过母方的血缘关系联络的亲属。

3. 男系亲和女系亲

男系亲是指通过男子的血缘关系联络的亲属；女系亲是指通过女子的血缘关系联络的亲属。

4. 长辈亲、同辈亲与晚辈亲

亲属的行辈（或称辈行、辈分）是按世代划分的。以行辈为依据，可以将亲属分为长辈亲（旧称尊亲属）、同辈亲、晚辈亲（旧称卑亲属）。父母辈及其他高于己身辈的亲属是长辈亲，与己身辈相同的亲属是同辈亲，子女辈及其他低于己身辈的亲属是晚辈亲。

（二）亲等

亲等即亲属的等级，是计算亲属关系亲疏远近的基本单位。由于血缘联系是计算亲等的客观依据，所以亲等的计算是以血亲为基准，从而准用于姻亲，但配偶之间不计亲等。

关于亲等的计算，世界上主要有两种计算方法：一是为当代多数国家采用的罗马法亲等计算法；二是为部分国家采用的寺院法亲等计算法。在我国，关于亲属关系的亲疏远近计算采用“代”来表示。

1. 罗马法的亲等计算法

罗马法的亲等计算法分为直系血亲和旁系血亲两个方面进行计算。

（1）直系血亲亲等的计算法。罗马法直系血亲亲等的计算方法，是从己身往上或往下数，但不算己身，以一世代为一亲等。例如，从己身往上数，父母为一亲等，祖父母、外祖父母为二亲等。按此方法计算，父母与子女是一亲等的直系血亲，祖父母与孙子女是二亲等的直系血亲。

（2）旁系血亲亲等的计算法。罗马法旁系血亲亲等的计算方法如下：首先，找出最近的同源直系血亲，即己身与对方最近的共同长辈直系血亲；其次，按直系血亲亲等的计算方法从己身往上数至最近同源直系血亲，记下世代数；最后，将两边的世代数相加，所得之和就是旁系血亲的亲等数。例如，要计算己身与姨表兄弟姐妹的亲等数，首先找出己身与姨表兄弟姐妹的最近同源直系血亲外祖父母，从己身往上数至外祖父母是二世代，再从外祖父母往下数至姨表兄弟姐妹也是二世代，然后两边世代数相加为四，因此，己身与姨表兄弟姐妹是四亲等旁系血亲。

2. 寺院法的亲等计算法

寺院法的亲等计算法亦分为直系血亲和旁系血亲两个方面进行计算。

（1）直系血亲亲等的计算法。寺院法直系血亲亲等的计算方法与罗马法直系血亲亲等的计算方法完全相同。

（2）旁系血亲亲等的计算法。寺院法旁系血亲亲等的计算方法是从己身往上数（不算己身）至最近同源直系血亲，记下世代数；再从最近同源直系血亲往下数至要计算亲等的旁系血亲，记下世代数。如果两边的世代数相同，则用一边的世代数为旁系血亲的亲等数；如果两边的世代数不同，则取数大的一边世代数为旁系血亲的亲等数。例如，己身与兄弟姐妹的最近同源直系血亲是父母，从己身上数至父母为一世代，再从父母往下数至兄弟姐妹也是一世代，两边世代数相同，取一边的世代数为亲等数，则兄弟姐妹间是一亲等的旁系血亲。

3. 我国法中的代数计算法

《民法典》以“代”来表示亲属关系的亲疏远近。代即世辈，以一辈为一代。计算亲属的代数分为直系血亲和旁系血亲两个方面的计算。

（1）直系血亲代数的计算方法。从己身开始，己身为一代，往上或往下数。例如，从己身上数，父母为二代，祖父母、外祖父母为三代；往下数，子女为二代，孙子女、外孙子女为三代。

（2）旁系血亲代数的计算方法。先找出最近同源直系血亲，按照直系血亲的计算方法，从己身往上数至最近同源直系血亲，记下世代数；再从最近同源直系血亲往下数至要计算的旁系血亲，记下世代数。如果两边的世代数相同，则用一边的世代数定代数；如果两边的世代数不同，则取最大的世代数。例如，要计算己身与姨表兄弟姐妹的子女的代数，先找出同源直系血亲外祖父母（对姨表兄弟姐妹的子女一边来说为其曾外祖父母），己身为一世代，往上数至母亲为二世代，外祖父母为三世代；再从外祖父母往下数至姨表兄弟姐妹的子女为四世代。因此，己身与姨表兄弟姐妹的子女为四代的旁系血亲。

三、亲属关系的发生和终止

（一）配偶关系的发生和终止

配偶关系以婚姻成立为发生原因。依据《民法典》第 1049 条规定，应以“完成结婚登记”作为配偶关系发生的时间。

配偶关系终止的法律事实有两个，即配偶一方死亡或双方离婚。前者是事件，后者是民事法律行为,两者均可使配偶身份不复存在。这里所说的死亡,既包括自然死亡,也包括宣告死亡。配偶双方因离婚而终止配偶关系的,若为登记离婚,则以“完成离婚登记”的时间为配偶关系的终止时间;若为诉讼离婚,则以法院离婚判决书、调解书生效的时间为配偶关系终止的时间(《民法典》第 1080 条)。

(二) 血亲关系的发生和终止

1. 自然血亲关系的发生和终止

自然血亲是由于出生而产生的亲属关系。出生的事实一经发生,无论是婚生还是非婚生,出生者即与其父母和父母的亲属间发生自然血亲关系,无须当事人的认可,也不需要履行法律手续。因此,出生是产生自然血亲关系的唯一原因。

自然血亲关系因死亡而终止。这里所说的死亡,亦包括自然死亡和宣告死亡。基于血缘联系而形成的自然血亲关系,死亡是其唯一的终止原因,不能通过法律程序或其他方式人为地解除。即使子女被他人收养,该子女与生父母的权利和义务关系消除,但双方的自然血亲关系仍然存在,有关禁婚亲的规定对其仍然适用。

2. 拟制血亲关系的发生和终止

拟制血亲的种类不同,其发生和终止的原因也不同。

(1) 养父母与养子女关系的发生和终止。养父母与养子女间的拟制血亲关系,因收养成立而发生。收养关系依法成立,收养人与被收养人之间即发生父母子女关系。同时,被收养人与收养人的其他近亲属,也发生拟制血亲关系。养父母与养子女的拟制血亲关系除因一方死亡而终止外,还可因收养解除而终止。收养关系解除后,收养人及其近亲属与被收养人的拟制血亲关系终止。

(2) 有抚养教育关系的继父母子女关系的发生和终止。依据《民法典》第 1072 条第 2 款的规定,继父或继母和受其抚养教育的继子女之间发生拟制血亲关系。① 有抚养教育关系的继父或继母与继子女间的拟制血亲关系,除可因继父或继母与继子女一方死亡而终止外,也可由双方当事人协议解除,或由一方当事人诉请法院依法调解或判决解除。生父(母)与继母(父)离婚,继子女与继父或继母已经形成的抚养教育关系并不因此自动消除。但是,如果继子女未成年而继父或继母拒绝抚养的,则该继子女与继父或继母间的拟制血亲关系终止。

(三) 姻亲关系的发生和终止

婚姻的成立是姻亲关系发生的基础,只有以婚姻为中介,一方才与另一方的血亲或血亲的配偶成为姻亲。因此,一般情况下,婚姻成立的时间即为姻亲关系发生的时间。

对于以婚姻为中介而发生的姻亲关系是否因婚姻终止而消灭,我国现行法没有规定。但从社会生活来看,配偶双方离婚后,姻亲当事人不会再保持姻亲关系,姻亲关系因离婚而消灭;配偶一方死亡的,从《民法典》第 1129 条“丧偶儿媳对公婆,丧偶女婿对岳父母,尽了

---

① 关于有抚养关系的继父母子女之间亲属关系的性质,理论上存在拟制血亲说与姻亲说两种不同的主张,通说采取拟制血亲说。

主要赡养义务的,作为第一顺序继承人"规定的立法精神看,姻亲关系不因配偶一方死亡而当然终止。

自测习题　　　　案例分析　　　　案例分析参考答案

第二十九章　结婚制度

■【导语】

“愿得一心人，白头不相离”是人们对美好婚姻的憧憬，“鞭炮夫妻”是人们对仪式婚的形象比喻。“洞房花烛夜”为人生“四喜”之一，结婚对每个人而言，都是人生大事。那么，结婚需要具备什么条件？结婚登记手续如何办理？如果结婚不符合法律规定的条件将发生何种后果？这些都是本章要解决的问题。

第一节　结婚的条件

一、结婚的概念和特点

结婚又称婚姻的成立，是男女双方确立夫妻关系的民事法律行为。结婚具有如下主要特点：

第一，结婚行为的主体为异性。结婚必须是男女双方的结合，同性不能成立婚姻。由《民法典》第 1046 条关于“结婚应当男女双方完全自愿”的规定可以看出，我国法律并不承认同性婚姻，一男一女的异性结合是我国法律上婚姻成立的法定条件之一。

第二，结婚行为的性质是民事法律行为。结婚行为在性质上是民事法律行为，而非事实行为。当事人必须符合法律规定的结婚条件并履行结婚登记手续，即具备《民法典》规定的结婚的实质要件和形式要件，双方以夫妻名义的结合才能形成婚姻，产生婚姻的法律效果。

第三，结婚行为的效力是确立婚姻关系。男女双方因结婚确立了婚姻关系，形成了互为配偶的夫妻身份，享有法律规定的夫妻之间的权利和义务。

二、结婚的实质要件

结婚的实质要件是指当事人自身和相互间关系应当具备的条件，包括结婚的必备条件和禁止条件。

（一）结婚的必备条件

结婚的必备条件又称结婚的积极要件，是指当事人结婚必须具备的不可缺少的法定条件。

依据《民法典》规定，男女双方结婚必须具备以下三个条件：

1. 男女双方合意

男女双方合意，即当事人对于确立婚姻关系的意思表示完全一致。基于人格独立和意思自治原则，双方合意是结婚的必备条件。《民法典》第 1046 条规定："结婚应当男女双方完全自愿，禁止任何一方对另一方加以强迫，禁止任何组织或者个人加以干涉。"

结婚是双方民事法律行为，意思表示真实作为民事法律行为的有效条件，同样适用于结婚行为。如果当事人结婚的意思表示存在瑕疵，依据《民法典》规定，因胁迫结婚的，受胁迫的一方可以向法院请求撤销该婚姻（第 1052 条第 1 款）；一方患有重大疾病，在结婚登记前不如实告知的，另一方可以向法院请求撤销婚姻（第 1053 条第 1 款）。

2. 达到法定婚龄

法定婚龄是法律规定的最低结婚年龄，即结婚年龄的下限。当事人达到法定婚龄始得结婚，未达到法定婚龄不得结婚。关于法定婚龄，《民法典》第 1047 条规定："结婚年龄，男不得早于二十二周岁，女不得早于二十周岁。"

婚姻是男女两性基于自然属性和社会属性的结合，结婚年龄相应地也要受到自然因素和社会因素的制约。自然因素，即人的身心发育程度。作为婚姻主体的人，只有在达到一定年龄时才具有适婚的生理上和心理上的条件，才能对婚事作出理性的判断和决定，才能在婚后承担起对配偶、子女、家庭和社会的责任。社会因素，即一定的生产方式和与之相适应的社会条件。历史传统、风俗习惯、人口状况和人口政策等，对婚龄均有不同程度的影响。

法定婚龄是法律规定的最低结婚年龄，属于强制性规范，当事人不得以约定加以排除。男女双方达到法定婚龄并符合结婚的其他条件，要求结婚的，应依法准许。

3. 符合一夫一妻原则

《民法典》在"婚姻家庭编"的"结婚"一章中对此未设专门规定，但因为本编"一般规定"一章中已有实行一夫一妻、禁止重婚的规定，因此，符合一夫一妻原则是结婚的必要条件，有配偶者在配偶死亡或离婚后始得再婚。

（二）结婚的禁止条件

结婚的禁止条件又称结婚的消极条件或婚姻的障碍，是指法律不允许结婚的情形。依据《民法典》规定，一定范围内的血亲禁止结婚。法律关于禁婚亲的规定，主要是基于遗传学、优生学和伦理观念。

1. 直系血亲禁止结婚

依据《民法典》第 1048 条规定，直系血亲禁止结婚。自然血亲关系的直系血亲，如父母与子女之间、（外）祖父母与（外）孙子女之间，禁止结婚。拟制血亲的直系血亲之间，如养父母和养子女以及继父或继母和受其抚养教育的继子女之间，因为其相互间的权利和义务，适用法律对父母子女关系的有关规定（《民法典》第 1111、1072 条），因此，从法理上讲，法律禁止直系血亲结婚的限制，也同样适用于拟制直系血亲之间。

2. 三代以内旁系血亲禁止结婚

依据《民法典》第 1048 条规定，三代以内的旁系血亲禁止结婚。三代以内的旁系血亲是指同源于祖父母、外祖父母的没有直接血缘联系的血亲，包括：同源于父母的兄弟姐妹，包括同父母的兄弟姐妹和同父异母或同母异父的兄弟姐妹之间;同源于祖父母或外祖父母的不同辈分的伯叔与侄女、姑与侄子、舅与外甥女、姨与外甥之间;同源于祖父母、外祖父母的相同辈分的堂兄弟姐妹、表兄弟姐妹之间。《民法典》禁止结婚的三代以内旁系血亲仅限于有血缘同源之人的有自然血亲关系的三代以内旁系血亲,无血缘同源之人的法律拟制的三代以内旁系血亲间(如养兄妹),不属于禁止结婚的亲属。因此,法律拟制的三代以内旁系血亲只要不属于三代以内的旁系自然血亲,无论辈分是否相同,均不属于禁止结婚的亲属。

三、结婚的形式要件

(一)结婚形式要件的概念和类型

结婚的形式要件又称结婚程序或者婚姻成立的程序,是法律规定的缔结婚姻所必须履行的法定手续。

《民法典》第1049条规定:"要求结婚的男女双方应当亲自到婚姻登记机关申请结婚登记。符合本法规定的,予以登记,发给结婚证。完成结婚登记,即确立婚姻关系。未办理结婚登记的,应当补办登记。"根据该规定,结婚登记是婚姻成立的形式要件。

(二)结婚登记的机关和程序

在我国,结婚登记是唯一合法有效的程序,完成结婚登记,婚姻关系即确立。是否举行结婚仪式,对婚姻关系的效力无任何影响。结婚登记中的具体事项,应按《婚姻登记条例》规定办理。

1. 结婚登记的机关

《婚姻登记条例》第2条第1款规定:"内地居民办理婚姻登记的机关是县级人民政府民政部门或者乡(镇)人民政府,省、自治区、直辖市人民政府可以按照便民原则确定农村居民办理婚姻登记的具体机关。"第4条第1款规定:"内地居民结婚,男女双方应当共同到一方当事人常住户口所在地的婚姻登记机关办理结婚登记。"

根据以上规定,人民政府是婚姻登记的主管机关,婚姻登记属于行政职权的范围。在确定登记机关的地域管辖时,应当以当事人的常住户口所在地为依据。

2. 结婚登记的程序

结婚登记是建立当事人身份关系的行为,要求结婚的男女双方必须亲自到婚姻登记机关办理结婚登记,并出具《婚姻登记条例》第5条第1款所规定的有关证件和证明材料。婚姻登记机关应当对当事人出具的证件、证明材料进行审查并询问当事人对结婚是否完全自愿,认定当事人是否符合结婚的条件。婚姻登记机关审查后,对符合结婚条件的,应当予以登记,发给结婚证;完成结婚登记,即确立婚姻关系。依据《婚姻登记条例》规定,办理结婚登记的当事人有下列情形之一的,婚姻登记机关不予登记:未到法定婚龄的;非双方自愿的;一方或双方已有配偶的;属于直系血亲或者三代以内旁系血亲的;患有医学上认为不应当结婚的疾病的。婚姻登记机关对当事人不符合结婚条件不予登记的,应当向当事人说明理由。当事人不服的,可以依照有关规定申请复议;对复议决定不服的,可以依照《行政诉讼法》规定提起行政诉讼。

3. 复婚

离婚的男女双方自愿恢复婚姻关系的,依据《民法典》第 1083 条规定,应当到婚姻登记机关重新进行结婚登记。

4. 结婚证书

结婚证书是婚姻登记机关出具的证明夫妻关系成立的法律文书。依据《婚姻登记条例》第 17 条规定,结婚证遗失或者损毁的,当事人可以持户口簿、身份证向原办理婚姻登记的机关或者一方当事人常住户口所在地的婚姻登记机关申请补领。

第二节 婚姻的无效与撤销

一、婚姻的无效

(一) 婚姻无效的原因

无效婚姻即不具有法律效力的婚姻,是指男女两性违反了法律规定的结婚要件而不具有法律效力的违法结合。婚姻的成立必须具备法律规定的要件,因某些要件的欠缺而导致婚姻无效的,这些欠缺的要件就是婚姻无效的原因。

依据《民法典》第 1051 条规定,婚姻无效的原因包括如下几项。

1. 重婚

重婚是指有配偶者又与他人再行结婚的行为,包括法律上的重婚和事实上的重婚。在司法实践中,以下情形构成重婚:(1) 已登记结婚的一方又与第三人登记结婚;(2) 已登记结婚的一方又与第三人形成事实婚姻关系;(3) 事实婚姻关系的一方又与第三人登记结婚;(4) 事实婚姻关系的一方又与第三人形成事实婚姻关系。重婚行为违反一夫一妻原则,不产生法律效力。

2. 有禁止结婚的亲属关系

(1) 直系血亲间的婚姻。这里的直系血亲,包括自然血亲的直系血亲和拟制血亲的直系血亲。

(2) 三代以内的旁系血亲间的婚姻。禁止结婚的三代以内旁系血亲,除旁系自然血亲外,并不包括法律拟制的三代以内旁系血亲,即法律拟制的三代以内旁系血亲之间可以结婚,此种婚姻不构成无效婚姻。

3. 未达到法定婚龄

当事人未达到法定婚龄结婚,因不具有婚姻行为能力而为法律所禁止。

(二) 宣告婚姻无效的机关和程序

婚姻的无效,是宣告无效还是当然无效?对此,各国法律的规定有所不同,我国《民法典》采宣告无效主义。在宣告无效之前,婚姻已通过结婚登记予以公示,基于公示产生的公信力,在形式上该婚姻仍处于有效状态,当事人应当接受婚姻的约束,一方如与他人结婚,构成重婚。婚姻经有权机关确认无效并宣告后,因为宣告所具有的溯及力,婚姻自始无效。

关于婚姻无效的宣告机关和程序,《民法典》没有作出规定。在司法实践中,宣告婚姻无效案件,由法院按照特别程序进行审理:

第一,当事人和利害关系人向法院提起宣告婚姻无效的诉讼,法院对有关婚姻效力的审理,适用特别程序,而不是普通程序或简易程序。原告申请撤诉的,不予准许;结案方式不适用调解,人民法院应当依法作出判决(《婚姻家庭解释(一)》第 11 条)。确认婚姻无效的判决一经作出,即发生法律效力。

第二,涉及财产分割和子女抚养的,适用普通程序或简易程序。法院审理有关婚姻无效案件,涉及财产分割和子女抚养的,可以调解。调解达成协议的,另行制作调解书(《婚姻家庭解释(一)》第 11 条)。法院对婚姻效力的认定和涉及财产分割及子女抚养纠纷的处理,分别制作裁判文书。对法院财产分割和子女抚养问题的判决不服的,当事人可以上诉。

第三,在法院审理有关案件发现婚姻具有无效情形时,即使当事人在诉讼请求中不请求宣告该婚姻无效,法院亦可根据有关事实依职权主动否认违法婚姻的效力,并在相关案件的判决中予以宣告。例如,法院受理离婚案件后,经审查确属无效婚姻的,应当将婚姻无效的情形告知当事人,并依法作出宣告婚姻无效的判决(《婚姻家庭解释(一)》第 12 条)。

(三)请求权人的范围

有权请求宣告婚姻无效的主体,包括该婚姻的当事人和利害关系人(《婚姻家庭解释(一)》第 9 条)。由于婚姻无效的原因不同,请求权人的范围也不同,具体包括以下几种:

第一,以重婚为由申请宣告婚姻无效的,为当事人的近亲属及基层组织。基层组织包括当事人所在单位、住所地的居民委员会、村民委员会、派出所、民政部门及妇联、工会等有关组织机构。就法理而言,依公诉程序追究重婚罪时,检察机关实际上也处于请求权人的地位,因为追究重婚罪以否认重婚行为为前提。

第二,以未达到法定婚龄为由申请宣告婚姻无效的,为未达法定婚龄者的近亲属。

第三,以有禁止结婚的亲属关系为由申请宣告婚姻无效的,为当事人的近亲属。

上述利害关系人申请法院宣告婚姻无效的,利害关系人为申请人,婚姻关系当事人双方为被申请人。夫妻一方死亡的,生存一方为被申请人;夫妻双方均已死亡的,不列被申请人。

(四)婚姻无效请求权的行使限制

一般情况下,当事人请求宣告婚姻无效或法院确认婚姻无效没有期限的限制,但当事人向法院申请宣告婚姻无效时,法定的婚姻无效的情形已经消失的,如未达到法定婚龄者已达到法定婚龄,此时申请存在阻却事由,法院不予支持(《婚姻家庭解释(一)》第 10 条)。

应当指出,夫妻一方或者双方死亡后,生存一方或者利害关系人申请宣告婚姻无效的,法院应当受理(《婚姻家庭解释(一)》第 14 条)。

二、婚姻的撤销

（一）婚姻被撤销的原因

可撤销婚姻是指因当事人意思表示存在瑕疵，享有请求权的人可依法申请撤销的婚姻。依据《民法典》规定，婚姻被撤销的原因包括下列情形：

1. 受胁迫结婚

《民法典》第 1052 条第 1 款规定："因胁迫结婚的，受胁迫的一方可以向人民法院请求撤销婚姻。"可见，当事人受胁迫是婚姻被撤销的原因。这里所说的"受胁迫"，是指行为人以给另一方当事人或者其近亲属的生命、身体、健康、名誉、财产等方面造成损害为要挟，迫使另一方当事人违背真实意愿而结婚的情况（《婚姻家庭解释（一）》第 18 条第 1 款）。因受胁迫而同意结婚的意思表示是不真实的，双方当事人之间未达成结婚合意，违反《民法典》第 1046 条有关结婚应当男女双方完全自愿的规定，因此，应当允许当事人请求撤销。

2. 受欺诈结婚

《民法典》第 1053 条第 1 款规定："一方患有重大疾病的，应当在结婚登记前如实告知另一方；不如实告知的，另一方可以向人民法院请求撤销婚姻。"可见，在一方隐瞒重大疾病的情况下，另一方可以撤销婚姻。

关于重大疾病的范围，《民法典》并未作列举性规定。依据《母婴保健法》《婚前保健工作规范（修订）》的相关规定，下列疾病应当属于重大疾病：（1）严重遗传性疾病，即由于遗传因素先天形成，患者全部或部分丧失自主生活能力，后代再现风险高，医学上认为不宜生育的遗传性疾病；（2）指定传染病，即艾滋病、淋病、梅毒、麻风病以及医学上认为影响结婚和生育的其他传染病；（3）有关精神病，即精神分裂症、躁狂抑郁型精神病以及其他重型精神病。

依据《民法典》第 1053 条规定，以受欺诈结婚作为婚姻被撤销的原因时，仅限于一方结婚登记前隐瞒重大疾病的情形。如果结婚登记前一方如实告知另一方的，或者一方结婚登记前隐瞒、捏造其他事实使另一方同意结婚的，则不能作为婚姻被撤销的原因。

（二）撤销婚姻的请求权人和请求权的行使期限

1. 撤销婚姻的请求权人

依据《婚姻家庭解释（一）》第 18 条第 2 款规定，对于因受胁迫而请求撤销的婚姻，撤销请求权专属于受胁迫的一方当事人本人，其他任何人或组织均无该项请求权。依据《民法典》第 1053 条第 1 款规定，在一方隐瞒重大疾病的情况下，另一方即受欺诈一方当事人本人可以撤销婚姻。但具备撤销事由的婚姻并非必须被撤销，撤销婚姻请求权作为请求权人享有的一项民事权利，是否行使由本人自行决定。

2. 撤销婚姻请求权的行使期限

依据《民法典》规定，撤销婚姻请求权行使的法定期限为 1 年，具体为：因胁迫结婚的，受胁迫的一方向法院请求撤销婚姻的，应当自胁迫行为终止之日起 1 年内提出（第 1052 条第 2 款）；被非法限制人身自由的当事人请求撤销婚姻的，应当自恢复人身自由之日起 1 年内提出

(第1052条第3款);一方患有重大疾病在结婚登记前未如实告知,另一方请求撤销婚姻的,应当自知道或者应当知道撤销事由之日起1年内提出(第1053条第2款)。

撤销婚姻请求权行使期限属于除斥期间,不适用诉讼时效中止、中断或者延长的规定。

(三)撤销婚姻的程序

依据《民法典》规定,因胁迫结婚的,受胁迫的一方可以向法院请求撤销该婚姻(第1052条第1款);一方患有重大疾病而在结婚登记前不如实告知的,另一方可以向法院请求撤销婚姻(第1053条第1款)。可见,对于可撤销婚姻,请求权人只能向法院起诉,依诉讼程序处理。

法院审理婚姻当事人因受胁迫或者欺诈而请求撤销婚姻的案件,适用简易程序或者普通程序。

三、婚姻无效或者被撤销的法律后果

《民法典》第1054条规定:"无效的或者被撤销的婚姻自始没有法律约束力,当事人不具有夫妻的权利和义务。同居期间所得的财产,由当事人协议处理;协议不成的,由人民法院根据照顾无过错方的原则判决。对重婚导致的无效婚姻的财产处理,不得侵害合法婚姻当事人的财产权益。当事人所生的子女,适用本法关于父母子女的规定。婚姻无效或者被撤销的,无过错方有权请求损害赔偿。"按此规定,婚姻无效和撤销的法律后果,可从以下三个方面来加以说明。

(一)对当事人的后果

经宣告无效或被撤销的婚姻,自始无效,即自违法结合之日起便不具有婚姻的效力。由于当事人的配偶身份被法律否认,无效的或者被撤销的婚姻当事人之间的人身关系和财产关系,均不适用法律有关夫妻关系的规定。

1. 人身关系方面

(1)无效或者被撤销的婚姻当事人,在姓名权以及从事生产、工作、学习和社会活动的自由权等问题上,不适用《民法典》第1056、1057条规定。

(2)无效或者被撤销的婚姻当事人不具配偶关系,一方与另一方的血亲及血亲的配偶之间,不发生姻亲关系。

(3)在监护、代理、收养、诉讼等问题上,不适用以夫妻身份为基础的法律关系的各种规定。

2. 财产关系方面

(1)无效或者被撤销的婚姻当事人,不适用《民法典》有关夫妻法定财产制的规定。同居期间所得的财产,并非夫妻共同财产。当事人同居期间所得的财产,除有证据证明为当事人一方所有的以外,按共同共有处理(《婚姻家庭解释(一)》第22条)。

(2)无效或者被撤销婚姻的当事人,就同居期间财产达成的夫妻约定财产制协议无效。当然,这种无效并不影响无效婚姻或可撤销婚姻的当事人在同居关系终止时对同居期间财产处理所订立的清算协议的效力,因为这时双方当事人就财产处理问题所达成的协议,不是基于夫妻身份,而是夫妻身份被强制取消后对同居期间财产清算的合意。当事人同居期间所得的财产,为共同共有财产,可由当事人协议处理。当事人关于财产清算的协议具备民事法律行为的生效条件时,应当作为当事人同居期间财产的分割依据。

（3）重婚导致的无效婚姻的财产处理,不得侵害合法婚姻当事人的财产权益。《民法典》第1054条规定,同居期间所得的财产,由当事人协议处理;协议不成的,由法院根据照顾无过错方的原则判决。这里所说的无过错方,是指对婚姻的无效或者被撤销并无过错的当事人。该条还规定,对重婚导致的无效婚姻的财产处理,不得侵害合法婚姻当事人的财产权益。

（4）无效或者被撤销的婚姻当事人之间,不存在法定的扶养义务和受扶养的权利。因而,也不适用夫妻一方有权向另一方追索扶养费的规定。至于当事人一方出于自愿扶养另一方的行为,与履行法定的扶养义务在性质上有严格的区别。

（5）无效或者被撤销的婚姻当事人,不得以配偶身份互为第一顺序的法定继承人。在一方的父或母死亡时,不适用《民法典》中关于丧偶儿媳对公、婆,丧偶女婿对岳父、岳母尽了主要赡养义务的,作为第一顺序法定继承人的规定。

（6）当事人一方在遗嘱中以另一方为受遗赠人的,是遗嘱人依法对遗产所作出的处分,遗嘱的效力不受双方关系违法性的影响。在不具备遗嘱无效事由的情形下,应当承认遗嘱的效力。

（二）对子女的后果

父母子女关系在性质上不同于婚姻关系。婚姻无效或被撤销的原因是欠缺婚姻成立的法定条件,父母子女关系则是以相互之间的血缘联系为依据的。因此,在无效或被撤销的婚姻中出生的子女,其与父母的关系不受父母婚姻状况的影响,适用《民法典》关于父母子女关系的规定。

（三）无效或者被撤销的婚姻中无过错方的损害赔偿请求权

婚姻被宣告无效或者被撤销后,无过错方有权请求损害赔偿。当事人缔结婚姻关系的行为,虽为身份行为,但本质上仍属民事法律行为,应当适用《民法典》第157条规定的“民事法律行为无效、被撤销或者确定不发生效力后,……有过错的一方应当赔偿对方由此所受到的损失”。根据该规定,当事人对其婚姻的无效或者被撤销有过错时,应当对无过错方承担损害赔偿责任。

四、事实婚姻与同居

（一）事实婚姻

事实婚姻是法律婚姻的对称。对于事实婚姻的含义,有广义和狭义之分。狭义说认为,欠缺形式要件以夫妻名义共同生活的两性结合,发生在特定的时间以内且符合结婚实质要件,法律赋予其合法效力时,才构成事实婚姻;广义说认为,凡欠缺结婚的要件,以夫妻名义共同生活的两性结合皆为事实婚姻。依狭义说,事实婚姻仅指欠缺结婚的法定形式要件的事实婚姻（单一违法）;而依广义说,事实婚姻不仅包括欠缺结婚的法定形式要件的事实婚姻,也包括欠缺结婚的法定实质要件的事实婚姻（双重违法）。《民法典》确立了婚姻的无效和撤销制度，欠缺结婚实质要件的违法婚姻已被纳入无效婚姻和可撤销婚姻的范畴，因此，对事实婚姻应作狭义界定。

《民法典》第 1049 条规定，要求结婚的男女双方应当亲自到婚姻登记机关申请结婚登记，完成结婚登记即确立婚姻关系，同时规定“未办理结婚登记的，应当补办登记”。未办理结婚登记，也未补办结婚登记而以夫妻名义共同生活的男女，起诉到法院要求离婚的，应如何处理？司法实践中实行区别对待的政策：(1) 1994 年 2 月 1 日民政部《婚姻登记管理条例》公布实施以前，男女双方已经符合结婚实质要件的，按事实婚姻处理；(2) 1994 年 2 月 1 日民政部《婚姻登记管理条例》公布实施以后，男女双方符合结婚实质要件的，法院应当告知其在案件受理前补办结婚登记；男女双方补办结婚登记的，婚姻关系的效力从双方均符合法律规定的结婚实质要件时起算。(3) 未补办结婚登记的，按解除同居关系处理。①

（二）未婚同居

没有配偶且又没有婚姻障碍的男女以夫妻名义同居生活的，依据《民法典》规定，应当补办结婚登记手续。如果向法院起诉离婚在案件受理前未补办结婚登记的，按解除同居关系处理。当事人间存在同居期间财产分割或者子女抚养纠纷的，法院应当受理；当事人之间仅存在同居关系纠纷的，法院不予受理（《婚姻家庭解释（一）》第 3 条）。

对于未婚同居关系，《民法典》既不禁止，也不支持。但当事人间的子女抚养或者同居期间的财产分割纠纷，属于法院受理民事案件的范围，法院应当作出处理（《婚姻家庭解释（一）》第 3 条）。关于子女抚养问题，同居期间双方所生子女为非婚生子女，解除同居关系后，非婚生子女的抚养归属及抚养费的负担，依据《民法典》规定，适用该法关于父母子女关系的规定。解除同居关系时，关于同居生活期间的财产处理，《民法典》没有作出规定。一般可以按如下方式处理：双方同居期间，共同所得的收入和购置的财产按一般共有财产处理。同居生活前，一方自愿赠送给对方的财物可比照赠与关系处理；一方向另一方索取的财物，可酌情返还。解除同居关系时，同居期间为共同生产、生活而形成的债权、债务，可按共同债权债务处理。同居生活期间，一方死亡，另一方要求继承死者遗产，符合《民法典》第 1129 条规定的，可适当分得遗产。

（三）有配偶者与他人的同居

有配偶者与他人的同居，为非法同居，为我国法律所禁止。所谓有配偶者与他人同居，是指有配偶者与婚外异性，不以夫妻名义，持续、稳定地共同生活。当事人请求解除的同居关系属于“有配偶者与他人同居的”，法院应当受理并依法予以解除。

自测习题　　案例分析　　案例分析参考答案

① 参见《婚姻家庭解释（一）》第 7 条。

第三十章　家庭关系

■【导语】

俗话说："国有国法，家有家规，没有规矩不成方圆。"足见规范在治国齐家中的重要性。家庭是社会的细胞，是由一定范围内的亲属组成的伦理实体，家庭成员间的"互相忠实，互相尊重，互相关爱"与"敬老爱幼，互相帮助"，既是家庭伦理，又是法律规范。那么，家庭关系的主体有哪些？主体间的权利义务的内容是什么？义务人不履行义务的法律后果如何？这些是本章要理解和掌握的问题。

第一节　夫妻关系

男女结婚即产生夫妻关系，这是婚姻效力最主要的体现。婚姻的效力可以分为及于当事人的直接效力和及于第三人的间接效力。婚姻的直接效力是指婚姻可以使夫妻间产生权利义务关系；婚姻的间接效力是指婚姻可以使其他亲属间产生权利义务关系。

一、夫妻关系的概念和地位

夫妻关系是指男女因结婚而形成的相互间具有权利和义务内容的社会关系。夫妻双方所具有的特定身份决定了夫妻关系与其他两性关系的本质区别，即夫妻关系必须是男女两性合法的结合。男女双方符合法律规定的结婚条件，并履行了法定的结婚手续，才能结为夫妻，形成夫妻关系。

夫妻关系是一切亲属关系的本源，在各种家庭关系中，夫妻关系处于核心地位，在家庭中承担着承上启下、养老育幼的特殊作用。

《民法典》第1055条规定："夫妻在婚姻家庭中地位平等。"这是男女平等原则的具体表现，是对夫妻法律地位的原则性规定。夫妻在婚姻家庭中地位平等，既是确定夫妻间权利和义务的总原则，也是处理夫妻间权利和义务纠纷的基本依据。对于夫妻间的权利和义务纠纷，法律有具体规定的，应按具体规定处理；无具体规定的，则应按照夫妻在家庭中地位平等原则的精神予以处理。

二、夫妻人身关系

夫妻人身关系与民法中其他的人身关系一样，是与主体不可分离的，不以直接的经济利益为内容而以特定的精神利益为内容的社会关系。但夫妻人身关系又不同于民法中的其他人身关系，它以夫妻身份为必要前提，只能存在于具有配偶身份的男女之间。《民法典》及有关法律中规定了夫妻人身关系，明确了夫妻之间基于配偶身份应当存在的特定权利和义务关系。

（一）夫妻独立姓名权

姓名权是自然人依法决定、使用、变更或者许可他人使用自己姓名的权利。姓名权是人格权的重要组成部分，是一项重要的人身权利。姓名虽然只是用来表示个人的特定符号，但有无姓名权却是有无独立人格的重要标志。

依据《民法典》第 1056 条规定，夫妻双方都有各自使用自己姓名的权利。这意味着，夫妻双方作为独立的民事主体，不管民族、信仰、年龄、职业、财产状况如何，都有各用自己姓名的权利，不因婚姻成立而发生变化。

夫妻各自的独立姓名权得到确认后，子女的姓氏也由随父姓转变为可以选择父姓或母姓。依据《民法典》第 1015 条规定，除特殊情形外，自然人的姓氏应当随父姓或者母姓。

（二）夫妻人身自由权

人身自由权本是自然人的人格权，但夫妻人身自由权则是夫妻身份地位的象征，因此，我国立法将其作为夫妻身份权的内容。《民法典》第 1057 条规定："夫妻双方都有参加生产、工作、学习和社会活动的自由，一方不得对另一方加以限制或者干涉。"这一规定，既是夫妻地位平等的标志，又为夫妻平等地行使权利和承担义务提供了法律保障。

应当注意的是，夫妻任何一方在行使该项权利时，都必须同时履行法律规定的对婚姻家庭应承担的义务，不得滥用权利损害他方和家庭的利益。如果夫妻任何一方不当行使该项权利，对方有权提出意见，进行必要的劝阻。

（三）夫妻同居的权利义务

同居是指夫妻共同居住、共同生活。同居权是夫妻一方要求与另一方共同生活的权利；同居义务是指夫妻任何一方都有与对方共同生活的义务。

《民法典》没有明文规定夫妻同居的权利和义务，但第 1042 条规定有"禁止有配偶者与他人同居"，第 1079 条规定有"因感情不和分居满二年"，可以认定夫妻感情确已破裂，调解无效的，应准予离婚。这些规定实际上承认了夫妻有同居的权利和义务。

（四）夫妻忠实义务

《民法典》第 1043 条中"夫妻应当互相忠实"的法律规定，肯定了夫妻间的忠实义务。夫妻违反忠实义务，实施重婚、有配偶者与他人同居等严重行为，造成离婚后果的，无过错方有权请求损害赔偿。

（五）夫妻婚姻住所决定权

婚姻住所是指夫妻婚后共同居住和共同生活的场所。婚姻住所决定权，是指选择、决定夫妻婚后共同生活住所的权利。《民法典》第 1050 条规定："登记结婚后，按照男女双方约定，女方可以成为男方家庭的成员，男方可以成为女方家庭的成员。"该规定赋予了夫妻双方平等的婚姻住所决定权。

（六）互相尊重、互相协助义务

《民法典》第 1043 条第 2 款规定，夫妻应当互相忠实，互相尊重，互相关爱；家庭成员应当敬老爱幼，互相帮助。该规定肯定了夫妻间互相尊重、互相协助、互相救助的义务，有利于指导公民处理夫妻关系，减少现实中夫妻一方遇难时另一方见死不救等行为的发生。

（七）夫妻日常家事代理权

夫妻日常家事代理权又称夫妻相互代理权，是指夫或妻因日常家庭事务与第三人为一定民事法律行为时互为代理人，互有代理权。《民法典》第 1060 条规定："夫妻一方因家庭日常生活需要而实施的民事法律行为，对夫妻双方发生效力，但是夫妻一方与相对人另有约定的除外。夫妻之间对一方可以实施的民事法律行为范围的限制，不得对抗善意相对人。"该规定明确肯定了夫妻的日常家事代理权。

三、夫妻财产关系

夫妻财产关系是夫妻之间基于财产利益而发生的法律关系。规范夫妻财产关系的法律制度为夫妻财产制或婚姻财产制，内容包括各种夫妻财产制的设立、变更与废止，夫妻婚前财产和婚后所得财产的归属、管理、使用、收益、处分，家庭生活费用的负担，夫妻债务的清偿等事项。夫妻财产制的核心是夫妻婚前财产和婚后所得财产的归属，我国现行法实行的夫妻财产制是法定财产制与约定财产制相结合。

（一）夫妻法定财产制

在我国，法定财产制是夫妻共同财产制与夫妻个人特有财产制相结合的形式。这两种制度分别规定了夫妻共同财产和个人特有财产的范围。在夫妻对其财产没有约定或约定不明、约定无效时，适用法定财产制。

1. 夫妻共同财产制

共同财产制是指除特有财产外，夫妻的全部财产或部分财产归双方共同所有。依共有的范围不同，共同财产制又分为一般共同制、动产及所得共同制、所得共同制、劳动所得共同制等形式。一般共同制是指夫妻婚前、婚后的一切财产（包括动产和不动产）均为夫妻共有；动产及所得共同制是指夫妻婚前的动产及婚后所得的财产为夫妻共有；所得共同制是指夫妻在婚姻关系存续期间所得的财产为夫妻共有；劳动所得共同制是指夫妻婚后的劳动所得为夫妻共同共有，非劳动所得的财产如继承、受赠所得等，则归各自所有。

结合《民法典》第 1062、1063 条规定，我国实行的是除特有财产外的婚后所得共同制。

（1）夫妻共同财产的概念和范围。夫妻共同财产是指夫妻在婚姻关系存续期间所得的财产，除特有财产外，均属夫妻共同所有。“婚姻关系存续期间”，是指婚姻关系的效力发生期间，即从完成结婚登记起到离婚法律文书生效之日或一方死亡之日止。“所得财产”是指在婚姻关系存续期间取得物权或其他权利的财产，这里的“所得”应是权利的所得，而非占有的所得。依据《民法典》第 1062 条第 1 款规定，在婚姻关系存续期间所得的财产主要包括以下几类：

第一，工资、奖金和其他劳务报酬。工资、奖金是我国普遍实行的劳动报酬形式，主要是指夫妻一方或双方的劳动报酬所得。除工资、奖金外，其他形式的补贴、福利或一定范围内的实物分配等劳动报酬也应该属于夫妻共同所有。

第二，生产、经营、投资的收益。这里的“生产、经营、投资的收益”，既包括农民的生产劳动收入，也包括工业、服务业、信息业等行业的生产、经营收益，还包括股票、基金、理财产品等投资收益。凡是在婚后从事生产、经营和投资活动的收益，无论是一方个人财产投资取得，还是夫妻共同财产投资所得，都应作为生产、经营和投资的收益归夫妻共同所有。

第三，知识产权的收益。所谓“知识产权的收益”，是指婚姻关系存续期间，实际取得或者已经明确可以取得的财产性收益（《婚姻家庭解释（一）》第 24 条）。

第四，继承或受赠的财产。继承的财产是指依据《民法典》规定能继承的积极财产，即以遗产清偿被继承人所欠的税款和债务后所剩余的财产。受赠的财产包括基于赠与合同和遗赠所取得的财产。但是，并非所有继承或受赠的财产都是共同财产，遗嘱或赠与合同中确定只归一方所有的财产，属于该方的个人财产。依据《婚姻家庭解释（一）》第 29 条第 2 款规定，当事人结婚后，父母为双方购置房屋出资的，依照约定处理；没有约定或者约定不明确的，应认定为夫妻共同财产。

第五，其他应当归共同所有的财产。依据《婚姻家庭解释（一）》第 25 条规定，婚姻关系存续期间，下列财产属于“其他应当归共同所有的财产”：一方以个人财产投资取得的收益；男女双方实际取得或者应当取得的住房补贴、住房公积金；男女双方实际取得或者应当取得的基本养老金、破产安置补偿费。此外，夫妻一方个人财产在婚后产生的收益，除孳息和自然增值外，应认定为夫妻共同财产；由一方婚前承租、婚后用共同财产购买的房屋，登记在一方名下的，应当认定为夫妻共同财产（《婚姻家庭解释（一）》第 26、27 条）。

（2）夫妻共同财产权的行使。夫妻共同财产权在权利性质上属于共同共有权，《民法典》第 1062 条第 2 款特别规定：“夫妻对共同财产，有平等的处理权。”这一条应当理解为：第一，夫或妻因家庭日常生活需要而处理夫妻共同财产的，任何一方均有权决定；第二，夫或妻非因家庭日常生活需要而处理夫妻共同财产的，夫妻双方应当协商一致，任何一方无权单方决定。如果一方未经另一方同意出售夫妻共同共有的房屋，第三人善意购买、支付合理对价并已办理不动产登记手续，另一方无权追回该房屋；夫妻一方擅自处分共同共有的房屋造成另一方损失的，离婚时另一方有权请求赔偿损失（《婚姻家庭解释（一）》第 28 条）。

（3）夫妻共同财产制的终止。夫妻共同财产制因夫妻一方死亡而终止，也可因离婚或其他原因如改采其他夫妻财产制而终止。夫妻共同财产制终止意味着夫妻共同财产关系消灭，从而发生夫妻共同财产的分割。因一方死亡而终止夫妻共同财产制时，夫妻共同财产的分割依据《民法典》第 1153 条规定处理,即“夫妻共同所有的财产,除有约定的外,遗产分割时,应当先将共同所有的财产的一半分出为配偶所有,其余的为被继承人的遗产”。因离婚而终止夫妻财产制时,夫妻共同财产的分割依据《民法典》有关规定处理。

婚姻关系存续期间,夫妻一方请求分割共同财产的,法院一般不予支持,但依据《民法典》第 1066 条规定,有下列情形之一的,夫妻一方可以向法院请求分割共同财产:一方有隐藏、转移、变卖、毁损、挥霍夫妻共同财产或者伪造夫妻共同债务等严重损害夫妻共同财产利益的行为;一方负有法定扶养义务的人患重大疾病需要医治,另一方不同意支付相关医疗费用。

2. 夫妻特有财产制

夫妻特有财产是指夫妻在婚后实行共同财产制时,依据法律的规定或夫妻双方的约定,夫妻保有个人财产所有权的财产。

(1) 法定夫妻特有财产的范围。依据《民法典》第 1063 条规定,夫妻特有财产由以下财产组成:

第一,夫妻一方所有的婚前财产。这是指结婚以前夫妻一方就已经享有所有权的财产,既包括夫妻一方单独享有所有权的财产,也包括夫妻一方与他人共同享有所有权的财产;既包括婚前个人劳动所得的财产,也包括通过继承、受赠以及通过其他合法途径获得的财产;既包括现金、有价证券,也包括购置的物品等。

第二,夫妻一方因受到人身损害获得的赔偿或补偿。依据《民法典》第 1179 条规定,侵害他人造成人身损害的,应当赔偿医疗费、护理费、交通费、营养费等为治疗和康复支出的合理费用,以及因误工减少的收入。造成残疾的,还应当赔偿残疾辅助具费和残疾赔偿金。由于这类费用是自然人因个人身体健康受到侵害所依法获得的赔偿或补偿,当然归受到伤害的自然人个人所享有。在婚姻关系存续期间,夫妻一方的身体健康受到伤害,依法获得的医疗费、残疾生活补助费等费用,同样也只能归受伤害的人所有。

第三,遗嘱或者赠与合同中指明归夫妻一方所有的财产。如果被继承人在遗嘱中明确夫妻一方继承或受遗赠的遗产所有权只归该继承人或受遗赠人的,该财产只能归继承人或受遗赠人所有,不属于夫妻共同财产。同理,如果赠与人在赠与合同中明确表示赠与财产归受赠人个人所有,则婚姻关系存续期间接受赠与所得的该财产为受赠人个人财产,排除另一方的共有权。应当指出的是,依据《婚姻家庭解释(一)》第 29 条第 1 款规定,当事人结婚前,父母为双方购置房屋出资的,该出资应当认定为对自己子女个人的赠与,但父母明确表示赠与双方的除外。

第四,一方专用的生活用品。一方专用的生活用品是指婚后以夫妻共同财产购置的供夫或妻个人使用的生活消费品,如衣物、饰物等。由于这类财产在使用价值方面具有特殊性,不是夫妻双方通用或者共用的生活用品,所以应归夫或妻一方个人所有。但是,婚后购置的图书资料以及摩托车、拖拉机、汽车等生活、生产资料,虽为个人使用,但不属于一方专用的生活用品。

第五,其他应当归一方所有的财产。“其他应当归一方所有的财产”主要包括:军人的伤亡保险金、伤残补助金、医药生活补助费(《婚姻家庭解释(一)》第 30 条);军人复员费、自主择业费中夫妻共同所有之外的部分;夫妻一方因参与体育竞赛活动取得优胜而荣获的奖杯、奖牌,这类物品记载着优胜者的荣誉权,其财产所有权应当归享有该项荣誉权的夫妻一方。

在认定夫妻个人特有财产时,应注意以下问题:第一,《民法典》第 1063 条规定为夫妻一方所有的财产,不因婚姻关系的延续或共同使用关系而转化为夫妻共同财产,但当事人另有约定的除外(《婚姻家庭解释(一)》第 31 条)。第二,夫妻一方将婚前个人财产投入婚姻家庭生活之用,并已被消耗完或毁损、灭失的,不得主张用夫妻共同财产加以补偿或抵偿。

(2) 夫妻对特有财产的权利义务。夫妻特有财产是夫妻婚后依法或依约定保留的个人所有财产,故夫妻一方的特有财产,其效力等同于婚前个人财产,夫妻一方可依自己的意愿行使占有、使用、收益和处分的权利,无须征得对方的同意;同时,对婚姻关系存续期间夫妻一方所负的个人债务以及特有财产所生债务等,均应由其特有财产负担清偿责任。

(二) 夫妻约定财产制

约定财产制是指婚姻当事人以约定的方式,选择决定夫妻财产制形式的法律制度。《民法典》第 1065 条第 1 款规定,男女双方可以约定婚姻关系存续期间所得的财产以及婚前财产归各自所有、共同所有或者部分各自所有、部分共同所有。约定应当采用书面形式。根据该规定,约定财产制优先于法定财产制。对于夫妻财产关系,夫妻有约定的,按照约定处理;没有约定或约定不明的,则适用法定财产制。

1. 夫妻约定财产制的适用条件

夫妻对财产的约定为民事法律行为,因此,应当具备《民法典》第 143 条规定的民事法律行为的有效条件。

(1) 行为人具有相应的民事行为能力。一方面,当事人在进行夫妻财产约定时应当具有完全民事行为能力;另一方面,夫妻财产约定的两方主体应当具有合法的夫妻关系。未婚同居、婚外同居者等非夫妻关系的两性对财产关系的约定,不属于夫妻财产约定。

(2) 意思表示真实。夫妻对财产的约定必须是双方真实的意思表示。如果一方以胁迫、欺诈手段或者利用对方处于危困状态,使对方作出违反自己真实意愿的约定,表意人有权请求撤销。

(3) 约定不违反法律、行政法规的强制性规定,不违背公序良俗。夫妻对财产的约定,内容必须合法,不能将国家财产、集体财产或家庭其他成员的财产约定为夫妻共同所有或一方所有,不能借夫妻财产约定逃避对第三人的债务,不能通过财产约定免除法定的抚养、扶养、赡养义务。

2. 夫妻约定财产制的内容

依据《民法典》第 1065 条规定,夫妻约定财产的范围,既包括夫妻一方的婚前财产,也包括夫妻双方在婚姻关系存续期间所得的财产。对夫妻财产制的选择,我国采取限定主义的立法模式,法律允许当事人在一般共同制、部分共同制和分别财产制中进行选择。一般共同制即婚前财产和婚姻关系存续期间所得的财产,均归夫妻双方共同所有;部分共同制即婚前财产和婚姻关系存续期间所得的财产中,只将部分财产设为夫妻共同所有,由双方约定属共同所有的财产和一方个人所有的财产的范围;分别财产制即婚前财产和婚姻关系存续期间所得的财产,归各自所有。

3. 夫妻约定财产制的时间和方式

对于夫妻财产,当事人既可在结婚前约定,也可在结婚后约定,但婚前订立的协议只能在婚姻关系确立时生效。

对于夫妻财产制协议的订立方式,《民法典》规定应当采用书面形式。

4. 夫妻约定财产制的效力

《民法典》第 1065 条第 2 款规定:“夫妻对婚姻关系存续期间所得的财产以及婚前财产的约定,对双方具有法律约束力。”根据该规定,夫妻对财产归属的约定一经生效,双方就应当按照约定享有权利和承担义务,任何一方不得擅自变更或者解除。夫妻的约定具有直接的物权变动效果,夫妻约定共同财产归一方所有的,自约定生效之日起所有权转归该个人所有;夫妻约定一方财产由双方共有的,自约定生效之日起共同共有发生。但不动产未经登记、动产未经交付的,不得对抗善意第三人。

夫妻在共同生活过程中,如果与第三人发生债权债务关系,为了维护交易安全、防止当事人利用夫妻约定财产制规避法律和损害第三人的合法利益,《民法典》第 1065 条第 3 款特别规定:“夫妻对婚姻关系存续期间所得的财产约定归各自所有,夫或者妻一方对外所负的债务,相对人知道该约定的,以夫或者妻一方的个人财产清偿。”按照反面解释和体系解释,相对人不知道该约定的,夫或者妻一方为家庭日常生活所负的债务,由夫妻共同财产清偿。“相对人知道该约定”的举证责任,应由夫妻一方承担(《婚姻家庭解释(一)》第 37 条)。

四、夫妻相互扶养义务

《民法典》第 1059 条规定:“夫妻有相互扶养的义务。需要扶养的一方,在另一方不履行扶养义务时,有要求其给付扶养费的权利。”在理解夫妻间的扶养义务时,应当注意以下问题:

第一,夫妻之间的扶养权利和义务,是夫妻身份关系所导致的必然结果。夫妻一方向对方所负的扶养义务,从接受者的角度来看,就是接受扶养的权利。夫妻之间的扶养权利和义务是彼此平等的,任何一方不得只强调自己应享有接受扶养的权利而拒绝承担扶养对方的义务。

第二,夫妻之间受扶养的权利和扶养对方的义务,以合法夫妻身份关系为前提。不论婚姻的实际情形如何,无论当事人的情感好坏,这种扶养权利和义务始于婚姻成立,消灭于婚姻终止。

第三,夫妻之间的扶养义务,在内容上包括夫妻之间相互为对方提供经济上的供养、生活上的扶助、精神上的慰藉和危难时的救助。

第四,夫妻之间的扶养义务,在性质上属于强制性义务,夫妻不得以约定排除该法定义务。即使夫妻实行分别财产制,夫妻之间的扶养义务也不得因此而改变。

第五,不履行扶养义务的一方提起离婚诉讼,扶养权利人同意离婚的,可以请求扶养人支付婚姻关系解除前未支付的扶养费,同时请求扶养人提供离婚时的经济帮助;如果扶养权利人不同意离婚而扶养人坚持离婚,夫妻感情确已破裂的,应当判决准予离婚,不能以不履行扶养义务为由剥夺其离婚自由的权利。

第六,夫妻一方不履行法定的扶养义务,情节恶劣、后果严重,致使扶养权利人陷入生活无着境地,应当承担遗弃罪的刑事责任。

五、夫妻的遗产继承权

夫妻遗产继承权是婚姻效力的表现之一,是夫妻之间权利义务不可缺少的内容。所谓夫妻相互继承权,是指夫和妻基于配偶身份而依法享有的相互继承对方遗产的权利。对此,《民法典》第 1061 条规定:“夫妻有相互继承遗产的权利。”在继承法上,夫妻(配偶)为第一顺序法定继承人(《民法典》第 1127 条)。

第二节 父母子女关系

父母子女关系,即亲子关系。在亲子关系中,亲指父母,子指子女。父母子女在血缘联系上是最近的直系血亲,是核心家庭成员,因此,亲子关系是家庭关系的重要组成部分。

一、父母子女关系的种类

在我国法上,父母子女关系可分为以下两大类:

一是自然血亲的父母子女关系。自然血亲的父母子女关系基于子女出生这一自然事实而发生,因此,这种血亲关系是客观存在的,不能人为地解除,只能因一方死亡而消灭。即使在子女被他人收养的情况下,也只是消除父母子女间的权利义务关系,而不能消除双方的自然血亲关系。根据子女出生时父母是否具有合法婚姻关系,自然血亲的父母子女关系又分为父母与婚生子女关系和父母与非婚生子女关系。

二是拟制血亲的父母子女关系。拟制血亲的父母子女间本无该血亲应具有的血缘关系,但法律上确认其与自然血亲有同等的权利义务,因此又称准血亲关系。在我国,此类血亲关系包括养父母与养子女关系、继父母与形成抚养教育关系的继子女关系。法律拟制的父母子女关系是依法产生的,因此,在一定条件下,不仅双方的权利义务关系可以解除,双方的血亲关系也可以依法解除。

二、父母子女关系的产生

(一)父母与婚生子女

婚姻家庭法律制度建立以来,人类社会的两性结合就有合法与非法的问题。与此相对应,生育行为就产生了婚内生育和婚外生育之分,所生子女也就有了婚生和非婚生之别,出现了婚生子女和非婚生子女的概念。但对于何为婚生子女,《民法典》没有明确界定。一般认为,于婚姻关系存续期间受胎或出生的子女为婚生子女。

《民法典》第 1073 条第 1 款规定:“对亲子关系有异议且有正当理由的,父或者母可以向人民法院提起诉讼,请求确认或者否认亲子关系。”根据该规定,丈夫如否认子女为婚生子女,可以向法院提起确认之诉,对婚生子女的否认权没有时效的限制。依据《婚姻家庭解释(一)》

第39条规定,父或者母向法院起诉请求否认亲子关系,并已提供必要证据予以证明,另一方没有相反证据又拒绝做亲子鉴定的,可以认定否认亲子关系一方的主张成立;父或者母以及成年子女起诉请求确认亲子关系,并提供必要证据予以证明,另一方没有相反证据又拒绝做亲子鉴定的,可以认定请求确认亲子关系一方的主张成立。对受欺诈人支出的抚养费应如何处理,《民法典》未作规定。就法理而言,欺诈性抚养关系中支出的抚养费,为给付目的嗣后不存在,受欺诈人可行使不当得利请求权,不仅离婚后支出的抚养费用应当返还给受欺诈人,婚姻关系存续期间支出的抚养费用也应当返还给受欺诈人。

随着生物科技的发展,人工生育子女已经越来越普遍。虽然《民法典》对人工生育子女的法律地位问题没有作出规定,但是,对婚姻关系存续期间,夫妻双方一致同意进行人工授精,所生子女应视为夫妻双方的婚生子女,适用法律关于父母子女关系的规定。

(二)父母与非婚生子女

非婚生子女是指没有婚姻关系的男女所生的子女,包括:未婚男女所生子女、已婚男女与第三人所生子女、无效婚姻和被撤销婚姻当事人所生子女、妇女被强奸后所生的子女等。《民法典》第1071条规定:"非婚生子女享有与婚生子女同等的权利,任何组织或者个人不得加以危害和歧视。不直接抚养非婚生子女的生父或者生母,应当负担未成年子女或者不能独立生活的成年子女的抚养费。"可见,在我国,非婚生子女与婚生子女具有同等的法律地位。

依据《民法典》第1073条规定,对亲子关系有异议且有正当理由的,父或者母、成年子女可以向法院提起诉讼,请求确认亲子关系。对当事人一方提起的请求确认亲子关系的诉讼,原告提供必要证据予以证明,另一方没有相反证据又拒绝做亲子鉴定的,法院推定请求确认亲子关系一方的主张成立。

(三)继父母与继子女

继子女是指夫与前妻或妻与前夫所生的子女;继父母是指父之后妻或母之后夫。继父母与继子女关系产生的原因有两种:一是父母一方死亡,他方再行结婚;二是父母离婚,父或母再行结婚。子女称父母的再婚配偶为继父母,夫或妻称其再婚配偶的子女为继子女。可见,继父母子女关系是由于父或母再婚而形成的姻亲关系。

《民法典》第1072条规定:"继父母与继子女间,不得虐待或者歧视。继父或者继母和受其抚养教育的继子女间的权利和义务关系,适用本法关于父母子女关系的规定。"可见,继父母与继子女之间只有形成了抚养教育关系,相互之间才能产生相应的权利义务关系。从法律地位上说,继父母与受其抚养教育的继子女之间属于法律上的拟制血亲,具有与自然血亲的父母子女相同的权利和义务。与此同时,该继子女与生父或生母之间自然血亲的父母子女关系并不因未共同生活而消除。

继父或继母与继子女之间关系的基础是姻亲关系。在姻亲关系之下,继子女的生父与继母或生母与继父的婚姻关系终止,继父或继母与继子女之间的姻亲关系解除,继父母与继子女的称谓也不再存在。在继父或继母与继子女的关系已转化为拟制血亲关系的情形下,生父与继母或生母与继父离婚、生父或生母死亡时,继父或继母与继子女已经形成的拟制血亲关系则不能因婚姻的终止而自然解除。继父或继母对未成年继子女,仍有抚养教育的权利和义务;受继父或继母抚养长大的继子女，对无劳动能力、生活困难的继父母仍应履行赡养的义务。继父或者继母与继子女拟制血亲关系解除的，双方之间拟制血亲关系消除，父母子女的权利和义务也不复存在。但受继父母抚养教育成年并已独立生活的继子女，对年老丧失劳动能力又无生活来源的继父母，应承担给付生活费的义务。

三、父母与子女间的权利和义务

《民法典》关于父母子女间权利和义务的规定，不仅适用于父母与婚生子女之间，也适用于父母与非婚生子女之间、养父母与养子女之间以及继父或继母与受其抚养教育的继子女之间。

（一）父母对子女的义务

依据《民法典》第26条第1款规定，父母对未成年子女有抚养、教育和保护的义务。

1. 父母对子女有抚养的义务

依据《民法典》第1067条第1款规定，父母不履行抚养义务的，未成年子女或者不能独立生活的成年子女，有要求父母给付抚养费的权利。所谓抚养，是指父母对子女经济上的供养和生活上的照料，包括负担子女的生活费、教育费、医疗费等。父母对未成年子女的抚养义务不因离婚而免除。一般情况下，父母的抚养义务到子女成年时为止。未成年子女一般是指不满18周岁的自然人，但已满16周岁未满18周岁的能够以自己的劳动收入为主要生活来源的自然人除外。“不能独立生活的成年子女”，是指尚在校接受高中及其以下学历教育，或者丧失或部分丧失劳动能力等非因主观原因而无法维持正常生活的成年子女（《婚姻家庭解释（一）》第41条）。

父母不履行抚养义务时，未成年子女或不能独立生活的成年子女，有要求父母付给抚养费的权利。追索抚养费的请求，可以向抚养义务人的所在单位或有关部门提出，也可以直接向法院提起诉讼。拒不履行抚养义务、恶意遗弃未成年子女，情节严重构成犯罪的，应当依法追究刑事责任。

2. 父母对未成年子女有教育的权利和义务

依据《民法典》第1068条规定，父母有教育未成年子女的权利和义务。教育是指父母在思想品德上对子女的关怀和培养。父母对子女的教育包括两个方面的内容：一是父母应当尊重未成年人受教育的权利，必须使适龄的未成年人按照规定接受义务教育，不得使在校接受义务教育的未成年人辍学；二是父母应当以健康的思想、品行和适当的方法教育未成年人，引导未成年人进行有益身心健康的活动，预防和制止未成年人吸烟、酗酒、流浪以及聚赌、吸毒、卖淫。

父母不履行对子女的教育义务，使在校接受义务教育的未成年人辍学，侵害未成年子女的合法权益的，任何组织和个人都有权予以劝阻、制止或者向有关部门提出检举或者控告。

3. 父母对未成年子女有保护的权利和义务

依据《民法典》第1068条规定，父母有保护未成年子女的权利和义务。所谓保护，是指父母应保护未成年子女的人身安全和合法权益，防止和排除自然的损害以及他人的非法侵害。

父母是未成年子女的法定监护人和法定代理人，当未成年子女的人身或财产遭受他人侵害时，父母有权以法定代理人的身份提起诉讼，请求排除侵害、赔偿损失。当未成年子女脱离家庭或监护人时，父母有权要求归还子女。在发生拐骗子女的行为时，父母有权请求司法机关追究拐骗者的刑事责任。在未成年子女造成他人损害时，父母应当依法承担赔偿责任。

（二）子女对父母的义务

《民法典》第 26 条第 2 款规定："成年子女对父母负有赡养、扶助和保护的义务。"依据《民法典》第 1067 条第 2 款规定，成年子女不履行赡养义务的，缺乏劳动能力或者生活困难的父母，有要求成年子女给付赡养费的权利。所谓赡养，是指子女对父母的供养，即在物质上和经济上为父母提供必要的生活条件。子女对父母赡养的具体内容为：赡养人应当履行对老年人经济上供养、生活上照顾和精神上慰藉的义务，照顾老年人的特殊需要；赡养人对患病的老年人应当提供医疗费用和护理；赡养人应当妥善安排老年人住房，不得强迫老年人迁居条件低劣的房屋；赡养人有义务耕种老年人承包的田地，照管老年人的林木和牲畜等，收益归老年人所有。

成年子女对缺乏劳动能力或者生活困难的父母，有给付赡养费的义务，赡养费包括基本生活费用、医疗费用、生活不能自理时的护理费用。赡养人不得以放弃继承权或者其他理由，拒绝履行赡养义务，也不得以父母对其有遗弃、虐待行为为由，拒绝履行赡养义务。

另外，《民法典》第 1069 条强调，子女应当尊重父母的婚姻权利，不得干涉父母离婚、再婚以及婚后的生活；子女对父母的赡养义务，不因父母的婚姻关系变化而终止。

（三）父母子女之间有相互继承遗产的权利

《民法典》第 1070 条规定："父母和子女有相互继承遗产的权利。"依据《民法典》第 1127 条的规定，父母、子女互为第一顺序的法定继承人。

第三节 祖孙和兄弟姐妹关系

一、祖孙关系

（一）祖孙关系的确立

依据《民法典》规定，祖孙关系属于家庭关系的一种。在祖孙关系中，相关亲属的范围包括以下几个方面：

第一，祖父母、外祖父母，即孙子女、外孙子女父母的父母。从孙子女、外孙子女的父母角度界定，祖父母、外祖父母包括：孙子女、外孙子女父母的生父母、养父母、有抚养教育关系的继父母。

第二，祖父母、外祖父母的子女，即孙子女、外孙子女的父母。从祖父母、外祖父母的角度界定，祖父母、外祖父母的子女包括：祖父母、外祖父母的生子女、养子女。

第三，孙子女、外孙子女，即祖父母、外祖父母子女的子女。从祖父母、外祖父母的子女角度界定，孙子女、外孙子女包括：祖父母、外祖父母的生子女的生子女、养子女；养子女的生子女、养子女。

（二）祖孙间的权利和义务

1. 祖父母、外祖父母对孙子女、外孙子女有抚养的权利和义务

依据《民法典》第 1074 条规定，有负担能力的祖父母、外祖父母，对于父母已经死亡或者父母无力抚养的未成年孙子女、外孙子女，有抚养的义务。可见，祖父母、外祖父母对孙子女、外孙子女履行抚养义务是有条件的，具体包括以下几项：

第一，祖父母、外祖父母有负担能力。有负担能力的祖父母和外祖父母，是指以自己的劳动收入和其他收入满足其第一顺序扶养权人（即需要扶养的配偶、子女和父母）的合理生活、教育、医疗的需要后仍有剩余。如果祖父母或外祖父母中数人均有负担能力，则应根据他们的经济情况共同负担。

第二，孙子女、外孙子女的父母已经死亡或父母无力抚养。这里的死亡包括自然死亡和宣告死亡；父母无力抚养是指不能以自己的收入满足子女的合理的生活、教育、医疗费用等需要。

第三，孙子女、外孙子女为未成年人。如果孙子女和外孙子女已满 18 周岁而不能独立生活，即使父母死亡或无抚养能力，有负担能力的祖父母、外祖父母也不承担抚养义务。

2. 孙子女、外孙子女对祖父母、外祖父母有赡养义务

依据《民法典》第 1074 条规定，有负担能力的孙子女、外孙子女，对于子女已经死亡或者子女无力赡养的祖父母、外祖父母，有赡养的义务。根据该规定，孙子女、外孙子女对祖父母、外祖父母的赡养义务是有条件的，这些条件包括以下两方面：

第一，孙子女、外孙子女有负担能力。有负担能力是指孙子女和外孙子女以自己的收入满足自己和第一顺序扶养权人（即配偶、子女和父母）合理的生活、教育、医疗等需求后仍有剩余。如果孙子女、外孙子女中数人均有负担能力，应根据他们经济情况共同负担。

第二，祖父母、外祖父母的子女已经死亡或子女无力赡养。这里的死亡包括自然死亡和宣告死亡；无力赡养是指祖父母、外祖父母的子女不能以自己的收入满足其合理的生活、教育、医疗费用支出等需要。

3. 祖孙间的继承权

依据《民法典》规定，祖父母、外祖父母是孙子女、外孙子女的第二顺序法定继承人，没有第一顺序法定继承人或第一顺序法定继承人均放弃或丧失继承权时，祖父母、外祖父母可继承孙子女、外孙子女的遗产。孙子女、外孙子女在其父母先于祖父母、外祖父母死亡时，可以代位继承祖父母、外祖父母的遗产。

二、兄弟姐妹关系

（一）兄弟姐妹关系的确立

依据《民法典》规定，兄弟姐妹关系属于家庭关系的一种。在兄弟姐妹关系中，兄弟姐妹

包括自然血亲的兄弟姐妹和拟制血亲的兄弟姐妹，具体包括同胞兄弟姐妹、同父异母兄弟姐妹、同母异父兄弟姐妹、养兄弟姐妹和有扶养关系的继兄弟姐妹。

应当注意的是，继父或继母与受其抚养教育的继子女之间的父母子女权利义务关系产生后，并不必然产生继兄弟姐妹之间的权利义务关系。继子女与继父母的抚养教育关系形成后，只有在继兄弟姐妹间实际进行了扶养的，双方的关系才适用法律有关兄弟姐妹关系的规定。

（二）兄弟姐妹间的权利义务

1. 兄、姐对弟、妹有扶养义务

依据《民法典》第 1075 条规定，有负担能力的兄、姐，对于父母已经死亡或者父母无力抚养的未成年弟、妹，有扶养的义务。可见，兄、姐对弟、妹在下列条件下负担扶养义务：

第一，兄、姐有负担能力。有负担能力是指以自己的收入和配偶收入满足自己和第一顺序扶养权人（即配偶、子女和父母）合理的生活、教育、医疗等需求后仍有剩余。如果兄、姐中数人均有负担能力，则应根据他们的经济情况共同负担。

第二，父母已经死亡或无力抚养。这里的死亡包括自然死亡和宣告死亡；父母无力抚养是指父母不能以自己的收入满足其子女合理的生活、教育、医疗等需要。

第三，弟、妹未成年。如果弟、妹已满 18 周岁而不能独立生活，即使在父母死亡或无抚养能力的情况下，有负担能力的兄、姐也没有扶养的义务。

如果某一未成年人既有有负担能力的祖父母、外祖父母，又有有负担能力的兄、姐，则他们处于同等的地位，应由他们根据自己的经济情况共同负担扶养的义务。

2. 弟、妹对兄、姐有扶养义务

依据《民法典》第 1075 条规定，由兄、姐扶养长大的有负担能力的弟、妹，对于缺乏劳动能力又缺乏生活来源的兄、姐，有扶养的义务。可见，弟、妹对兄、姐在下列条件下有扶养的义务：

第一，弟、妹由兄、姐扶养长大。由兄、姐扶养长大的弟、妹是指长期依靠兄、姐提供全部或主要扶养费用直到以自己的收入作为主要生活来源的弟、妹。

第二，弟、妹有负担能力。有负担能力是指以自己的收入和配偶收入满足自己和第一顺序扶养权人（即配偶、子女和父母）合理的生活、教育、医疗等需要后仍有剩余。

第三，兄、姐缺乏劳动能力又缺乏生活来源。缺乏劳动能力是指劳动能力不足，包括丧失劳动能力；缺乏生活来源是指维持生存所必需的生活费用和用品不足，包括丧失生活来源。兄、姐只有同时具备缺乏劳动能力和缺乏生活来源两个条件，弟、妹对其才有扶养义务。

自测习题　　案例分析　　案例分析参考答案

第三十一章　离婚制度

■【导语】

俗话说:“结婚是两个人的决定,离婚一方就可以决定。”足见离婚自由的深入人心。但离婚是解除婚姻关系的民事法律行为,该行为不仅会发生婚姻关系解除的法律后果,还会引起子女抚养、夫妻财产及债务处理等一系列后果。因此,法律虽保障离婚自由,但反对轻率离婚,通过离婚条件和程序的设定,对离婚自由进行适度干预。那么,离婚的条件和程序是什么?当事人的婚姻关系在何时发生解除的效力?离婚的法律后果有哪些?这些是本章要重点理解和掌握的问题。

第一节　婚姻终止的原因

婚姻终止是指合法有效的婚姻关系因发生一定的法律事实而归于消灭。引起婚姻关系终止的法律事实即婚姻终止的原因。婚姻终止的原因不同,其法律后果也不尽相同。

一、婚姻因配偶死亡而终止

配偶关系作为一种身份法律关系,以配偶双方的存在为前提,配偶一方死亡,双方的共同生活关系不能维系,必然引起婚姻关系终止的法律后果。

(一)婚姻因配偶一方自然死亡而终止

配偶一方自然死亡,夫妻之间的权利、义务消灭,婚姻关系自然终止。因配偶一方死亡而终止婚姻的效力,只限于夫妻双方的内部效力,即夫妻之间人身关系和财产关系上的权利和义务不复存在,但夫妻以外的婚姻效力并不当然消灭。

(二)婚姻因配偶一方被宣告死亡而终止

配偶一方被宣告死亡,双方的婚姻关系自动解除。依据《民法典》第 51 条规定,被宣告死亡的人的婚姻关系,自死亡宣告之日起消除。死亡宣告被撤销的,婚姻关系自撤销死亡宣告之日起自行恢复,但是其配偶再婚或者向婚姻登记机关书面声明不愿意恢复的除外。

二、婚姻因离婚而终止

离婚是婚姻关系当事人在婚姻关系存续期间,依照法定的条件和程序解除婚姻关系的民事法律行为。配偶一方死亡,婚姻关系自动解除,而离婚系人为地解除婚姻关系。离婚作为一种民事法律行为,具有以下特点:

第一,离婚的主体是夫妻双方。离婚只能由夫妻本人提出,体现当事人本人的意思。登记离婚的,夫妻双方达成离婚协议后,须持结婚证等证件共同亲自到婚姻登记机关申请离婚登记。诉讼离婚的,即使有诉讼代理人,原则上本人仍应出庭表达是否离婚的意愿。

第二,离婚的前提是男女双方存在婚姻关系。离婚是对合法有效婚姻关系的解除,对于未办理结婚登记而以夫妻名义同居生活的男女,符合事实婚姻认定条件的,法院按照离婚案件审理;未办理结婚登记而以夫妻名义同居生活的男女,不符合事实婚姻认定条件的,依法补办结婚登记手续后,法院按照离婚案件审理。无效婚姻的男女双方请求解除婚姻关系的,法院不得按离婚办理。

第三,离婚须遵守法定的条件和程序。离婚是民事法律行为,因此,离婚须遵守法定的条件和程序,才能发生婚姻关系解除的效力。当事人自行订立的离婚协议或在基层组织主持下达成的离婚协议,不能发生婚姻关系解除的效力。

第四,离婚的后果是解除婚姻关系,并引起子女抚养关系、夫妻财产关系发生变动以及债务清偿等一系列法律后果。因此,离婚不仅关系到双方当事人的利益,也会影响到子女利益和社会利益。

第二节 登记离婚

登记离婚又称行政离婚、两愿离婚,是指夫妻双方自愿离婚,并就离婚后子女的抚养和财产及债务处理等事项达成协议,经过有关机关认可而解除婚姻关系。

一、登记离婚的条件

依据《民法典》《婚姻登记条例》的相关规定,登记离婚的法定条件包括如下四项:

第一,当事人办理了结婚登记。当事人没有办理结婚登记而以夫妻名义共同生活被认定为事实婚姻的,不能通过离婚登记解除婚姻关系。

第二,当事人具有完全民事行为能力。依据《婚姻登记条例》第 12 条规定,办理离婚登记的当事人属于限制民事行为能力人或者无民事行为能力人的,婚姻登记机关不予受理。依该规定的反面解释,办理离婚登记的双方当事人应当具有完全民事行为能力。夫妻一方为无民事行为能力人或限制民事行为能力人的离婚,只能依诉讼程序办理。

第三,当事人具有离婚的合意。依据《民法典》第 1076 条第 1 款规定,夫妻双方自愿离婚的,应当签订书面离婚协议,并亲自到婚姻登记机关申请离婚登记。《婚姻登记条例》第 12 条规定,办理离婚登记的当事人未达成离婚协议的,婚姻登记机关不予受理。依上述规定,当事人申请离婚登记的，应当具有离婚的合意。

第四，当事人对子女抚养、财产及债务处理等事项达成一致。依据《民法典》第 1076 条第 2 款规定，离婚协议应当载明双方自愿离婚的意思表示和对子女抚养、财产以及债务处理等事项协商一致的意见。离婚不仅是夫妻身份关系的解除，还涉及夫妻财产关系、子女抚养等方面的后果。因此，夫妻在办理离婚登记时，必须就子女的抚养、财产及债务处理等问题达成一致，以维护当事人和第三人的合法权益。

二、登记离婚的程序

婚姻登记机关办理离婚登记的程序，分为申请、审查和批准三个步骤。

依据《婚姻登记条例》第 10、11 条规定，内地居民自愿离婚的，男女双方应当共同到一方当事人常住户口所在地的婚姻登记机关办理离婚登记，并提交有效证件与材料，如本人的户口簿、身份证、结婚证、双方当事人共同签署的离婚协议书。《民法典》第 1077 条第 1 款确立了离婚冷静期制度，在婚姻登记机关收到离婚登记申请之日起 30 日的冷静期内，任何一方不愿意离婚的，可以向婚姻登记机关撤回离婚登记申请。

婚姻登记机关应当对离婚登记当事人出具的证件与证明材料进行审查并询问相关情况。首先，应当查明当事人离婚是否自愿；其次，审查提供的情况是否属实；最后，审查当事人是否符合登记离婚的条件。

依据《民法典》第 1077 条第 2 款规定，在冷静期届满后 30 日内，双方当事人应当亲自到婚姻登记机关申请发给离婚证；逾期未申请的，视为撤回离婚登记申请。婚姻登记机关查明双方确实是自愿离婚，并已对子女抚养、财产、债务等问题达成一致处理意见的，应当予以登记，发给离婚证。完成离婚登记，即解除婚姻关系（《民法典》第 1080 条）。离婚证是婚姻登记机关出具的证明婚姻关系解除的法律文书，与法院的离婚判决书、离婚调解书具有同等的法律效力。

第三节 诉讼离婚

一、诉讼离婚的程序

诉讼离婚又称判决离婚或裁判离婚，是指当事人不能就离婚、离婚后子女的抚养或者财产及债务处理等事项达成一致，由一方当事人向法院提起离婚诉讼，法院经审理，根据有关规定对此进行调解、判决的一种制度。与登记离婚相比，诉讼离婚的结果并不取决于当事人的意志，而是法院的判决。

法院在审理离婚案件时，应当遵循如下程序。

（一）诉讼中的调解

诉讼中的调解是指在审理离婚案件过程中，由法院所主持的调解。由于其发生在离婚诉讼过程中，因此又称诉讼内调解。与之对应的，是诉讼外调解，即当事人所在单位、群众团体、居民委员会或村民委员会、婚姻登记机关等主持的调解。诉讼外调解并不是诉讼离婚的必经程序，当事人可以不经这一阶段而直接向法院起诉，请求法院判决离婚，法院不得以未经有关部门调解为由拒绝受理。

诉讼内调解有三种结果：(1) 调解后双方当事人和好，原告撤诉的，诉讼终结；(2) 调解后双方当事人达成离婚协议的，法院制作离婚调解书，当事人签收后发生法律效力；(3) 调解无效的，诉讼程序继续进行。

（二）审理与判决

法院审理离婚案件，当事人除不能表达意志的以外，都应当出庭。确因特殊情况无法出庭的，必须向法院提交书面意见。离婚案件，当事人可以申请不公开审理，但一律公开判决。离婚案件一方当事人在诉讼过程中死亡的，婚姻关系自然消灭，离婚诉讼终结。

对于调解无效的离婚案件，法院应根据事实和法律，作出是否准予离婚以及有关财产分割和子女抚养等问题的判决。一审判决离婚的，法院在宣告判决时必须告知当事人在判决发生法律效力前不得另行结婚。凡判决不准离婚、调解和好的离婚案件，没有新情况、新理由，原告在 6 个月内不得重新起诉。

二、诉讼离婚的特别规定

（一）对军人婚姻的特别保护

依据《民法典》第 1081 条规定，现役军人的配偶要求离婚，应当征得军人同意，但是军人一方有重大过错的除外。这一规定是对非军人一方离婚请求权的限制，适用时应当具备以下条件：第一，现役军人，是指正在中国人民解放军和中国人民武装警察部队服役、具有军籍的人员，不包括退役军人、复员军人、转业军人和军事单位中不具有军籍的职工。第二，现役军人的配偶一方提出离婚。现役军人的配偶，是指现役军人的非军人配偶。如双方均是现役军人，或者现役军人向非军人配偶一方提出离婚，则不适用这一规定。第三，现役军人的配偶提出离婚后，现役军人不同意离婚。现役军人的配偶提出离婚后，现役军人同意离婚的，不适用这一规定。现役军人不同意离婚的，法院应对军人配偶说服教育，判决不准离婚。第四，现役军人无重大过错。对军人婚姻的特别保护，以军人无重大过错为前提。如果军人有重大过错，非军人配偶提起离婚诉讼的，即使军人不同意离婚，法院在调解无效的情况下，也应当判决准予离婚。这里的重大过错，包括：重婚或与他人同居，实施家庭暴力或虐待、遗弃家庭成员，有赌博、吸毒等恶习屡教不改，以及其他重大过错导致夫妻感情破裂的情形。①

（二）对女方的特殊保护

《民法典》第 1082 条规定："女方在怀孕期间、分娩后一年内或者终止妊娠后六个月内，男

① 参见《婚姻家庭解释(一)》第 64 条。

方不得提出离婚;但是,女方提出离婚或者人民法院认为确有必要受理男方离婚请求的除外。"这一规定是对男方离婚请求权的限制,适用时应当注意以下问题:第一,法律在一定时期内剥夺男方提出离婚的权利,即女方在怀孕期间、分娩后1年内或者终止妊娠后6个月内。上述期限届满后,男方仍可依法提出离婚请求。第二,法律只在诉讼离婚程序中对男方离婚请求权进行限制。男女双方自愿离婚,或者女方提起离婚诉讼的,不受这一规定的限制。第三,确有必要时,法院有权决定受理男方离婚请求。所谓"确有必要",主要是指两种情况:一是在此期间确实存在不能继续共同生活的重大而紧迫的理由,如一方对他方有危及生命、人身安全的可能;二是女方怀孕系在婚姻关系存续期间与他人通奸所致,男方坚持离婚的。

三、判决离婚的条件

(一)判决离婚的法定理由

判决离婚的法定理由也称判决离婚的标准,是法院判决准予离婚的根据。《民法典》第1079条第2款规定:"人民法院审理离婚案件,应当进行调解;如果感情确已破裂,调解无效的,应当准予离婚。"根据该规定,夫妻感情破裂是判决离婚的条件。夫妻感情确已破裂、调解无效应准予离婚;夫妻感情没有完全破裂,即使调解无效也不准离婚。

我国司法实践中通过长期对离婚案件审判经验的总结,对夫妻感情是否破裂归纳出"五看"的综合评判标准,即看婚姻基础、看婚后感情、看离婚原因、看夫妻关系现状、看有无和好可能。《民法典》在"夫妻感情破裂"这一概括规定的基础上,又作出了列举性的规定,采用了概括与列举相结合的综合离婚标准。

(二)夫妻感情确已破裂的法定情形

依据《民法典》第1079条第3款规定,有下列情形之一,调解无效的,应当准予离婚:(1)重婚或者与他人同居;(2)实施家庭暴力或者虐待、遗弃家庭成员;(3)有赌博、吸毒等恶习屡教不改;(4)因感情不和分居满2年;(5)其他导致夫妻感情破裂的情形。

此外,一方被宣告失踪,另一方提起离婚诉讼的,应当准予离婚;经法院判决不准离婚后,双方又分居满1年,一方再次提起离婚诉讼的,应当准予离婚(《民法典》第1079条第4、5款)。

第四节　离婚的法律后果

一、离婚后的子女抚养教育

(一)离婚后父母与子女的关系

《民法典》第1084条第1款规定:"父母与子女间的关系,不因父母离婚而消除。离婚后,子女无论由父或者母直接抚养,仍是父母双方的子女。”父母离婚只能消除夫妻关系,而不能消除父母子女之间的权利义务关系。离婚后,子女无论随父母何方生活,仍然是父母双方的子女。

养父母与养子女之间的权利义务关系,不因养父母离婚而消除。依据《民法典》第1111条规定,养父母与养子女间的权利义务关系,适用法律对父母子女关系的规定。养父母离婚后,养子女无论由养父或养母抚养,仍是养父母双方的养子女,双方均应享有(承担)抚养教育的权利和义务。在特殊情况下,双方自愿达成协议并经年满8周岁的养子女同意,可变更收养关系,由养父或养母一方单独收养。

继父或继母与有抚养教育关系的继子女间的权利义务关系,不因生父与继母、生母与继父离婚而自然消除,继父或继母对未成年的继子女仍有给付抚养费的义务。继父或继母拒绝继续抚养的,可仍由生父母抚养,继子女与继父母的权利义务关系,随之自然解除。

(二) 离婚后未成年子女直接抚养人的确定和变更

离婚后父母子女关系不变,但变更了父母对子女的抚养方式,即子女只能随父母一方生活,另一方以给付抚养费及享有探望权的方式行使抚养教育未成年子女的权利和义务。《民法典》第1084条对父母离婚后子女由何方抚养,作出了明确规定。

1. 不满2周岁子女的直接抚养人

不满2周岁的子女,以由母亲抚养为原则。但有以下特殊情形的,亦可判由父亲抚养:(1) 母亲患有久治不愈的传染性疾病或其他严重疾病,子女不宜与其共同生活;(2) 母亲有抚养条件而不尽抚养义务,而父亲要求子女随其生活;(3) 因其他原因,子女不宜随母亲生活(《婚姻家庭解释(一)》第44条)。同时,父母双方协议子女随父亲生活,并对子女健康成长无不利影响的,也可以由父亲抚养(《婚姻家庭解释(一)》第45条)。

2. 已满2周岁子女的直接抚养人

满2周岁的未成年子女随哪一方生活,一般由双方协商并达成抚养协议予以确定。在有利于保护子女利益的前提下,父母双方可以协议轮流直接抚养子女(《婚姻家庭解释(一)》第48条)。父母双方可以协议子女随一方生活;如果父母双方对子女抚养不能达成协议,由法院根据双方情况和子女的利益予以判决。依据《婚姻家庭解释(一)》第46条规定,对已满2周岁的未成年子女,父母均要求直接抚养,一方有下列情形之一的,可予优先考虑:(1) 已做绝育手术或因其他原因丧失生育能力;(2) 子女随其生活时间较长,改变生活环境对子女健康成长明显不利;(3) 无其他子女,而另一方有其他子女;(4) 子女随其生活,对子女成长有利,而另一方患有久治不愈的传染性疾病或其他严重疾病,或者有其他不利于子女身心健康的情形,不宜与子女共同生活。此外,父母亲抚养子女的条件基本相同,双方均要求直接抚养子女,但子女单独随祖父母或外祖父母共同生活多年,且祖父母或外祖父母要求并且有能力帮助照顾孙子女或外孙子女的,可以作为父或者母直接抚养子女的优先条件予以考虑(《婚姻家庭解释(一)》第47条)。父母双方对于已满8周岁的未成年子女随父或随母生活发生争执的,如子女作出愿随一方生活的表示,应尊重其意见,并将其作为优先考虑的情节。

3. 离婚后子女直接抚养方的变更

离婚后,父母的抚养条件发生重大变化,或者子女要求变更抚养关系的,可由父母双方协议变更，协议不成的，由法院根据双方的具体情况，按照最有利于未成年子女的原则判决。依据《婚姻家庭解释（一）》第55条规定，离婚后，父母一方要求变更子女抚养关系的，应当另行提起诉讼。具有下列情形之一的，父母一方有权要求变更子女抚养关系：（1）与子女共同生活的一方因患严重疾病或者因伤残无力继续抚养子女；（2）与子女共同生活的一方不尽抚养义务或有虐待子女行为，或者其与子女共同生活对子女身心健康确有不利影响；（3）已满8周岁的子女，愿随另一方生活，该方又有抚养能力；（4）有其他正当理由需要变更（《婚姻家庭解释（一）》第56条）。

（三）离婚后子女抚养费的负担

离婚后，子女由一方直接抚养的，另一方应当负担部分或者全部抚养费，负担费用的多少和期限的长短，由双方协议；协议不成的，由法院判决。对于离婚后子女抚养费的负担，应明确以下规则：

第一，离婚后，父母负担子女抚养费的义务平等。父母双方协议由直接抚养方负担子女全部抚养费，如抚养方的抚养能力明显不能保障子女所需费用，影响子女健康成长的，该协议内容无效。父母不得因子女变更姓氏而拒付抚养费。父或母一方擅自将子女姓氏改为继母或继父姓氏而引起纠纷的，应责令恢复原姓氏。

第二，离婚后，父母负担子女抚养费的数额应根据子女的实际需要、父母双方的负担能力和当地的实际生活水平确定。有固定收入的，抚养费可按其月总收入的20%至30%的比例给付。负担两个以上子女抚养费的，比例可适当提高，但一般不得超过月总收入的50%；无固定收入的，抚养费的数额可依据当年总收入或同行业平均收入，参照以上比例确定。有特殊情况的，可适当提高或降低以上比例（《婚姻家庭解释（一）》第49条）。

第三，离婚后，父母负担子女抚养费的期限一般至子女18周岁。16周岁以上的未成年子女，以其劳动收入为主要生活来源，并能维持当地一般生活水平的，可停止给付抚养费。子女虽满18周岁，但不能独立生活的，父母仍有给付抚养费的义务。①

第四，离婚后，对于子女抚养费，原则上应定期给付，有条件的可一次性给付。父母一方无经济收入或者下落不明的，可用其财物折抵子女抚养费。②

第五，离婚后，父母双方或子女实际情况发生变化的，可依法变更抚养费。依据《婚姻家庭解释（一）》第58条规定，具有下列情形之一的，子女有权要求有负担能力的父或者母增加抚养费：（1）原定抚养费数额不足以维持当地实际生活水平；（2）因子女患病、上学，实际需要已超过原定数额；（3）有其他正当理由应当增加。

（四）离婚后父母对子女的探望权

1. 探望权的主体

《民法典》第1086条第1款规定："离婚后，不直接抚养子女的父或者母，有探望子女的权利，另一方有协助的义务。"根据该规定，离婚后的父母享有探望权应具备以下条件：一是离婚

---

① 参见《婚姻家庭解释（一）》第41条。

② 参见《婚姻家庭解释（一）》第50、51条。

后，不直接抚养子女的父母一方才享有探望权。所谓不直接抚养子女的父或者母，是指不与子女共同生活的一方。探望不以负担抚养费用为前提，即使父或者母因某种原因而未支付抚养费，仍有探望的权利；也不以随子女共同生活的父或者母一方是否再婚为前提，即使已经再婚，仍有探望的权利；也不以非轮流抚养为限，在父或者母轮流抚养子女的情况下，未与子女共同生活的一方仍有探望权。二是必须与子女保持父母子女权利义务关系。除生父母外，与养子女保持父母子女权利义务关系的养父母、与继子女保持父母权利义务关系的继父或继母均应享有探望权。直接抚养子女一方对另一方行使探望权有协助的义务，不得无故阻挠、干扰。

2. 探望权的行使方式

《民法典》第 1086 条第 2 款规定："行使探望权利的方式、时间由当事人协议；协议不成的，由人民法院判决。"法院对探望权行使方式的判决，包括以下内容：非直接抚养一方定期探望子女；非直接抚养一方与子女会面交往；非直接抚养一方与子女短期共同生活。子女 8 周岁以上的，有关父母探望权的行使方式，探望的时间、地点等，还应考虑子女的意见。应当指出，对于拒不执行有关探望子女的判决或裁定的，法院应当强制执行。但强制执行是指对于拒不协助另一方行使探望权的有关个人或者单位采取拘留、罚款等强制措施，不能对子女的人身、探望行为进行强制执行（《婚姻家庭解释（一）》第 68 条）。

3. 探望权的中止和恢复

《民法典》第 1086 条第 3 款规定："父或者母探望子女，不利于子女身心健康的，由人民法院依法中止探望；中止的事由消失后，应当恢复探望。"根据该规定，探望权人行使探望权时，不得危及子女身心健康。对于父或者母不利于子女身心健康的探望行为，未成年子女、直接抚养子女的父或母及其他对未成年子女负担抚养、教育、保护义务的法定监护人，有权向法院提出中止探望权的请求。[①] 法院认为需要中止行使探望权的，依法作出裁定。

中止探望权只是探望权的暂时停止，而不是探望权的消灭。中止探望权的情形消失后，法院根据当事人的申请，经过严格审查，确定探望权人已无不利于子女身心健康的情形后，恢复其探望权的行使。

二、离婚时的财产分割

（一）离婚时分割的夫妻共同财产的范围

依据《民法典》第 1087 条规定，离婚时可以分割的是夫妻共同财产。关于分割的夫妻共同财产的范围，主要包括以下类型：

第一，婚姻关系存续期间法定或约定的共同财产。夫妻离婚时分割的财产，仅是双方共同共有的财产。双方在婚姻关系存续期间实行法定财产制的，除特有财产外，分割的是婚后所得财产；双方约定实行一般共同制的，分割的是双方婚前财产和婚后所得财产；双方约定实行混合财产制的，分割的是约定为共同共有的财产。

第二，婚姻关系存续期间以一方名义进行的投资性财产。婚姻关系存续期间以一方名义

---

① 参见《婚姻家庭解释（一）》第 67 条。

投资的股票、债券、投资基金份额等有价证券以及未上市股份有限公司股份是夫妻共同财产。双方协商不成或者按市价分配有困难的，可以根据数量按比例分配（《婚姻家庭解释（一）》第72条）。

第三，婚姻关系存续期间以一方名义在有限责任公司的出资额。离婚分割的财产涉及夫妻共同财产中以一方名义在有限责任公司的出资额，另一方不是该公司股东的，按以下情形分别处理：(1) 夫妻双方协商一致将出资额部分或者全部转让给该股东的配偶，其他股东过半数同意，并且其他股东明确表示放弃优先购买权的，该股东的配偶可以成为该公司股东。(2) 夫妻双方就出资额转让份额和转让价格等事项协商一致后，其他股东半数以上不同意转让，但愿意以同等价格购买该出资额的，可以对转让出资所得财产进行分割。其他股东半数以上不同意转让，也不愿意以同等价格购买该出资额的，视为其同意转让，该股东的配偶可以成为该公司股东（《婚姻家庭解释（一）》第73条）。

第四，婚姻关系存续期间以一方名义在合伙企业中的出资。离婚分割的财产涉及夫妻共同财产中以一方名义在合伙企业中的出资，另一方不是该企业合伙人的，如夫妻双方协商一致，将其合伙企业中的财产份额全部或部分转让给对方，按以下情形分别处理：(1) 其他合伙人一致同意的，该配偶依法取得合伙人地位；(2) 其他合伙人不同意转让，在同等条件下行使优先购买权的，可以对转让所得的财产进行分割；(3) 其他合伙人不同意转让，也不行使优先购买权，但同意该合伙人退伙或者削减部分财产份额的，可以对结算后的财产进行分割；(4) 其他合伙人既不同意转让，也不行使优先购买权，又不同意该合伙人退伙或者削减部分财产份额的，视为全体合伙人同意转让，该配偶依法取得合伙人地位（《婚姻家庭解释（一）》第74条）。

第五，婚姻关系存续期间以一方名义投资设立的独资企业。离婚分割的财产涉及夫妻在独资企业中的共同财产时，应当按照以下情形分别处理：(1) 一方主张经营该企业的，对企业资产进行评估后，由取得企业一方给予另一方相应的补偿；(2) 双方均主张经营该企业的，在双方竞价基础上，由取得企业的一方给予另一方相应的补偿；(3) 双方均不愿意经营该企业的，依照《个人独资企业法》等有关规定办理（《婚姻家庭解释（一）》第75条）。

第六，双方对夫妻共同财产中的房屋价值及归属无法达成协议时，按以下情形分别处理：(1) 双方均主张房屋所有权并且同意竞价取得的，应当准许；(2) 一方主张房屋所有权的，由评估机构按市场价格对房屋作出评估，取得房屋所有权的一方应当给予另一方相应的补偿；(3) 双方均不主张房屋所有权的，根据当事人的申请拍卖、变卖房屋，就所得价款进行分割（《婚姻家庭解释（一）》第76条）。

（二）离婚时分割夫妻共同财产的原则

离婚时，夫妻的共同财产由双方协议处理；协议不成的，由法院按照下列原则分割：

第一，男女平等原则。夫妻对共同财产有平等的所有权，因此，离婚时，无论双方对共同财产的贡献大小，任何一方对共同共有的财产都享有要求分割的平等权利。

第二，照顾子女和女方权益的原则。分割夫妻共同财产时照顾子女和女方权益的原则，是保护妇女和未成年子女原则的具体体现。

第三，照顾无过错方权益的原则。对因一方过错导致的离婚案件，夫妻共同财产分割时，对于无过错方应当照顾,适当多分。这里的过错,主要是指《民法典》第 1091 条规定的导致离婚、应当承担离婚损害赔偿责任的情形。

第四,有利于生产和生活需要的原则。分割夫妻共同财产,应当有利于生产和生活需要,不损害财产的效用和经济价值。对生产资料或者一方从事职业所必需的工具、图书等,应当分给有经营条件和能力的一方。分得该生产资料的一方对另一方应给予相当于该财产一半价值的补偿。

第五,不损害国家、集体和他人利益的原则。分割夫妻共同财产时,不能把属于国家、集体和他人所有的财产作为夫妻共同财产进行分割。

(三)离婚时分割夫妻共同财产的方法

夫妻共同财产的分割方法,主要包括:第一,实物分割,即在不影响财产的作用、价值和用途的情况下,可以对财产实物进行分割;第二,价款分割,即将共有财产变卖,夫妻双方对变卖的价金进行分割;第三,价格补偿,即夫妻一方取得共有财产的所有权,另一方获得相当于共有财产一半价格的金钱补偿。

三、债务的清偿

(一)夫妻共同债务的清偿

《民法典》第 1089 条规定:“离婚时,夫妻共同债务应当共同偿还。共同财产不足清偿或者财产归各自所有的,由双方协议清偿;协议不成的,由人民法院判决。”所谓夫妻共同债务,是指基于夫妻双方的意思表示或者为家庭共同生活需要所负的债务。依据《民法典》第 1064 条规定及相关司法实践,夫妻共同债务主要包括:(1) 夫妻共同签字或者夫妻一方事后追认等共同意思表示所负的债务;(2) 夫妻为家庭日常生活需要所负的债务;(3) 夫妻为共同生产、经营、投资等所负的债务;(4) 夫妻一方为生产、经营、投资等并经对方同意或虽未经对方同意但收益用于夫妻共同生活所负的债务。

夫妻对共同债务,应当用夫妻共同财产清偿;夫妻共同财产不足或无夫妻共同财产的,由双方协议各自清偿的数额;协商不成的,由法院判决。法院可以根据双方的财产状况、收入水平、财产分割情况等综合情况确定各自应承担的清偿份额。但是,夫妻关于债务清偿份额的协议,对债权人无法律约束力,债权人仍有权就夫妻共同债务向双方主张权利。

对于夫妻共同债务的清偿,应当注意如下两个问题:(1) 当事人的离婚协议或者法院生效判决、裁定、调解书已经对夫妻财产分割问题作出处理的,债权人仍有权就夫妻共同债务向男女双方主张权利。一方就夫妻共同债务承担清偿责任后,有权主张由另一方按照离婚协议或者法院的法律文书承担相应债务(《婚姻家庭解释(一)》第 35 条);(2) 夫或者妻一方死亡的,生存一方应当对婚姻关系存续期间的夫妻共同债务承担清偿责任(《婚姻家庭解释(一)》第 36 条)。

（二）夫妻个人债务的清偿

夫妻个人债务是指婚姻关系存续期间夫妻一方未经对方同意而以个人名义所负的超出家庭日常生活需要的债务。依据相关法律规定及司法实践，夫妻个人债务一般包括：(1) 夫妻一方未经对方同意，擅自资助其亲友所负债务；(2) 夫妻一方未经对方同意，独自筹资从事经营活动，其收入未用于共同生活所负的债务；(3) 债权人与债务人约定由借款人个人负担的债务；(4) 夫妻一方未经对方同意为其个人生活需要所负的债务。

夫妻个人债务以个人财产清偿，债务人配偶不负连带清偿责任并可对抗债权人。债权人向债务人的配偶提出清偿请求的，除非债权人能够证明该债务用于夫妻共同生活、共同生产经营或者基于夫妻双方共同意思表示，否则法院不予支持。

四、离婚时的权利救济

（一）离婚时的经济补偿请求权

《民法典》第 1088 条规定，夫妻一方因抚育子女、照料老年人、协助另一方工作等负担较多义务的，离婚时有权向另一方请求补偿，另一方应当给予补偿。这是《民法典》关于离婚时经济补偿请求权的具体规定。

1. 经济补偿请求权的主体

经济补偿请求权的主体，是夫妻中因抚育子女、照料老年人、协助另一方工作等付出了较多义务的一方。在夫妻关系中，夫妻权利平等，在家庭生活中抚育子女、照料老人、相互扶助的义务也是平等的。经济补偿是一种劳务补偿，其产生是因为夫妻共同生活期间在劳务付出上存在差异。较多的义务是指一方从事的抚养子女、照料老人等家务劳动无论是在数量上还是所花费的时间上都比对方多，或者一方协助另一方工作比从对方身上得到的协助多。

2. 经济补偿请求权的行使时间

依据《民法典》第 1088 条规定，经济补偿请求权的行使时间是“离婚时”，即由请求权人在离婚诉讼中向对方一并提出；如果当事人符合条件而未提出，法院应行使释明权。

3. 经济补偿请求权的范围及行使方式

关于经济补偿的数额和给付方式，首先由双方协商决定。双方在法院主持下达成调解协议的，法院应在调解书中予以记载。调解不成时，由法院根据双方结婚时间的长短、家务劳动的强度和耗费时间长短、给对方工作提供帮助的多少等因素加以决定。

（二）离婚时的经济帮助请求权

《民法典》第 1090 条规定：“离婚时，如果一方生活困难，有负担能力的另一方应当给予适当帮助。具体办法由双方协议；协议不成的，由人民法院判决。”这是《民法典》关于离婚时夫妻经济帮助请求权的具体规定。

1. 经济帮助的性质

离婚时对生活困难的一方的经济帮助，不同于婚姻关系存续期间一方生活困难时另一方的扶养义务。它不是夫妻扶养义务的延续,而是婚姻关系解除的法律后果。

离婚时给予生活困难一方的经济帮助与离婚时对尽义务较多一方提供的经济补偿不同。离婚时给予生活困难一方适当的经济帮助,是另一方对于该方有条件的帮助;而离婚时对尽义务较多一方的经济补偿,是权利义务相一致的体现,是当事人的合法权利,而不是对方的帮助。

2. 经济帮助的条件

离婚时一方获得另一方的经济帮助,应具有以下三个条件:第一,时间上的条件。一方生活困难必须是在离婚时已经存在的困难,而不是离婚后任何时间所发生的困难。第二,受帮助的一方确有生活困难。生活困难是指夫妻一方取回的个人财产、分得的共同财产、获得的补偿金、有合理预期的劳动收入和其他收入等金钱或生活用品无法维持当地基本生活水平。一方离婚后没有住处的,应认定为生活困难。第三,提供帮助的一方应有负担能力。提供帮助的一方,是指在满足自己的合理生活需要后有剩余的原配偶一方。有负担能力的一方提供经济帮助的财产来源是个人所有的财产,包括法定个人财产、约定个人财产、从共同财产中分得的财产等。

3. 经济帮助的具体办法

依据《民法典》第1090条规定,离婚时一方对他方经济帮助的"具体办法由双方协议;协议不成的,由人民法院判决"。对于困难一方的经济帮助除了考虑帮助方的经济条件外,还应着重考虑受助方的具体情况和实际需要。受助方年龄较轻且有劳动能力,只是存在暂时性困难的,采用一次性支付帮助费的办法;受助方年老体弱,失去劳动能力而又没有生活来源的,应作较长期的妥善安排。在执行帮助期间,受助方再婚的,帮助方可停止支付,由其再婚配偶给付扶养费;原定帮助计划执行完毕后,受助方要求继续得到对方帮助的,一般不予支持。

(三)离婚时的损害赔偿请求权

《民法典》第1091条规定:"有下列情形之一,导致离婚的,无过错方有权请求损害赔偿:(一)重婚;(二)与他人同居;(三)实施家庭暴力;(四)虐待、遗弃家庭成员;(五)有其他重大过错。"这是《民法典》关于离婚损害赔偿请求权的具体规定。

1. 离婚损害赔偿请求权的主体

离婚损害赔偿请求权的主体,是离婚诉讼中的无过错方。对于"无过错",应理解为不具有《民法典》第1091条规定的过错,否则不具有离婚损害赔偿请求权的主体资格。

2. 离婚损害赔偿的责任主体

离婚损害赔偿的责任主体,是离婚诉讼中的有过错方。过错方承担离婚损害赔偿责任,应当具备以下三个条件:一是实施了《民法典》第1091条规定的违法行为。二是其行为导致离婚。也就是说,上述违法行为和离婚之间有因果联系。如果虽有上述违法行为但并未离婚,或虽然离婚但并非上述违法行为导致,则不产生离婚损害赔偿责任。三是行为人导致离婚而使无过错方蒙受损害。

3. 离婚损害赔偿请求权的范围

无过错方对其因离婚造成的损害,可以向过错方请求赔偿。离婚损害赔偿请求权人可以请求义务人赔偿的范围,包括物质上的损害和精神上的损害(《婚姻家庭解释(一)》第86条)。

4. 离婚损害赔偿请求权行使的期限

无过错方作为原告向法院提起损害赔偿请求的,必须与离婚诉讼同时提出。无过错方作为被告不同意离婚,也不提起损害赔偿请求的,可以就此单独提起诉讼。无过错方作为被告在一审时未提出损害赔偿请求,二审期间提出的,法院应当进行调解,调解不成的,告知当事人另行起诉。法院判决不准离婚的案件,对于当事人基于《民法典》第 1091 条提出的损害赔偿请求,不予支持。在婚姻关系存续期间,当事人不起诉离婚而单独依据《民法典》第 1091 条提起损害赔偿请求的,法院不予受理。①

（四）夫妻共同财产被一方侵占时的请求权

《民法典》第 1092 条规定:"夫妻一方隐藏、转移、变卖、毁损、挥霍夫妻共同财产,或者伪造夫妻共同债务企图侵占另一方财产的,在离婚分割夫妻共同财产时,对该方可以少分或者不分。离婚后,另一方发现有上述行为的,可以向人民法院提起诉讼,请求再次分割夫妻共同财产。"该条所规定的是离婚时一方侵占夫妻共同财产的救济措施。

1. 夫妻共同财产被侵占的情形

依据《民法典》规定,夫妻一方隐藏、转移、变卖、毁损、挥霍夫妻共同财产,或者伪造夫妻共同债务,均为侵占夫妻共同财产的行为。

2. 夫妻一方侵占夫妻共同财产的后果

在离婚诉讼中,夫妻一方有侵占夫妻共同财产行为的,在离婚分割夫妻共同财产时,对该方可以少分或者不分。夫妻离婚后,一方发现另一方有侵占夫妻共同财产行为的,可以另行起诉请求再次分割。请求再次分割夫妻共同财产的诉讼时效期间为 3 年,从当事人发现之日起计算(《婚姻家庭解释(一)》第 84 条)。

自测习题　　案例分析　　案例分析参考答案

① 参见《婚姻家庭解释(一)》第 87 条。

第三十二章　收养制度

■【导语】

“养母大于天，生母小于边”形容的是养父母与养子女之间超越血缘的亲情。在现实社会中，总有一些未成年人，或因为生父母双双死亡，或因为生父母查找不到，或因为生父母无力抚养等而不能拥有正常的家庭生活。为了使这些未成年人能够融入他人家庭，享受到家庭的温暖和父母的关爱，法律设置收养制度，使被收养人和收养人之间产生拟制血亲关系。那么，收养成立的条件和程序是什么？收养关系的法律效力如何？收养关系是否可以解除以及在何种情形下可以解除？解除收养关系的法律后果是什么？这些是本章要重点理解和掌握的问题。

第一节　收养的成立

一、收养的含义

（一）收养的概念和特点

收养是指自然人依照法律规定的条件和程序，将他人的子女作为自己的子女，从而使没有父母子女关系的人之间产生法律拟制的父母子女关系的民事法律行为。收养法律关系的当事人是收养人和被收养人，前者为养父母，后者为养子女。因收养而形成的亲属关系是拟制血亲。收养具有以下特点：

第一，收养是创设和变更身份关系的民事法律行为。收养关系成立后，被收养人与收养人及其近亲属形成拟制血亲，扶养、继承等权利义务产生；同时，被收养人与生父母及其近亲属的权利义务终止。

第二，收养是发生在非直系血亲间的民事法律行为。收养是用来创设特定身份关系的，因此，收养关系只能发生在自然人之间，而且是非直系血亲的自然人之间。

第三，收养是可以解除的民事法律行为。收养创设的是拟制血亲的亲子关系，这种亲子关系既可以在符合法定条件时依照法定程序而成立，当然亦可在出现法定事由时通过法定程序而解除。

（二）收养与寄养的区别

寄养是指父母出于某些特殊情形，不能与子女共同生活，无法直接履行抚养义务，因而委托他人代其抚养子女。在寄养的情形下，抚养子女的具体形式虽有变化，但亲属身份并未变更，权利义务并未转移。对此，《民法典》第1107条规定：“孤儿或者生父母无力抚养的子女，可以由生父母的亲属、朋友抚养；抚养人与被抚养人的关系不适用本章规定。”根据该规定，寄养受托人与被寄养人间并不产生拟制的父母子女关系，而收养则使收养人和被收养人之间产生拟制的父母子女关系。

二、收养成立的实质要件

依据《民法典》第1044条规定，收养应当遵循最有利于被收养人的原则，保障被收养人和收养人的合法权益。禁止借收养名义买卖未成年人。根据这一收养原则，被收养人、收养人和送养人均须具备一定的条件。

（一）被收养人的条件

依据《民法典》第1093条规定，下列未成年人，可以被收养：

第一，丧失父母的孤儿。这里所说的孤儿，是指其父母死亡或法院宣告其父母死亡的未成年人。

第二，查找不到生父母的未成年人。查找不到生父母的未成年人，是指因被父母遗弃或者基于其他原因与父母失去联系的未成年人。遗弃未成年人的，一般为生父母，也可能是养父母。未成年人成为被收养人，以其生父母查找不到为必要条件。

第三，生父母有特殊困难无力抚养的子女。生父母是否有特殊困难无力抚养子女，应当根据当事人的具体情况来认定。一般说来，生父母因不具有经济负担能力、患有严重疾病、丧失民事行为能力等，无法或不宜抚育子女的，均可视为有特殊困难无力抚养。

（二）送养人的条件

依据《民法典》第1094条规定，下列个人、组织可以作为送养人：

第一，孤儿的监护人。监护人送养孤儿的，应当征得有抚养义务的人同意。有抚养义务的人不同意送养、监护人不愿意继续履行监护职责的，应当依法另行确定监护人（《民法典》第1096条）。未成年人的父母均不具有完全民事行为能力且可能严重危害该未成年人的，该未成年人的监护人可以将其送养（《民法典》第1095条）。

第二，儿童福利机构。我国的儿童福利机构，主要是各地民政部门主管的养育孤儿和查找不到生父母的未成年人的社会福利院。

第三，有特殊困难无力抚养子女的生父母。有特殊困难无力抚养子女的生父母为送养人的规定，同生父母有特殊困难无力抚养的子女为被收养人的规定相一致。在这种情况下，通过送养、收养变更亲属关系对未成年人的健康成长是有利的。

此外，依据《民法典》第1108条规定，配偶一方死亡，另一方送养未成年子女的，死亡一方的父母有优先抚养的权利。

（三）收养人的条件

依据《民法典》第 1098 条规定，收养人应当同时具备以下条件：

第一，无子女或者只有 1 名子女。依据《民法典》第 1100 条第 1 款规定，无子女的收养人可以收养 2 名子女，有子女的收养人只能收养 1 名子女。无子女，包括未婚者无子女、已婚者尚无子女以及因欠缺生育能力而不可能有子女等各种情形。子女，既包括婚生子女，也包括非婚生子女和养子女以及有抚养教育关系的继子女。

第二，有抚养、教育和保护被收养人的能力。收养人抚养、教育和保护被收养人的能力，不仅仅体现为经济上的负担能力，还体现为在思想品德、健康状况等方面具有抚养、教育和保护的能力。

第三，未患有在医学上认为不应当收养子女的疾病。这里的疾病，主要是指足以危害养子女身体健康的传染病和足以危害养子女人身安全的精神疾病。该规定为保障养子女的身心健康而设，是收养人抚育养子女的前提条件。

第四，无不利于被收养人健康成长的违法犯罪记录。收养应当有利于被收养人的健康成长，如果收养人曾经因为实施寻衅滋事、故意杀人、故意伤害、强奸、猥亵儿童等违法犯罪行为被行政处罚或者被追究过刑事责任，该违法犯罪记录人的品行不利于被收养人的健康成长，不具备收养人的资格。

第五，年满 30 周岁。不满 30 周岁的人，生育子女的机会尚多，不具有收养他人子女作为自己子女的必要性。年满 30 周岁始得收养子女，符合收养人的生育能力状况，也符合我国的人口现状和人口政策，比较适宜。

此外，依据《民法典》第 1101 条规定，有配偶者收养子女，应当夫妻共同收养。

（四）当事人的收养合意

收养行为属于民事法律行为，收养行为的成立，以有关当事人的意思表示一致为必要条件。依据《民法典》第 1104 条规定，收养合意有以下两个方面的要求：

第一，收养人收养与送养人送养应当双方自愿。具体来说，收养人和送养人须在平等、自愿的基础上，达成有关成立收养的协议。有配偶者送养或收养子女，须夫妻共同送养或共同收养。收养儿童福利机构抚养的孤儿或者查找不到生父母的未成年人，应当征得儿童福利机构的同意。

第二，收养年满 8 周岁以上的未成年人的，应当征得被收养人的同意。作为限制民事行为能力人的未成年人已具有部分民事行为能力，收养是变更其亲子关系的重大问题，征得被收养人本人同意是完全必要的。

（五）关于收养条件的特殊规定

1. 生父母送养

依据《民法典》第 1097 条规定，生父母送养子女，应当双方共同送养。生父母一方不明或者查找不到的，可以单方送养。

2. 收养三代以内旁系同辈血亲的子女

依据《民法典》第 1099 条规定，收养人收养三代以内旁系同辈血亲的子女，可以对收养条件进行放宽：(1) 生父母无特殊困难有抚养能力的子女，可为被收养人；(2) 无特殊困难有抚养能力的生父母，可为送养人；(3) 无配偶者收养异性子女，不受年龄相差 40 周岁的限制；(4) 华侨收养三代以内旁系同辈血亲的子女，不受收养人无子女或者只有 1 名子女的限制。

3. 收养孤儿或残疾未成年人

依据《民法典》第 1100 条第 2 款规定，收养孤儿、残疾未成年人或者儿童福利机构抚养的找不到生父母的未成年人，收养人无子女的，可以不受收养 2 名子女的限制；收养人有 1 名子女的，不受只能收养 1 名子女的限制。

4. 继父母收养继子女

依据《民法典》第 1103 条规定，继父或者继母经继子女的生父母同意，可以收养继子女。继父或者继母收养继子女时，不受生父母有特殊困难无抚养能力的限制；不受继父或者继母无子女或只有 1 名子女的限制；不受继父或者继母有抚养、教育和保护能力的限制；不受继父或者继母未患有在医学上认为不应当收养子女的疾病的限制；不受继父或者继母无不利于被收养人健康成长的违法犯罪记录的限制；不受继父或者继母年满 30 周岁的限制；不受无子女的收养人只可以收养 2 名子女、有 1 名子女的收养人只能收养 1 名子女的限制。

5. 收养人收养异性子女

依据《民法典》第 1102 条规定，无配偶者收养异性子女的，收养人与被收养人的年龄应当相差 40 周岁以上。

三、收养成立的形式要件

收养是设立身份关系的民事法律行为，涉及当事人的身份利益，为要式法律行为。依据《民法典》第 1105 条规定，收养成立的形式要件是办理收养登记手续，同时以收养协议及收养公证为补充。

（一）收养登记

收养登记是指登记机关根据当事人的申请并经审查，将收养关系事项登录记载于特定簿册的事实。收养登记程序是收养成立的唯一合法有效程序。依据《民法典》第 1105 条规定，收养应当向县级以上人民政府民政部门登记。收养查找不到生父母的未成年人，收养登记机关应当在登记前予以公告。收养关系自登记之日起成立。

应当指出，县级以上人民政府民政部门应当依法进行收养评估（《民法典》第 1105 条第 5 款），以维护收养关系当事人的合法权益。

（二）收养协议和收养公证

依据《民法典》第 1105 条第 3 款规定，收养关系当事人愿意订立收养协议的，可以订立收养协议。一般来说，订立收养协议应当符合以下要求：(1) 订立收养协议的当事人，即收养人、被收养人与送养人，均须符合收养成立的条件；(2) 收养协议的主要条款，应当包括收养人、送养人和被收养人的基本情况，收养的目的，收养人不虐待、不遗弃被收养人和抚育被收养人健康成长的保证，以及双方要求订入的其他内容；(3) 收养协议应当采用书面形式。收养协议自收养关系当事人签订之日起生效。

依据《民法典》第1105条第4款规定，收养关系当事人各方或者一方要求办理收养公证的，应当办理收养公证。

应当指出，收养协议和收养公证都不是收养成立的必经程序。当事人约定收养关系自协议生效之日或公证之日起成立，但未办理收养登记的，收养关系不成立。

第二节　收养的法律效力

收养的法律效力，是指收养关系成立后产生的法律后果，即收养当事人之间产生的权利和义务。收养的法律效力分为拟制效力与解消效力。

一、收养的拟制效力

收养的拟制效力，是指收养依法创设的亲属关系及权利义务关系的效力。

（一）养父母与养子女间形成拟制的父母子女关系

《民法典》第1111条第1款规定，“自收养关系成立之日起，养父母与养子女间的权利义务关系，适用本法关于父母子女关系的规定”。因此，《民法典》中有关父母对未成年子女的抚养、教育和保护义务，子女对父母的赡养、扶助义务以及相互之间互为第一顺序法定继承人的规定，均适用于养父母与养子女。

收养的拟制效力也表现在养子女的姓氏和户口登记问题上。依据《民法典》第1112条规定，养子女可以随养父或者养母的姓氏。当然，经当事人协商一致，也可以保留原姓氏。在收养关系成立后，公安机关应当按照国家有关规定为被收养人办理户口登记(《民法典》第1106条)。

（二）养子女与养父母的近亲属间形成相应的拟制血亲关系

《民法典》第1111条第1款规定，“自收养关系成立之日起……养子女与养父母的近亲属间的权利义务关系，适用本法关于子女与父母的近亲属关系的规定”。因此，收养关系成立后，养子女与养父母间拟制亲属的效力直接及于养父母的近亲属，养子女与养父母的近亲属间的权利义务关系是养亲子关系在法律上的延伸。具体来说，养子女与养父母的父母间，产生祖孙间的权利义务；养子女与养父母的子女间，产生兄弟姐妹间的权利义务。

二、收养的解消效力

收养的解消效力，是指收养依法终止原有的亲属关系及其权利义务关系。

（一）养子女与生父母间的权利义务关系消除

依据《民法典》第1111条第2款规定，养子女与生父母的权利义务关系，因收养关系的成立而消除。应当指出的是，收养的解消效力所消除的，仅为法律意义上的父母子女关系，即父母子女间的权利义务关系，自然意义上的父母子女关系即自然血亲之间的直系血亲关系仍然存在，禁婚亲的限制仍然适用。

（二）养子女与生父母近亲属间的权利义务关系消除

依据《民法典》第1111条第2款规定，养子女与生父母近亲属间的权利义务关系，因收养关系的成立而消除。因此，子女被他人收养后，其与生父母的父母不再具有祖孙间的权利和义务关系，与生父母的其他子女间不再具有兄弟姐妹间的权利义务关系。但是，收养的解消效力所消除的，仅为法律意义上的近亲属关系，自然意义上的近亲属关系仍然存在，禁婚亲的限制仍然适用。

三、收养行为的无效

收养行为的无效，是指收养行为因不符合法定的条件而不具有收养的法律效力。

（一）收养无效的原因

收养行为无效的法定情形，即为收养无效的原因。《民法典》第1113条第1款规定："有本法第一编关于民事法律行为无效规定情形或者违反本编规定的收养行为无效。"根据该规定，收养无效的原因包括两类：一是收养行为具有民事法律行为无效情形的，收养无效。例如，无民事行为能力人实施的收养行为、虚假的收养行为、恶意串通损害他人合法权益的收养行为、违背公序良俗的收养行为等。二是违反收养条件的收养行为，应为无效。这里的收养条件既包括收养人和被收养人的条件，也包括送养人的条件。

（二）确认收养无效的程序

对于确认收养无效的程序，《民法典》并没有规定。从《民法典》关于无效民事法律行为、无效婚姻的确认程序来看，确认收养无效的程序应适用诉讼程序，即应当由法院通过诉讼程序确认收养无效。以诉讼程序确认收养无效有以下两种情形：一是当事人或利害关系人提出确认收养无效之诉，由法院依法判决收养无效；二是法院在审理有关案件的过程中发现有收养行为无效情形的，在有关的判决中确认收养无效。拟制血亲的亲子关系和自然血亲的亲子关系一样，是赡养、抚养、监护、法定继承等得以发生的基础法律关系，因此，认定收养行为是否有效，是正确处理有关案件的必要前提。

应当指出，依据《中国公民收养子女登记办法》第13条规定，收养关系当事人弄虚作假，骗取收养登记的，收养关系无效，由收养登记机关撤销登记，收缴收养登记证。

（三）收养无效的法律后果

《民法典》第 1113 条第 2 款规定："无效的收养行为自始没有法律约束力。"收养行为被法院确认无效的，从行为开始时就没有法律效力。收养无效具有溯及既往的效力，这是收养无效和收养解除在法律后果上的重要区别。

第三节　收养的解除

一、收养解除的含义

收养关系因一定法律事实而成立，亦可因一定法律事实而终止。收养关系终止的原因有二：一是收养人或被收养人死亡，因主体缺位而自然终止；二是收养关系存续期间，通过法律手段解除而终止。就法理而言，收养关系因死亡而终止的，以收养关系为中介的其他亲属关系并不终止；收养关系因依法解除而终止的，以该收养关系为中介的其他亲属关系亦随之终止。

二、收养解除的方式

根据当事人对解除收养所持的态度，收养关系的解除有协议解除和诉讼解除两种不同的方式。

（一）协议解除

1. 协议解除的条件

协议解除是指依当事人的协议而解除收养关系。收养关系协议解除的法定情形为：

（1）收养人与未成年养子女间收养关系的解除。依据《民法典》第 1114 条第 1 款规定，收养人在被收养人成年以前，不得解除收养关系，但收养人、送养人双方协议解除的除外；养子女年满 8 周岁以上的，解除应当征得本人同意。

（2）收养人与成年养子女间收养关系的解除。依据《民法典》第 1115 条规定，养父母与成年养子女关系恶化、无法共同生活的，可以协议解除收养关系。

2. 协议解除的程序

依据《民法典》第 1116 条规定，当事人协议解除收养关系的，应当到民政部门办理解除收养关系登记。当事人在办理解除收养关系的登记时，应当持居民户口簿、居民身份证、收养登记证和解除收养关系的书面协议，共同到被收养人常住户口所在地的收养登记机关办理解除收养关系登记。

收养登记机关对当事人解除收养关系申请书及有关材料审查后，对于符合《民法典》规定的，应当为当事人办理解除收养关系的登记，收养关系自登记之日起解除。

（二）诉讼解除

1. 诉讼解除的条件

诉讼解除是指当事人不能达成解除收养关系的协议，一方向法院提起诉讼，通过诉讼程序解除收养关系。诉讼解除收养关系的法定情形为：

（1）收养人与未成年养子女间收养关系的解除。依据《民法典》第 1114 条第 2 款规定，收养人不履行抚养义务，有虐待、遗弃等侵害未成年养子女合法权益行为的，送养人有权要求解除养父母与养子女间的收养关系。送养人、收养人不能达成解除收养关系协议的，可以向人民法院起诉。

（2）收养人与成年养子女间收养关系的解除。依据《民法典》第 1115 条规定，养父母与成年养子女关系恶化、无法共同生活的，在不能协议解除收养关系时，可以向人民法院起诉。

2. 诉讼解除的程序

当事人一方要求解除收养关系的，应当依诉讼程序办理。法院审理解除收养关系的案件，应当查明事实，根据法律的有关规定，做好调解工作，根据最有利于被收养人与保障被收养人和收养人的合法权益的原则，在调解无效的情况下，依法作出准予或不准予解除收养关系的判决。

三、收养关系解除的法律后果

收养关系解除的法律后果，是指解除收养关系在当事人之间产生的法律效力，包括身份关系上的法律后果和财产关系上的法律后果。

（一）身份关系上的法律后果

收养关系解除后，在当事人的身份关系方面发生如下法律后果：

第一，拟制血亲关系消除。依据《民法典》第 1117 条规定，收养关系解除后，养子女与养父母及其他近亲属间的权利义务关系即行消除。

第二，自然血亲间的权利义务关系恢复。依据《民法典》第 1117 条规定，收养关系解除后，养子女与生父母及其他近亲属间的权利义务关系自行恢复，但是，成年养子女与生父母及其他近亲属间的权利义务关系是否恢复，可以协商确定。可见，在被收养人未成年的情况下，收养关系解除后，养子女与生父母及其他近亲属之间的权利义务关系自行恢复。但是，若养子女已经成年的，其与生父母及其他近亲属之间的权利义务关系不能自行恢复；是否恢复，应由当事人协商确定。

（二）财产关系上的法律后果

收养关系解除后，在当事人的财产关系方面发生如下法律后果：

第一，成年养子女给付生活费的义务。依据《民法典》第 1118 条第 1 款规定，收养关系解除后，经养父母抚养的成年养子女，对缺乏劳动能力又缺乏生活来源的养父母，应当给付生活费。但是，这里的生活费给付义务，并不是收养关系效力之下养子女对养父母的赡养义务，而是收养关系解除后养子女对养父母抚养义务的回报，是权利义务相一致原则的体现。

第二，养父母的补偿请求权。依据《民法典》第 1118 条第 1 款规定，因养子女成年后虐待、遗弃养父母而解除收养关系的，养父母可以要求养子女补偿收养期间支出的抚养费。在生父母要求解除收养关系的情况下，养父母可以要求生父母适当补偿收养期间支出的抚养费，但是因养父母虐待、遗弃养子女而解除收养关系的除外（《民法典》第 1118 条第 2 款）。

自测习题　　案例分析　　案例分析参考答案

第七编　继承

第三十三章　继承概述

■【导语】

俗话说:“钱是身外之物,生不带来,死不带走。”人死之后,其遗留的财产必以某种特定的方式加以处理。如果将死者的财产转归他的近亲属,就会发生继承,继承这些财产的权利就是继承权。继承权是自然人所享有的一项重要的民事权利,与财产所有权、知识产权、债权等都有密切的联系,是这些权利的延伸。本章所要讲述的就是继承与继承权的概念和特点、继承的开始、遗产的范围、继承权的接受与放弃、继承权的丧失、继承权的保护等基本问题。

第一节　继承与继承权的概念和特点

一、继承的概念和特点

现代民法上的继承特指财产继承,是指将自然人死亡后遗留的个人合法财产依照死者所立遗嘱的指定或者根据法律的规定转归有权取得该项财产的人所有的法律制度。其中,遗留个人财产的人(死者)为被继承人;自然人死亡后遗留的个人合法财产为遗产;依照死者生前所立遗嘱的指定或者根据法律规定而取得死者财产的人为继承人。

继承是一种民事法律关系,具有以下特点:

第一,继承基于一定的条件而发生。继承关系的发生,应当具备以下三个条件:一是被继承人死亡,自然人无论是自然死亡还是宣告死亡,都会在继承人与被继承人之间产生继承关系;二是被继承人死亡时遗留遗产;三是继承人依法或者根据遗嘱享有继承权。

第二,继承的主体只能是与被继承人存在特定身份关系的自然人。继承关系只能发生在相互有婚姻关系、血缘关系或者因共同生活而形成扶养关系的自然人之间,继承人与被继承人之间存在着特定的亲属身份关系。国家、集体以及法人、非法人组织等民事主体都不能成为继承权的主体,而只可能成为受遗赠人。

第三,继承的客体是被继承人死亡时遗留的个人合法财产。作为继承客体的遗产,应是被继承人生前拥有、在其死亡时遗留下的个人合法财产。

第四,继承的后果是引起死者财产权利的转移。当被继承人死亡后,被继承人的民事权利能力终止，民事主体资格消灭，继承开始发生，继承人因此取得了原来由被继承人享有的财产权利。

二、继承权的概念和特点

（一）继承权的概念

在继承法理论中，继承权有客观意义上的继承权和主观意义上的继承权之分。

1. 客观意义上的继承权

客观意义上的继承权是指自然人依照法律规定或者遗嘱的指定享有的继承被继承人遗产的资格，是继承开始前继承人的法律地位，实际上是继承人所具有的继承遗产的权利能力。客观意义上的继承权并不是继承人已经实际享有的取得被继承人遗产的权利，它只表明继承人将来有继承被继承人遗产的可能性。这种意义上的继承权具有以下特点：

（1）在法律性质上是一种期待权。继承人享有客观意义上的继承权，并不意味着继承人对被继承人的财产已经实际享有权利，只表明继承人将来有取得被继承人财产权的可能性。这种继承权只有在具备一定条件时才能成为继承人实际享有的继承权。

（2）与一定的身份关系相联系。客观意义上的继承权是法律基于自然人的一定身份如配偶、父母、子女等而赋予继承人的。继承人享有客观意义上的继承权虽然以该继承人与被继承人之间存在一定的亲属关系为前提条件，但客观意义上的继承权本质上并不是一种身份权。

（3）具有专属性。客观意义上的继承权是指特定的继承人继承被继承人遗产的资格。它只能由特定的继承人本人享有，不得转让，也不得放弃。

2. 主观意义上的继承权

主观意义上的继承权是指继承人已经实际享有的继承被继承人遗产的权利。继承开始后，继承人只有实际参与具体的继承法律关系，才能享有主观意义上的继承权。客观意义上的继承权转化为主观意义上的继承权，或者说继承人享有主观意义上的继承权，应具备一定的条件，且其条件因继承方式的不同而存在区别。在法定继承场合，其应具备以下三个条件：一是被继承人已经死亡；二是被继承人遗留有遗产；三是继承人未丧失继承权。在遗嘱继承场合，还须具备立遗嘱人生前立下合法有效的遗嘱的条件。

主观意义上的继承权不同于客观意义上的继承权，其是一种既得权、绝对权，以取得被继承人遗产为内容。

（二）继承权的特点

继承权作为一种民事权利，总体上具有以下特点：

第一，继承权是一种财产权利。现代民法中的继承特指财产继承，它与财产权特别是财产所有权密切相关。继承权的前提是被继承人生前享有财产权，并以由继承人在继承开始后取得或承受被继承人财产权为内容和结果。因此，继承权本质上是一种财产权。

第二，继承权是与特定身份相联系的财产权利。被继承人与继承人之间的特定身份关系是继承权发生的基础。继承权只发生在具有婚姻、家庭、血缘等特定亲属身份的自然人之间。

被继承人与继承人之间存在的婚姻关系、血缘关系和共同生活的扶养关系是继承权发生的直接根据。

第三,继承权享有主体的专属性。由于继承权与特定身份相联系,故继承权的享有主体具有专属性。继承权只能由与被继承人存在特定身份关系的法定继承人或遗嘱继承人享有,不得转由其他人享有。

第二节 遗 产

一、遗产的概念和特点

依据《民法典》第1122条第1款规定,遗产是指自然人死亡时所遗留的个人合法财产。可见,遗产具有如下法律特点:

第一,时间上的特定性。被继承人死亡的事实,是区分被继承人的个人所有的财产与遗产的法律上的界限。被继承人生前所有的一切财产都属于其个人,并不属于遗产。只有在被继承人死亡时,被继承人生前的个人合法财产才转为遗产。

第二,内容上的概括性。我国继承制度采用概括继承原则,自被继承人死亡时起,遗产就概括地转归继承人所有。因此,遗产不仅包括财产权利,也包括财产义务。

第三,范围上的限定性。遗产在范围上是受一定限制的,只有属于被继承人所有的财产才属于遗产。

第四,性质上的合法性。自然人死亡时遗留下来的财产,无论是积极的财产还是消极的财产,并非都属于遗产。只有依法可以由自然人拥有的,并且被继承人有合法取得根据的财产,才能成为遗产。

二、遗产的范围

关于遗产的范围,《民法典》第1122条规定:"遗产是自然人死亡时遗留的个人合法财产。依照法律规定或者根据其性质不得继承的遗产,不得继承。"可见,只要不是法律规定或根据其性质不得继承的个人合法财产都属于可以继承的遗产的范围。一般而言,自然人的物权、债权、知识产权中的财产权利以及其他合法财产都属于遗产的范围,可以由继承人继承。

在我国法上,依照法律规定或者根据其性质不得继承的财产主要包括如下两类:

第一,法律规定不得继承的财产。如依据《民法典》第369条规定,居住权不得继承。因此,居住权尽管是用益物权,但不能作为遗产由继承人继承。

第二,与被继承人的人身有关的、具有专属性的财产权利和义务。与被继承人的人身有关的具有专属性的财产权利不具有可让与性,因而不能作为遗产由继承人继承。这类权利主要包括:以被继承人的特定身份为基础的财产权利,如抚育、扶养、赡养的请求权;以特别信任关系为前提的财产权利,如因雇佣或者委托合同发生的财产权利。由被继承人一人专属的义务,也不能由继承人来继承。这类义务主要包括:以被继承人的身份或地位为基础的义务,如抚养、扶养或赡养的义务;债务的履行与被继承人的人格、知识相结合的义务,如画家或者作家所负的给付义务;以信任关系为基础的债务,如因委托或雇佣合同而承担的债务。

第三节 继承权的接受和放弃

一、继承权的接受

继承权的接受是指继承人作出同意继承被继承人遗产的意思表示。继承权的接受是继承人参与继承、接受被继承人遗产的条件。关于继承权的接受,应当明确以下几点:

第一,继承权的接受以继承开始后继承人享有的继承权为前提。继承开始之前,继承权只是一种继承被继承人遗产的资格,不能放弃。继承开始后,继承人的期待权才变成了现实的继承权。因此,只有在继承开始后,依照法律规定或者遗嘱的指定享有继承权的人才有权作出接受继承权的意思表示。

第二,继承权的接受是继承人实施的单方行为。只要继承人作出同意接受继承权的意思表示,就能够发生相应的法律效力,而不需要征得其他人的同意。

第三,继承权的接受可以明示的方式作出,也可以默示的方式作出。依据《民法典》第1124条规定,继承人在继承开始后,只要没有作出放弃继承的表示,就视为接受继承。

第四,继承权的接受不应附加条件。继承权的接受,意味着继承人既同意接受遗产中的财产权利,也同意接受遗产中的财产义务。继承人不能只同意接受遗产中的财产权利,而不同意接受遗产中的财产义务。

二、继承权的放弃

继承权的放弃是指继承人作出的不接受或者放弃继承被继承人遗产权利的意思表示。关于继承权的放弃,应明确以下几点:

第一,继承权的放弃以继承开始后继承人享有继承权为前提。继承开始之前,继承权仅仅是继承人继承遗产的资格,属于民事权利能力的范畴,不能放弃。

第二,继承权的放弃是一种单方行为。继承权是一种私权,继承人有权根据其意愿对继承权作出处分。继承权的放弃,就是继承人对其享有的继承权的一种处分。继承人只要根据其意愿作出放弃继承权的意思表示,就能够发生继承权放弃的效力,不需要征得其他人的同意。

第三,继承权的放弃只能由继承人本人作出,不能由他人代为作出。继承权是继承人享有的一种基于特定身份关系而产生的财产权利,具有严格的人身属性,与继承人的利益密切相关。为了确保继承人继承权的实现,法律要求继承权的放弃只能由继承人本人作出,由他人代为作出的无效。当继承人为无民事行为能力人或限制民事行为能力人时,其法定代理人不能代理其放弃继承权。

第四,继承权的放弃只能由本人以明示的方式作出,不能以默示方式作出。继承开始后,继承人放弃继承的,应当以书面形式作出放弃继承的意思表示(《民法典》第1124条第1款)。

依据《最高人民法院关于适用〈中华人民共和国民法典〉继承编的解释（一）》（法释〔2020〕23号，以下简称《继承解释（一）》）第33条规定，继承人放弃继承应当以书面形式向遗产管理人或者其他继承人表示。在诉讼中，继承人向人民法院以口头方式表示放弃继承，制作笔录后由放弃继承的人签名的（《继承解释（一）》第34条），才具有放弃继承的效力。

第五，继承权的放弃应在一定期限内作出。继承开始后，继承人放弃继承的，应当在遗产处理前作出放弃继承的表示（《民法典》第1124条第1款）。依据《继承解释（一）》第35条规定，继承人放弃继承的意思表示，应当在继承开始后、遗产分割前作出。遗产分割后表示放弃的，放弃的不再是继承权，而是所有权。

第六，继承权的放弃应是无条件的。继承人不得以放弃继承权为条件而不履行法定义务；继承人因放弃继承权而不能履行法定义务的，该放弃继承权的行为无效（《继承解释（一）》第32条）。这里的"法定义务"，通常是指法定的赡养、抚养和扶养义务。同时，继承人不得以转让继承权为条件而放弃继承权。

第七，继承权放弃的效力追溯到继承开始。继承人放弃继承权的效力，溯及继承开始之时（《继承解释（一）》第37条）。也就是说，放弃继承权的继承人，自继承开始就不为继承人，退出继承法律关系。放弃继承权的继承人，不仅不承受被继承人生前的债务，也不得继承被继承人生前的财产权利。

第八，继承权的放弃一般不得反悔。在遗产处理前或在诉讼进行中，继承人对放弃继承反悔的，由法院根据其提出的具体理由，决定是否承认。遗产处理后，继承人对放弃反悔的，不予承认（《继承解释（一）》第36条）。

第四节　继承权的丧失

一、继承权丧失的概念

继承权的丧失又称继承权的剥夺，是指基于法定事由而取消继承人继承被继承人遗产的资格。继承权的丧失，是由于继承人对被继承人或其他继承人犯有某种罪行或有其他违法行为，而被依法取消其原有的继承权。继承权丧失的实质，是依照法律规定取消继承人的继承资格，其后果是继承人继承被继承人遗产的资格的丧失。因此，继承权的丧失是指客观意义上的继承权的丧失，而不是主观意义上的继承权的丧失。

继承权的丧失不同于继承权的放弃。继承权的丧失是继承人被依法强制剥夺继承被继承人遗产的资格，不是由继承人的主观意愿所决定的。而继承权的放弃是继承人基于其主观意愿而放弃继承的权利，是继承人对自己权利的一种处分行为。继承人只能放弃主观意义上的继承权，客观意义上的继承权不能放弃。

二、继承权丧失的法定事由

依据《民法典》第1125条规定，继承权丧失的法定事由主要包括以下五种。

（一）故意杀害被继承人

故意杀害被继承人是继承人故意侵犯被继承人人身权利的一种严重犯罪行为，继承人应丧失继承权。构成故意杀害被继承人的行为，应具备以下条件：第一，继承人应是年满14周岁的人。① 第二，继承人主观上具有杀害被继承人的故意。无论继承人的故意是直接故意还是间接故意，都可导致继承权的丧失。若继承人主观上为过失，则不导致丧失继承权。第三，继承人客观上实施了杀害被继承人的行为。杀害行为是指以剥夺被继承人的生命为目的的严重违法行为。继承人故意实施的杀害被继承人的行为，无论是既遂还是未遂，都应确认其丧失继承权（《继承解释（一）》第7条）。

（二）为争夺遗产而杀害其他继承人

构成为争夺遗产而杀害其他继承人的行为，应具备以下要件：第一，继承人主观上是故意，以争夺遗产为目的；第二，继承人客观上实施了对同一被继承人同享继承权的其他继承人的杀害行为。

（三）遗弃被继承人，或者虐待被继承人情节严重

遗弃被继承人是指有能力履行赡养或扶养义务的继承人对年老体弱、丧失劳动能力或没有独立生活能力的被继承人拒不履行赡养或扶养义务，致使被继承人陷于危难或困境状态的行为。构成该种行为应具备以下要件：第一，继承人对被继承人有赡养、扶养的义务；第二，被继承人是年老体弱、丧失劳动能力或者没有独立生活能力的人；第三，继承人有赡养、扶养被继承人的能力；第四，继承人拒不履行赡养、扶养义务，致使被继承人陷于危难或困境状态之中。

虐待被继承人是指继承人在被继承人生前以各种手段对其进行肉体上或精神上的摧残、折磨。虐待被继承人，只有情节严重的，才丧失继承权。继承人虐待被继承人情节是否严重，可以从实施虐待行为的时间、手段、后果和社会影响等方面认定。虐待被继承人情节严重的，不论是否被追究刑事责任，均可确认其丧失继承权（《继承解释（一）第6条）。

（四）伪造、篡改、隐匿或者销毁遗嘱，情节严重

伪造遗嘱是指继承人故意以被继承人名义制作假遗嘱的行为；篡改遗嘱是指继承人故意非法改变被继承人遗嘱的内容的行为；隐匿遗嘱是指继承人故意藏匿被继承人遗嘱的行为；销毁遗嘱是指继承人故意非法销毁被继承人遗嘱的行为。

继承人实施上述四种行为构成情节严重的，丧失继承权。依据《继承解释（一）》第9条规定，继承人伪造、篡改、隐匿或者销毁遗嘱，侵害了缺乏劳动能力又没有生活来源的继承人的利益，并造成其生活困难的，应认定其行为情节严重。

---

① 对于故意杀害被继承人的未成年人是否丧失继承权，学者有不同看法。一种观点认为，凡故意杀害被继承人的，无论其是否成年，也不论其是否经法院判罪，均应丧失继承权；另一种观点认为，未成年人故意杀害被继承人，不追究刑事责任的，不丧失继承权，因此，只有14周岁以上的未成年人故意杀害被继承人且被追究刑事责任的，才丧失继承权。参见郭明瑞、房绍坤：《继承法》（第二版），法律出版社2004年版，第64～65页。

（五）以欺诈、胁迫手段迫使或者妨碍被继承人设立、变更或者撤回遗嘱，情节严重

以欺诈、胁迫手段迫使或者妨碍被继承人设立、变更或者撤回遗嘱，违背了被继承人的真实意思，如果情节严重的，继承人应当丧失继承权。

三、继承权丧失的种类

（一）绝对丧失

继承权的绝对丧失又称终局丧失，是指发生某种丧失继承权的法定事由时，该继承人的继承权终局丧失，任何情形下都不再恢复其对特定被继承人的继承权。依据《民法典》第1125条规定，以下两种情形下继承人的继承权绝对丧失：故意杀害被继承人；为争夺遗产而杀害其他继承人。《继承解释（一）》第8条规定，继承人有绝对丧失继承的行为，而被继承人以遗嘱将遗产指定由该继承人继承的，可以确认遗嘱无效，并确认该继承人丧失继承权。

（二）相对丧失

继承权的相对丧失又称非终局丧失，是指虽发生某种法定事由致继承人的继承权丧失，但在被继承人表示宽恕时，继承人的继承权也可最终不丧失。依据《民法典》第1125条规定，下列三种情形为继承权相对丧失的事由：（1）遗弃被继承人，或者虐待被继承人情节严重；（2）伪造、篡改、隐匿或者销毁遗嘱，情节严重；（3）以欺诈、胁迫手段迫使或者妨碍被继承人设立、变更或者撤回遗嘱，情节严重。在上述情形中，如果继承人确有悔改表现，而且被继承人生前表示宽恕或者事后在遗嘱中将其列为继承人的，该继承人不丧失继承权。

四、继承权丧失的形式要件

在具备《民法典》规定的继承人丧失继承权的法定事由的情况下，应由法院通过审判程序以判决的形式确认继承人丧失继承权，其他任何组织和个人都无权确认继承人是否丧失继承权。在遗产继承中，继承人之间因是否丧失继承权发生纠纷，诉讼至法院的，由法院根据法律的规定，判决确认其是否丧失继承权（《继承解释（一）》第5条）。

五、继承权丧失的法律效力

继承权的丧失由法院以判决的形式加以确认。法院在判决中确认继承人丧失继承权的，继承权的丧失溯及继承开始之时发生效力。

继承权的丧失发生继承人被依法剥夺其继承被继承人遗产的资格的法律后果，从而导致客观意义上的继承权的丧失。这种丧失只对特定的被继承人发生法律效力，即继承权的丧失仅是继承人针对特定被继承人的继承权的丧失。因此，继承人因法定事由而丧失对特定被继承人的继承权的，并不丧失该继承人对其他被继承人的继承权。依据《继承解释（一）》第17

条规定,继承权的丧失对继承人的晚辈直系血亲亦发生效力,即继承人丧失继承权的,其直系晚辈血亲不得代位继承。

第五节　继承权的保护

一、继承权回复请求权的概念

《民法典》第1120条规定:“国家保护自然人的继承权。”国家对于自然人享有的继承权的保护,是通过继承权回复请求权实现的。继承权回复请求权又称继承权恢复请求权、遗产回复诉权或遗产请求权,是指当继承人的继承权受到侵害时,继承人享有请求法院通过诉讼程序予以保护,以恢复其继承权的权利。由于继承权的保护主要是通过继承权回复请求权实现的,因此,继承权的保护实际上是继承权回复请求权问题。①

继承权回复请求权具有以下几方面的含义:一是继承权回复请求权是基于继承权受到侵害而产生的权利;二是继承权回复请求权是法律规定的继承人请求法院通过诉讼程序保护其继承权的请求权,是一种实体诉权,而不是诉讼法上的诉权;三是继承权回复请求权是为了恢复继承人继承遗产权利的请求权;四是继承权回复请求权是一种包括性的请求权,其内容包括确认继承人资格的请求权和对遗产的返还请求权两个方面。②

二、继承权回复请求权的主体

继承权回复请求权的主体为真正继承人,即依据法律规定或者遗嘱人的有效遗嘱而享有继承权的继承人,相对人是实施侵害继承权行为的人。继承权回复请求权可以由继承权受到侵害的合法继承人亲自行使,也可以由其代理人代为行使。当继承人为无民事行为能力人或者限制民事行为能力人时,其继承权回复请求权由其法定代理人代为行使。

自测习题　　案例分析　　案例分析参考答案

① 参见郭明瑞、房绍坤:《继承法》(第二版),法律出版社2004年版,第75页。

② 关于继承权回复请求权的性质,学界存在分歧,主要有三种观点:第一种观点为继承地位恢复说,认为继承权回复请求权是确定合法继承人的继承地位的权利,而不是继承财产的回复请求权;第二种观点为遗产权利恢复说,认为继承权回复请求权就是遗产回复请求权,继承人所主张的是对遗产的权利;第三种观点为折中说,认为继承权回复请求权是以确认真正继承人的继承权以及请求被继承人遗产的给付为内容的请求权。

第三十四章　法定继承

■【导语】

“人非草木，孰能无情。”从感情上说，自然人一般会希望在自己死后将财产留给自己的近亲属，如配偶、父母、子女等。法律通过设置法定继承制度，使死者的这种愿望得以实现。如何适用法定继承、法定继承人的范围和继承顺序如何界定、继承人之间如何分配遗产、如何处理代位继承和转继承、法定继承中如何进行遗产分配等，就是本章所要解决的问题。

第一节　法定继承的概念和适用范围

一、法定继承的概念和特点

法定继承又称无遗嘱继承，是指继承人直接依照法律规定的继承人范围、继承顺序和遗产分配原则而继承被继承人遗产的继承方式。法定继承具有以下特点：

第一，法定性。法定继承是直接依照法律规定进行的一种继承方式，继承人的范围、继承顺序、遗产分配原则和方法等由法律直接规定，因而法定继承并不直接体现被继承人的意志，仅是法律依推定的被继承人的意思将其遗产由其近亲属继承。

第二，强制性。民法对法定继承所规定的内容，如继承人的范围、继承顺序以及遗产的分配原则和方法等都具有强制性，应严格依照法律规定的内容进行继承，不得加以变更或者排除适用。

第三，前提的身份性。民法确定法定继承人的范围、继承顺序，是以继承人与被继承人之间存在血缘关系、婚姻关系和扶养关系等身份关系为根据的。因此，法定继承以一定的身份关系为前提。

第四，效力的补充性。《民法典》规定了法定继承和遗嘱继承两种继承方式。从法律效力上说，遗嘱继承优先于法定继承。继承开始后，被继承人立有有效遗嘱的，应首先适用遗嘱继承。只有在被继承人没有立遗嘱或者所立遗嘱无效的情况下，才能适用法定继承。法定继承的适用顺序后于遗嘱继承，因此，法定继承是遗嘱继承的补充。

二、法定继承的适用范围

《民法典》第 1123 条规定:“继承开始后,按照法定继承办理;有遗嘱的,按照遗嘱继承或者遗赠办理;有遗赠扶养协议的,按照协议办理。”同时,依据《民法典》第 1154 条规定,法定继承的适用范围主要有以下情形:(1) 遗嘱继承人放弃继承或者受遗赠人放弃受遗赠;(2) 遗嘱继承人丧失继承权或者受遗赠人丧失受遗赠权;(3) 遗嘱继承人、受遗赠人先于遗嘱人死亡或者终止;(4) 遗嘱无效部分所涉及的遗产;(5) 遗嘱未处分的遗产。应当指出,遗嘱继承人依遗嘱取得遗产后,仍有权依照《民法典》第 1130 条规定取得遗嘱未处分的遗产(《继承解释(一)》第 4 条)。

第二节 法定继承人的范围和继承顺序

一、法定继承人的范围

法定继承人是指由法律直接规定的享有继承权的人。凡是享有法定继承权的人即为法定继承人。各国立法上对法定继承人范围的确认,通常是以继承人与被继承人之间存在血缘关系、婚姻关系以及扶养关系为依据的。

依据《民法典》第 1127 条规定,法定继承人的范围包括被继承人的以下近亲属。

(一) 配偶

配偶是合法婚姻关系的男女双方相互之间的对称,夫妻双方互为配偶。配偶之间相互享有法定继承权。

配偶以双方之间存在合法、有效的婚姻关系为条件。在被继承人死亡时,只有与被继承人有着合法有效婚姻关系的人,才能以配偶的身份成为法定继承人。

认定配偶作为法定继承人时,应注意以下几点:

第一,已经完成结婚登记手续的男女双方,即使尚未在一起共同生活,其中一方死亡的,应认定另一方的配偶身份,并成为法定继承人。

第二,原来虽然与被继承人存在婚姻关系,但在被继承人死亡时,已经与被继承人解除婚姻关系的人,不能认定其配偶身份,不为法定继承人。

第三,在离婚诉讼中,夫妻中的一方死亡,或者法院虽已作出离婚判决但在该判决发生法律效力之前,一方死亡的,另一方仍可以配偶身份成为法定继承人。

第四,未按照法律规定办理结婚登记而以夫妻名义共同生活的男女,一方死亡,另一方主张以配偶身份享有继承权的,应区分具体情况,决定另一方是否享有继承权:(1) 在 1994 年 2 月 1 日民政部《婚姻登记管理条例》公布实施以前,男女双方已经符合结婚实质要件的,经依法认定双方存在事实婚姻关系的,一方死亡时,另一方可以配偶身份成为继承人。(2) 在 1994 年 2 月 1 日《婚姻登记管理条例》公布实施以后,男女双方符合结婚实质要件的,若在一方死亡之前，双方补办结婚登记的，另一方可以配偶的身份成为继承人。若在一方死亡之前，双方未补办结婚登记的，应解除双方的同居关系，另一方不能以配偶身份成为继承人。①

（二）子女

子女是被继承人最亲近的直系晚辈血亲。父母子女之间存在着最为密切的血缘联系和共同生活关系。因此，子女理应成为父母的法定继承人。在继承制度中，子女包括婚生子女、非婚生子女、养子女和有扶养关系的继子女。

1. 婚生子女

婚生子女是存在合法婚姻关系的夫妻所生育的子女。子女作为法定继承人，享有平等的继承权，不因其性别、年龄以及婚姻状况而受影响。子女对父母的遗产的继承权，也不因父母的婚姻状况的变化而受影响。父母离婚后，由父或母一方抚养的子女，对没有对其进行抚养的父或母的遗产仍享有继承权。

2. 非婚生子女

非婚生子女是指没有合法婚姻关系的男女所生的子女。子女对其父母遗产的继承权，是基于子女与父母之间的血缘关系产生的，而不是基于父母相互间的婚姻关系。因此，非婚生子女与婚生子女享有平等的继承权。非婚生子女不仅享有继承其生母遗产的权利，而且享有继承其生父遗产的权利。

3. 养子女

养子女是指由收养人依据《民法典》规定的条件和程序所收养的子女。收养人为养父母，被收养人为养子女。养子女与养父母之间为一种拟制血亲关系。养子女对其养父母遗产的继承权以该子女与养父母之间存在合法的收养关系为前提。《民法典》第 1111 条第 2 款规定："养子女与生父母以及其他近亲属间的权利义务关系，因收养关系的成立而消除。"因此，在养子女与其生父母的权利和义务关系解除后，养子女无权继承其生父母的遗产。随着养子女与其生父母权利和义务关系的解除，养子女与其养父母之间发生权利和义务关系，养子女因此而成为养父母的法定继承人，有权继承其养父母的遗产。被收养人对养父母尽了赡养义务，同时又对生父母扶养较多的，除可依据《民法典》第 1127 条规定继承养父母的遗产外，还可依据《民法典》第 1131 条规定分得生父母适当的遗产（《继承解释（一）》第 10 条）。

4. 继子女

继子女是指配偶的前妻或前夫所生的子女。继父或者继母和受其抚养教育的继子女之间的权利义务关系，适用父母子女关系的规定，相互之间享有继承权。依据《民法典》规定，继子女对继父母的遗产是否享有继承权以相互之间是否形成扶养关系为条件。只有与被继承人之间形成扶养关系的继子女才能成为法定继承人，有权继承被继承人的遗产。

由于继子女与其生父或生母之间属于血缘关系，继子女与其生父母之间的权利和义务关系不因其父或其母的再婚而受到影响，继子女对其生父或生母的遗产仍享有继承权。因此，在特定条件下，继子女不仅有权继承其继父母的遗产，而且有权继承其生父母的遗产。②

---

① 参见《婚姻家庭解释（一）》第 7、8 条。

② 参见《继承解释（一）》第 11 条第 1 款。

（三）父母

父母是子女血缘最近的直系长辈血亲。父母与子女之间存在着最直接的血缘关系和最密切的权利义务关系。因此，父母与子女之间相互享有继承权。在继承制度中，父母包括生父母、养父母和有扶养关系的继父母。

（四）兄弟姐妹

兄弟姐妹是血缘关系最近的旁系血亲。在继承制度中，兄弟姐妹包括同父同母的兄弟姐妹、同父异母或同母异父的兄弟姐妹、养兄弟姐妹以及有扶养关系的继兄弟姐妹。养兄弟姐妹关系是基于收养关系而成立的养子女与生子女之间、养子女与养子女之间的亲属关系，养兄弟姐妹之间互为继承人。基于收养关系的成立，被收养人与其亲兄弟姐妹之间法律上的权利义务关系终止，不能互为继承人。继兄弟姐妹之间以相互之间形成扶养关系为条件而享有继承权。继兄弟姐妹之间相互继承遗产的，仍有权继承其亲兄弟姐妹的遗产（《继承解释（一）》第13条第2款）。

（五）祖父母和外祖父母

祖父母和外祖父母分别是孙子女和外孙子女除其父母以外的最近的直系长辈血亲。依据《民法典》第1074条规定，有负担能力的祖父母、外祖父母，对于父母已经死亡或者父母无力抚养的未成年孙子女、外孙子女，有抚养义务。根据权利与义务相一致原则，祖父母、外祖父母可以成为孙子女、外孙子女的法定继承人。作为法定继承人的祖父母、外祖父母，包括亲祖父母、亲外祖父母、养祖父母、养外祖父母。

（六）对公婆尽了主要赡养义务的丧偶儿媳、对岳父母尽了主要赡养义务的丧偶女婿

依据《民法典》第1129条规定，丧偶儿媳对公婆，丧偶女婿对岳父母，尽了主要赡养义务的，作为第一顺序继承人。丧偶儿媳、丧偶女婿对被继承人的生活提供了主要经济来源，或在劳务等方面给予了主要扶助的，应当认定其尽了主要赡养义务（《继承解释（一）》第19条）。

二、法定继承人的继承顺序

（一）法定继承人继承顺序的概念和特点

法定继承人的继承顺序又称法定继承人的顺位，是指法定继承人依照法律规定参与继承被继承人遗产的先后次序。在法定继承中，并不是全部法定继承人都同时参与对被继承人遗产的继承，而是依照法律确认的各继承人参与继承的先后顺序参与继承。

法定继承顺序具有以下特点：(1) 法定性。法定继承中的继承顺序是由法律根据继承人与被继承人之间亲属关系的亲疏远近而直接规定的，不是由当事人约定的。因此，法定继承人的继承顺序，只适用于法定继承，而不适用于遗嘱继承。(2) 强制性。法律规定的法定继承人的继承顺序对继承人具有强制执行的效力，法定继承人应严格按照法定的继承顺序参与继承，

不得改变。(3) 排他性。法律规定的法定继承顺序具有排他性的法律效力,即顺序在先的法定继承人排斥顺序在后的法定继承人,顺序在先的法定继承人优先于顺序在后的法定继承人。同一顺序的法定继承人,地位平等。

（二）法定继承人的顺序

依据《民法典》第1127、1129条规定,法定继承人分为两个顺序:

第一顺序的法定继承人为:配偶;子女;父母;对公婆尽了主要赡养义务的丧偶儿媳、对岳父母尽了主要赡养义务的丧偶女婿。

第二顺序的法定继承人为:兄弟姐妹;祖父母;外祖父母。

（三）法定继承人顺序的法律效力

依据《民法典》第1127条规定,法定继承人顺序的法律效力在于:法定继承开始后,先由前一顺序的继承人参与继承,只要有前一顺序的继承人继承,后一顺序的继承人就不能参与继承。只有在没有前一顺序的继承人或者前一顺序的继承人全部放弃继承权或全部丧失继承权时,才能由后一顺序的继承人参与继承。

第三节　代位继承和转继承

一、代位继承

《民法典》第1128条规定:"被继承人的子女先于被继承人死亡的,由被继承人的子女的直系晚辈血亲代位继承。被继承人的兄弟姐妹先于被继承人死亡的,由被继承人的兄弟姐妹的子女代位继承。代位继承人一般只能继承被代位继承人有权继承的遗产份额。"据此,代位继承是指被继承人的子女先于被继承人死亡时,应由被继承人子女继承的遗产份额由被继承人子女的直系晚辈血亲代替继承,或者被继承人的兄弟姐妹先于被继承人死亡时,应由被继承人兄弟姐妹继承的遗产份额由被继承人兄弟姐妹的子女代替继承。在代位继承中,先于被继承人死亡的子女或者先于被继承人死亡的兄弟姐妹为被代位继承人;先于被继承人死亡的子女的直系晚辈血亲或者先于被继承人死亡的兄弟姐妹的子女为代位继承人;代位人享有的继承被继承人遗产的权利为代位继承权。

代位继承属于法定继承中的一种特殊继承方式,其在成立条件和效力上具有以下特点:

第一,须被代位继承人先于被继承人死亡。只有在被代位继承人先于被继承人死亡的情况下,才能发生代位继承。若被代位继承人后于被继承人死亡或者与其同时死亡,则不发生代位继承。

第二,代位继承人须是被代位继承人的直系晚辈血亲,或者被代位继承人的子女。在代位继承中,代位继承人的范围因被代位继承人的不同而存在差异。在被继承人的子女先于被继承人死亡的情况下,代位继承人为被代位继承人的直系晚辈血亲,不包括被代位继承人的其他近亲属,而且代位继承人不受辈数的限制(《继承解释(一)》第14条);在被继承人的兄弟姐妹先于被继承人死亡的情况下，代位继承人只能是被代位继承人的子女，不包括其他近亲属。

第三，被代位继承人享有继承权。在代位继承中，对于代位继承权的取得是否以被代位继承人享有继承权为条件，立法例上有不同的规定，理论上形成了代表权说和固有说。对此，我国《民法典》并没有明确，但司法实践认为代位继承权以被代位继承人享有继承权为前提。因此，只有在被代位继承人没有丧失继承权的情况下，代位继承人才能享有代位继承权。同时，在被代位继承人为被继承人的兄弟姐妹的情况下，只有在不发生第一顺序继承人继承时，代位继承人才享有代位继承权。

第四，代位继承人一般只能继承被代位继承人应继承的遗产份额。无论代位继承人是一人还是数人，代位继承人只能继承被代位继承人应继承的遗产份额。代位继承人为数人时，原则上由该数个代位继承人平均分配被代位继承人应继承的份额，即全部代位继承人所继承遗产份额的总和应等于被代位继承人应继承的遗产份额，代位继承人不能与其他继承人一同平分被继承人的遗产。当然，在特殊情况下，代位继承人也可以多分遗产，如代位继承人缺乏劳动能力又没有生活来源，或者对被继承人尽过主要赡养义务的，分配遗产时，可以多分（《继承解释（一）》第 16 条）。

第五，代位继承只适用于法定继承，不适用于遗嘱继承。遗嘱继承人先于遗嘱人死亡的，依法定继承处理。

二、转继承

转继承是指继承人在被继承人死亡后、遗产分割之前死亡的，应当由该继承人继承的遗产，转给其继承人的法律制度。在转继承中，被继承人死亡后、遗产分割前死亡的继承人为被转继承人，承受被转继承人遗产的人为转继承人。转继承是一种连续发生的二次继承。在被继承人死亡后，被转继承人参与继承，这是发生的第一次继承；被转继承人在参与继承后、遗产分割之前死亡，又由转继承人继承被转继承人应当继承的遗产，这是发生的第二次继承。因此，转继承实质上是在继承人直接继承后又转由转继承人承受被继承人的遗产。

《民法典》第 1152 条规定："继承开始后，继承人于遗产分割前死亡，并没有放弃继承的，该继承人应当继承的遗产转给其继承人，但是遗嘱另有安排的除外。"据此，转继承的发生应具备以下三个条件：第一，继承人须在被继承人死亡后、遗产分割之前死亡。若继承人在继承开始之前死亡或在遗产分割之后死亡，都不可能发生转继承。第二，被转继承人须对被继承人的遗产享有继承权。若被转继承人放弃继承权或丧失继承权，因其没有继承遗产的权利，也就不可能发生转继承。第三，遗嘱没有另外安排。如果遗嘱中对遗产已经有另外安排的，则不发生转继承。例如，继承人在遗嘱中指定，其死亡后，全部遗产捐赠给某基金会。此时发生遗赠关系，不发生转继承。在具备以上条件时，被转继承人应继承的被继承人遗产份额成为该死亡继承人的遗产，应转由其继承人继承，转继承人可直接参与被继承人遗产的分配。

三、代位继承和转继承的区别

代位继承和转继承存在相似之处，但两者是不同的继承制度，其区别主要表现在：

第一,发生的原因不同。代位继承因被代位继承人先于被继承人死亡而发生;转继承因被转继承人在被继承人死亡后、遗产分割之前死亡而发生。

第二,主体范围不同。在代位继承中,代位继承人只能是被代位继承人的直系晚辈血亲或者子女;在转继承中,转继承人是被转继承人的所有法定继承人。

第三,继承权的性质不同。在代位继承中,代位继承人享有的是对被继承人遗产的代位继承权。代位继承人所行使的是对被继承人遗产的继承权,而不是对被代位继承人遗产的继承权。在转继承中,转继承人行使的是其对被转继承人遗产的继承权,而不是对被继承人遗产的继承权。

第四,适用范围不同。代位继承只适用于法定继承,不适用于遗嘱继承;转继承既可适用于法定继承,也可适用于遗嘱继承。

第四节　法定继承中的遗产分配

一、法定继承的遗产分配原则

法定继承的遗产分配原则是指在法定继承中,同一顺序的两个以上的继承人共同继承被继承人遗产时,确认各个继承人应继承的遗产份额的原则。

依据《民法典》第 1130 条规定,在法定继承中,应当遵循以下遗产分配原则:

第一,同一顺序继承人继承遗产的份额一般应当均等。在法定继承中,在一般情况下,同一顺序的数个法定继承人之间应平均分配遗产,原则上各法定继承人的继承份额应当相等。

第二,特殊情况下继承人继承的份额可以不均等。具有下列情形之一的,法定继承人继承的遗产份额可以不均等:(1) 对生活有特殊困难又缺乏劳动能力的继承人,分配遗产时,应当予以照顾。(2) 对被继承人尽了主要扶养义务或者与被继承人共同生活的继承人,分配遗产时,可以多分。但是,有扶养能力和扶养条件的继承人虽然与被继承人共同生活,但对需要扶养的被继承人不尽扶养义务,分配遗产时,可以少分或者不分(《继承解释(一)》第 23 条)。(3) 有扶养能力和有扶养条件的继承人,不尽扶养义务的,分配遗产时,应当不分或者少分。如果继承人有扶养能力和扶养条件,愿意尽扶养义务,但被继承人因有固定收入和劳动能力,明确表示不要求其扶养的,分配遗产时,一般不应因此而影响其继承份额(《继承解释(一)》第 22 条)。(4) 经继承人协商一致,分配遗产的份额可以不均等。

二、非继承人的遗产取得权

在法定继承中,符合法定条件的非继承人也有权适当分得遗产。《民法典》第 1131 条规定:“对继承人以外的依靠被继承人扶养的人,或者继承人以外的对被继承人扶养较多的人,可以分给适当的遗产。”据此,可以分得适当遗产的非继承人主要是以下两种:一是继承人以外的依靠被继承人扶养的人;二是继承人以外的对被继承人扶养较多的人。应当指出,这里的继承人以外的人包括法定继承人以外的人,也包括依继承顺序不能参与继承的第二顺序继承人。

符合法定条件的上述两种继承人以外的人,依法可以分得适当的遗产。分得适当的遗产,是同被继承人的遗产数额相比较而言的,而且分得的遗产,可以根据情况多于或少于法定继承人应继承的遗产份额。

上述两种继承人以外的人,依法分得适当遗产,是其享有的民事权利。在分割遗产时,其本人或其法定代理人有权主张分得适当遗产。当该项民事权利受到侵犯,即他们没有被分给适当遗产时,本人或其法定代理人有权向法院提起诉讼,请求分给他们适当遗产,以保护其合法民事权利。

自测习题　　案例分析　　案例分析参考答案

第三十五章 遗嘱继承

【导语】

一个人不仅生前得自主决定其财产的命运，而且可决定其财产于死后如何处置。民法充分尊重人们自己决定其死后财产如何处分的意愿。这是自然人处分财产自由的法律体现。自然人可通过什么方式处理其死后的财产，法律对这些方式有什么要求等，是遗嘱和遗嘱继承所要解决的问题。

第一节 遗嘱继承的概念和适用条件

一、遗嘱继承的概念和特点

遗嘱继承又称意定继承，是指按照被继承人生前所立的有效遗嘱继承被继承人遗产的继承方式。在遗嘱继承中，生前立下遗嘱指定继承人的被继承人为遗嘱人；按照遗嘱的指定继承被继承人遗产的人为遗嘱继承人。

遗嘱继承是与法定继承相对应的一种继承方式。与法定继承相比，遗嘱继承具有以下特点：

第一，单方意志性。遗嘱继承的根据是被继承人生前立下的有效遗嘱。遗嘱是被继承人生前处分其个人财产的单方行为，其内容完全决定于被继承人个人的单方决定。因此，遗嘱继承直接体现被继承人的单方意志。

第二，民事法律事实构成性。遗嘱继承的发生须具备如下两个民事法律事实：其一，被继承人生前按照自己的意愿立下有效遗嘱；其二，被继承人死亡。只有具备这两个民事法律事实时，才能发生遗嘱继承。

第三，按照被继承人的遗嘱执行。在适用遗嘱继承时，遗嘱继承人的范围、遗产分配份额、遗产分配方法等内容都由遗嘱确认。因此，遗嘱继承应按照被继承人的遗嘱执行。

第四，法律效力优先于法定继承。继承开始后，应首先适用遗嘱继承。只有在被继承人没有立遗嘱或所立遗嘱无效的情况下，才能适用法定继承。

二、遗嘱继承的适用条件

遗嘱继承的适用,须具备下列条件:

第一,被继承人设立的遗嘱有效。被继承人生前订立的遗嘱有效,是遗嘱继承的前提条件。遗嘱是单方行为,虽只要有被继承人一方的意思表示即可成立,但只有符合法定的有效要件,遗嘱才能发生法律效力,才能按照遗嘱的内容进行继承。若被继承人生前所立遗嘱无效,则不能适用遗嘱继承。

第二,须有被继承人死亡的法律事实。只有在被继承人死亡时,遗嘱才开始生效。因此,遗嘱继承的必要条件是须有被继承人死亡的事实。虽然被继承人立下了遗嘱,但无被继承人死亡的事实,则不能发生遗嘱继承。

第三,须没有遗赠扶养协议。若被继承人立有遗嘱对其个人财产作出处分,又与扶养人订立遗赠扶养协议且对其个人财产作出遗赠约定的,对于遗赠扶养协议中约定遗赠的财产,不能适用遗嘱继承。

第四,遗嘱所指定的继承人没有丧失继承权或者放弃继承权。只有在遗嘱指定的继承人享有继承权的情况下,才能适用遗嘱继承。遗嘱中指定的继承人基于法定事由丧失继承权的,不得适用遗嘱继承;继承开始后,遗嘱继承人明确放弃继承权的,也不适用遗嘱继承。

第二节　遗嘱的设立

一、遗嘱的概念和特点

遗嘱是自然人生前按照自己的意愿对其个人财产作出处分以及对与此相关的事务作出安排,并于其死亡后发生效力的民事法律行为。遗嘱具有以下特点:

第一,遗嘱是由自然人所实施的一种单方行为。遗嘱的性质和内容决定了只有自然人才有资格设立遗嘱对其个人财产作出处分,其他民事主体都不能、也不可能设立遗嘱。而且,遗嘱的设立、变更和撤回仅仅需要被继承人单方意思表示即可,不受他人意思表示的影响,也不必征得他人的同意。

第二,遗嘱是被继承人生前对自己财产的处分行为。遗嘱是被继承人生前根据自己的意愿处分自己财产以及与此相关事务的意思表示,即被继承人处分自己财产的民事法律行为。若不是被继承人处分自己财产以及与此相关事务内容的民事法律行为,则不属于民法上的遗嘱。

第三,遗嘱是被继承人生前实施的、于其死亡时发生效力的死后行为。遗嘱是被继承人生前实施的处分其财产的民事法律行为,但该种民事法律行为在被继承人生前并不生效,只有在其死亡时才能发生法律效力。

第四,遗嘱是一种要式行为。《民法典》对遗嘱应当采取的形式有明确的要求。被继承人应当按照法律规定的形式和条件设立遗嘱,否则,被继承人的遗嘱不能发生法律效力。因此,遗嘱属于要式行为。

二、遗嘱的内容

遗嘱的内容是指遗嘱人在遗嘱中表示出来的对自己财产的处分及安排相关事项的意思。一般说来,遗嘱主要包括以下内容。

(一) 指定继承人、受遗赠人

依据《民法典》第 1133 条规定,自然人可以立遗嘱将个人财产指定由法定继承人中的一人或者数人继承;自然人可以立遗嘱将个人财产赠给国家、集体或者法定继承人以外的组织、个人。遗嘱的主要目的是指定继承人、受遗赠人,因此,指定继承人、受遗赠人为遗嘱的主要内容。遗嘱中指定的继承人可以为法定继承人中的任何人,不受继承人继承顺序的限制,但不能是法定继承人以外的人。受遗赠人可以是国家、集体、组织,也可以是自然人,但不能是法定继承人范围以内的人。

(二) 指定遗产的分配办法或份额

遗嘱人应当在遗嘱中列明自己留下的财产清单,说明财产的名称、数量以及存放的地方等。遗嘱中应当说明每个指定继承人得继承的具体财产;指定由数个继承人共同继承某项遗产的,应当说明指定继承人对遗产的分配办法或者每个人应继承的遗产份额。遗赠财产的,要具体说明将某一财产遗赠给何人、何单位。遗嘱人在遗嘱中可以处分全部财产,也可以仅处分部分财产。

(三) 对遗嘱继承人、受遗赠人附加的义务

遗嘱中可以对遗嘱继承人或者受遗赠人规定附加义务,这就是所谓的遗托。依据《民法典》第 1144 条规定,遗嘱继承或者遗赠附有义务的,继承人或者受遗赠人应当履行义务;没有正当理由不履行义务的,经利害关系人或者有关组织请求,人民法院可以取消其接受附义务部分遗产的权利。在遗嘱中,遗嘱人可以指明某继承人或者受遗赠人应当将某项遗产用于特定的用途,也可以指定继承人承担其他义务。

(四) 再指定继承人、受遗赠人

再指定继承人是指遗嘱人于遗嘱中指定在被指定的继承人不能继承遗产时由某人继承;再指定受遗赠人是指遗嘱人在遗嘱中指定在受遗赠人不能接受遗赠时将该遗产赠与某人。遗嘱中再指定的继承人为候补继承人或者补充继承人,再指定的受遗赠人为候补受遗赠人或补充受遗赠人。候补继承人只有在指定继承人不能继承的情形下,才能依遗嘱的指定参加继承;候补受遗赠人只有在受遗赠人不能接受遗赠的情形下,才能依遗嘱接受遗赠。

(五) 其他内容

如通过遗嘱指定遗嘱执行人、设立遗嘱信托。依据《民法典》第 1133 条第 1、4 款规定,遗

嘱人可以在遗嘱中指定遗嘱执行人,可以依法设立信托。

三、遗嘱的形式

(一)遗嘱的法定形式

遗嘱的形式是遗嘱人通过遗嘱表达其处分个人财产的意思的形式。依据《民法典》规定,遗嘱的法定形式有自书遗嘱、代书遗嘱、打印遗嘱、录音录像遗嘱、口头遗嘱、公证遗嘱。

1. 自书遗嘱

自书遗嘱是指由遗嘱人亲笔书写的遗嘱。依据《民法典》第1134条规定,自书遗嘱应具备的条件包括:(1)应当由被继承人亲笔书写遗嘱内容,不能由他人代理;(2)应由被继承人亲笔签名,并注明年、月、日。

此外,自然人在遗书中涉及死后个人财产处分的内容,确为死者真实意思的表示,有本人签名并注明了年、月、日,又无相反证据的,可以按自书遗嘱对待(《继承解释(一)》第27条)。

2. 代书遗嘱

代书遗嘱是指由他人代笔的遗嘱。代书遗嘱应具备的条件包括:(1)应当由被继承人口授遗嘱的内容,由他人代为书写、记录;(2)应当有两个以上的见证人在场见证;(3)遗嘱人、代书人和其他见证人应当在遗嘱上签名,并注明年、月、日。

3. 打印遗嘱

打印遗嘱是指由打印机打印遗嘱内容的遗嘱。依据《民法典》第1136条规定,打印遗嘱应具备的条件包括:(1)遗嘱的内容应当由打印机打印完成;(2)应当有两个以上的见证人在场见证;(3)遗嘱人和见证人应当在遗嘱每一页签名,并注明年、月、日。

4. 录音录像遗嘱

录音录像遗嘱是指遗嘱人以录音、录像磁带记载遗嘱内容的遗嘱。依据《民法典》第1137条规定,录音录像遗嘱应具备的条件包括:(1)应由遗嘱人口授遗嘱内容,并用录音、录像磁带对遗嘱内容予以录制;(2)应当有两个以上的见证人见证;(3)遗嘱人和见证人应当在录音录像中记录其姓名或者肖像,以及年、月、日。

5. 口头遗嘱

口头遗嘱是指遗嘱人以口头表述方式设立的遗嘱。依据《民法典》第1138条规定,口头遗嘱应具备的条件包括:(1)只能在遗嘱人不能采用其他方式设立遗嘱的危急情况下作出。所谓危急情况,是指遗嘱人处于生命垂危状态、因参与战争或遇到意外事故而随时都有生命危险,来不及或不能采用其他形式设立遗嘱的情形。(2)应当有两个以上见证人在场见证。危急情况消除后,遗嘱人能够以书面或者录音录像形式立遗嘱的,所立的口头遗嘱无效。

6. 公证遗嘱

公证遗嘱是指由公证机构对遗嘱人所立遗嘱予以公证的具有证明性的遗嘱。依据《民法典》第1139条规定,公证遗嘱由遗嘱人通过公证机构办理。一般来说,公证遗嘱应当具备的条件包括:(1)公证遗嘱应采用书面形式。(2)遗嘱人应当亲自到公证机构办理或者由公证人员到场办理遗嘱公证,不得委托他人代理。(3)遗嘱人亲笔书写遗嘱的,应在遗嘱上签名或盖章，并注明年、月、日；遗嘱人口授遗嘱内容的，应由公证人员作成笔录，经公证人员向遗嘱人宣读确认无误后，由公证人员和被继承人签名或盖章，并注明设立遗嘱的地点和年、月、日。(4) 经公证机构确认遗嘱的合法有效性后，由公证机构出具遗嘱公证书。

（二）遗嘱见证人资格的限制条件

由于代书遗嘱、打印遗嘱、录音录像遗嘱和口头遗嘱具有特殊性，为了确保这四种形式遗嘱的真实性，《民法典》要求这四种形式的遗嘱应当有两个以上的见证人在场见证。《民法典》第 1140 条对遗嘱见证人的资格作出了明确规定，即下列人员不能作为遗嘱见证人：其一，无民事行为能力人、限制民事行为能力人以及其他不具有见证能力的人；其二，继承人、受遗赠人；其三，与继承人、受遗赠人有利害关系的人。在司法实践中，继承人、受遗赠人的债权人、债务人，共同经营的合伙人，通常被视为与继承人、受遗赠人有利害关系，不得作为遗嘱的见证人（《继承解释（一）》第 24 条）。

四、遗嘱的效力

（一）遗嘱的有效要件

遗嘱的有效要件是指遗嘱产生法律效力所应具备的条件。依据《民法典》的有关规定，遗嘱的有效要件包括：

第一，遗嘱人在设立遗嘱时应当具有遗嘱能力。遗嘱能力是指自然人依法享有的设立遗嘱的民事行为能力。遗嘱作为一种民事法律行为，遗嘱人应具有相应的民事行为能力。依据《民法典》规定，只有完全民事行为能力人才具有遗嘱能力。遗嘱人是否具有遗嘱能力，应当以遗嘱人设立遗嘱时的情形为准。也就是说，遗嘱人在设立遗嘱时有遗嘱能力，以后丧失遗嘱能力的，不影响遗嘱的效力；遗嘱人在设立时无民事行为能力，即使以后恢复了民事行为能力的，所立遗嘱也为无效。①

第二，遗嘱应是遗嘱人的真实意思表示。遗嘱作为遗嘱人处分其个人财产的单方行为，应为遗嘱人的真实意思表示。所谓遗嘱人真实意思表示，是指遗嘱所体现的内容应与遗嘱人的真实意愿相一致。

第三，遗嘱的内容合法。遗嘱的内容合法是指遗嘱的内容符合法律规定，没有违反法律的强制性规定。凡违反法律的强制性规定的遗嘱，其内容都为违法。例如，遗嘱没有为缺乏劳动能力又没有生活来源的继承人保留必要的遗产份额的，该部分内容为违法。至于继承人是否缺乏劳动能力又没有生活来源，应当按遗嘱生效时该继承人的具体情况确定。②

第四，遗嘱的形式合法。遗嘱为要式行为，应符合法律规定的形式。《民法典》对六种不同的遗嘱形式规定了不同的条件和要求。遗嘱只有在符合法定形式和条件时，才能有效。

---

① 参见《继承解释（一）》第 28 条。

② 参见《继承解释（一）》第 25 条。

（二）遗嘱无效的法定情形

依据《民法典》第1143条规定，具备以下法定情形之一的，遗嘱无效：(1) 无民事行为能力人或者限制民事行为能力人所立的遗嘱无效；(2) 遗嘱人在受欺诈、胁迫的情形下所立的遗嘱无效；(3) 伪造的遗嘱无效；(4) 遗嘱被篡改的，篡改的内容无效。

五、遗嘱的撤回与变更

（一）遗嘱撤回与变更的概念

依据《民法典》第1142条第1款规定，遗嘱人可以撤回、变更自己所立的遗嘱。所谓遗嘱的撤回，是指遗嘱人取消其已经设立的遗嘱；所谓遗嘱的变更，是指遗嘱人在遗嘱设立后对所立遗嘱的内容作部分修改。遗嘱的撤回是对原遗嘱中遗嘱人意思表示的完全改变，而遗嘱的变更是对原遗嘱中遗嘱人意思表示的部分更改。

（二）遗嘱撤回、变更的方式

依据《民法典》第1142条规定，遗嘱撤回、变更的方式包括明示方式和推定方式。撤回、变更遗嘱的明示形式，是指遗嘱人明确表示出撤回、变更遗嘱的意思。明示形式应当采取法律规定的遗嘱法定形式，并且应具备每种遗嘱形式的条件。

撤回、变更遗嘱的推定方式，是指未以明示的方式为撤回、变更遗嘱的意思表示，法律规定通过遗嘱人的行为推定出其撤回、变更遗嘱的意思表示。推定方式主要有下列情形：(1) 遗嘱人立遗嘱后，实施与遗嘱内容相反的民事法律行为的，视为对遗嘱相关内容的撤回。(2) 遗嘱人生前先后设立数份遗嘱，并且数份遗嘱在内容上相互抵触的，以最后遗嘱为准。如果内容全部相抵触，应视为遗嘱的撤回；若仅是部分内容相抵触，应视为遗嘱的变更。(3) 遗嘱人生前的行为与其遗嘱的意思表示相反，而使遗嘱处分的财产在继承开始前灭失、部分灭失或者所有权转移、部分转移的，遗嘱应视为被撤回或部分被撤回。(4) 遗嘱人故意销毁遗嘱的，或者以其他方式废除其遗嘱的，推定遗嘱人撤回原遗嘱。

（三）遗嘱撤回、变更的效力

遗嘱人撤回、变更遗嘱后，遗嘱原有内容不复存在，遗嘱人死亡后遗嘱的原内容不发生法律效力，而根据遗嘱撤回、变更的不同情况分别发生不同的效力：遗嘱被撤回的，原有遗嘱不生效；遗嘱变更的，按照变更后的遗嘱或新遗嘱发生法律效力。

自测习题　　案例分析　　案例分析参考答案

第三十六章　遗赠和遗赠扶养协议

■【导语】

在现实生活中，自然人往往出于某种特殊原因的考虑，不将自己的财产于其死后留给其近亲属，而是通过遗嘱的方式将财产留给法定继承人以外的民事主体，这就是遗赠。自然人出于自己生活的需要，还可以与继承人以外的组织或个人通过协议的形式，明确自己的生养死葬及财产处理的有关事宜，这就是遗赠扶养协议。本章将阐述遗赠与遗赠扶养协议的有关内容。

第一节　遗　　赠

一、遗赠的概念和特点

《民法典》第1133条第3款规定："自然人可以立遗嘱将个人财产赠与国家、集体或者法定继承人以外的组织、个人。"据此，所谓遗赠，是指自然人以遗嘱的方式将其个人合法财产赠与国家、集体或者法定继承人以外的组织、个人，并于其死亡后发生法律效力的民事法律行为。其中，立遗嘱的自然人为遗赠人；遗嘱中指定的接受赠与的国家、集体或者法定继承人以外的组织、个人为受遗赠人或遗赠受领人；遗嘱中指定赠与的财产为遗赠物。

遗赠是通过遗嘱的方式进行的，因此，遗赠具有以下特点：

第一，遗赠是单方、要式行为。遗赠是遗赠人以遗嘱的方式实施的，具有遗嘱的特点。只要遗赠人在遗嘱中单方作出将其个人财产赠与他人的意思表示，遗赠即可成立，而不需要受遗赠人的同意。同时，遗赠应符合遗嘱有效的形式要件，若不具备遗嘱的形式要件，则遗赠不能生效。

第二，遗赠是死后行为。遗赠是遗赠人生前作出的将其个人财产赠与他人的意思表示，该行为在遗赠人死亡时才发生法律效力。受遗赠人只有在遗赠人死亡后才能接受遗赠人的财产。

第三，受遗赠人是国家、集体或法定继承人以外的组织、个人。在遗赠中，遗赠人只能在法定继承人以外指定受遗赠人。也就是说，受遗赠人只能是国家、集体或者法定继承人以外的组织和个人。

第四，遗赠是无偿行为。遗赠是遗赠人无偿向受赠人转移其财产权的行为。一般说来，受遗赠人只从遗赠人处取得财产利益，而不需要履行相应义务。即使遗赠中附有某种义务，该义务也不是受遗赠人取得赠与财产的对价。

二、遗赠和遗嘱继承的联系和区别

遗赠和遗嘱继承的联系在于：两者都是被继承人或遗赠人生前处分其个人财产的方式；两者都应具备遗嘱的有效要件；两者都是在被继承人或遗赠人死亡后才能发生法律效力。

但遗赠与遗嘱继承是两种不同的制度，存在以下区别：

第一，受遗赠人和遗嘱继承人的范围不同。受遗赠人应是国家、集体或者法定继承人以外的组织、个人，不能是法定继承人以内的人；遗嘱继承人应是法定继承人以内的人，不能是法定继承人以外的人。

第二，受遗赠权和遗嘱继承权的客体范围不同。受遗赠权的客体是遗赠人遗产中的财产权利，而不包括财产义务。因此，受遗赠人只享受接受遗赠财产的权利，不承担清偿遗赠人所欠债务的义务。而作为遗嘱继承客体的遗产，既包括财产权利，也包括财产义务。遗嘱继承人不仅享有取得财产的权利，而且应承担清偿被继承人债务的义务。

第三，接受、放弃受遗赠权和遗嘱继承权的方式和时间不同。依据《民法典》第 1124 条第 2 款规定，受遗赠人应在知道受遗赠后 60 日内，作出接受或者放弃受遗赠的意思表示；到期没有表示的，视为放弃受遗赠。因此，受遗赠人接受遗赠的，应在法定期间内以明示方式作出表示。在遗嘱继承中，遗嘱继承人接受继承的，无须以明示方式作出接受继承的意思表示。在继承开始后、遗产分割前，遗嘱继承人未表示放弃继承的，视为接受继承。遗嘱继承人放弃继承的，应当在遗产处理前以书面形式作出放弃继承的表示。

第四，受遗赠人和遗嘱继承人参与遗产分配的方式不同。在遗赠中，受遗赠人不能直接参与遗产分配，只能从继承人处取得受遗赠的财产权利。在遗嘱继承中，遗嘱继承人可以直接参与遗产分配，能够直接取得财产权利。

三、遗赠和赠与的区别

遗赠和赠与的相同点在于：两者都是将个人财产无偿转移给他人的民事法律行为。但两者存在以下区别：

第一，性质不同。遗赠是单方行为，只要有遗赠人单方作出意思表示即可成立，无须征得受遗赠人的同意；赠与是双方行为，赠与人与受赠人之间是合同关系，只有在双方意思表示一致时才能成立。

第二，生效时间不同。遗赠是死后行为，只有在遗嘱人死亡时才能发生法律效力；赠与是生前行为，赠与人与受赠人意思表示一致即可成立并发生法律效力。

第三，主体范围不同。在遗赠中，遗赠人只能是自然人，不能是其他民事主体；受遗赠人只能是国家、集体或者法定继承人以外的组织、个人。在赠与中，赠与人和受赠人的范围没有限制，任何民事主体可以充任。

第四，意思表示的方式不同。遗赠应以遗嘱的方式实施，是要式行为，遗赠人作出意思表示的方式应遵循法定的遗嘱形式及其条件；赠与是不要式行为，赠与人与受赠人作出意思表示的方式一般没有严格的形式要求，但法律另有规定的除外。

第五，法律限制不同。遗赠是自然人生前以遗嘱的方式处分其个人财产的行为，因此，法律对遗嘱所作的限制对遗赠同样适用。在赠与中，法律对其一般并无限制。

四、受遗赠权的丧失

依据《民法典》第1125条第3款规定，受遗赠人具备继承权丧失事由的，应当认定丧失受遗赠权。但应当指出的是，并非所有继承权丧失的理由均适用于受遗赠人。在《民法典》第1125条规定的丧失继承权的5种法定事由中，遗弃被继承人的事由并不适用于受遗赠人，因为受遗赠人对遗赠人并没有法定的扶养义务，不具有遗弃的条件。

五、转遗赠

转遗赠是指在继承开始后，受遗赠人表示接受遗赠，并于遗产分割前死亡的，其接受遗赠的权利转移给他的继承人。《民法典》并没有规定转遗赠，但《继承解释(一)》第38条规定了转遗赠："继承开始后，受遗赠人表示接受遗赠，并于遗产分割前死亡的，其接受遗赠的权利转移给他的继承人。"

第二节 遗赠扶养协议

一、遗赠扶养协议的概念和特点

《民法典》第1158条规定："自然人可以与继承人以外的组织或者个人签订遗赠扶养协议。按照协议，该组织或者个人承担该自然人生养死葬的义务，享有受遗赠的权利。"据此，所谓遗赠扶养协议，是指遗赠人与扶养人（继承人以外的组织或者个人）之间订立的有关扶养、遗赠的协议。

遗赠扶养协议具有以下特点：

第一，遗赠扶养协议是双方行为。遗赠扶养协议是扶养人与受扶养人之间的双方行为，须由双方当事人意思表示一致才能成立。因此，遗赠扶养协议是一种合同，一经双方依法签订，就具有法律效力，任何一方都应严格遵守协议内容，不得擅自变更或解除。

第二，遗赠扶养协议是诺成、双务、有偿行为。遗赠扶养协议经双方意思表示一致即可成立，不以交付标的物为其成立要件。在遗赠扶养协议中，当事人双方相互享有权利和承担义务，一方享有权利以履行相应的义务为对价，一方履行相应义务即享有相应权利。任何一方不能无偿地、无对价地享有权利。因此，遗赠扶养协议是诺成、双务、有偿行为。

第三，遗赠扶养协议是生前行为和死后行为的结合。一方面，遗赠扶养协议是生前行为，自双方当事人依法签订后即生效。扶养人从协议生效之时起应履行扶养受扶养人的义务,受扶养人享有受扶养的权利,但受扶养人的财产在其生前并不转移给扶养人。另一方面,遗赠扶养协议是死后行为,即只有在受扶养人死亡后,协议中约定的扶养人取得受扶养人的财产的条款才能生效,扶养人才能据此取得受扶养人的财产。

二、遗赠扶养协议与遗赠的区别

遗赠扶养协议和遗赠都是自然人生前对其个人财产予以处分而在其死亡后实现财产权转移的民事法律行为,但两者存在以下区别:

第一,性质不同。首先,遗赠扶养协议是双方行为,遗赠是单方行为;其次,遗赠扶养协议是双务行为,遗赠是单务行为;再次,遗赠扶养协议是有偿行为,遗赠是无偿行为;最后,遗赠扶养协议是生前行为与死后行为的结合,遗赠是死后行为。

第二,形式不同。遗赠扶养协议采用合同的形式;而遗赠采用遗嘱的形式,《民法典》规定的遗嘱形式,遗赠都可以采用。

第三,主体资格要求不同。遗赠扶养协议的主体双方即扶养人和受扶养人都应具有相应的民事行为能力;在遗赠中,只要遗赠人具有民事行为能力即可,受遗赠人是否具有民事行为能力不影响遗赠的效力,胎儿也可以成为受遗赠人。

第四,效力不同。遗赠扶养协议的法律效力优先于遗赠。当遗赠扶养协议中的受扶养人在签订遗赠扶养协议的同时又设立遗嘱遗赠其财产,且遗赠扶养协议的内容与遗嘱的内容相冲突时,应按照遗赠扶养协议处理,与其相抵触的遗嘱全部或部分无效。若遗赠扶养协议与遗嘱的内容不相冲突,则两者都有效,分别按照遗赠扶养协议和遗嘱处理。

三、遗赠扶养协议的效力

遗赠扶养协议是一种合同,一经双方当事人依法签订,即产生合同的法律效力,对双方当事人都具有约束力。双方当事人按照协议享有相应权利,并应全面、适当地履行义务,不得擅自变更或解除。任何一方违反协议,都应向非违约方承担违约责任。

(一) 遗赠扶养协议的内部效力

遗赠扶养协议的内部效力,表现为协议所确定的权利和义务对扶养人和受扶养人的约束力。

扶养人的权利是在受扶养人死亡后根据遗赠扶养协议的约定,取得遗赠的财产;扶养人的义务是对受扶养人的生前扶养以及死后安葬。

受扶养人的权利与扶养人的义务相对应,即接受扶养人的生前扶养以及死后安葬;受扶养人的义务与扶养人的权利相对应,即按照遗赠扶养协议的约定将其财产遗赠给扶养人。

依据《继承解释(一)》第 40 条规定,扶养人无正当理由不履行协议确定的义务,导致协议解除的,不能享有受遗赠的权利,其支付的供养费用一般不予补偿;遗赠人无正当理由不履行,导致协议解除的,则应当偿还扶养人已支付的供养费用。

（二）遗赠扶养协议的外部效力

遗赠扶养协议的外部效力表现为：在受扶养人死亡后，该协议是处理受扶养人遗产的合法根据，即应按照该协议的约定，将受扶养人的遗产遗赠给扶养人，由扶养人取得受扶养人的遗产；并且在适用上，遗赠扶养协议排斥遗嘱继承、遗赠和法定继承。对此，《民法典》第 1123 条规定："继承开始后，按照法定继承办理；有遗嘱的，按照遗嘱继承或者遗赠办理；有遗赠扶养协议的，按照协议办理。"如果被继承人生前与他人订有遗赠扶养协议，同时又立有遗嘱的，继承开始后，若遗赠扶养协议与遗嘱没有抵触，遗产分别按协议和遗嘱处理；若有抵触，按协议处理，与协议抵触的遗嘱全部或者部分无效（《继承解释（一）》第 3 条）。

自测习题　　案例分析　　案例分析参考答案

第三十七章　遗产的处理

■【导语】

“父债子还”是我国几千年来流传的民间习俗。这一习俗，在继承制度上所反映的就是被继承人死亡后，继承人如何清偿死者的债务问题。遗产债务的清偿，是遗产处理中的一个重要问题。此外，继承于何时何地开始、遗产如何管理、继承人之间如何分割遗产、无人承受的遗产如何处理等，也是遗产处理中需要解决的。本章将对这些问题作出解答。

第一节　继承的开始

一、继承开始的时间

（一）继承开始时间的认定

继承开始的时间是继承法律关系发生的时间。依据《民法典》第 1121 条第 1 款规定，继承从被继承人死亡时开始。因此，被继承人死亡的时间，就是继承开始的时间。被继承人的死亡，包括自然死亡和宣告死亡。被继承人自然死亡的时间以死亡证明记载的时间为准；没有死亡证明的，以户籍登记或者其他有效身份登记记载的时间为准。有其他证据足以推翻以上记载时间的，以该证据证明的时间为准。被继承人宣告死亡的时间以法院作出判决之日为准；因意外事件下落不明宣告死亡的，以意外事件发生之日为其死亡之日。

（二）相互有继承权的继承人在同一事件中死亡的死亡时间推定

相互有继承权的继承人在同一事件中死亡，若死亡时间无法确定的，则依据《民法典》第 1121 条第 2 款规定推定没有其他继承人的人先死亡。都有其他继承人时，辈分不同的，推定长辈先死亡；辈分相同的，推定同时死亡，相互不发生继承。

二、继承开始的地点

继承开始的地点是继承人参与继承法律关系、行使继承权、分配和取得遗产的地点。继承开始的地点一般为被继承人的生前最后的住所地。被继承人生前的最后住所地与主要遗产所在地不一致的,以主要遗产所在地为继承的地点。遗产为不动产的,以不动产所在地为继承的地点。

三、继承开始的通知

被继承人死亡、继承开始后,有的继承人、受遗赠人或遗嘱执行人可能不知道继承开始的事实。这就需要通知继承开始。对此,《民法典》第 1150 条规定:“继承开始后,知道被继承人死亡的继承人应当及时通知其他继承人和遗嘱执行人。继承人中无人知道被继承人死亡或者知道被继承人死亡而不能通知的,由被继承人生前所在单位或者住所地的居民委员会、村民委员会负责通知。”负有通知义务的继承人或者组织不仅应及时发出继承开始的通知,而且应对遗产采取保护和管理措施。

第二节 遗产管理

一、遗产管理人的选任与指定

为了确保继承的顺利进行和完成,《民法典》规定了遗产管理人制度。所谓遗产管理人,是指在继承开始后,依法实施遗产管理行为,履行遗产管理职责的人。依据《民法典》第 1145 条规定,遗产管理人的确立方式主要有:其一,继承开始后,遗嘱执行人为遗产管理人;其二,没有遗嘱执行人的,由继承人推选遗产管理人;其三,继承人未推选遗产管理人的,由继承人共同担任遗产管理人;其四,没有继承人或者继承人均放弃继承的,由被继承人生前住所地的民政部门或者村民委员会担任遗产管理人。

依据《民法典》第 1146 条规定,对遗产管理人的确定有争议的,利害关系人可以向法院申请指定遗产管理人。

二、遗产管理人的职责和民事责任

依据《民法典》第 1147 条规定,遗产管理人的职责包括:(1) 清理遗产并制作遗产清单;(2) 向继承人报告遗产情况;(3) 采取必要措施防止遗产毁损、灭失;(4) 处理被继承人的债权债务;(5) 按照遗嘱或者依照法律规定分割遗产;(6) 实施与管理遗产有关的其他必要行为。

遗产管理人应当依法履行职责,因故意或者重大过失造成继承人、受遗赠人、债权人损害的,应当承担民事责任(《民法典》第 1148 条)。

三、遗产管理人的报酬权

遗产管理人对遗产进行清点、保存、管理,向继承人报告相关情况,并处理被继承人的债务，履行了诸多职责，客观上已经付出了劳动，保障了继承人、债权人及利害关系人的权益。因而，基于权利义务对等原则，作为对其劳动的回馈，应当赋予其报酬请求权。因此，《民法典》第 1149 条规定："遗产管理人可以依照法律规定或者按照约定获得报酬。"

第三节　遗产的保管与分割

一、遗产的保管

依据《民法典》第 1151 条规定，存有遗产的人，应当妥善保管遗产，任何组织和个人不得侵吞或者争抢。同时，法院在审理案件时，如果知道有继承人而无法通知的，分割遗产时，要保留其应继承的遗产，并确定遗产的保管人或保管单位（《继承解释（一）》第 30 条）。继承开始后，存有遗产的人是遗产的法定保管人。如果被继承人的遗产分散在不同的地方，则分别存有遗产的人都是遗产的保管人。法院在审理继承案件时，尚有继承人未到场而又无法通知的，在分割遗产时，应当保留其应当继承的遗产，并确定遗产的保管人或保管单位。

二、遗产的分割

（一）遗产分割的概念

遗产的分割是指继承开始后，根据各个继承人或其他人应得的遗产份额对遗产进行分配，使遗产实际转归各个继承人或其他人所有。遗产分割是有权取得遗产的继承人或者其他人将其应得的遗产份额转归成为个人单独所有财产的必经程序。

在遗产分割中，应当注意将遗产与共有财产相区分。依据《民法典》第 1153 条规定，对于夫妻共同所有的财产，除有约定的外，遗产分割时，应当先将共同所有的财产的一半分出为配偶所有，其他的为被继承人的遗产。遗产在家庭共有财产之中的，遗产分割时，应当先分出他人的财产。

（二）遗产分割的原则

在遗产分割之前，继承人有数人时，继承人之间对遗产暂时是一种共有关系。各继承人要取得遗产，就应当进行遗产的分割。一般来说，遗产分割应遵循以下三个主要原则。

1. 物尽其用原则

《民法典》第 1156 条第 1 款规定："遗产分割应当有利于生产和生活需要，不损害遗产的效用。"在分割遗产时，应当在考虑遗产的性质和继承人各自需要的基础上，从最有利于生产和生活需要出发，对遗产进行合理、有效率的分配，不损害遗产的价值。

2. 保留胎儿继承份额的原则

《民法典》第 1155 条规定："遗产分割时，应当保留胎儿的继承份额。胎儿娩出时是死体的，保留的份额按照法定继承办理。"如果分割遗产时应当为胎儿保留份额而没有保留的，应从继承人所继承的遗产中扣回。为胎儿保留的遗产份额，如胎儿出生后死亡的，由其继承人继承；如胎儿娩出时是死体的，由被继承人的继承人继承（《继承解释（一）》第31条）。

3. 互谅互让、协商分割原则

互谅互让要求继承人在分割遗产时要相互关心、相互照顾，对法律规定需要特殊照顾的继承人，应当适当多分给遗产；协商分割要求继承人在遗产分割时，对遗产的分割时间、分割办法、分割份额等都应当按照继承人之间协商一致的意见处理。对此，《民法典》第1132条规定："继承人应当本着互谅互让、和睦团结的精神，协商处理继承问题。遗产分割的时间、办法和份额，由继承人协商确定；协商不成的，可以由人民调解委员会调解或者向人民法院提起诉讼。"

（三）遗产分割的方法

《民法典》第1156条第2款规定："不宜分割的遗产，可以采取折价、适当补偿或者共有等方法处理。"据此，遗产的分割方法主要有以下四种。

1. 实物分割

对于适于分割的遗产，可以采取实物分割的方法，即按照各继承人应得的遗产份额，对遗产作实物分割，各继承人取得其应得份额或者应有部分。

2. 作价补偿

当遗产是不可分物或不宜分割时，为了不损害遗产的经济效用并保持不宜分割遗产的整体性，可采取作价补偿的方法分割遗产，即由某一继承人取得遗产，并由该继承人向没有取得遗产的其他继承人补偿与其应继份额相当的价金。

3. 共有分割

当遗产不能进行实物分割，又无法进行作价补偿时，对遗产可以采取共有分割形式，即将数个继承人对遗产的共同共有转变为按份共有，由各继承人按照各自的应继份额确定其对该遗产的相应份额。

4. 分割价款

当遗产不宜进行实物分割和不宜进行作价补偿，并且各继承人又不愿采用共有分割方式时，可将遗产变卖，各继承人按照各自应继份额分割价款。

（四）遗产分割的效力

对于遗产分割后发生何种法律效力，各国立法有转移主义和宣告主义两种不同立法例。①我国《民法典》没有明文规定遗产分割的效力，学者对此有不同的看法。依据《不动产登记暂行条例实施细则》第27条规定，因不动产分割导致权利转移的，当事人可以申请转移登记。据此，若共有遗产为不动产的，其分割应当是继承人之间的权利转移并办理转移登记。可见，遗产分割应当采取转移主义。

---

① 转移主义主张，遗产分割是一种交换，各继承人因分割而取得分配给自己的财产的单独所有权，遗产分割有转移的效力或创设的效力；宣告主义主张，因遗产分割而分配给继承人的财产，视为自继承开始时业已归属于各继承人单独所有，遗产分割不过是宣告既有的状态而已。

为保护继承人的利益，继承人应当就其分得的遗产份额对其他继承人负瑕疵担保责任，包括物的瑕疵担保责任和权利瑕疵担保责任。如果某一继承人所取得的遗产因有瑕疵而不能取得完全的所有权，可以采用重新分割遗产或者请求补偿的方式，要求其他继承人承担瑕疵担保责任。

第四节　遗产债务的清偿

一、遗产债务的含义和范围

遗产债务是指被继承人死亡时遗留的应由被继承人清偿的财产义务。遗产债务属于被继承人遗产中的消极财产，因此，只有在被继承人死亡后尚未清偿的依法应由其清偿的债务，才是遗产债务。

一般来说，遗产债务的范围主要包括：(1) 被继承人依法应当缴纳的税款；(2) 被继承人因合同之债发生的尚未履行的给付债务；(3) 被继承人应承担的返还不当得利的债务；(4) 被继承人应承担的无因管理的债务；(5) 被继承人因其侵权行为而应承担的损害赔偿债务；(6) 基于其他原因而应由被继承人承担的债务。

二、遗产债务的清偿原则

依据《民法典》规定，遗产债务的清偿应遵循以下三个原则。

（一）限定继承原则

限定继承原则是指继承人对遗产债务的清偿只以遗产的实际价值为限。限定继承原则的实质，是继承人对遗产债务只承担有限的清偿责任，即继承人只在其所继承的遗产的实际价值范围之内，承担替代被继承人缴纳税款和偿还债务的义务。对此，《民法典》第 1161 条规定："继承人以所得遗产实际价值为限清偿被继承人依法应当缴纳的税款和债务。超过遗产实际价值部分，继承人自愿偿还的不在此限。继承人放弃继承的，对被继承人依法应当缴纳的税款和债务可以不负清偿责任。"

（二）保留必留份的原则

依据《民法典》第 1159 条规定，在清偿被继承人依法应当缴纳的税款和债务时，应当为缺乏劳动能力又没有生活来源的继承人保留必要的遗产。

（三）清偿遗产债务优于执行遗赠的原则

对于遗赠的执行，以清偿完遗赠人所欠的税款和债务为前提条件，即只有在清偿完遗赠人所欠的全部税款和债务后，才能执行遗赠的内容。对此，《民法典》第 1162 条规定："执行遗赠不得妨碍清偿遗赠人依法应当缴纳的税款和债务。"

三、遗产债务的清偿时间和方式

对于遗产债务的清偿，一般应在遗产分割之前进行。继承人应当先用被继承人的遗产清偿被继承人应缴纳的税款和债务，然后再进行遗产的分割。对此，《民法典》第 1159 条规定，分割遗产，应当清偿被继承人依法应当缴纳的税款和债务。当然，法律也并没有限制在遗产分割之后再清偿债务。

依据《民法典》第 1163 条规定，既有法定继承又有遗嘱继承、遗赠的，由法定继承人清偿被继承人依法应当缴纳的税款和债务；超过法定继承遗产实际价值部分，由遗嘱继承人和受遗赠人按比例以所得遗产清偿。

第五节　无人承受遗产的处理

一、无人承受遗产的概念和范围

无人承受的遗产又称无人继承又无人受遗赠的遗产，是指自然人死亡后遗留下来的没有继承人以及受遗赠人承受的遗产。

无人承受的遗产，包括以下情形的遗产：(1) 死者没有法定继承人，也未立遗嘱指定受遗赠人，生前也未与他人订立遗赠扶养协议；(2) 被继承人的全体法定继承人、遗嘱继承人放弃继承以及全体受遗赠人放弃受遗赠；(3) 被继承人的法定继承人、遗嘱继承人全部丧失继承权，受遗赠人全部丧失受遗赠权。

二、无人承受遗产的处理

《民法典》第 1160 条规定："无人继承又无人受遗赠的遗产，归国家所有，用于公益事业；死者生前是集体所有制组织成员的，归所在集体所有制组织所有。"据此，对于归国家所有的无人承受的遗产，应当用于公益事业。

应当指出，国家或者集体所有制组织在取得无人承受的遗产的同时，应当在所取得的遗产的实际价值范围内清偿死者生前所欠的债务，并支付相应的费用。

自测习题　　案例分析　　案例分析参考答案

第八编　侵权责任

第三十八章　侵权责任概述

■【导语】

侵权责任制度是对古代社会"同态复仇"规则的扬弃,是人类文明发展的产物。在现代社会,随着社会关系的多元化及人们法治观念的增强,侵权责任纠纷案件日益呈现出多样化、复杂化的倾向。但万变不离其宗,侵权责任制度有自己的基本规则,了解了这些规则,就可以以不变应万变。本章重点介绍侵权责任的基础知识,主要包括侵权行为的概念和种类、侵权责任的概念和特点、侵权责任与违约责任的竞合等。

第一节　侵权行为的概念和分类

一、侵权行为的概念和特点

依据《民法典》第 1164 条规定,侵权责任编调整因侵害民事权益产生的民事关系。可见,侵权行为是指侵害他人民事权益,依法应当承担侵权责任的不法行为。

根据上述概念,侵权行为的特点可以概括为以下几项:

第一,侵权行为是一种事实行为。侵权行为能够在侵权人和被侵权人之间产生一定的民事法律后果,因此,侵权行为属于民事法律事实。民事法律事实有行为与事件之分,侵权行为属于行为,而不属于事件,因为侵权行为是基于当事人的意思而发生的。民法上的行为又有民事法律行为和事实行为之分,侵权行为属于事实行为。因为侵权行为所引起的民事法律后果并不是当事人所预期的,并不以当事人的意思表示为要素。

第二,侵权行为是一种民事违法行为。从本质上讲,侵权行为是一种民事违法行为,违法性是侵权行为的本质属性。侵权行为的违法性就是违反法律的规定,为法律所不许,其实质就是违反法律所规定的义务。侵权行为与债务不履行行为都属于民事违法行为,但两者的违法性表现不同。就其违反的义务而言,侵权行为违反的是针对一般人的义务,而债务不履行行为违反的是针对特定人的义务。

第三,侵权行为是加害于他人的行为。侵权行为是侵害他人民事权益的行为,其侵害对象包括民事权利和民事利益,《民法典》第 1164 条将之概括为"民事权益"。侵权行为所侵害的民事权利包括人身权、物权、继承权、知识产权等绝对权,一般不包括债权。[①] 此外,民事权利以外的其他合法利益,如自然人的个人信息、声音,死者的姓名、肖像、名誉、荣誉、隐私、遗体等,也属于侵权责任所保护的范围。

第四,侵权行为是依法应承担侵权责任的行为。侵权行为能够引起的法律后果是侵权人应承担侵权责任,被侵权人有权请求侵权人承担侵权责任。因此,侵权行为是应承担侵权责任的根据。侵权行为的这一特点将侵权行为与其他加害于他人的不法行为区别开来。当然,同一行为可能既构成侵权行为,也构成其他不法行为。于此情形下,行为人既要承担侵权责任,也要承担其他法律责任。

二、侵权行为的分类

根据不同的标准,侵权行为可以作不同的分类。在实践中,较为重要的侵权行为分类有以下几种。

(一) 积极侵权行为与消极侵权行为

根据侵权行为形式的不同,可将其分为积极侵权行为与消极侵权行为。

积极侵权行为又称作为的侵权行为,是指侵权人以作为的方式侵害他人民事权益的侵权行为。在积极侵权行为中,侵权人违反的是对他人负有的不作为义务,通过作为的方式加害于他人。例如,侵占财产、假冒商标、侮辱或诽谤他人名誉等。

消极侵权行为又称不作为的侵权行为,是指侵权人以不作为的方式侵害他人民事权益的侵权行为。在消极侵权行为中,侵权人违反的是对他人负有的作为义务,通过不作为的方式加害于他人。一般来说,消极侵权行为以侵权人负有某种作为义务为前提,而作为义务是否存在应当依据法律明文规定、职务上和业务上的要求等加以确定。例如,侵权人对受害人有法定的保护义务、因职务或职业而发生的救护义务等,这些都属于作为的义务,违反该作为义务而使他人权益受损的行为,就属于消极侵权行为。

(二) 直接侵权行为与间接侵权行为

根据侵权行为作用的不同,可将其分为直接侵权行为与间接侵权行为。

直接侵权行为是指侵权人以自己的直接行为侵害他人民事权益的侵权行为。例如,侵权人毁损他人的财物、诽谤他人名誉等,都属于直接侵权行为。

间接侵权行为是指侵权人借助某种媒介而侵害他人民事权益的侵权行为。这种侵权行为与直接侵权行为的区别在于,侵权人并不是通过自己的行为直接侵害他人民事权益,而是通过一定的媒介侵害他人民事权益。这种媒介可以是他人的行为,也可以是一定的对象。例如,教唆他人所实施的侵权行为、饲养动物致人损害的侵权行为、建筑物倒塌致人损害的侵权行为等,都属于间接侵权行为。

---

① 第三人的行为虽直接侵害债务人的权利,但目的是加害债权人的,即该行为以使债权人的债权不能实现为目的的,则因其对于债务人的侵害只是加害债权人的手段,该第三人的行为已成为加害债权人的行为,可以构成侵权行为。

（三）单独侵权行为与数人侵权行为

根据侵权行为人数的不同，可将其分为单独侵权行为与数人侵权行为。

单独侵权行为是指侵权人仅为一人的侵权行为。单独侵权行为的侵权人是单一的，侵权人与受害人之间的关系较为简单。

数人侵权行为是指侵权人为二人以上的侵权行为，如共同侵权行为、无意思联络的数人侵权行为。无论是何种形态的数人侵权行为，数个侵权人对外都要承担侵权责任，对内又会面临责任分担问题。

（四）一般侵权行为与特殊侵权行为

根据侵权行为成立条件的不同，可将其分为一般侵权行为与特殊侵权行为。

一般侵权行为又称普通侵权行为，是指侵权人因自己的过错行为侵害他人民事权益，适用民法一般规定的侵权行为。基于一般侵权行为所产生的责任为一般侵权责任，是行为人对自己的过错行为承担的侵权责任。

特殊侵权行为是指侵权人基于与自己有关的他人行为、事件或其他特别原因侵害他人民事权益，适用民法特殊规定的侵权行为。基于特殊侵权行为所产生的责任为特殊侵权责任，其在侵权责任的归责原则、构成要件、责任主体、举证责任等方面存在着特殊性，需要根据法律的规定加以认定。

第二节　侵权责任的概念和竞合

一、侵权责任的概念和特点

侵权责任是指侵权人侵害他人民事权益时，依法应承担的民事法律后果。

侵权责任是民事责任的一种，具有民事责任的一般特点，但侵权责任又具有不同于其他民事责任的以下特点：

第一，侵权责任是违反法定义务的法律后果。民事责任是以民事义务的存在为前提的，没有民事义务也就无所谓民事责任。民事义务有法定义务与约定义务之分，侵权责任是侵权人违反法定义务的结果，而违反约定义务通常产生违约责任。

第二，侵权责任是以侵权行为为事实根据所产生的责任。侵权责任是侵权人实施侵权行为的必然法律后果，侵权行为是侵权责任的事实根据。因此，侵权责任与侵权行为是不可分的一个问题的两个方面。没有侵权行为，也就不会有侵权责任。

第三，侵权责任的方式不限于财产责任。由于侵害民事权益会给他人造成一定的损害，通常需要侵权人用财产来弥补，所以，侵权责任的方式主要是财产责任，如返还财产、恢复原状、赔偿损失等。但是，为保护民事主体的合法权益，在侵害的是他人人身权益的情况下，法律也规定了一些非财产责任形式，如赔礼道歉、恢复名誉、消除影响等。同时，为防止损害的发生和扩大，法律还规定了预防性侵权责任。依据《民法典》第 1167 条规定，侵权行为危及他人人身、财产安全的，被侵权人有权请求侵权人承担停止侵害、排除妨碍、消除危险等侵权责任。

第四，侵权责任具有法定性和优先性。侵权责任不允许当事人事先加以约定，即使当事人事先有约定，该约定也是无效的。因此，侵权责任具有法定性。同时，在侵权责任、行政责任、刑事责任发生聚合时，侵权责任具有优先性。对此，《民法典》第 187 条规定："民事主体因同一行为应当承担民事责任、行政责任和刑事责任的，承担行政责任或者刑事责任不影响承担民事责任；民事主体的财产不足以支付的，优先用于承担民事责任。"因侵权责任属民事责任之一种，故依该规定，侵权责任具有优先性。

二、侵权责任与违约责任的竞合

侵权责任与违约责任的竞合是指行为人实施的某一违法行为，同时具有侵权行为和违约行为的双重特点，从而在法律上导致侵权责任和违约责任并存的现象。

在现实生活中，由于不法行为具有多样性和复杂性，侵权责任与违约责任竞合的现象是不可避免的。例如，合同当事人的违约行为同时违反了法律规定的强行性义务，包括保护、照顾、通知、忠实等附随义务或其他法定的不作为义务；侵权行为直接构成违约的原因，违约行为也可能造成侵权的后果。

在侵权责任与违约责任竞合的情况下，受害人可以选择其中一种要求对方承担责任。对此，《民法典》第 186 条规定："因当事人一方的违约行为，损害对方人身权益、财产权益的，受损害方有权选择请求其承担违约责任或者侵权责任。"

自测习题　　案例分析　　案例分析参考答案

第三十九章　侵权责任的归责原则

■【导语】

美国法学家霍姆斯(Holmes)指出:"良好的政策应让损失停留于其所发生之处,除非有特别干预的理由存在。"被害人向加害人请求损害赔偿,无论在法律规范还是实际执行上,势必耗费资源或产生交易成本,因此良好的政策应避免增加损失;将损害归由加害人承担,使其负赔偿责任的事由,学说上称之为归责原则。① 侵权责任的归责原则是侵权责任制度中的核心问题,是确立侵权责任规则的基础。正因如此,学者们对此倾注了洪流般的墨水,但结果并不尽如人意,侵权责任的归责原则仍是一个争论不休的课题。本章主要阐述过错责任原则和无过错责任原则。

第一节　侵权责任归责原则概述

一、侵权责任归责原则的概念和意义

所谓归责,就是责任归属于何人承担。因此,侵权责任的归责原则是指用以确定侵权责任由行为人承担的根据。

在侵权责任制度中,侵权责任的归责原则居于核心地位,是全部侵权责任规范的基础,直接体现了侵权责任制度的立法取向和价值功能。在侵权责任制度中,侵权责任的构成要件、举证责任的分担、不承担责任和减轻责任的事由、承担侵权责任的方式以及损害赔偿的原则等,都需要以归责原则为指导,都受归责原则的制约。可以说,整个侵权责任制度的内容和体系都是建立在归责原则基础之上的。所以,只有确立了合理的归责原则,才能使侵权责任制度形成协调统一的完整体系。

侵权责任的归责原则在侵权责任制度中的核心地位,决定了其对于司法实践具有重要的指导意义。由于侵权责任纠纷复杂多样,大量的侵权责任纠纷很难援引具体的法律规定加以处理,因此,司法机关就需要借助侵权责任的归责原则来正确解决侵权责任纠纷。司法机关只有正确地理解和掌握侵权责任的归责原则,才能准确地适用侵权责任规范,从而更好地保护民

① 参见王泽鉴:《侵权行为》(第三版),北京大学出版社 2016 年版,第 11 页。

事主体的合法权益,有效地预防和制裁各种侵权行为。

二、侵权责任归责原则的体系

在理论上,由于确立侵权责任归责原则的标准不同,学者们对于归责原则体系的构造也存在严重的认识分歧,形成了一元说、二元说、三元说、四元说等不同的学说。一元说认为,侵权责任的归责原则只有过错责任原则。二元说认为,侵权责任的归责原则应当包括过错责任原则和无过错责任原则。三元说认为,侵权责任的归责原则应当包括三项原则,但应包括哪三项原则,学者们的看法又不同:有人认为包括过错责任原则、无过错责任原则和公平责任原则;有人认为包括过错责任原则、过错推定原则和公平责任原则;还有人认为包括过错责任原则、过错推定原则和无过错责任原则。四元说认为,侵权责任的归责原则应当包括过错责任原则、过错推定原则、无过错责任原则和公平责任原则。

本书认为,依据《民法典》第 1165 条和第 1166 条规定,侵权责任的归责原则包括过错责任原则和无过错责任原则,而过错推定原则和公平责任原则均不能成为侵权责任的归责原则。一方面,过错推定只是过错责任原则适用的一种规则,是过错责任原则适用的一种特殊情况。另一方面,《民法典》第 1186 条规定:“受害人和行为人对损害的发生都没有过错的,依照法律的规定由双方分担损失。”可见,《民法典》对于当事人对损害的发生都没有过错的情况,只是按损失分担来处理,而不是按侵权责任处理,这是法律在特殊情况下基于公平原则处理受害人损害的一种特殊措施。当然,公平责任原则不能成为侵权责任的归责原则,并不等于否定公平责任的存在。例如,《民法典》第 1190 条第 1 款规定,完全民事行为能力人对自己的行为暂时没有意识或者失去控制造成他人损害没有过错的,根据行为人的经济状况对受害人适当补偿。这里的补偿,实质上就是一种公平责任。

第二节 过错责任原则

一、过错责任原则的概念和特点

过错责任原则是指以行为人的过错确定行为人承担侵权责任的归责原则。

过错责任原则具有如下特点:

第一,过错责任原则是核心归责原则。无论侵权责任的归责原则体系如何构建,过错责任原则都是公认的且居核心地位的归责原则。因此,过错责任原则通常被称为侵权责任的一般条款。这种一般条款可以直接适用,用以解决侵权责任纠纷。

第二,过错责任原则具有主观归责性。过错责任原则所贯彻的基本精神是:没有过错,就没有侵权责任。因此,按照过错责任原则,过错是决定过错责任成立的主观要件。在价值判断上,过错责任原则关注的是行为的道德非难性,强调矫正正义的实现。

第三,过错责任原则具有广泛适用性。过错责任原则是一般侵权责任的归责原则,适用于因行为人的过错而产生的侵权责任。即使是特殊侵权责任,也有的以过错责任原则作为归责原则,如医疗损害责任等。因此,过错责任原则具有广泛的适用性。

二、过错责任原则的适用

《民法典》第1165条第1款确立了过错责任原则,即“行为人因过错侵害他人民事权益造成损害的,应当承担侵权责任”。在侵权责任中,适用过错责任原则应当注意以下几点:

第一,过错是指行为人的过错。在过错责任中,“过错”是指行为人的过错,而不包括其他人的过错。就是说,侵权责任的确认是以行为人有无过错为依据的。因此,过错责任原则只考虑行为人的过错,而不考虑第三人的过错和受害人的过错。第三人的过错和受害人的过错是行为人免除或减轻侵权责任的事由,而不是确定行为人是否承担责任的根据。

第二,过错是过错责任的构成要件。根据过错责任原则,过错是承担侵权责任的必备条件。行为人只有在主观上存在过错的情况下,才承担侵权责任。无过错,则无责任。因此,行为人有无过错,是确定侵权责任归属的基本因素或最终要件。就是说,即使行为人的行为造成了损害后果,并且损害后果与其行为之间具有因果关系,但如果行为人没有过错,则行为人也不应承担侵权责任。

第三,过错的存在与否通常应由受害人举证。过错属于行为人的主观因素。按照过错责任原则,证明行为人主观存在过错的责任应当由受害人承担,即由受害人就行为人的过错问题举证。这就是“谁主张,谁举证”的原则。但是,在特殊情况下,法律为保护受害人的利益,实行举证责任倒置,即由行为人承担证明自己没有过错的举证责任。只要行为人不能证明自己没有过错,就推定其有过错。这就是过错责任中的特殊情况——过错推定规则。

第四,过错程度在一定情况下是确定责任范围和方式的依据。根据过错责任原则确认侵权责任,过错程度一般不影响责任的范围和方式。但在一定情况下,过错程度也产生一定的影响,成为确定责任范围和方式的依据。例如,在确定精神损害赔偿的数额时,就需要考虑侵权人的过错程度;在共同侵权责任中,侵权人之间的责任也需以过错程度作为确定依据。再如,法律所规定的惩罚性赔偿均以故意为条件。

三、过错推定

过错推定是过错责任原则适用的一种特殊情况,是指受害人能证明其所受损害是由行为人造成,而行为人不能证明自己对造成损害没有过错的,法律就推定其有过错并就此损害承担侵权责任。过错推定是在众多的工业事故造成受害人损害而又不能通过过错责任原则得以填补的情况下产生的,是介于过错责任和无过错责任之间的一种中间责任形式。过错推定较之一般的过错责任,更有利于保护受害人的利益,因为它将过错的举证责任转移给了行为人,从而减轻了受害人的举证责任。

《民法典》第1165条第2款规定了过错推定规则:“依照法律规定推定行为人有过错,其不能证明自己没有过错的,应当承担侵权责任。”由于过错推定加重了行为人的证明责任,因此,只有在法律有明确规定的情况下,才能适用过错推定规则。依据《民法典》规定,下列侵权责任应适用过错推定规则:(1)无民事行为能力人在幼儿园、学校或者其他教育机构内受到损害的教育机构损害责任;(2) 非法占有高度危险物造成损害的高度危险责任;(3) 动物园的饲养动物损害责任;(4) 建筑物和物件损害责任中的建筑物等设施脱落及坠落损害责任、堆放物倒塌等损害责任、公共道路管理人损害责任、林木折断等损害责任、地面施工损害责任、窨井等地下设施损害责任。

第三节　无过错责任原则

一、无过错责任原则的概念和特点

无过错责任原则是指不以行为人主观上的过错,而是依照法律的特别规定确定行为人是否承担侵权责任的归责原则。

无过错责任原则具有如下特点:

第一,无过错责任原则具有客观归责性。无过错责任原则并不强调归责的主观性,而是强调归责的客观性,即无过错责任的成立并不以行为人的主观过错为要件,不论行为人有无过错,只需具有侵权责任构成的客观要件即可。

第二,无过错责任原则的归责事由在于行为的危险性。无过错责任原则不以过错作为行为人承担侵权责任的归责事由,而是以行为人的行为危险性为归责事由,因此,无过错责任通常又称危险责任。由于无过错责任的基本思想在于"不幸损害"的合理分配,因此,在价值判断上,无过错责任原则对行为的道德性不作评价,关注的是损害的分散性,强调分配正义的实现。

第三,无过错责任原则的适用范围具有限定性。无过错责任原则与过错责任原则虽同为侵权责任的归责原则,但无过错责任原则不具有过错责任原则的广泛适用性,它只能适用于法律特别规定的侵权责任,通常适用于特殊侵权责任。因此,只有在法律有特别规定时,无过错责任原则才有适用的余地。

二、无过错责任原则的适用

《民法典》第 1166 条确立了无过错责任原则,即"行为人造成他人民事权益损害,不论行为人有无过错,法律规定应当承担侵权责任的,依照其规定"。在侵权责任中,适用无过错责任原则应当注意以下主要问题:

第一,无过错责任原则具有特定的适用范围。无过错责任原则只有在法律有特别规定的情况下才能适用,具体适用于法律特别规定的部分特殊侵权责任。依据《民法典》规定,下列侵权责任适用无过错责任原则:监护人损害责任、使用人损害责任、产品责任、机动车与非机动车驾驶人和行人之间的交通事故责任、环境污染和生态破坏责任、高度危险责任(非法占有高度危险物造成损害的除外)、饲养动物损害责任(动物园的责任除外)、建筑物等倒塌损害责任、妨碍道路通行物品损害责任。

第二,无过错责任原则不考虑行为人有无过错。适用无过错责任原则确定侵权责任时,不考虑行为人是否存在主观过错。也就是说,行为人有无过错,对于侵权责任的构成不产生影响。因此,无过错责任并不是指行为人在“无过错”情形下承担的责任。但应当指出的是,无过错责任原则不考虑过错,只是不考虑行为人的过错,并不意味着也不考虑受害人的过错,因为受害人的过错对侵权责任的构成和范围有一定的影响。

第三,无过错责任原则实行特殊的举证责任规则。适用无过错责任原则,不要求受害人举证证明行为人是否有过错,也无须推定行为人具有过错。只要受害人能够证明损害的事实及行为人的行为与损害事实之间具有因果关系,行为人即应承担侵权责任。在某些特殊情况下,法律为保护受害人的利益,在因果关系的证明上实行举证责任倒置,即由行为人举证证明其行为与损害事实之间没有因果关系。如果行为人不能证明,就推定因果关系的存在。

第四,无过错责任原则不排除不承担责任或减轻责任事由的适用。无过错责任原则虽然不以行为人的过错作为承担侵权责任的根据,但无过错责任原则并非“有损害即有责任”的结果责任原则。因此,在适用无过错责任原则时,行为人仍有权主张法定的不承担责任或减轻责任的事由。但应当指出的是,适用无过错责任原则的特殊侵权责任之间,其不承担责任或减轻责任的事由并不相同。例如,在高度危险责任中,民用核设施发生核事故造成损害的高度危险责任,其不承担责任的事由为战争、武装冲突、暴乱等情形或受害人故意;民用航空器造成他人损害的高度危险责任,其不承担责任的事由为受害人故意;从事高空、高压、地下挖掘活动或者使用高速轨道运输工具造成他人损害的高度危险责任,其不承担责任的事由为受害人的故意或不可抗力。因此,在无过错责任原则中,适用不承担责任或减轻责任的事由应当受法律规定的限制。

第五,无过错责任原则的适用可能会存在赔偿限额。基于特定行业的风险性和保护该行业发展的需要,在某些情况下,法律会对适用无过错责任原则的特殊侵权责任规定其赔偿限额。例如,《民法典》第 1244 条规定:“承担高度危险责任,法律规定赔偿限额的,依照其规定,但是行为人有故意或者重大过失的除外。”

自测习题　　案例分析　　案例分析参考答案

第四十章　侵权责任的一般构成要件

■【导语】

在现实生活中，我们常会听到"气死人，不犯法"的说法，也会遇到"儿童落水，坐视不管"这样见死不救的事例。如果用侵权责任的理论分析上述的说法和事例，我们会发现，"气死人"虽然不会触犯刑法，但未必没有侵权；在儿童落水而旁观者不加救助的事例中，若旁观者与落水儿童有某种特殊的关系，则旁观者的侵权责任就无法逃脱。"气死人"或"见死不救"应否承担侵权责任？这就涉及侵权责任的构成要件问题。本章阐述侵权责任的一般构成要件，即加害行为、损害后果、因果关系、过错。

第一节　侵权责任的构成要件概述

一、侵权责任构成要件的概念

侵权责任的构成要件是指侵权人承担侵权责任所应当具备的条件。侵权人实施了侵害他人民事权益的行为，只有符合一定的条件，才承担侵权责任。

探讨侵权责任的构成要件，首先应当明确以下三点：第一，不同的侵权责任因其归责原则的不同，其构成要件亦有所不同。例如，按照过错责任原则，侵权责任必以过错为构成要件；而按照无过错责任原则，侵权责任则不以过错为构成要件。第二，法律对特殊侵权责任有特殊的要求，规定了特殊的条件。只有具备了法律所规定的特殊条件，该种侵权责任才能成立。第三，侵权责任的方式是多种多样的，而不同的责任方式要求有不同的责任要件。例如，消除危险就不需要有损害后果的现实存在，而赔偿损失则要求必须有损失。可见，在侵权责任中，适用于所有侵权责任的构成要件是不存在的。因此，理论上通常只研究侵权责任的一般构成要件。

关于侵权责任的一般构成要件，以法国为代表的国家主张三要件说，即侵权责任由损害后果、因果关系和过错三个要件所构成。而以德国为代表的国家则从事实构成的该当性（包括行为、权益侵害、因果关系）、违法性和有责性（包括过错和责任能力）三个层面对构成要件加以认定。我国学者对侵权责任的一般构成要件也存在着上述两种不同的观点。本书认为，侵权责任的一般构成要件应包括加害行为、损害后果、因果关系、过错四个要素。

二、侵权责任的构成要件和归责原则的关系

在侵权责任中,侵权责任的归责原则所要解决的是侵权责任应当由谁承担的问题,而构成要件所要解决的是在什么情况下才承担侵权责任的问题。可见,侵权责任的构成要件与归责原则是两个密切联系的制度。一方面,侵权责任的归责原则是构成要件的前提和基础。侵权责任的归责原则是确定侵权责任的一般规则,只有明确了侵权责任的归责原则,才能运用侵权责任的构成要件,正确分析行为人是否应承担责任。例如,适用过错责任原则确定侵权责任的,就应当按照过错责任的要求确定其构成要件;而适用无过错责任原则确定侵权责任的,就应当按照法律关于无过错责任的规定确定其构成要件。另一方面,侵权责任的构成要件是归责原则的具体体现。由于侵权责任的归责原则用于确定责任由谁承担,因此,归责原则的因素也必然是构成要件所要求的。侵权责任的构成要件中最为核心的要件,实质上就是归责原则。可以说,侵权责任的构成要件是归责原则的具体体现。

第二节　加害行为

一、加害行为的概念和性质

加害行为是行为人实施的加害于他人民事权益的不法行为,是侵权责任构成的客观条件之一。如前所述,侵权行为的本质特点在于其不法性。因此,只有行为人的加害行为违法,才能产生侵权行为,进而产生侵权责任。所谓行为违法,是指行为违反法律的规定。如果一个行为并不违法,即说明该行为不具有受法律谴责性,行为人也就无须承担责任。

行为违法表现为社会对这种行为的法律评价,包括形式违法或实质违法。所谓形式违法,是指行为与法律的明文规定相抵触。例如,《民法典》第 111 条规定,任何组织或者个人不得非法收集、使用、加工、传输他人个人信息,不得非法买卖、提供或者公开他人个人信息。凡实施上述行为的,显然与法律的规定相抵触,这样的行为就属于形式的违法。所谓实质违法,是指行为不是从形式而是从实质上违法。这种行为难以确定其所违反的特定法律规范,但它却违反了法律的精神、原则。例如,《民法典》第 3 条规定:“民事主体的人身权利、财产权利以及其他合法权益受法律保护,任何组织或者个人不得侵犯。”因此,只要行为人所实施的行为侵害了他人民事权益,即使不能确定其所违反的特定法律规范,该行为实质上也是违法的。

二、加害行为的形式

加害行为根据行为自身的性质,可以分为作为的加害行为和不作为的加害行为。作为的加害行为是指行为人实施法律禁止实施的行为,即法律禁止为之而为之。因此,凡是法律禁止的行为,行为人就有不从事该行为的不作为义务。行为人若违反法律规定的不作为义务而作为,其行为就是作为的加害行为。例如,《民法典》第 1254 条规定,禁止从建筑物中抛掷物品。

如果行为人从建筑物中抛掷物品,就构成了作为的加害行为。不作为的加害行为是指行为人不实施法律所要求实施的行为,即法律要求为之而不为之。因此,凡是法律要求实施某种行为的,行为人就有实施该种行为的作为义务。行为人没有实施法律要求的行为,其行为即为不作为的加害行为。例如,《民法典》第 1005 条规定,自然人的生命权、身体权、健康权受到侵害或者处于其他危难情形的,负有法定救助义务的组织或者个人应当及时施救。如果负有法定救助义务的组织或个人不进行施救,就构成了不作为的加害行为。

三、加害行为违法性的判断

加害行为的违法性是违反法律的要求,其实质是损害了法律所保护的合法权益。因此,从本质上讲,行为违法的内容是违反了法律所规定的义务。这种义务是法律所规定的任何人不得损害他人合法权益的不特定义务。如何判断行为的违法性,理论上有结果不法说和行为不法说两种不同的主张。结果不法说认为,加害行为之所以被法律非难而具有违法性,乃因其肇致对权利侵害的“结果”;行为不法说认为,一个行为不能仅因其肇致他人之权利受侵害,即构成不法,其违法性的成立须以行为人未尽避免侵害他人权利的注意义务为必要。若行为人已尽其社会活动上的必要注意,纵因其行为侵害他人权益,亦不具有违法性。本书认为,结果不法说是可取的。

第三节　损 害 后 果

一、损害的概念和特点

损害后果的客观存在是构成侵权责任的客观条件之一。所谓损害,是指因人的行为或对象的危险性而导致人身权益或财产权益所遭受的不利后果。

在侵权责任中,损害具有如下特点:

第一,损害是侵害民事权益的客观后果。民事主体的合法权益受法律保护,任何人不得侵害。侵害他人民事权益所产生的后果,就是损害。因此,不仅侵害民事权益会造成损害后果,侵害其他合法利益的,也会造成损害后果。

第二,损害具有确定性。损害的确定性是指损害事实是真实存在的,在客观上能够认定的。一方面,损害是已经发生的、真实存在的侵害后果;没有发生的侵害后果或者仅对未来利益构成侵害的可能,不能构成损害。另一方面,损害是在客观上能够认定的。就是说,损害后果的范围和程度能够根据一定的标准加以确认,否则不能称其为损害。

第三,损害具有法律上的补偿性。侵权责任具有补偿的功能,因此,只有损害具有法律上的补偿性时,才能产生侵权责任。损害的补偿性包括两个方面的含义。一是损害具有补偿的必要性。应当说,只要侵权人侵害了他人的民事权益,就会造成一定的损害后果。但是,这种客观上的损害后果,只有在法律上有补偿的必要时,法律才予以补偿,才能构成法律上的损害。也就是说,损害必须在量上达到一定程度才能被视为可以补偿的损害。当然,这里的“量”绝不能理解为必须可以用金钱衡量。二是损害具有补偿的可能性。法律上所要求的损害并不是客观上所发生的一切损害,而只是具有补偿可能性的损害。对于不具有补偿可能性的损害,法律上不将其纳入可补偿的范围。

二、损害的分类

侵权行为的种类不同,其所造成的损害也有所不同。一般地说,损害可以分为以下四类。

(一)财产损害

财产损害是指侵害他人的人身权益和财产权益所造成的财产上的不利益,这种不利益通常为财产利益的减少、丧失,即损失。凡是民事主体遭受的一切具有财产价值的损失,都称为财产损害。财产损害的产生主要有三种情况:一是侵害财产权益而产生的财产损害;二是侵害自然人的人身所造成的财产损害,如致人伤害、残疾、死亡所造成的医疗费、丧葬费、误工收入等财产损害;三是侵害他人的姓名权、肖像权、名誉权、荣誉权、隐私权、个人信息等人身权益所造成的财产损害。

财产损害包括实际损失和可得利益损失。实际损失又称积极损害,是指现有财产的减少或灭失。例如,现有财物的毁损、因治疗伤害所支出的医疗费等。可得利益损失又称消极损害,是指应得到而未得到的利益的损失,即未来财产的减损。例如,利润损失、工资收入损失、孳息损失等。由于可得利益损失是未来财产的减损,所以,可得利益的损失不能通过财产的受损程度加以确定。确定可得利益损失,应当取决于以下两个主要条件:一是这种利益是权利人尚未取得的。已经取得的利益受到损害的,为实际损失,而非可得利益损失。二是这种利益是权利人在正常情况下必定会取得的。所谓必定取得,是指行为人不实施加害行为是该利益取得的充分必要条件。也就是说,只要行为人不实施加害行为,权利人就一定能取得该利益,而并非可能取得。

(二)人身损害

人身损害是指侵害自然人的生命权和健康权,致使受害人的身体遭受伤残或死亡的后果。一般来说,人身损害可以分为三种情况:一是一般伤害,二是残疾,三是死亡。人身损害通常会引起财产损失,但人身损害本身是指自然人的生命权和健康权受到侵害,而不是指财产损失,财产损失只是人身损害的后果。

(三)人格损害

人格损害是指侵害生命权和健康权以外的人格权益所导致的不利后果。例如,自然人因受到诽谤而使其社会评价降低,自然人的隐私被他人非法披露,自然人的肖像被他人非法利用等。人格损害通常会伴随精神损害的发生,但人格损害与精神损害并不是同一个概念,精神损害只是人格损害的后果。

（四）精神损害

精神损害又称无形损害，是指侵害自然人的人身权益或者具有人身意义的特定物所造成的受害人的精神利益的减少或丧失，表现为受害人精神上的恐惧、悲伤、痛苦、羞辱以及神经损伤等。《民法典》第 1183 条规定："侵害自然人人身权益造成严重精神损害的，被侵权人有权请求精神损害赔偿。因故意或者重大过失侵害自然人具有人身意义的特定物造成严重精神损害的，被侵权人有权请求精神损害赔偿。"该条中的人身权益既包括人格权益，也包括身份权益。

第四节 因果关系

一、因果关系的概念和形态

在侵权责任中，因果关系有责任成立的因果关系和责任范围的因果关系之分。前者所要解决的是行为与损害之间是否具有因果关系，即侵权责任是否成立的问题，如甲的死亡是否因食用乙的食品所致；后者所要解决的是行为与赔偿范围之间是否具有因果关系，即赔偿范围的问题，如甲因乙的行为而受害住院所支出的医疗费应否得到赔偿。可见，责任成立的因果关系属于侵权责任构成要件中所要解决的问题，而责任范围的因果关系则属于赔偿责任范围所要解决的问题。在侵权责任的构成要件中，因果关系是指行为人的行为与受害人的损害之间的因果关系。就是说，若某一结果是由某一行为所引起的，损害是行为的结果，行为是损害的原因，则二者之间就有因果关系。

在侵权责任中，行为与损害之间的因果关系有多种表现形态，主要有以下几种：

第一，一因一果，即一个原因事实产生一个损害后果，如甲将乙的电视机损坏。

第二，一因多果，即一个原因事实导致两个以上的损害后果，如甲将乙打伤会同时产生乙的人身损害和财产损害两种损害后果。

第三，多因一果，即多个原因事实导致一个损害后果。在多因一果的情形下，因多个原因事实之间的关联程度不同，因果关系的判定也有所不同。多因一果的因果关系，主要包括以下三种情形：(1) 聚合因果关系（累积性的因果关系），即两个以上的原因事实导致损害后果发生，且其中任何一个原因事实均足以导致损害后果发生。例如，甲乙二人分别对丙下毒，各自分量均足以致丙死亡。(2) 共同的因果关系，即两个以上的原因事实共同作用导致损害后果发生，而单个的原因事实不能导致损害后果的发生。例如，甲乙二人分别对丙下毒，各自的分量均不足以致丙死亡，但二者的共同作用导致丙死亡。(3) 择一的因果关系，即两个以上的原因事实均足以导致损害后果的发生，但不知是哪一种原因事实导致损害后果的发生。例如，甲乙二人同时向丙开枪，只有一枪伤害丙，但不知为何人所射。

第四，多因多果，即多个原因事实导致多个损害后果。在多因多果的情形下，其因果关系的形态也会出现如同多因一果的情形。

二、损害的原因力

如前所述，侵权责任的因果关系是复杂多样的，既有一因一果、一因多果的现象，又有多因一果、多因多果的现象。在一个损害结果是由行为人的行为在内的诸多原因引起的情况下，行为人的行为对损害结果发生的原因力是不同的。因此，在分析因果关系时，正确地分析行为人的行为对损害结果所发生的原因力，对于确定行为人的责任是有重要意义的。

损害的原因力主要有以下两种分类。

（一）主要原因与次要原因

根据行为对损害结果所起作用的大小，原因可分为主要原因与次要原因。前者是指对结果的发生起主要作用的原因事实；后者是指对结果的发生起次要作用的原因事实。在引起一个损害结果发生的原因为两个以上的行为时，若各个行为的原因力不同，就应当区分主要原因和次要原因，从而确定行为人的责任。因为行为的原因力不同，行为人所承担的责任也就有所不同。

（二）直接原因与间接原因

根据行为作用于损害结果的形式，原因可分为直接原因与间接原因。前者是指直接引起损害结果发生的原因事实，即损害结果是由行为人的行为直接引起的；后者是指间接引起损害结果发生的原因事实，即损害结果是由行为人的行为所引发的结果而引起的。区别直接原因和间接原因的目的，主要在于确定间接原因的行为人是否应当承担责任。对此，应当根据客观情况，结合其他的构成要件综合加以分析。

三、因果关系的认定

对于行为与损害之间的因果关系应当如何认定，理论上存在着不同的观点。本书认为，因果关系具有复杂性，任何一个单一标准都很难解决所有因果关系的认定问题。因此，应当结合因果关系的具体形态，采取不同的认定标准。在实践中，可以采取以下几种主要的因果关系认定标准。

（一）必然因果关系的认定标准

必然因果关系说主张，当行为人的行为与损害结果之间有内在的、本质的联系时，行为与损害之间则有因果关系。如果行为与结果之间只有外在的、偶然的联系，则二者之间没有因果关系。这种学说强调要将原因和条件区别开来，原因是必然引起结果发生的因素，而条件仅为结果的发生提供了可能性。应当说，必然因果关系说在因果关系的认定上存在一定的缺陷，这是因为：在必然因果关系中，虽然原因与结果之间存在内在的、本质的必然联系，而条件与结果之间只是外在的偶然的联系，但不可否认的是，这种外在的偶然的联系，仍属于因果关系的范畴；况且，在侵权责任的认定上，要证明因果关系的必然联系性，有时是非常困难或根本不可能的。尽管如此，这种认定标准在某些情况下还是很适用的。例如，甲用一把尖刀刺中乙的心脏导致乙死亡，通过必然因果关系就可以认定因果关系的存在，无须采取其他的认定方法。

（二）相当因果关系的认定标准

相当因果关系说主张，某一条件仅于现实特定情形下发生某种结果，还不能认定有因果关系，须依一般观察，在有同一条件存在即能发生同一结果时，才能认定条件与结果之间有因果关系。关于相当因果关系，通常采用如下认定公式："无此行为，虽不必生此损害，有此行为，通常即足生此种损害者，是为有因果关系。无此行为，必不生此种损害，有此行为，通常亦不生此种损害者，即无因果关系。"可见，相当因果关系由"条件关系"和"相当性"所构成，这也是确认因果关系的两个阶段：第一个阶段是审查其条件上的因果关系，即确认某一原因事实是否为某种损害的条件；如为肯定，则再于第二个阶段认定其条件的相当性，以确定条件的范围。"条件关系"是指行为与损害之间具有条件关系，采取的是"若无，则不"（but-for）的检验方式，即"无此行为，必不生此种损害"。通过这个检验方式，如确定行为与损害之间有条件关系，则须通过"相当性"来确定行为与损害之间是否有因果关系。"相当性"旨在合理限定条件的范围，以防止因果循环而永无止境。从积极方面看，"相当性"可表述为"有此行为，通常即足生此种损害"。从消极方面看，"有此行为，通常亦不生此种损害的，便不具有'相当性'"。①

相当因果关系具有相当的合理性。一方面，相当因果关系承认所有对结果起作用的条件都是原因；另一方面，为了防止将因果的链条拉得过长，相当因果关系说以"相当性"来合理限定条件的范围。这样，既有利于保护受害人的利益，又有利于防止侵权人的责任被无限地扩大。因此，相当因果关系可以用于认定较为复杂的因果关系，如间接原因与损害后果之间因果关系的认定。但是，相当因果关系也不是万能的，并不能解决所有的因果关系的认定问题。同时，相当因果关系的认定过程比较复杂，对于极为简单的因果关系没有必要采取这种认定方法。

（三）推定因果关系的认定标准

在侵权责任的构成中，行为与损害之间是否存在因果关系，通常应由受害人举证证明。但在某些情况下，法律为保护受害人的利益，实行因果关系推定原则，即由行为人举证证明因果关系的不存在，如果行为人不能证明因果关系不存在，则推定因果关系存在。例如，因环境污染、破坏生态致人损害的，应由行为人就其行为与损害结果之间不存在因果关系承担举证责任；因共同危险行为致人损害的，应由实施危险行为的人就其行为与损害结果之间不存在因果关系承担举证责任。

第五节　过　　错

一、过错的概念

过错作为侵权责任的一般构成要件，是一种主观条件。什么是过错？理论上对此有不同

---

① 参见王泽鉴：《侵权行为》（第三版），北京大学出版社 2016 年版，第 236 页以下。

的解释。主观说认为,过错是行为人具有的应受非难的心理状态,不包括行为人的外部行为。按照主观说,过错和加害行为是两个不同的责任构成要件。客观说认为,过错是对注意义务的违反。按照客观说,过错并不在于行为人的主观心理状态所具有的应受非难性,而在于行为具有的应受非难性。折中说认为,过错是行为人通过违反义务的行为所表现出来的一种应受非难的心理状态。按照折中说,过错固然是一种主观心理状态,但这种心理状态需要通过客观的外在行为表现出来。

本书持主观说。过错就是行为人实施加害行为时的心理状态,是行为人对自己行为的损害后果的主观态度。这种过错观念并不包括对行为的评价,从而将过错与加害行为区别开来。当然,我们认定过错是行为人的主观心理状态,绝不是说过错仅是一种心理现象。因为作为一种心理现象,只有通过一定的行为表现出来才有意义。但这种行为本身并不能成为过错的构成因素,而只是证明行为人存在过错的一种外在表征。

二、过错的形式

过错的形式是指过错的等级、类型,是过错轻重程度的表现。过错一般分为故意和过失两种基本形式。

(一)故意

关于故意,刑法上有明确的规定,而民法上则无此规定。通说认为,民法对故意的解释应同于刑法。因此,故意是指行为人预见到自己行为的后果而仍然希望或放任该结果发生的心理状态。可见,故意的成立应包括两个条件:一是行为人预见到了自己行为的后果;二是行为人希望或放任这种后果的发生。

在刑法中,故意有直接故意与间接故意之分。但在民法中,这种分类对侵权责任的构成没有实际意义。因此,民法上的故意没有直接故意与间接故意之分。

(二)过失

关于过失,《德国民法典》第 276 条规定,过失为怠于交易上所必要的注意。我国学者一般认为,过失是指行为人应当预见或能够预见自己行为的后果而没有预见,或者虽然预见到了其行为的后果但轻信能够避免该后果的心理状态。可见,过失就是由于疏忽或懈怠而未尽到合理的注意义务。

传统民法一般将过失分为重大过失、具体轻过失和抽象轻过失三级。所谓重大过失,是指显然欠缺一般人的注意。也就是说,在社会观念上,一般人稍为注意即可避免而行为人却未能避免的,即为重大过失。在重大过失的场合,法律所要求的注意程度甚低,而行为人仍怠于注意,反映了行为人的极不负责的态度。因此,在民法中,重大过失往往与故意发生同样效果,即"重大过失视同故意"。所谓具体轻过失,是指欠缺与处理自己事务同一的注意。实际上,具体轻过失的确定是以每个人的注意程度为标准的,因而它有相当大的裁量幅度,同一情形对甲来说可能不为有过失,而对乙来说则可能为有过失。所以,具体轻过失反映了具体行为人的主观努力程度。所谓抽象轻过失,是指欠缺日常生活所必要的注意。这里的注意标准是抽象的,罗马法上称为善良家父的注意，德国民法称为交易上的必要注意，我国台湾地区“民法”称为善良管理人的注意。实际上，抽象的注意程度是以社会上一般勤勉诚实且具有相当经验的中等程度的注意力之人的注意程度为标准的。

我国《民法典》没有对过失的形式加以规定。在理论上和实践中，一般将过失分为轻过失和重大过失。如果法律在某种情况下对行为人应当注意和能够注意的程度有较高要求，行为人没有遵守这种较高的要求，但未违背一般人应当注意并能注意的一般规则，这种过失就是轻过失，又称一般过失；如果行为人不仅没有遵守法律对他的较高要求，甚至连人们都应当注意并能注意的一般标准也未达到，这种过失就是重大过失。

自测习题　　案例分析　　案例分析参考答案

第四十一章　侵权责任的承担方式

■【导语】

俗语云："有损害，必有救济。"救济的手段之一，就是赔偿损失。在侵权责任上，除赔偿损失外，侵权人承担侵权责任还有其他方式，如停止侵害、排除妨碍、消除危险、返还财产、恢复原状等。正确适用这些侵权责任方式，对于填补受害人的损害、预防并制裁侵权行为具有重要意义。在具体适用赔偿损失的责任方式时，应当首先明确确定赔偿范围的一般规则，如全部赔偿规则、过失相抵规则、损益相抵规则、权衡利益规则等，并在上述规则指导下，采取不同的方法确定人身损害、财产损害及精神损害的赔偿范围。

第一节　侵权责任的承担方式概述

一、侵权责任承担方式的主要类型

侵权责任的承担方式是指侵权人承担侵权责任的具体形式。《民法典》第 179 条规定了 11 种民事责任承担方式，其中以下 8 种属于侵权责任的承担方式。

（一）停止侵害

停止侵害是指责令侵权人停止正在进行的侵权行为。停止侵害的适用前提，是侵权行为正在进行之中，对于已经停止的侵权行为不能适用这种责任方式。因此，只要侵害他人民事权益的侵权行为正在进行之中，不论该行为持续多长时间，也不论侵权人主观上有无过错，受害人都有权请求侵权人停止其侵害。停止侵害的适用范围相当广泛，对于一切正在实施的侵权行为都可适用。

（二）排除妨碍

排除妨碍又称排除妨害，是指排除侵权行为给他人正常享有和行使民事权益所造成的妨碍。排除妨碍的适用前提，是行为人的行为给他人正常享有和行使民事权益造成了妨碍。这种妨碍应当是实际存在的、不正当的。对于行为人为正当享有和行使民事权益对他人所造成的妨碍，不得请求排除。侵权人对他人正常享有和行使民事权益造成的妨碍，无论侵权人是否存在过错，也无论妨碍行为存在多久，侵权人都应当予以排除。排除妨碍的费用，也应当由侵权人承担。

（三）消除危险

消除危险是指消除因侵权行为而造成他人民事权益的损害或者扩大损害的危险。消除危险的适用以存在造成他人民事权益损害的危险性为前提。这里的危险应当是现实存在的，而不能仅仅是一种潜在的可能性。消除危险的目的在于防止损害的发生或损害后果的扩大，是一种预防措施，体现了侵权责任的预防功能。

（四）返还财产

返还财产是指侵权人将非法侵占的财产返还给受害人。当侵权人非法侵占他人的财产时，受害人就有权要求侵权人返还财产。只有返还财产已不可能时，才能采取赔偿损失的责任方式。返还财产只适用于积极侵权行为，即只有在侵权人实施侵占财产的行为时，才能请求返还财产。

（五）恢复原状

恢复原状是指将损坏的财产修复。恢复原状的适用须有两个条件：一是被损坏的财产要有修复的可能。没有修复可能的，不能适用恢复原状。二是须有修复的必要。被损坏的财产有无修复的必要，应当根据经济效益、社会效益、民事主体的需要等因素综合加以判断。

（六）赔偿损失

赔偿损失是指侵权人支付一定的金钱或实物以赔偿因其侵权行为给受害人所造成的损害。赔偿损失主要包括三个方面的内容：一是侵权人侵害他人财产权益造成损失的，侵权人应当赔偿损失；二是侵权人侵害他人人身权益及知识产权等，造成他人人身伤害及财产损失的，侵权人应当赔偿损失；三是侵权人侵害他人人身权益造成精神损害的，侵权人应当对受害人的精神损害予以赔偿。

（七）消除影响、恢复名誉

消除影响是指侵权人因其侵害了他人人身权益而造成不良影响的，应当消除这种不良后果；恢复名誉是指侵权人因其侵害了他人名誉而将受害人的名誉恢复至未受侵害时的状态。一般来说，在什么范围内造成不良影响，就应当在什么范围内消除影响，并且消除影响的途径、方式应当比实施侵害行为的途径、方式能更为有效地传播信息。消除影响、恢复名誉属于非财产责任形式，主要适用于名誉权、肖像权、姓名权以及其他人身权益受到侵害的场合。

（八）赔礼道歉

赔礼道歉是指侵权人向受害人公开承认错误，表示歉意，主要适用侵害人身权益的场合。赔礼道歉虽然不能对侵权人的财产造成影响，但对化解矛盾、解决纠纷具有不可替代的作用。赔礼道歉可以采取口头道歉的方式，也可以采取书面道歉的方式，如张贴公开信、登报道歉等。

应当指出的是，《民法典》同时采取了惩罚性赔偿制度。所谓惩罚性赔偿，是指在侵权人以故意等方式实施加害行为而致他人损害时，受害人可获得的超过其填补性赔偿之外的增加赔偿。法律设置惩罚性赔偿的目的在于惩罚侵权人的恶意侵权行为并预防此类行为的再次发生，因此，惩罚性赔偿为侵权责任制度之惩罚及预防功能的体现。然而，相比于填补性赔偿，惩罚性赔偿属加重责任，故其适用以法律明确规定为限。就此，《民法典》第 179 条第 2 款规定："法律规定惩罚性赔偿的，依照其规定。"例如，《民法典》第 1185 条规定，故意侵害他人知识产权，情节严重的，被侵权人有权请求相应的惩罚性赔偿；第 1207 条规定，明知产品存在缺陷仍然生产、销售，或者没有依法采取停止销售、警示、召回等有效补救措施，造成他人死亡或者健康严重损害的，被侵权人有权请求相应的惩罚性赔偿；第 1232 条规定，侵权人违反法律规定故意污染环境、破坏生态造成严重后果的，被侵权人有权请求相应的惩罚性赔偿。

二、侵权责任承担方式的适用

关于侵权责任承担方式的适用，应当注意以下几个问题：

第一，侵权责任的承担方式可以单独适用，也可以合并适用（《民法典》第 179 条第 3 款）。至于哪些责任方式可以合并适用，应当根据不同责任方式的内容加以确定。一般来说，在一种责任方式不足以保护受害人时，就可以合并适用其他的责任方式。当然，合并适用的责任方式之间不能是矛盾的。例如，返还财产与恢复原状就不能合并适用，而赔偿损失与返还财产、恢复原状、赔礼道歉、消除影响、恢复名誉就可以合并适用。

第二，在赔偿损失的责任方式中，当事人可以协商赔偿费用的支付方式。协商不一致的，赔偿费用应当一次性支付；一次性支付确有困难的，可以分期支付，但是被侵权人有权请求提供相应的担保（《民法典》第 1187 条）。

第三，应当将侵权责任的承担方式与受益人补偿区别开来。所谓受益人补偿，是指在受害人遭受损害，不能通过侵权责任获得赔偿的情况下，由获得相关利益的人给予适当的补偿。侵权责任具有补偿性，这与受益人补偿很相似，但侵权责任与受益人补偿是两种不同的制度，不能将受益人补偿作为侵权责任的承担方式加以适用。例如，依据《民法典》第 183 条规定，因保护他人民事权益使自己受到损害的，由侵权人承担民事责任，受益人可以给予适当补偿。没有侵权人、侵权人逃逸或者无力承担民事责任，受害人请求补偿的，受益人应当给予适当补偿。至于具体补偿数额，可以根据受害人所受损失和已获赔偿的情况、受益人受益的多少及其经济条件等因素进行确定（《民法总则解释》第 34 条）。

第二节　侵权损害的赔偿责任

一、侵权损害赔偿责任的适用规则

在侵权责任中，追究侵权人的赔偿责任的关键在于确定赔偿损失的范围。为此，应当坚持以下四项基本规则。

（一）全部赔偿规则

全部赔偿是指侵权人对因其侵权行为所造成的受害人的全部损失都应予以赔偿。也就是说,侵权人的赔偿范围应当与受害人的损失范围相当,损失多少,赔偿多少。

坚持全部赔偿规则是由赔偿责任的补偿性决定的。既然赔偿损失是对受害人的损害的补偿,就只有全部赔偿才能达其目的。因此,坚持全部赔偿规则是十分必要的,也是合理的。

适用全部赔偿规则确定赔偿责任的范围,应当注意以下问题:(1) 赔偿范围的确定,一般应以受害人所受到的损失大小为标准。(2) 赔偿范围包括受害人所遭受的全部损失。就财产损害而言,包括实际损失和可得利益损失;就人身损害而言,包括因人身损害而支出的全部费用以及因受害而失去的利益;就精神损害而言,包括因精神损害而受到的财产损失以及其他的合理费用的损失。(3) 法律对赔偿数额有所限制的,全部赔偿规则应在法律限制的数额内适用。

（二）过失相抵规则

过失相抵又称"与有过失",是指被侵权人对同一损害的发生或者扩大有过错的,可以减轻侵权人的赔偿责任。《民法典》第 1173 条规定:"被侵权人对同一损害的发生或者扩大有过错的,可以减轻侵权人的责任。"过失相抵规则是基于公平原则和诚信原则而确立起来的,是被侵权人对自己的过失负责。因为,既然被侵权人对损害的发生或扩大有过错,就不应使侵权人负全部赔偿责任,否则就等于将基于自己的过错所引起的损害转嫁于侵权人负担。

过失相抵规则的适用须符合以下条件:(1) 被侵权人的行为与侵权人的行为系同一损害发生的共同原因。就是说,损害的发生是由被侵权人和侵权人双方的行为所共同造成的。(2) 被侵权人的行为须有不当。被侵权人的行为是否不当,应依社会一般观念确定。例如,被侵权人被侵害致伤,其拒绝医院的治疗,导致伤势恶化,被侵权人的行为就为不当。(3) 被侵权人须有过错。如果被侵权人对于损害的发生或者扩大没有过错,则应由侵权人承担责任,自无过失相抵规则的适用。(4) 须依侵权人和被侵权人的过错程度以及各方行为对损害发生的作用,确定各方应承担责任的比例,并据此确定减轻侵权人赔偿责任的数额。

（三）损益相抵规则

损益相抵是指被侵权人基于受损害的同一原因而受有利益时,应将所受利益从损害额中扣除,以确定侵权人的赔偿数额。损益相抵是将侵权人所造成的损害,与被侵权人所受的利益相互冲抵,其实质仍为侵权人只对被侵权人的损失负赔偿责任,以免被侵权人得到不当的利益。

损益相抵规则的适用应符合下列条件:(1) 须侵权人造成被侵权人损害。若没有损害的发生,当然也就不会有损益相抵规则的适用。(2) 须被侵权人受有利益。被侵权人受有利益,是损益相抵的必要条件。被侵权人受到损害,但如果没有因此而受有利益,则没有损益相抵规则的适用余地。被侵权人所受利益既包括积极利益,也包括消极利益。(3) 被侵权人的损害与受有利益之间须有因果关系,即损害与利益须基于同一原因事实而发生。例如,损坏他人用于营运的汽车,汽车的损坏及营运收入损失属于损害,而因汽车停运没有支出汽油费则属于受有利益。这里的损害与利益均系侵权人损坏汽车这一原因事实造成的,二者间存在因果关系。但若被侵权人因受害而获得其他人的救济,则损害与利益间不存在因果关系。

(四) 权衡利益规则

权衡利益是指应当考虑当事人的经济状况,从而确定侵权人的赔偿范围。按照权衡利益规则,在确定赔偿范围时,应当从当事人的经济状况等因素出发,权衡当事人双方的利益关系。例如,在侵权人的经济状况不好,如果全部赔偿会使其本人及其家庭的生活陷于极度困难的情况下,就可以根据实际情况,适当减少侵权人的赔偿数额。权衡利益规则的目的在于维护公平正义,维护社会的安定。

适用权衡利益规则,应当注意以下问题:(1) 须分清当事人的责任。如果不分清当事人的责任,径行考虑侵权人的经济状况而减少赔偿数额,不仅达不到教育当事人的目的,而且会导致当事人长期缠讼,影响社会的安定。(2) 须综合考虑各种因素,以达到既切实保护受害人的利益,又不至于使侵权人处于重大不利境地的目的。权衡利益规则所考虑的情况,主要是当事人的经济状况。此外,当地的社会风俗习惯、社会舆论等也是考虑的因素。(3) 须以全部赔偿规则为前提。全部赔偿规则是确定赔偿范围的首要规则,权衡利益规则应当以该规则为前提。就是说,应当首先明确侵权人须全部赔偿。然后,根据侵权人的经济状况,决定是否减少侵权人的赔偿数额。

二、人身损害的赔偿责任

人身损害是指侵害他人的生命权和健康权所造成的损害,包括一般伤害、残疾和死亡。《民法典》第 1179 条规定:“侵害他人造成人身损害的,应当赔偿医疗费、护理费、交通费、营养费、住院伙食补助费等为治疗和康复支出的合理费用,以及因误工减少的收入。造成残疾的,还应当赔偿辅助器具费和残疾赔偿金;造成死亡的,还应当赔偿丧葬费和死亡赔偿金。”可见,人身损害的赔偿范围,因人身损害的程度而有所不同。关于人身损害的赔偿范围,《最高人民法院关于审理人身损害赔偿案件适用法律若干问题的解释》(以下简称《人身损害赔偿解释》)作了具体规定。

(一) 一般伤害的赔偿范围

一般伤害是人身损害程度较轻,受害人可以通过一定的措施恢复人身物质机体功能的一种人身损害。侵害他人身体造成一般伤害的,其赔偿范围主要包括以下几个方面:

第一,医疗费。医疗费是为使受损害的人身物质机体得以复原,或为维持物质机体的正常功能与活动所需的全部费用,包括诊断费、治疗费、化验费、手术费、检查费、医药费、住院费等。医疗费应当根据医疗机构出具的医药费、住院费等收款凭证,结合病历和诊断证明等相关证据确定。侵权人对治疗的必要性和合理性有异议的,应当承担相应的举证责任。医疗费的赔偿数额,按照一审法庭辩论终结前实际发生的数额确定。对于器官功能恢复训练所必要的康复费、适当的整容费以及其他后续治疗费,受害人可以待实际发生后另行起诉。但根据医疗证明或者鉴定意见确定必然发生的费用,可以与已经发生的医疗费一并要求赔偿。①

第二,误工费。误工费即误工减少的收入,是受害人潜在劳动力价值的丧失,是一种可得利益的损失。误工费根据受害人的误工时间和收入状况确定。误工时间根据受害人接受治疗的医疗机构出具的证明确定。受害人因伤致残持续误工的,误工时间可以计算至定残日前一天(《人身损害赔偿解释》第7条)。

第三,护理费。护理费是为使受害人恢复健康或者维持生命与生活而支出的"护理"费用。这里所说的"护理费",不包括受害人在住院治疗期间向医院支付的有关护理的费用(这种护理费属于医疗费的范围),而是指除医护人员外,为使受害人的生活得到正常的保障,由受害人之亲属或其他人对其进行非医务护理所应支出的费用。护理费根据护理人员的收入状况和护理人数、护理期限确定。护理人员原则上为一人,但医疗机构或者鉴定机构有明确意见的,可以参照确定护理人员人数。护理期限应计算至受害人恢复生活自理能力时止(《人身损害赔偿解释》第8条)。

第四,其他必要费用。除上述费用外,受害人因受损害而支出的交通费、住宿费、营养费、住院伙食补助费也属于赔偿的范围。交通费根据受害人及其必要的陪护人员因就医或者转院治疗实际发生的费用计算。交通费应当以正式票据为凭据;有关凭据应当与就医地点、时间、人数、次数相符合。受害人确有必要到外地治疗,因客观原因不能住院,受害人本人及其陪护人员实际发生的住宿费和伙食费,其合理部分应予赔偿。营养费根据受害人伤残情况,参照医疗机构的意见确定。②

(二)致人残疾的赔偿范围

残疾是指人身损害程度较重,受害人虽可通过一定的措施弥补损害,但并不能恢复人身物质机体的全部功能的一种人身损害。侵害他人身体造成残疾的,必将使受害人丧失全部或部分劳动能力,给其今后的生活造成重大影响。因此,对残疾者的赔偿范围,除因治疗所支出的有关费用外,还应考虑残疾者的今后生活的需要。侵权人致人残疾的,除应赔偿前述医疗费、误工费、护理费、交通费、营养费、住院伙食补助费等费用外,还应赔偿其因增加生活上需要所支出的必要费用以及因丧失劳动能力导致的收入损失,包括残疾赔偿金和辅助器具费。残疾赔偿金根据受害人丧失劳动能力程度或者伤残等级,按照受诉法院所在地上一年度城镇居民人均可支配收入标准,自定残之日起按20年计算。但60周岁以上的,年龄每增加1岁减少1年;75周岁以上的,按5年计算。受害人因伤致残但实际收入没有减少,或者伤残等级较轻但造成职业妨害严重影响其劳动就业的,可以对残疾赔偿金作相应调整。残疾辅助器具费按照普通适用器具的合理费用标准计算。伤情有特殊需要的,可以参照辅助器具配制机构的意见确定相应的合理费用标准。③

(三)致人死亡的赔偿范围

死亡是侵害他人身体所造成的最为严重的损害后果,使人身物质机体不再具有生命的意

---

① 参见《人身损害赔偿解释》第6条。

② 参见《人身损害赔偿解释》第9~11条。

③ 参见《人身损害赔偿解释》第12、13条。

义。致人死亡从根本上剥夺了受害人的生命,是最为严重的侵害人身权的行为。侵害他人造成人身损害的,除赔偿前述损失外,“造成死亡的,还应当赔偿丧葬费和死亡赔偿金”。丧葬费和死亡赔偿金依被侵权人的具体情形确定,但依据《民法典》第 1180 条规定,“因同一侵权行为造成多人死亡的,可以以相同数额确定死亡赔偿金”。依据《人身损害赔偿解释》规定,丧葬费按照受诉法院所在地上一年度职工月平均工资标准,以 6 个月总额计算(第 14 条)。死亡赔偿金按照受诉法院所在地上一年度城镇居民人均可支配收入标准,按 20 年计算。但 60 周岁以上的,年龄每增加 1 岁减少 1 年;75 周岁以上的,按 5 年计算(《人身损害赔偿解释》第 15 条)。被扶养人生活费计入死亡赔偿金或残疾赔偿金,具体根据扶养人丧失劳动能力程度,按照受诉法院所在地上一年度城镇居民人均消费性支出标准计算。被扶养人为未成年人的,计算至 18 周岁;被扶养人无劳动能力又无其他生活来源的,计算 20 年。但 60 周岁以上的,年龄每增加 1 岁减少 1 年;75 周岁以上的,按 5 年计算(《人身损害赔偿解释》第 16、17 条)。所谓被扶养人,是指受害人依法应当承担扶养义务的未成年人或者丧失劳动能力又无其他生活来源的成年近亲属。被扶养人还有其他扶养人的,赔偿义务人只赔偿受害人依法应当负担的部分。被扶养人有数人的,年赔偿总额累计不超过上一年度城镇居民人均消费支出额(《人身损害赔偿解释》第 17 条第 2 款)。

依据《民法典》第 1181 条规定,被侵权人死亡的,其近亲属有权请求侵权人承担侵权责任。被侵权人死亡的,支付被侵权人医疗费、丧葬费等合理费用的人有权请求侵权人赔偿费用,但是侵权人已经支付该费用的除外。

三、财产损害的赔偿责任

(一)财产损害的赔偿方式

财产损害的赔偿为赔偿损失。赔偿损失可以采取两种形式:一是金钱赔偿;二是实物赔偿。金钱赔偿就是将被侵权人所遭受的财产损失折算成现金,通过支付金钱的方式予以赔偿。在适用金钱赔偿时,应当考虑被侵害财产的残存价值。因此,金钱赔偿的关键是对财产损失的计算;实物赔偿就是通过用同种类、同等质量的实物赔偿被侵权人的损害。例如,毁损他人手表的,侵权人可以通过购置同种类的手表予以赔偿。当然,如果被毁损的财产为已经使用过的财产,则侵权人在用实物赔偿时,应当考虑被毁损财产的实际折旧情况。

(二)财产损害的赔偿范围

财产损害既可以因侵害财产权益而产生,也可以因侵害人身权益而产生,这两种财产损害的赔偿范围及计算方法是不同的。

因侵害财产权益而造成财产损失时,其赔偿范围主要包括实际损失和可得利益损失。对于实际损失的赔偿,无论是采取金钱赔偿的方法,还是采取实物赔偿的方法,都需要确定实际损失的具体数额。《民法典》第 1184 条规定:“侵害他人财产的,财产损失按照损失发生时的市场价格或者其他合理方式计算。”可见,对实际损失数额的确定,一般要根据财产损失发生时的市场价格确定;如果没有市场价格的,则按照其他合理方式如评估方式等确定。对于可得利益损失的赔偿范围，可以采取平均收益法加以确定，即根据损害发生前的一段时间内受害人的平均收益确定可得利益损失。例如，侵害他人营运中的汽车，经营者因汽车被损坏而停运一个月，那么，可以根据损害发生前的月平均收益确定可得利益损失的数额。如果采用平均收益法无法确定可得利益损失，也可以采取同类比照法加以确定，即以同行业、同时期、同地区、同等条件的同类经营者的平均收益确定可得利益损失。

侵害他人人身权益造成财产损失的，按照被侵权人因此受到的损失或者侵权人因此获得的利益赔偿；被侵权人因此受到的损失以及侵权人因此获得的利益难以确定，被侵权人和侵权人就赔偿数额协商不一致，向法院提起诉讼的，由法院根据实际情况确定赔偿数额（《民法典》第 1182 条）。

四、精神损害的赔偿责任

（一）精神损害赔偿责任的适用范围

《民法典》第 1183 条规定："侵害自然人人身权益造成严重精神损害的，被侵权人有权请求精神损害赔偿。因故意或者重大过失侵害自然人具有人身意义的特定物造成严重精神损害的，被侵权人有权请求精神损害赔偿。"可见，只有在自然人人身权益遭受侵害或者因故意或重大过失侵害自然人具有人身意义的特定物并造成严重精神损害时，才能适用精神损害赔偿责任。依据《最高人民法院关于确定民事侵权精神损害赔偿责任若干问题的解释》（以下简称《精神损害赔偿解释》）规定，非法使被监护人脱离监护，导致亲子关系或者近亲属间的亲属关系遭受严重损害，监护人有权请求精神损害赔偿（第 2 条）；死者的姓名、肖像、名誉、荣誉、隐私、遗体、遗骨等受到侵害，其近亲属有权请求精神损害赔偿（第 3 条）。但是，法人或者非法人组织无权以名誉权、荣誉权、名称权遭受侵害为由请求精神损害赔偿（《精神损害赔偿解释》第 4 条）。

（二）精神损害赔偿额的确定

精神损害是一种无形损害，它不像财产损害那样，可以通过一定的标准加以确定，无法标准化。但是，如果不对精神损害的赔偿额确定一定的标准，完全凭法官自由裁量，则随意性又过大，不利于执法的统一。因此，如何确定精神损害的赔偿额，便是一个十分重要而又棘手的问题。依据《精神损害赔偿解释》第 5 条规定，精神损害的赔偿数额根据以下因素确定：(1) 侵权人的过错程度，法律另有规定的除外；(2) 侵害行为的目的、方式、场合等具体情节；(3) 侵权行为所造成的后果；(4) 侵权人的获利情况；(5) 侵权人承担责任的经济能力；(6) 受诉法院所在地平均生活水平。

自测习题　　案例分析　　案例分析参考答案

第四十二章　侵权责任的免责事由

■【导语】

“丢卒保车”常被人们用来比喻在利益发生冲突时所采取的一种策略，实际生活中也不乏这样的事例。从民法上说，如果“卒”与“车”均为同一人所有，则“丢卒保车”实为上策，也不会引发法律问题。但是，如果“卒”与“车”为不同的人所有，则会涉及“卒”的所有权人的利益应如何保护、“车”的所有权人应否赔偿的问题。在民法上，这个问题的解决只能依靠紧急避险制度，这涉及侵权责任的免责事由制度。

第一节　侵权责任的免责事由概述

一、侵权责任免责事由的概念和特点

侵权责任的免责事由是指免除或减轻侵权责任的条件，也就是《民法典》所规定的“不承担责任和减轻责任的情形”。基于侵权责任的免责事由，可以免除全部责任，也可以免除部分责任，即减轻责任。侵权责任的免责事由与侵权责任的构成要件，都是对行为人承担侵权责任的限制，是一个问题的两个方面。侵权责任的构成要件规定行为人在什么情况下应当对造成的损害承担责任；而侵权责任的免责事由则规定行为人在什么情况下对造成的损害不应承担责任或应减轻责任，目的在于划定行为人承担责任的界限。

侵权责任的免责事由具有以下特点：

第一，侵权责任的免责事由是客观存在的事实。侵权责任的免责事由只能是客观存在的、已经发生的事实，没有发生的或仅有发生可能的情况，不能成为侵权责任的免责事由。

第二，侵权责任的免责事由是由法律规定的事实。在侵权责任中，什么情形可以免除或减轻行为人的责任，是由法律所规定的，而不是由当事人约定的。也就是说，只有法律规定的条件才能成为侵权责任的免责事由。

第三，侵权责任的免责事由是对抗被侵权人请求权的事实。侵权责任免责事由的提出能够导致被侵权人的请求权在法律上不成立或不完全成立，从而免除或减轻行为人的责任。

第四，侵权责任的免责事由因侵权责任的类型不同存在差别。如前所述，侵权责任的免责事由与构成要件是一个问题的两个方面。因此，一定的免责事由总是与一定的构成要件相联

系的，不同的侵权责任类型，其要求的免责事由也会有所不同。例如，不可抗力为侵权责任的免责事由，对于过错责任完全适用，但对于无过错责任则不完全适用，有的无过错责任就不以不可抗力为免除责任的事由。因此，《民法典》第 1178 条规定："本法和其他法律对不承担责任或者减轻责任的情形另有规定的，依照其规定。"

二、侵权责任免责事由的分类

关于侵权责任的免责事由，《民法典》仅规定了受害人的过错、受害人的故意、第三人的过错、自甘风险、自助行为、不可抗力、正当防卫和紧急避险，而对理论和实务上认可的依法执行职务、受害人同意、意外事故等免责事由并没有作出规定。上述这些免责事由，基本上可以分为正当理由和外来原因两大类。

正当理由是指行为人实施了损害他人的行为，但该行为是合法的、正当的，因而行为人可以免除侵权责任。就是说，行为人虽承认其行为是造成损害的原因，但主张实施该行为时具有合法的根据。正当理由包括正当防卫、紧急避险、自甘风险、自助行为、依法执行职务、受害人同意。

外来原因是指因行为人之外的原因而造成损害，行为人据此可以免除或减轻侵权责任，即行为人否认损害是因其行为造成的。外来原因包括不可抗力、意外事故、受害人的过错、第三人的过错。

第二节　正 当 理 由

一、正当防卫

正当防卫是指为了使国家利益、社会公共利益、本人或者他人的人身权利、财产权利以及其他合法权益免受正在进行的不当侵害，而针对实施侵害行为的人采取的制止不法侵害的行为（《民法总则解释》第 30 条）。正当防卫是法律赋予自然人的自卫权利，目的在于保护国家利益、社会公共利益和其他合法权益，所以，因正当防卫造成损害的，行为人不承担责任。

正当防卫的成立须具有以下要件：(1) 须针对正在进行的不法侵害行为实施。对于尚未发生的或已经结束的侵害行为，不能进行正当防卫。(2) 须针对不法侵害人实施。正当防卫行为的目的在于排除和制止不法侵害，因此，只能对不法侵害人本人实施，而不能对其他人实施。(3) 须为保护合法权益而实施。也就是说，正当防卫的目的必须是避免公共利益、本人和他人的人身或其他合法权益受到损害。基于报复等目的而实施的行为，不能构成正当防卫。(4) 须在必要的限度内，即不能超过必要限度。对于正当防卫是否超过必要的限度，应当综合不法侵害的性质、手段、强度、危害程度和防卫的时机、手段、强度、损害后果等因素进行判断（《民法总则解释》第 31 条第 1 款）。

行为人实施正当防卫行为造成损害的，依法不承担责任。但是，正当防卫超过必要的限度，造成不应有的损害的，属于防卫过当，防卫人应当承担适当的侵权责任。对此，《民法典》

第181条规定:“因正当防卫造成损害的,不承担民事责任。正当防卫超过必要的限度,造成不应有的损害的,正当防卫人应当承担适当的民事责任。”这里所说的“适当的民事责任”,是指防卫人仅对超过必要限度而造成的不应有的损害部分承担侵权责任,而不是对防卫行为所造成的全部损害后果承担侵权责任。依据《民法总则解释》第31条规定,正当防卫超过必要限度的,防卫人应当在造成不应有的损害范围内承担部分责任(第2款);实施侵害行为的人不能证明防卫行为造成不应有的损害,不得仅以正当防卫人采取的反击方式和强度与不法侵害不相当为由主张防卫过当(第3款)。

二、紧急避险

紧急避险是指为了使国家利益、社会公共利益、本人或者他人的人身权利、财产权利以及其他合法权益免受正在发生的急迫危险,不得已而采取的紧急措施(《民法总则解释》第32条)。紧急避险是为保全较大的利益而损害较小利益的一种救助措施,从整体上说是有益的。因此,只要紧急避险的行为符合法律的规定,避险人就不承担侵权责任。

紧急避险的成立具有以下条件:(1) 须合法权益遭受紧急危险。也就是说,必须存在危及公共利益、本人或他人的人身或财产的合法权益的危险,而且该危险必须是正在发生的、现实的,如不采取措施就会造成更大的损害。对于已经消除或尚未发生的危险,或者虽有危险的存在但不具有紧急性的,都不能进行紧急避险。(2) 须是在不得已的情况下所采取的避险措施。所谓“不得已”,是指除采取该损害某种利益的行为外,无其他方式可以避免危险,即采取的避险措施应为适当。(3) 采取的措施须适当或者不超过必要限度。对于紧急避险采取的措施是否不当或者超过必要的限度,应当综合危险的性质、急迫程度、避险行为所保护的权益以及造成的损害后果等因素进行判断(《民法总则解释》第33条第1款)。

关于紧急避险的法律后果,《民法典》第182条规定了三种情形:(1) 因紧急避险造成损害的,由引起险情发生的人承担侵权责任。引起险情发生的人可以是避险人,也可以是受害人,还可以是其他人。(2) 危险由自然原因引起的,紧急避险人不承担民事责任,可以给予适当补偿。(3) 紧急避险采取措施不当或者超过必要的限度,造成不应有的损害的,紧急避险人应当承担适当的侵权责任。紧急避险采取措施不当或者超过必要限度的,应当根据紧急避险人的过错程度、避险措施造成不应有的损害的原因力大小、紧急避险人是否为受益人等因素认定紧急避险人在造成的不应有的损害范围内承担相应的责任(《民法总则解释》第33条第2款)。

三、自甘风险

《民法典》第1176条第1款规定:“自愿参加具有一定风险的文体活动,因其他参加者的行为受到损害的,受害人不得请求其他参加者承担侵权责任;但是,其他参加者对损害的发生有故意或者重大过失的除外。”据此,自甘风险又称自甘冒险,是指受害人自愿进入对其权益具有侵害可能性的危险状态,若其因此而遭受损害,行为人不承担责任。例如,在拳击比赛中,一方虽因对方击打而受伤,但不得请求对方承担侵权责任。

自甘风险的成立应具备下列条件:(1) 受害人进入某种危险状态。这种危险状态仅限于具有一定风险的文体活动,而不适用于其他活动。(2) 受害人自愿进入某种危险状态。自愿进入,是指受害人明知其可能因危险状态的存在而遭受损害,但仍冒险为之。(3) 受害人主观上并不追求或希望损害发生。尽管受害人明知存在危险仍冒险为之,但其内心并不追求损害的发生,而是期待不发生损害。因此,自甘风险中损害是否发生具有不确定性。这与受害人同意的情形下损害的发生具有确定性存在明显不同,故两者是不同的免责事由。(4) 受害人遭受损害。若受害人并未因此而遭受损害,则其无由主张损害赔偿,也不会发生行为人免责问题。

关于自甘风险的免责事由,尚须明确如下两点:一是主张自甘风险抗辩的主体仅为文体活动的其他参加者,原则上不包括活动的组织者。对于活动组织者的责任,适用《民法典》第1198 条关于"违反安全保障义务责任"以及第 1199~1201 条关于"教育机构责任"的规定。二是文体活动的其他参加者对损害的发生有故意或重大过失的,应承担侵权责任。

四、自助行为

《民法典》第 1177 条第 1 款规定:"合法权益受到侵害,情况紧迫且不能及时获得国家机关保护,不立即采取措施将使其合法权益受到难以弥补的损害的,受害人可以在保护自己合法权益的必要范围内采取扣留侵权人的财物等合理措施;但是,应当立即请求有关国家机关处理。"据此,自助行为是指行为人为了保护自己的合法权益,在情况紧迫且不能及时获得公力救助的情况下,对他人的财物加以扣留的行为。例如,旅客在饭店吃饭后不付饭费,饭店就有权扣留客人所携带的财物。

依据上述规定,自助行为的成立应当具备下列条件:(1) 须为保护自己的合法权利。自助行为是为弥补公力救济的不足而设立的制度,只能为保护行为人自己的合法权利而实施。(2) 须情况紧迫且不能及时获得公力救济。情况紧迫是指如不采取自助措施,则行为人的权利就难以实现。如果情况并不十分紧迫,权利人来得及请求公力救济,则不能实施自助行为。(3) 须为法律和社会公德所许可。行为人应当采取法律和社会公德所许可的方式实施自助行为,不得违反法律和社会公德,如不得以损害义务人生命健康的方式实施自助行为。(4) 须不超过必要限度。自助行为是权利人在情况紧迫且不能及时获得公力救济的情况下,所采取的一种保护自己的合法权利的措施,因此,自助行为只能在必要范围内实施。

由于自助行为是在紧迫的情况下采取的临时保护措施,这种行为虽可防止权利遭损害,但毕竟不能最终解决问题。因此,行为人实施自助行为后,应当及时请求有关国家机关处理。当然,如果相对人在自助行为实施后,主动履行了义务,则无须请求公力救济。此外,如果受害人采取的措施不当并造成他人损害的,应当承担侵权责任(《民法典》第 1177 条第 2 款)。

五、依法执行职务

依法执行职务是指依据法律的授权及有关规定,行使职权或履行职责而损害他人的人身或财产的行为。依法执行职务是维护社会公共秩序和公共利益所必需的,因而尽管造成了他人的人身或财产损害,也可以免除行为人的侵权责任。

依法执行职务应当具备以下条件:(1) 执行职务的行为须是依法律的规定或合法的授权而实施的,即行为人实施行为时有法律的依据。(2) 执行职务的行为须合法,即行为人实施的行为不违反法律的规定,符合法律的要求。(3) 执行职务的行为应当是必要的。所谓必要,是指不采取损害他人的人身和财产的行为,就不足以保证执行职务。也就是说,只有在不造成损害就不能执行职务的情况下,执行职务的行为才是必要的。

六、受害人同意

受害人同意是指受害人在损害发生前表示自愿承担某种损害后果。受害人同意之所以成为侵权责任的免责事由,是受害人主动放弃权利的结果。

受害人同意的成立须具备下列条件:(1) 受害人自愿承受某种损害后果。受害人同意是针对损害后果而言的,因此,如果受害人只是意识到危险的存在,但不希望自己蒙受损害的,则不能视为受害人同意。(2) 受害人同意应当是其真实的意思表示。受害人同意是行为人自愿作出的,是其真实意思的表现。在胁迫、欺诈等情况下,受害人所作出的同意不发生免责效力。(3) 受害人同意不得违背法律和社会公德。虽然受害人同意是其放弃自己的权利,但这种放弃亦必须符合法律和社会公德的要求,不能有违公序良俗。(4) 受害人同意是在损害发生前作出的。受害人同意只能在损害发生前作出,受害人在损害发生后表示承担某种损害后果的,属于受害人对侵权人的责任的事后免除,而不属于受害人同意。

第三节 外来原因

一、不可抗力

《民法典》第 180 条第 2 款规定:“不可抗力是不能预见、不能避免且不能克服的客观情况。”不可抗力既可以是因自然原因引起的,如地震、台风、洪水、泥石流、海啸等;也可以是因社会原因而引起的,如战争、武装冲突等。

不可抗力是侵权责任的一般免责事由,适用于法律没有另外规定的侵权责任。《民法典》第 180 条第 1 款规定:“因不可抗力不能履行民事义务的,不承担民事责任。法律另有规定的,依照其规定。”可见,在法律没有另外规定的情况下,不可抗力都为免责事由。但是,不可抗力作为免责事由,只有在不可抗力是造成损害的唯一原因时,才能免除当事人的责任。也就是说,在发生不可抗力的情况下,如果当事人对造成损害也有过错,则不能完全免责,当事人应当按照其过错程度承担相应的责任。

二、意外事故

意外事故又称为意外事件,是指行为人意料之外的事故。因意外事故而造成损害,损害结果是行为人所意料不到的,这说明行为人对损害结果是不应预见和难以避免的,也就说明行为人在主观上是没有过错的。既然行为人主观上没有过错,对于过错责任来说,行为人就不应承担责任。当然,对于无过错责任来说,因其不以行为人的过错为构成要件,所以,意外事故也就不能成为无过错责任的免责事由。可见,意外事故是对过错责任的限制,是承担过错责任的界限。

虽然意外事故与不可抗力都具有不可预见性,但二者是不同的,其根本的区别在于:意外事故并非人力所不可抗拒的,只要行为人预见到了,是可以避免和克服的;而不可抗力为人力所不可抗拒,即使行为人预见到了,在当时条件下也是无法避免和克服的。因此,意外事故和不可抗力的作用不同:意外事故只是过错责任的免责事由,不能成为无过错责任的免责事由;而不可抗力既是过错责任的免责事由,也是无过错责任的免责事由,除非法律另有规定。

三、受害人的过错

受害人的过错是指受害人对于损害的发生具有过错。《民法典》第 1173 条规定:“被侵权人对同一损害的发生或者扩大有过错的,可以减轻侵权人的责任。”受害人的“过错”不仅包括过失,也包括故意。当然,在受害人为故意的情况下,须侵权人对于损害的发生或扩大有故意或重大过失,才能减轻侵权人的责任。如果受害人的故意是损害发生的唯一原因,则应适用“受害人的故意”的免责事由,完全免除侵权的责任。对此,《民法典》第 1174 条规定:“损害是因受害人故意造成的,行为人不承担责任。”

四、第三人的过错

第三人的过错是指第三人对损害的发生具有故意或过失。当损害的发生完全是因第三人的过错造成时,就应当由该第三人承担责任,而免除其他人的责任。对此,《民法典》第 1175 条规定:“损害是因第三人造成的,第三人应当承担侵权责任。”如果损害的发生是因第三人和他人的过错共同造成的,则构成共同侵权,应由当事人承担连带责任。

自测习题　　案例分析　　案例分析参考答案

第四十三章　数人侵权责任

【导语】

数人侵权责任是多人一起实施侵权行为而应承担的侵权责任。例如，二人共同将他人打伤，教唆行为人损坏他人财产，三人同时用弹弓打出石子击伤行人的眼睛、但不知由谁弹出的石子击中等，这些情形都会产生数人侵权责任。数人侵权责任是侵权责任中的一种特殊情况，不仅涉及侵权人与受害人之间的关系，也涉及侵权人之间的关系，因此，法律上设有特殊规则。

第一节　共同侵权责任

一、共同侵权责任的概念和本质

共同侵权责任是指二人以上共同侵害他人民事权益造成损害时，共同侵权人所应承担的侵权责任。

关于共同侵权责任的本质，学界有不同的见解，主要存在三种学说：

第一，主观说。该说认为，共同侵权责任的本质在于共同行为人的主观过错的共同性。也就是说，只有共同行为人之间在主观过错上具有共同性，才能构成共同侵权责任。由于对行为人的主观过错的理解不同，主观说又有意思联络说和共同过错说之分。意思联络说认为，共同行为人之间必须有共同的故意，才能构成共同侵权责任；共同过错说认为，共同侵权责任的本质在于共同行为人对损害结果具有共同的过错，既包括共同的故意，也包括共同的过失，还包括故意与过失的混合。

第二，客观说。该说认为，共同侵权责任的本质在于共同行为人的客观行为的共同性，而不在于共同行为人之间有无共同意思联络或共同过错。因对行为的共同性的理解不同，客观说又有共同行为说和关联共同说之分。共同行为说认为，共同行为人的行为须均为损害发生的原因，各个人的行为之间存在相互依存或者相互结合的关系，才能构成共同侵权责任；关联共同说认为，各个行为所引起的结果有客观的关联共同已足，各行为人间不必有意思的联络。共同为侵权行为的时间或地点无须统一，但损害必须不可分离，始成立关联共同。

第三，折中说。该说认为，判断数个行为人的侵害行为是否具有共同性或是否构成共同侵权行为，应从主观和客观两个方面来分析。从主观方面而言，各行为人有过错，或为故意或为过失，但不要求行为人有意思联络，而且过错的内容应当是相同或相似的；从客观方面而言，各行为人的行为具有关联性，均构成一个统一的、不可分割的行为，而且各行为人的行为均构成损害后果发生原因不可或缺的一部分。

《民法典》第1168条规定："二人以上共同实施侵权行为，造成他人损害的，应当承担连带责任。"依据这一规定，《民法典》在共同侵权责任本质的认识上，采取了主观说。

二、共同侵权责任的构成要件

共同侵权责任的构成除具备侵权责任构成的一般要件外，还须具有如下要件：(1) 行为人须为二人以上。共同侵权责任是因共同侵权行为而产生的一种侵权责任。因此，单个的侵权人实施侵权行为，不能产生共同侵权责任。(2) 数个行为人均实施了一定的行为。数个行为人虽各自实施一定行为，但各个行为都是针对同一对象，是互相联系的，是造成损害的同一的、不可分割的原因。(3) 损害后果须具有同一性。数个行为人虽然实施了多个行为，但数个行为所造成的损害结果是同一的、不可分割的。如果损害后果并不是同一的，而是可以分割的，如甲打伤受害人的眼睛，乙打伤受害人的脚部，则不产生共同侵权责任。(4) 数个行为人之间在主观上须存在共同过错。在共同侵权责任中，数个行为人在主观上须有共同侵害他人民事权益的故意或过失，即具有共同过错。这里的共同过错，既可以是共同故意，也可以是共同过失，还可以是故意与过失的混合。如果数个行为人之间没有共同过错，则不构成共同侵权责任。

三、共同侵权责任的种类

（一）因共同加害行为而产生的共同侵权责任

共同加害行为是指二人以上共同实施不法加害于他人的共同侵权行为。在共同加害行为中，共同侵权人都是侵权行为的实行人。共同加害行为属于狭义的共同侵权行为，是共同侵权行为的典型形态。

（二）因视为共同加害行为而产生的共同侵权责任

在共同侵权行为中，如果二人以上共同实施了侵权行为，则构成共同加害行为。如果教唆、帮助他人实施侵权行为，则教唆、帮助行为视为共同加害行为。在视为共同加害行为中，教唆人、帮助人并没有实施加害行为，但实行人是在其教唆、帮助之下实施加害行为的。也就是说，教唆、帮助行为与实行人的加害行为之间具有因果关系，构成了损害的共同原因。因此，教唆人、帮助人与实行人被视为共同侵权行为人，应当承担连带责任。对此，《民法典》第1169条第1款规定："教唆、帮助他人实施侵权行为的，应当与行为人承担连带责任。"

应当指出的是,在教唆、帮助行为中,只有被教唆人、被帮助人为完全民事行为能力人时,才能产生共同侵权责任。如果被教唆人、被帮助人为无民事行为能力人、限制民事行为能力人,则不产生共同侵权责任,应当由教唆人、帮助人自己承担侵权责任。此时,监护人未尽到监护职责的,应当承担相应的责任。对此,《民法典》第1169条第2款规定:"教唆、帮助无民事行为能力人、限制民事行为能力人实施侵权行为的,应当承担侵权责任;该无民事行为能力人、限制民事行为能力人的监护人未尽到监护职责的,应当承担相应的责任。"

（三）因共同危险行为而产生的共同侵权责任

共同危险行为又称为准共同侵权行为,是指二人以上共同实施了危及他人人身、财产安全的行为,但无法确定何人的行为造成损害的侵权行为。也就是说,数个行为人同时实施了具有危及他人权益的危险行为,其中某一行为造成了损害,但究竟是哪一个行为造成了损害,客观上无法判明。例如,数人同时从楼上往下扔砖头,其中一块击中某一行人的头部,但究竟是谁扔的砖头击伤行人,无法确定。如果能够确定数个行为中是某人或某几个人的行为造成了损害,则不构成共同危险行为,而是属于单独侵权行为或共同加害行为。例如,二人同时从楼上往下扔东西,其中一人扔的是砖头,另一人扔的是酒瓶子,而造成行人受伤的是砖头,则侵权人就是扔砖头的人。关于共同危险行为,《民法典》第1170条规定:"二人以上实施危及他人人身、财产安全的行为,其中一人或者数人的行为造成他人损害,能够确定具体侵权人的,由侵权人承担责任;不能确定具体侵权人的,行为人承担连带责任。"

一般来说,共同危险行为须具有以下三个条件:(1)数人共同实施了危险行为。所谓危险行为,是指数人的行为均有危及他人人身、财产安全的可能性。这种危险可以从行为本身、周围环境以及行为人对致人损害可能性的控制条件上加以判断。(2)数个行为中的一个或几个行为造成损害,但无法判明何人的行为造成损害。在共同危险行为中,数个行为都有可能造成他人的损害,但由于数个行为发生的时间、地点是相同的,因而无法判断谁是侵权人。如果行为人主张其行为没有造成损害,应当由该行为人就其行为与损害结果之间不存在因果关系承担举证责任。(3)数人在主观上存在共同过失。在共同危险行为中,数个行为并不针对任何特定的人,也没有人为的侵害方向。因此,共同危险行为人没有共同致人损害的故意,而只有共同的过失。这种过失表现在:数个行为人都应当知道其行为有危险性,而这种危险性为不正当的、不合理的,因疏于注意而导致结果发生。一般来说,行为人的这种过失是以推定的形式存在的,即实施具有危险性的行为本身就表明了疏于注意过失的存在。

四、共同侵权责任的承担

（一）共同侵权责任的外部承担

无论何种形态的共同侵权行为,在行为人与受害人的关系上,共同侵权人相互承担连带责任。《民法典》第178条第1款规定:"二人以上依法承担连带责任的,权利人有权请求部分或者全部连带责任人承担责任。"可见,被侵权人有权向共同侵权人的部分或全部请求赔偿全部损失,共同侵权人中的任何一人或数人也都有义务向被侵权人赔偿全部损失;若共同侵权人中的一人或数人向被侵权人赔偿了全部损失,则其他人的赔偿责任消灭。

(二)共同侵权责任的内部分担

共同侵权人之间虽然对被侵权人的损害承担连带责任,但共同侵权人内部应当根据共同侵权人的过错程度以及对损害所起作用的大小进行责任分担。《民法典》第 178 条第 2 款规定:“连带责任人的责任份额根据各自责任大小确定;难以确定责任大小的,平均承担责任。实际承担责任超过自己责任份额的连带责任人,有权向其他连带责任人追偿。”可见,在内部关系上,共同侵权人应当承担按份责任。

第二节　无意思联络的数人侵权责任

一、无意思联络的数人侵权责任的概念和特点

无意思联络的数人侵权责任是指二人以上分别实施侵权行为,造成他人损害时,数个行为人所应承担的侵权责任。

无意思联络的数人侵权责任具有以下特点:

第一,各行为人均实施了侵权行为。无意思联络的数人侵权与共同侵权一样,都是数人致人损害的行为,具有主体复数性。单一的行为主体所实施的侵权行为,不能产生无意思联络的数人侵权责任。

第二,各行为人的行为造成了同一损害后果。无意思联络的数人侵权也具有损害后果同一性的特点,各个行为与损害的发生之间均存在因果关系。也就是说,各个行为在客观上结合在一起,从而造成了同一损害后果。

第三,各行为人不存在共同过错。在无意思联络的数人侵权责任中,尽管行为人也是多个,但是多个行为人分别实施侵权行为而不是共同实施侵权行为,即各行为人在主观上并不存在共同过错。这是无意思联络的数人侵权责任与共同侵权责任的本质区别。

二、无意思联络的数人侵权责任的种类和承担

依照行为人的行为与损害后果之间的关联性,无意思联络的数人侵权责任可以分为以下两种,行为人就此承担不同形态的责任:

第一,“分别实施行为,足以造成损害”的无意思联络的数人侵权责任。依据《民法典》第 1171 条规定,二人以上分别实施侵权行为造成同一损害,每个人的侵权行为都足以造成全部损害的,行为人承担连带责任。这种连带责任的基础并不是行为人的共同过错,而是聚合性因果关系。

第二,“分别实施行为,结合造成损害”的无意思联络的数人侵权责任。依据《民法典》第 1172 条规定,二人以上分别实施侵权行为造成同一损害,能够确定责任大小的,各自承担相应

的责任;难以确定责任大小的,平均承担责任。这种按份责任的基础也不是行为人的共同过错,而是行为人各自行为的原因力,即部分因果关系。

自测习题　　案例分析　　案例分析参考答案

第四十四章　侵权责任主体的特殊规定

■【导语】

在现实生活中,行为人应当对自己的行为负责,这是一般准则。侵权责任适用的一般原则也是“行为人对自己的过错行为负责”,行为主体与责任主体是同一的。但是,在特殊情况下,也会发生责任主体与行为主体不一致的情况。《民法典》侵权责任编第三章“责任主体的特殊规定”着重解决的就是这种特殊问题。

第一节　监护人损害责任

一、监护人损害责任的概念和归责原则

监护人损害责任是指无民事行为能力人或限制民事行为能力人造成他人损害时,监护人所应承担的侵权责任。

《民法典》第1188条第1款规定:“无民事行为能力人、限制民事行为能力人造成他人损害的,由监护人承担侵权责任。监护人尽到监护职责的,可以减轻其侵权责任。”依据这一规定,监护人损害责任适用无过错责任原则,无论监护人有无过错,即是否尽了监护职责,监护人都应承担侵权责任,而不能以尽到监护职责为由不承担责任。只不过监护人尽到监护职责的,可以减轻监护人的侵权责任。

二、监护人损害责任的构成要件

第一,被监护人的行为具有客观违法性。在监护人损害责任中,实施侵权行为的主体是无民事行为能力或者限制民事行为能力的被监护人。由于被监护人不具有完全的意思能力,因而就其主观而言,其不一定意识到自己行为的法律后果,因而,一般也就不存在被监护人的主观过错问题。但是,就被监护人的行为而言,其必须在客观上为法律所不容,即具有客观违法性。否则,不能产生监护人损害责任。

第二,被侵权人受到了损害。被监护人的行为须造成了他人损害,才能产生监护人损害责任。这里的损害包括人身损害和财产损害,也包括精神损害。

第三,被监护人的行为与损害后果之间具有因果关系。只有被监护人的行为造成了他人的损害后果,才能产生监护人损害责任。如果受害人的损害后果与被监护人的行为无关,则不发生监护人损害责任问题。

三、监护人损害责任的承担

《民法典》第 1188 条第 2 款规定:"有财产的无民事行为能力人、限制民事行为能力人造成他人损害的,从本人财产中支付赔偿费用;不足部分,由监护人赔偿。"依此规定,监护人损害责任的承担主体是根据被监护人的财产状况来确定的:在无财产的被监护人造成他人损害的情况下,完全由监护人承担责任;在有财产的被监护人造成他人损害的情况下,先应由本人承担赔偿费用(从本人财产中支付赔偿费用),监护人只就被监护人财产不足以赔偿部分承担责任。

在监护人损害责任中,如果监护人有数个,则应当由与被监护人共同生活的监护人承担责任;如果与被监护人共同生活的监护人独立承担责任有困难,未与被监护人共同生活的监护人应与其他监护人共同承担责任。

被监护人造成他人损害时,有明确监护人的,由监护人承担赔偿责任;监护人不明确的,由顺序在前的有监护能力的人承担赔偿责任。如果顺序在前的有监护能力的人为数人,应由他们共同承担赔偿责任。

此外,在监护人将监护职责委托给他人的情形下,也应由监护人承担侵权责任。若受托人有过错的,其承担相应的责任。对此,《民法典》第 1189 条规定:"无民事行为能力人、限制民事行为能力人造成他人损害,监护人将监护职责委托给他人的,监护人应当承担侵权责任;受托人有过错的,承担相应的责任。"

第二节　暂时丧失心智者损害责任

一、暂时丧失心智者损害责任的概念和归责原则

暂时丧失心智者损害责任是指完全民事行为能力人在对其行为暂时没有意识或失去控制的情况下造成他人损害所应承担的侵权责任。

《民法典》第 1190 条规定:"完全民事行为能力人对自己的行为暂时没有意识或者失去控制造成他人损害有过错的,应当承担侵权责任;没有过错的,根据行为人的经济状况对受害人适当补偿。完全民事行为能力人因醉酒、滥用麻醉药品或者精神药品对自己的行为暂时没有意识或者失去控制造成他人损害的,应当承担侵权责任。"可见,暂时丧失心智者损害责任适用过错责任原则。

二、暂时丧失心智者损害责任的构成要件

第一,行为人是暂时丧失心智的完全民事行为能力人。暂时丧失心智致人损害的行为人

须是完全民事行为能力人,而不能是无民事行为能力人和限制民事行为能力人。同时,完全民事行为能力人在实施行为时须暂时没有意识或失去控制。如完全民事行为能力人在实施行为时并不存在没有意识或失去控制的情形,则不能产生暂时丧失心智者损害责任。

第二,实施了加害行为。完全民事行为能力人须在暂时没有意识或失去控制的情况下,实施了加害行为。完全民事行为能力人虽然没有意识或失去控制,但没有加害行为的,则不会产生暂时丧失心智者损害责任。

第三,被侵权人受到了损害。暂时丧失心智者的行为须造成了他人损害,才能产生暂时丧失心智者损害责任。被侵权人的损害包括人身损害和财产损害,也可以是基于人身损害而发生的精神损害。

第四,暂时丧失心智者的加害行为与损害后果之间具有因果关系。在暂时丧失心智者损害责任中,暂时丧失心智者的加害行为须是被侵权人所受损害的原因,即二者之间须存在因果关系。

第五,行为人对自己暂时丧失心智具有过错。暂时丧失心智者损害责任适用过错责任原则,因此,只有在行为人存在过错的情况下,这种责任才能成立。但应当指出的是,这里的过错是指行为人对暂时没有意识或失去控制存在过错,而不是指对损害后果具有过错。完全民事行为能力人因醉酒、滥用麻醉药品或者精神药品对自己的行为暂时没有意识或者失去控制的,应当认定行为人具有过错。

三、暂时丧失心智者损害责任的承担

依据《民法典》第 1190 条规定,暂时丧失心智者损害责任的承担区分以下情形:

第一,完全民事行为能力人对自己的行为暂时没有意识或者失去控制造成他人损害有过错的,应当承担侵权责任。也就是说,尽管行为人在致害时因丧失心智而无过错,但其对行为时的心智丧失是有过错的,即因其过错导致暂无意识或失去控制,行为人仍应承担侵权责任。

第二,完全民事行为能力人对自己的行为暂时没有意识或失去控制没有过错的,则依过错责任原则,行为人不应当承担侵权责任,但应根据行为人的经济状况对受害人适当补偿。

第三,完全民事行为能力人因醉酒、滥用麻醉药品或者精神药品对自己的行为暂时没有意识或者失去控制造成他人损害的,应当承担侵权责任。这是因为醉酒、滥用麻醉药品或者精神药品本身就可推定其有过错。

第三节 使用人损害责任

一、用人单位损害责任

(一)用人单位损害责任的概念和归责原则

用人单位损害责任是指用人单位的工作人员因执行工作任务造成他人损害时,用人单位

所应承担的侵权责任。

《民法典》第 1191 条第 1 款规定："用人单位的工作人员因执行工作任务造成他人损害的，由用人单位承担侵权责任。用人单位承担侵权责任后，可以向有故意或者重大过失的工作人员追偿。"依据这一规定，用人单位损害责任适用无过错责任原则，只要用人单位的工作人员在执行工作任务中造成了他人损害，用人单位就应承担侵权责任，而不能通过证明自己在选任或监督方面尽到了相应的义务而不承担责任。

（二）用人单位损害责任的构成要件

第一，用人单位的工作人员实施了执行工作任务的行为。用人单位工作人员的行为只有是执行工作任务的行为，才会产生用人单位损害责任。工作人员按照用人单位的授权或指示进行工作的，即构成执行工作任务的行为。工作人员实施的与工作任务无关的行为，即使发生在工作时间内，也不属于执行工作任务的行为。

第二，用人单位工作人员的行为构成侵权行为。用人单位工作人员执行工作任务的行为只有构成侵权行为，才能产生用人单位损害责任。若其工作人员的行为不构成侵权行为，则不产生用人单位损害责任。至于工作人员的行为是否构成侵权行为，应根据侵权责任所适用的归责原则加以确定。例如，在适用过错责任原则时，如果工作人员没有过错，则工作人员的行为不产生侵权责任；在适用无过错责任原则时，如果工作人员的行为属于法律规定应当承担无过错责任的情形，工作人员的行为会产生特殊侵权的无过错责任。

第三，被侵权人受到了损害。用人单位损害责任是工作人员在执行工作任务中造成他人损害的一种侵权责任，因此，只有工作人员的行为造成了他人损害，才能产生用人单位损害责任。这里的损害既包括人身损害和财产损害，也包括精神损害。

第四，工作人员执行工作任务的行为与损害后果之间具有因果关系。在用人单位损害责任中，受害人的损害后果应当是工作人员执行工作任务的行为所造成的，即工作人员执行工作任务的行为与损害后果之间须具有因果关系。

（三）用人单位损害责任的承担

依据《民法典》第 1191 条规定，用人单位损害责任的承担主体为用人单位。这里的用人单位，既包括企业、事业单位、国家机关、社会团体等，也包括个体经济组织。如果在劳务派遣期间，被派遣的工作人员因执行工作任务造成他人损害的，责任主体为接受劳务派遣的用工单位。劳务派遣单位有过错的，则应当承担相应的责任。

那么，用人单位在承担侵权责任后，能否向工作人员追偿呢？对此，《民法典》第 1191 条第 1 款规定："用人单位承担侵权责任后，可以向有故意或者重大过失的工作人员追偿。"依据该规定，工作人员仅有一般过失的，用人单位在承担侵权责任后不能向其追偿；只有在工作人员有故意或者重大过失时，用人单位才享有追偿权。

二、个人劳务损害责任

（一）个人劳务损害责任的概念和归责原则

个人劳务损害责任是指在个人劳务关系中，提供劳务一方因劳务造成他人损害或者受到损害时，接受劳务一方所应承担的侵权责任。

个人劳务损害责任包括两种：一是个人劳务提供者致害责任，即提供劳务一方因劳务造成他人损害的责任；二是个人劳务提供者受害责任，即提供劳务一方因劳务受到损害的责任。这两种责任适用不同的归责原则：(1) 个人劳务提供者致害责任适用无过错责任原则。在本质上，这种责任与用人单位损害责任属于同一种责任，只要提供劳务一方因劳务造成他人损害，接受劳务一方就应当承担责任，不能以自己没有过错而不承担责任。(2) 个人劳务提供者受害责任适用过错责任原则，以接受劳务一方存在过错为条件。接受劳务一方没有过错的，则不承担责任。

（二）个人劳务损害责任的构成要件

在个人劳务损害责任中，个人劳务提供者致害责任和个人劳务提供者受害责任分别适用无过错责任原则和过错责任原则，因此，这两种个人劳务损害责任的构成要件存在差别。这种差别主要体现在主观要件方面，客观要件方面并无本质的差别。也就是说，适用过错责任原则的个人劳务提供者受害责任须接受劳务一方存在过错，而适用无过错责任原则的个人劳务提供者致害责任则无须接受劳务一方存在过错。

第一，提供劳务一方因个人劳务关系提供劳务而实施一定的行为。个人劳务损害责任是发生在个人劳务关系中的一种责任，因此，提供劳务一方与接受劳务一方之间须存在个人劳务关系，这是个人劳务损害责任存在的基础。所谓个人劳务关系，是指自然人之间建立的一方为另一方提供劳务，另一方接受劳务并按约定支付报酬的民事法律关系。在个人劳务关系中，提供劳务一方须因提供劳务而实施一定的行为，即提供劳务一方的行为应属于完成工作任务的行为，个人劳务损害责任才能产生。至于提供劳务一方的行为是否构成侵权行为，则因个人劳务损害责任的类型不同而存在差别。在个人劳务提供者致害责任中，提供劳务一方的行为须构成侵权行为；而在个人劳务提供者受害责任中，提供劳务一方的行为无须构成侵权行为。

第二，被侵权人或劳务提供者受到了损害。在个人劳务损害责任中，损害后果包括两种情形：一是提供劳务一方因劳务造成他人损害，基于这种损害后果而产生的个人劳务损害责任属于个人劳务提供者致害责任；二是提供劳务一方因劳务受到损害，基于这种损害后果而产生的个人劳务损害责任属于个人劳务提供者受害责任。这两种损害后果主要是人身损害，当然也包括财产损害等。

第三，提供劳务一方的行为与损害后果之间具有因果关系。无论是被侵权人的损害后果还是提供劳务一方的损害后果，都应当与提供劳务一方因劳务而实施的行为之间存在因果关系。否则，个人劳务损害责任不能成立。

第四，接受劳务一方存在过错。个人劳务提供者致害责任适用无过错责任原则，因此，责任的构成只要具备前述三个条件即可。而个人劳务提供者受害责任适用过错责任原则，因此，责任的构成还须接受劳务一方存在过错。

（三）个人劳务损害责任的承担

《民法典》第 1192 条第 1 款规定："个人之间形成劳务关系，提供劳务一方因劳务造成他人损害的，由接受劳务一方承担侵权责任。接受劳务一方承担侵权责任后，可以向有故意或者重大过失的提供劳务一方追偿。提供劳务一方因劳务受到损害的，根据双方各自的过错承担相应的责任。"依据这一规定，个人劳务损害责任的承担主体为接受劳务一方，具体而言：

在个人劳务提供者致害责任中，接受劳务一方应当承担责任，在具备法定免责事由时，可以不承担责任或减轻责任。接受劳务一方在承担责任后，可以向有故意或者重大过失的提供劳务一方追偿。在个人劳务提供者受害责任中，接受劳务一方有过错的，应当承担责任；接受劳务一方与提供劳务一方都有过错的，应当按照各自的过错承担相应的责任。

在个人劳务关系中，如果提供劳务一方因第三人的行为而造成损害的，接受劳务一方不承担侵权责任，但可以产生补偿关系。对此，《民法典》第 1192 条第 2 款规定："提供劳务期间，因第三人的行为造成提供劳务一方损害的，提供劳务一方有权请求第三人承担侵权责任，也有权请求接受劳务一方给予补偿。接受劳务一方补偿后，可以向第三人追偿。"

（四）个人劳务责任与帮工责任的区别

个人劳务损害责任与帮工责任很相似，但两者是不同的责任形态，其主要区别在于：个人劳务损害责任是建立在有偿关系基础之上的，而帮工责任是建立在无偿关系基础之上的。依据《人身损害赔偿解释》规定，帮工责任亦包括两种：其一，无偿提供劳务的帮工人，在从事帮工活动中致人损害的，被帮工人应当承担赔偿责任。被帮工人承担赔偿责任后，有权向有故意或者重大过失的帮工人追偿。被帮工人明确拒绝帮工的，不承担赔偿责任（第 4 条）。其二，无偿提供劳务的帮工人因帮工活动遭受人身损害的，根据帮工人和被帮工人各自的过错承担相应的责任；被帮工人明确拒绝帮工的，被帮工人不承担赔偿责任，但可以在受益范围内予以适当补偿。帮工人在帮工活动中因第三人的行为遭受人身损害的，有权请求第三人承担赔偿责任，也有权请求被帮工人予以适当补偿。被帮工人补偿后，可以向第三人追偿（第 5 条）。

第四节　定作人损害责任

一、定作人损害责任的概念和归责原则

定作人损害责任是指在承揽关系中，承揽人于完成工作过程中造成第三人损害或者自己损害时，定作人因对定作、指示或者选任有过错而应当承担的侵权责任。

在承揽关系中，承揽人与定作人之间并未形成劳务关系，承揽人应当独立完成承揽工作，因而承揽人在完成定作工作造成他人损害或者自己损害时，原则上应由承揽人自己承担相应责任。但是，如果定作人对定作、指示或者选任存在过错的，则应当承担相应的责任。可见，定

作人损害责任适用过错责任原则。

二、定作人损害责任的构成要件

第一,承揽人基于承揽合同而实施一定的行为。定作人损害责任是发生在承揽人完成工作过程中的一种责任,因此,承揽人与定作人之间须存在承揽关系,这是定作人损害责任存在的基础。在承揽关系中,承揽人须因完成工作成果而实施一定的行为,即只有承揽人实施的行为属于完成承揽工作的行为,定作人损害责任才能产生。

第二,被侵权人或者承揽人受到了损害。在定作人损害责任中,损害后果包括两种情形:一是承揽人造成了第三人损害,即承揽人造成了承揽人和定作人之外的其他民事主体的损害;二是承揽人在完成工作的过程中自身受到损害。这两种情形下的损害后果主要是人身损害,但也包括财产损害等情形。

第三,承揽行为与损害之间具有因果关系。无论是第三人损害还是承揽人自身受到损害,该损害后果都应与承揽人为完成承揽工作而实施的行为之间存在因果关系。否则,定作人损害责任不能成立。

第四,定作人存在过错。在定作人损害责任中,无论是承揽人造成第三人损害,还是承揽人自身受有损害,均以定作人存在过错为前提。定作人的过错具体表现为对定作、指示或者选任存在过错。例如,定作人要求完成的工作存在违法性(定作过错)、指定使用质量不合格的材料(指示过错)、定作人选任没有资质的承揽人(选任过错)。

三、定作人损害责任的承担

《民法典》第 1193 条规定:"承揽人在完成工作过程中造成第三人损害或者自己损害的,定作人不承担侵权责任。但是,定作人对定作、指示或者选任有过错的,应当承担相应的责任。"依据这一规定,定作人损害责任的主体为定作人。无论是承揽人造成第三人损害还是承揽人自身受到损害,定作人仅在其对定作、指示或者选任有过错的情况下,才承担相应的责任。这里的"相应的责任",是指与定作人在定作、指示或者选任上的过错程度相适应的责任。

第五节 网络侵权责任

一、网络侵权责任的概念和归责原则

网络侵权责任是指网络用户或网络服务提供者利用网络侵害他人民事权益时,网络用户或网络服务提供者所应承担的侵权责任。

《民法典》第 1194 条规定:"网络用户、网络服务提供者利用网络侵害他人民事权益的,应当承担侵权责任。法律另有规定的,依照其规定。"可见,网络侵权责任不是指侵害某种特定权益的责任,而是指一切利用网络侵权而产生的责任。这些侵权责任属于一般侵权责任的范

围,只不过是发生在网络空间而已。因此,网络侵权责任适用过错责任原则。

二、网络侵权责任的构成要件

第一,网络用户或网络服务提供者实施了加害行为。网络侵权责任是发生在网络空间的一种侵权责任,因此,网络用户或网络服务提供者须利用网络实施加害行为,网络侵权责任才能成立。依据《最高人民法院关于审理利用信息网络侵害人身权益民事纠纷案件适用法律若干问题的规定》(以下简称《网络侵害人身权益规定》)规定,网络用户或者网络服务提供者采取诽谤、诋毁等手段,损害公众对经营主体的信赖,降低其产品或者服务的社会评价,经营主体有权请求网络用户或者网络服务提供者承担侵权责任(第 8 条);网络用户或者网络服务提供者根据国家机关依职权制作的文书和公开实施的职权行为等信息来源所发布的信息,有下列情形之一,侵害他人人身权益的,应当承担侵权责任:(1) 网络用户或者网络服务提供者发布的信息与前述信息来源内容不符;(2) 网络用户或者网络服务提供者以添加侮辱性内容、诽谤性信息、不当标题或者通过增删信息、调整结构、改变顺序等方式致人误解;(3) 前述信息来源已被公开更正,但网络用户拒绝更正或者网络服务提供者不予更正;(4) 前述信息来源已被公开更正,网络用户或者网络服务提供者仍然发布更正之前的信息(第 9 条)。在网络空间中,网络用户或网络服务提供者利用网络所侵害的民事权益主要包括:(1) 精神性人格权。如侵害他人姓名权、名称权、肖像权、名誉权、荣誉权、隐私权等。(2) 知识产权。如侵害著作权、商标权等。(3) 财产权益。如窃取他人网络银行账户中的资金、窃取他人网络游戏装备及虚拟货币等。

第二,被侵权人受到损害。网络用户或网络服务提供者利用网络实施的加害行为须造成了他人损害,才能成立网络侵权责任。这里的损害包括财产损害、精神损害,但不包括人身损害,因为网络侵权的对象不包括生命权和健康权。依据《网络侵害人身权益规定》规定,网络用户或者网络服务提供者侵害他人人身权益,造成财产损失或者严重精神损害,被侵权人有权依据《民法典》第 1182、1183 条规定,请求其承担赔偿责任(第 11 条)。被侵权人为制止侵权行为所支付的合理开支,可以认定为《民法典》第 1182 条规定的财产损失。这里的“合理开支”,包括被侵权人或者委托代理人对侵权行为进行调查、取证的合理费用,也可以包括符合国家有关部门规定的律师费用。被侵权人因人身权益受侵害造成的财产损失以及侵权人因此获得的利益难以确定的,可以根据具体案情在 50 万元以下的范围内确定赔偿数额(第 12 条)。

第三,网络用户或网络服务提供者的加害行为与损害后果之间具有因果关系。网络用户或网络服务提供者利用网络所实施的加害行为与被侵权人所受到的损害后果之间须具有因果关系,网络侵权责任才能成立。

第四,网络用户或网络服务提供者存在过错。网络侵权责任适用过错责任原则,因此,只有在网络用户或网络服务提供者存在过错的情况下,网络侵权责任才能成立。

三、网络侵权责任的承担

依据《民法典》第 1194 条规定,网络侵权责任的承担主体为网络用户、网络服务提供者。

所谓网络用户，是指接受网络服务的当事人，主要是指自然人；所谓网络服务提供者，是指为网络信息交流和交易活动提供中介服务的网络主体，包括技术服务提供者和内容服务提供者。前者包括提供接入、缓存、信息存储空间、搜索以及链接等服务的网络主体；后者是主动向网络用户提供内容的网络主体。

因网络侵权责任发生在网络空间，《民法典》对该类责任规定了如下特殊规则：

第一，避风港的通知规则。依据《民法典》第 1195 条规定，在网络用户利用网络服务实施侵权行为时，权利人有权通知网络服务提供者采取删除、屏蔽、断开链接等必要措施。该通知内容应当包括构成侵权的初步证据及权利人的真实身份信息。依据《网络侵害人身权益规定》第 5 条规定，网络用户因其发布的信息被采取删除、屏蔽、断开链接等措施而主张网络服务提供者承担责任的，网络服务提供者有权以收到有效通知为由进行抗辩。在网络服务提供者接到通知后，应当及时将该通知转送相关网络用户，并根据构成侵权的初步证据和服务类型采取必要措施。如果网络服务提供者未及时采取必要措施，对损害的扩大部分应当与该网络用户承担连带责任。网络服务提供者采取的删除、屏蔽、断开链接等必要措施是否及时，应当根据网络服务的类型和性质、有效通知的形式和准确程度、网络信息侵害权益的类型和程度等因素综合判断（《网络侵害人身权益规定》第 4 条）。应当指出的是，如果权利人通知错误且因错误通知造成网络用户或者网络服务提供者损害的，权利人应当承担侵权责任；但是法律另有规定的，依照其规定。

第二，避风港通知规则的反通知。依据《民法典》第 1196 条规定，网络用户接到转送通知后，可以向网络服务提供者提交不存在侵权行为的声明。该声明的内容，应当包括不存在侵权行为的初步证据及网络用户的真实身份信息。在网络服务提供者接到声明后，应当将该声明转送发出通知的权利人，并告知其可以向有关部门投诉或者向法院提起诉讼。网络服务提供者在转送声明到达权利人后的合理期限内，未收到权利人已经投诉或者提起诉讼通知的，应当及时终止所采取的措施。如果网络服务提供者在符合上述规定的情形下未及时终止其所采取的必要措施并造成网络用户损害的，应当承担侵权责任。

第三，如果网络服务提供者知道或者应当知道网络用户利用其网络服务侵害他人民事权益而未采取必要措施，应当与该网络用户承担连带责任（《民法典》第 1197 条）。人民法院在认定网络服务提供者是否“知道或者应当知道”，应当综合考虑下列因素：（1）网络服务提供者是否以人工或者自动方式对侵权网络信息以推荐、排名、选择、编辑、整理、修改等方式作出处理；（2）网络服务提供者应当具备的管理信息的能力，以及所提供服务的性质、方式及其引发侵权的可能性大小；（3）该网络信息侵害人身权益的类型及明显程度；（4）该网络信息的社会影响程度或者一定时间内的浏览量；（5）网络服务提供者采取预防侵权措施的技术可能性及其是否采取了相应的合理措施；（6）网络服务提供者是否针对同一网络用户的重复侵权行为或者同一侵权信息采取了相应的合理措施；（7）与本案相关的其他因素（《网络侵害人身权益规定》第 6 条）。

第六节　违反安全保障义务责任

一、违反安全保障义务责任的概念和归责原则

违反安全保障义务责任是指宾馆、商场、银行、车站、机场、体育场馆、娱乐场所等经营场所、公共场所的经营者、管理者或者群众性活动的组织者，未尽到安全保障义务造成他人损害时，经营者、管理者或组织者所应承担的侵权责任。

依据《民法典》第1198条规定，违反安全保障义务责任适用过错责任原则。经营场所、公共场所的经营者、管理者或群众性活动的组织者，在经营场所、公共场所的经营、管理和群众性活动的组织中负有安全保障义务，以保护民事主体的合法权益。如果经营者、管理者或组织者未尽到安全保障义务，就说明经营者、管理者或组织者是有过错的，就应当承担侵权责任。

二、违反安全保障义务责任的构成要件

第一，行为人实施了违反安全保障义务的行为。所谓安全保障义务，是指宾馆、商场、银行、车站、机场、体育场馆、娱乐场所等经营场所、公共场所的经营者、管理者或者群众性活动的组织者保护他人人身、财产安全的义务。这种义务属于作为义务，经营者、管理者或组织者应当为保障他人人身、财产安全而采取积极的安全保障措施。如果经营者、管理者或组织者没有采取积极的安全保障措施，就违反了安全保障义务。可见，违反安全保障义务的行为表现为不作为。

第二，被侵权人受到了损害。经营场所、公共场所的经营者、管理者或群众性活动的组织者违反了安全保障义务，须造成他人损害，才能产生违反安全保障义务责任。这里的损害既包括人身损害和财产损害，也包括精神损害。

第三，违反安全保障义务的行为与损害后果之间具有因果关系。在违反安全保障义务责任中，因果关系是指不作为的因果关系，即经营者、管理者或组织者因怠于作为而造成了损害。这种因果关系有两种表现形式：一是违反安全保障义务的行为直接造成了他人的损害，这种不作为是造成损害的直接原因；二是违反安全保障义务的行为间接造成了他人损害，这种不作为是造成损害的间接原因，即因第三人的行为造成他人损害时，经营者、管理者或者组织者未尽到安全保障义务。

第四，行为人存在过错。违反安全保障义务责任为过错责任，因此，行为人须存在过错，这种责任才能成立。这里的过错表现为经营场所、公共场所的经营者、管理者或群众性活动的组织者没有尽到安全保障义务。也就是说，只要经营者、管理者或组织者没有尽到安全保障义务，就可以认定其有过错。

三、违反安全保障义务责任的承担

依据《民法典》第1198条规定，违反安全保障义务责任的承担主体为经营场所、公共场所

的经营者、管理者或群众性活动的组织者,其承担的责任分为以下两种情形:

第一,直接责任。宾馆、商场、银行、车站、机场、体育场馆、娱乐场所等经营场所、公共场所的经营者、管理者或者群众性活动的组织者,未尽到安全保障义务,造成他人损害的,经营者、管理者或组织者应当承担直接责任。

第二,补充责任。因第三人的行为造成他人损害时,由第三人承担侵权责任;如果经营者、管理者或者组织者未尽到安全保障义务,则应承担相应的补充责任。当然,经营者、管理者或者组织者承担补充责任后,可以向第三人追偿。

第七节　教育机构损害责任

一、教育机构损害责任的概念和归责原则

教育机构损害责任是指无民事行为能力人、限制民事行为能力人在幼儿园、学校或者其他教育机构(以下简称教育机构)学习、生活期间因教育机构失职而受到人身损害时,教育机构所应承担的侵权责任。

依据《民法典》规定,教育机构损害责任适用过错责任原则,具体有三种情形:一是无民事行为能力人在教育机构学习、生活期间受害的,适用过错推定的过错责任原则,只要教育机构不能证明尽到教育、管理职责的,就推定其有过错,应当承担责任。二是限制民事行为能力人在教育机构学习、生活期间受害的,适用一般的过错责任原则,教育机构未尽到教育、管理职责的,为有过错。受害人对教育机构未尽到教育、管理职责即其过错承担举证责任。三是无民事行为能力人、限制民事行为能力人因教育机构以外的第三人的原因而受害的,教育机构的责任适用一般的过错责任原则。

二、教育机构损害责任的构成要件

第一,教育机构存在失职行为。教育机构包括幼儿园、学校或者其他教育机构。这里的学校包括国家或社会力量举办的全日制中小学(含特殊教育学校)、各类中等职业学校、高等学校;其他教育机构包括少年宫、电化教育机构等。在教育机构损害责任中,教育机构须存在失职行为,即未尽到教育、管理职责。

第二,被侵权人在教育机构学习、生活期间受到人身损害。在教育机构损害责任中,一方面,被侵权人须是在教育机构内学习、生活的无民事行为能力人和限制民事行为能力人,并且被侵权人须是在教育机构内学习、生活期间受害,若在此期间外受到损害,则不发生教育机构损害责任;另一方面,被侵权人受到人身损害。至于被侵权人是因教育机构内的人员侵害而受到人身损害,还是因其他原因受到人身损害,则在所不问。

第三,被侵权人的损害与教育机构的失职行为之间具有因果关系。教育机构的失职行为表现为不作为,属于不作为的加害行为。因此,失职行为与损害后果之间的因果关系为不作为的因果关系。

第四,教育机构存在过错。教育机构损害责任属于一种过错责任,因此,只有教育机构存在过错,这种责任才能成立。教育机构的过错表现为行为失职,即未尽到教育、管理职责,也就是在履行教育、管理职责时没有尽到必要的注意义务。

三、教育机构损害责任的承担

依据《民法典》规定,教育机构损害责任的承担主体为教育机构,其承担的责任区分为以下两种情况:

第一,直接责任。无民事行为能力人、限制民事行为能力人在幼儿园、学校或者其他教育机构学习、生活期间受到人身损害的,教育机构应当承担直接责任(《民法典》第1199、1200条)。

第二,补充责任。无民事行为能力人或者限制民事行为能力人在幼儿园、学校或者其他教育机构学习、生活期间,受到幼儿园、学校或者其他教育机构以外的第三人人身损害的,由第三人承担侵权责任,教育机构未尽到管理职责的,应当承担相应的补充责任。教育机构在承担补充责任后,可以向第三人追偿(《民法典》第1201条)。

自测习题　　案例分析　　案例分析参考答案

第四十五章　特殊侵权责任

【导语】

可以说,现代社会充满了矛盾、危机和损害。有缺陷产品严重影响消费者的人身和财产安全,车祸、空难、海难事故频生;医疗造成损害,引发医患冲突;环境被污染、生态被破坏;饲养动物、建筑物和物件也可能威胁人们的生命财产安全。这些危害事故,可能造成无法估量的人身和财产损害。如何有效防止和合理填补这些损害,是一个涉及面甚广的重大问题,需要采取多方面的措施予以应对,特殊侵权责任制度就是诸多措施中的一种。特殊侵权责任的种类很多,《民法典》规定了产品责任、机动车交通事故责任、医疗损害责任、环境污染和生态破坏责任、高度危险责任、饲养动物损害责任、建筑物和物件损害责任。本章将对这些特殊侵权责任进行阐述。

第一节　产品责任

一、产品责任的概念和归责原则

产品责任是指因产品存在缺陷造成他人损害时,生产者、销售者所应承担的侵权责任。

产品责任是产品的生产者、销售者对受害人的一种侵权责任。就生产者所承担的产品责任而言,依据《民法典》第 1202 条规定,只要产品存在缺陷造成了他人损害,无论生产者是否存在过错,都应当承担侵权责任。这表明生产者的产品责任适用无过错责任原则。就销售者所承担的产品责任而言,《民法典》第 1203 条规定:“因产品存在缺陷造成他人损害的,被侵权人可以向产品的生产者请求赔偿,也可以向产品的销售者请求赔偿。产品缺陷由生产者造成的,销售者赔偿后,有权向生产者追偿。因销售者的过错使产品存在缺陷的,生产者赔偿后,有权向销售者追偿。”这一规定表明,被侵权人要求销售者承担产品责任,并不以销售者存在过错为条件,销售者不能以自己无过错为由拒绝承担产品责任。因此,销售者向被侵权人所承担的产品责任也适用无过错责任原则。

二、产品责任的构成要件

（一）产品存在缺陷

依据《产品质量法》第 2 条规定，所谓产品，是指经过加工、制作，用于销售的产品。可见，在产品责任中，产品须具有两个条件：一是须经过加工、制作。没有经过加工、制作的自然物，如初级农产品、原始矿产品等，都不属于产品责任中所指的产品的范围。二是用于销售。用于销售是指加工、制作产品的目的在于销售。关于产品的范围，一般认为，产品仅限于动产，而不包括不动产。《产品质量法》第 2 条明确规定，建设工程不适用产品质量法的规定。因此，因建设工程致人损害的，不属于产品责任。

依据《产品质量法》第 46 条规定，所谓产品缺陷，是指产品存在危及人身、他人财产安全的不合理的危险；如果产品有保障人体健康和人身、财产安全的国家标准、行业标准的，产品缺陷是指不符合该标准。可见，产品缺陷包括如下基本含义：（1）缺陷应当是一种不合理的危险；（2）不合理的危险危及人身、他人财产安全；（3）产品是否存在不合理的危险，应依一般标准和法定标准确定。一般标准是人们有权期望的安全性，这是各国法普遍采纳的标准。法定标准即产品保障人体健康和人身、财产安全的国家标准或行业标准。理论上一般认为，产品的缺陷包括以下三种：一是设计缺陷，即产品在设计过程中，产品的结构、配方等方面存在不合理的危险；二是制造缺陷，即产品在制造过程中，因原材料、配件、工艺等存在错误而导致产品存在不合理的危险；三是指示缺陷，即产品在经销过程中，因没有适当的指示和警告而使产品存在不合理的危险，故又称为经营缺陷、营销缺陷。

（二）被侵权人受到了损害

在产品责任中，被侵权人既可以是购买使用产品的人，也可以是使用产品以外的人。就损害而言，既包括人身损害和财产损害，也包括因人身损害而导致的精神损害。那么，财产损害是否包括缺陷产品自身的损害呢？依据《产品质量法》第 41 条规定，产品责任的财产损害仅指缺陷产品以外的其他财产的损害，缺陷产品自身的损害不包括在内。但是，《民法典》第 1202 条并没有区分这两种财产损害，因此，在产品责任中，财产损害既包括缺陷产品以外的其他财产的损害，也应当包括缺陷产品自身的损害。

（三）产品缺陷与损害后果之间具有因果关系

在产品责任中，被侵权人的损害后果应当是因产品存在缺陷而造成的，即产品的缺陷与损害后果之间须存在因果关系。如果被侵权人的损害与产品缺陷没有因果关系，则不构成产品责任。这里的因果关系，是产品的缺陷与损害后果之间的因果关系，而不是某种行为与损害后果之间的因果关系。

三、产品责任的承担

在产品责任中,被侵权人既可以向产品的生产者请求赔偿,也可以向产品的销售者请求赔偿。可见,产品责任的承担主体包括产品的生产者和销售者。在生产者或销售者赔偿之后,两者之间可能会发生追偿关系。一方面,产品缺陷是生产者造成的,销售者赔偿后,有权向生产者追偿;另一方面,因销售者的过错使产品存在缺陷的,生产者赔偿后,有权向销售者追偿。在产品责任中,如果存在第三人的责任,则产品的生产者或销售者在赔偿后,有权向该第三人追偿。对此,《民法典》第 1204 条规定:"因运输者、仓储者等第三人的过错使产品存在缺陷,造成他人损害的,产品的生产者、销售者赔偿后,有权向第三人追偿。"

产品的生产者、销售者除应当承担赔偿责任外,还应当承担以下两种特殊责任:一是停止侵害、排除妨碍、消除危险等侵权责任。依据《民法典》第 1205 条规定,因产品缺陷危及他人人身、财产安全的,被侵权人有权请求生产者、销售者承担停止侵害、排除妨碍、消除危险等侵权责任。二是惩罚性赔偿责任。依据《民法典》第 1207 条规定,明知产品存在缺陷仍然生产、销售,或者没有依据第 1206 条规定采取有效补救措施,造成他人死亡或者健康严重损害的,被侵权人有权请求相应的惩罚性赔偿。

在产品责任中,生产者虽然承担无过错责任,但如果生产者能够证明具备法定免责事由的,则不承担赔偿责任。关于产品责任的免责理由,《民法典》没有特殊规定。依据《产品质量法》第 41 条规定,产品的生产者能够证明有下列情形之一的,不承担赔偿责任:(1) 未将产品投入流通。所谓"投入流通",是指产品进入了流通领域,包括任何形式的出售、出租、质押等。(2) 产品投入流通时,引起损害的缺陷尚不存在。在产品投入流通时,引起损害的缺陷尚不存在,说明产品的缺陷并不是生产者造成的,因此,生产者可以不承担赔偿责任。(3) 将产品投入流通时的科学技术水平尚不能发现缺陷的存在。应当指出的是,在产品投入流通时,虽然因某种原因或技术水平未能发现产品存在缺陷,但在产品投入流通后,发现产品存在缺陷的,生产者、销售者应当采取停止销售、警示、召回等补救措施,以防止造成他人损害。生产者、销售者未及时采取补救措施或补救措施不力造成损害扩大的,对扩大的损害仍然要承担产品责任。对此,《民法典》第 1206 条第 1、2 款规定:"产品投入流通后发现存在缺陷的,生产者、销售者应当及时采取停止销售、警示、召回等补救措施;未及时采取补救措施或者补救措施不力造成损害扩大的,对扩大的损害也应当承担侵权责任。""依据前款规定采取召回措施的,生产者、销售者应当负担被侵权人因此支付的必要费用。"

第二节 机动车交通事故责任

一、机动车交通事故责任的概念和归责原则

机动车交通事故责任是指机动车在道路上通行造成他人损害时,机动车一方所应承担的侵权责任。

《民法典》第1208条规定:“机动车发生交通事故造成损害的,依照道路交通安全法律和本法的有关规定承担赔偿责任。”可见,机动车交通事故责任是以交通事故的发生为前提的一种责任。依据《道路交通安全法》第119条规定,所谓交通事故,是指车辆在道路上因过错或者意外造成的人身伤亡或者财产损失的事件。依据该法第76条第1款规定,机动车发生交通事故造成人身伤亡、财产损失的,由保险公司在机动车第三者责任强制保险责任限额范围内予以赔偿;不足的部分,按照下列规定承担赔偿责任:(1)机动车之间发生交通事故的,由有过错的一方承担赔偿责任;双方都有过错的,按照各自过错的比例分担责任;(2)机动车与非机动车驾驶人、行人之间发生交通事故,非机动车驾驶人、行人没有过错的,由机动车一方承担赔偿责任;有证据证明非机动车驾驶人、行人有过错的,根据过错程度适当减轻机动车一方的赔偿责任;机动车一方没有过错的,承担不超过10%的赔偿责任。可见,对机动车交通事故,法律区分了不同情形并确定了不同的归责原则。

就机动车之间的交通事故责任而言,有过错的机动车一方应当承担赔偿责任;如果双方都有过错的,应当按照各自过错的比例分担责任。可见,机动车之间的交通事故责任适用过错责任原则。

就机动车与非机动车驾驶人、行人之间的交通事故责任而言,非机动车驾驶人、行人没有过错的,由机动车一方承担赔偿责任;有证据证明非机动车驾驶人、行人有过错的,根据过错程度适当减轻机动车一方的赔偿责任;机动车一方没有过错的,承担不超过10%的赔偿责任。可见,无论机动车一方是否有过错,都要对非机动车驾驶人、行人承担赔偿责任,只不过在机动车一方无过错时,实行限额赔偿罢了。因此,机动车与非机动车驾驶人、行人之间的交通事故责任适用无过错责任原则。

二、机动车交通事故责任的构成要件

机动车交通事故责任因适用不同的归责原则,其构成要件也有所不同:适用无过错责任原则的,责任构成只要具有以下三个条件即可;适用过错责任原则的,责任构成除具有以下三个条件外,还须满足机动车一方存在过错这一条件。

第一,机动车一方有交通违法行为。机动车交通事故责任是因交通事故而产生的责任,因此,只有机动车一方有交通违法行为,这种责任才能成立。机动车一方的交通违法行为,通常表现为其在道路通行时违反了道路交通安全法律、法规。依据《道路交通安全法》第119条规定,所谓机动车,是指以动力装置驱动或者牵引,上道路行驶的供人员乘用或者用于运送物品以及进行工程专项作业的轮式车辆;所谓非机动车,是指以人力或者畜力驱动,上道路行驶的交通工具,以及虽有动力装置驱动但设计最高时速、空车质量、外形尺寸符合有关国家标准的残疾人机动轮椅车、电动自行车等交通工具;所谓道路,是指公路、城市道路和虽在单位管辖范围但允许社会机动车通行的地方,包括广场、公共停车场等用于公众通行的场所。

第二,被侵权人受到了损害。机动车在通行过程中所造成的损害,既包括人身伤亡和财产损失,也包括因人身伤亡而导致的精神损害。财产损失既包括实际损失,也包括可得利益损失。依据《最高人民法院关于审理道路交通事故损害赔偿案件适用法律若干问题的解释》(以下简称《道路交通事故赔偿解释》)第12条规定,道路交通事故造成的财产损失主要包括:(1)维修被损坏车辆所支出的费用、车辆所载物品的损失、车辆施救费用;(2)因车辆灭失或者无法修复,为购买交通事故发生时与被损坏车辆价值相当的车辆重置费用;(3)依法从事货物运输、旅客运输等经营性活动的车辆,因无法从事相应经营活动所产生的合理停运损失;(4)非经营性车辆因无法继续使用,所产生的通常替代性交通工具的合理费用。

第三,交通违法行为与损害后果之间具有因果关系。只有交通违法行为造成了一方的损害后果,即行为与损害之间有因果关系,机动车交通事故责任才能成立。

三、机动车交通事故责任的承担

依据《民法典》第1213条规定,机动车发生交通事故造成损害,属于该机动车一方责任的,先由承保机动车强制保险的保险人在强制保险责任限额范围内予以赔偿;不足部分,由承保机动车商业保险的保险人按照保险合同的约定予以赔偿;仍然不足或者没有投保机动车商业保险的,由侵权人赔偿。同时,依据《道路交通安全法》第76条第2款规定,交通事故的损失是由非机动车驾驶人、行人故意碰撞机动车造成的,机动车一方不承担赔偿责任。

在实践中,如何具体确定机动车一方的责任,应当根据不同情形加以确定。对此,《民法典》分别对特殊情况下的责任承担作了规定。

(一)因机动车租赁、借用发生交通事故的责任承担

依据《民法典》第1209条规定,因租赁、借用等情形机动车所有人、管理人与使用人不是同一人时,发生交通事故造成损害,属于该机动车一方责任的,由机动车使用人承担赔偿责任;机动车所有人、管理人对损害的发生有过错的,承担相应的赔偿责任。依据《道路交通事故赔偿解释》第1条规定,机动车所有人或者管理人有下列情形之一的,应当认定其对损害的发生有过错:(1)知道或者应当知道机动车存在缺陷,且该缺陷是交通事故发生原因之一;(2)知道或者应当知道驾驶人无驾驶资格或者未取得相应驾驶资格;(3)知道或者应当知道驾驶人因饮酒、服用国家管制的精神药品或者麻醉药品,或者患有妨碍安全驾驶机动车的疾病等依法不能驾驶机动车;(4)其他应当认定机动车所有人或者管理人有过错的。

(二)因买卖等转让的机动车发生交通事故的责任承担

依据《民法典》第1210条规定,当事人之间已经以买卖或者其他方式转让并交付机动车但是未办理登记,发生交通事故造成损害,属于该机动车一方责任的,由受让人承担赔偿责任。被多次转让但未办理登记的机动车发生交通事故造成损害,属于该机动车一方责任的,应当由最后一次转让并交付的受让人承担赔偿责任(《道路交通事故赔偿解释》第2条)。但是,如果当事人以买卖或者其他方式转让拼装或者已经达到报废标准的机动车,发生交通事故造成损害的,应当由转让人和受让人承担连带责任(《民法典》第1214条)。如果拼装车或者已达到报废标准的机动车或者依法禁止行驶的其他机动车被多次转让,并发生交通事故造成损害的,由所有的转让人和受让人承担连带责任(《道路交通事故赔偿解

释》第 4 条)。

（三）挂靠情形下机动车发生交通事故的责任承担

依据《民法典》第 1211 条规定,以挂靠形式从事道路运输经营活动的机动车,发生交通事故造成损害,属于该机动车一方责任的,由挂靠人和被挂靠人承担连带责任。

（四）无权占有机动车发生交通事故的责任承担

无权占有机动车发生交通事故时的责任承担区分为两种情形。其一,未经允许驾驶他人机动车,发生交通事故造成损害,属于该机动车一方责任的,由机动车使用人承担赔偿责任;机动车所有人、管理人对损害的发生有过错的,承担相应的赔偿责任,但是《民法典》“机动车交通事故”一章另有规定的除外(《民法典》第 1212 条)。其二,盗窃、抢劫或者抢夺的机动车发生交通事故造成损害的,由盗窃人、抢劫人或者抢夺人承担赔偿责任。盗窃人、抢劫人或者抢夺人与机动车使用人不是同一人,发生交通事故造成损害,属于该机动车一方责任的,由盗窃人、抢劫人或者抢夺人与机动车使用人承担连带责任。保险人在机动车强制保险责任限额范围内垫付抢救费用的,有权向交通事故责任人追偿(《民法典》第 1215 条)。应当指出的是,在上述第一种情形下,《民法典》第 1212 条对机动车所有人、管理人存在过错时除外责任的规定,指向于盗抢机动车发生交通事故情形。具体而言,在盗窃、抢劫或者抢夺的机动车发生交通事故造成损害时,即便机动车的所有人、管理人存在过错,也不承担相应的赔偿责任。

（五）交通事故发生后机动车驾驶人逃逸的责任处理

依据《民法典》第 1216 条规定,机动车驾驶人发生交通事故后逃逸,该机动车参加强制保险的,由保险人在机动车强制保险责任限额范围内予以赔偿;机动车不明、该机动车未参加强制保险或者抢救费用超过机动车强制保险责任限额,需要支付被侵权人人身伤亡的抢救、丧葬等费用的,由道路交通事故社会救助基金垫付。道路交通事故社会救助基金垫付后,其管理机构有权向交通事故责任人追偿。

（六）好意同乘情形下机动车发生交通事故的责任处理

依据《民法典》第 1217 条规定,非营运机动车发生交通事故造成无偿搭乘人损害,属于该机动车一方责任的,应当减轻其赔偿责任,但是机动车使用人有故意或者重大过失的除外。

（七）其他情形下机动车发生交通事故的责任处理

依据《道路交通事故赔偿解释》规定,下列情形下发生的机动车交通事故责任,应当分情况予以处理:(1) 套牌机动车发生交通事故造成损害,属于该机动车一方责任的,当事人有权请求套牌机动车的所有人或者管理人承担赔偿责任;被套牌机动车所有人或者管理人同意套牌的,应当与套牌机动车的所有人或者管理人承担连带责任(第 3 条)。(2) 接受机动车驾驶培训的人员,在培训活动中驾驶机动车发生交通事故造成损害,属于该机动车一方责任的,当事人有权请求驾驶培训单位承担赔偿责任(第5条)。(3) 机动车试乘过程中发生交通事故造成试乘人损害的,当事人有权请求提供试乘服务者承担赔偿责任;试乘人有过错的,应当减轻提供试乘服务者的赔偿责任(第6条)。(4) 因道路管理维护缺陷导致机动车发生交通事故造成损害的,当事人有权请求道路管理者承担相应的赔偿责任。但是,道路管理者能够证明已经依照法律、法规、规章的规定,或者按照国家标准、行业标准、地方标准的要求尽到安全防护、警示等管理维护义务的除外。依法不得进入高速公路的车辆、行人,进入高速公路发生交通事故造成自身损害,应当适用《民法典》第1243条规定确定责任(第7条)。(5) 未按照法律、法规、规章或者国家标准、行业标准、地方标准的强制性规定设计、施工,致使道路存在缺陷并造成交通事故,当事人有权请求建设单位与施工单位承担相应的赔偿责任(第8条)。(6) 机动车存在产品缺陷导致交通事故造成损害,当事人有权请求生产者或者销售者依照产品责任的规定承担赔偿责任(第9条)。(7) 多辆机动车发生交通事故造成第三人损害,当事人请求多个侵权人承担赔偿责任的,应当区分不同情况,依据《民法典》第1170~1172条规定,确定侵权人承担连带责任或者按份责任(第10条)。

第三节　医疗损害责任

一、医疗损害责任的概念和归责原则

医疗损害责任是指医疗机构或者其医务人员在诊疗活动中因过错造成患者损害时,医疗机构所应承担的侵权责任。

《民法典》第1218条规定:“患者在诊疗活动中受到损害,医疗机构或者其医务人员有过错的,由医疗机构承担赔偿责任。”可见,医疗损害责任以医疗机构或者其医务人员存在过错为要件,适用过错责任原则。因此,在通常情况下,患者应当就医疗机构或者其医务人员存在过错负举证责任。依据《最高人民法院关于审理医疗损害责任纠纷案件适用法律若干问题的解释》(以下简称《医疗损害责任解释》)第4条第2款规定,患者无法提交医疗机构或者其医务人员有过错的证据,有权依法要求医疗损害鉴定。在某些特殊情况下,对于医疗机构的严重不当行为,法律直接推定医疗机构有过错。依据《民法典》第1222条规定,患者在诊疗活动中受到损害,有下列情形之一的,推定医疗机构有过错:(1) 违反法律、行政法规、规章以及其他有关诊疗规范的规定;(2) 隐匿或者拒绝提供与纠纷有关的病历资料;(3) 遗失、伪造、篡改或者违法销毁病历资料。依据《民法典》第1225条规定,医疗机构及其医务人员应当按照规定填写并妥善保管住院志、医嘱单、检验报告、手术及麻醉记录、病理资料、护理记录等病历资料。患者要求查阅、复制上述病历资料的,医疗机构应当及时提供。应当指出的是,这里的“推定”与过错推定并不相同,因为这种“推定”不允许医疗机构通过其他事由加以推翻。可见,这种推定与“视为”具有相同的效力。

二、医疗损害责任的构成要件

第一，诊疗行为具有违法性。在诊疗过程中，医疗机构或者其医务人员应当严格按照法律、法规、诊疗规范、规程等从事诊疗活动。否则，该诊疗行为即具有违法性。诊疗行为的违法性，既可以表现为作为的违法，也可以表现为不作为的违法。前者如医疗机构或者其医务人员违反诊疗规范实施不必要的检查（《民法典》第 1227 条），后者如医务人员在诊疗活动中未尽到诊疗说明义务。依据《民法典》第 1219 条规定，医务人员在诊疗活动中应当向患者说明病情和医疗措施。需要实施手术、特殊检查、特殊治疗的，医务人员应当及时向患者具体说明医疗风险、替代医疗方案等情况，并取得其明确同意；不能或者不宜向患者说明的，应当向患者的近亲属说明，并取得其明确同意。如果医务人员未尽到上述说明义务，造成患者损害的，医疗机构应当承担赔偿责任。

第二，被侵权人受到了损害。在医疗损害责任中，诊疗行为侵害的是患者的人身权，因此，患者的损害后果是人身损害，如患者死亡、伤残、功能障碍等。这里的损害不仅包括因医疗事故所造成的损害，也包括因非医疗事故所造成的损害。基于人身损害所导致的财产损害和精神损害也在损害范围之内。依据《医疗损害责任解释》第 1 条第 2 款规定，患者在美容医疗机构或者开设医疗美容科室的医疗机构实施的医疗美容活动中受到人身或者财产损害的，亦可构成医疗损害责任。

第三，诊疗行为与损害后果之间具有因果关系。诊疗行为与患者人身损害之间须具有因果关系，才能产生医疗损害责任。也就是说，诊疗行为是患者人身损害发生的原因。在医疗损害责任中，因果关系一般由患者举证证明。但是，如果患者无法提交诊疗行为与损害之间具有因果关系的证据，有权依法要求医疗损害鉴定（《医疗损害责任解释》第 4 条第 2 款）。

第四，医疗机构或者其医务人员存在过错。医疗损害责任适用过错责任原则，因此，只有在医疗机构或者其医务人员主观上存在过错的情况下，医疗损害责任才能成立。医疗机构或者其医务人员没有过错的，不构成医疗损害责任。医疗机构或者医务人员在诊疗活动中的过错属于诊疗过错，是一种业务过错。依据《民法典》第 1221 条规定，医务人员在诊疗活动中未尽到与当时的医疗水平相应的诊疗义务，即构成诊疗过错。对医疗机构或者其医务人员的过错，应当依据法律、行政法规、规章以及其他有关诊疗规范进行认定，可以综合考虑患者病情的紧急程度、患者个体差异、当地的医疗水平、医疗机构与医务人员资质等因素（《医疗损害责任解释》第 16 条）。当然，在具备《民法典》第 1222 条规定的情形下，可以直接推定医疗机构有过错。

三、医疗损害责任的承担

依据《民法典》第 1218、1221 条规定，医疗损害责任的承担主体是医疗机构，而不是有过错的医务人员。[①] 当然，医疗机构具备法定免责事由的，不承担医疗损害责任。依据《民法典》

① 依据《医疗损害责任解释》第 20 条规定，医疗机构邀请本单位以外的医务人员对患者进行诊疗，因受邀医务人员的过错造成患者损害的，由邀请医疗机构承担赔偿责任。

第 1224 条规定，患者在诊疗活动中受到损害，有下列情形之一的，医疗机构不承担赔偿责任：(1) 患者或者其近亲属不配合医疗机构进行符合诊疗规范的诊疗。在这种情况下，如果医疗机构或者其医务人员也有过错的，则应当承担相应的赔偿责任。(2) 医务人员在抢救生命垂危的患者等紧急情况下已经尽到合理诊疗义务。依据《民法典》第 1220 条规定，因抢救生命垂危的患者等紧急情况，不能取得患者或者其近亲属意见的，经医疗机构负责人或者授权的负责人批准，可以立即实施相应的医疗措施。在此情况下，医疗机构或者其医务人员已经尽到合理诊疗义务的，即使造成患者损害，也不承担赔偿责任。(3) 限于当时的医疗水平难以诊疗。

在医疗损害责任中，如果因药品、消毒产品、医疗器械的缺陷，或者输入不合格的血液造成患者损害的，患者可以向药品上市许可持有人、生产者、血液提供机构请求赔偿，也可以向医疗机构请求赔偿。患者向医疗机构请求赔偿的，医疗机构赔偿后，有权向负有责任的药品上市许可持有人、生产者、血液提供机构追偿(《民法典》第 1223 条)。依据《医疗损害责任解释》第 22 条规定，缺陷医疗产品与医疗机构的过错诊疗行为共同造成患者同一损害的，患者有权请求医疗机构与医疗产品的生产者、销售者、药品上市许可持有人承担连带责任。医疗机构或者医疗产品的生产者、销售者、药品上市许可持有人承担赔偿责任后，向其他责任主体追偿的，应当根据诊疗行为与缺陷医疗产品造成患者损害的原因力大小确定相应的数额。输入不合格血液与医疗机构的过错诊疗行为共同造成患者同一损害的，参照适用前述规定。同时，医疗产品的生产者、销售者、药品上市许可持有人明知医疗产品存在缺陷仍然生产、销售，造成患者死亡或者健康严重损害，被侵权人有权请求生产者、销售者、药品上市许可持有人赔偿损失及二倍以下的惩罚性赔偿(《医疗损害责任解释》第 23 条)。

依据《民法典》第 1226 条规定，医疗机构及其医务人员应当对患者的隐私和个人信息保密。泄露患者的隐私和个人信息，或者未经患者同意公开其病历资料的，应当承担侵权责任。应当指出，该条规定的侵权责任并非医疗损害责任，而是医疗机构侵害患者人格权的侵权责任。

第四节　环境污染和生态破坏责任

一、环境污染和生态破坏责任的概念和归责原则

环境污染和生态破坏责任是指因污染环境和破坏生态造成他人损害时，污染者或破坏者所应承担的侵权责任。

在环境污染和生态破坏责任中，受害人要证明侵权人存在过错是相当困难的，并且侵权人往往也无过错。因此，如果环境污染责任实行过错责任原则，受害人就会因不能证明污染者的过错而得不到赔偿。为解决这一问题，确保受害人的利益，大多数国家相继在环境和生态保护法律中确立了无过错责任制度。我国《民法典》第 1229 条规定："因污染环境、破坏生态造成他人损害的，侵权人应当承担侵权责任。"同时，依据《民法典》第 1234 条规定，侵权人违反国家规定造成生态环境损害的，在责任成立上，不对其是否具有主观过错加以考虑。可见，环境

污染和生态破坏责任不以过错为要件，适用无过错责任原则，不论侵权人有无过错，因污染环境和破坏生态造成损害的，侵权人就应当承担侵权责任。对此，《最高人民法院关于审理生态环境侵权责任纠纷案件适用法律若干问题的解释》（以下简称《生态环境侵权责任解释》）第4条第1款明确规定，因污染环境、破坏生态造成他人损害，不论有无过错，侵权人都应当承担侵权责任。

二、环境污染和生态破坏责任的构成要件

（一）侵权人有污染环境和破坏生态的行为

环境污染和生态破坏责任是因污染环境或破坏生态而产生的一种责任，因此，只有存在污染环境或破坏生态的行为即存在环境污染或生态破坏时，才能成立环境污染和生态破坏责任。所谓环境污染，是指由于人为的原因致使环境发生化学、物理、生物等特点上的不良变化，从而影响人类健康和生产活动，影响生物生存和发展的现象。污染环境行为主要表现为一定的作为，如排放废气、废水、废渣、医疗废物、粉尘、恶臭气体、放射性物质等。所谓生态破坏，是指因人为原因致使生态退化以及由此衍生的环境效应，导致环境结构和功能发生变化，进而对人类生存发展以及环境本身发展产生不利影响的现象。例如，水土流失、沙漠化及土地退化等。在一定情况下，不作为也可以构成污染环境和破坏生态行为，如没有采取安全措施致使有害气体泄露等。应当指出的是，生态破坏责任的承担应以侵权人违反国家规定为前提（《民法典》第1234条）。

（二）被侵权人或生态环境受到损害

污染环境和破坏生态行为所造成的损害包括人身损害、财产损害、因人身损害而导致的精神损害以及生态环境本身所遭受的损害。在环境污染和生态破坏责任中，还存在一种特殊的损害——环境享受损害，即对自然人享有良好环境质量权益的损害。

（三）污染环境和破坏生态行为与损害之间具有因果关系

在环境污染和生态破坏责任中，污染环境和破坏生态行为与损害之间的因果关系实行推定制度，由侵权人就其行为与损害结果之间不存在因果关系承担举证责任。对此，《民法典》第1230条规定："因污染环境、破坏生态发生纠纷，行为人应当就法律规定的不承担责任或者减轻责任的情形及其行为与损害之间不存在因果关系承担举证责任。"

三、环境污染和生态破坏责任的承担

依据《民法典》第1229、1234条规定，环境污染和生态破坏责任的承担主体为因污染环境、破坏生态而造成他人损害的侵权人。如果两个以上侵权人污染环境、破坏生态的，承担责任的大小，应当根据污染物的种类、浓度、排放量，破坏生态的方式、范围、程度，以及行为对损

害后果所起的作用等因素确定(《民法典》第1231条)。① 如果因第三人的过错污染环境、破坏生态的,被侵权人可以向侵权人请求赔偿,也可以向第三人请求赔偿。侵权人赔偿后,有权向第三人追偿(《民法典》第1233条)。除赔偿责任外,在污染环境行为存在危及他人人身、财产安全时,依据《民法典》第1167条规定,被侵权人也可以要求污染者承担停止侵害、排除妨碍、消除危险等侵权责任。

《民法典》第1234条特别规定了生态损害的修复责任:违反国家规定造成生态环境损害,生态环境能够修复的,国家规定的机关或者法律规定的组织有权请求侵权人在合理期限内承担修复责任。侵权人在期限内未修复的,国家规定的机关或者法律规定的组织可以自行或者委托他人进行修复,所需费用由侵权人负担。对于生态损害的赔偿范围,依据《民法典》第1235条规定,违反国家规定造成生态环境损害的,国家规定的机关或者法律规定的组织有权请求侵权人赔偿下列损失和费用:(1)生态环境受到损害至修复完成期间服务功能丧失导致的损失;(2)生态环境功能永久性损害造成的损失;(3)生态环境损害调查、鉴定评估等费用;(4)清除污染、修复生态环境费用;(5)防止损害的发生和扩大所支出的合理费用。

此外,如果侵权人违反法律规定故意污染环境、破坏生态造成严重后果的,被侵权人有权请求相应的惩罚性赔偿(《民法典》第1232条)。依据《最高人民法院关于审理生态环境侵权纠纷案件适用惩罚性赔偿的解释》的规定,侵权人污染环境、破坏生态行为是否造成严重后果,应当根据污染环境、破坏生态行为的持续时间、地域范围,造成环境污染、生态破坏的范围和程度,以及造成的社会影响等因素进行综合判断。如果侵权人污染环境、破坏生态行为造成他人死亡、健康严重损害,重大财产损失,生态环境严重损害或者重大不良社会影响的,应当认定为造成严重后果(第8条)。对于惩罚性赔偿金数额,应当以环境污染、生态破坏造成的人身损害赔偿金、财产损失数额作为计算基数,并综合考虑侵权人的恶意程度、侵权后果的严重程度、侵权人因污染环境、破坏生态行为所获得的利益或者侵权人所采取的修复措施及其效果等因素,但是一般不超过人身损害赔偿金、财产损失数额的二倍(第9条和第10条)。

当然,如果侵权人经举证证明存在法律规定的免责事由,则不承担责任或减轻责任。例如,《海洋环境保护法》第116条规定:“完全属于下列情形之一,经过及时采取合理措施,仍然不能避免对海洋环境造成污染损害的,造成污染损害的有关责任者免予承担责任:(一)战争;(二)不可抗拒的自然灾害;(三)负责灯塔或者其他助航设备的主管部门,在执行职责时的疏

---

① 依据《生态环境侵权责任解释》规定,在两个以上侵权人污染环境、破坏生态造成损害时,应当按照如下规定确定责任:(1)两个以上侵权人分别污染环境、破坏生态造成同一损害,每一个侵权人的行为都足以造成全部损害,被侵权人有权依据《民法典》第1171条规定请求侵权人承担连带责任(第5条)。(2)两个以上侵权人分别污染环境、破坏生态,每一个侵权人的行为都不足以造成全部损害,被侵权人有权依据《民法典》第1172条规定请求侵权人承担责任;侵权人主张其污染环境、破坏生态行为不足以造成全部损害的,应当承担相应举证责任(第6条)。(3)两个以上侵权人分别污染环境、破坏生态,部分侵权人的行为足以造成全部损害,部分侵权人的行为只造成部分损害,被侵权人有权请求足以造成全部损害的侵权人对全部损害承担责任,并与其他侵权人就共同造成的损害部分承担连带责任,但是被侵权人请求足以造成全部损害的侵权人与其他侵权人承担责任的,受偿范围应以侵权行为造成的全部损害为限(第7条)。(4)两个以上侵权人分别污染环境、破坏生态,部分侵权人能够证明其他侵权人的侵权行为已先行造成全部或者部分损害的,有权请求在相应范围内不承担责任或者减轻责任(第8条)。(5)两个以上侵权人分别排放的物质相互作用产生污染物造成他人损害,被侵权人有权请求侵权人承担连带责任(第9条)。两个以上侵权人污染环境、破坏生态造成他人损害,应当根据行为有无许可,污染物的种类、浓度、排放量、危害性,破坏生态的方式、范围、程度,以及行为对损害后果所起的作用等因素确定各侵权人的责任份额(第25条)。

忽,或者其他过失行为。”《水污染防治法》第96条第2、3款规定:“由于不可抗力造成水污染损害的,排污方不承担赔偿责任;法律另有规定的除外。水污染损害是由受害人故意造成的,排污方不承担赔偿责任。水污染损害是由受害人重大过失造成的,可以减轻排污方的赔偿责任。”

第五节 高度危险责任

一、高度危险责任的概念和归责原则

高度危险责任是指因从事高度危险作业造成他人损害时,作业人所应承担的侵权责任。《民法典》第1236条规定:“从事高度危险作业造成他人损害的,应当承担侵权责任。”可见,高度危险责任适用无过错责任原则,只要从事高度危险作业造成他人损害,无论作业人是否存在过错,都要承担侵权责任,除非存在法定的免责事由。高度危险作业责任适用无过错责任原则,不仅符合我国的法律实践,也是世界各国的通行做法。

二、高度危险责任的构成要件

第一,作业人从事高度危险作业。高度危险作业是指对周围环境具有较高危险性的活动。只有从事高度危险作业,才有可能发生高度危险责任。从《民法典》规定来看,高度危险作业主要包括两种:一是高度危险活动,如使用民用核设施或者运入运出核设施的核材料、高速轨道运输工具和从事高空、高压、地下挖掘等高度危险活动;二是占有、使用易燃、易爆、剧毒、高放射性、强腐蚀性、高致病性等高度危险物的行为。

第二,被侵权人受到了损害。从事高度危险作业所造成的损害包括人身损害和财产损害,也包括因人身损害而导致的精神损害。

第三,从事高度危险作业与损害后果之间具有因果关系。被侵权人的损害须是高度危险作业所造成的,才能成立高度危险责任。也就是说,从事高度危险作业与损害后果之间须有因果关系。在通常情况下,这种因果关系须由被侵权人证明。但是,由于高度危险作业的特殊性,因果关系也具有一定的特殊性。例如,在某些情况下,被侵权人往往只能证明高度危险作业与损害后果存在表面上的因果关系,甚至仅能证明高度危险作业是损害后果发生的可能原因,而无法确切地证明二者之间的因果关系。如高放射性物质造成损害的,被侵权人就基本上无法证明损害发生的具体原因。因此,为切实保护受害人的利益,对于因果关系可以采用推定的方法,即由高度危险作业人证明作业活动与损害后果没有因果关系。如其不能证明,则推定有因果关系。

三、高度危险责任的承担

高度危险责任主要是一种赔偿责任,因此,责任主体应当按照规定承担赔偿责任。在承担赔偿责任时,依据《民法典》第1244条规定,法律规定赔偿限额的,应当实行限制赔偿,但是行

为人有故意或者重大过失的除外。此外,从事高度危险作业存在危及他人人身、财产安全时,依据《民法典》第1167条规定,被侵权人也可以要求其承担停止侵害、排除妨碍、消除危险等侵权责任。

由于高度危险作业的类型不同,高度危险责任的承担主体和免责事由也不同。

（一）高度危险作业经营者的责任承担

第一,民用核设施或者运入运出核设施的核材料发生核事故造成他人损害的,民用核设施的营运单位应当承担侵权责任。但是,能够证明损害是因战争、武装冲突、暴乱等情形或者受害人故意造成的,不承担责任(《民法典》第1237条)。

第二,民用航空器造成他人损害的,民用航空器的经营者应当承担侵权责任;但是,能够证明损害是因受害人故意造成的,不承担责任(《民法典》第1238条)。

第三,从事高空、高压、地下挖掘活动或者使用高速轨道运输工具造成他人损害的,经营者应当承担侵权责任;但是,能够证明损害是因受害人故意或者不可抗力造成的,不承担责任。被侵权人对损害的发生有重大过失的,可以减轻经营者的责任(《民法典》第1240条)。

（二）高度危险物占有人、使用人、所有人、管理人的责任承担

第一,占有或者使用易燃、易爆、剧毒、高放射性、强腐蚀性、高致病性等高度危险物造成他人损害的,占有人或者使用人应当承担侵权责任。但是,能够证明损害是因受害人故意或者不可抗力造成的,不承担责任。被侵权人对损害的发生有重大过失的,可以减轻占有人或者使用人的责任(《民法典》第1239条)。

第二,遗失、抛弃高度危险物造成他人损害的,由所有人承担侵权责任。所有人将高度危险物交由他人管理的,由管理人承担侵权责任;所有人有过错的,与管理人承担连带责任(《民法典》第1241条)。

第三,非法占有高度危险物造成他人损害的,由非法占有人承担侵权责任。所有人、管理人不能证明对防止非法占有尽到高度注意义务的,与非法占有人承担连带责任(《民法典》第1242条)。

第四,未经许可进入高度危险活动区域或者高度危险物存放区域受到损害,管理人能够证明已经采取足够安全措施并尽到充分警示义务的,可以减轻或者不承担责任(《民法典》第1243条)。

第六节　饲养动物损害责任

一、饲养动物损害责任的概念和归责原则

饲养动物损害责任是指饲养的动物造成他人损害时,动物的饲养人或管理人所应承担的侵权责任。

《民法典》第1245条规定:“饲养的动物造成他人损害的,动物饲养人或者管理人应当承

担侵权责任；但是，能够证明损害是因被侵权人故意或者重大过失造成的，可以不承担或者减轻责任。”依据这一规定，饲养动物损害责任适用无过错责任原则，无论动物的饲养人或管理人是否有过错，只要饲养的动物造成他人损害，除具有法定的免责事由外，动物的饲养人或管理人就应承担责任。这是饲养动物损害责任的一般归责原则。但由于饲养动物的复杂性，在特殊情况下，饲养动物损害责任并不适用无过错责任原则，而是适用过错推定的过错责任原则。依据《民法典》第 1248 条规定，动物园的动物造成他人损害的，只要动物园能够证明自己尽到了管理职责，即为无过错，动物园就不承担侵权责任；如动物园不能证明自己尽到管理职责，即为有过错，动物园就应承担侵权责任。

二、饲养动物损害责任的构成要件

饲养动物损害责任因适用不同的归责原则，其构成要件也有所不同：适用无过错责任原则的，责任构成只要具有以下三个条件即可；而适用过错推定的过错责任原则的，责任构成除具有以下三个条件外，还须动物园存在过错。

第一，饲养的动物加害于他人。所谓饲养的动物，是指人工喂养、放养和管束的动物。人工喂养或放养的前提条件是人们对动物的占有。因此，饲养的动物也就是为人们占有和控制的动物，如饲养的家畜、家禽、动物园的动物等；不为任何人占有和控制的动物，不属于饲养的动物，如野生动物等。饲养的动物加害于他人，须是出于动物的独立动作。所谓动物的独立动作，是指动物基于其本身的危险，在不受外力强制或驱使下而实施的自身动作，如狂犬咬人、牲畜吃掉庄稼等。动物在人们的强制或驱使下的加害行为，不属于动物的独立动作，而是属于人的行为，如骑马践踏庄稼、驱使狗去咬人等。在这种情况下，动物为侵权工具，行为人应承担一般侵权责任。

第二，被侵权人受到了损害。饲养动物基于自身的独立动作加害于他人须造成损害后果，才能产生饲养动物损害责任。这里的损害后果既包括人身损害和财产损害，也包括因人身损害而导致的精神损害。

第三，饲养动物的加害行为与损害后果之间具有因果关系。这种因果关系一般由被侵权人举证证明。但在某些情况下，因果关系会十分复杂而难以确切证明。对此，可以采用推定的方法，即由动物饲养人或管理人举证证明动物加害行为与被侵权人损害后果之间没有因果关系。如其不能证明，则推定有因果关系。①

三、饲养动物损害责任的承担

饲养动物损害责任主要是一种赔偿责任，因此，责任主体应当按照规定承担赔偿责任。依据《民法典》第 1251 条规定，饲养动物应当遵守法律法规，尊重社会公德，不得妨碍他人生活。因此，在饲养动物存在危及他人人身、财产安全时，依据《民法典》第 1167 条规定，被侵权人也可以要求动物饲养人或管理人承担停止侵害、排除妨碍、消除危险等侵权责任。例如，因恶犬

---

① 参见张新宝：《侵权责任法》（第四版），中国人民大学出版社 2016 年版，第 304 页。

而致误车或因恶犬的每夜狂吠而妨害睡眠，学童因恶犬常立于其赴校必经之路而不敢上学等，动物饲养人或管理人就应当承担排除妨碍、消除危险等侵权责任。

依据《民法典》第1245条规定，饲养动物损害责任的承担主体是动物的饲养人或管理人。动物的饲养人是指动物的所有人，即对动物享有占有、使用、收益、处分权的人；动物的管理人是指实际控制和管束动物的人。管理人对动物不享有所有权，只是根据某种法律关系直接占有动物。例如，根据国家授权管束驯养动物的国家动物园；根据租赁、借用等民事法律关系占有和管束动物的人，都为动物的管理人。

动物的饲养人或管理人在承担侵权责任时，应当明确以下几个问题：

第一，在一般情况下，饲养动物损害责任的免责事由为被侵权人的故意或重大过失。就是说，如果动物的饲养人或管理人能够证明损害是因被侵权人故意或重大过失造成的，可以不承担责任或者减轻责任（《民法典》第1245条）。

第二，动物的饲养人或管理人违反管理规定，未对动物采取安全措施造成他人损害的，应当承担侵权责任；但是，能够证明损害是因被侵权人故意造成的，可以减轻责任（《民法典》第1246条）。这种责任适用较为严格的无过错责任原则，如果动物饲养人或管理人违反管理规定，未采取安全措施造成损害，则动物的饲养人或管理人就应承担责任。只有在能够证明损害是因被侵权人故意造成的情形下，才可以减轻其责任。当然，即使动物的饲养人或管理人按照管理规定对动物采取了安全措施，仍然造成他人损害的，动物的饲养人或管理人也应按照无过错责任原则承担责任，而不是不承担责任。在这种情况下，动物的饲养人或管理人可以主张被侵权人有故意或重大过失而不承担责任或减轻责任。

第三，禁止饲养的烈性犬等危险动物造成他人损害的，动物饲养人或者管理人应当承担侵权责任（《民法典》第1247条）。这种责任适用最为严格的无过错责任原则，不论动物的饲养人或管理人是否采取安全措施，都应对动物造成的损害承担责任，不能主张被侵权人有故意或重大过失而不承担责任或减轻责任。

第四，动物园的动物造成他人损害的，动物园应当承担侵权责任；但是，能够证明尽到管理职责的，不承担侵权责任（《民法典》第1248条）。如前所述，这种责任适用过错推定的过错责任原则，只有在动物园不能证明尽到管理职责时，才承担侵权责任。

第五，遗弃、逃逸的动物在遗弃、逃逸期间造成他人损害的，由动物原饲养人或者管理人承担侵权责任（《民法典》第1249条）。

第六，因第三人的过错致使动物造成他人损害的，被侵权人可以向动物饲养人或者管理人请求赔偿，也可以向第三人请求赔偿。动物饲养人或者管理人赔偿后，有权向第三人追偿（《民法典》第1250条）。

第七节　建筑物和物件损害责任

一、建筑物和物件损害责任的概念和归责原则

建筑物和物件损害责任是指建筑物或物件因倒塌、塌陷、脱落、坠落等造成他人损害时，建

筑物或物件的所有人或管理人等相关主体所应承担的侵权责任。

建筑物和物件损害责任是一个统称的概念,包括了多种具体的责任类型,而不同类型的责任适用的归责原则存在差别。从《民法典》规定来看,建筑物和物件损害责任的归责原则包括实行一般过错及过错推定的过错责任原则和无过错责任原则。在适用过错责任原则的情形中,适用一般过错责任原则的责任为物业服务企业等建筑物管理人责任,适用过错推定责任原则的责任包括建筑物等设施脱落及坠落损害责任、堆放物倒塌等损害责任、公共道路管理人责任、林木折断等损害责任、地面施工损害责任、窨井等地下设施损害责任。在这些责任中,《民法典》明确规定了相关行为人"不能证明自己没有过错的"或者"不能证明尽到管理职责的",应当承担侵权责任。这表明,这些责任适用过错推定的过错责任原则。适用无过错责任原则的责任包括建筑物等倒塌损害责任、妨碍道路通行物品损害责任。在这些责任中,《民法典》并没有要求相关行为人有过错,也没有规定推定过错,故应适用无过错责任原则。

二、建筑物和物件损害责任的构成要件

建筑物和物件损害责任因适用不同的归责原则,其构成要件也有所不同:适用无过错责任原则的,责任构成只要具有以下三个条件即可;适用过错推定的过错责任原则的,责任构成除具有以下三个条件外,还须物件所有人、管理人或使用人存在过错。

第一,建筑物或物件加害于他人。在建筑物或物件损害责任中,建筑物或物件加害于他人有多种表现形式,例如,建筑物、构筑物或者其他设施及其搁置物、悬挂物发生脱落、坠落;建筑物、构筑物或者其他设施倒塌、塌陷;堆放物倒塌、滚落或者滑落;在公共道路上堆放、倾倒、遗撒物品妨碍通行;林木折断、倾倒或者果实坠落;在公共场所或者道路上挖坑、修缮安装地下设施没有设置明显标志和采取安全措施,等等。

第二,被侵权人受到了损害。建筑物或物件所造成的损害包括人身损害和财产损害,也包括因人身损害而导致的精神损害。

第三,建筑物或物件致害行为与损害后果之间具有因果关系。在建筑物和物件损害责任中,被侵权人的损害后果应当是因建筑物或物件发生脱落、坠落、倒塌等造成的,即物件致害行为与损害后果之间须存在因果关系。

三、建筑物和物件损害责任的承担

建筑物和物件损害责任主要是一种赔偿责任,因此,责任主体应当按照规定承担赔偿责任。此外,在建筑物或物件管理存在危及他人人身、财产安全时,依据《民法典》第 1167 条规定,被侵权人也可以要求物件所有人、管理人或使用人等承担停止侵害、排除妨碍、消除危险等侵权责任。

依据《民法典》规定,建筑物和物件损害责任的承担主体包括物件的所有人、管理人、使用人等,具体的承担主体因责任类型的不同而有所差别:

第一,因建筑物、构筑物或者其他设施倒塌、塌陷造成他人损害的,责任主体为建设单位与

施工单位，双方应当承担连带责任，但是建设单位与施工单位能够证明不存在质量缺陷的除外。建设单位、施工单位赔偿后，有其他责任人的，有权向其他责任人追偿。因所有人、管理人、使用人或者第三人的原因，建筑物、构筑物或者其他设施倒塌、塌陷造成他人损害的，由所有人、管理人、使用人或者第三人承担侵权责任（《民法典》第1252条）。这种责任适用无过错责任原则，建设单位与施工单位不能通过证明自己没有过错而不承担责任，而仅可通过证明建筑物、构筑物或者其他设施不存在质量缺陷而不承担责任。

第二，因建筑物、构筑物或者其他设施及其搁置物、悬挂物发生脱落、坠落造成他人损害的，责任主体为所有人、管理人或使用人。所有人、管理人或者使用人赔偿后，有其他责任人的，有权向其他责任人追偿（《民法典》第1253条）。这种责任适用过错推定的过错责任原则，所有人、管理人或者使用人不能证明自己没有过错的，应当承担责任。

第三，因堆放物倒塌、滚落或者滑落造成他人损害的，责任主体为堆放人（《民法典》第1255条）。这种责任适用过错推定的过错责任原则，堆放人不能证明自己没有过错的，应当承担责任。

第四，因在公共道路上堆放、倾倒、遗撒妨碍通行的物品造成他人损害的，责任主体原则上为堆放、倾倒、遗撒物品的行为人，公共道路管理人不能证明已尽到清理、防护、警示等义务的，应当承担相应的责任（《民法典》第1256条）。对于此种情形下的责任，就堆放、倾倒、遗撒妨碍通行物品的人而言，其承担的是无过错责任，不能通过证明自己没有过错而不承担责任；公共道路管理人承担的是过错推定责任，即仅在其能够证明已经尽到清理、防护、警示等义务的情况下，才不承担责任。

第五，因林木折断、倾倒或者果实坠落等造成他人损害的，责任主体为林木的所有人或管理人（《民法典》第1257条）。这种责任适用过错推定的过错责任原则，林木的所有人或管理人不能证明自己没有过错的，应当承担责任。

第六，因在公共场所或者道路上挖掘、修缮安装地下设施等造成他人损害的，责任主体为施工人（《民法典》第1258条第1款）。这种责任适用过错推定的过错责任原则，施工人只有证明已经设置明显标志和采取安全措施，才可不承担责任。

第七，因窨井等地下设施造成他人损害的，责任主体为管理人（《民法典》第1258条第2款）。这种责任适用过错推定的过错责任原则，管理人不能证明尽到管理职责的，即推定其有过错，应当承担责任。

第八，无法确定具体侵权人的高空抛物、坠物造成他人损害的，根据具体情况由可能加害的建筑物使用人给予补偿或由物业服务企业等建筑物管理人承担责任。《民法典》第1254条明确规定了“禁止从建筑物中抛掷物品”。如果从建筑物中抛掷物品或者从建筑物上坠落的物品造成他人损害的，应当由侵权人依法承担侵权责任；在发生高空抛掷物品或者从建筑物上坠落物品的情况下，公安部门等机关应当依法及时调查，查清责任人；经调查难以确定具体侵权人的，除能够证明自己不是侵权人的外，由可能加害的建筑物使用人给予补偿。可能加害的建筑物使用人补偿后，有权向侵权人追偿。为防止高空抛物、坠物的情形，物业服务企业等建筑物管理人应当采取必要的安全保障措施；未采取必要的安全保障措施的，应当依法承担违反安全保障义务责任。应当指出，在物业服务企业等建筑物管理人的违反安全保障义务责任与可能加害的建筑物使用权人的补偿义务的承担顺位上，可能加害人仅在物业服务企业等管理人承担责任后仍不能充分救济受害人时，才承担补偿义务。

自测习题　　案例分析　　案例分析参考答案

后　记

为给21世纪的本科生准备一本学习民法的教科书，以适应新形势的要求，我们编写了本书。

在编写中，我们注意把握以下几点：一是注意教材的适用对象。该教材的适用对象为法学专业本科生。因此，教材的深度、难度均以对本科生的要求为准。同时，本教材也可以作为其他人员学习民法的参考用书。二是以现行民事立法为依据。虽然我国民法典尚在编纂中，但各项民事制度已基本建立，因此，在阐述民法基本知识和基本理论时不能脱离现行立法，以使学生能够了解、掌握和理解现行法。三是适应教学需要。根据教学规律和学习需要，坚持理论联系实际，既注重阐述各部分内容之间的逻辑性、联系性，又重视各部分内容的重点、难点，力求语言简洁通俗，说理深入浅出，分析层次清楚，以达到易读、易懂、易记的效果。

本书各位作者按照分工撰写初稿后，于2002年11月8日至10日在高等教育出版社法学部王卫权主任的主持下，在烟台大学召开了统稿会，进一步明确了写作要求。会后，各位作者又对其初稿进行了修改。具体分工为：郭明瑞，第一编；温世扬，第二编；刘保玉，第三编；关涛，第四编；王轶，第五编；李建华，第六编；房绍坤，第七编。

本书由主编、副主编修改、定稿。

主　编

2002年12月于烟台大学

第二版后记

自本教材2003年出版以来,我国的民事立法及民法理论研究都取得了长足的发展。为反映最新的民事立法及民法理论研究成果,适应民法教学的需要,我们对本教材进行了修订。

本次修订主要做了如下工作:一是结合最新的民事立法及司法解释,特别是《物权法》,对相关内容作了全面的修改,以保持与现行法的一致性;二是删除了有关历史、作用、意义方面的论述,以使内容更加简洁;三是整体内容有所压缩,减少了不必要的论述,以便更好地适应教学需要;四是对第一版中不妥之处作了修改。

本教材第一版发行以来,得到了社会各方面的普遍好评,读者们提出了许多宝贵的意见。这些意见在本次修订中都有所体现,在此表示衷心的感谢。

本教材的修订工作由第一版的作者分别承担,具体分工为:郭明瑞,第一编;温世扬,第二编;刘保玉,第三编;关涛,第四编;王轶,第五编;李建华,第六编;房绍坤,第七编。

本书由主编、副主编修改、定稿。

主　编

2007年4月于烟台大学

第三版后记

本教材自出版以来,受到社会的普遍好评。本教材初版于2006年获第二届全国法学教材与科研成果一等奖,本教材第二版列入普通高等教育"十一五"国家级规划教材。自2007年8月本教材再版以来,我国民事立法又取得了新的进展,新的民法理论研究成果也不断涌现。为适应民事立法与民法理论研究的发展变化,满足民法教学的需要,我们对本教材进行了修订。

本次修订主要做了如下工作:一是结合最新的民事立法及司法解释对相关内容作了修订,如根据《侵权责任法》,对侵权责任的内容作了全面的修改;根据最高人民法院关于诉讼时效、建筑物区分所有权及合同法的司法解释,对相关内容作了补充和完善。二是进一步简化了教材内容,删除了人身权法律制度的发展、继承法的基本原则等内容。三是在每章之后增加了"本章小结",以便于学生掌握每一章的重点内容。四是对第二版中的不妥之处作了修改,进一步精炼了文字表述。

本教材第三版由郭明瑞、房绍坤共同担任主编,并负责具体的修订工作。修订后的教材,作者的分工与第二版相同:郭明瑞,第一编;温世扬,第二编;刘保玉,第三编;关涛,第四编;王轶,第五编;李建华,第六编;房绍坤,第七编。

在这次修订工作中,尽管我们付出了很大的努力,但囿于能力、资料、时间,不足之处在所难免,希望同行和广大读者继续批评指正。

主　编

2010年5月于烟台大学

第四版后记

随着我国法学教育事业的快速发展,法学教材的编写与需求日趋多样化,为适应形势发展和读者需求,我们对本教材进行了修订。

本次修订主要做了如下工作:一是结合《民法总则》、最新民法理论研究成果以及物权法、买卖合同、民间借贷、机动车交通事故责任、环境污染责任等有关司法解释对相关内容作了补充和完善。二是为简化教材内容,删除了各章之后的“本章小结”和“复习思考题”。同时,为更好地满足学生的学习需求,在章后通过二维码的形式增加了自测习题(包括单项选择题、多项选择题、案例分析)和司考真题(包括单项选择题、多项选择题、不定项选择题),并提供参考答案,以便读者随时检验学习效果。三是根据读者的意见和建议,对第三版中存在的问题作了修改和更正。

本教材第四版由郭明瑞、房绍坤共同担任主编,并负责具体的修订工作,章后自测习题和司考真题由房绍坤负责编辑、整理。修订后的教材,作者的分工与第三版相同:郭明瑞,第一编;温世扬,第二编;刘保玉,第三编;关涛,第四编;王轶,第五编;李建华,第六编;房绍坤,第七编。

本教材自出版以来,得到了广大读者的大力支持,真诚希望广大读者继续批评指正,以便于本教材的进一步完善,更好地服务于我国的法学教育。

主　编

2017 年 4 月于烟台大学

第五版后记

2020年5月28日，第十三届全国人民代表大会第三次会议通过了《中华人民共和国民法典》，开创了我国民法的新时代。习近平指出，民法典在中国特色社会主义法律体系中具有重要地位，是一部固根本、稳预期、利长远的基础性法律，是一部体现我国社会主义性质、符合人民利益和愿望、顺应时代发展要求的民法典，是一部体现对生命健康、财产安全、交易便利、生活幸福、人格尊严等各方面权利平等保护的民法典，是一部具有鲜明的中国特色、实践特色、时代特色的民法典。《民法典》整合了《民法总则》《物权法》《担保法》《合同法》《婚姻法》《收养法》《继承法》《侵权责任法》等民事单行法的内容，汲取了司法解释的成功做法，并创新了若干新制度、新规则。同时，为全面实施《民法典》，最高人民法院对民事司法解释进行了清理、修改与完善，颁布了新的司法解释。为了深入贯彻落实习近平法治思想，及时反映《民法典》及其司法解释的内容，我们对本教材进行了全面修订，主要做了如下工作：一是结合《民法典》及其司法解释的规定，对教材的全部内容进行了认真修改和补充，以帮助读者更好地理解《民法典》的基本精神；二是依据《民法典》的结构，增设了婚姻家庭编，并按照《民法典》的体例安排调整了各编的顺序；三是根据读者对第四版提出的意见和建议，对相关内容进行了完善。

本教材第五版由郭明瑞、房绍坤共同担任主编，并负责具体的修订工作，章后自测习题和案例分析由房绍坤、张玉东编辑、整理。本次修订工作由作者共同完成，具体分工如下：郭明瑞，第一编；刘保玉，第二编；关涛，第三编；王轶，第四编；温世扬，第五编；范李瑛，第六编；李建华，第七编；房绍坤，第八编。修订稿完成后，由主编统一修改定稿。

因本次修订工作时间紧，加之对《民法典》的理解还不够深入、全面，本教材不妥之处在所难免，望广大读者批评、指正。

主　编

2021年1月

第六版后记

自《民法典》颁布实施以来，我国的民事立法与民事司法又有了新发展。为全面贯彻习近平法治思想和党的二十大精神，及时反映最新民事立法及司法实践成果，我们对本教材进行了修订。本次修订主要做了如下工作：一是根据最新颁布及修订的法律、法规，如《个人信息保护法》《妇女权益保障法》《未成年人保护法》《中国公民收养子女登记办法》等，对相应内容进行了补充、修改；二是根据最高人民法院制定及修订的有关司法解释，如《最高人民法院关于适用〈中华人民共和国民法典〉总则编若干问题的解释》《最高人民法院关于适用〈中华人民共和国民法典〉合同编通则若干问题的解释》《最高人民法院关于审理涉彩礼纠纷案件适用法律若干问题的规定》《最高人民法院关于审理人身损害赔偿案件适用法律若干问题的解释》《最高人民法院关于审理生态环境侵权责任纠纷案件适用法律若干问题的解释》《最高人民法院关于审理生态环境侵权纠纷案件适用惩罚性赔偿的解释》等，对相应内容进行了补充、修改；三是调整了教材内容，对相应内容作了简化处理，如删除了存在争议的部分内容，压缩了部分内容（如合伙企业、个人独资企业）；四是根据读者反馈的意见及建议，对相关内容进行了完善。

本教材第六版由郭明瑞、房绍坤担任主编，并负责具体的修订工作，章后自测习题和案例分析由房绍坤、张玉东编辑、整理。本次修订工作具体分工为：郭明瑞，第一编；刘保玉，第二编；关涛，第三编；王轶，第四编；温世扬，第五编；范李瑛，第六编；李建华，第七编；房绍坤，第八编。

因本次修订工作时间较紧，加之对相关民事立法及司法解释的学习与理解不够深入，书中不妥之处在所难免，希望广大读者继续批评、指正。

主　编

2024 年 2 月